《云南社会科学年鉴2012》编辑委员会

云南社会科学年鉴

2012

云南省社会科学界联合会■编

云南大学出版社

图书在版编目（CIP）数据

云南社会科学年鉴. 2012 / 云南省社会科学界联合会编. -- 昆明：云南大学出版社, 2012
ISBN 978-7-5482-1359-8

Ⅰ. ①云… Ⅱ. ①云… Ⅲ. ①社会科学 – 云南省 – 2012 – 年鉴 Ⅳ. ①C127.4-54

中国版本图书馆CIP数据核字（2013）第000777号

云南社会科学年鉴 2012

云南省社会科学界联合会 编

策划编辑：柴 伟
责任编辑：柴 伟
封面设计：猎鹰创想｜书籍设计

出版发行：云南大学出版社
印　　装：昆明卓林包装印刷有限公司
开　　本：889mm×1194mm　1/16
印　　张：25
字　　数：705千
版　　次：2012年12月第1版
印　　次：2012年12月第1次印刷
书　　号：ISBN 978-7-5482-1359-8
定　　价：80.00元

地址：云南省昆明市翠湖北路2号云南大学英华园内（650091）
发行电话：（0871）5031070/5033244
网址：http//www.ynup.com.　E-mail：market@ynup.com

编辑说明

一、《云南社会科学年鉴》是一部记述云南社会科学发展状况和学术动态的综合性资料工具书，由云南省社会科学界联合会主持编纂。

二、《云南社会科学年鉴》高举中国特色社会主义理论伟大旗帜，以邓小平理论和“三个代表”重要思想为指导，深入贯彻落实科学发展观，坚持“二为”方向和“双百”方针，坚持解放思想、实事求是、与时俱进、开拓创新，力求保证年鉴的科学性、学术性、客观性和实用性。

三、《云南社会科学年鉴》的宗旨：努力为地方社会发展、党和政府科学决策提供参考；记录云南省社会科学研究事业发展进程；为社会科学工作者从事学术研究提供资料和借鉴；为社会各界了解云南社会科学领域的现状提供最新信息；促进学术交流，繁荣发展社会科学事业，推动云南社会科学优秀成果和优秀人才走向全国、走向世界。

四、《云南社会科学年鉴》于2011年创办，逐年编纂出版。本卷为《云南社会科学年鉴2012》，总卷第2卷，主要记述2011年云南省社会科学发展的基本情况。设有11个基本栏目：特载、学科综述、科研课题、获奖成果、学术人物、社会科学研究机构·研究基地、学术团体、社科学术活动、社会科学期刊、大事记、附录。

五、《云南社会科学年鉴》采用分类编辑法，以条目为主线，学科综述采用文章体。全书采用规范的语文体、记述体，行文力求言简意赅。

六、《云南社会科学年鉴》收录的资料来自本省党政机关、社会科学教学、研究和科研管理等机构。采用的稿件由本省高等院校、科研院所、党政干校、有关实际部门和学术团体提供，其中学科综述性文章均约请有关专家学者和科研管理人员撰写。

七、《云南社会科学年鉴2012》在资料收集、编纂过程中，得到了各高等院校、科研院所、学术团体及相关部门的领导和专家学者的大力支持和帮助，云南大学出版社的编辑同志做了大量细致的编校工作，在此表示衷心感谢！

《云南社会科学年鉴》编辑部

2012年8月

目　录

特　载

学科综述

科研课题

获奖成果

学术人物

社会科学研究机构·研究基地

学术团体

社科学术活动

社会科学期刊

大事记

附 录

Contents

Important Notes

A Survey of Disciplines

Research Projects

Award-Winning Research Findings

Academic Celebrities

Social Science Research Institutes · Research Bases

Academic Communities

Academic Activities in Social Science

Social Science Journals

Chronicle of Events

Appendix

特　载

年鉴 2012

云南省哲学社会科学“十二五”研究和发展规划

“十二五”时期是全面建设小康社会、推动科学发展和促进社会和谐的重要时期。制定和实施云南省哲学社会科学“十二五”研究和发展规划，对于深入贯彻落实科学发展观，繁荣发展哲学社会科学，落实全省国民经济和社会发展“十二五”规划，实现云南建设绿色经济强省、民族文化强省、中国面向西南开放的桥头堡目标，具有重大意义。

一、“十一五”期间云南省哲学社会科学工作回顾和“十二五”时期面临的形势

（一）繁荣发展哲学社会科学成效显著

省委、省政府高度重视哲学社会科学事业发展，下发了《关于进一步繁荣发展哲学社会科学的意见》，为繁荣发展哲学社会科学提供了思想指导和政策保障。通过深入贯彻党的十七大精神和中央、省委关于繁荣发展哲学社会科学的意见，各级党委、政府对哲学社会科学重要地位的认识明显提高，哲学社会科学工作全面加强，激发了广大社科工作者理论创新和实践探索的积极性、主动性、创造性。哲学社会科学工作服务决策、服务社会和服务企业的作用得到充分体现，马克思主义在意识形态领域的指导地位进一步巩固，科学发展观进一步得到贯彻，社会主义核心价值体系进一步深入人心。“十一五”期间，社科研究、人才培养、学科建设、社会科学普及、对外交流、基础设施建设成效显著。哲学社会科学研究围绕中心、服务大局，推出了一批优秀成果，发挥了“认识世界、传承文明、创新理论、资政育人、服务社会”的功能和作用。“十一五”期间获国家社科基金项目立项是“十五”期间的2.9倍，经费资助是“十五”期间的5倍。一批研究成果登载在《参考清样》、《国际内参》、《成果要报》和国家级报刊上，引起了党和国家领导人及省委省政府领导的重视和关注。部分研究成果获得省政府表彰，一批著作获得学术出版资助，正确引导了社科研究方向，扩大了社会影响。省级哲学社会科学规划课题的组织实施，培养和锻炼了队伍，大批优秀中青年人才脱颖而出。建成云南省哲学社会科学研究基地26个和云南省民族研究院、云南省东南亚南亚研究院（以下简称“两院”），在社科研究和学科建设中发挥了支撑作用。马克思主义理论研究和建设工程取得实质性进展，形成了一批在省内外有重要影响的研究成果。“云岭大讲堂”、“社科专家基层行”、“社科学术年会”三大社科品牌打造取得新成效。云南“智库”建设全面推进。云南省社科联综合大厦、云南省社科院科研大楼建成。哲学社会科学“十一五”研究和发展规划任务、目标基本实现。

（二）哲学社会科学工作取得新经验

必须始终坚持党对哲学社会科学工作的领导。各级党委、政府深入贯彻中央和省委关于繁荣发展哲学社会科学的意见精神，把繁荣发展哲学社会科学纳入党委和政府重要议事日程，全面加强对哲学社会科学工作的领导。

必须始终坚持马克思主义的指导地位。以马列主义、毛泽东思想和中国特色社会主义理论体系统领哲学社会科学工作，用科学发展观武装广大哲学社会科学工作者，自觉实践和不断推进马克思主义中国化、时代化、大众化。

必须始终坚持理论联系实际。围绕和服务党和国家及全省中心工作，着力研究中国特色社会主义道路中的重大理论和现实问题，突出研究中国特色社会主义在云南的实践，总结经验，把握规律，创新方法，推动工作。

必须始终坚持突出地方特色。把基础理论研究与应用研究、学术研究与对策研究、综合研究与专项研究有机结合起来，注重优长学科与新兴学科的培育，充分体现现实性、地方性、开放性、民族性要求。

必须始终坚持整合社会科学资源。强化整体攻关实力，形成开放、流动、联合、竞争的科学研究和人才培养机制，努力提高科研质量和理论创新能力，打造科研品牌。

（三）哲学社会科学工作存在的主要问题

哲学社会科学领导体制不顺，工作机制不完善，管理方法有待改进；社科理论创新与实践创新不足，创新观念不强，创新成果不多；社科研究成果应用与推广不够，成果转化机制有待改进；高素质社科人才偏少，在国内外产生重要影响的标志性成果不多，推进学科建设和重大项目研究的手段有待加强；社科研究基地发展不平衡，带动和辐射作用不明显，建设及管理有待强化；社科研究与发展经费投入严重不足，与社会事业发展不适应，亟待统筹解决。这些问题的存在，是制约“十二五”时期哲学社会科学发展的主要因素，必须着力解决。

（四）哲学社会科学事业发展面临新形势新任务

当今世界正处在大发展大变革大调整时期，各种思想文化交流、交融和交锋更趋激烈，人们思想活动的独立性、选择性、多变性、差异性明显增强，马克思主义指导地位在不断巩固的同时，也面临着各种社会思潮的挑战。当前，我国正处在全面建设小康社会的重要战略机遇期，同时也是矛盾凸显期，社会利益关系趋向复杂，新的不稳定不确定因素不断增多。坚持马克思主义在意识形态领域的指导地位，科学认识和正确判断形势，深入研究和科学回答社会主义现代化建设中的重大理论和现实问题，是加快云南经济社会发展、繁荣发展哲学社会科学事业面临的重要任务。

二、“十二五”期间云南哲学社会科学工作的指导思想和发展目标

（五）指导思想

以邓小平理论和“三个代表”重要思想为指导，深入贯彻落实科学发展观，坚持和发展中国特色社会主义理论，努力推进马克思主义中国化、时代化、大众化，解放思想、实事求是、与时俱进，发扬理论联系实际的学风，提倡学术民主，推动科研创新，紧紧围绕党和国家及全省中心工作，着力研究回答中国特色社会主义建设中的重大理论和现实问题，为云南建设绿色经济强省、民族文化强省、中国面向西南开放的桥头堡，提供理论指导、思想保证、精神动力和智力支持。

（六）发展目标

“十二五”期间哲学社会科学要打牢创新基础，激发创新活力，完善创新机制，努力培育具有云南特色并在全国有一定影响的一流学科、一流队伍、一流研究基地，推出一批服务经济社会发展的应用对策研究和有地方特色、区域优势的基础理论研究重大成果。在这一总目标下，通过5年努力，使马克思主义理论研究与建设、重大理论与现实问题研究、国家级科研项目研究取得新突破；学科建设取得新进展，优长特色学科形成一批具有国内外重要影响的科研成果；新兴学科逐步发展壮大，完成一批标志性社科学术研究成果；社科研究基地建设、社会科学普及、对外学术交流、人才培养与创新团队建设取得新成效；制度创新、经费投入、事业发展、成果转化和管理工作形成新的长效机制，为哲学社会科学繁荣发展创造良好条件。

三、推进马克思主义理论研究和建设工程

（七）推进马克思主义基础理论研究

马克思主义理论研究和建设工程，是巩固马克思主义在意识形态领域指导地位的基础工程，是加强党的建设、巩固党的执政地位的战略工程。要深入研究马克思主义基本原理，通过对马克思主义发展史的研究，总结其发展规律；通过对马克思主义中国化历史进程的研究，总结其基本经验；通过对国外马克思主义的研究，掌握其最新动态，推进马克思主义理论的与时俱进。深入研究中国特色社会主义理论体系，全面阐述中国特色社会主义理论体系的重大意义、时代背景、实践基础、科学内涵和历史地位。深入研究科学发展观，系统阐述科学发展观的科学内涵、精神实质和根本要求，充分发挥科学发展观指导实践、回答问题、推动工作的作用。深入总结中国特色社会主义道路在云南实践的成功经验，探索具有云南特色的经济、政治、文化、社会和生态文明建设发展道路。组织编写出版宣传马克思主义基本原理、中国特色社会主义理论体系和中国特色社会主义道路在云南实践的科研著作、理论文章、研究报告，深化马克思主义基础理论研究。

（八）推进马克思主义学习型政党建设研究

建设学习型政党是推进党的建设新的伟大系统工程。要深入研究建设马克思主义学习型政党的理论创新问题。全面阐释马克思主义学习型政党的深刻内涵、时代背景、理论特征和重要意义，推出一批有分量、有针对性的研究成果。深入研究建设马克思主义学习型政党的实践问题。坚持理论联系实际，围绕经济社会发展的重大问题、人民群众最关心最直接最现实的利益问题、党的建设问题，总结干部群众在实践中创造的新做法新经验。深入研究建设学习型领导班子和学习型党组织问题。编写建设学习型政党“百县（市）丛书”，推进中国特色社会主义理论创新，提升党的建设科学化水平。定期举办理论学习班、研讨班和读书活动，提高党政领导干部的理论修养和执政能力。

（九）推进马克思主义中国化、时代化、大众化研究

马克思主义中国化、时代化、大众化，是马克思主义在中国发展并指导中国实践的基本规律和根本要求。要充分调动全省马克思主义理论工作者的积极性和创造性，把马克思主义的科学性、时代性与通俗性结合起来，深入研究马克思主义中国化、时代化、大众化的理论和实践问题，对当代中国马克思主义进行深入浅出的理论阐释。重视理论成果的转化、推广和运用，鼓励专家学者和实际工作者在国家和省级重点报刊上发表理论文章。推进马克思主义学科体系和教材体系建设，为马克思主义理论研究和教学提供有力的学科支撑。完善理论教育和时事政策教育的宣讲制度，推进中国特色社会主义理论体系普及和宣传教育。

（十）推进建设社会主义核心价值体系研究

社会主义核心价值体系是社会主义意识形态的本质体现，是全党全国各族人民团结奋斗的共同思想基础。要深入研究社会主义核心价值体系与中国特色社会主义道路的关系，积极探索引领多样化社会思潮的方法和途径。深入研究社会主义核心价值体系的内涵外延、理论结构和时代背景，积极探索理论创新的经验和规律。深入研究中国先进文化与世界文明潮流的关系，积极探索和谐文化建设的措施和手段。深入研究社会主义核心价值体系融入社会生活、走进群众心灵的问题，积极探索社会主义核心价值体系建设的形式和渠道，推动社会主义核心价值体系进教材、进课堂、进头脑。

四、组织重大问题研究与重大项目实施

（十一）突出重大理论与实践问题研究

组织全省社科力量开展云南全面建设小康社会问题研究，社会主义新农村建设研究，西部大开发对策研究，新型工业化、城镇化、农业产业化和教育现代化对策研究，绿色经济强省对策研究，经济结构调整和转变经济发展方式研究，发展低碳经济研究，培育战略性与新兴产业问题研究，区域协调发展与经济振兴研究，建设中国面向西南开放的桥头堡研究，东南亚南亚历史与现状及其与云南经贸合作问题研究，建设民族文化强省对策研究，边疆民族地区民主政治建设问题研究，民族团结与建设和谐云南研究，云南藏区稳定与发展研究，云南宗教问题研究，和谐文化、廉政文化建设研究，发展文化产业与提升民族文化软实力研究，防范和抵御境外思想文化渗透、维护文化安全研究，发展旅游文化与旅游产业转型升级研究，公共文化服务体系建设研究，保障和改善民生问题研究，社会稳定体制机制研究，统筹城乡发展与缩小发展差距问题研究，禁毒防艾问题研究，加快边疆民族贫困地区发展长效机制研究，云南生态文明建设理论与实践问题研究，争当生态文明建设排头兵战略和对策研究，建设森林云南研究，建设生态功能区研究，充分发挥哲学社会科学研究机构“思想库”和“智囊团”的作用。

（十二）实施哲学社会科学研究基地和“两院”建设项目

以云南优势和特色学科为基础，以整合研究资源、凝聚研究人才、推出优秀成果为目标，新建一批重点社科研究基地，形成特色鲜明、布局合理、功能完善的社科研究体系。要严格考评制度，量化考核指标，两年考评一次，动态管理，评级淘汰，努力提高科研质量和管理水平，充分发挥研究基地学术创新和决策咨询双重作用。加强“两院”自身建设，完善发展机制，整合全省研发资源，提升科研能力和学术水平，积极打造

"两院"学术品牌，将"两院"建设成为中国面向东南亚南亚开放的重要科研平台和学术交流平台，努力建设成为中国知名、世界有影响的研究中心。

（十三）实施精品成果推出项目

以《云南文库》建设为重点，打造社科精品成果。编纂出版《云南大百科全书》、《中国彝族大百科全书》、《云南通史》、《云南专史》、《南诏大理国史》、《中国面向西南开放的桥头堡建设研究丛书》、《东南亚南亚研究丛书》、《非物质文化遗产保护丛书》等著作。争取更多国家社科基金项目，增加云南哲学社会科学规划重大课题、重，点课题数量，提高研究质量，推进社科研究成果的传播、转化和应用。

（十四）实施西南边疆建设研究项目

积极推进"西南边疆历史与现状综合研究项目"的实施，深入研究西南边疆安全体系建设问题、云南和谐边疆建设与非传统安全问题、西南边疆跨境民族问题和宗教问题、西南边疆生态建设问题、大湄公河次区域与孟中印缅地区经济合作问题、云南与周边国家文化旅游合作问题、云南与周边国家水资源开发与合理利用问题、云南沿边开放问题等，形成一批具有国家战略层面与决策咨询意义的重要研究成果。

（十五）实施民族文化强省研究项目

围绕公共文化服务体系建设、文化体制改革和文化产业发展等问题，多角度、多层次和多渠道开展深入研究，为民族文化强省建设提供理论支持和咨询服务。加强对云南地方历史文化全面系统研究，抢救、保护和发掘民族文化资源，重点围绕云南民族历史文化、民族民间文化艺术、历史文献整理，深入挖掘云南民族历史文化丰富内涵，弘扬民族精神，传承民族文化，打造"香格里拉"、"茶马古道"、"七彩云南"和"聂耳音乐"四大文化品牌，推进文化名城、特色文化村镇建设，提升云南文化在国内外的影响力。

（十六）实施社科普及品牌项目

建设一批社会科学科普示范基地，构筑学校、社区、农村、企业、机关社科咨询网络，举办各种形式的讲座、报告会和咨询会，推动哲学社会科学普及咨询活动大众化和经常化，扩大"社会科学科普周"的影响力。继续打造"云岭大讲堂"、"社科专家基层行"、"社科学术年会"三大标志性品牌，使其成为云南普及社科知识、传播先进文化、创新学术观点、培养社科人才的重要平台。加强学会、协会、研究会和基层社科联建设，夯实社科研究基础。

（十七）实施云南"智库"建设项目

以云南"智库"建设为平台，完善激励机制，调动科研积极性，吸引和聚集高素质人才，以科研带动人才培养，以项目促进队伍建设，充分发挥专业团队作用。围绕中心、服务大局，深入开展重大战略性、前瞻性和现实性问题研究，为省委、省政府决策提供理论支撑、战略思路和智力支持。

（十八）实施社科对外学术交流项目

鼓励高等院校和社科研究机构与国内外知名大学、研究机构合作建设多样化的学术交流平台。积极支持和鼓励社科研究单位和学术团体开展多形式、高质量的学术交流活动。充分发挥"两院"和社科研究基地的带动和辐射作用，高水平建设面向全国、连接周边国家的国际学术交流基地。整合省内多种形式学术论坛，着重办好东南亚南亚学术论坛，提升昆明泛亚论坛的影响力，促进云南与国内外学术交流和经贸合作。

五、加强学科建设与人才队伍建设

（十九）加强优势学科和特色学科建设

学科建设是繁荣发展哲学社会科学的基础。依托党校、高等院校、社科研究机构，整合社科研究力量，通过课题研究、学位点建设、人才培养、教材编写等渠道，巩固、提升、壮大优势学科、特色学科和国家重点学科，提高其国内外学术地位和影响，在学科建设中发挥带动和示范作用。

（二十）突出应用学科建设

围绕建设富裕民主文明开放和谐云南以及绿色经济强省、民族文化强省、中国面向西南开放的桥头堡目标，突出全省经济社会发展重大现实问题研究，创新研究方法，改进研究手段，丰富研究内容，增强研究的针对性和可操作性，力争推出一批对省委、省政府有重要决策参考价值的社科研究成果，促进应用学科建设迈上新台阶。开辟哲学社会科学工作者参与经济社会重大问题决策咨询的新方式、新途径，建立健全哲学社会科学工作者参与经济社会重大问题决策咨询制度。

（二十一）重视基础学科建设

以基础学科带动应用学科发展，以应用学科促进基础学科研究。大力推进以马克思主义中国化、时代化、大众化为重点的马列·科社学科建设；推进以基层党组织建设为重点的党史·党建学科建设；推进以区域发展、产业振兴、开放型经济建设为重点的经济学科建设；推进以信息化建设为重点的新闻传播学科建设；推进以基层民主政治建设为重点的政治学科建设；推进以重大社会问题、民生问题、社区建设和禁毒防艾为重点的社会学科建设；推进以传统宗教为重点的宗教学科建设；推进以云南近现代史为重点的历史学科建设；推进以经济管理和社会管理为重点的管理学科建设。扶持关系云南哲学社会科学发展和对学科创新起关键作用的基础理论研究，提升基础学科建设水平，形成一批具有地方特色和区域优势的学科集群。

（二十二）扶持新兴学科和交叉学科建设

根据经济社会发展和学科建设需要，扶持一批新兴学科和交叉学科的建设与发展，积极推进社会科学与自然科学的交叉和融合，注重跨学科综合研究，推进学术观点、学科体系和科研方法创新，促进新兴学科和交叉学科迅速成长。新增一批社科博士、硕士学位点，形成门类齐全、布局合理、特色鲜明的学科体系。

（二十三）实施“社科人才工程”

以党校、高等院校、社科研究机构为重点，创新人才引进机制，搭建科研平台，加大高层次科研和教学人才引进力度。以造就学术大家和领军人物为目标，制订培养计划，改善科研条件，留住人才、用活人才、用好人才，积极培养一批学科、年龄、学历、职称结构合理的学术创新团队。实施云南省哲学社会科学领军人物培养工程。第一层次领军人物10名，力争成为国内领先、国际知名的专家学者；第二层次领军人物30名，力争成为国内具有较高知名度的专家学者；第三层次领军人物60名，力争成为省内具有较高知名度的专家学者。

（二十四）加大对中青年社科人才培养力度

以科研推动人才培养，以人才培养促进团队建设。在省规划课题申报、社科成果评奖和《云南文库》建设等项目中设立青年项目，适当放宽项目申报和社科评奖的条件限制，营造良好科研环境，为中青年学者提供更多的研究和学术交流机会。启动中青年科研骨干培养计划，定期举办学习研讨班，培养和造就一大批政治坚定、思想敏捷、学识渊博、成果丰硕的中青年哲学社会科学人才。

（二十五）创新哲学社会科学人才机制

加强与全国一流、国际知名的哲学社会科学教学和研究单位的合作，创新哲学社会科学人才培养模式，完善哲学社会科学人才选拔和管理机制。健全人才激励和竞争机制，完善省级优秀社科人才选拔、奖励制度，形成多层次的人才培养格局。充分发挥离退休社科专家的作用。深化科研单位制度改革，充分调动哲学社会科学工作者的积极性和创造性，形成哲学社会科学领域人尽其才、人才辈出的良好局面。

六、完善哲学社会科学的体制机制

（二十六）加强党对哲学社会科学工作的领导

完善由省委统一领导，省委宣传部组织协调，科研单位、党校系统、高等院校、军队院校、实际工作部门相互配合、相互协作、运转有序的管理体制。各级党委、政府要认真贯彻落实中央及省委关于繁荣发展哲学社会科学的意见精神，高度重视哲学社会科学工作，切实加强领导，坚持正确的政治导向，把握工作规律，改进领导方式，提高领导水平，把繁荣发展哲学社会科学纳入经济社会发展总体规划，纳入民族文化强省建设、科教兴滇和人才强省战略目标，制定有效的政策措施，为深化和拓展哲学社会科学研究创造良好的环境。

（二十七）创新哲学社会科学规划工作机制

省社科规划办负责本规划的组织实施，围绕出精品、出人才的目标，推行科研工作项目制、科研项目课题制、科研课题招标制，促进科研工作机制创新。建立以课题负责人牵头、以项目为纽带、以课题招标为主的组织形式，促进课题设计、招标、评估和推广的科学化。完善评审立项监督机制、评审立项诚信机制、评审立项协调机制。加强创新型学术团队建设，积极探索新形势下哲学社会科学事业发展的新思路、新机制、新方法和新途径。依法保护哲学社会科学的知识产权。

（二十八）健全哲学社会科学研究和管理制度

建立健全科研管理制度和运转机制，坚持公开、公平、公正的评审原则，严格规范指南设计、资格审查、通讯评审、会议评审和审核批准等程序，严肃评审纪律，自觉接受社会监督，杜绝学术领域的不正之风。坚持中期检查、重要事项变更审批、年度综合检查报告等制度，实行全过程动态监管，探索长期拖延结项惩诫制度，促进优秀成果涌现，形成立项与结项并重的良性发展态势。建立具有科学性、导向性和可行性的哲学社会科学事业发展评估指标体系，完善课题立项、鉴定验收、出版资助、成果评奖的评价标准和评审制度，确保评审的公正性和权威性。建立项目管理档案，完善科研管理制度。加强民办社科研究机构、学术性社团组织、涉外合作课题以及学术会议、社科讲座（论坛）的管理，积极引导社科研究健康发展。

（二十九）整合哲学社会科学研究资源

优化资源配置，以党校、高等院校、省级科研机构为主导，充分调动基层社科研究单位、民办社科研究机构的积极性，形成群体优势。以重点学科、重大项目为支撑，以省规划课题、马克思主义理论研究和建设工程课题、研究基地课题、“两院”课题为依托，以全局性、前瞻性、战略性的重大理论和现实问题为主攻方向，积极开展社科工作者跨学科、跨单位、跨地域的研究和协作攻关，大力推进学术观点创新、学科体系创新和科研方法创新，努力探寻破解发展难题的新途径和新方法，打造云南学术品牌。

（三十）推进哲学社会科学信息化建设

将哲学社会科学信息化建设纳入省信息化工程整体规划，加快哲学社会科学信息中心和哲学社会科学网站建设，建立哲学社会科学基础研究数据库、应用研究数据库以及项目网络申报、评审和结项平台，形成全省资源共享和方便快捷的信息化系统。

（三十一）完善哲学社会科学优秀成果激励机制

改进社科优秀成果评奖办法，探索项目异地评审方式，完善哲学社会科学评价机制，突出成果质量和应用价值。对哲学社会科学事业作出突出贡献的单位和个人给予表彰奖励，鼓励广大哲学社会科学工作者进行理论创新，多出优秀研究成果，以富有真知灼见的科研成果为各级党委、政府提供决策参考，为实现经济社会又好又快发展服务。

（三十二）健全哲学社会科学成果转化机制

积极探索社科工作者为各级党委、政府决策服务经常化、制度化的工作机制，拓展成果转化方式，畅通成果报送和反馈渠道，推动优秀成果走向市场，增强服务经济、服务社会、服务企业的能力。创办《社科成果要报》，完善优秀出版资助，推进《云南文库》建设，加强研究成果的搜集、展示、发布、推广、应用和反馈系统建设，努力办好社会科学期刊，充分发挥报纸、广播、电视、网络等传媒在社科信息传播中的主渠道作用，建设一批有学术品位的媒体社科频道和栏目，构筑云南省哲学社会科学研究成果为领导决策服务、为企业服务和为社会大众服务的工作平台。

七、加大哲学社会科学经费投入

（三十三）建立哲学社会科学经费投入长效机制

遵循社会科学与自然科学并重原则，切实加大社会科学经费投入力度，缩小与科技经费投入差距。省社科规划办管理的马克思主义理论研究和建设工程、哲学社会科学规划课题、社科研究基地建设、“两院”建设、《云南文库》建设、人才培养和对外学术交流以及省社科联“三大品牌”打造、优秀社科成果评奖和省社科院云南“智库”建设等各项经费，与科技经费投入同步增长，省财政予以保障，为繁荣发展云南哲学社会科学创造良好的物质条件。

（三十四）积极开拓社科事业投入的多元筹资渠道

坚持以政府投入为主导，逐步增加社科事业经费投入，鼓励和支持有条件的研究机构和研究人员面向社会、面向市场，与企事业单位开展合作研究、提供咨询、转让成果，以提供有偿服务等方式筹措科研经费，形成多元化科研经费融资渠道。

（资料来源：中共云南省委办公厅文件）

2011年度云南省哲学社会科学规划课题评审工作会议

2011年7月7日，2011年度云南省哲学社会科学规划课题评审工作会议在昆明举行。会议提出，紧跟时代步伐，把握大局大势，大力推进哲学社会科学繁荣发展。

省委副书记李纪恒出席会议并讲话。省委常委、省委宣传部部长张田欣主持会议。省人大常委会副主任杨保建、副省长高峰、省政协副主席顾伯平出席会议。

会议认为，“十一五”以来，全省哲学社会科学战线坚持以中国特色社会主义理论体系为指导，围绕中心、服务大局，紧跟时代、植根实践，社科研究、学科建设、人才培养、科学普及、智库建设、成果转化等各项工作取得新成效，巩固和发展了哲学社会科学工作积极健康、繁荣发展的良好局面。

李纪恒在讲话中指出，当前，世界范围内思想文化交流交融交锋日益频繁，国内社会思想观念多元多样多变更加明显，加快转变经济发展方式、推动科学发展，以及互联网等新兴媒体的迅猛发展，都要求哲学社会科学工作发挥更大作用。全省哲学社会科学战线要切实增强责任感、使命感，担负起时代赋予的神圣使命。当前和今后一个时期，哲学社会科学战线要把认真学习贯彻胡锦涛总书记重要讲话精神，作为重要政治任务抓紧抓好。要制订系统的学习计划，集中一定时间，组织集体学习，召开各种类型的学习会、座谈会、研讨会，领会讲话精神实质，理解讲话提出的重大理论观点，全面把握讲话提出的各项工作要求。要组织哲学社会科学工作者，围绕讲话中提出的新思想、新观点、新要求，联合开展课题研究，推出一批有深度、有分量的研究成果。

李纪恒强调，“十二五”时期，哲学社会科学工作要坚持正确政治方向，遵循社科研究规律，牢固树立精品意识，注重引导学风建设，大力推进研究体制改革，切实加强基础建设，在创新体系建设、基地建设、社团建设、队伍建设、对外交流等方面实现新突破；要积极争当全省推进马克思主义中国化时代化大众化的排头兵，充分发挥哲学社会科学“思想库”、“智囊团”作用，进一步增强哲学社会科学研究的战略性和前瞻性。社科规划项目评审要坚持导向正确、重点突出，坚持质量第一、好中选优，坚持创新至上、出新出彩，坚持程序规范、制度严格；要加强项目指导和结项管理，扩大研究成果宣传，切实发挥各级社科基金项目在繁荣发展哲学社会科学中的导向和示范作用。各级党委、政府要制定切合实际的发展规划和政策措施，加强宏观指导，加大经费投入，推动哲学社会科学工作与经济社会发展相协调。各级领导干部在定政策、作决策时要重视运用哲学社会科学的成果，提高推进哲学社会科学工作的能力和水平。

张田欣要求有关部门要通力协作，密切配合，为哲学社会科学繁荣发展营造良好的氛围；要把握属性、服从大局，树立导向意识和精品意识；要突出重点，抓住主要矛盾，把哲学社会科学工作做得更新更实更有成效。

会议表彰了2010年度国家社科基金项目申报、立项和管理工作先进单位和优秀项目组，评审了2011年度省社科规划课题。

（资料来源：云南哲学社会科学规划网）

2011 年度国家社科基金项目评审结果公布 我省实现立项数、资助经费双突破

日前，2011 年度国家社科基金项目评审结果公布，全国 3 368 项（面上项目 2 883 项，西部项目 485 项）获准立项资助，占申报总数 21 182 项的 15.9%。

我省 42 个单位申报基金项目 1 062 项，通过组织省内专家初评，推选出选题相对合理、填表相对规范、设计论证相对到位的 700 项申报，比去年减少 194 项；获准立项 105 项，按可比口径计算，比去年 78 项增加 27 项，增长 34.7%，其中重点项目 2 项，一般项目 34 项，青年项目 24 项，西部项目 45 项，均比去年有明显增长；获得国家社科基金资助 1 460 万元，比去年同期 918 万元增加 542 万元，增长 59%，实现了立项数、资助经费数双突破，立项数首次突破 100 项，经费资助首次突破 1 000 万元，实现了“十二五”良好的开局。

从单位分析，42 个单位申报，21 个单位获得项目立项。省委党校立项 5 项，占立项总数的 4.8%；省社科院立项 7 项，占立项总数的 6.7%；高校系统立项 90 项，比去年 61 项增加 29 项，占立项总数的 85.7%；其他单位立项 3 项，占立项总数的 2.8%。云南大学、云南民族大学、云南师范大学、云南财经大学、云南警官学院、云南农业大学、西南林业大学、云南艺术学院、云南中医学院等 9 所在昆高校都有不同程度增长；省属州市院校立项 16 项，比去年增加 5 项。曲靖师范学院、昆明学院、楚雄师范学院、玉溪师范学院等 4 所学院也有相应增长；红河学院与去年持平；保山学院第一次获得国家社科基金项目立项。

从学科分析，申报项目涉及 23 个全部一级学科，21 个学科有立项。在 21 个立项的学科中，马列·科社、哲学、应用经济、社会学、民族问题研究、中国历史、宗教学、中国文学 8 个学科立项数比去年均有不同程度增加；统计学、人口学、世界历史 3 个学科填补了去年无立项的空白；政治学、法学、考古学、语言学、体育学 5 个学科与去年持平；理论经济、国际问题研究、新闻学与传播学、图书情报、管理学 5 个学科均有不同程度下降；党史·党建和外国文学 2 个学科没有项目立项。

通过上述分析，有几点启示：一是全国规划办采取限额申报，不仅遏止了项目申报无限膨胀的势头，还有效地提高了项目申报质量，是一项可操作性强的管理机制。二是我省认真分析本省情况，不下达限额申报指标，采取省内初评方式进行筛选，选题和论证质量明显提高，是一条符合云南实际的调控措施。三是广泛动员，精心组织，重点辅导，是一条行之有效的方法。四是激励措施的完善，公平竞争机制的形成，是调动科研人员积极性、主动性的有效方式。五是加强在研项目管理，鼓励按期结项，是利用好有限的科研力量，增强竞争能力的有效途径。

（资料来源：云南哲学社会科学规划网）

2011年度183项省社科规划课题获准立项

2011年度云南省哲学社会科学规划课题通过形式审查、匿名评审、会议评审和审核等严格的程序，共有183项课题获准立项，其中重大课题3项，重点课题5项，委托课题12项，一般课题72项，青年课题37项，决策咨询课题8项，合作课题46项，立项率达19.8%，资助经费达204万元，为历年最高。

2011年是“十二五”开局之年，也是《云南省哲学社会科学“十二五”研究和发展规划》实施的第一年。今年省规划课题从指南编制到批准立项，始终以规划为指导，既突出马克思主义理论研究和建设工程的推进，又突出重大理论和实践问题的研究；既注重优长和特色学科巩固发展，又注重兼顾新兴学科和小学科建设；既遵循评审的规则和程序，又适当照顾新生力量的培育，具有较强的针对性、指导性和可操作性，有利于提升科学研究水平、培养学术队伍和增强决策咨询能力。共有64个单位申报926项，42个单位均有不同程度获准立项，涵盖了党政机关、大专院校和科研院所。

（资料来源：云南哲学社会科学规划网）

云南两项成果入选2011年度《国家哲学社会科学成果文库》

2010年，全国社科规划办设立了《国家哲学社会科学成果文库》（以下简称成果文库），旨在汇集具有重要理论意义和实践价值，创新性和前沿性较强，学风严谨、文风朴实，能够代表社科研究领域领先水平的优秀成果，按照“统一标识、统一封面、统一版式、统一标准”的方式组织出版，推进学术创新，引导学风建设，充分发挥优秀成果和优秀人才的示范带动作用，鼓励广大哲学社会科学工作者打造更多的精品力作。2010年共有62部（云南1部）作品入选，在今年5月召开的国家社科基金年度项目评审会上进行表彰，李长春、刘云山、刘延东、陈奎元等党和国家领导同志为入选作者代表颁发荣誉证书，极大地鼓舞了广大社科工作者。

2011年，全国共申报453项，涵盖26个学科，经过初评、复评和公示，中国社科院、在京部属高校和20个省区市70项成果入选。省社会科学院杨福泉副院长、研究员申报的《东巴教通论》和云南大学周平教授申报的《多民族国家族际政治整合研究》2部成果入选其中，云南省成为项目入选较多的省份之一。

（资料来源：云南哲学社会科学规划网）

学科综述

年鉴

2012

马克思主义理论

2011年，云南省哲学社会科学界马列·科社学科以马列主义、毛泽东思想和中国特色社会主义理论体系为指导，发扬“云南精神”，紧紧围绕改革开放以来重大的理论与现实问题并结合云南省第九次党代会精神，解放思想、开拓创新、深入理论学习，强化学术交流，取得了明显成效，为实现云南科学发展、和谐发展、跨越发展提供了理论依据和智力支持。

一、学术论文

1. 中共云南省委、中共云南省人大常委会，白恩培：“在中共云南省委党校建校60周年庆祝大会上的讲话”，载《中共云南省委党校学报》2011年第1期。

2. 中共云南省委理论学习中心组：“立足边疆民族地区实际　推进学习型党组织建设”，载《求是》2011年第2期。

党的十七届四中全会从世情、国情、党情的深刻变化出发，提出了建设马克思主义学习型政党的战略任务。建设马克思主义学习型政党，基础工程是建设学习型党组织。云南立足边疆民族地区实际，在推进党员干部学习、建设学习型党组织方面进行了一些有益的探索，既深化了对建设马克思主义学习型政党的认识，又积累了建设学习型党组织的经验。

3. 云南省社会主义学院，诸芳：“试析延安精神与社会主义核心价值体系”，载《云南社会主义学院学报》2011年第2期。

延安精神和社会主义核心价值体系是中国共产党人在中国新民主主义革命和社会主义建设两个不同时期关于价值理念、力量之源和精神支柱的概括与诠释。延安精神是社会主义核心价值体系的重要精神源头和理论基础，蕴含着社会主义核心价值体系的深刻内涵。社会主义核心价值体系是延安精神的继承、发展和升华，是新时期党的理论创新的又一重要成果。社会主义核心价值体系建设，需要大力弘扬中华民族优秀传统文化，大力弘扬我们党的优良传统。继承和弘扬延安精神，是推进社会主义核心价值体系建设的重要内容之一。

4. 云南农业大学人文社会科学学院，方文：“推动延安精神进课堂的理论思考——以云南农业大学为研究对象”，载《福建论坛》（社科教育版）2011年第2期。

云南农业大学历来高度重视，并以多种形式开展延安精神教育，以班级活动弘扬延安精神，在课余生活中渗透延安精神，社会实践中锤炼延安精神，发挥研究生和学生党团员的模范带头作用，积极探索推动延安精神进课堂的有效路径，作出了大量卓有成效的工作。云南农业大学的成功经验表明，推动延安精神进课堂必须在抓紧抓好各项具体工作的同时，着力构建长效机制体系。

5. 云南师范大学文理学院、红河学院，台春玲、段全武：“论高校青年马克思主义者培养工程”，载《人民论坛》2011年第4期。

青年马克思主义者培养工程是关系到我党执政基础的重大工程。我国高校青年马克思主义者培养工程建设中存在着创新不足、氛围不浓、人员素质不高等问题。必须树立科学明确的目标，根据马克思主义发展的规律，结合中国实际，坚持科学发展观，通过关注人的全面进步以及加强理论创新来构建青年马克思主义者培养工程。

6. 云南大学马克思主义研究院，任新民：“划清四个界限，澄清理论误区，提高政治鉴别能力”，载《昆明学院学报》2011年第4期。

建设社会主义核心价值体系是思想战线上一项重大战略任务和重大理论创新，划清四个界限、澄清理论误区、提高全党全国人民的政治鉴别能力是建设社会主义核心价值体系的重要内容。从理论上把握好“四个坚持、四个反对”的基本内涵和基本要求，是划清四个界限的理论前提，是我们澄清思想理论误区，提高政治鉴别能力，坚定中国特色共同理想信念，建设社会主义核心价值体系中的重大理论任务。

7. 中共云南省委，白恩培：“向杨善洲同志学习，做人民满意的好党员好干部”，载《求是》2011 年第 5 期。

60 年如一日坚守共产党人的精神家园，模范践行全心全意为人民服务的宗旨，用自己一辈子的实际行动，生动回答了一个共产党员入党为了什么、当干部干些什么、给后人留下什么的问题，书写了一本生动的教科书，留下了一笔宝贵的精神财富。杨善洲同志是从云岭大地走出来的党员干部的楷模，云南各族干部群众更应当在向杨善洲同志学习活动中走在前头。向杨善洲同志学习，关键是要抓住本质，像他那样为政、干事、做人，努力在推动云南科学发展的征程中建功立业。

8. 云南省社会主义学院，王力民：“清除建立社会主义核心价值体系的障碍”，载《云南社会主义学院学报》2011 年第 5 期。

践行社会主义核心价值体系，是推进社会主义意识形态建设的一项重大举措。消除特权，铲除腐败，促进社会平等；加强法治建设，保障人民利益；严厉打击官商勾结，大力推进改善民生；推进收入分配制度改革，缩小收入差距，等等，是清除一切失民心、逆民意的社会丑恶现象，捍卫社会主义公平正义，有效推进社会主义核心价值体系建设的必然要求。

9. 云南大学艺术与设计学院，唐应杰：“革命歌曲的传唱与马克思主义大众化 ”，载《云南行政学院学报》2011 年第 5 期。

中国革命的胜利是军事的胜利，更是思想的胜利，是马克思主义大众化的重要成果；而革命歌曲的传唱则是马克思主义中国化、大众化的重要途径。该文通过梳理革命歌曲中的马克思主义思想，论述了这一传播方式的艺术魅力及其局限性，提出新时代扬弃地利用歌唱艺术促进马克思主义大众化的有效方式。

10. 云南大学生命科学学院党办，胡艳芳：“谈高校大学生的思想政治素质教育”，载《思想战线》2011 年第 6 期。

全面推进和加强大学生的思想政治素质教育，是当前我国现代化建设的一项紧迫任务和我国高等教育事业的一场深刻变革，是教育思想和人才培养模式的重大进步。该文从提高高校大学生的思想政治素质出发，就如何增强他们的爱国主义、集体主义和社会主义思想作了较全面、深入的论述，并提出了较明确、具体的实施意见。

11. 云南大学人文学院，李兵：“杨善洲精神的本质”，载《红旗文稿》2011 年第 7 期。

向杨善洲同志学习，应该认真思考和回答杨善洲精神的本质和基本内涵：恪守信念——杨善洲给人最深刻的印象，就是他恪守自己早年确立的人生信念；保持本色；公私分明——共产党人的高尚，在于他（她）不仅不接受任何特殊的地位和利益，还把为人民、为国家谋福利作为自己义不容辞的责任；忘我奉献。

12. 云南大学教务处，朱娴，董立昆：“高校学生思想政治教育工作‘管理悖论’探析”，载《国家教育行政学院学报》2011 年第 7 期。

高校学生思想政治教育工作是高校人才培养的重要内容之一，刚性教育与柔性教育的矛盾、灌输式教育与参与式教育的矛盾、惩处式教育与包容式教育的矛盾所带来的“管理悖论”不容忽视。文章指出，应从师资队伍素质的提高、制度的完善以及评估学生行为的影响等方面有效协调学生思想政治教育与管理方式间的矛盾，以提高大学生思想政治教育工作的成效。

13. 中共云南省委党校，王国忠：“学习杨善洲精神应从改造自己做起”，载《中共云南省委党校学报》2011 年第 7 期。

杨善洲同志的先进事迹和崇高精神，感人至深，令人震撼，发人深省，催人奋进。我们要像杨善洲同志一样，坚定理想信念，终生矢志不渝；强化宗旨意识，永葆公仆本色；认真履职尽责，不懈干事创业，从严要求自己，始终秉公用权。

14. 中共云南省委党校，李卫宁：“科学共产主义是我党始终不渝的信仰——纪念中国共产党成立 90 周年”，载《中共云南省委党校学报》2011 年第 7 期。

共产主义是中国共产党坚定不移的崇高理想，坚持这一崇高理想是我们党的指导思想——中国特色社会主义理论体系不可或缺的鲜明本质特征之一。如同当年毛泽东指出说新民主主义属于科学共产主义思想体系一样，中国特色社会主义理论体系同样属于科学共产主义思想体系，中国特色社会主义道路属于科学共产主义思想体系指引下的创造性的社会主义实践。

15. 云南大学马克思主义研究院，李维昌，盛美真："论利益多元化背景下思想政治教育的主导性建设"，载《求实》2011年第8期。

我国当前的利益格局和利益关系变化对思想政治教育提出了新的挑战。面对利益观念、利益活动、利益关系、精神利益等要素的多元化演变，利益多元化背景下思想政治教育一元主导性的建设，成为思想政治教育在当代中国转变发展中的重要课题。要在利益观念、利益活动、利益关系、精神利益等利益范畴实践形态多元化的基础上，重新建构思想政治教育的一元主导性作为。

16. 中共云南省委党校党史教研部，高旗："从革命党思维、执政党思维到大统筹思维——中国共产党90年'正、反、合'的历史逻辑"，载《云南社会科学》2011年第10期。

从革命党思维、执政党思维到大统筹思维，是中国共产党90年历史中宏观决策思想历经的"正、反、合"的否定之否定过程，凸显了中国共产党从封闭到开放再到努力统筹国际、国内事务的执政能力，见证了中国革命与建设在继承中扬弃、在扬弃中发展的光荣岁月。

17. 云南师范大学商学院，廖四华："浅谈开展大学生思想政治教育工作需把握的几个观念"，载《思想战线》2011年第12期。

大学生思想政治教育工作是大学教育的重要组成部分，新时期这一工作需要有新的思想作为指导，以人为本、发展全面、家校互动、自我提高是当前思想政治教育工作的主线，也是需要把握的重点。

二、学术著作

1. 张体伟：《西部民族地区自发移民迁入地聚居区建设社会主义新农村研究》，中国社会科学出版社2011年1月版。

本研究选择了具有代表性5个定点案例调研点，结合农户、专家及部门问卷，分析西部民族地区自发移民聚居区社会经济发展所面临的边缘化现状；从主体性、民族性、差异性、生态性等角度，剖析建设新农村所存在的困难和自身面临的特殊性问题；并侧重从主体、供体和载体三大制约因素进行分析，认为聚居区建设新农村艰难的根本性原因在于自发移民主体地位缺失，深层次原因在于各种制度壁垒，关键性因素在于政府政策及财政金融等供体投入不足，突出表现为基础设施、产业化及市场化等载体不完善。从前提、内容、途径等角度，确立自发移民聚居区建设新农村的主体地位，并从产业培植、民族与涉农工作、阶段性推进内容以及机制体制保障等方面，分别提出了相应对策措施。该著作通过对西部民族地区自发移民聚居区发展进行深入的系统、实证探索，其成果有一定的创新性。

2. 黄建生：《农村社区发展的可持续性研究：以云南省独家村为例》，人民出版社2011年1月版。

《农村社区发展的可持续性研究：以云南省独家村为例》一书是在欧盟—中国"中国乡村可持续性的多样性前景"项目的实证研究基础上完成的。通过对独家村内人与人之间联系和互动的分析，作者认为社会可持续发展并不仅仅是资源的有效和平衡利用的问题，生命意义的获得更是人类幸福生活的基础。而人与人之间长期形成的社会关系网络不仅有助于人们之间的资源分配、强化对人际行为的规范和约束，而且能给人们提供生命的意义解释。作者将独家村的生活与日本一些乡村的生活进行对比，目的是要说明：在发达的社会生活中，如果不注重精神方面的建设，物质财富的增加并不意味着人类必然获得幸福。

3. 云南省委组织部：《云岭楷模风采录》，云南人民出版社2011年2月版。

《云岭楷模风采录》主要内容：云岭大地是一方英雄辈出、先进典型众多的热土。典型选树得准确与否，是能否很好地推广和发挥典型作用的基础。为更好地实现典型宣传工作常态化，我们要将精心培育典型摆上重要位置，注重在社会不同层面选树可信、可亲、可敬、可学的先进典型。

4. 纳麒、谢青松著：《中国共产党的战略选择与哲学转换》，中国社会科学出版社2011年版。

该书从目标追求、战略选择、哲学转换三个层面对中国共产党90多年来的历史进行整体回顾、系统梳理和深刻反思，重点探讨中国共产党在不同历史时期的战略选择及其哲学转换。该书提出的重要观点主要包括：其一，伴随社会历史的不断变迁和中国共产党身份的转变，中国共产党的执政理念即哲学基础亦经历了重大的转换，即从革命理念到执政理念的转换，亦即从斗争哲学到和谐哲学的转换。其二，斗争哲学向和谐哲学的转换在本质上乃是从传统马克思主义哲学“两功能”（认识世界和改造世界）向“三功能”（认识世界、改造世界、享受世界）的跃迁。该书是近年来我省学者在马克思主义中国化领域取得的一项重要的研究成果。

5. 云南省委组织部：《党员干部楷模杨善洲》，云南人民出版社2011年4月版。

《党员干部楷模杨善洲》由中共云南省委创先争优办公室组编，从多角度、多侧面、全方位、立体式地把杨善洲的先进事迹与崇高精神复原。本书既是对杨善洲精神的弘扬，更是千千万万共产党人的缩影；既是中华传统文化精粹的掠影，也是时代精神精华的写真。

6. 鲁刚等著：《社会和谐与边疆稳定》，中国社会科学出版社2011年3月版。

鲁刚等著的《社会和谐与边疆稳定》是国家社科基金项目“边疆民族地区构建社会主义和谐社会进程中的社会稳定问题调查研究——以云南为例”的最终成果。本书以云南边境沿线地区作为主要空间范畴，对现阶段边疆民族地区的社会稳定问题展开了调查研究，分别从区域国际地缘环境、民族关系和民族团结、突出社会问题、民族宗教四个方面，深入探讨了云南边疆民族地区尤其是边境沿线地带，在新形势下维护社会和谐稳定的各种有利因素和存在的主要问题及隐患，并提出相应的对策和建议。

7. 张巨成编著：《社会主义核心价值体系建设丛书：感悟》，云南大学出版社2011年1月版。

《感悟》为“社会主义核心价值体系建设丛书”之一。全书分为三篇，收录了《辛亥老人窦应昌》、《踏寻历史的脚步——“寻找”烈士于方舟》、《白骨为轨鲜血为枕——对滇越铁路修筑史的调查》、《关于“中国近现代史纲要”课程教学方法的思考》等文。

8. 中共云南省委统战部，中共云南省委高校工委编：《云南高校统战工作研究与实践：云南省首届高校统战工作理论研讨会论文选集》，云南大学出版社2011年2月版。

《云南高校统战工作研究与实践：云南省首届高校统战工作理论研讨会论文选集》收录的论文，主题鲜明、针对性强，内容涵盖面广，很多论文具有一定的学术价值和理论水平，提出了许多有一定质量、具有一定针对性和可操作性的对策建议，这对进一步推进我省高校统战工作的开展有着积极的作用。《云南高校统战工作研究与实践：云南省首届高校统战工作理论研讨会论文选集》的出版，不仅对从事高校统战工作的干部和广大统一战线成员、高校统战工作研究的同志大有裨益，也为社会各界人士了解和支持高校统战工作提供了一个窗口。

9. 樊勇，高筱梅著：《理性之光：论发展的合理性及西部地区合理发展》，云南大学出版社2011年7月版。

《理性之光：论发展的合理性及西部地区合理发展》的特色在于以发展的合理性为核心、以科学发展观为指导、以人类社会可持续发展和人的自由全面发展为归宿，以西部地区合理发展为切入点，在哲学、社会学及经济学层面对发展合理性进行了理论阐释和实证分析。刻意体现理论与实际相联系、共性与个性相统一、定性分析与定量分析相结合。

10. 云南财经大学工会编：《探索高校工会理论推进民主政治建设：云南财经大学工会工作论文集》，云南大学出版社2011年9月版。

《探索高校工会理论推进民主政治建设：云南财经大学工会工作论文集》结合学校的实际，从民主管理、校务公开，维权与法制建设，理论创新、制度创新和工作创新，共建共享和谐校园，师德建设与队伍建设等众多侧面强调了学校工会在推进民主政治建设与和谐校园建设中的重要作用。大体展现了近年来云南财经大学工会干部的工会工作和对工会理论的思考轨迹。这本论文集的出版，对于了解学校的工会工作、进一步开展高校工会理论的研究、推动学校科学发展、创建和谐校园、建设高水平的云南财经大学都是大有益处的。

11. 刘绍怀、李平编：《大学生思想政治教育工作的理论与实践》，云南大学出版社2011年10月版。

该书主要对部分在昆高校进行实地调研，对

新形势下加强高校辅导员队伍建设的思考、大学生思想政治教育层级管理探索、高职高专学生人文素质现状分析及完善建议、当前大学生思想政治教育应坚持的几个原则、当代大学生学习和践行社会主义核心价值体系的意义和途径、对边疆高校学生公寓安全管理的认识，等等。

12. 中共云南省委高校工委，云南省教育厅编：《庆祝中国共产党成立90周年优秀征文集》，云南大学出版社2011年12月版。

为庆祝中国共产党九十华诞，由中共云南省委高校工委和云南省教育厅在全省高校范围内发起征文活动，以歌颂党的丰功伟绩、激励后人为宗旨，并从中选取了优秀文章共48篇，结集付梓。

13. 赵丽珍：《当代中国边疆五省区乡村民主发展研究》，人民出版社2011年12月版。

《当代中国边疆五省区乡村民主发展研究》首先从制度建设、社会基础、发展动力和受益群体等几个方面，以边疆五省区为例，分析了当代中国乡村民主发展的特征，之后重点研究了影响乡村民主发展的因素，以及当代乡村民主发展的新形式，并探讨了促进乡村民主发展的途径。最后，作者分析了影响未来乡村民主发展的因素，以及谨慎而乐观的愿景，该书的研究成果具有一定的学术理论与应用价值。

14. 纳麒：《云南政治文明建设报告（2010—2011）》，云南大学出版社2011年6月版。

这本《云南政治文明建设报告（2010—2011）》由纳麒主编，书中收录了《新阶段新形势下的云南政治文明建设》《云南省人民政协在协商民主中的地位和作用》《基层党组织在“桥头堡”建设中的地位和作用》《新一轮西部大开发对云南执政能力的挑战》等报告。主要内容有以下几方面：新阶段新形势下的云南政治文明建设、坚持和完善人民代表大会制度、云南省人民政协在协商民主中的地位和作用、云南省立法民主及其法律监督、民族区域自治制度与云南民族地区的政治建设、基层党组织在“桥头堡”建设中的地位和作用、创先争优活动的创新价值与现实意义、关于统筹城乡党建一体化发展的思考、新一轮西部大开发对云南执政能力的挑战、云南省八次党代会以来反腐倡廉建设进程及思考，等等。

（云南大学　刘化军）

党史党建

2011年，云南省党的建设研究工作坚持正确的政治方向，以邓小平理论和“三个代表”重要思想为指导，深入贯彻落实科学发展观；坚持围绕中心、服务大局，结合纪念中国共产党成立90周年，确定研究选题，立足云南边疆民族地区实际，认真贯彻胡锦涛同志在庆祝中国共产党成立90周年大会上的重要讲话精神，着重围绕中国共产党成立90年来云南党建工作的实践经验，新的历史条件下提高党的建设科学化水平的思路与对策，做好新形势下群众工作的有效方法和途径，杨善洲精神的内涵、形成的历史背景以及如何把向杨善洲同志学习活动引向深入等问题来开展研究，取得了重要进展。

关于中国共产党成立90年来党领导云南人民进行革命、建设和改革开放的历史进程中创造的宝贵经验，有学者认为，归结起来主要是：始终坚持实事求是，制定符合云南实际的政策和策略；始终坚持加强和改进党的建设；始终坚持不懈地走群众路线，密切党同人民群众的联系；始终坚持巩固和发展统一战线。①

关于中国共产党成立90年来云南边境地区党的建设工作经验，有学者认为，坚持党的政治路线，是保证边境地区党的建设沿着正确方向前进的根本原则；重视并发挥基层党组织的首创精神，是边境地区党的建设永葆生机的根本动力；围绕有能人干事和有骨干办事的目标抓好基层党组织带头人队伍和党员队伍建设，是边境地区党的建设的重中之重；坚持全心全意为人民服务的宗旨，实现好维护好发展好各族人民群众的利益，是边境地区党的建设的出发点和落脚点；在围绕中心、服务大局中建立健全体制机制，是边境地区党的建设的制度保障；抓好集中学习教育活动和做好经常性工作，是边境地区党的建设的根本要求。②

关于加强边境地区基层党组织建设的方法措施，有学者认为，一是要紧紧围绕基层党组织的基本功能发挥好其战斗堡垒作用；二是要紧紧围绕中心工作来加强边境地区基层党组织建设；三是要紧密结合边境地区特点创新活动载体来加强基层党组织建设；四是要紧紧围绕时代变化提升基层党组织的应对能力。③

关于加强民族地区基层党建工作的路径，有专家认为，一是要根据民族居住特点，创新基层党组织设置形式；二是要汲取民族文化精髓，创新组织活动载体；三是要发挥民族文化优势，提升党员综合素质；四是要结合民族文化特点，建好党员活动阵地；五是要整合民族文化资源，推动民族繁荣发展；六是要健全党内工作机制，关心爱护民族党员。④

关于推进学习型党组织建设的途径，有学者认为，一是要坚持学习内容的先进性和科学性；二是要坚持学习的自觉性和创新性；三是要坚持学习的实践性和长效性。⑤

关于提高党的建设科学化水平的思路与对策，有学者认为，一是要把握总体性的要求，在全面推进党的建设新的伟大工程中提升水平；二是要把握先进性的要求，建设一个始终站在时代前列的党；三是要突出实践性的要求，增强党的建设各项工作的实效性；四是要遵循长效性的要求，推进党的建设可持续发展；五是要注重经常性的要求，统筹推进党的建设各项工作。⑥还有学者认为，科学化的态度是党的建设科学化的首要问题，服务中心抓党建是党的建设科学化的载体，善于借鉴、勇于创新是党的建设科学化的关键。⑦

关于党的作风建设面临的形势和任务，有专家认为，要正视危险性，增强主动性。一是要增进党员干部对群众的感情，践行群众观点；二是要增强责任心，整治机关“顽症”；三是要树立正确的政绩观，统筹兼顾各方利益；四是要改进考评机制，树立正确的用人导向；五是要推动用权公开化，显示透明政务环境。⑧还有专家认为，应正视精神懈怠的危险性，一方面必须振奋精神，扎实开展创先争优活动；另一方面必须加强修养，永葆共产党员本色。⑨

关于做好新形势下群众工作的有效方法和途

径，有专家认为，普洱市的“三五”群众工作法，为边疆民族地区乃至全国其他地区做好新形势下群众工作探索出了一条新路子。做好新形势下群众工作，基层组织是基础，长效机制是保障，利益调整是核心，创新方法是关键。必须用以人为本、执政为民的理念引领群众工作，用维护群众利益的实效检验群众工作，用坚强的基层组织战斗堡垒保障群众工作。[10]

关于杨善洲精神形成的历史背景，有专家认为，杨善洲精神源于长期艰苦的新民主主义革命斗争年代，历练于社会主义革命和建设的艰苦探索历程，成熟于中国特色社会主义建设的新征途。[11]

关于杨善洲精神的内涵，有学者认为，杨善洲精神包括恪守信念、保持本色、公私分明、忘我奉献等内容，本质是毫无自私自利之心的共产主义精神。[12]部分学者认为，杨善洲精神的实质和核心在于对党对人民的无限忠诚。[13][14]

关于党员干部向杨善洲同志学习学什么、怎样学的问题，有人认为，党员干部特别是领导干部向杨善洲同志学习，一是要像杨善洲同志那样正确对待事业，把党和人民的事业视为自己的生命，把献身党和人民的事业作为人生的最高追求，始终对党和人民的事业充满激情、孜孜以求、从不懈怠，坚定理想信念，忠诚党的事业，任何时候、任何情况下都牢记使命不忘本、尽职尽责不懈怠，始终保持昂扬向上、奋发有为的精神状态，知难而进、锲而不舍，聚精会神搞建设、一心一意谋发展，为党和人民的事业奉献自己的全部心血和力量；二是要像杨善洲同志那样正确对待群众，一辈子把人民群众的利益放在最高位置，始终把为人民谋利益作为一切工作的立足点和出发点，作为自己的终生追求，牢固树立为人民服务的宗旨，坚持群众路线、树立群众观点、站稳群众立场，强化公仆意识、服务意识，扑下身子、沉到基层，诚心诚意为群众解难事、办实事、做好事，真正做到在思想上尊重群众、感情上贴近群众、工作上依靠群众，把有限的生命投入到为人民服务的无限事业中；三是要像杨善洲同志那样正确对待自己，牢固树立正确的世界观、人生观、价值观和权力观、地位观、利益观，毫不松懈地加强自身修养，管得住小节，经得起诱惑，守得住清贫，稳得住心神，始终怀着对权力、对群众、对历史的敬畏之心，堂堂正正做人，踏踏实实干事，清清白白为官。[15]党员同志们向杨善洲同志学习，就是要做一名忠诚的共产党员，像杨善洲同志那样，坚定理想信念，忠诚党的事业，在思想上、政治上、行动上与党中央保持高度一致；牢记党的宗旨，把人民的利益放在心中最高位置，牢固树立马克思主义的群众观，始终保持同人民群众的血肉联系，当好人民群众的代言人和主心骨；坚持求真务实，干实事、解难事、求实效，开拓创新、与时俱进，始终保持强烈的事业心和责任感，保持锐意进取的激情和艰苦奋斗的韧劲，以火一般的热情对待工作，不因事小而轻视大意，不因事简而敷衍塞责，不因事难而回避拖延，生命不息、奋斗不止；增强忧患意识，坚持原则，敢负责、有担当、讲操守、守纪律，常怀忧党之心，恪尽兴党之责，淡泊名利，不为私欲所扰，不为名利所累，守得住清贫，耐得住寂寞，经得住诱惑，受得住委屈，自觉抵制拜金主义、享乐主义和极端个人主义，自觉培养浩然正气，永葆共产党人和人民公仆本色。同时，要通过明确要求、教育引导、严格制度约束、营造良好环境等措施，使忠诚老实成为广大党员的价值追求和自觉行动。[16]也有人认为，向杨善洲同志学习，就要像杨善洲同志那样做人、做事、做官，[17]就要像杨善洲同志那样树立正确的名利观，保持平和的心态；树立正确的金钱观，坚守精神气节；树立正确的苦乐观，学会以苦为乐；树立正确的事业观，勤奋干事敬业；树立正确的幸福观，领会幸福的真谛。[18]有的专家认为，向杨善洲同志学习，要在深入理解、准确把握杨善洲精神实质上下工夫，重点在吃透精神、真懂真用上见实效，注意防止和杜绝把杨善洲精神一般化、片面化、孤立化，把学习浮在表面、搞形式、走过场的不良倾向。要将杨善洲精神内化于心、外践于行，把对杨善洲同志的感动和崇敬转化为做好本职工作、推动事业发展的强大动力，在提高党员干部思想政治素质、服务人民群众、推动科学发展上取得实效。为此，在学习中要联系实际，做到“三个对照”：对照杨善洲同志的思想境界学，始终保持共产党人的政治品格；对照杨善洲同志的公仆情怀学，始终坚持党的群众观点、群众路线；对照杨善洲同志的优良作风学，始终保持艰苦奋斗、奋发有为的精神状态。⑲还有专家认为，党员领导干部学习杨善洲精神应从改造自己做起，一是要把杨善洲同志的先进事迹和崇高精神作为一面镜子、一把标尺、一个秤杆，用这面镜子照照自己的样子，用这把标尺量量自己的长短，用这个秤杆称称自己的重量，寻找自身在理想信念、践行党的宗旨、履职创业、严格要求自己等方面存在的差距。二是要在坚定理想信念，像杨善洲同志那样终身矢志不渝；强化宗旨意识，像杨善洲同志那样永葆公仆本色；认真履职尽责，像杨善洲同志那样不懈干事创业；从严要求自己，像杨善洲同志那样始终秉公用权四个方面下工夫、见行动。⑳

此外，2011 年，中共云南省委组织部、云南省党建研究会组织开展了 40 多个课题的研究，形成了一批有质量、有价值、有影响的研究成果。其中，《完善竞争性选拔干部方法机制问题拓展研究》、《网络虚拟社会对党的建设的影响研究》、《“创先争优与加强农村基层党组织建设”研究报告》分别被中央组织部、全国党建研究会评为 2011 年度重点课题研究成果二等奖；《宗教工作重点地区基层党组织建设研究》、《提高基层党组织服务群众、做好群众工作、解决复杂矛盾的能力问题研究》、《新时期城市社区群众工作研究》、《增强领导班子整体功能研究》、《组工文化建设调研报告》分别被全国党建研究会评为 2011 年度自选课题研究成果一等奖、三等奖和优秀奖。

参考文献：

①中共云南省委党史研究室：《伟大的征程 辉煌的成就》，载《社会主义论坛》2011 年第 7 期。

②鲁彩荣：《云南边境地区党建工作经验》，载《社会主义论坛》2011 年第 1 期。

③张光雄：《加强边境地区党的基层组织建设》，《社会主义论坛》2011 年第 8 期。

④郑建奇：《拓宽民族地区基层党建工作路径》，载《社会主义论坛》2011 年第 6 期。

⑤张明杨：《推进基层党组织建设的途径》，《社会主义论坛》2011 年第 7 期。

⑥鲁彩荣：《党的建设科学化的历史与展望》，载《中共云南省委党校学报》2011 年第 4 期。

⑦云南省交通系统党建科学化调研组：《新时期如何推进党建科学化》，载《社会主义论坛》2011 年第 1 期。

⑧梁志敏：《党风建设要正视“危险性”增强主动性》，载《社会主义论坛》2011 年第 9 期。

⑨邹永达：《警惕精神懈怠的危险》，载《社会主义论坛》2011 年第 9 期。

⑩沈培平：《从“孟连事件”到“孟连经验”的巨变》，载《社会主义论坛》2011 年第 12 期。

⑪王元辅：《杨善洲精神形成的历史背景和时代特征》，载《社会主义论坛》2011 年第 10 期。

⑫李兵：《试论杨善洲精神的本质和基本内涵》，载《社会主义论坛》2011 年第 10 期。

⑬张家昌：《杨善洲精神及其发扬》，《中共云南省委党校学报》2011 年第 4 期。

⑭石磊：《杨善洲精神的内涵及时代价值》，《中共云南省委党校学报》2011 年第 4 期。

⑮白恩培：《向杨善洲同志学习 做人民满意的好党员好干部》，载《求是》2011 年第 9 期。

⑯辛桂梓：《做一名忠诚老实的共产党员》，载《求是》2011 年第 16 期。

⑰任亚中：《像杨善洲那样做人、做事、做官》，载《中共云南省委党校学报》2011 年第 3 期。

⑱魏仁杰：《树立科学的人生价值观》，载《中共云南省委党校学报》2011 年第 4 期。

⑲秦光荣：《向杨善洲同志学习关键是要取得实效》，载《云南党的生活》2011 年第 5 期。

⑳王国忠：《学习杨善洲精神应从改造自己做起》，载《中共云南省委党校学报》2011 年第 4 期。

（云南省党史党建研究会 秘书处）

哲 学

2011 年，对于云南哲学界而言，依然是收获平凡的一年。尽管一些学者在此领域不断耕耘，也不乏一些优秀学术成果的问世，但总体上云南省哲学工作仍然较为薄弱，在全国学术界也处于边缘的地位。主要问题在于，哲学人才继续在流失，始终未能形成相对稳定的学术团队，研究领域相对分散，研究特色不够鲜明。上述问题也是云南哲学学科进一步发展的瓶颈，在短时期内似乎难以有较大的突破。从学术成果来看，2011 年云南省在哲学领域的主要收获如下。

一、中国哲学

关于儒家哲学，刘伟、陈寒鸣（《论儒学的内在生命力与现代发展》，载《求索》2011 年第 2 期）指出，一部儒学史生动而有力地表明：儒学具有一种能够适应现实社会的发展变化而不断创新发展的内在生命力。正是这种内在生命力，使得儒学能够适应不同历史发展时期的社会生活实际需要。因此，实现儒学的现代化，谋求儒学的现代发展，并使之在当代中国社会——文化建构中发挥作用，其关键在于切实体认儒学固有的内在精神，重振儒学的内在生命力，依据当代中国社会生产生活实践来开辟儒学的发展新路，逐渐形成发展起同当代中国社会现实需要相适应并能反映当代中国广大民众利益。孙兴义、张国庆（《孟子诠释思想再探索》，载《文艺理论研究》2011 年第 2 期）指出，孟子的诠释思想是中国诠释思想中的经典，论者已从多方面对其理论内涵进行了深入的开掘。不过，其思想之精微处尚未被完全意识到，其隐藏的逻辑关系也还有进一步展开的必要。本文根植于中国传统学术思想，在已有研究成果的基础上，特别注意到了以往论者较少涉及的孟子诠释思想中的“语言”因素，更对其“养气”说、“知人论世”说以及“以意逆志”说中所暗含的隐微之意以及由三者整合而构建起来的完整系统的诠释体系进行了深入的分析。

关于道家哲学，张尚仁（《道家“愚”的学理》，载《思想战线》2011 年第 2 期）指出，道家褒愚，并且主张以愚治国。对于智慧则加以贬斥，认为“智慧出，有大伪”。然而，道家所说的愚不是大愚，而是指保持自然质朴的本性，潜心探求大道，一切顺应自然，不用人为去破坏自然。挖空心思运用机巧去破坏自然的本来面目，从自然攫取人所追求的享受，就是道家所贬的“智”。道家褒愚贬智的观点，对学理、人生和治世都有重要意义。张尚仁［《道家哲学对人类生存的忧思》《云南民族大学学报》（哲学社会科学版）2011 年第 5 期］指出，道家哲学认为人类生存危机深藏于人的自然本性与人为生存而人为的内在矛盾之中。人的生存需要“货”和“名”，为得到“货”和“名”则必须“人为”，“人为”产生的“欲”和“智”使人越来越远离自然本性，最后的结果是人类的灭亡。人类为了生存，必须在心中确立“道法自然”的准则。在现实活动中，一是要做到“上善若水”；二是“辅万物之自然而不敢为”；三是“慈”、“俭”和“不敢为天下先”；四是“去甚，去奢，去泰”。吴之清（《试论老子“中和”思想的“和谐”意蕴》，载《云南行政学院学报》2011 年第 3 期）指出，老子“中和”理念与我们今天“和谐社会”构建的思想是一致的，即是用公平、公正、合理的原则来化解人与自然、人与社会、人与人之间的矛盾冲突，进而达到社会的和谐。本文探讨了先哲的“和谐”思想，为我们今天和谐社会的构建提供了许多理论支持；同时说明，我们今天的“和谐文化”是建立在博大精深的传统文化底蕴之上。

关于佛教哲学，吴之清（《试析天台“三藏教六即”思想》，载《世界宗教研究》2011 年第 2 期）指出，三藏教主要指以“阿含”为代表的原始佛教和部派佛教。其以“生灭四谛”、“生生四念处”为主要观点，“正教小乘”、“傍化菩萨”、“偏真法性”为精要思想而有别于其他法门。天台三藏教的这些特点以“六即”思想具体表现出来：不见不闻的理即位、有闻有信的名字位、以析空为观入的观行位、相似证理入的相似位、分破见思二惑入的分真位、究竟证偏真涅槃的究竟位。作者就这些内容作深入探究，旨在厘清长期以来人们对“三藏教六即”的模糊概念，并以文化学的角度展现其丰富的哲学内涵。

关于少数民族哲学，罗昆《碰撞·认同——彝汉两族思想关系论》（云南人民出版社2011年1月版）一书首次对彝族与汉族的哲学思想关系作出比较全面、系统的论述，该书提出彝汉族哲学思想之间存在双向、交互影响的关系，而不仅是彝族被汉化的关系。如果说以往对彝族意识形态的研究是将彝族作为独立的共同体来研究，突出其民族性、地方性特点，本课题的研究将从彝汉民族文化关系的角度来研究彝族的哲学思想，从而揭示出彝汉哲学思想之间的内在关系。该书从彝汉相互关系的视角，对彝族哲学思想作出新的诠释，深化对中华文化体系内部哲学思想的丰富性与多样性的理解，反映出彝、汉民族之间相互融合的思想关系。本书采用比较的方法、文化人类学的方法、文化哲学的方法，通过考察彝汉族的历史文化关系，诠释彝族的宇宙论和方法论、宗教信仰、社会历史观、社会政治伦理观等来展现彝汉族之间存在的哲学思想关系。以民族关系多元一体的理论框架来理解彝汉族思想、文化关系，具体表现为多样与融合相统一的特征。多样与融合相统一的观点对于深化理解民族关系、少数民族哲学思想关系、哲学思想发展史，开拓少数民族哲学思想研究的新视野有一定的意义。一方面，在“多元一体”的理论框架基础上理解彝、汉族哲学思想关系，可以为中华民族文化的形成提供思想文化方面的依据；深化对“中国哲学”本身的理解，在反思的基础上有可能深化对传统哲学的理解或提出一些可能的新的解释。另一方面，深入、细致的理解彝族哲学思想与汉族哲学思想的相互影响、相互作用的具体过程和特点，可以为彝、汉民族的文化认同寻找到深层的思想依据，从而增进兄弟民族间的文化理解。对彝、汉族哲学思想关系的研究表明，彝汉族思想文化以道家为联系的纽带、以儒家为文化认同的核心发生关系，从而得出彝汉族思想文化关系是多样与融合相统一的主要结论。彝族历史文化的发展，有自身的特殊性，但始终未脱离中国历史文化的整体发展；所以，彝、汉思想关系的研究，为正确理解中国各民族之间的思想文化关系，可以在理论和实践两个方面起到典型示范的意义。

中国哲学其他问题，陈国学的著作《〈红楼梦〉的多重意蕴与佛道教关系探析》（中国社会科学出版社2011年版）指出，《红楼梦》的宗教设定是非常复杂的，它承继了多种与宗教密切相关的文学传统，构成其超现实世界描写。本书探讨了《红楼梦》在现实世界的故事主体之外并存的三重宗教色彩很重的“他界”框架：石头入世—回归的循环框架（又称为“僧道框架”）、神瑛侍者与绛珠仙子的三世情缘框架（谪凡框架）以及太虚幻境框架牵涉到不同的文学传统和不同的宗教色彩，并分析它们对整个文本的解读产生的不同导向与其中的哲理内涵，以及对超现实世界描写的荒唐感与对涉足佛门的青年女性的人文关怀色彩。本书还分析了《红楼梦》整体上的性灵文学色彩与宗教思想的关系，特别是贾宝玉形象与宗教思维的关系，指出其“不离情而合礼”、“不舍情欲而证天理”的特点，与晚明“儒禅合一”思想及禅宗的“色空不二”思想的关联，其神仙思想也是对女性的审美情感的升华，可谓“以情统三教”。这一论点在澄清贾宝玉形象与宗教思想的关系方面是有新意的。蒋颖荣（《中国传统文化中的幸福观》，载《思想政治工作研究》2011年第1期）指出，中国传统文化博大精深，蕴含着丰富的精神资源。论文对中国传统社会“五福”幸福观、儒家德福一致的幸福观、道家合于自然的幸福观、墨家义利并重的幸福观、中国古代民间文化中的寿禄幸福观，在全球化浪潮汹涌冲击、西方价值观受到追捧以及国人普遍感到精神无根的当今社会，讨论中国传统文化在幸福观问题上的思想和观点，对于追求幸福生活的中国人来说，具有重要的参考价值。毕文胜［《中国先秦时期知识观分析——基于西方知识论视野》，《厦门大学学报》（哲学社会科学版）2011年第5期］指出，“得到辩护的真信念”是西方哲学从纯粹的认知兴趣出发得出的关于知识的一贯定义，从这一定义出发，命题信念和客体信念根本不同。在西方知识论视域中对比考察儒家、道家和墨家述“知”的句法及其基本理论特点，我们可以得出结论：尽管先秦时期不乏纯粹的认知旨趣和句法等形式逻辑上的追求，但关于知的论述都以伦理诉求为旨归，从而缺乏西方文化传统中相应的成熟的认知理论以及形式逻辑体系。

二、西方哲学

关于西方哲学，学界关注的重点是西方近现代哲学家及其经典作品。师庭雄（《海德格尔对生存论诸环节的次序调整及其启示》，载《哲学研究》2011年第3期）指出，在《存在与时间》一书中，海德格尔在“生存论—存在论”的意义上论及此在的诸生存论环节时，对这些环节的安排依次是：现身情态、领会、沉沦和话语（基于本文立论之需要，沉沦和话语问题暂不讨论）；而在用时间性重释生存论的这些环节时，他却对该次序作了微妙的调整，即领会、现身情态、沉沦和话语。在作者看来，海德格尔作这种次序上的调整有其独到的用心。它表现在：一方面，让我们去关注“操心”（Sorgen）这种现象；另一方面，让我们对时间性阐释所给出的境域之接续和境域之开阖有最为根本的理解。正是在时间性境域里，此在之“此”的诸环节才有了着落。海德格尔借助此在这个存在者来谈“存在”，此在不同于其他存在者的地方就在于它不是一个现成的或上到手头的存在者。此在的本质在于生存（Eksistenz），也就是说，此在总是以站出去的方式生存于世界之中并以此方式立于存在的要求中。海德格尔进而发现，此在在世的诸环节——现身情态、领会、沉沦和话语——乃是出于“操心”这个整体结构。操心的内在结构用时间性来重释就成了“将来、曾在和当前”。这个结构若在“生存论—存在论”上去考察，就成了“领会、现身情态、沉沦和话语”。作了这样的调整，时间在海德格尔那里才有了共同到时的意义，才有了“境域”的意义，由此才把此在存在的意义全部呈现出来，从而实现了把时间作为存在阐释的视域这一任务。海德格尔之所以对生存论环节里的“现身情态”和“领会”两个环节作了次序调整，用心有二：首先，从操心结构看，要给此在生存以存在论上的合理性，就必须把“领会”放在第一位。这样才能从根本上理解绽出生存的意义。如果说在准备性的此在分析那里，“绽出生存”是一个人所共见的事实的话，那么正是在“领会”这里，这一事实之为事实的原因才得到深刻的解析，从存在论上把更为根本的“领会”环节置于“现身情态”环节之前，乃是顺理成章之事。其次，在用时间性重释操心结构时，海德格尔意图把此在之“此”的诸环节接续起来，这里的“时间”就必须有“境域”的意义。贯穿这些境域的，正是“领会”那里的先行的决心。一旦把这些时间性境域接续起来，时间就有了“共同到时”的意义——不过，终究还是以“将来”为基底的。所以，把“领会”放在生存论诸环节的首位，有借“领会”开阖出此在生存之全部奥义的深意。师庭雄（《从真理立场的改变看海德格尔“存在”运思的转换》，载《世界哲学》2011年第1期）指出，海德格尔在“真理”问题上立场之改变标志着其“存在”运思的转换，根本说来，这体现在此在（Dasein）之“此（Da）”的意义置换：《存在与时间》中，“此”意味着此在生存论诸环节的敞开；《论真理的本质》中则意味着存在之澄明。由此，海德格尔对存在问题的追问从“此在之真理”过渡到了“存在之真理”，也即是从间接说及存在转移到了直接去说存在、存在的命运。李子群［《笛卡儿“临时性行为规范”的渊源》，载《广西大学学报》（哲学社会科学版）2011年第6期］指出，笛卡儿在《谈谈方法》中制订“临时性行为规范”的主旨在于为展开探求真理的活动提供保障。“临时性行为规范”共有三个准则。第一个准则的提出离不开苏格拉底之死的启发和亚里士多德思想的影响，第二个准则体现出对柏拉图思想的继承，第三个准则则受惠于斯多亚派哲学家所做的工作。“临时性行为规范”是笛卡儿博采众长、兼收并蓄的思想结晶。王志宏著作《事实性与时间》（云南人民出版社2011年6月版）指出，海德格尔哲学在整个西方哲学史中进行了一场真正的革命，这场革命主要得自于他在两个方面的突破，一方面，他发现了作为现象学的释义学之研究对象的事实性生命，另一方面，他深刻地思考了为人的生命经验奠基的、一种具有彻底革命意义的时间观念。本论文的目的就是要探讨弗莱堡时期的海德格尔在这两个方面取得突破的过程，以及在具体阐释这两方面思想的过程中，源始基督教的思想资源在海德格尔哲学历程中所起的作用。海德格尔的突破自非空穴来风，一开始，该书对发生决定性转折之前的海德格尔的思想状况作一个比较简略的评述，重点论述了生命概念是如何进入海德格尔的视野的，海德格尔哲学突破的起点——本源科学，以及那个时期对于海德格尔具有决定性影响的神学研究——施莱尔马赫和狄尔泰的神学研究——的决定性方面，即历史意识。海德格尔的思想起点包含着对于哲学本性的探讨。依照海德格尔的思路，最为重要的是必须重新规定哲学的本质。突出哲学的本质的方式是要把作为本源科学的哲学和世界观哲学的根本不同——所使用的哲学方法——揭示出来。在论述了方法对于哲学的意义之后，一方面，海德格尔揭示了“目的论—批判”的方法的根本不足，另一方面，提出了唯一适合作为本源科学的哲学的方法，现象学方法，第一次明确阐明了自己的现象学观点，为自己的思想大厦奠定了坚实的基础。接下来，该书分别探讨了海德格尔对于宗教生命和事实性生命的看法。我们可以看到宗教生命和宗教意识的现象学对于海德格尔思想历程的这个特定阶段的重要性。宗教经验本质上是一种事实性的生命经验，而宗教，和任何其他生活世界一样，只能够在历史意识之中获得它的形成和它的结构，而且通过这种历史意识达到它自身的总体性。同时，海德格尔通过对于近代以来的生命理解的批判和解构，揭示出自我的事实性在与自我相关联的基本经验中是决定性的，解析海德格尔对于保罗书信和奥古斯丁《忏悔录》第十卷的解读无疑是本论文的核心部分。一方面，海德格尔阐发了自己的事实性生命经验概念，提出了一种完全不同的、彻底的现象学的经验理解，另一方面，循着之前海德格尔所制定的宗教生命和事实性生命之间的关系，指出宗教经验的历史性，宗教经验本质上是一种历史性的事实性生命经验：海德格尔将之作为对于这两个源始基督教的重要文本进行解读的前提。在对保罗书信中再临经验的解读中，海德格尔发掘出一种为人们遗忘了的源初的时间理解，这种时间理解把时间看做是生命的实行关联，而且特别分析了这种时间理解中的关键因素：瞬间。在对于奥古斯丁的阐释中，海德格尔把奥古斯丁对于上帝的寻求看做是事实性基本经验，制定了后来的生存论分析中沉沦状态的几乎一切细节。最后，融合海德格尔对于源始基督教思想的改造和深化的结果与海德格尔从亚里士多德那里“看”到的东西，海德格尔指出，存在论就是关于事实性生命的学说，并且对于事实性生命的概念和方法作了详尽的阐述。沈云都（《在认知主义传统内的现代道德整合——论哈贝马斯的道德哲学》，载《江苏社会科学》2011 年第 6 期）康德道德认知主义的经典结论是“道德之外没有道德动机”，而哈贝马斯的道德哲学却赋予民族—宗教生活传统以“道德动机”的地位。不过，道德之外的道德动机概念的引入并没有动摇理性的自由认知对道德形成过程的决定作用，并没有破坏道德认知主义的基本原则，相反，“感性的道德动机”重新被“理性的道德认知”所整合。因此，哈贝马斯的道德哲学是对康德道德认知主义的修正和深化，而不是对后者的放弃。宁乐锋（《查尔斯·泰勒的社群主义整体本体论评析——基于道德空间的视角》，载《广西社会科学》2011 年第 3 期）指出，在查尔斯·泰勒看来，道德空间是自我无法逃避的一个框架。道德空间内的强势评价或性质差别提供着个体行为选择的标准，道德空间内在的善构成了人们生活的方向性框架。居于道德空间内的任何人都需要拥有趋向善的确切方向感，都应过趋向善的生活，方向感的迷失将导致认同危机。不同的道德空间具有不同的超善，任何个体都受其所处道德空间的超善的引导并趋向于这个超善，这是任何人的认同所必不可少的。因此，应当平等地承认与尊重每一个道德空间中的超善。

关于西方法哲学的研究，主要成果有谢青松的著作《近代西方刑法哲学的追寻——从孟德斯鸠到李斯特》（中国书籍出版社 2011 年出版）该书是国内第一部以西方刑法哲学史为主题的学术著作，全书以近代西方哲学的历史发展为宏大的思想背景，以西方刑法哲学主要流派及九位思想家的思想传承流变为基本脉络，系统梳理了近代西方刑法哲学发展的基本状态和理论轨迹。作者从时间维度及学术派别的角度将近代西方刑法哲学的演变梳理为三大主要线索：其一，走向启蒙的刑法哲学。16 世纪末到 18 世纪中期，是西方刑法哲学的启蒙阶段。孟德斯鸠以大量的实证材料与逻辑分析，提出并论证了刑法学的一些基本原理，为现代刑法学的开创奠定了基础；贝卡里亚首次以科学与理性的意识去审视刑法，对封建专制刑法制度尤其是死刑作了猛烈抨击，并提出了近代西方刑事法律的基本原则与框架；边沁将“功利”的原理引入到刑法领域，并进行深入而缜密的论证，创立了庞大的功利主义刑法哲学体系；费尔巴哈则使贝卡里亚的刑法思想向实定刑法原则转化，为规范刑法学的发展奠定了基础。其二，趋于思辨的刑法哲学。18 世纪末 19 世纪初德国古典哲学学派中康德和黑格尔的出现，使得西方刑法哲学逐渐走向思辨。康德以理性主义为思想基石，演绎出了一个庞大的法哲学体系；黑格尔则在客观唯心主义哲学的基础上建立了其独特的思辨刑法哲学体系。其三，走向实证的刑法哲学。随着 19 世纪末实证主义思潮的兴起，实证主义刑法哲学逐渐登上了历史舞台。龙勃罗梭首先将实证的、归纳的方法引入刑事法领域，引起了犯罪研究领域的一场方法论革命；加罗法洛则运用情感分析等实证性的研究方法，创立了犯罪实证学派刑法哲学；菲利继承了龙勃罗梭的行为决定论，创立了犯罪社会学派刑法哲学；李斯特则建立了刑事社会学派刑法哲学。从历史的角度来看，实证主义刑法哲学的影响是双重的。一方面，实证主义刑法学派对刑法科学化的追求使得西方刑法哲学思想的思辨性逐渐变弱，在某种程度上来说，西方刑法哲学正被一步步消解；但另一方面，实证主义学派使得西方刑法哲学越来越“务实”，对于刑事司法实践的影响也越来越大，体现出了强烈的实践精神和社会关怀意识。作者通过对近代西方刑法哲学流变历程的梳理，将西方刑法哲学的基本论域归纳为自由意志、犯罪根源、刑事责任、刑罚本质、刑罚目的等刑事法律中的基础性、根本性问题，同时将西方刑法哲学的基本精神概括为：追求功利、守护正义、捍卫人道。

三、马克思主义哲学

2011 年，云南马克思主义哲学领域的学术成果不多，主要有苗启明等学者对马克思哲学中基本问题的探讨。苗启明（《复兴马克思关于人和人类世界的哲学合法性基础与当代意义》，载《思想战线》2011 年第 6 期）指出，马克思的以“人类社会或社会化的人类”为立脚点的“新唯物主义”哲学，是关于人和人类世界的哲学，它是从广义人类学维度和哲学高度对于人和人类世界的把握，因而可以称之为人类学—哲学。这是一种关于每个人与一切人如何合理生存与健全发展的新哲学。它的从自然界出发的人与自然界的生态一体性原理；以“社会人”为本理解人和人类世界的一切问题以及人的自由解放原理；以人与自然界、人与人的”合理的物质变换“作为人类世界的最高生态价值的原理；以”每个人”与“一切人”的合理生存为根基的社会公平正义和社会公共人本主义价值立场等等，都是如何调节人与人、人与自然界的合理关系的哲学原理，它可为中国特色社会主义理论提供马克思主义的哲学理论基础。许鲁洲、苗启明（《马克思哲学的时代化：马克思人类学哲学构建》，载《曲靖师范学院学报》2011 年第 5 期）马克思主义哲学是一个运用广泛的理论及实践的整体。马克思主义哲学的时代化，就是要在继承马克思人类学精华的基础上着眼于时代的大发展。马克思主义哲学人类学哲学的理论构建是一种立足于人类性而不是阶级性的人类学哲学，人类世界是人类一切社会存在的本源和发展的动因。因此，马克思人类学哲学理论的构建就是：从人类世界实践创生论出发理解人的社会存在和发展变化。刘伟（《社会历史的运动逻辑——兼论辩证法作为社会历史科学方法论的典范性》，《求实》2011 年 第 1 期 ）指出，马克思的辩证法批判改造了黑格尔辩证法中的现实观念和主体观念，《资本论》的辩证法完整地展示出唯物辩证法的基本内涵：通过发现社会历史的内在矛盾，运用抽象上升到具体的方法确定现实；以把握现实为“钥匙”，运用逻辑与历史相统一的方法叙述总体历史的矛盾运动过程。现实原则与历史原则相统一是马克思辩证法的灵魂。马克思的辩证法作为科学的方法论是其自由学说的理论内核，自由是社会历史科学的最高命题，马克思的辩证法是社会历史科学方法论的典范。

四、伦理学

韩跃红等著《生命伦理学维度：艾滋病防控

难题与对策》（人民出版社2011年版），该书从防控艾滋病的实践环节——宣传教育、行为干预、检测监测、治疗救助、道德环境建设中梳理出我国防艾战线仍然存在的主要难题，如：公众对治疗和预防艾滋病缺乏了解；云南和全国都面临艾滋病经性传播加速扩散的高风险；禁毒与防艾之间的合作障碍并未完全消除；对迅速发展的商业性性交易缺乏治理良策；艾滋病检测人数少成为突破现有成效的“瓶颈”；就全国情况来看，对艾滋病的社会歧视还比较严重；部分艾滋病患者的救治权益尚未得到有效保障；现行艾滋病救助政策范围窄、标准低；等等。该书运用以生命伦理学为主，法学、社会学为辅的学科理论和方法，分别对这些难题进行专项研究，结合国外先进经验和我国国情，提出解决这些问题的对策和建议。在专项研究之后，还提炼出两个基本认识，其一，公共健康与人权保护之间的矛盾构成艾滋病防控中的价值论焦点；其二，贫困、城乡差距、某些民族习俗在艾滋病问题的形成过程中起了不容忽视的作用，艾滋病的社会预防应扩展到更为广泛的社会改革与发展层面。韩跃红（《尊严的价值内涵及伦理意义》，载《伦理学研究》2011年第1期）指出，如果不与价值相贯通，“尊严”一词缺乏明确的内涵和意义。只有把人的尊严赋予人的价值内涵，把生命的尊严赋予生命的价值内涵，把人格尊严赋予人格的价值内涵，把文化的尊严赋予文化的价值内涵，“尊严”概念才能走出宗教的阴影，堂堂正正地步入哲学的殿堂，抒发日趋现代化的中国人的心声，才能成为以人为本旗帜之下的一个哲学概念。朱海林《伦理关系论》（光明日报出版社2011年版）一书在吸收中外伦理思想史上有关伦理关系思想资料的基础上，从黑格尔、马克思的理论以及目前国内几种有代表性的观点入手，分析伦理关系的本质与基本特征；从伦理关系的产生、发展的标志和内外动力以及中西方传统伦理关系的比较等方面考察伦理关系的历史演进；从两极、中介及内核等三个要素和客观实体关系、主观精神关系两个方面把握伦理关系的结构，并对伦理关系的实体表现、一般类型和推展模式进行了阐释。在此基础上，着重探讨了伦理关系的调整问题，特别是对道德调整的原则和方式、目标和机制及其目的与结果——伦理秩序进行了较为详尽的考察。

蒋颖荣（《民族志：民族伦理学研究的方法论转向》，载《哲学研究》2011年第9期）指出，由于在研究方法上不能满足民族伦理学学科发展的内在要求，目前的民族伦理学学术研究和体系建构囿于一般伦理学的框架，难以挖掘多元文化背景下不同民族丰富多彩的道德生活的真实状态。为此，给予民族伦理学以准确的学科定位，寻求一种与民族伦理学学科特征相适应的研究方法就成为当务之急，而民族志（Ethnography）方法的引入，将给民族伦理学的研究带来方法论上的变革。民族伦理学研究与民族学和人类学之间的特殊联系，给研究者提出了新课题：只是凭借伦理学的知识和方法，研究者显然不能承担研究道德民族性的任务；因此，为了避免出现推演的民族伦理学、想象的民族伦理学，研究者需要学习和储备民族学、人类学的相关知识，并运用民族学和人类学的立场与方法去进行研究。运用民族志研究民族伦理学的切入点，有必要将民族的节日文化作为切入点参与观察，将民族的仪式文化作为切入点参与观察，将民族关系作为切入点参与观察。朱海林［《国内道德权利问题研究综述》，载《河南师范大学学报》（哲学社会科学版）2011年第3期］指出，道德权利是伦理学研究中一个备受争议的基础理论问题。经过20多年的理论探索，我国的道德权利问题研究取得了丰硕成果。概括起来，该研究主要包括这样几个焦点问题：道德权利是否存在、是否科学的伦理学范畴，道德权利的内涵，道德权利存在的基础或依据，道德权利与道德义务的关系，道德权利与法律权利的关系；道德权利的保障与实现，以及具体领域的道德权利问题。

五、科技哲学

樊勇、高筱梅（《技术精神：一种值得关注的精神形态》，载《学术月刊》2011年第6期）指出，技术精神是由技术性质所决定并贯穿于技术行为之中的基本的精神状态和思维方式，是体现在技术知识、技术理论、技术方法中的思想或理念，是人们在长期的科学认识基础上、在不断深入的技术实践活动中形成的共同信念、价值标准和行为规范的总称。它一方面约束工程技术人员的技术行为，是科学家及工程技术人员在科技领域内取得成功的保证；另一方面，又逐渐地渗入大众的意识深层，形成共识和潜移默化的行为方式。技术精神的构成要素主要包括探索技术原理的求真精神、理论联系实际的务实精神、勇于开拓的创新精神、追求效益的功利精神、注重伦理的理性精神、团结互助的协作精神等。它作为一种内化于世界观和方法论之中的进步理念，与科学精神一样，是与时俱进地提升人们思想品质和境界的不可或缺的精神给养。为了正确认识事物和合理解决问题，人们不仅应大力弘扬和牢固树立科学精神，而且还应以技术精神武装头脑，以更好地适应竞争、效益、民主、和谐为指向的现代社会生活。白利鹏、何强、夏红雨［《认识上的两个误区——略论辩证唯物主义的科学基础问题》,《齐齐哈尔大学学报》（哲学社会科学版）2011 年第 4 期］指出，在辩证唯物主义的科学基础问题上，有两个误区值得注意，即过度简单化的误区和遮蔽历史性的误区。辩证唯物主义的科学基础永在途中；在这个问题上，只有依据科学发展的纵深背景和内在的范式跃迁，才能实现具有当代意义的观念性自觉；“原理 + 实例”的老路应当叫停。

六、逻辑学

在逻辑学领域，主要学术成果有胡怀亮的专著《直陈条件句的逻辑哲学研究》（人民出版社 2011 年出版），该书从哲学的视角切入直陈条件句逻辑，厘清了“平凡结果”与“非真值条件进路”这一争论的演变进程。对于现时代直陈条件句逻辑的研究走向进行了尝试性的探讨，提出：“非真值条件进路”中的“直陈条件句无真值”和“限制直陈条件句嵌套”的思想是有缺陷的，直陈条件句的非真值条件进路不是直陈条件句逻辑的终结。胡怀亮（《拉姆齐测验：一个新的解释思路》，载《自然辩证法研究》2011 年第 11 期）指出，“拉姆齐测验”描述了人们决定接受 p 后，是不是接受 q，从而对他的其他信念做最小修正的问题。20 世纪 60 年代后，学界对这种思想进行了不同的解释，从总体上看，主要有两种：简单的拉姆齐测验和精致的拉姆齐测验。在分析这两种观点的基础上，我们认为这两种解释都存在一定的问题，在本文中，我们提出了一个基于“拉姆齐测验”的新的逻辑解释思路。胡怀亮（《NTV 观点引发的逻辑哲学问题——直陈条件句有真值吗?》，载《浙江社会科学》2011 年第 7 期）指出，直陈条件句的前件、后件是可以单独断定真假的，但整个直陈条件句是否有真值，却是一个有争议的问题。如果把直陈条件句作真值函项的解释，则会出现一些违反人们直觉的怪论，为了消解这种怪论，有些学者提出了 NTV 观点，这种观点认为直陈条件句不是真值函项的，直陈条件句没有真值，这引发了一个重要的逻辑哲学问题，即直陈条件句有无真值的问题。罗翊重（《对哥德尔定理的辩证逻辑形式化解读》，载《昆明学院学报》2011 年第 4 期）指出，逻辑矛盾仅是“量词—质词—真值词”皆矛盾的非等值关系命题，辩证矛盾仅是“主词—谓词—命题词”皆矛盾的等值关系命题。在以事实验证了一元与二元真值函数的断定一致性和能指完全性基础上，说明哥德尔定理对包含扩充自然数后的代数理论并不适用。为了实现形式系统可兼容的一致性和完全性，必须引进所指有辩证矛盾和断言无逻辑矛盾之“指断合一”的哲学对象论。由此用基于负号而推广的辩证否定算子，才能彻底根治一阶逻辑形式系统的不完全性。

七、美　学

美学领域成果最少，仅见论文一两篇。蔡毅［《生态美学与环保使命》，载《云南民族大学学报》（哲学社会科学版）2011 年第 6 期］指出，生态美学是适应当今绿色环保、生态文明建设需要的一种全新的美学。生态美学对环境保护提出的第一大任务和努力方向是按照美的规律去进行生产、开发和创造；第二大任务是塑造诗意和美的文明形态，“让世界更美好”；第三大任务是确立和发扬精神导向作用，促进人们审美素质的提高。生态美学不光涉及自然万物、大千世界，而且涉及道德伦理和每个人的生活内容、生活方式，它必须每时每刻都要被践行，其目标是从整体上来改造个体的生活，使之自觉积极地投身到“建设美丽家园，过上美好生活”的队伍之中。

八、文化研究

文化研究包括文化产业研究是云南学术界的热点，研究成果也相对较多。杨福泉（《“文化焦虑”弥漫当前社会》，载《人民论坛》2011年第3期）指出，一种浓郁的“文化焦虑”，弥漫在当代中国社会。随着国门的打开，以西方文化为主体的外来文化通过各种渠道不断涌向中国。以节日为例，圣诞节、情人节、复活节、狂欢节等各种“洋节”在我国日益热闹，而国内的很多传统节日则被冷落。于是，有越来越多的专家学者和各界人士呼吁保护中华民族的传统文化、保护历史文化遗产，传承中华民族的传统文化。这种文化焦虑中有深沉的反思和忧患意识。因为，任何一种知识和文化的传承与发展是有延续性的，现代知识和文化的传承不可能斩断历史来进行。“文化焦虑”促使我们忧患和反思，但我们的这种焦虑，应促使我们有准确理性的“文化自觉”，催生不失根本又汇聚百川、广采博纳的当代中华民族文化。马旭（《孔子学院：全球化视野中的中国文化传播》，载《新闻界》2011年第2期）指出，随着全球化的不断演进，各国传统文化也正借助全球化走向世界，语言的国际推广成为世界主要国家大外交战略的重要组成部分。作为以语言为载体的中国文化国际推广机构，孔子学院的建立与快速发展是沟通中国与世界各国文化的桥梁和纽带，其文化传播价值在国家战略中具有重要意义。王亚南［《面向城乡共享的中国文化产业发展目标》，《福建论坛》（人文社会科学版）2011年第8期］指出，中央“十二五”规划建议强调科学发展，提出实现居民收入增长和经济发展同步，提高居民消费率，增强城乡区域发展的协调性等，同时提出推动文化产业成为国民经济支柱性产业。面向协调增长、协调发展的预期，面向推动文化产业成为支柱产业的目标，需对“十五”以来全国文化消费需求增长及其城乡均衡共享的协调性展开检测，基于支柱产业必不可少的供需互动关系，以曾经达到的协调状态和需要追求的预定目标，测算今后一段期间“应该”增长目标。王亚南［《全国乡村文化消费民生效应测评——“十五”以来各地景气指数排行》，载《福建论坛》（人文社会科学版）2011年第4期］指出，云南省社会科学院文化研究中心研制推出“全国文化消费民生效应景气指数”评价体系，对各地文化建设和文化生产的发展成效进行可加验证的量化评价，具体检验文化消费民生需求增进的实际效应。对全国各地乡村文化消费民生效应展开测评，“十五”期间半数省域景气指数有所提升，“十一五”以来绝大部分省域景气指数明显降低。王亚南（《云南文化产业“十二五”发展目标透析——基于文化消费需求的协调增长测评》，载《云南社会科学》2011年第5期）“十二五”期间，云南的文化产业发展必须与文化消费需求增长实现良好契合，城乡文化消费需求增长应当与经济发展、民生增进实现良好协调，这就需要对“十二五”规划既定的“协调增长”目标作出预期测算，并以此衡量文化产业何以才能成为国民经济支柱性产业。范建华（《论节庆文化与节庆产业》，载《学术探索》2011年第2期）指出，节庆的产生根源于人类社会的精神生产活动。在特定的时间和空间中进行的节庆活动，不仅是对日常生活的延续，也是人们重要的情感寄托和精神信仰方式。节庆在满足广大人民群众的精神需求和物质需求、地方文化形象建设、文化品牌打造和文化产业发展方面起到全新的作用。顺应这一趋势，实现节庆产业的可持续和科学发展，能够提升我国的文化软实力、保护民族文化多样性、增强民族自信心和自豪感、实现相关国民经济建设的增长，为实施对外文化贸易战略服务。潘春梅（《不同文化模式中的交换行为及其理性取向》，载《思想战线》2011年第6期）指出，互动情境和背景文化的共享，是经济交换行为实现的前提，不同的文化模式为经济交换行为提供着价值导向和意义图式。如不同民族通过习俗、传统、宗教、甚至于时尚等诸多正式和非正式制度规范，对衣、食、住、行这些最基本的日常生活行为所实施的禁忌或鼓励，就对生产、交换、分配、消费的基本经济行为形成了根本性的规约。而文化模式又总是可以具象化为不同的社会结构，从而在不同的社会结构中，经济交换行为就会表现出不同的范式或类型，表现出价值取向和实体内容的多样性。

范建华的著作《文化与文化产业发展新论》（人民出版社2011年版）围绕文化产业的基础、前景、核心范畴等基本理论问题，作者先后提出了前沿性的观点，解决了该领域长期争论不决的一些重大问题。在此基础上，作者针对当代中国文化产业发展过程中所出现的诸多现实问题的阐释。其一，文化产业区域发展不平衡论。由于文化需求属于精神需求，而满足这种需求是需要通过基本文化产品的生产和消费来实现的。随着生活水平的提高，文化需求相应提高，需求的层次也将随之不断丰富、复杂和多样化。与此同时，消费层次也将随之拉开距离，即除了满足基本需求之外，中、高层次的需求也将不断增长。由于文化需求的层次是与经济社会发展水平基本成正比，而不同区域的经济社会发展水平又是有差异的，因此，不同区域的文化需求的层次及其消费水平也就存在差异。对于中国而言，作者指出，基于中西部的差异，文化产业的发展也相应呈现出发展水平的差异以及与之相应的区域不平衡。其二，两型论、两极论与优势互补论。东西部文化产业发展的不平衡，不仅在资源条件、市场规模、人才技术、消费水平等方面得到体现，而且还在产业型态上得到体现。作者将东部与西部的文化产业型态，高度精练地归纳概括为创意创新型与资源依托型两大类型。进而，在对中国未来文化产业发展趋势的判断中，作者将其归结为内容生产的普世化与本土化/民族化的两极化；生产方式的科技化与传统工艺化的两极化；消费市场的国际、国内共同并重的两极化。就目前来看，两型论和两极论之间有一定的对应关系，以节庆文化产业为例，西部地区的节庆产业便主要以传统节庆居多，如泼水节、火把节等；而东部则出现了大量当代创造的新的节庆活动，如各种艺术节、啤酒节等。即前者主要依靠创意和创新，并已经开拓了国际市场；而后者则主要依赖丰富的自然与民族文化资源，目前的发展还较为有限。当然，当代西部文化产业的诸多创新突破已经表明，这种现状只是暂时的。作者进而强调了，东西部之间现实的资源、资本、市场等多方面的不平衡，尤其是双方之间优势的相对性，也客观上为双方展开资源与市场的结构性整合，实现双方的优势互补提供了充分可能。因此，不同型态的文化产业发展模式的交流合作，实际上对于双方而言都是新的机遇。其三，文化旅游互动发展论。作者以在云南文化产业领域的长期工作实践和理论思索为基础，对云南独树一帜的业态创新进行了经验总结和系统阐述。他明确认为，云南文化产业发展的最大经验和收获，可以说是旅游产业与文化产业的联姻。民族地区由于节庆文化、乡村文化、石文化与茶文化等资源的丰富多样，让两种产业的相互结合和促进既有现实性又有必然性，并由此衍生了更为多元立体的产业链条和产业形态，因而是民族地区实现经济增长方式转变，促进经济与社会文化整体发展的较好选择。以此为线索，作者从云南全省的省情出发，从文化产业的发展历程、政府倡导、制度创新、产业形态与布局、存在问题与可持续发展途径等方面，为我们全面而精练地展示了文化产业中的“云南现象”模式。其四，依据实际情况发展文化产业论。针对中国当前的文化产业发展中存在重复建设、跟风突出、创意创新不足等显著问题，作者特别指出，目前我们需要“热潮下的冷思考”。因此，必须依据具体区域与文化特征等实际情况，有主次、有轻重、有层次、有缓急地发展文化产业，而切忌搞盲目推进和大跃进。作者还就此指出了一些重要经验和具体路径。如对于云南而言，民族手工艺品便应当是一个重要的突破口。云南各民族拥有制作手工艺的丰富的传统技艺、民间人才、市场体系等基本条件。在市场经济环境中，积极引入社会资本与多元开发主体，遵循市场规则及其运作方式来开展竞争与选择；在此过程中不断提高设计水平、制作技巧与营销方式，培养专业人才队伍；进而在向高端与时尚等方面的提升中，形成自己的著名品牌、企业与产业，从而在竞争力的持续增强中实现民族传统文化的保护和发展，在民族文化的现代化中带动民族地区经济社会的全面发展。

（云南省社会科学院　谢青松）

经济学

2011年，云南学者围绕中国和云南经济发展中的一些重大问题和热点问题，组织召开了一系列学术研讨会，发表了许多具有较高水平的经济学论著，经济学学科继续呈现出良好的发展势头。

云南学者发表的经济学论著涉及面较广，这里主要就一些讨论相对集中、特色较为突出的学科研究进展情况作一些介绍。

一、经济理论研究

经济理论研究一直是云南经济学研究的薄弱环节。近年来这种状况有了一定的改变，云南学者对经济理论的研究逐步多起来了。

汪戎、顾江洪在《信任及其经济意义：研究现状与趋势》（载《思想战线》2011年第6期）一文中指出，近年来，信任问题已成为众多社会科学研究的热点。信任作为反映人们交往过程中对他人行为的一种积极预期，应把信任作为交易这一最基本的人类活动的核心要素来看待。由此讨论它对交易行为进而对交易行为结果（即产出）究竟构成何种影响，这种研究思路应该是比较符合逻辑的。论文从信任研究的演化路径和信任的经济意义这两个方面，对相关文献做了梳理和评价。

朱启才在《非正式制度与经济稳定性增长》（载《内蒙古社会科学》2011年第4期）一文中强调，在市场化与工业化进程中，人们关注的重心是社会正式制度安排的影响。尽管在短期内人们可以看到正式制度的效应，但在长期的环境里，很多领域却出现了“制度失灵”。非正式制度是制度结构中最为重要的内容，对社会经济及市场秩序的影响远比正式制度更为持久，而中国在优化市场秩序、推进经济稳定性增长方面，必须重视和加强非正式制度的建设。

朱其忠的《从萨伊定律到供给学派：生态技术创新推力演绎》（《商业研究》2011年第12期）认为，目前，传统技术创新的负面作用逐步显现，并制约着我国经济的可持续发展。通过改变技术发展方向，实行生态技术创新，旨在弥补资源和资本上的不足，协调社会、经济、自然发展的关系，最终实现包容性增长。不论是萨伊定律还是供给学派，其理论对生态技术创新都具有指导和推力作用，促使其从微观到宏观、从企业层面到国家层面演绎。

苏红敏所作的《论有效资本市场假说及其面临的挑战》（载《改革与战略》2011年第4期）认为，长期以来，有效资本市场假说一直是许多金融理论的前提，但随着资本市场的发展与完善，人们越来越清楚地认识到有效资本市场假说存在很多的局限性。论文以有效资本市场假说的假设为出发点，从行为金融学和分形市场理论两方面对有效资本市场假说提出质疑，为研究资本市场提供一种新的思维和视觉。

李国疆的《发展中国家汇率制度选择的一个新构模型：产业结构视角》（载《经济问题探索》2011年第1期）指出，布雷顿森林体系蕴含了在选择汇率制度时，更多地从宏观经济变量和汇率制度外生的角度进行考虑，并以发达国家作为分析蓝本。这一方面导致了对发展中国家汇率制度选择的忽略，另一方面将经济结构的相似性看成了无须说明的前提。因此，现有的主流汇率制度选择理论应用于发展中国家时，存在着明显的不适应。论文试图寻找新的、可用于发展中国家的汇率制度选择模型。模型的设立以出口厂商以本币表示的利润最大化为基础，引入主导产业和产业结构概念，把影响汇率制度选择的因素内生化、长期化，基本逻辑是：产业结构高度→主导产业→商品进出口结构→国际收支长期趋势→汇率制度选择。

李春海、张文的《农业产业集群的研究现状及其导向：组织创新视角》（载《中国农村经济》2011年第3期），从组织创新的视角构建了一个农业产业集群的分析框架，在批判性反思中探讨了农业产业集群的研究路径和研究转向，提出了农业产业集群研究的新动向和新命题。论文认为，组织演化是理解和把握农业产业集群发展脉络的一把“钥匙”，寻求符合实际的解决之道，需要拓宽研究领域、挖掘研究问题及改善研究方法。

朱启才的《诺贝尔经济学奖获得者视野的“三个差距”》（载《改革》2011 年第 6 期）认为，“三个差距”是诺贝尔经济学奖获得者研究社会经济现实问题的重要方面，他们从不平等的性质、经济发展阶段、权利关系、欠发达问题、社会发展目标等方面界定了“三个差距”的本质，提出了“循环积累因果”理论、库兹涅茨倒 U 理论、二元经济结构理论、人力资本差异学说、制度与增长差异理论、效率与公平关系、比较优势差异等一系列关于三个差距的形成理论，并提出了解决三个差距的经济社会机制。

李国疆的《全球金融危机与凯恩斯主义》（载《经济问题探索》2011 年第 6 期）指出，凯恩斯主义经济学的基本特征是“可调节的资本主义”。此次国际金融危机中各国政府的应对政策实质上仍然是凯恩斯主义的国家干预，不可能改变资本主义市场经济体制的核心，但政策选择表现出明显的时代特点，并会对其未来国家干预的政策选择产生显著影响。此次国际金融危机使凯恩斯主义与新自由主义经济学加速融合。

二、经济史研究

在云南的经济学中，经济史研究是在国内外具有较大影响的学科，学者们发表了许多高质量的研究成果。2011 年，云南学者发表的经济史研究方面的重要成果有：

武建国、康春华的《唐代赋役优免管理体制探析》（载《思想战线 》2011 年第 5 期第）认为，唐代赋役优免管理分为认定、实施、监察及违规惩治 4 个环节，每个环节都有相应的机构负责。优免认定程序严密，可操作性强。优免实施命令由中央各负责部门向地方层层下达，各级地方官吏按章实施，同时中央临时派出的使臣也兼有实施优免的权力。优免监察包括御史台对中央各部门和地方实施优免的监察，以及临时派出使臣对地方实施优免的监察。违规惩治分为对违冒优免者和管理者违反优免政策的惩罚，很多惩罚措施严厉并写进了唐律。唐代构建了比较系统的赋役优免管理体制。

李睿的《唐宋时期的茶马互市》（载《思想战线》2011 年第 6 期）研究了唐宋时期的茶马互市的经济背景、特点和作用。白龙飞的《元朝赤字财政下的货币政策问题研究》（载《思想战线》2011 年第 6 期第）讨论了元朝赤字财政的表现、特点和影响

戴顺祥的《城郊经济与宋代城乡关系探析》（载《思想战线》2011 年第 6 期）认为，两宋时期，随着商品经济的发展，城乡之间形成了“交相生养”的新型关系。在这一新型城乡关系的影响下，城郊经济渐趋繁荣。宋代城郊经济是城乡经济互动的产物，对宋代城乡经济发展具有重要作用。城郊经济的发展，体现出宋代城乡经济不断融合发展的趋势，代表着城乡经济关系发展的新方向。他的《从城乡一体到城乡分离—先秦至唐宋城乡关系述论》（载《云南民族大学学报》2011 年第 5 期）进一步指出，历史上的城乡关系经历了随着社会经济发展而发生分离与对立，又在社会经济发展的基础上相互依存联系密切，并将最终走向城乡一体共同协调发展的历史过程。在这一历史过程中，唐宋时期是一个重要转折点。在唐宋以前，城乡之间城乡一体的发展态势较为明显；唐宋以降，城乡关系逐渐分离并形成了“交相生养”的新型关系。

周智生的《明代纳西族移民与滇藏川毗连区的经济开发——兼析纳藏民族间的包容共生发展机理》（载《思想战线》2011 年第 6 期）认为，明代中后期，大量纳西族移民先后进入了云南、四川、西藏三省交接的藏族聚居区，他们对于滇藏川三省毗连地区的社会经济发展起到了积极的促进作用，并得到了藏族的高度认同。同时作为外来异族，他们成功契合进入了藏族聚居区，实现了与当地藏族之间的持久共生与交融，这种共生与交融有其发展机理。

林文勋、马琦的《近代云南省际贸易研究》（载《中国边疆史地研究 》2011 年第 4 期）强调，在近代中国经济史研究中，国际贸易备受关注，而国内贸易却很少有人问津，这一定程度上影响了我们对近代经济发展脉络的准确把握。论文认为近代云南省际贸易在曲折的发展过程中，

贸易范围扩大，商品结构改善，贸易量增加，省际贸易与国际贸易形成良好的互动机制，促进了云南乃至整个西南地区社会经济的发展和区域市场的形成，使云南成为近代中国对外贸易的桥头堡。

陈征平、毛立红的《经济一体化、民族主义与抗战时期西南近代工业的内敛化》（载《思想战线》2011 年第 4 期）认为，西南近代工业的发生与全国相似，也是伴随近代世界经济一体化进程，在帝国主义侵略与国人民族主义抗争的纠结中艰难起步。然西南地处内陆边地，其近代工业有着不同于东部沿海地区的晚发型及边缘性特征，直到抗战前，始终呈现出一种离散的、被动追随世界经济一体化的发展状况。抗战爆发后，敌寇的封锁及国人的经济民族主义诉求，促成国统区以西南地区为核心的国内经济一体化运行格局，进而使西南骤然由边缘转而成为全国近代工业发展的中心，这个过程中凸显了西南近代工业趋于内敛的发展态势。

黄琳的《百年农民观念变与不变的经济学分析》（载《改革与战略》2011 年第 2 期）提出，近百年以来，或因政权变更、或因现代化建设，农村土地资源的占有使用支配等发生变化，附着在其上的观念也发生变化：被剥夺意识强化、宿命等传统意识逐渐淡化和稀释、阶级意识填补了传统意识稀释而留下的空间、工业观念深入人心、传统小农意识之壳中不断增添新内容。而有些制度则没有改变或虽改变却承载的意识不变，附着其上的观念则变化不大：宗族意识、均平意识、宿命意识、循环意识、贵土贱农意识等仍然存在。农民观念的现代化，最重要的是农民生活于其中的经济制度的现代化。不触动农民生活于其中的经济制度，被思想运动清除掉而成为历史的东西将会卷土重来。

三、中国经济研究

云南地处边疆，讨论中国经济发展问题，我们本来并没有优势，但随着近年来一些优秀人才的引进和一批受过现代经济学研究专业训练才俊的归来，云南学者对中国经济发展问题的研究得到了明显的加强。

并购重组在中国企业改革中具有特殊作用，既促进了企业的优胜劣汰，弥补了产权制度和破产机制的缺陷，又保持了产业发展和社会稳定；但同时在并购实践中出现了人员安置、资产流失、外资垄断等问题。尹豪的《中国企业并购的价值研究》（经济科学出版社）从生产要素效率角度探索企业并购新增价值的来源，从利益相关者角度分析并购所涉及的存量价值和增量价值的转移和分配，构造出以价值创造和价值转移为核心内容的企业并购价值研究的框架。作者认为，并购能够促进企业的价值提高，6 种类型的并购都表现出价值创造效应；并购能够为社会创造价值，并且大部分并购利益相关者是受益的；外资并购具有更强的价值创造和价值转移效应；但是，企业技术效率仍有较大的提升空间，有规模无效率的现象普遍存在。

刘生旺的《中国转型期税收政策的有效性研究》（经济科学出版社）研究了中国转型期税收政策的有效性问题，重点考察了转型期中国税收政策的有效性程度及其影响因素。研究内容包括公共政策有效性的理论分析、税收政策有效性的理论分析、税收政策有效性的指标体系、税收政策有效性的国际经验、中国转型期一般性税收政策的有效性及特定目的税税收政策的有效性。

何晓夏的《金融结构差异与货币政策传导研究》（经济科学出版社）建立了一个从微观到宏观的、合乎逻辑的系统框架，解释了金融结构差异和货币政策传导之间内在的联系机理：即货币政策传导的实质是资源在金融领域中进行配置的过程，必然受到金融结构条件的深刻影响。不同金融结构的功能机制与各种交易成本相互作用，形成了各自的交易成本条件特征，决定着货币政策传导环节各经济主体的行为模式，以及货币政策传导利率机制和信用机制的特征，从而使得货币政策传导过程具有不同的特质。在规范研究的基础上，《金融结构差异与货币政策传导研究》给出了实证检验，并以此提出建立金融结构和货币政策传导协调机制的相关政策建议。

随着我国经济的发展，我国的收入差距越来越大。刘富华的《我国经济发展的收入分配效应研究》（经济科学出版社）从收入分配的源头—价值观进行梳理，系统分析了我国收入分配结构及其形成的原因，收入分配与经济发展的关系；提出了居民收入的提升路径，缩小居民收入差距的思路；指出了公平与效率兼顾的具体发展战略；并就发展成果共享的制度保障暨经济发展方式转变提出政策建议。

陈鑫的《我国政府间企业所得税分配问题研究》（经济科学出版社）以时间为线索对中国政府间企业所得税分配制度的演变进行分析，集中探讨了我国企业跨地区经营所得税在地方政府之间的分配问题，借鉴国际经验，对几种可能的解决之道加以分析并对进一步改革提出建议。作者认为，应在现行企业所得税分享框架下，进一步完善跨地区经营企业所得税分配制度。

李小军的《控制权私有收益下企业再融资研究》（经济科学出版社），针对中国上市公司热衷于利用增发或配股从资本市场筹措资金且募集资金使用效率低下，公司再融资后经营业绩不升反降的奇特现象，从中国上市公司普遍存在大股东利用控制权谋取控制权私有收益的基本事实出发，在现代公司治理理论和梅耶斯—梅杰拉夫分析框架的基础上，构建了企业再融资决策理论模型，提出基于控制权私有收益下的中国上市公司再融资理论解释，并以2000—2004年期间具有配股或增发资格的中国上市公司再融资实践为样本，对中国上市公司再融资方式选择、过度股权再融资以及再融资后经营绩效进行了实证检验。理论分析和实证检验表明，大股东利用控制权获取私有收益是导致中国上市公司热衷于股权再融资和再融资后经营业绩持续下降的根本原因。

李辉的《中国商业银行体系脆弱性分析》（中国社会科学出版社）通过系统梳理国内外银行脆弱相关研究成果，结合其他学科理论，从更广阔的视野，多角度分析了商业银行脆弱性被动积累的根源性因素，并从个人行为选择的微观角度及社会文人相关的分析，建立了一个对中国商业银行体系脆弱性研究分析的新框架；同时结合中国实际情况进行了相关的具体分析，提出了降低中国商业银行体系脆弱性的建议。

高梦滔、毕岚岚的《微观视角下农村居民消费增长实证研究》（人民出版社）指出，中国目前居民消费缓慢的原因，主要是农村居民消费增加缓慢；并且已有的研究缺乏对于农户微观消费行为的实证分析结果，难以清晰地揭示农民消费行为的真正生命周期特征，例如人口学特征、流动性约束和预防性动机等。特别是健康风险冲击和教育的预防性储蓄对消费的影响缺乏经验证据。该著作的主要内容是研究中国农户消费增长缓慢的微观原因，尤其是人口学特征、健康风险和子女教育对消费和储蓄行为的影响。研究侧重于经济计量实证分析。主要的研究时段是1987—2006年，利用的数据是农业部农村固定观察点8个省份经过整理的大型面板数据集（东中西部都有两个省份以上，1 400多户，包含丰富的村庄、家庭和个人社会经济信息）。根据实证分析的结论，提出现阶段增加农村居民消费的有关政策建议。

莫翔的《论中国改革的几个重大问题》（载《探索》2011年第2期）指出，社会主义是中国改革不能突破的制度边界，制度边界的确立，既确定了中国改革的方向，也形成了最大限度地综合利用原体制资源的保护线；通过在中国农村推行联产承包责任制改革，为中国经济改革建立了社会稳定与安全的防线；中国的改革之所以说取得了成就，其实质在于作为个人、家庭和企业的经济人有了最基本的经济自由。

改革开放以来，中国经济取得巨大成就。但目前中国经济面临着严峻挑战：转变经济增长方式，在相对较短的时间里快速上升的不均等，内需不足问题等。万广华的《2030年：中国城镇化率达到80%》（载《国际经济评论》2011年第6期）认为，这一系列问题从根本上都与城镇化严重滞后有关，所以能够通过同一途径来解决：即大力推进城镇化。论文提出中国应加速城镇化，在2030年前实现80%城镇化率具有必要性：可以提高经济增长效率，改善社会公平，减轻就业压力；并从2亿进城农民工的客观存在、城镇人口增长速度、城镇规模、城镇就业、住房等几方面论述了实现这一目标的可行性。文章最后勾画了2030年中国的经济概况。

万广华的《社会网络与贫困脆弱性——于中国农村数据的实证分析》（载《学海》2011年第4期）认为，近年来，贫困脆弱性逐渐成为贫困研究领域内的一个前沿热点，由于它考虑风险冲击对家庭福利的影响而富有政策含义，所以受到了政策制定者的广泛关注，但是现有文献对它的决定因素的研究并不多，基于中国数据的实证研究则更少；该文利用来自中国农村的一个面板数据研究了农户的社会网络、家庭成员所承受的负向冲击以及它们之间的交互作用对于贫困脆弱性的影响，发现家庭的社会网络不仅能够直接降低贫困脆弱性，而且还能够通过抵消家庭成员所承受的负向冲击的影响而间接地降低贫困脆弱性。

他的《如何更准确地预测贫困脆弱性：基于中国农户面板数据的比较研究》（载《农业技术经济》2011年第9期）指出，如果能够预测未来将要发生的贫困——贫困脆弱性，那将对扶贫战略具有重要意义。遗憾的是，尽管不少研究提出了一些预测方法，但其准确性如何却不得而知。基于中国1995—2005年的一组农户面板数据，该文比较了不同方法的预测结果与后续3年内实际发生的贫困，以检验其准确性。结果表明，使用越长的面板数据并不一定能够得到更高的预测精度；利用自导法推断未来收入的分布，并不能显著改进预测效率；而与通过回归或简单算术平均方法获得永久性收入的方法相比，加权平均法能够明显带来更高的预测精度。

赵果庆、田存志的《中美两国股指的同步性与传导机制——基于次贷危机以平道琼斯、恒生和上海综合指数日数据》（载《系统工程理论与实践》2011年第6期）指出，作为新兴的中国股市的上证指数主要受自身波动影响，道琼斯指数、恒生指数对其影响较小，国际化程度还不是很高，然而，随美国次贷危机的升级，世界金融危机爆发，中国股市再难能独善其身。论文运用一般到特殊建模方法，以美国次贷危机以来的道琼斯、恒生、上海综合指数日数据建立中美两国三地股指的动力学系统模型，研究中美两国三地股指联动性。结果表明，三地股指系统具有非线性传导机制，有一个不动点吸引子，具有较高的同步性.可视化的冲击实验的显示，三地股指系统是一个受控系统，只要中美两国股市形成向上合力，那么就会产生同步效应，三地股指才能尽快走出低谷。

龙超、张文的《内外部均衡目标下的汇率政策选择》（载《国际金融研究》2011年第1期）对汇率升值有助于促进国际收支平衡和货币政策独立性的观点提出质疑。指出以双顺差为特征的国际收支失衡是经济结构失衡的表现，外部失衡状况难以通过汇率调整得到纠正。汇率升值短期内可能会使外汇流入增加，此外，如果在人民币汇率长期保持升值态势的同时推进利率市场化改革，中国可能会陷入流动性陷阱。因此，应合理把握人民币汇率升值的频率和幅度，为国内金融改革和人民币国际化创造缓冲时间。

高梦滔的《农村离婚率与外出就业：基于中国2003—2009年村庄面板数据的研究》（载《世界经济》2011年第10期），基于中国2003—2009年的村级微观面板数据，分析农户外出就业对于离婚率的影响。研究发现：第一，外出就业对于农村离婚率具有显著的影响，外出就业人员增多，是近年来农村离婚率上升的一个主要影响因素，在不同发展水平的农村地区其影响程度差别不大；第二，在中西部地区，村庄的耕地资源对于农村离婚率具有一定的约束作用，这种作用在东部地区不显著；第三，家庭的未成年子女数量对于各个地区的农村离婚率都具有显著的影响，性别比例等人口学特征变量的影响则存在地区差异。

赵兴国、潘玉君的《区域资源环境与经济发展关系的时空分析》（载《地理科学进展》2011年第6期），借助“驱动力—状态—响应”（DSR）概念模型，构建区域资源环境负荷指数，应用脱钩理论及基于弹性分析法改进的脱钩程度判定标准，以1998—2008年为时间界限，以*T*1、*T*2、*T*3、*T*4和*T*5 5个时期为时间尺度，以全国及31个省、直辖市、自治区为空间尺度，对中国及各省区资源环境负荷与经济发展脱钩程度及时空演变特征进行了定量判定与综合分析。结果表明：①无论是从时间演变还是从空间演变来看，中国及其绝大多数省区资源环境负荷与经济发展的关系总体上处于相对脱钩状态，其演变主要从相对脱钩Ⅰ→相对脱钩Ⅱ→相对脱钩Ⅳ→相对脱钩Ⅲ→相对脱钩Ⅱ的呈近“正态分布曲线”的规律。②按东北、东部、中部和西部4大地带划分，各省区资源环境与经济发展脱钩程度与全国比较的空间演变规律主要表现为，东北地区经济发展对资源环境的压力相对较低，但有上升趋势；东部、中部、西部地区区域发展的资源环境压力则随着经济的较快增长而逐渐下降，其下降速度的顺序为西部地区〈中部地区〉东部地区。随着中国区域科学发展的有力推进和经济发展方式的不断优化，资源环境与经济发展正呈现良性互动，二者有望实现绝对脱钩，这对中国实现资源环境与经济社会的全面协调可持续发展具有重大的推动作用。

土地利用规划是我国土地资源管理的“龙头”，对土地资源合理开发、利用、保护起到了关键作用。公众参与理念引入土地利用规划以来，有效增强了规划编制的科学性和实施的有效性。李彦等的《参与式土地利用规划实施框架及保障机制研究》（载《生态经济》2011 年第 6 期），在对参与式土地利用规划理念进行诠释的基础上，分析了我国土地利用规划公众参与的现存问题及原因，基于宏观角度设计参与式土地利用规划的实施框架，并从组织、表达、回应、激励、监督五个方面构建了参与式土地利用规划运行的保障机制体系。

张丽华等所作的《“十二五”期间推进我国财政支出绩效管理的难点与解决思路》（载《经济问题探索》2011 年第 9 期），从财政绩效管理的理论涵义入手，在科学界定财政绩效管理的概念和内容的基础上，重点对“十二五”期间推进我国财政支出绩效管理面临的机遇和难点作了深入的分析，提出了进一步推进财政支出绩效管理的思路与对策。

徐翔、刘尔思的《产业扶贫融资模式创新研究》（载《经济纵横》2011 年第 7 期）认为，加大扶贫开发力度，解决贫困地区的温饱问题一直是我国的一项重要经济决策，走产业化扶贫道路，将产业化扶贫与整村推进相结合，带动贫困农户增收是一项有效的减贫措施。创新产业扶贫资金的融资模式，增强产业资本的融资能力，加大产业资金的投入是探索产业扶贫积极有效的途径，能使产业扶贫的成效更加显著。

孙红兵、向刚的《城市创新系统的创新综合能力评价》（载《经济问题探索》2011 年第 3 期），根据城市创新系统理论构建了城市创新系统创新综合能力评价指标体系，利用主成分分析法对 2005—2008 年我国 30 个省会城市和直辖市的创新综合能力分别进行了静态和动态的评价和排名，同时利用聚类分析法对静态创新综合能力得分进行了聚类分析，分析了我国东、中、西部的城市创新综合能力的特点，在对典型城市的创新综合能力进行详细分析的基础上，提出了相应的对策和建议。

消费率是指最终消费支出占 GDP 的比重。我国消费率一直偏低并且持续下降，阻碍了经济发展方式的转变。因此，提高消费率是我国经济发展中的一个重要问题。城乡二元经济结构是我国基本的经济结构，影响着我国经济运行的各个方面。李丽莎的《城乡二元经济结构对消费率的影响》（载《改革与战略》2011 年第 10 期），从总量数据与人均数据两个层次分析消费率的影响因素，并且特别分析了人口城镇化水平与城乡收入差距对消费率的影响，探寻提高消费率的有效途径。实证结果表明：加快城乡二元结构的转变与提高农村居民消费水平是提高消费率的最重要的有效途径。

侯合心的《反洗钱监管模式的国际比较与借鉴》（载《财经科学》2011 年第 5 期）认为，随着我国经济发展速度加快，对外开放程度提高，反洗钱监管已经成为社会监管体系中的一个重要组成部分。站在国内和国际两个视野来看，要构造适应于中国的反洗钱监管体系，除要在刑事、经济、金融领域开展深入的国情研究外，也还需要对世界其他国家的反洗钱监管体制进行较广泛的比较研究。

土地财政问题是我国现阶段财政体制、政治体制、法律制度方面矛盾的集中体现。近年来，这一问题逐渐成为了国内学者研究的焦点，取得了一定的研究成果。程睿娴、李妍的《国内土地财政研究述评》（载《经济问题探索》2011 年第 2 期），对国内土地财政研究的相关文献进行了梳理和总结。介绍了土地财政研究的背景，从土地财政的界定、成因分析、经济社会问题、治理建议等方面对土地财政研究的主要内容进行了归纳，在现有研究的基础上，提出了完善分税制改革健全财力与事权相匹配的财政体制、从吃饭财政转为公共财政和民生财政、建立以公共服务为导向的干部政绩考核制度、通过健全法制规范政府的征地行为。

创业投资是资本市场培育高新技术产业的一种创新的制度安排，有别于一般的投资活动。中国的创业投资业在经过了 20 多年的发展后，目前已经基本构建了一个比较完整的创业投资运作和管理体系。但依然存在着一些问题需要研究解决，其中涉及财务、会计和税收的问题就值得思考。陈旭东的《“创业投资”的财税分析及风险控制》（载《经济问题探索》2011 年第 1 期）对创业投资的相关概念、会计核算、风险控制和税收制度安排等方面提出了一些设想。

孙鹤的《中国粮食市场的动态均衡模型及粮食安全调控》（载《统计与决策》2011 年第 5 期）认为，由于价格变量同时出现在需求函数和供给函数中，又由于使用数据建模时需求和供给的均衡量是同一数据，通常估计得到的两个函数中价格的符号经常与经济学理论相悖。文章通过对模型的精心设计，使用完全信息极大似然估计，建立了与微观经济理论相符的中国粮食市场动态均衡模型。在此基础上，从数量上分析了决定市场出清的主要变量的作用。最后，从中国粮食安全的角度出发，讨论了政府调控粮食市场的基本原则和策略。

四、区域经济研究

云南学者对区域经济尤其是云南经济发展始终具有浓厚的研究兴趣，发表了许多研究成果。

中国东西部地区发展差异根源于区域产业升级差距。那么，区域产业升级机理如何；怎样从产业升级机制角度，寻找东西部地区产业升级差距的根源；怎样衡量区域产业升级；东西部地区产业升级机制有何差异；这些差异的政策含义是什么？张正华的《区域产业升级及其机制——中国东西部地区产业升级及其机制比较研究》（云南大学出版社）集中对这些问题作了探讨。

李学术的《西部民族贫困地区农户创新行为研究——基于云南省的案例分析》（经济科学出版社），对西部民族贫困地区农户的创新行为及其特征作了研究。

高梦滔的《西部工业化与工业园区发展研究：以云南省为例》（人民出版社），立足于全国第二次经济普查数据，集中研究了云南省工业园区发展的现状、特点、结构、产业集聚空间布局等问题。

区域竞争力的研究是当前竞争力研究领域的新热点。卢启程的《国内外区域竞争力研究现状与分析》（载《经济问题探索》2011 年第 3 期），从区域竞争力的内涵、模型、指数和战略四个方面对国际区域竞争力研究的现状进行了综述，采用文献计量分析方法分析了国内区域竞争力的研究现状，并进一步分析了国内外研究的共识和差异。研究发现，缺乏普遍认同的理论基础是区域竞争力研究中主要问题的根源，当前最为紧迫的是对加强对区域竞争力形成机理的基础理论研究，以逐步形成一个普遍认同的理论基础和研究框架。

潘海岚的《西部地区产业结构演进与经济增长的偏离—份额分析》（载《改革与战略》2011 年第 11 期），运用偏离—份额分析方法，对西部大开发前后十年（1990—2009 年）西部地区十二省、区、市产业结构变迁对区域经济增长的总体效应及地域差异进行评价。通过对比分析发现，随着西部大开发战略的实施，西部地区大部分省市进入产业结构调整优化时期，各省市表现有所不同。总体而言，西部地区产业份额和产业竞争力呈分离态势，增长型产业比重不大，产业竞争力仍有待进一步提高。基于此，结合西部地区实情，提出简要对策建议。

罗 淳的《西部少数民族地区现代化追赶战略的省思》（载《思想战线》2011 年第 5 期）认为，西部民族地区普遍面临着现代化追赶的历史任务，但在现代化战略实施中面临着多重两难选择，需要科学认识并善加处理保护与发展、依附与摆脱、劣势与优势、共性与差异等关系，把可持续发展纳入现代化追赶战略，将以追求 GDP 增长为核心的增长优先战略转变为以人为本理念，创新社会优先发展战略，才有可能实现西部民族地区社会经济的长治久安与持续繁荣。

刘荣等的《县域经济包容性增长“双向三化一体”发展路径研究》（载《思想战线》2011 年第 6 期）认为，中国县级行政体制设置制度的特性决定了县域经济所具有的特殊性，县域经济发展应走包容性增长“双向三化一体”的发展路径。

谭琳的《西部地区农村剩余劳动力转移的教育经济学分析——以云南省为例》（载《经济问题探索》2011 年第 8 期），以人力资本理论为基础，在实践调查的基础上，对调查资料使用多种方法进行统计整理，从教育经济学的角度分析了西部地区农村剩余劳动力转移的现状和存在的问题，并提出了西部地区发展教育促进农村剩余劳动力转移的相关对策建议。

鲁建彪的《关于民族贫困地区扶贫路径选择的理性思考》（载《经济问题探索》2011 年第 5 期）认为，民族贫困地区的扶贫，一直以来更多的是进行物质扶贫，虽然不同程度改变了生存生活的条件，但是并没有从根本上解决民族地区的经济贫困问题。原因很多，但核心的问题是民族地区文化贫困。文化是一个民族发展的原动力。因此，从文化扶贫入手，才能从根本上解决民族地区的贫困问题。文化扶贫是从文化和精神层面上给予贫困地区帮助，从而提高当地人民素质，尽快摆脱贫困。民族贫困地区要改变贫穷落后的面貌，既要从经济上加强扶持，更需要加强智力开发。扶贫不仅要扶物质，也要扶精神、扶智力、扶文化。

在对西部地区经济发展研究中，云南学者对云南经济发展给予了更多的关注。

孟庆红、罗宏翔、武友德主编的《桥头堡战略背景下的滇南经济发展研究》（云南人民出版社），系云南省区域经济学会 2010 年年会论文集，论文围绕桥头堡建设与云南省区域经济发展、桥头堡建设与滇南经济发展等问题进行了探讨。

刘光溪的《城乡统筹与三农金融服务路径突破——以昆明市为重点分析案例》（中国农业出版社），以昆明市作为研究案例，实证探讨了农村经济发展与金融支持问题，特别是结合云南省和昆明市的实际，在如何加快构建特色优势产业专项金融服务体系方面提出了建设性的意见。

王德强、廖乐焕的《香格里拉区域经济发展方式转变研究》（人民出版社），着重就香格里拉区域经济发展方式转变涉及的一些重要问题作了分析和探讨。

李波、汪戎的《产业结构、行业就业关联与就业——基于云南省的实证分析》（载《软科学》2011 年第 8 期），首先计算出三大模式在不同人均 GDP 水平时的产业结构偏离度和产业相对劳动生产率，并与云南的情况进行对比，发现云南省的产业结构与就业结构不协调，说明云南今后应该重点发展第二产业和第三产业以扩大就业；后又从行业就业关联的角度进行就业效应分析，进一步验证第二产业和第三产业的发展对扩大云南就业的重要性，认为云南在制定行业发展政策时要特别注重纺织服装、鞋、帽、皮革、羽绒及其制品业和教育业等行业的发展。

任佳的《云南“十二五”时期经济发展面临的机遇、挑战与对策》（《云南社会科学》2011 年第 6 期）强调，“十二五”是云南经济发展的关键时期，也是云南经济发展面临挑战的时期，十七届五中全会确定的转变经济发展方式这条主线将贯穿云南经济社会发展全过程和各领域，是经济社会领域的一场深刻变革。认清形势，才能采取相应的对策迎接挑战，实现经济的跨越式发展。

王德强的《云南藏区跨越式发展的实践与探索》（载《云南民族大学学报》2011 年第 5 期）认为，“十一五”期间，云南藏区步入了跨越式发展的轨道，经济社会面貌发生了巨大变化。从其经验看，边疆民族地区实现跨越式发展是一项综合的系统工程；制定符合区域实际的产业政策是跨越式发展的关键；教育现代化是跨越式发展的根本；投资拉动是跨越式发展不可或缺的条件；大力推进城镇化是跨越式发展的突破口；高起点、高标准引进大企业开发优势资源是跨越式发展的有效途径；转变发展方式是跨越式发展的主题；改革创新是跨越式发展不竭的动力；不断改善民生是跨越式发展的出发点与归宿；高度重视生态环境保护是跨越式发展的前提；上级政府的大力扶持和全国人民的援助是跨越式发展的保证。

陈利君的《云南经济发展与对外开放》（载《云南民族大学学报》2011 年第 5 期）认为，云南是多民族的省份，近年来经济社会发展取得了巨大成绩，经济实力不断增强，对外开放步伐加快，社会事业不断发展。但从总体上讲，经济社会发展水平仍然相对滞后，面临着综合竞争力弱、基础设施落后、创新能力不足、对外开放程度不高等问题，与发达地区的差距拉大。而目前云南加快发展的机遇较多，虽是机遇与挑战并存，但机遇大于挑战。为此，必须采取有效措施加快云南经济社会发展。

李娟、费宇等的《云南省产业结构优化研究》（载《思想战线》2011 年第 3 期）指出，随着经济建设的快速发展，云南省经济总量有了一定的增长，经济结构也有一定程度的优化，但一些产业结构问题，比如主导产业单一，个别产业发展滞后和各产业内部结构不协调对整体经济发展的制约，整体产业建设存在不均衡发展等一系列问题也日益凸显。因而有必要积极探索优化云南省产业结构的路径以增强其经济竞争力。论文以产业关联为研究的切入点，利用投入产出分析法，并结合新的数据，对省内各产业间相互关系及产业结构现状进行比较分析，以明确各产业在省内产业循环中所处地位及其作用，并针对云南省产业结构存在的问题提出相关对策建议。

刘尔思的《接与转移的再思考——云南桥头堡建设面临的问题与对策》（载《经济问题探索》2011年第2期）认为，产业承接与转移是产业结构调整升级的推进器，是经济社会发展的必然选择。承接与转移的条件：一是有相应的区位优势；二是有突出的资源优势；三是组织与分工、市场差异化和环境有利于成本优势。金融危机导致的经济危机，拉开了全球范围内产业转移的大幕，而产业承接却是欠发达国家或地区争相竞争的资源。云南具备产业承接的比较优势，同时也具有产业转移的基础条件，抓住承接和转移的机遇，能够加速云南产业结构调整，加速产品构成、技术构成和市场构成的提升，增强竞争实力，加快云南经济社会的全面发展。

梁琳琳等《工业经济空间结构对经济增长的影响研究——以云南省为例》（载《工业技术经济》2011年第11期），基于空间经济理论分析了云南省工业空间结构与经济增长空间结构演变的相关性。研究发现，云南省内区域的工业化程度与经济增长水平有同步性。对云南省工业化与经济增长空间结构演变相关性的分析发现，经济增长与工业固定资产投资和工业产值呈显著正相关关系，而工业就业对经济增长的影响较小。结果表明，工业发展是云南省经济空间结构形成的主要原因，也是云南经济增长的主要动力。

宋媛的《未来十年云南农村扶贫开发战略思考》（载《云南社会科学》2011年第5期），针对目前云南省扶贫开发面临的扶持对象、制度安排和主要任务发生的三大变化，提出未来10年云南农村扶贫开发要实施统筹城乡发展、片区开发、扶贫到户、产业发展、环境保护与建设的五大战略，要努力创新整村（乡）推进、劳动力培训转移、产业化扶贫、连片开发、扶贫和生态移民5种主要扶贫模式，不断完善目标责任、增收长效、服务保障、考核评价和群众参与5个运行机制，并实施相应的扶贫开发政策。

马勇的《新中国建立60年来云南经济建设的历程与经验》（载《云南民族大学学报》2011年第5期）认为，新中国建立60年来，特别是改革开放以来，云南不断探索和完善具有时代特征、中国特色、符合省情的经济发展道路，经济建设取得了巨大的成就，积累了宝贵的历史经验：始终坚持以经济建设为中心，坚定不移地抓住发展这个第一要务；坚定不移地走具有时代特征、中国特色、云南特点的经济发展道路；始终坚持市场化改革，为经济发展提供不竭动力；定不移地扩大对内对外开放，拓展经济发展空间；终坚持以人为本，充分激发经济建设主体的创造活力；视夯实基础，增强发展后劲。

云南省社会科学院农村发展研究所课题组的《加快云南耕地承包经营权流转的对策建议》（载《云南社会科学》2011年第3期）指出，云南近几年农村耕地承包经营权流转呈现出的新特点是：流转速度加快，区域之间不平衡，以出租和转包为主，流转主要发生在农户之间；耕地承包经营权流转的制约因素是：认识模糊导致流转实践偏离政策预期目标，现行法律法规及政策措施与实践不协调，流转过程中政府、干部角色定位不清，社会保障体系的不完善导致村民信心不足，现行耕地经营方式无法支持大规模耕地承包经营权流转。针对这些问题，应完善农村社会保障体系，发育农民合作组织，出台可操作性强的流转管理办法，提升流转主体的能力，总结成功经验。

何晓夏的《论区域金融发展促进产业结构升级的作用机制》（载《经济问题探索》2011年第9期）认为，区域产业结构升级是推动区域经济高水平、高质量发展，从而实现区域经济发展目标的直接手段。在现代经济关系中，金融已经成为经济发展的核心，金融发展对经济增长有很强的推动作用，对于区域产业结构的优化升级，金融发展同样有显著的促进功能。云南省属于经济发展相对滞后的区域，在产业结构方面存在诸多症结，但其产业资源优势独特，探索如何通过金融发展来促进云南产业结构优化升级，在理论和现实两方面都必将具有深远的意义。

周智生、张重艳的《山坝地域结构中的云南乡村集市功能演进机理研究》（载《经济问题探索》2011 年第 9 期）认为，山坝地域结构是云南典型的地域类型。在这一特殊的地域结构下，乡村集市往往成为山区和坝区之间农村商贸经济活动发生发展的主要场所，同时也是维系山区和坝区不同族群农户经济共生互补的重要纽带，对于维护边疆稳定与经济开发有着突出的意义和价值。论文通过对云南丽江玉龙县九河乡村集市形成发展机理的实证研究表明，在既定的山坝地域这样一个相对独立而又山坝区各单元之间联动有序的环境结构中，乡村集市的发展演进既依附于特定的地域条件，但同时又能以范围维系和时空协同机制为动力，突破地域局限，以更能兼顾和适应山区和坝区间各市场参与者活动特点的方式来不断重构和演进。

五、开放经济研究

对云南这样一个区位优势独特，而经济社会发展又欠发达的沿边省份来说，扩大开放显得尤为重要。深入贯彻落实《国务院关于支持云南省加快建设面向西南开放重要桥头堡的意见》的精神，进一步提升云南对外开放的水平，在大开放中推进开放云南的建设，是云南在实现跨域发展过程中必须面对和解决好的一个具有全局性的关键问题。惟其如此，云南学者始终重视开放经济研究，而且成为了特色研究学科。2011 年，云南学者对开放问题的研究主要围绕外资对中国发展的影响、区域经济合作以及桥头堡建设背景下的云南对外开放三个重要问题展开。

（一）外资对中国发展的影响

宋娟的《外商直接投资对中国制造业市场结构的影响》（中国社会科学出版社），运用数理经济学和计量经济学相结合的分析方法，从理论和实证两个层面分析了在中国经济转型过程中市场体制缺陷背景下，外资对中国制造业市场结构的影响。作者认为，中国内部改革滞后于外部开放的发展模式人为地给外资企业造成了更大的市场空间，导致外资对我国产业形成市场主导地位。

陆亚琴的《外商直接投资的环境效应及其管理——基于我国工业废气排放指标的分析》（经济科学出版社），借鉴经济增长与环境质量的模型，将一国经济增长与环境之间的关系延伸到开放经济分析框架之中，建立了国际资本流动状态下外商直接投资与环境影响的模型，从理论上探讨外商直接投资在东道国环境效应的内在机理。同时借鉴格罗斯曼和克鲁格分析贸易环境效应的方法，把外商直接投资对环境的影响分为规模效应、结构效应、技术效应，建立了外商直接投资环境效应的分析框架。在外商直接投资环境效应分析的理论基础上，重点运用 1991—2006 年在华 FDI 与工业废气排放的数据对在华外商直接投资于中国环境影响进行了总体和分区域的实证分析。并借鉴和反思日本及韩国利用外国直接投资与环境保护的经验与教训，基于我国对外商直接投资环境管理的得失提出了我国在新的经济发展阶段上更好地利用外国直接投资促进经济可持续发展的一些对策。

赵果庆、杨怡爽的《中国 FDI 工业双重集聚及其效应——基于产业与空间视角》（载《经济管理》2011 年第 4 期），采用普适性产业集聚指数和集中度结合方法，对 2003 年和 2008 年全国 38 个 FDI 工业和 31 个地区 FDI 工业的集聚强度进行计算和显著检验。结果表明，FDI 工业显著集聚，但强度有降趋势。进一步显示，我国高端制造业的 FDI 工业对参与度最高，已处于受控状态，另一方面，东部对 FDI 工业依存度较高，中部和西部的 FDI 工业参与度很小。因此，我国要努力调节 FDI 工业的产业分布和地区分布，促进东部与中部、西部协调发展，更重要的是要构建高端制造业自主创新的长效机制，有效保护我国产业安全和促进增长方式转变。

毕冶、郭树华的《FDI 与中国产业安全问题研究》（载《思想战线》2011 年第 6 期）指出，经济开放条件下，每一个国家都不可避免地融入国际经济大循环之中。特别是不断扩大的外国直接投资（FDI），既对一国的经济发展有着不可替代的促进作用，又对一国的产业安全发展造成了巨大的隐患。目前在中国，随着 FDI 规模日益扩大、深入，外资通过股权、技术、品牌控制等方式严重影响了我国产业安全，如何合理利用外资，保护本国经济安全的发展，制定适合我国产业安全发展的外资政策、法规体系，就成为当前我们亟待解决的关键问题。

（二）区域经济合作

刘稚主编的《大湄公河次区域合作发展报告：2010—2011》（社会科学文献出版社），从三个层面系统介绍和研究了大湄公河次区域合作的重点与热点问题，追踪分析了大湄公河次区域合作的进展和趋势，并对新形势下我国进一步推进次区域合作深入发展提出了相关对策和建议。

林跃勤、周文主编的《金砖国家经济社会发展报告（2011）》（社会科学文献出版社），对金砖五国整体的过往经济社会发展梗概进行了全面回顾总结、比较分析和前景展望，继而对各国近年的经济社会发展进行了国别考察，并从经济社会发展专门领域视角对各国进行了比较分析。

随着经济全球化步伐的加快，国际货币合作问题愈加引起人们的重视。郑旭所著的《东亚货币合作的现实基础及中国的战略选择》（中国社会科学出版社），以东亚地区的货币合作为主题，从多角度全面审视这一地区货币合作的机制与前景。认为加强区域货币合作是目前国际金融合作大势所趋，也是各国经济发展的需要。中国应本着积极参与、求同存异、推动合作的精神，全面参与亚洲区域经济与金融货币合作。

杨虹的《新地区主义：中国与东亚共同发展》（中国社会科学出版社），以欧洲经济一体化的形成和北美自由贸易区的建立为背景，研究了东亚经济一体化发展的意义、问题难点和未来前景，并对中国应采取的战略作了分析。作者认为，目前国际多边合作机制的发展，已使东亚国家认识到急需加强区域间的对话与协调，拓展区域内合作，提升本地区的整体竞争力。而中国作为大国，又处于发展的关键时期，更应积极参与东亚区域一体化的建设，以营造良好的周边环境。这一点对我国应对新时期的各种挑战，对中国的和平崛起至关重要。

杨虹的《儒家文化影响下的东亚经济圈》（人民出版社），从东亚经济圈经济发展格局、区域特征、经济增长模式、经济发展模式的转变以及东亚经济体的地位和作用等方面分析了儒家文化对于东亚经济圈经济持续、社会持续和生态持续三个方面的影响。

朱耀顺等的《非传统安全视角下的中国与东盟经济合作研究》（载《经济问题探索》2011年第6期）认为，近年来，非传统安全问题日益成为国际政治的重大议题。中国与东盟在非传统安全领域开展了一系列的合作，然而在平等互利和合作共赢前提下的经济合作始终是中国与东盟各国合作的最重要基石。论文在非传统安全的视角下，分析了中国与东盟经济合作的历史、现状及意义，最后提出了加强中国与东盟经济合作的政策建议。

胡志丁的《次区域合作均衡及其政策含义》（载《国际经贸探索》2011年第10期），从博弈论的视角出发，构建了次区域合作均衡的博弈模型，并结合欧盟一体化和我国参与周边次区域合作的实际情况探讨了模型设定的现实基础。在此基础上结合次区域合作博弈模型分析了其对国家参与次区域合作的政策含义，对理解现有次区域合作的发展现状和未来发展态势及其均衡做出了阐述，而且该模型的一个优点在于对该模型稍加调整就能用来解释国家之间的同盟和一国的崛起之谜。

胡志丁的《次区域合作研究方向的变迁及其重新审视》（载《人文地理》2011年第1期）认为，次区域合作诞生于20世纪80年代末、90年代初，在短短20年的发展中，次区域合作研究经历了三次研究方向的转变：第一次是次区域经济合作研究；第二次是次区域经济合作的非经济效应研究；第三次是次区域合作的非经济影响因素及非经济领域合作研究。三次研究方向的转变都有其深刻的背景，体现了次区域合作研究的现实意义和价值。论文对次区域合作的一些基本问题，如次区域合作的定义、特征、分类及其相互影响、理论解释和次区域合作的均衡等进行了探讨。

李汝凤、梁双陆的《大湄公河次区域产业结构对西南边疆生产要素聚集的影响分析》（载《经济问题探索》2011年第11期），本文基于空间经济理论的边疆经济发展模型，分析和检验了大湄公河次区域（GMS）产业结构对西南边疆生产要素聚集力的影响。分析结果表明，GMS经济合作机制对提升边疆地区生产要素聚集力，整体上具有促进作用，但与泰国和越南的经济合作对西南边疆要素聚集的作用强于与老挝、缅甸和柬埔寨的经济合作。

熊彬的《大湄公河次区域合作对云南—GMS贸易绩效分析》（载《经济问题探索》2011年第6期），利用2000—2008年云南省和GMS国家贸易数据建立引力模型，对大湄公河次区域合作对云南省与GMS国家双边贸易的影响和未来发展潜力进行分析。结果表明，大湄公河次区域合作促进了云南与GMS地区的双边贸易合作，实际贸易水平明显高于预测水平；云南与老挝、越南贸易也得到大幅的提升，在边境贸易方面也大大促进了云南省与老挝、缅甸和越南贸易发展；预测对比也表明，云南省与GMS地区潜在着发展空间，特别老挝与越南市场突起所带来的机遇。在此基础上，论文提出应加强区域合作、物流建设等政策建议。

胡列曲的《大湄公河区域国家经济金融一体化实证研究》（载《亚太经济》2011年第5期）认为，大湄公河区域是东亚经济一体化速度最快的次区域之一。区域内国家经济增长的谐动性呈现出总体上升的态势；次区域经济一体化的贸易创造效应显著；各国经济金融开放度不断提高，多数国家金融一体化进程加快；各国金融市场波动联系显著。中国应为取得合作中的主导地位制定行动计划，并重视沿边省份作用的发挥。

（三）桥头堡建设背景下的云南对外开放

刘光溪、胡列曲主编的《昆明泛亚金融服务中心建设蓝皮书（2010—2011）——战略目标与实施框架》（中国金融出版社），以“昆明泛亚金融服务中心建设”为主题，探讨了昆明建设区域性国际金融中心的战略选择，创建了评价区域性国际金融中心潜力的指标体系，对昆明、南宁、成都、重庆、胡志明市、曼谷和新加坡七个主要城市进行评价比较，提出了昆明金融中心建设的近期、中期和远期目标，就昆明泛亚金融服务中心建设各个阶段提出了具体的对策建议。

杨国辉、孙霞的《跨境贸易人民币结算与昆明区域性跨境人民币金融服务中心建设》（载《经济问题探索》2011年第3期）认为，在国家推行跨境贸易人民币结算试点的背景下，基于跨境人民币结算带来的云南周边国家人民币流通规模的增加、跨境人民币结算业务的深入开展以及由于跨境结算使人民币货币职能和服务对象的外延化，都需要在昆明进行区域性跨境人民币金融服务中心的建设。鉴于昆明目前具有的政策、地缘、金融合作、贸易和交流平台的优势条件，昆明市要参考新型国际金融中心的成立模式，利用跨境贸易人民币结算的试点机遇，建设区域性跨境人民币金融服务中心。

陆亚琴的《论昆明区域性国际化城市建设的必要性与路径》（载（云南行政学院学2011年第6期）认为，城市发展的国际化趋势，中国东盟自由贸易区的逐渐建成，中缅石油通道的建设以及云南作为“中国向西南开放的桥头堡”上升为国家战略等因素推动昆明区域性国际化城市的建设。昆明国际化城市的定位是面向南亚和东南亚的区域性国际化城市，昆明建设区域性国际化城市的路径为：打造区域国际物流中心和商贸中心；打造国际旅居城市；打造区域性总部经济中心；打造国际空港保税区。

冯勇等的《“桥头堡”战略下云南烟草企业参与国际竞争的市场形势分析》（载《经济问题探索》2011年第5期），从世界卷烟市场的最新形势角度入手，阐述2010年世界四大烟草集团的市场表现及世界各地烟草种植及控制情况来反映目前烟草市场的现状。从“桥头堡”战略的视角对东南亚、南亚卷烟市场进行详细的分析，为云南烟草企业进入东南亚、南亚等国际市场进行营销策略提供相关依据。同时结合国内消费结构特点，以“4P”模式来描述全国烟草企业的影响策略。最后综合上述国际、国内环境特征，提出云南卷烟企业参与国内、国际市场竞争的对策建议。

六、旅游文化经济研究

云南丰富的旅游文化资源，不仅为云南旅游文化产业发展提供了重要的条件，也为云南学者进行旅游文化经济研究提供了独特的优势，云南学者在这个领域的研究成果在国内产生着重要的影响。

（一）旅游经济研究

中国旅游研究院昆明分院主编的《云南旅游产业发展年度报告（2010—2011）》（云南大学出版社），对云南旅游发展进行了动态研究，客观分析和反映了每个年度云南旅游经济运行特征和产业发展态势，总结和评析了云南旅游发展的成功经验和存在的主要问题，预测发展趋势和提出工作建议。

张桥贵等的《云南宗教文化旅游研究》（中国社会科学出版社），系统探讨了宗教文化旅游的基本概念、性质、类型、特征、开发思路等相关理论的基础上，重点选取佛教名山鸡足山、道教圣地巍宝山、儒学重镇建水文庙作为云南宗教文化旅游的典型代表，进行较为深入的实地调查，以此折射宗教文化旅游的共同情境和遭遇。

罗明义的《旅游零负团费现象研究》（载《思想战线》2011年第3期）认为，旅游目的地系统是一个极为复杂的市场系统，政府对于零负团费现象的行政干预和直接干预方式容易导致比零负团费现象更为危险的非市场行为，最终可能背离市场经济，摧垮旅游市场的良性发展。政府应该改变对旅游市场的管理重点，运用协同学自组织的规律，使系统从有序向新的有序过渡，用较小的努力获得极大的效益，并通过旅游系统自身的竞争与合作，非快速地、自我地解决零负团费现象。

王克岭的《旅游企业安全风险管理研究》（载《思想战线》2011年第5期）指出，旅游企业安全风险管理研究的相对滞后是制约我国旅游业进一步蓬勃发展的因素之一。基于10个典型案例的分析，管窥旅游企业安全风险管理的现状，探究旅游企业安全风险管理问题的成因，可为旅游企业安全风险管理提供四个方面的策略：确立永续建设的思路，规避财务风险；提升产品附加值或推动产品创新，转嫁或降低策略风险；加强旅游企业自控系统建设，提高风险控制与自担能力；强化与旅游管理部门及保险公司的合作关系，分担风险。为保证上述策略的实施，应从技术、组织及文化教育方面探索出旅游企业安全风险管理的相应保障机制。

周爱萍的《旅游业背景下云南少数民族传统手工艺保护与传承》（载《思想战线》》2011年第5期）认为，云南旅游“二次创业”背景下，周城扎染、新华村银器、竹园村草竹编具有传统历史的三类手工艺，出现了复兴与变迁。一方面，旅游市场给当地传统手工艺的传承与创新带来了前景，少数民族手工艺人以日常生产生活所积累的智慧，重拾娴熟的手工技艺，并融入新的活力，给手工艺带来了新的生命力；另一方面，由于经济利益的刺激，出现了以假乱真、滥竽充数的劣质手工艺品，这严重破坏了少数民族传统文化的传承。作者提出在保持传统的基础上有所创新，在变迁中传承，在变迁中发展，实现时代性与民族性、传统性与现代性的结合。

刘春的《滇西北传统图形与现代旅游产品开发设计的契合》（载《云南民族大学学报》2011年第5期）认为，在高速发展的信息时代，传统图形离当代艺术设计渐行渐远，现代艺术设计的创造力日益超越传统，将传统艺术覆盖在自己的阴影中。但是，现代艺术设计者又在自觉或不自觉地呼唤逝去的传统艺术，探索现代与传统的设计结合途径，传统图形在当代艺术设计中的价值成为人们思考的问题。云南西北部是一个蕴含多民族多元文化的地理板块，在历史上积淀的各种传统图形，其独特性已属罕见。在旅游高速发展的大环境中，传统图形不但得以在滇西北传承延续，并跨越传统艺术的局限，演化为旅游资源的构成部分，以其丰富多姿的艺术形态进入旅游产品开发设计的视野，融入到滇西北个性化的旅游产品当中。

（二）文化经济研究

尹欣、范建华主编的《2008—2009云南文化产业发展报告》（云南大学出版社），对2008—2009年云南文化产业的十大产业门类发展状况详尽地进行了阐述、分析。是继《1996—2006云南文化产业十年报告》和《2007云南文化产业发展报告》之后的连续出版物。

施惟达的《文化与经济——民族文化与产业化发展》（云南大学出版社）认为，西部地区要充分挖掘和利用民族文化资源，并通过创意、市场的作用将其整合、开发，实现产业化发展，通过经济效益和社会效益的实现，让民族文化在现代社会获得新的价值认同并得到系统的传承和发展。该书的上篇是对民族文化及其产业化发展基本理论的建构、要素特征的阐释和路径模式的探索；下篇通过七个具有典型代表意义个案的深入分析研究，从实证的角度进一步阐明了西部地区民族文化及其产业化发展的特质，通过研究得出结论：民族文化及其产业化发展是西部地区文化与经济互动的基本路径。

李炎等的《空间布局与特色——云南文化产业现状与对策》（云南大学出版社），分上、中、下三篇分布对云南文化产业的基础空间、区域布局和特色产业发展作了分析。

李佳的《制度与环境——西部乡村文化产业》（云南大学出版社），全书分为六章，内容包括：乡村文化产业：一个全球化与乡村社会经济结构的分析；乡村文化产业发展的基础缺失及重构；分工、比较优势与乡村文化产业发展；乡村文化产业的微观生产组织方式选择；乡村文化产业发展的多元性与演进性；乡村文化产业的成长要素分析。

王克岭的《微观视角的西部地区少数民族文化产业可持续发展研究》（光明日报出版社），将大理、丽江等地作为主要研究地区，通过案例调查、比较和分析，重点关注西部民族地区文化企事业单位如何更好地整合业务范围、如何更好地构建竞争优势。基于微观视角对西部少数民族文化产业可持续发展的相关问题进行一些探索性的研究。

王亚南的《全国乡村文化消费民生效应测评——"十五"以来各地景气指数排行》[载《福建论坛》（人文社会科学版）2011年第4期]，利用云南省社会科学院文化研究中心推出的"全国文化消费民生效应景气指数"评价体系，对各地文化建设和文化生产的发展成效进行可加验证的量化评价，具体检验文化消费民生需求增进的实际效应。认为，对全国各地乡村文化消费民生效应展开测评，"十五"期间半数省域景气指数有所提升，"十一五"以来绝大部分省域景气指数明显降低。

王亚南的《全国中心城市"十二五"文教消费增长测评——基于2009年消费需求的分析演算》（载《社会科学》2011年第12期），提出，"十二五"期间，文化消费需求增长应当与经济发展、民生增进实现良好协调，文化产业发展必须与文化消费需求增长实现良好契合。这就需要一个特定的评价体系，对"十二五"规划既定的"协调增长"目标做出预期测算，并以此衡量文化产业何以才能成为国民经济支柱性产业。

晏雄的《基于文化选择理论视角的民族文化产业化研究》（载《西南民族大学学报》2011年第5期）认为，民族文化主体如何选择本民族的文化发展路径，直接关系到本民族文化能否参与到由主流文化主导的经济利益的分配进程中而使本民族的文化力转化为经济力。民族文化主体应该主动而不是被动选择自身的发展路径。民族文化产业化是民族文化主体选择的结果，因此，民族文化产业化的过程应该是民族文化主体的积极参与过程，而不仅仅是政府或投资者一厢情愿的开发过程。

张洁、杨桂红的《文化产业与旅游经济互动发展的探讨——以云南省为例》（载《学术交流》2011年第7期）提出，文化为旅游经济的发展赋予积淀深厚的源泉，旅游经济是文化实现产业化、产品走向市场的重要载体和途径。近年来我国文化产业与旅游经济的互动发展取得了一定成效，在一定程度上有效地整合了文化旅游资源、产品和企业。但由于尚处于初步自发阶段，也存在着体制和机制的障碍，发展模式尚处于"资源依赖型"，特色资源开发与产品创新能力严重不足。要想切实推进文化产业和旅游经济的深度互动发展，针对两者的契合点，今后重点应放在乡村特色文化业与购物休闲旅游、文艺演出业和观光旅游、文博会展业与会展旅游、体育产业与康体休闲旅游的互动发展上。

七、生态经济研究

由于云南多样性的自然地理条件，生态经济研究始终是云南经济学研究的一个亮点，近年来随着国内外对可持续发展和低碳经济研究热度的持续升温，云南生态经济研究不仅开拓了新的研究领域，而且研究质量也明显提高。

黄晓园、侯明明的《基于生态足迹与绩效的生态文明动态评估》（载《求索》2011年第10期），结合生态足迹理论和资源环境绩效指数，构建了生态文明综合绩效评估模型，并对全国和云南省生态文明相关指标比较分析。结果表明：我国在经济增长快速推进的同时，资源消耗也同步增长；虽然资源利用强度不断加强，污染物排放强度呈下降趋势，但由于环境综合影响绩效相对较低，限制了生态文明快速发展。论文还对生态文明评估绩效存在问题以及如何提高云南生态文明发展水平进行了讨论。

徐晓勇的《民族村寨生产和生活方式变迁的生态影响研究》（载《生态经济》2011年第1期）认为，由于在社会形态上具有较强的封闭性，边疆民族地区生产生活方式具有较强的传统特征。但是随着全球化的加速，以标准化和现代化为特征的生产生活方式迅速地取代了民族村寨传统的生产生活方式。新的现代元素的介入，改变了人们对资源环境的利用方式，打破了民族村寨原有的人类行为与生态环境的平衡关系，并开启了一个新的人与生态环境关系重新构建的过程。论文以云南西双版纳勐腊县为例，通过田野调查，研究勐腊民族村寨生产生活方式的改变导致的环境影响。研究表明，尽管民族村寨生产生活方式现代化在某些方面对区域生态环境产生了积极的影响，但是土地利用方式、作物种类的单一化和高能耗、高污染的现代农业生产方式的采用，带来了区域环境污染风险加大、生物多样性减少、局部小气候恶化、原生生境破碎化和水资源减少等诸多环境问题。

戴波的《云南可持续发展评价实践》（科学出版社），应用生态经济的能值评价法、生态足迹评价法以及主成分分析法、层次分析法等对云南的不同时间序列进行区域发展研究和分析，从人口、资源和环境协调发展的角度，剖析了云南社会经济发展过程中取得的成就及存在的问题，通过对云南的案例研究来强化可持续发展理论及其评价方法的应用，并结合云南现实特征，提出了发展思路和建议。

杨润高的《环境剥夺与环境补偿论》（经济科学出版社），从环境权利角度入手，阐述了环境利益关系，指出实施可持续发展战略是有代价的，为了突出环境重要性，强调代际补偿，可持续发展理论与倡导环境区保护的环保政策，扩展环境衍生主体范围、努力弱化自然主体与环境之间传统关系、强调保障其他人群具有环境基本权利的主张与政策体系，在总量上虽然实现了环境保护目标，事实上却剥夺了环境区居民历史以来开发利用环境资源以获取环境支撑作用的传统权利。要真正落实可持续发展理念中的公平、持续等原则，应该对环境区居民实施环境补偿。围绕这个观点，该书在辨析环境概念含义基础上，厘清环境支撑作用性质与媒介性质，区分了传统环境权利、基本环境权利和自然的权利三类环境权利范畴，立足环境权利转移假说与硬软可持续发展范式，提出了针对这三类环境权利缺乏认可、丧失保障的环境剥夺概念，以及对应的环境补偿类型与制度条件。

胡元林的《高原湖泊流域可持续发展研究》（载《生态经济》2011年第3期），在分析我国高原淡水湖泊流域主要特征的基础上，揭示了高原湖泊流域可持续发展的本质内涵，提出高原湖泊流域的发展，应以水资源可持续利用为前提，突出协调发展，强调公平性。在此基础上，分析了高原湖泊流域可持续发展中的主要影响因素，并从流域系统角度对高原湖泊流域的可持续发展提出了政策建议。

低碳经济是2011年云南生态经济研究的一个亮点。

陶伦康的《低碳经济：生态时代的必然选择》（载《工业技术经济》2011年第1期）认为，低碳经济的实质是经济效率和生态效率的统一，核心是能源技术创新和低碳制度创新的结合，目标是社会经济发展和生态系统平衡的共赢。低碳经济是一种新的经济发展模式，是人类在追求可持续发展过程中的必然选择，其出现不是某一种因素单一作用的结果，而是多种因素合力作用的结果，是人类在反思传统经济发展模式、矫正制度失灵和与自然合作博弈理性选择的结果。

李宏岳的《低碳经济与产业结构调整》（载《经济问题探索》2011年第1期）认为，中国产业发展受到了前所未有的二氧化碳减排压力，但同时全球气候变化和发展低碳经济也给中国产业的发展带来了机遇。发展低碳经济意味着中国能够避免走西方国家的高能耗、高污染的工业化发展道路，走出一条低能耗、低污染、低排放的新型工业化道路。以低碳经济为依托助推产业结构升级，中国将转向更为高效的制造业和低碳产业结构，这有利于中国保持国际贸易领域的持久竞争力，同时可以避免国外的碳关税而有利于出口经济的可持续发展。

程静的《利用社会责任报告促进低碳经济转型》（载《经济问题探索》2011年第6期）认为，伴随着气候恶化问题的渐趋严峻，发展低碳经济已是大势所趋。但低碳经济转型过程存在着外部性，如何在可接受的总交易费用约束下更有效地将转型过程中的外部性内部化。是转型过程的症结所在。当存在交易费用时，温室气体排放的产权并不能完全界定和执行，而通过社会责任报告制度促进低碳经济转型是一个具有现实可行性的途径。但现行社会责任报告不足以担此重任，还需要进一步发展完善。

王文举、向其凤的《国际贸易中的隐含碳排放核算及责任分配》（载《中国工业经济》2011年第10期），根据投入产出原理并结合国际双边贸易数据，对世界主要碳排放大国2005年进出口产品中的隐含碳排放进行了核算，给出了2005年世界主要国家的国内需求碳排放以及贸易内涵排放。结果表明通过国际贸易，发展中国家为发达国家的消费者排放了数量巨大的CO_2，中国不是其碳排放的唯一责任方。文章同时对国际贸易中的隐含碳排放进出口差额进行了分解，并计算了各国贸易中CO_2净转移的规模效应、结构效应、纯技术效应和汇率效应，给出了生产者和消费者各自应承担的责任说明。

韩斌的《发展低碳经济实现云南边疆民族地区跨越式发展的思考》（载《中国人口、资源与环境》2011年3期）提出，发展低碳经济是云南边疆民族地区解决经济发展和生态保护矛盾的必然选择，是摆脱贫困实现跨越式发展的必由之路。云南发展低碳经济具有独特优势，同时存在较大困难。论文对云南低碳经济具体发展模式进行了初步探讨。认为，云南作为边疆民族地区，发展低碳经济，可以从观念更新和寻求特色模式来思考。

（马　勇　郭凯峰　李　红）

统计学

2011 年是中国统计学发展史上的重要一年，也是云南省统计学科取得重要成绩的一年。本年度，云南省统计学界共获得国家自然科学基金 4 项、国家社会科学基金 2 项，全国统计科学研究计划项目、云南省自然科学基金等省部级项目 5 项，省科技厅、教育厅、工信委、发改委等地厅级项目 6 项；在 SCI、CSSCI、中文核心期刊等各类刊物上发表各类学术论文 36 篇，出版各类著作 7 部。

在年内 2 月份召开的国务院学位委员会第 28 次会议上，新的《学位授予和人才培养学科目录（2011）》获得通过，统计学被正式列为一级学科（属理学门类，可授理学、经济学学位）。这既是几代统计学者梦寐以求、为之努力的结果，也为未来统计学的发展提供了更加广阔的舞台和空间。①

统计学上升成为一级学科的一个显著变化是将原从属于应用经济学一级学科下的统计学（学科代码：020208）和数学一级学科下的概率论与数理统计（学科代码：070103）剥离出来，整合成为新的统计学一级学科下的两个二级学科。② 这一变化不仅打破了我国长期以来基于历史原因所造成的数理统计与经济统计相互对立的局面，也意味着融合与发展将是未来统计学发展的趋势和方向。

从一级学科的视角来看，2011 年云南省的统计学科无论是在传统的数理统计和经济统计领域还是在新兴的统计应用领域均取得了一系列成果。

一、统计基础理论与方法研究

在数理统计研究方面，局部影响分析和统计估计与推断理论一直是我省学者的主要研究方向。2011 年度，在这一领域，来自云南财经大学和云南大学的统计学者共获得国家自然科学基金 3 项、③ 云南省自然科学基金 1 项、④ 省科技厅、教育厅项目各 1 项，⑤ 出版学术著作 3 部。⑥

石磊等撰文⑦针对局部影响分析仍然不能有效的识别数据中较强的掩盖（masking）效应问题，提出了一种基于迭代的新的局部影响分析方法，称之为逐步局部影响分析（Stepwise Local Influence Analysis），并将该方法应用于不同的模型，分析验证了方法的有效性。此外，石磊等撰文⑧讨论了列联表离散数据的局部影响分析问题，基于幂散布度量（Power－divergence Measure）定义了离散数据模型的 I 距离函数、影响图和一致法曲率，并针对离散数据构建了一种局部影响分析方法；利用该方法给出了二维列联表独立模型的局部影响分析结果，并通过实例分析验证了该方法的有效性。

---

① 袁卫：《机遇与挑战——写在统计学成为一级学科之际》，载《统计研究》2011 年第 11 期。

② 同时设为统计学下的二级学科的还包括：生物卫生统计、金融统计与风险管理和精算、应用统计。

③ 费宇：“线性混合模型和广义线性混合模型均值和方差协方差结构的同时拟合及其统计诊断”（批准号：11061036），国家自然科学基金。白鹏：扩展生长曲线模型的统计推断“（批准号：11061037），国家自然科学基金。张进：似然方法的有限样本研究”（批准号：11161054）。

④ 李会琼：“MOVER 方法在不完全配对数据中的统计推断”，云南省自然科学基金。

⑤ 陈飞：“单指标模型和多指标模型下充分降维空间的局部影响分析”，云南省科技厅项目。赵建华：“最大似然二维判别分析及其混合拓展”，云南省教育厅科学研究基金重点研究项目。

⑥ 赵建华：《数据降维和聚类中的若干问题研究》（英文版），中国统计出版社 2011 年版。丁昌：《带有随机移走的逐步删失模型下的加速寿命试验设计》，西南交通大学出版社 2011 年版。向蓉美、孟彦菊：《地区投入产出模型扩展研究》，西南财经大学出版社 2011 年版。

⑦ Lei Shi，Mei Huang：“Stepwise local influence analysis”，*Computational Statistics & Data Analysis*，2011：55（2）.

⑧ 何利平、石磊：《列联表数据的局部影响分析》，载《数学物理学报》2011 年第 2 期。

唐年胜等撰文①采用 Dirichlet 过程先验准则，针对半参数非线性动态因子模型讨论了其贝叶斯估计，经验数据和模拟分析表明，这一方法对不同形状的分布的逼近具有很好的灵活性。此外，唐年胜等还撰文②讨论了带有“结构 0”的多个 2×2 表的风险比相等性的检验问题，提出并比较了适用于这一情形的不同检验统计量，并通过实例验证了相关结论。

李会琼等先后撰文讨论了分层配对研究中的齐性检验③和基于非一致性风险比的样本量的决定问题，④ 此外还采用混合方法讨论了对两个 Possion 比率之间的差异的置信区间估计。⑤ 刘旭等先后撰文讨论了基于平滑辅助信息的变量分布估计的方法和估计量的性质⑥以及利用缺失数据的辅助信息对其分布进行估计的方法。⑦ 潘冬冬等撰文⑧对两阶段基因关联研究中允许模型存在不确定性时的稳健联合分析进行了讨论。陈黎等撰文⑨讨论了不等性约束条件下对总体均值的经验似然比检验问题。

在统计分析模型研究方面，石磊等撰文⑩将面板数据模型和多水平模型结合起来，提出了多水平面板数据模型，通过分析该模型的方差协方差结构，采用迭代广义最小二乘法和限制迭代广义最小二乘法导出模型的参数估计，并通过模拟数据进行了比较分析。结果认为：与多水平模型和面板数据模型相比，该模型能更好地拟合具有层次结构的面板数据。孟彦菊等撰文⑪将经典投入产出（Input－output，IO）模型与计量经济（Econometric，EC）模型相结合，尝试建立了“EC＋IO”联合模型，并运用中国数据进行实证分析，结果证明联合模型能够更真实地模拟宏观经济发展，进行更准确的预测。

在国民经济核算研究方面，杨文雪等撰文⑫对现行 GDP 指标的缺陷及其修正问题进行了讨论，指出了传统 GDP 指标的缺陷，当前理论和实务对 GDP 指标的修正思路和存在问题，并提出了关于 GDP 修正问题的思考。

二、统计学在经济领域中的应用

在宏观经济研究方面，李兴绪等撰文⑬基于非线性动力系统（C－PNLDS）模型，对中国 CPI 和 PPI 的非线性关系进行了研究，结果表明：CPI 具有自我增长机制，PPI 对 CPI 有加速抑制的影响；PPI 也具有自我增长机制，CPI 自身对 PPI 的增长

---

① Sy－Miin Chow，Niansheng Tang，Ying Yuan，Xinyuan Song and Hongtu Zhu：“Bayesian Estimation of Semiparametric Nonlinear Dynamic Factor Analysis Models Using the Dirichlet Process Prior”，*British Journal of Mathematical and Statistical Psychology*，2011：64（1）．

② Nian－Sheng Tang，Shao－Ping Jiang：“Testing Equality of Risk Ratios in Multiple 2×2 Tables with Structural Zero，*Computational Statistics & Data Analysis*，2011：55（3）．

③ Hui－Qiong Li，Nian－Sheng Tang：“Homogeneity Test of Rate Ratios in Stratified Matched－pair Studies，*Biometrical Journal*，2011：53（4）．

④ Hui－Qiong Li，Liu－Cang Wu：Sample Size Determination via Non－unity Relative Risk for Stratified Matched－pair Studies，*Computational Risk Management*，2011：7.

⑤ Hui－Qiong Li，Man－Lai Tang，Wai－Yin Poon & Nian－Sheng Tang：“Confidence Intervals for Difference Between Two Poisson Rates，*Communications in Statistics*，*Simulation and Computation*，2011：40（9）．

⑥ Xu Liu，Ahmad Ishfaq：“Distribution Estimation with Smoothed Auxiliary Information”，*Acta Mathematicae Applicatae Sinica*，2011：27（1）．

⑦ Xu Liu，Peixin Liu，Yong Zhou：“Distribution Estimation with Auxiliary Information for Missing Data”，*Journal of Statistical Planning and Inference*，2011：141（2）．

⑧ Dongdong Pan，Qizhai Li，Ningning Jiang，Aiyi Liu，Kai Yu：“Robust Joint Analysis Allowing for Model Vncertainty in Two－stage Genetic Association Studies”，*BMC Bioinformatics*，2011：12（9）．

⑨ Chen Li & Shi Jian：“Empirical Likelihood Hypothesis Test on Mean with Inequality Constraints”，*Science of China Mathematics*，2011：54（9）．

⑩ 王尚坤、石磊：《多水平面板数据模型的估计理论和模拟研究》，载《统计与信息论坛》2011 年第 9 期。

⑪ 孟彦菊、向蓉美：《投入产出与计量经济联合模型研究》，载《数理统计与管理》2011 年第 5 期。

⑫ 杨文雪、严丽坤：《GDP 指标的缺陷及其修正》，载《统计与决策》2011 年第 12 期。

⑬ 邓月明、李兴绪：《基于非线性动力系统的我国 CPI 和 PPI 非线性关系研究》，载《统计与决策》2011 年第 7 期。

有抑制作用，但它的平方项加速了PPI的增长；耦合项对CPI无影响，而使PPI受损，二者是共栖（偏害）的关系。

在产业经济研究方面，赵果庆等撰文①基于产业与空间视角，采用普适性产业集聚指数和集中度结合方法，对中国FDI工业的集聚强度进行计算和显著检验。结果表明，FDI工业显著集聚，但强度有下降趋势。进一步显示，我国高端制造业的FDI工业的参与度最高，已处于受控状态，东部对FDI工业依存度较高，中部和西部的FDI工业参与度很小。李娟、费宇等撰文②以产业关联为切入点，利用投入产出分析法，对省内各产业间相互关系及产业结构现状进行了比较分析，明确了各产业在省内产业循环中所处地位及其作用，并针对云南省产业结构存在的问题提出了相关对策建议。此外，高梦滔等还以云南省为例，围绕西部工业化和工业园区的发展出版专著1部。③

除了上述传统经济领域的研究外，云南省统计学在经济领域的应用的一个重要特点是基于微观数据所开展的一系列微观计量经济学的研究。2011年，在这一方面，云南财经大学和云南民族大学的统计学者除了发表多篇学术论文外，还获得全国统计科学研究计划项目2项，④ 出版学术著作1部。⑤

李兴绪等基于云南省红河州农户调查数据，采用多层统计分析方法先后撰文对西部少数民族地区农村收入不平等问题、⑥ 边境民族地区农户收入的影响因素⑦等问题进行了分析。研究发现，收入不平等不仅存在于村庄之间，还存在于村庄内部家庭之间；地理位置和地形是影响农户村庄层面差异的重要因素，而生产性固定资产、土地面积、劳动力年龄、教育程度、培训比例、负担率、种植结构、工资收入比重、非农业参与率影响了农户个体之间的差异；这些因素都是产生收入不平等的源泉，其中土地、种植结构、地形三大因素贡献率占30%。农户生产性固定资产原值、生产经营投入及耕地面积对农户收入具有显著的正向影响；农户人力资本中的劳动力素质对农户收入具有显著的正向影响，而劳动力数量具有显著的负向影响；农户居住的外部环境则对农户收入有较大影响。研究指出发展区域特色经济、实现农业产业化经营是减少收入不平等，增加农户收入的重要途径。石磊、向其凤等也基于西部少数民族地区农户收入的微观数据，撰文⑧探讨了物质资本、人力资本、就业结构三个方面对农村农户收入及其增长的影响，通过对所得结果的分析，提出了西部少数民族地区农村经济发展的相关政策建议。此外，陈贻娟、李兴绪撰文⑨从贫困脆弱性视角，借鉴Chaudhuri等人（2002）的分析框架，利用微观数据集，在农户水平上估计了贫困脆弱性问题。研究结果显示，风险冲击是农户贫困的主要原因，但存在区域和民族差异；农户家庭的类型、人力资本、规模大小等对农户贫困脆弱性有显著影响；未来一年将陷入贫困的农户中的非贫困农户占68.19%，这与目前的扶贫开发政策着眼于当前的贫困农户、失去了瞄准度有关，从一个侧面解释了近年来出现的“减贫进程的波动性和趋缓性”。

---

① 赵果庆、杨怡爽：《中国FDI工业双重集聚及其效应——基于产业与空间视角》，载《经济管理》2011年第4期。

② 李娟、费宇、关赟：《云南省产业结构优化研究》，载《思想战线》2011年第3期。

③ 高梦滔、陆浩、杜亚萍、王舸：《西部工业化与工业园区发展研究——以云南省为例》，人民出版社2011年11月版。

④ 李兴绪：“异质性条件下农村劳动力培训效应估计方法及应用”（项目号：2011LY040）。陈贻娟：“中越边境民族地区农户贫困的动态转化影响因素研究”（项目号：2011LY007）。

⑤ 高梦滔、毕岚岚：《微观视角下的农村居民消费增长实证研究》，人民出版社2011年9月版。

⑥ 唐定燕、李兴绪、杨定华：《西部少数民族地区农村收入不平等分析——基于云南红河州农村住户数据》，载《南方经济》2011年第1期。

⑦ 李兴绪、刘曼莉：《边境民族地区农户收入影响因素的实证分析——以云南红河州农户为例》，载《数理统计与管理》2011年第4期。

⑧ 石磊、向其凤、张炯：《物质资本、人力资本、就业结构与西部民族地区农户收入增长》，载《数理统计与管理》2011年第6期。

⑨ 陈贻娟、李兴绪：《风险冲击与贫困脆弱性——来自云南红河哈尼族彝族自治州农户的证据》，载《思想战线》2011年第3期。

高梦滔撰文①利用来自中国8省农户的微观面板数据测算了子女教育对于农户消费的影响，其经验研究的主要发现包括：有在校子女的农户人均消费支出比没有在校子女的农户平均要低10%左右，并且在校子女越多，农户人均消费的下降的幅度越大；非义务教育阶段子女教育对农户的负担明显加重，有子女上大学的农户比其他有在校子女但未在大学的农户人均消费水平还要低14%左右；越是贫困的组别，子女教育对于农户消费的影响越是强烈，在收入五等分组的最低组别，1个在校子女使得其人均消费降低15%左右，而在最为富裕的两个组别则对农户消费没有显著影响。

三、生物卫生统计研究

生物卫生统计历来是统计学应用的重要领域。2011年，云南省统计学者除了针对这一领域的问题进行了理论方法的研究外，也结合这一领域的实际问题取得了一系列重要成果。

石磊等撰文②基于榕树—榕小蜂系统，讨论了生命系统合作行为的演化问题，发现合作系统本质上是一个非对称的系统，系统并不存在均衡状态。合作系统的优势方——榕树通过控制其苞片关闭，“设定规则”致使系统中弱势方——小蜂发生竞争。实验结果发现：如果小蜂之间存在竞争，则小蜂与优势的榕树更容易表现为合作关系，而小蜂之间没有竞争时，则小蜂与优势的榕树方则容易表现为冲突关系。通过系统的非对称性相互作用，合作双方可实现合作的局域稳定性，但合作双方的个体之间因不同的空间、时间状态将可能导致合作双方不同的相互关系（即合作或冲突关系）。合作系统中合作双方因而将表现为不确定性的相互关系，合作系统事实上处于非均衡状态（混沌系统）。在非对称系统中，合作优势方将对消极合作者或欺骗者实施惩罚，而对合作个体给予奖赏。合作系统中的优势方通过“胡萝卜加大棒”的策略提高弱势方对优势方的贡献率。合作优势方通过上述机制控制该系统的初始值，使合作系统维持一个比较稳定的波动。这个结果揭示了一个新的混沌或波动产生机制，改变了传统对合作行为的演化过程或合作系统稳定性维持机制的看法，被英国皇家学会主席、克拉夫奖获得者、著名理论生态与物理学家 Robert May 称之为“一个十分有意义的、重要发现”。

进一步地，针对物种间不确定相互关系分析，石磊等撰文③④建立了一个变系数分析模型。模型采用非参数估计方法分析物种间相关系数如何随其他变量（函数）的变化而变化。当其他因素对相关系数的影响效应可以用一个指定的参数模型来描述时，新方法就会转化为传统的参数相关分析。对于经验数据的分析，新方法更具有普遍性和灵活性，其与传统方法不同之处在于可以研究物种间的相互作用是否会随着某些因素变化而变化，或者找出维持或改变物种间的相互作用其他关联因素，在理论研究和应用研究（如流行病学和群落管理）领域有着重要的应用价值。

唐年胜等撰文⑤针对医学研究中的双边二分数据（Bilateral Dichotomous Data），讨论了其比例差异的渐进置信区间估计问题，并通过模拟研究评价了各种估计方法的收敛概率和期望宽度。张静等撰文⑥讨论了酵母基因转录调控模体的问题，基于 2×2 列联表的对数线性模型，以模体出现的基因条数计数，对酵母核糖体蛋白（RP）基因普遍

---

① 高梦滔：《子女教育与农户消费：基于8省微观面板数据的经验研究》，载《南方经济》2011年第12期。

② R. W. Wang; B. F. Sun; Q. Zheng; L. Shi; L. X. Zhu: “Asymmetric Interaction and Indeterminate Fitness Correlation between Cooperative Partners in the Fig-fig Wasp Mutualism”, *Journai of the Royal Society Interface*, 2011: 8 (63).

③ 石磊、王瑞武、朱力行、曾卫民、许王莉、郑琪：《物种间不确定性相互关系分析：一种基于非参数估计的变系数模型》，载《科学通报》2011年第22期。

④ Shi Lei, Wang Ruiwu, Zhu Lixing, Zen Weiming, Xu Wangli, Zheng qi: “Varying Coefficient Analysis for Indeterminate Species Interactions with Non - parametric Estimation, Exemplifying with a Fig - fib Wasp System》, *Chinese Science Bulletin*, 2011: 56 (24).

⑤ N. S. Tang, S. F. Qiu, M. L. Tang, Y. B. Pei: “Asymptotic Confidence Interval Construction for Proportion Difference in Medical Studies with Bilateral Data”, *Statistical Methods in Medical Research*, 2011: 20 (3).

⑥ 周荣阁、张静：《基于对数线性模型的酵母基因转录调控模体分析》，载《生物信息学》2011年第2期。

使用的转录调控模体进行分析，然后用 U – 检验进一步筛选出了相对于背景序列来说过表达的模体。这些模体为酵母 RP 基因潜在的转录调控元件，与实验获得的转录因子结合位点的符合率达 90%。

在这一领域，针对海洛因滥用与复吸问题，王学仁还成功获得国家自然科学基金项目 1 项，①以开展海洛因滥用与复吸数据的统计分析与应用。

四、金融统计与风险管理和精算

金融与保险精算历来也是统计学应用的重要领域。2011 年度，云南统计学者在这一领域的工作主要是围绕资本资产定价、资本证券市场和保险费率厘定等问题展开的。

石磊等撰文②针对标的资产价格变化受限时的期权定价问题进行了讨论。赵果庆等则撰文③基于次贷危机以来道琼斯、恒生和上海综合指数日数据，建立中美两国三地股指的动力学系统模型，对中美两国三地股指的同步性与传导机制进行了讨论。结果表明，三地股指系统具有非线性传导机制，有一个不动点吸引子，具有较高的同步性。可视化冲击实验显示，三地股指系统是一个受控系统，只有中美两国股市形成向上合力，那么就会产生同步效应，三地股指才能尽快走出低谷。此外，费宇等撰文④采用组合预测模型对上海锌期货价格进行了预测分析。

李兴绪等撰文⑤讨论了极值分布对非寿险精算中损失数据尾部的拟合和保费厘定方法，并进行了实例计算。研究表明：必须对应用极值分布的条件进行检验；对门限值确定的三种方法中自适应选择算法是较好方法；广义帕累托分布参数 MLE 估计能得到比较精确的估计结果。

五、统计与其他学科领域的交叉研究

在与人口学交叉研究方面。杨泽祥将投入产出模型与人口学研究相结合，开展中国人口投入产出模型的研制与应用研究工作，并据此获得国家社会科学基金 1 项。⑥

在与社会学交叉研究方面。高梦滔撰文⑦基于中国 2003—2009 年村级微观面板数据，分析了农户外出就业对于离婚率的影响。研究发现：第一，外出就业对于农村离婚率具有显著的影响，外出就业人员增多，是近年来农村离婚率上升的一个主要影响因素，在不同发展水平的农村地区其影响程度差别不大；第二，在中西部地区，村庄的耕地资源对于农村离婚率具有一定的约束作用，这种作用在东部地区不显著；第三，家庭的未成年子女数量对于各个地区的农村离婚率都具有显著的影响，性别比例等人口学特征变量的影响则存在地区差异。此外，高梦滔还以《信息服务与社会学习研究》课题获得国家社会科学基金项目 1 项。⑧

此外，向其凤等撰文⑨根据投入产出原理并结合国际双边贸易数据，对世界主要碳排放大国 2005 年进出口产品中的隐含碳排放进行了核算，给出了 2005 年世界主要国家的国内需求碳排放以及贸易内涵排放。结果表明通过国际贸易，发展中国家为发达国家的消费者排放了数量巨大的 CO_2，中国不是其碳排放的唯一责任方。文章同时对国际贸易中的隐含碳排放进出口差额进行了分

---

① 王学仁："海洛因滥用与复吸数据的统计分析研究与应用"（批准号：11171293），国家自然科学基金项目。

② George J. Jiang, Guanzhong Pan, Lei Shi: "Option Pricing when Changes of the Underlying Asset Prices are Restricted", *Journal of Mathematical Finance*, 2011: 1 (2).

③ 赵果庆、田存志：《中美两国三地股指的同步性与传导机制——基于次贷危机以来道琼斯、恒生和上海综合指数日数据》，载《系统工程理论与实践》2011 年第 6 期。

④ 王江、费宇：《上海锌期货价格的组合预测分析》，载《中国证券期货》2011 年第 1 期。

⑤ 刘曼莉、李兴绪：《非寿险精算中的数据尾部拟合与保费厘定》，载《统计与决策》2011 年第 4 期。

⑥ 杨泽祥："中国人口投入产出模型的研制与应用研究"（批准号：11BTJ013），国家社会科学基金。

⑦ 高梦滔：《农村离婚率与外出就业：基于中国 2003—2009 年村庄面板数据的研究》，载《世界经济》2011 年第 10 期。

⑧ 高梦滔："信息服务与社会学习研究"（批准号：11BJY095），国家社会科学基金项目。

⑨ 王文举、向其凤：《国际贸易中的隐含碳排放核算及责任分配》，载《中国工业经济》2011 年第 10 期。

解，并计算了各国贸易中 CO_2 净转移的规模效应、结构效应、纯技术效应和汇率效应，给出了生产者和消费者各自应承担的责任说明。

雷健敏等撰文①对云南高等教育投入改革与发展成效进行了探讨，提出了推进云南高等教育发展的建议和举措。赵建华等撰文②利用复相关系数分析方法分析了烤烟主要化学指标对其感官舒适度的影响，为烟草加工制造工业提供了参考。

六、政府统计工作

2011 年，在云南省委、省政府和国家统计局的领导下，云南省统计系统以科学发展观为统领，以庆祝建党 90 周年为动力，全面贯彻全国统计工作会议和省第九次党代会精神，紧紧围绕统计“三个提高”和云南建设“两强一堡”战略目标，积极推进“四大工程”建设，始终把握全省改革发展稳定大局，立足岗位，及早谋划，开拓创新，在我省推动经济社会科学发展和谐发展跨越发展的新起点上，实现了统计服务质量和水平的新提升，全省统计工作迈上新台阶。全年的工作成绩主要体现在八个方面：

一是开拓创新，坚决打赢实施企业一套表关键战，切实加强统计制度方法的规范统一，切实加强和改进分州（市）、县（市、区）住户调查工作，各项制度方法改革深入推进；二是强基固本，信息化建设步伐加快；三是统筹兼顾，基层基础建设力度加大；四是创新理念，服务能力和水平大幅提升；五是规范管理，保障机制逐步完善；六是连续作战，第六次人口普查取得圆满成功；七是创先争优，党风行风建设全面加强；八是关注民生，扶贫济困成效明显。③

在做好统计工作的同时，云南统计系统工作人员也不断注重加强统计分析和研究能力，以更好地为地方社会经济发展服务。

2011 年，统计系统累计获得省部级项目 2 项、地厅级项目 4 项。其中，姚堂文、徐力、彭志坚等人结合云南建设“两强一堡”的战略目标，积极开展“两强一堡”统计监测指标体系研究。④罗进忠、尚朝秋则成功获得国家统计局科研资助，对完善固定资产投资统计问题开展研究。⑤ 此外，统计系统还接受了来自云南省科技厅、云南省工信委、云南省发改委的委托，对“两强一堡”统计监测指标体系中科技相关指标体系、⑥ 云南新型工业和信息化投资统计指标体系、⑦ 云南省分地区单位 GDP 能耗合理考核目标值的确定⑧和云南省温室气体排放量统计、核算和考核体系⑨等问题开展了专项研究工作。此外，李朝阳撰文⑩探讨了政府统计数据的全面质量管理问题，杨雯则主编出版⑪了 2009—2011 年云南省统计系统在工作过程中的撰写的各类调查报告，为统计调查分析工作提供了资料积累和工作参考。

（云南财经大学　李兴绪　白涛珍）

---

① 张炯、雷健敏：《云南高等教育财政投入改革与发展成效探讨》，载《云南民族大学学报》（哲学社会科学版）2011 年第 3 期。

② 朱保昆、朱东来、王明锋、赵建华、廖头根：《烤烟主要化学指标与感官舒适度的相关性分析》，载《中国烟草科学》2011 年第 6 期。

③ 姚堂文：《围绕“三个提高”，推进“四大工程”，为云南经济社会科学发展和谐发展跨越发展提供统计保障》，云南省统计工作会议工作报告，云南省统计局，2011 年 7 月 9 日。

④ 姚堂文、徐力、彭志坚等：“‘两强一堡’统计监测指标体系研究”，云南省政府决策咨询研究课题管理小组委托项目，2011 年 9 月。

⑤ 罗进忠、尚朝秋：“固定资产投资统计完善研究”，国家统计局资助项目，2011 年 12 月。

⑥ 徐力、晏祥秀、吴波：“‘两强一堡’统计监测指标体系中科技相关指标研究”，云南省科技厅委托项目，2011 年 8 月。

⑦ 何晓明、彭志坚、尚朝秋：“云南新型工业和信息化投资统计指标体系研究”，云南省工信委委托项目，2011 年 1 月。

⑧ 胡明武：“云南省分地区单位 GDP 能耗合理考核目标值的确定研究”，云南省工信委委托项目，2011 年 1 月。

⑨ 姚堂文、胡明武：“云南省温室气体排放量统计、核算和考核体系研究”，云南省发改委委托项目，2011 年 7 月。

⑩ 李朝阳：《政府统计数据的全面质量管理》，载《时代金融》2011 年第 2 期。

⑪ 杨雯：《云南调查报告（2009—2011）》，云南大学出版社 2011 年版。

人口学

人口学是一门研究生育、死亡、婚姻家庭、迁移等人口变量以及其相互关系为核心内容，并广泛探索人口与社会、经济、资源与环境等相互关系的规律性、彼此间的作用和影响，融理论与应用学科为一体的科学总称。它是一门集宏观研究与微观研究、理论研究与实证研究、定量研究与定性研究、政策研究与现实问题研究于一体并涉及多个学科交叉的综合性学科。人口发展是历史发展的重要内容，也是历史发展的产物。人口发展体现了人口数量、人口质量和人口结构的复杂关系，其基础研究领域包括人口统计与分析、人口理论、人口与社会发展、人口与经济、公共政策与人口管理等。现阶段的我国人口研究重点在于研究社会主义市场经济条件下的宏微观人口行为的重大理论及现实问题，包括：人口与社会发展、城市化与人口迁移流动管理、公共政策与人口管理、人口资源环境与可持续发展、人口与经济发展、人口与劳动就业、人口素质与生殖健康、人口调查与分析、计划生育理论与实践等。2011年，云南的人口学学科呈现研究成果不断涌现，人口学科领域不断扩展，学科人才培养与团队整合进一步良好的推进，但人口学科建设步伐相对缓慢，高水平学术活动较为匮乏，高水平研究合作与学术交流的局面还未形成。

一、人口与经济研究

人口经济关系是人口经济学研究领域的核心内容，人口经济学是人口学与经济学相互渗透而形成的交叉学科，在我国人口经济学于1998年扩展为“人口、资源与环境经济学”，研究领域从人口经济关系延伸至人口与资源、人口与环境的经济关系上。2011年，云南省人口与经济的研究主要包括人口与经济、人口与资源、生态环境的经济分析，以及可持续发展等领域。

1. 人口与经济

《今日民族》2011年第11期刊载省政府李纪恒的《坚定信心　整合资源　加大投入　促进人口较少民族聚居区实现跨越发展》讲话，提出要认真贯彻落实党中央、国务院关于进一步加快扶持人口较少民族发展精神和国家新一轮五年扶持规划要求，总结我省扶持人口较少民族发展的成绩和经验，研究部署当前和今后一段时期扶持的目标、任务和措施，要坚定信心，整合资源，加大投入，促进人口较少民族聚居区实现跨越发展，实现各民族共同团结进步、共同繁荣发展。

云南大学罗淳在《西部少数民族地区现代化追赶战略的省思》（载《思想战线》2011年第4期）中提出：西部民族地区普遍面临着现代化追赶的历史任务，但在实施中面临着多重两难选择，需要科学认识并处理“保护与发展”、“依附与摆脱”、“劣势与优势”、“共性与差异”等关系，把可持续发展纳入现代化追赶战略，将以追求GDP增长为核心的“增长优先战略”转变为“以人为本”和创新“社会优先发展战略”，才有可能实现西部民族地区社会经济的持续繁荣。

云南大学杨先明在《农业现代化需要推进农业生产力的重组》（载《农村工作通讯》2011年第11期）中提出：各国经济史表明，只有实现农业生产力的重组，才有可能在农业劳动力减少的情况下满足非农业人口的粮食需求和工业发展对农业的原料需求，传统农业也正是在这一过程中实现了向现代农业的转变，现阶段农民的大规模转移必然改变农业生产力中劳动力、土地与生产工具的原有的结合机制，但在一定程度上只是改变农业生产在要素“量”上的组合。

云南农业大学普雁翔等人在《权利视角下的贫困问题及减贫策略》（载《当代经济》2011年第10期）一文中，基于扶贫工作目标日渐聚焦贫困人口本身的新形势和“资源禀赋—权利体系—福利状况”的分析框架，认为解决贫困问题应当从提供发展的资源基础出发，完善各种资源权利，特别是通过完善公共产品及服务夯实贫困人口发展的根本，并通过疏通三者间各个环节，共同构建扶贫政策体系。

云南大学鲁华清在《促进“人口红利”向“人才红利”方向发展研究”》（载《思想战线》2011年第2期）中提出：人口转变过程中，由于生育率的下降，抚养比的降低，带来了人口机会窗口，提供了获得“人口红利”的机会。文章认为：我国的人口基数为民族腾飞起了重大作用，然而刘易斯拐点始终会到来，面对我国人口老龄化的加剧，促使我们必须挖掘经济发展潜力，思考如何延续“人口红利”对我国经济发展的作用。

2. 人口、资源与环境经济研究

云南大学王赞信、武剑在《西部边疆少数民族地区人口经济、资源与环境的协调发展研究》（载《西北人口》2011年第3期）中提出：实现西部边疆少数民族地区的可持续发展至关重要。文章基于主成分分析法研究了该地区的人口经济、资源与环境系统之间的协调水平及影响因素，分析结果表明：该地区的人口经济、资源和环境系统发展水平较低，但均呈增长趋势；2004年以前三个系统的发展水平都为负值，之后三者的综合发展水平都为正值，且逐渐提高；从综合协调发展趋势看，三个系统之间的综合协调发展水平呈现出很大的波动性，经历了一个从此长彼消到逐步趋于同步发展的过程。论文建议重点通过提高人口素质、提高资源利用效率和发展生态产业促进三个系统的协调发展。

云南师范大学李均智、骆华松、何沁璇在《云南人口与经济、资源环境协调评价研究》（载《资源开发与市场》2011年第1期）中提出：人口、经济与资源环境是区域中主要的系统要素，各要素之间相互协调和相互配合将对区域的可持续发展起到决定性的作用。文章通过统计指标计算出了云南省各市州人口与经济和资源环境协调发展状态，分析结果表明云南省各市州协调状况不一，差异较大。

云南大学徐晓勇、雷冬梅等在《民族村寨生产和生活方式变迁的生态影响研究——以西双版纳勐腊县为例》（载《生态经济》2011年第1期）中指出：新的现代元素的介入，改变了边疆民族地区生产生活方式和对资源环境的利用方式，打破了民族村寨原有的人类行为与生态环境的平衡关系，并开启了一个新的人与生态环境关系重构过程。文章利用田野调查资料研究了勐腊少数民族村寨生产生活方式改变所产生的环境影响，并指出：尽管民族村寨生产生活方式现代化在某些方面对区域生态环境产生了积极影响，但是土地利用方式、作物种类的单一化和高能耗、高污染的现代农业生产方式的采用，带来了区域环境污染风险加大、生物多样性减少、局部小气候恶化、原生生境破碎化和水资源减少等环境问题。

云南大学徐晓勇、雷冬梅在《生态环境约束下欠发达地区产业转型的困境及对策研究——以云南省为例》（载《经济师》2011年第2期）中指出：产业转型是提高产业经济效益的必由之路，也是欠发达地区实现跨越式发展，协调经济发展与资源环境紧张关系的一次机遇。文章分析我国欠发达地区在产业转型过程中存在的困境，认为云南省存在经济增长过度依赖资源型产业和生态容量的过度使用两大不利因素，要实现产业转型的成功，必须打造生态服务产业，转变经济增长方式，推动循环经济以及延伸资源产业链，由此提高产业效率。

云南师范大学李宇等人在《气候变化对我国中西部地区城市群的影响》（载《干旱区资源与环境》2011年第2期）中指出：气候变化和城市化是使得人类更易受灾害影响的两个主要因素，这两个因素在城市群相互叠加，使城市群成为易遭受气候变化引起的灾害侵袭并造成重大损失的高风险区。中西部地区五大城市群既是区域经济社会发展的重要引擎，也是气候变化影响的脆弱敏感地区，面临的环境和灾害问题更复杂，风险和威胁增多。建议从国家安全的战略高度，充分认识到城市群应对气候变化影响的迫切性，加快气候变化对城市群影响的研究，尽快提出应对策略，并将气候变化的影响和适应对策纳入城市发展规划。

云南大学李益敏在《怒江峡谷基于人居环境的反贫困模式研究》（载《国土与自然资源研究》2011年第4期）中指出：怒江峡谷区位于“三江并流”世界自然遗产地核心区，山高坡陡，生存环境恶劣，其发展受很多因素的限制，将脱贫与人居环境建设有机结合起来，是怒江峡谷实现可持续发展的有效途径。论文提出怒江峡谷区可持续发展的反贫困模式为：旅游扶贫模式、农业产业结构优化模式、易地扶贫安置模式、结合新农村建设的居民点合并整理模式和生态补偿扶贫模式。

二、人口与社会发展研究

人口与社会发展的研究是人口社会学的主要领域，由于人口与社会关系所涉及的内容很宽，在研究内容上包容性很强，人口发展与社会管理、人口流迁与城市化、人口素质与教育、人口素质与健康、性别人口分析、人口的婚姻家庭等等都包括其中。2011 年，云南省主要针对前 3 项内容展开研究。

1. 人口发展与社会管理研究

云南省委仇和在《理清思路　强化措施　统筹解决人口问题》（载《人口与计划生育》2011 年第 8 期）中指出：人口问题事关经济社会发展全局，事关国家发展和民族未来。云南省昆明市委、市政府要始终坚持发展经济与控制人口两手抓，人口计生长效工作机制逐步完善，利益导向政策体系不断加强，低生育水平持续稳定，群众满意程度普遍提高，逐步走上了经常化、科学化、法制化的轨道，有力地促进了经济发展、社会进步和民生改善。

云南广播电视大学杨晋锋在《“扬弃”马尔萨斯人口理论》（载《思想战线》2011 第 3 期）中提出：对于马尔萨斯提出的人口理论，我们不能采取非常简单、粗暴的态度一味指责、全盘否定，而应该采取唯物辩证法的科学态度，实事求是地分析马尔萨斯人口理论产生的社会历史背景及其深远影响、主要内容，客观地看待马尔萨斯人口理论，评价其当今的意义和价值，从而“扬弃”马尔萨斯人口理论，批判地继承马尔萨斯人口理论的合理内核。

云南大学徐晓勇等人在《云南省区域人才竞争力研究》（载《中国、人口、资源环境》2011 年第 8 期）中指出：随着知识经济社会的进入，人才成为了社会经济发展最为重要的推动因素，不同区域的发展状态越来越决定于其人才的总体实力，即人才竞争力。文章从区域比较的角度出发，构建人才竞争力评价体系和模型，运用主成分分析方法对云南人才竞争力的特征以及在全国的位次进行分析。研究表明，2007 年云南省人才竞争力综合得分为 -4.4558，在全国 31 个省区中排名第 23 位，导致云南人才竞争力较弱的主要原因是区域科技活动水平和经济发展水平低。

云南大学张波等在《昆明市人口预测模型研究》（载《云南民族大学学报（自然科学版）》2011 年第 4 期）一文中，通过对 1949 至 2000 年昆明市人口总量的分析，以及依据 2000 年第 5 次人口普查中昆明市人口的相关情况，重点考察了昆明市生育状况、死亡状况、年龄和性别状况，找出昆明市人口存在的问题，通过运用马尔萨斯人口模型和 Logistic 模型以及线性回归模型，对昆明市未来 10 年的人口进行预测，并进行模型之间的比较，得出了昆明市未来 10 年人口的发展态势。

2. 人口流迁与城市化

云南大学罗淳、潘启云在《论边疆民族地区小城镇建设的特点、模式与路径》［载《中央民族大学学报》（哲学社会科学版）2011 年第 5 期］中指出：边疆民族地区的城镇化具有自身的特点，城镇建设不宜贪大求洋和因循守旧，尤其应避免“一步到位”的城镇建设主张和唯工业化的城镇化路径依赖。论文归纳出边疆民族地区小城镇的三个特点，总结出具有五种可供借鉴的建设模式，提出应该根据边疆民族地区的自身条件，从培育小城镇起步，寻求城镇化的非农化路径。

云南大学罗淳、罗玲在《以小城镇发展深化新农村建设之思考》［载《云南民族大学学报》（哲学社会科学版）2011 年第 5 期］中指出：独具“城尾乡首”特质的小城镇是促进城乡社会经济交融的平台或基本点，将建设新农村与发展小城镇紧密结合起来是深化社会主义新农村建设，解决“三农”问题的重要取向，必将加速农村生产方式的非农化转型与生活方式的城镇化跨越。

云南大学杨先明在《农民大规模转移下中国农村生产力的重组与对策》（载《中国乡镇企业》2011 年第 2 期）中提出：经过 30 多年的改革开放，我国农业生产取得了巨大进展，我国农产品供给告别了长期的短缺，中国用占世界 9% 的耕地、6.5% 的水资源解决了十几亿人口的吃饭问题，与此同时发生的农民大规模转移，完全改变了我国农村农业生产力结构中的人、地关系和其他生产要素之间的原有关系。

云南省设计院规划设计研究分院郭凯峰、苏涵在《云南省城镇化发展特征、路径及对策研究》（载《规划师》2011 年第 12 期）一文中通过分析云南省城镇化发展进程中经济社会、产业发展、历史轨迹、就业岗位、人口年龄构成等影响因素，识别出云南省城镇化发展的主要特征是：横向落后性、纵向同步性、阶段加速性、区域差异性、高首位度性、“T”形集聚性和非农转移性等，据此认为区域城镇群、旅游及边贸特色小镇、农村现代化是云南今后城镇化发展的主要依托路径，由此提出未来城镇化发展的主要对策。

曲靖师范学院高文进、杨筠在《西部少数民族受教育程度对人口城市化影响分析》（载《发展研究》2011 年第 7 期）中指出：人口城市化是社会现代化的必然趋势，人口城市化与教育密切相关，西部少数民族受教育程度低，阻碍了人口城市化的进程，要通过加大教育基础设施投入，调整职业技术教育，农民市民化等路径，推进少数民族人口城市化的进程。

云南师范大学商学院李宏岳在《城镇化与农民增收问题研究》（载《农业经济》2011 年第 4 期）中指出：着力解决中国城市化严重滞后以及城乡人口比例严重失调问题，是中国实现农业现代化和农民增加收入的根本途径。文章剖析了我国农村城镇化的几种典型模式，对加快城村城镇化发展，促进农民收入增长提出了相关对策建议。

云南民族大学李丽莎在《论城镇化对产业结构与就业结构的影响》（载《商业时代》2011 年第 6 期）中指出：产业结构与就业结构是经济结构中最基本的结构，产业结构与就业结构是经济结构转换的关键，城镇化率是产业结构与就业结构的重要影响因素。文章通过趋势分析与线性回归模型实证研究了城镇化对产业结构与就业结构的影响，实证结果表明：城镇化不仅能够促进产业结构升级，而且能够促进就业结构升级。

云南农业大学雷磊华在《新生代农民工融入城镇化的影响、困惑及解决措施》（载《当代经济》2011 年第 7 期）中提出：我国城镇化率已经达到了 46.6%，标志着中国将步入城镇化的重要时期，当前城镇化推进的重点一是积极稳妥地推进城镇化，二是要把符合条件的农业人口特别是新生代农业人口转变为城镇居民。论文从新生代农民工的角度，研究了农民工城镇化特别是新生代农民融入城镇化的影响，探究了新生代农民工融入城镇化的困境及其解决措施。

3. 流动人口研究

云南民族大学黄晓赢在《国内近年来关于流动人口子女教育研究的综述》（载《教育文化论坛》2011 年第 5 期）一文中，从特定地域流动人口子女教育总体状况、流动人口子女城市融入和身份认同情况、打工子弟学校、流动人口子女的教育权益和教育公平、流动人口子女的家庭教育和解决流动人口子女教育的各种可行性政策等六个方面，系统地总结了近年来国内关于流动人口子女教育的研究情况，由此提出了今后应该着重关注的研究领域。

云南大学罗刚在《云南边境民族地区人口非法流动法治对策研究》（载《河北法学》2011 年第 6 期）中指出：云南边境民族地区人口非法流动是双向的、违法的流动，其产生原因包括环境因素、经济因素、非法通婚和非法迁居等因素；人口非法流动冲击了我国边境管理秩序，严重扰乱了社会治安秩序，诱发各种违法犯罪案件，给边疆稳定造成隐患，而我国关于边境管理的相关法律、法规及现行边境管理制度存在诸多不足，必须从法治的角度尽快完善相应对策。

云南大学高万红在《增能视角下的流动人口社会工作实践探索——以昆明 Y 社区流动人口社区综合服务实践为例》［载《华东理工大学学报》（社会科学版）2011 年第 1 期］一文中，以增能理论为指导，提出增能视角下的流动人口能力建设的内容包括：个体层面的适应城市生活能力的提升和社会层面的自助和互助组织建设。其重点是：充分挖掘流动人口本身具有的潜力，提高其自信心；建设掌控自己生活的能力；构建互助和自助组织，透过集体意识的觉醒和共同努力来改善生活状况，促进社区融合。提出了流动人口社会工作的基本原则：实施流动人口主导；学习必要的技巧；合作而非教导；外化无助；用行动抗拒歧视与不公平。

云南省加大城乡统筹力度促进农业转移人口转变为城镇居民协调领导小组办公室在《云南省农业转移人口转居民转户权益明白卡》（载《创

造》2011 年第 11 期）中指出：转户原则充分尊重农民意愿，自愿转户，自愿退地，自愿参保。转户后可保留的权益有：①保留农村土地承包经营权和林权；②保留宅基地及农房权益；③保留农村集体经济组织资产收益分配权；④保留农村相关惠农补贴；⑤在 5 年过渡期内继续执行农村计划生育政策。

云南师范大学闻洁、符翠丽在《人口流动背景下农村空巢老人的养老问题研究——以洱源县运亨村为例》（载《中国城市经济》2011 年第 10 期）中提出：我国在城市化和工业化进程不断加快的情况下，出现了大规模的农村劳动力向城市流动现象，随着农村劳动力进城务工，形成了农村空巢老人这样的一个弱势群体且呈增多趋势。子女外出成务工使得农村空巢老人的养老问题面临诸多困境，如何解决农村空巢老人养老问题？这已成为一个值得社会给予更多关注的现象。

云南省丽江民族中专陈先智在《流动人口对艾滋病流行的影响》（载《黑龙江科技信息》2011 年第 2 期）中提出：随着我国经济的不断发展，流动人口所占的比例也是日益增加，但是流动人口对艾滋病流行带来的影响也给社会带来了巨大的压力，只有尽快从政策、体系以及措施上给予积极地应对，才能有效地解决流动人口中艾滋病这一问题的防治难题。

云南广播电视大学苏丽君在《流动人口的选举权研究》（载《云南电大学报》2011 年第 9 期）中指出：选举权是公民享有的一项重要的政治权利，但是现行的法律和制度设计并不能完全保障每一个具有选民资格的公民的选举权都得以充分实现，尤其是那些日益庞大的“流动中的选民”。应该通过完善相关选举法律和改革相关选举制度的途径，来推动“流动选民”的选举意识和参与，保障“流动人口”的民主权利得到真正实现。

云南大学何永彬在《云南省山区移民与发展研究》（载《资源开发与市场》2011 年第 9 期）中提出：人口迁移与发展是移民研究关注的一个重点。根据目前云南山区移民的实际情况，探讨了全面发展目标下的山区移民发展机制，重点分析了资源环境、工程建设与自然保护三个移民驱动因素，提出了区内搬迁与区际搬迁两个搬迁发展模式，结合实际对不同搬迁模式下移民安置发展中存在的经济、社会与环境受益—风险进行了分析，提出了移民科学发展框架和相关策略。

云南省玉溪市疾病预防控制中心陈良等人在《用社会性别视角对玉溪市流动人口中的艾滋病病例的分析》（载《现代预防医学》2011 年第 11 期）中，通过对云南省玉溪市流动人口艾滋病病例进行社会性别视角的研究，旨在为探讨社会性别视角下艾滋病防治措施的调整提供科学依据。通过对玉溪市累计艾滋病流动病例 450 例的分析得出：感染途径以异性传播为主，静脉注射毒品次之，感染途径存在性别之间、流入与流出之间的差异；流动后从事的职业以农民或农民工为主，服务行业比重也较大，而且从事职业不同感染途径不同；社会性别的差异性催生不同的职业背景，进而导致 HIV 感染途径的差异性。社会性别是影响 HIV/AIDS 流行和控制的因素之一，建议将社会性别视角纳入 HIV/AIDS 预防控制的考虑中。

云南省昆明市妇幼保健院秦茂华等人在《流动人口孕产妇预防艾滋病母婴传播适宜健康教育方式的探讨》（载《中国妇幼保健》2011 年第 3 期）中提出：艾滋病已成为全球瞩目的公共卫生问题、社会问题和政治问题，其预防和控制将是一项长期、复杂和艰巨的任务。全世界每年有数以百万的妇女感染 HIV，全球 15 岁以下儿童艾滋病病毒感染者 90% 以上是因母亲经母婴垂直传播感染，因此在艾滋病防治中应重点预防母婴传播。

4. 人口素质与健康研究

云南省迪庆州德钦县计划生育服务站金安拉木在《生殖健康服务中看护理工作的重要性》（载《中外妇儿健康》2011 年第 7 期）中提出：在控制人口数量的同时强调提高人口素质，以促进人口的全面发展。生殖健康服务在技术服务中起着十分重要角色，技术服务工作需要由从事医疗诊断、治疗、护理、药、咨询等多方面的人员来完成。

临沧市妇幼保健院杨忠金等人在《云南佤族 0～7 岁儿童地中海贫血与 G6PD 缺乏征调查分析》（载《中国优生与遗传杂志》2011 年第 12 期）中，为了解云南省佤族 0～7 岁儿童地贫及 G6PD 缺乏征发生率，为本地区该病的预防和控制服务进行研究。文章结论是：本地区的地中海贫血与 G6PD 缺乏征发生率较高，对地中海贫血调查获取其流行病学资料，为今后对该地人群进行疾病的防治、优生优育、遗传咨询、提高人口素质具有重要的指导意义。

云南大学张健在《新农村建设中少数民族村寨公共环境卫生问题研究——以云南省瑞丽市班岭村为例》（载《民族论坛》2011 年第 11 期）中，选取了生活生产用水、各种垃圾的处理、居住环境和公共场所几个方面进行少数民族地区农村环境卫生现状的个案分析。从政策协调角度，建议要充分发挥新农村建设主管部门的作用，充分协调个人利益与公共利益、眼前利益与长远利益和局部利益与整体之间的关系。具体通过建立并保护水源林地、推进“养—沼—种”循环模式、加大宣传提高村民的环境卫生意识，加大对农村基础环境卫生设施建设的资金投入与智力支持和控制人口增长等措施来解决农村环境卫生问题。

云南省中医中药研究院赵景云等人在《云南人口较少民族医药后发优势分析——以云南省阿昌族为例》（载《中国民族医药杂志》2011 年第 12 期）中提出：人口较少民族是我国多民族的重要组成部分，同时也是其中的特殊群体，阿昌族即为云南 7 个人口较少民族之一。加强其医药等方面的发展有利于民族医药的整体发展，有利于我国全民族共同进步，促进全社会的和谐发展。以后发优势理论为指导，具体分析了阿昌族医药存在的后发优势。

5. 人口性别比与人力资源研究

云南大学顾偲在《我国人口性别比及相关问题研究》［载《福建论坛》（社科教育版）2011 年第 12 期］中提出：我国自 20 世纪 80 年代以来，人口性别比问题开始不断凸显。由于我国两千多年以来根深蒂固的性别偏好等因素阻碍，性别比例失衡已然成为我国 21 世纪面临的严峻挑战之一。通过对人口普查数据分析，可以看出我国人口性别比严重失调，对经济社会有不良的影响，国家应在宣导、维护女权、完善养老社保及福利等多方面入手，逐步调整我国的人口性别比。

云南师范大学王俊程、武友德等人在《边境民族地区农村人力资源建设的路径探析——以滇东南为例》（载《南京人口管理干部学院学报》2011 年第 7 期）中提出：相较内地和发达地区，边境民族地区农村人口文化程度偏低，人才匮乏，人力资源开发和人才培养的难度极大，为此边境民族地区农村人力资源建设需要多措并举，将教育政策和资源向边境民族地区倾斜，对农村青壮年和成人进行职业教育，大力推广现代农业科技培训，充分发挥大学生村官和新农村建设指导员的引领作用，将劳动力转移培训和吸引人才回乡相结合，为农村源源不断地提供人才和智力支持，进而持续推进新农村建设。

云南省人口计生委李艳芳在《浅谈婴幼儿早教工作的挑战与应对》（载《人口与计划生育》2011 年第 12 期）一文中对地处祖国边陲的云南在开展婴幼儿早教探索与实践进行了分析与总结，提出：要大力普及婴幼儿抚养和家庭教育的科学知识，开展婴幼儿早期教育，强化独生子女社会行为教育和培养。

云南大学赵永胜在《缅甸与泰国跨国民族的种类、分布和人口》（载《世界民族》2011 年第 4 期）中指出：关于缅甸与泰国跨国民族的种类目前尚无定论。文章通过梳理资料和实地考察，认为缅、泰跨国民族至少有 18 个，主要属于汉藏语系、南亚语系和南岛语系的 6 个语族，并对这 18 个跨国民族的分布与人口等情况做了初步探讨。

云南财经大学江志文、刘银花在《云南人力资本投资研究》（载《北方经贸》2011 年第 9 期）中提出：近年来人力资本在经济增长中的重大作用越来越明显，人力资本投资越来越受到重视，而云南省人力资本投资的路径选择是：提高认识，加大教育投资，拓宽融资渠道；加强在职培训，做好人口管理工作；加强医疗保健建设。

云南大学古旭在《论我国城市离退休老年人力资源开发》（载《长沙民政职业技术学院学报》2011 年第 6 期）中提出：随着我国人口老龄化进程的加快，对城市离退休老年人力资源开发成为必然。文中对我国城市离退休老年人力资源开发的可能性及开发的意义进行分析，并提出了完善老年人力资源开发的对策。

6. 婚姻家庭研究

云南大学白志红、李文钢在《佤族男性婚姻挤压及夫妻年龄差研究》［载《西南民族大学学报》（人文社会科学版）2011 年第 8 期］中提出：从 20 世纪 80 年代改革开放之后，随着佤族人口流动逐渐频繁，佤族的婚姻市场已经出现一定程度的男性婚姻挤压，并且这种挤压还有加剧的趋势。文章通过对田野调查资料的分析，证实男性婚姻挤压的加剧是导致佤族夫妻年龄差扩大的根本原因，佤族社会的婚姻挤压并非来自生育文化中的男性偏好与人口年龄结构的老化，而是来自大量女性的婚姻迁移。

三、公共政策与人口管理研究

公共政策与人口管理研究是人口政策学的重要领域，人口既是政策实施的对象，也是公共管理的内容，本研究主要包括人口政策与相关社会政策的研究、人口管理理论与实践研究、计划生育理论与实践、人口分布与规划、人口老龄化与公共管理等。

1. 社会稳定与公共政策

云南大学吕昭河在《发展失衡、预警与超越预警——边疆民族地区发展失衡的思考》[载《西南民族大学学报》(人文社会科学版)2011年第4期]中提出：目前我国区域发展失衡已经成为社会系统运行的常态，失衡范围延伸至全社会领域和存在系统性结构较大差异。论文认为：我国西部边疆民族地区发展失衡的纠正不能仅仅限于非常态事件的预警管理，而必须超越预警，通过建构内生发展动力机制、自我制衡与失衡纠正系统来防范社会危机，实现社会稳定与发展；通过强化内生性动力、推动文化融合、建构现代社会系统结构、赋予地方发展权利与整合社会发展资源等方面宏观政策与战略举措，实现我国边疆治理从预警到超越预警的转变。

云南民族大学胡阳全在《西南民族地区农村社区社会稳定问题研究》[载《云南民族大学学报》(哲学社会科学版)2011年第11期]中提出：西南民族地区是我国地缘战略极为重要的地区，又是我国少数民族的主要聚居区，其中75%以上人口高度集中在农村社区，这种人口分布格局，决定了西南民族地区农村社区的稳定与发展，事关中国整体社会稳定、边疆安全、民族团结、生态资源合理利用及现代化建设等重大现实问题。发展经济、建立和完善乡镇社区治安综合治理机制、严厉打击各类违法犯罪活动、妥善处理民族宗教问题、加强基层组织建设等，是维护西南民族地区农村社区社会稳定的可行举措。

云南大学陆海发在《西部边疆地区少数民族自发移民问题及其治理——基于对云南红河哈尼族彝族自治州开远市的调查与思考》(载《宁夏社会科学》2011年第9期)中指出：西部边疆少数民族所进行的自发搬迁是人口迁移的一种类型，我们通过对云南红河州开远市少数民族自发移民聚集区的实地调研发现，其在发生区域、地域选择、迁移形态以及迁移的影响因素等方面表现出诸多特殊性，且随着移民群体规模在部分地区的不断扩大，一些问题与矛盾已经变得越来越突出，不仅移民群体自身陷入了“边缘化”的现实困境中，而且西部边疆一些区域性族际关系和社会管理问题也不断显露出来，亟须地方政府采取有效措施推进西部边疆少数民族自发移民问题的有效治理。

云南能源职业技术学院刘咏梅在《以房养老模式初探》(载《经济论坛》2011年第10期)中提出，我国已步入老龄化社会，是世界上老年人口数量最多的国家，“老了怎么办”不仅是老年人自己关心的问题，也成了社会焦点问题，随着我国独生子女政策的推行和加速步入老龄化社会的趋势，“4-2-1”家庭将成为未来家庭的主要形式，在人口倒金字塔的结构下，家庭养老显得力不从心，养儿防老的可行性不断降低，传统养老不堪重负，据此文章提出通过以房养老探索新的养老模式，为构建和谐社会作努力。

云南财经大学王方兵、易守宽在《以家庭养老为主的多元化养老模式的探索》(载《时代金融》2011年第4期)中提出：伴随着老年人口数量的增加，我国进入了老龄化社会，我国的人口结构和家庭结构都发生了变化，单一的家庭养老模式不能适应老龄化社会的养老形势，必须实现家庭养老、社会养老和自我养老的有机结合，从而使老年人安度一个幸福、温馨的晚年。

云南财经大学周开、马国芳在《强化政府职能与完善城乡低保制度》(载《中共云南省委党校学报》2011年第7期)中提出：低保是保障城乡贫困人口的最后一道防线，政府是城乡低保工作的主体，从现行城乡低保制度面临的问题看，要强化政府的职能和作用，必须从转变政府理念、加强法制建设、强化资金保障、鼓励社会参与、加强监督管理五个方面入手完善城乡低保制度。

云南大学陆海发在《边疆少数民族自发移民问题治理研究——基于对云南红河州开远市的调查与思考》（载《云南社会科学》2011年第9期）中提出：边疆少数民族的自发搬迁是人口迁移的一种类型，云南红河州开远市少数民族自发移民聚集区在区域特点、地域选择、迁移形态、影响因素等方面表现出诸多特殊性，且随着移民群体规模的不断扩大，一些问题与矛盾已经变得愈来愈突出，不仅移民群体自身陷入了边缘化的现实困境中，而且边疆一些区域性族际关系和社会管理问题也不断暴露出来，急需地方政府通过观念转变、制度补给、资金保障、社会管理、引导教育等多种渠道，采取有效措施推进边疆少数民族自发移民问题的有效治理。

云南省民政厅郝坚峰在《云南省社会救助现状分析与对策建议》（载《中国民政》2011年第11期）中提出：云南省委省政府高度重视社会救助工作，把其作为改善民生和促进经济社会科学发展的重要工作来抓，制度建设日趋完善，救助范围逐步扩大，救助水平不断提高，操作管理更加规范，政策落实及时到位，城乡低保、农村五保、城乡医疗救助等工作得到了长足发展，有效保障了全省贫困人口的基本生活，基于这一分析提出了相关对策建议。

云南民族大学张敏在《完善养老保险制度是构建和谐社会的重要基础》［载《云南民族大学学报》（哲学社会科学版）2011年第1期］中认为，我国正处在经济社会的转轨时期，突出的问题是：收入分配不公与个人收入差距不断扩大，城乡、区域、经济社会发展仍然不平衡，城乡贫困人口和低收入人口还有相当数量，部分低收入群众生活比较困难，以及失业、人口老龄化特别是农村养老保险缺失等问题。由于风险的普遍性，养老保险的覆盖面最广，涉及的对象最多，开支项目最大，因而在社会保障体系中占有特殊的地位，由此认为要完善养老保险制度，实行多层次的养老保险制度，来保障民生，构建和谐社会建设。

昆明理工大学韩跃红、云南教育出版社杨云宝在《少数民族贫困山区脱贫与保护的共赢之路思考——以云南墨江县为例》（载《系统科学学报》2011年第11期）中提出：西南少数民族聚居地大多地处贫困山区，都面临着如何实现脱贫、发展与生态保护共赢的难题。文章通过对墨江县的调查和运用系统思维方法提出：引导贫困山区高度分散的农业人口自发或自愿搬迁集中到城镇、集市居住，在林区生态得以恢复的同时，发展以现代林业为主的绿色产业集群，把农业人口转化为产业工人，实现发展方式的彻底转变；同时，使这些地区的经济产业化、产业生态化、社会生活城镇化兼并为同一个发展过程。

2. 人口较少民族发展研究

云南师范大学周思睿在《科技为扶持人口较少民族发展加力》（载《云南科技管理》2011年第2期）中，结合参与社会实践活动，就扶持人口较少民族发展的情况进行实地学习、调查和了解，提出依靠科技进步对加快人口较少民族经济社会发展起着重要作用。

德宏州委党校岳丽娟在《景颇族经济社会发展面临的问题与对策——以德宏州人口较少民族景颇族聚居区为例》（载《传承》2011年第6期）中提出：扶持人口较少民族聚居区经济社会发展是党中央国务院的重大决策。由于历史渊源、社会背景和自然条件等诸方面的原因，德宏州世居人口较少民族景颇族聚居区经济社会整体发展水平相对落后，只有加快景颇族脱贫发展步伐，全面提高人口素质，促进经济社会发展，才能实现边疆少数民族共同繁荣进步。

云南省社会科学院民族文学所黄光成在《人口较少民族文化多样性的价值理论》［载《云南民族大学学报》（哲学社会科学版），2011年第9期］中提出：文化是一定的社会群体在长期应对自然和社会环境，求得生存发展，并经世代积累和传承着的知识体系、思维体系、价值体系，以及与群体心理、情感、行为等相互联系的诸多要素的统一体。如何正确看待像人口较少民族文化及其价值，需要澄清长期以来社会上普遍存在的单线进化的文化观，以及对民族文化理解中的一些模糊或错误认识，将民族文化放在人类文化多样性与和谐社会建设的视野中去凸现其价值，并从文化生态的角度去探讨民族文化及其多样性的意义。

云南中医学院社科部熊官旭等人在《新型农

村合作医疗长效机制构建研究——基于云南边疆人口较少民族地区》（载《边疆经济与文化》2011 年第 7 期）中提出：建立和完善新型农村合作医疗长效机制是新型农村合作医疗制度长效运行并充分彰显医疗保障作用的重要保证，应充分认识建立云南边疆人口较少民族地区新型农村合作医疗制度的重要性，建立和完善适应云南边疆人口较少民族地区的新型农村合作医疗长效筹资机制、长效运行机制、长效监管机制。

云南民族大学李若青在《云南扶持人口较少民族发展政策的实践启示》（载《云南行政学院学报》2011 年第 5 期）中提出：各民族“共同团结奋斗、共同繁荣发展”是新时期民族工作的主题，云南作为多民族边疆省区，应“倾力扶持人口较少民族发展，决不让一个兄弟民族在共同发展道路上掉队”，而云南 7 个人口较少民族在发展中不断凸显出滞后性，制定和实施科学合理的扶持政策对促进各民族发展具有特殊的功能，可以为政治经济一致、文化社会协调、民族内外关系和谐提供激励与约束保障机制。

四、人口统计与实证分析研究

人口统计学是人口学科的基础分支学科，已经发展为相当成熟和完善的科学。本人口统计与实证分析研究主要包括人口定量统计分析和数理分析方法及技术，比如人口统计分析、高级人口分析技术、抽样技术分析与定量分析方法等。

云南医学信息研究所王玉华等人在《云南省 2010 年卫生机构人力资源现状分析》（载《卫生软科学》2011 年第 11 期）中，采用国家卫生统计网络直报系统（云南省）BI 统计分析软件系统，对 2010 年云南省各类医疗卫生机构卫生人力资源数据和云南省卫生人力数据库资料，分析云南省卫生人力资源总量情况和学历、职称、年龄构成，并与全国、西部地区进行比较、分析，为上级部门制定卫生人力政策与规划、优化人力资源配置、加强卫生人才队伍建设提供参考。

云南财经大学万广华在《2030 年：中国城镇化率达到 80%》（载《国际经济评论》2011 年第 11 期）中提出：改革开放以来，中国经济取得巨大成就，但目前中国经济面临着转变经济增长方式，在相对较短的时间里快速上升的不均等，内需不足等问题的严峻挑战。文章提出中国应加速城镇化，在 2030 年前实现 80% 城镇化率具有必要性是：可以提高经济增长效率，改善社会公平，减轻就业压力。文章从 2 亿进城农民工的客观存在、城镇人口增长速度、城镇规模、城镇就业、住房等几方面论述了实现这一目标的可行性，并勾画了 2030 年中国的经济概况。

云南大学周燕萍在《农村女性就业收入影响因素的比较研究》（载《中国集体经济》2011 年第 7 期）中，基于问卷调查数据，运用多元回归模型分析了浙江、云南两省农村女性就业收入影响因素的共性和差异。该研究发现：家庭收入越高、受教育年限越久、健康状况越好、政治面貌为党员、拥有技术、参加过培训、曾经外出务工等因素有利于提高两省农村女性的收入；家庭人口数量越多，则越不利于提高农村女性的收入；年龄、民族、子女数量、户口状况、婚姻状况对两省农村女性收入的影响存在差异。

曲靖师范学院杨令省等人在《省级人口信息资源共享平台设计与实现》（载《微型机与应用》2011 年第 8 期）中提出：利用 Web Service 技术构建省级人口信息资源共享平台，实现全省范围内人口信息共享，并认为该平台的研究和应用对解决云南省乃至公安部金盾工程建设中存在的“信息孤岛”和“重复建设”以及“人口信息标准不统一”等问题意义重大。

（云南大学　晏月平　吕昭河）

政治学

2011 年，云南政治学学科的发展在原有学科发展的基础上，不断地发展与突破，取得了重大的研究成果。学科发展向着研究领域更加广泛、研究队伍更加壮大、课题立项数激增、研究成果显著、社会影响突出的良好态势发展，这也让我们看到了云南省政治学学科发展如火如荼的大好形势。

一、学科建设概况

从研究领域看，这一阶段的云南政治学研究，涉猎了政治学理论、中外政治思想、政治哲学、政治学方法论、中国政治制度、当代中国政府与政治、比较政治制度、比较政治文化、公共行政、公共政策、国际政治理论、族际政治、边疆治理等领域，形成了一个理论研究与现实问题研究纵横交错的立体研究结构。

从研究队伍看，形成了以大学、科研机构、政府相关部门为依托，年龄、学历、职称及知识结构都符合云南政治学在新世纪新阶段的发展要求的研究机构和科研队伍，如云南大学廉政研究中心、云南大学公共政策与地方政府治理研究中心、云南大学周平教授领衔的民族政治学研究团队，等等。

从课题立项看，不同的专家学者在政治学的学科大背景下，从不同的视角和领域进行研究，获准立项了一大批国家级、省级和校级课题，如中国的边疆及边疆治理理论研究”（国家社科基金重大项目）、边疆民族地区群体性事件源头阻断机制研究（国家社科基金青年项目）、民族地区旅游地利益相关者协同机制与和谐社会建设研究（教育部人文社会科学研究重大项目）、哈尼—阿卡社会文化调查研究（教育部人文社会科学研究重大项目），等等。

从研究成果及其影响看，这一阶段的云南政治学研究取得了一系列的显著成果，并产生了广泛而深刻的影响，其中，以民族政治学的研究成果仍旧在全国的政治学界有着巨大影响，使云南民族政治学研究在全国的领先地位进一步巩固。

二、重要研究成果

2011 年，关于云南政治学学科研究的成果颇丰，以下将分类进行总结。

（一）政治学理论研究

1. 著　作

贺琳凯编著《新中国民族关系与民族政策的互动研究》（云南大学出版社 2011 年 3 月版），本书是研究民族理论与民族政策的学术性研究著作，考察了新中国成立以来民族关系与民族政策的互动历程，并发现了二者的互动规律，厘清了民族关系与民族政策互动的内在逻辑和互动机理。

2. 论　文

基本理论研究　陈德顺在《进退之间：罗尔斯政治正义观念的证成与反思》［载《云南行政学院学报》，2011，13（1）］中指出从“正义论”到“政治自由主义”，罗尔斯的正义理论经历了一次逻辑转换，即用“政治正义”替代了原先的“伦理正义”。这种逻辑转换到底是理论发展还是理论退却，曾在政治哲学界引起较大的争议。本文通过对罗尔斯正义理论若干核心理念的解读，探析了政治正义观念的道德基础和政治意蕴，试图证明罗尔斯伦理正义观念与政治正义观念之间的逻辑连续性与价值合理性。卢瑾在《协商民主与中国民主政治建设》［载《学术探索》，2011（2）］指出在西方民主理论中，消极保护个人权利与积极参与公共生活之间一直存在着张力，造成了强调消极保护与强调积极参与的民主理论的此消彼长。但事实上，二者不能完全分立，需要找出调和它们的方案，参与式民主理论发展的新阶段——协商民主理论——为寻求消极保护与积极参与提供了平衡机制。虽然中国民主政治的发展与西方民主的演进有着本质区别，协商民主并不完全适合中国，但对中国仍有诸多启示：一是通过公共协商机制，加强基层民主，促进公民的有序参与，循序渐进地推动中国的民主化进程；二是采取选举与协商并举的民主模式，在完善选举制的同时，加强公共协商，为保护公民权利提供有效机制。张晓雪在《试论我国政府环境责任的完善》［载《陕西社会科学论丛》，2011，02（1）］中指出随着我国环境治理的深入，关于我国政府环境责任问题的关注也日益增多。本文从我国政府环境责任问题分析入手，讨论政府环境责任的依据，提出我国政府环境责任的缺陷，最后提出完善我国政府环境责任的设想。

族际政治研究 周平在《论中华民族建设》［载《思想战线》，2011，37（5）］中指出中华民族建设，即中国的国族建设，是由中国的民族国家构建而引出的一个重大命题。肇始于20世纪初的中国民族国家构建，到中华人民共和国的成立而画上句号。中华人民共和国就是中华民族的民族国家，民族国家实质上是一套保障民族认同于国家的制度安排。民族国家构建了国族，国族又承载着民族国家的制度结构。而国族是政治构建的产物。反观中国的国族建设，“应有”与“现有”之间存在巨大的反差。因此，必须加强中华民族建设。这是一项筑牢国家政治安全根基的基础性工程。推进中华民族建设，需要吸取其他国家的经验教训，更需要探索中国特色的国族建设之路。其中，还必须处理好少数民族权利保护等一系列理论问题。廖林燕在《楚雄彝族村社政治权力的结构及功能分析》［载《云南行政学院学报》，2011，13（1）］中指出随着现代化的逐步深入，楚雄彝族政治权力正呈现出一个重新建构与塑造的过程。在体制内权力不断建构的同时，各种体制外权力依凭技能、传统习俗等权力资源也发挥着独特的影响力。这种政治权力结构将在长时期内存在，并对彝族政治生活产生影响。廖林燕在《论彝族政治权力的历史变迁》［载《云南师范大学学报》（哲学社会科学版），2011，43（2）］中指出：作为西南地区人口数量最多的一个少数民族，彝族尤其是凉山彝族其先民曾在本民族内部构建了独特的政治权力体系，如鬼主统治下神权与王权的合二为一、严格的等级制度及严密的家支组织。这一权力体系在彝族社会发展史上占主流地位，直至元朝以后，中央权力逐步渗透到彝族政治体系之中，并一直持续整个近代。如果说，元朝是彝族权力发展史上的一个转变时期，它使彝族政治体系开始在形式上被纳入到统一国家政治体系的范畴，那么，新中国的成立则是彝族权力发展史上一个划时代的转折点，它使彝族社会的权力结构、权力关系均发生了史无前例的变革。何光群在《楚雄州彝族农民道德人格状况对彝区新农村建设的影响分析》［载《昆明理工大学学报》（社会科学版），2011，（3）］中指出道德人格具有重要的社会价值。文章从实地调查和问卷分析入手，概括了楚雄州彝族农民的道德人格状况，分析了形成这一状况的原因，阐述了这一状况对楚雄州彝区目前建设社会主义新农村产生的重要影响，并探寻了转变这一状况的途径。

民族政治研究 李普者在《论和谐民族关系建设》（载《云南民族大学学报》（哲学社会科学版），2011，28（1））中指出和谐民族关系建设是和谐社会建设的重要组成部分。建设和谐民族关系主要包括坚持各民族一律平等以及建设和谐民族经济关系、和谐民族政治关系、和谐民族文化关系等。民族平等是民族关系和谐的基础和前提，也是和谐民族关系的标志；经济关系和谐是民族关系和谐的经济基础，政治关系和谐是民族关系和谐的政治保障，文化关系和谐是民族关系和谐的思想根基和文化源泉。刘永刚在《构建民族—民主国家：中国近现代政治思想研究的回顾与反思》［载《前沿》，2011，（1）］中指出政治思想是政治学研究的基本内容，用政治学理论重新梳理中国近现代政治思想史是当下政治思想史研究的重要课题。反帝反封建或“救亡”与“启蒙”只是中华民族争取国家独立、政治民主的手段，不是中国政治发展的最终目标。中国近现代政治发展的最终目标是构建现代民族—民主国家。在政治发展背景下构建民族—民主国家的思想历程应是中国近代政治思想发展的主轴，更是研究近代中国政治思想史以及政治发展史的全新视角。周松《民族与政治的结合形式初探——以民族政治学的视角》［载《时代报告》（下半月），2011，（11）］今天的政治学理论体系中，民族是基本的政治实体，民族问题是重大的社会政治问题等，已经成为基本的共识；而在当今民族理论界，民族的政治属性也得到大多数学者的承认。这不仅意味着学界已经承认民族现象与政治现象之间有着千丝万缕的内在联系，而且意味着已经把政治属性视为民族共同体及其范畴的本质内涵之一。民族问题与政治现象在理论上以及在现实生活中的紧密联系，使得研究民族与政治的结合形式问题在当下有着十分突出和必要的意义。罗维有在《西部少数民族地区城镇化发展道路探析——以楚雄彝族自治州为例》（载《楚雄师院学报》）中指出世界城镇化发展进程的阶段性规律和我国城镇化实践表明，城镇化水平与国民生产总值呈正相关的双向互促因果关系。积极探索城镇化发展道路，推进城镇化进程，已经成为西部少数民族地区地方经济持续快速增长的强大动力，是解决西部少数民族地区二元经济社会结构矛盾与“三农”问题的根本路径。从西部少数民族地区城镇化发展现状分析，积极经营县城，走“县城据点型”城镇化道路模式是西部少数民族地区城镇化发展道路的最佳选择。

边疆治理研究 贺琳凯在《边疆多民族地区的政治利益分化、利益表达及政治参与的内在机理及特征——以云南、广西、贵州三省部分地区为例》［载《云南行政学院学报》，2011（4）］中指出在经济发展、文化融合、受教育程度提高和社会动员增强等因素的影响下，政治参与的机会逐渐增多，基于云南、广西、贵州三省部分地区的实地调研结果，得出了边疆多民族地区政治参与是最为有效而直接的一种利益表达方式的结论，因此，对边疆多民族地区的利益分化、利益表达和政治参与作逻辑分析和特点探讨就具有了现实意义和理论价值。贺琳凯在《边疆多民族地区政治参与的治理成本研究》［载《云南师范大学学报》（哲学社会科学版），2011，43（5）］中指出：在边疆多民族地区，随着我国现代化进程的不断加深，这里原有的利益格局发生了解构，新的利益群体不断涌现，因此激发了这些不同利益群体之间的利益争夺和利益表达。对边疆多民族地区的地方政府而言，面对日益旺盛的政治参与现象，甚至是群体性事件，进行有效治理的成本包含诸多要素，研究治理的方法和技巧，有利于降低治理成本，提升治理的效能。杨永福在《探寻国族复兴之路：边疆安全与西北开发——以〈新亚细亚〉为中心的考察》［载《宁夏大学学报》（社会科学版），2011，1］中指出近代以降，伴随着列强对我国边疆的不断蚕食，边疆民族危机日深，在此背景之下形成的民族主义思潮、边疆研究思潮、西北开发思潮不可避免地纠缠在一起。笔者拟以《新亚细亚》这一边疆研究月刊为对象，考察抗战时期民族主义、边疆研究、西北开发这三大思潮在国族复兴这一时代使命下的契合。

（二）中国政府与政治研究

1. 著　作

王传发编著《县级民族区域自治运行研究　峨山彝族自治县的个案分析》（人民出版社2011年9月版）本文主要内容是学界对民族区域自治的研究偏重宏观与规范研究，从已有的关于民族区域自治研究著作与论文的数量比较，对民族区域自治运行实践的经验、动态研究成果极少。该研究力求突破以往对民族区域自治的宏观与规范研究。从广义公共政策，民族区域自治制度属于我国处理民族问题的公共政策范畴，是民族政策价值的载体和民族政策稳定化和长期化的表现，而自治法是该制度的保障。

2. 论　文

地方政府研究 方盛举在《民族自治地方政府活力及其建设路径》［载《思想战线》，2011，37（5）］中指出民族自治地方政府活力与建设意义民族自治地方政府活力是指民族自治地方政府组织及其公务员在管理本地方公共事务过程中所表现出来的乐于积极进取、勇于开拓竞争、善于变革创新的精神状态。政府活力是政府管理活动产生持续的高效能的前提和基础，是民族地方政府发展所追求的重要目标之一。民族自治地方政府活力建设是提高政府效能的重要途径。政府效能既取决于“硬件”水平，也取决于“软件”水平，两者必须实现有机统一才能发挥作用，产生效能。决定政府效能的“硬件”包括政府职能定位、组织结构、决策质量等。而决定政府效能的“软件”，就是政府活力。政府活力的实质是政府活动的精神状态，尽管它不能取代政府活动的“硬件”，但它却是政府“硬件”发挥作用的必要条件和决定性因素。

民族区域自治研究 汤法远在《民族区域自

治制度的功能变迁分析》［载《思想战线》，2011，37（2）］中指出：功能结构从倾斜甚至从属于政治向注重经济和社会发展演变民族区域自治制度是中国民族政治思想的结晶，是社会主义政治文明的重要载体和体现，是统一多民族国家和民族自治地方社会稳定、和谐、发展的保障，具有思想、道德、文化、政策等无法替代的特有属性和功能。汤法远在《民族自治地方政治发展的形成机制分析》［载《广西民族研究》，2011，（2）］中指出：在改革开放及其导致的社会转型不断推进的过程中，民族自治地方的政治发展呈现出了不断拓展和深化的态势，即形成了广泛、深入的政治发展。这样的政治发展是党委和自治机关的推动、多党合作和政治协商的促进、民族政治精英的促成、外部政治的输入以及群体性事件的触动等机制综合作用的结果。在其具体的形成过程中，党委和自治机关推动机制是主导性的，但其他机制也发挥着相当重要的作用。汤法远在《民族自治地方政治发展的动力机制探析》［载《青海民族大学学报》（社会科学版），2011，37（3）］中指出：在改革开放及其导致的社会转型不断推进的过程中，民族自治地方的政治发展呈现出了不断拓展和深化的态势。这样的政治发展不仅与经济体制改革的深入和市场经济的发展及其导致的经济结构的变迁直接相关，而且与文化结构的变迁、社会结构的变迁、政治改革和政治建设的推动，以及统一的多民族国家和非民族自治地方政治发展的扩散密切相连。罗维有在《经营县城与西部民族地区城镇化发展的思考》［载《昭通师范高等专科学校学报》，2011，（2）］中指出：我国城镇化浪潮正向西部延伸。加快西部民族地区城镇化发展，需要结合区域实际，有效经营县城，充分发挥西部民族地区县城资源优势作用，努力挖掘县城对人口的吸引力、凝聚力和承载力，使县城成为西部民族地区农业人口转移的主要集聚地，走一条“县城据点型”的城镇化发展道路。

（三）国家行政学研究

1. 著　作

崔运武、陈家喜著《政府与城市社区建设　基于云南省城市社区建设的调查分析与理论探索》（云南大学出版社 2011 年 8 月版），分三大部分论述了政府与城市社区建设的关系，结合云南省的城市社区建设实践，重点研究社区建设中的政府职能问题，并根据当前社区建设的症结所在，从深化政府社会管理的角度对社区建设进行研究。

崔运武主编《公共组织绩效评估》（中央广播电视大学出版社 2011 年 12 月版），介绍了公共组织绩效评估的发展历程、实体要素分析、价值取向、技术方法、指标体系、组织实施、结果及运用等。

崔运武主编《现代公用事业管理》（中国人民大学出版社 2011 年 7 月版），系统地分析了城市公用事业的运行与管理。在阐述当代公用事业管理的基本理论问题、模式、管理技术方法和绩效管理的基础上，具体分析了公共交通、城市供水、煤气、邮政、电信和互联网等的管理。

崔运武、左小麟著《公共卫生危机管理能力评估指标体系研究　以昆明市为个案》（云南大学出版社 2011 年 8 月版），阐述了自 2003 年中国发生“非典”疫情后，公共危机管理成为学界研究的一个热点。目前，云南省已进入公共危机事件频发的时期，如何增强政府的危机管理能力成为当前一个研究热点。本研究从评估政府的公共危机管理能力和为政府公共危机管理提供决策依据的角度出发，选取昆明市进行调查，对已发生的公共危机事件个案进行了研究，为公共卫生危机管理能力评估指标体系。

2. 论　文

行政管理理论　方盛举在《论政府危机管理的共治模式》［载《云南行政学院学报》，2011，（6）］中指出：在现代社会，突发性公共事件越来越频繁地发生，对政府的危机管理能力提出了越来越高的要求。政府依靠自身建设来提高危机管理能力的做法，其成效是有限的。面临频发的突发性公共事件的挑战，改善政府危机管理能力最有效的方法是引入共治模式。西方原创的共治模式其预设的条件并不符合我国国情，因此必须对其进行本土化的改造。根据我国政治和社会发展的实际，我国应该依照“党委领导、政府负责、社会协同、公众参与”的要求来建构有中国特色的政府危机管理的共治模式。崔运武在《政府制度创新的积极探索——开远市城乡统筹一体化改革中政府建设研究》（载《学术探索》，2011，1）

中指出：如何围绕着政策的制定、执行和监督评估而构建一个符合中国现实需求的科学的党政关系，是当前我国基层政府面临的挑战，也是社会发展对政府的需求。云南省开远市在统筹城乡一体化改革中所提出和实施的以“大行政”为标志的领导管理保障体系，对这一问题进行了积极而有益的探索。周阳在《我国行政问责制的实践反思》[载《行政与法》，2011，(11)]中指出：行政问责制是建设责任政府、法治政府、民主政府和效能政府的重要保障。自2003年“非典”之后，我国政坛掀起了一场迅猛的“问责风暴”，取得了一大批问责成果，然而，在实践过程中却凸显出一系列亟待解决的问题。因此，必须完善行政问责制度，以确保政府部门及官员真正做到有权必有责、用权受监督、违法受追究，由此建立起廉洁、高效的责任政府和服务型政府。

政府理论 邓崧在《现代公共管理理论下政府流程再造的路径选择》[载《社会科学》，2011，(9)]中指出：在政府流程过程中，重点把握好思想问题、环境问题、资源问题、组织问题、制度问题、流程问题、驱动问题和保障问题的解决，应该是路径选择研究的主要方向和路径设计的主要依据。以现代公共管理理论为支撑，利用客户关系管理（CRM），在电子政务环境下，整合政府流程再造有关信息资源，梳理当前政府流程再造的8种路径，设计和建立一套“意识再造—环境诊断—资源重配—组织重塑—制度创新—流程优化—绩效驱动—技术、安全保障”的渐进性路径选择体系，成为初步创建其路径选择理论框架，推进政府机构改革的重要条件。胡东在《从管制型政府升级为服务型政府进程中的思想解放》[载《楚雄师院学报，2011，(2)]中指出：当前，构建服务型政府已成为中国各级政府的战略目标，但实际过程却显低潮态势，最大阻力源自与管制型政府相适应的传统行政思想及观念。因此，通过解放思想，重塑民本、开放、自主、分权、协调的与服务型政府相适应的思想理念就成为亟待解决的问题。

（云南大学 王燕飞）

法 学

我省的法学研究专业机构主要集中在高校法学院系。截至2011年，我省主要的法学院有云南大学法学院、昆明理工大学法学院、云南财经大学法学院、云南民族大学法学院、云南警官学院，其他一些高校虽然没有设置法学院，但设有法律专业，这些高校是云南师范大学、西南林学院、昆明医学院、云南省广播电视大学、昆明学院、玉溪师范学院、大理学院、云南大学滇池学院、云南师范大学商学院、昆明理工大学津桥学院、云南经济管理职业学院、德宏师范高等专科学校、普洱师范高等专科学校等，我省其他高等院校则设有法律专业课。以上法学院及法律专业的教师队伍是我省目前法学研究的主要力量。其次，我省司法机关也组织编写、出版了一些法学论著，我省司法系统的许多法官、检察官、警官、司法行政人员也撰写、发表了不少法学文章，也成为我省法学研究的主体。

2011年，我省法学研究取得较大发展。在法学基础理论研究、部门法研究及涉及我省社会经济发展的重大法律问题研究方面都取得了较大发展，尤其是在涉及我省社会经济发展战略的法律问题研究方面，取得了较大的突破性进展，取得重要进展的领域是：与桥头堡建设相关的研究：东南亚法、东盟法、南亚法、南盟法、桥头堡国内法研究等领域；民族法研究和边疆稳定与安全法律问题研究领域；禁毒防艾法律研究领域；资源生态环境法律问题研究领域；法医学领域；社会稳定与危机管理领域。

具体而言，为实现桥头堡战略，我省法学界在东南亚国家法、东盟法、南亚国家法、南盟法的研究方面取得阶段性成果，这些成果在国内居领先地位，为我省制定桥头堡建设相关政策提供了依据和理论支持，为桥头堡建设在法治的轨道上运行提供了保障。

我省是一个边疆省份，又是一个少数民族众多的省份，民族团结、边疆稳定十分重要，为了实现我省多民族的团结、繁荣、富强和边疆稳定，我省法学界在民族区域自治法、国家法律在少数民族地区的实施、少数民族习惯法和边疆稳定与安全法律问题研究等领域的研究也取得丰硕成果，为我省制定边疆、民族地区的发展战略、政策提供了智力支持，为我省边疆稳定、民族团结、社会经济发展作出了贡献。

我省还是毒品和艾滋病的重灾区，已成为严重影响我省社会经济发展甚至影响稳定的社会问题，禁毒和防治艾滋病成为我省各级政府的一项艰巨的任务。2011年，我省法学教学研究单位除积极培养禁毒法律人才外，还把禁毒防艾法律研究作为我省法学研究的一个重点领域，取得可喜成果。

我省是一个生态资源较为丰富的省份，环境保护直接关系到我省社会经济发展的可持续性问题，十分重要。2011年度，我省法学研究人员在资源生态环境保护法律研究领域取得重要进展，获得并完成一批相关课题，发表一批水平高、影响大的论文和科研报告。

2011年，我省法学研究单位还举办了大量高水平、高档次的法学学术研讨活动，对涉及我省社会经济发展的重大法律问题进行了研讨，取得了大量研究成果。

2011年，我省法学工作者在法学研究领域取得了丰硕成果，据不完全统计，该年度共发表论文74篇，出版专译著作13部，获得省部级以上课题立项4项，其内容主要涉及各部门法及我省特色学科，主要是桥头堡建设相关的东盟法、东南亚国家法、民族法、禁毒防艾法、区域经济法等众多领域，数量多、质量高，覆盖面大，紧扣我省社会经济发展的实际，既注重理论研究，更强调实践性和服务性，为省委省政府提供了重要决策支持。

（云南大学　米　良）

国际问题研究

2011年是"十二五"规划承上启下的一年，也云南省国际问题研究不断发展和开拓创新的一年。全省国际问题研究学者紧紧围绕国家、云南的中心工作和桥头堡建设的目标，始终坚持"与邻为善、以邻为伴"和"睦邻、安邻、富邻"的周边外交方针政策，以国家繁荣发展哲学社会科学方针和《云南省哲学社会科学"十二五"研究与发展规划》为指导，紧跟国际和周边形势，加大对东南亚、南亚以及其他国际问题的研究，取得了丰硕的成果，为完成全省"十二五"规划目标和推动云南科学发展、和谐发展、跨越发展提供了理论支撑和智力支持。

一、东南亚问题研究

2011年，云南的东南亚问题研究在已有基础上继续深入发展。研究领域又有新拓展，出现了"南海问题"、"东南亚族群问题"等新的研究主题；研究的纵深度亦有所推进，出现了"东南亚民族史"、"东南亚历史文化分期"等基础研究成果；研究力量也进一步增强，在传统的研究力量之外，一些理工类大学和州县科研单位的学者也投入到东南亚问题研究领域，① 为云南东南亚问题研究注入新的活力。

2011年，云南省东南亚问题研究喜添硕果。"大湄公河次区域合作研究丛书"和《东南亚国家报告》继续推出新著，《缅甸国情报告》出版发行。同时，东南亚研究学者在中文学术期刊上发表了50多篇论文，内容涉及东南亚历史、缅甸问题、泰国问题、中国与东南亚经贸合作、东南亚族群问题、南海问题、东南亚国家与域外大国关系等方面。此外，云南的东南亚研究学者还在外文专著、期刊上发表了近10篇文章，探讨了"中国参与大湄公河次区域合作的进程及挑战"、"缅甸停战组织和军政府的冲突对中国的影响"、"英国殖民时期对掸邦的统治政策"以及"中缅边境贸易"等热点问题。在这些成果中，东南亚族群问题、南海问题以及东南亚国家与域外大国关系等3个方面的成果成为2011年云南学者研究的新亮点。现将2011年云南学者对云南东南亚问题研究的主要情况综述如下。

东南亚民族史与近现代民族问题研究是云南东南亚问题研究中的重要内容，在早先成果迭出的基础上，2011年又添新作。姚勇、姚鹏对缅甸"迈达"族群的形成、族属问题进行了探讨，认为缅甸"迈达"族群是19世纪末英国占领缅甸后，云南滇西地区的阿昌族前往缅甸做工、经商并在缅定居后形成的。近百年的经济往来已在缅甸形成了一群固定的"迈达"群体，他们不再是中国公民而成为了缅甸人。但他们仍通过亲属网络和经济网络与中国这边的民众保持着联系。这种形态的形成，既有区域的文化共同性与政治变动等方面的原因，但更多的是由于经济活动造成的。② 饶睿颖结合泰文文献，考证了早期泰庸人的渊源及形成过程。该文指出，从中国南方迁徙到中南半岛地区的傣泰民族中的不同分支，在不同时期先后迁移到泰北谷河流域清莱、清盛一带，遂成为傣泰民族进入今天泰国版图的第一个据点。他们到该地区后与当地的拉瓦、克伦等民族相互杂居、通婚，在文化方面相互交流、渗透。当地人接受了泰人的文化后，也开始使用泰语，并且以泰人自居，他们和迁徙来的傣泰民族不断融合、发展，并和傣泰民族一起建邦立国，最终形成了

---

① 例如2011年11月8日云南大学成立了"中国面向西南开放重要桥头堡建设云南研究中心"，该中心为开放式、跨学科的研究机构，将依托云南大学边疆问题和东南亚、南亚国际问题研究的优势，充分整合省内外、国内外优势学术资源，进行理论和战略研究，召开学术会议，出版研究成果，提出具有前瞻性、指导性和针对性的政策建议。

② 姚勇、姚鹏：《简论缅甸"迈达"族群的形成》，载《东南亚南亚研究》2011年第3期。

早期的泰庸人。[①] 赵永胜对缅甸与泰国跨境民族的种类、分布和人口等作了初步探讨，提出缅、泰跨境民族至少有18个，主要属于汉藏语系、南亚语系和南岛语系的6个语族。[②] 何平论述了泰国东北部地区老族的由来及其历史变迁，认为泰国东北部地区的老族是在泰族控制这个地区之前从今天的老挝一带移居过去的。由于这一带地区主要居民的历史和文化与老挝的主体民族有着十分密切的联系，当地许多老族居民仍然习惯自称为老族人或泰老族人。而且，国际学术界也仍然把这些居民称为老族人。[③] 罗圣荣、汪爱平对马来西亚的马来族群和华人族群、印度族群关系进行研究，认为马华族群与马印族群二者兼属于"马来人与非马来人关系"的范畴，马华族群关系与马印族群关系既表现出共性，也存在差异。该文认为，马来西亚华人族群与印度人族群深入形成过程相似，但由于他们来自社会背景和文化背景有着显著差别的两个地域，因而，也存在一些不同之处。华人经济实力雄厚，人数较多，社会结构单一，在捍卫族群权益的时候影响巨大；印度人人数较少，经济实力远不如华人，且其社会内部因为宗教的缘故而比较涣散。[④] 在东南亚近现代民族问题研究上，何平论述了东南亚印度人的由来、发展和历史变迁的情况，认为他们是在不同历史时期从印度次大陆迁入东南亚的，在人种和语言等方面存在不少差异，但也存在一定程度的文化认同。该文也对东南亚印度人和东南亚华人作了一些比较，认为，作为一个群体，东南亚的印度人内部远比华人要复杂得多。印度人社会结构比较复杂，他们分属于不同的语言集团、信仰不同的宗教、还属于不同的种姓和阶层。这些因素使得东南亚的印度人社会形同散沙。人们只是在把他们与当地其他民族进行比照时，才会视其为一个整体。[⑤] 夏玉清、孔慧对英国殖民统治时期新加坡印度移民的历史背景、宗教信仰及其开展的商业活动进行了探讨，认为当时的一些印度人以契约劳工或自由移民的身份去到新加坡，在市政工程、服务业和商业中扮演了重要角色。包括印度囚犯劳工在内的印度移民承担了新加坡殖民地早期政府市政工程的建设，为早期殖民地的发展作出了一定的贡献。一部分印度人担任了殖民政府及一些商业部门的保卫人员，尤其是在新加坡殖民政府中工作的中、下层印度裔公共服务人员的表现最为突出。移民到新加坡的印度人带去了印度的传统文化。新加坡建国以后，印度的传统文化也成为新加坡多元文化的一个重要组成部分。[⑥]

南海问题是近年学术界关注的重要议题，在南海争端现状、外部影响因素及其解决前景等方面，云南的东南亚研究学者也撰文阐述了自己的观点。李晨阳和邵建平对比了美国、日本、印度和俄罗斯介入南海问题的方式和目标，分析这些非南海领土纠纷的主权声索国联合东盟共同对付中国的可能性及途径。该文认为，由于美、日、印、俄等域外大国的介入，目前南海问题在很大程度上已经国际化、地区化，并且呈现出长期化的特征。也因为与区域外大国尤其是美国在南海问题上形成了某种程度上的互动，东南亚相关国家和东盟在和中国商谈南海事务时，自觉不自觉地就会考虑域外大国的立场，因此，中国应考虑应对之策。文章指出，中国也应认识到，区域外大国介入南海争端对中国维护南海主权的影响还是有限的，没有必要盲目恐慌。中国可以通过创建维持南海稳定的各种机制、区分南海航行安全与主权争端、在南海油气资源共同开发方面取得突破性进展、充分利用联合国的授权等多种途径积极应对区域外大国对南海问题的介入。[⑦] 邵建平从东南亚国家经验的视角探讨如何推进南海共同开发的问题。该文分析了马来西亚和泰国、马来

---

① 饶睿颖：《论早期泰北泰庸人的形成》，载《云南民族大学学报》（哲学社会科学版）2011年第4期。

② 赵永胜：《缅甸与泰国跨国民族的种类、分布和人口》，载《世界民族》2011年第2期。

③ 何平：《泰国东北部地区老族的由来及其历史变迁》，载《贵州民族研究》2011年第5期。

④ 罗圣荣、汪爱平：《马来西亚马华族群关系与马印族群关系之比较研究》，载《广西师范大学学报》（哲学社会科学版）2011年第2期。

⑤ 何平：《东南亚的印度人及其历史变迁》，《东南亚南亚研究》2011年第2期。

⑥ 夏玉清、孔慧：《英国殖民统治时期在新加坡的印度人》，载《世界民族》2011年第3期。

⑦ 李晨阳、邵建平：《区域外大国对南海争端的介入及其对我国维护南海主权的影响》，载《昆明理工大学学报》（社会科学版）2011年第5期。

西亚和越南、印度尼西亚和澳大利亚、东帝汶和澳大利亚以及越南和中国解决海域争端和共同开发的案例，总结出东南亚国家共同开发争端海域的几种模式，并借此提出对中国与东南亚国家共同开发南海的几点启示：在厘清“南海共同开发”的内涵和外延基础上积极推进南海共同开发；遵循先易后难的原则，逐步实施共同开发；灵活选择共同开发的具体管理模式；签订具有强制约束力的共同开发协定；妥善处理共同开发中的“第三方先存权”问题；在共同开发实施前明确如何处理开发过程中出现的争端和问题。①

2011 年东南亚国家与域外大国关系研究继续保持强劲的势头，同时也出现了一些新的观点。中国与东南亚国家关系是云南学者长期研究的一个重要内容。夏玉清、罗致含探讨了中国对东南亚国家公共外交实践的演变，并就中国对东南亚的公共外交提出了一些建议。该文认为，要推进中国对东南亚的公共外交，塑造一个真实的中国形象，中国政府应加强各有关部门、机构间的协调与合作，同时重视发挥民间组织、行业乃至中国公民个人的作用；重视广播电视、出版、教育和文化交流等传统的共同外交手段，并为其注入新内容，增加新形式；重视公共外交短期目标与长期效果的统一，以及传统外交与公共外交之间的相互作用与影响。② 邵建平总结了 21 世纪头 10 年中国与东盟关系发展的经验，认为中国“睦邻、安邻、富邻”的周边外交政策在东盟的实践、中国充分尊重东盟的利益诉求以及中国和东盟重视双方共有利益的塑造与拓展等经验推动了双边关系的发展。该文同时也指出，未来中国—东盟关系发展过程中也面临一些新的挑战，南海问题的新动向、经济领域的竞争与摩擦以及东盟“大国平衡”外交战略的继续实施都将在不同程度上影响双边关系的发展。③ 方芸对老挝全方位外交政策与老中关系进行了论述，认为随着冷战的结束，国际及地区形势的变化，老挝逐步摒弃“一边倒”的外交观念，于 20 世纪 80 年代中期明确了全方位外交方针和政策。经过 20 多年的实践，老挝全方位对外交往活跃，在深化与传统友好国家关系的同时，与世界各国建立了广泛联系，与中国的关系也获得长足发展和较大突破，并成为老挝发展全方位务实外交关系中的一项重要关系。④ 于臻则从老挝对外经济的角度解读中国因素对其的影响，认为，自中国—东盟自由贸易区建立运作以来，老挝连接中国与东盟的南北陆路通道的区位优势得到凸显。随着交通基础设施的改善，双方都面临合作良机，不仅投资价值提升，旅游国际客源市场前景良好，而且对双方对外贸易发展也提供了更多的发展机遇。中国对老挝对外经济发展的拉动作用及贡献也与日俱增，为老挝对外经济的多元化提供了更多选择机会及支持，有利于老挝规避对外经济合作中的风险，有助于保障其国家经济安全。⑤ 黄金贞、卢光盛从泰国的视角分析了泰中贸易的发展历程、现状、特点及存在的问题。该文就促进泰中贸易发展提出了以下几点对策建议：一是扩大两国贸易中互补性产品的范围和规模，弱化竞争性的产品，提高两国产品的差异性；二是提高两国海关通关透明度，争取在物流方面做到低成本、高效率，检验标准上做到统一和便捷；三是泰国需作出相应调整以使泰中贸易总体实现贸易平衡，为减少逆差，泰国应着重生产中国市场急需的高质量产品，扩大对中国的出口；四是泰中双方应通过沟通、协商等方式来解决非关税贸易壁垒问题，增强互信，逐步消除非关税贸易壁垒，为双方进一步扩大贸易规模扫除障碍；五是在原有税收结构的基础上进行税收协调，双方应依据本国的税收水平和税收结构逐步调整税收结构；六是在继续推进交通设施“硬件建设”的同时，重视“软件建设”。⑥ 李忠林论述了中越关系中的美国因素。该文指出，近

① 邵建平：《如何推进南海共同开发？——东南亚国家经验的视角》，载《当代亚太》2011 年第 6 期。
② 夏玉清、罗致含：《试论中国对东南亚的公共外交》，载《东南亚纵横》2011 年第 4 期。
③ 邵建平：《中国与东南亚关系略论》，载《亚非纵横》2011 年第 3 期。
④ 方芸：《老挝全方位外交政策与老中关系》，载《东南亚南亚研究》2011 年第 2 期。
⑤ 于臻：《中国因素与老挝对外经济影响的综合分析》，载《广西民族大学学报》（哲学社会科学版）2011 年第 6 期。
⑥ 黄金贞、卢光盛：《泰中贸易的现状、问题及前景分析——泰国的视角》，载《东南亚纵横》2011 年第 9 期。

些年来，越美双方政治关系不断加强，经贸合作渐次加深，安全合作不断深化。不可否认，这种发展趋势将会对中越关系产生不可避免的消极影响，包括冲击中越来之不易的互信基础，加强两国在经济领域的竞争，恶化中国的周边环境安全，增大解决南海问题的难度等。但是，从战略视角来看，这种影响是有限的。这不但在于越美之间在政治、经济等诸多领域存在矛盾和分歧，还在于中越之间存在着众多的共同利益以及美国对中国的需求和借重。在中美越三角关系中，越美两国都将发展与中国的关系置于首要位置，这就决定了中国可以通过积极主动地发展与各方的友好关系，最大限度地消除美国因素给中越关系带来的消极影响。①

除上述对当代中国与东南亚国家关系的研究外，云南学者还对中国与东南亚国家边疆变迁的历史作了探讨。段红云分析了明代中缅边疆的变迁及其影响，认为明代是中国西南边疆和云南民族社会发生划时代变迁的重要历史时期。明朝中后期，中央政府统治不力，边地土司纷争不断，缅甸洞吾王朝趁机北扩，侵占了明初设置的老挝、八百、木邦、孟密、蛮莫、孟艮、古剌、底马撒等土司地区。明代中缅边疆的变迁，对统一多民族国家的形成和发展产生了深远的影响，奠定了今天中缅边疆的基本雏形。同时，长期的战乱，对当地经济社会造成了严重的破坏，并使包括百夷、峨昌、浦人等在内的部分边疆民族成为缅甸控制下的居民，逐渐演化成今天意义上的跨境民族。② 郑伟林以文献分析法梳理了民国时期滇越第五段边界争端的由来、演变及影响。该文指出中越边界问题是法国殖民主义导致的恶果，民国时期的滇越第五段边界争端即是典型的案例。自1858年至1882年，法国逐步侵略越南，强迫阮朝政府签订《顺化条约》，承认法国为越南的保护国。法国对越北的入侵和占领，直接威胁到中国南部的安全，导致了1884年中法战争的爆发。清政府与法国签订了《天津条约》后，越南沦为法国的殖民地。此后，所谓的中越边界问题实际上演变为中法两国的关系问题。1886年中法两国签订《滇越边界勘界节略》时，将滇越边界由东至西分成五段来勘定，双方争执的主要是猛梭、猛赖两地的归属问题。此两地属于第五段，在今绿春县与越南莱州交界的地区。当时中法各据一词，争执不下，后依《就图定界节略六条》第五条之规定，留待以后会勘，此二地的归属遂成为悬案。自1910年至1945年间，在滇越边境第五段地区，当地土司与法国殖民者几乎年年都因征粮纳税和管辖权发生冲突和纠纷。③

日本与东南亚国家的关系也是云南省学者关注的重要问题。毕世鸿论述了太平洋战争期间日本在东南亚实行的货币、财税和金融统制政策，并阐析了其实施的效果和影响。该文认为，日本军国主义企图依靠军事力量推行政治经济扩张，通过在东南亚各地实施货币、财税和金融统制，滥发军票，成立南方开发金库，采取竭泽而渔的财税和金融掠夺方式，妄图建立以日元为中心的区域性、排他性金融体系，以建立所谓的“大东亚共荣圈”。日本在东南亚实施的财政金融统制，是破坏当地原有财政金融秩序，继而巩固“大东亚共荣圈”的重要组成部分。在对东南亚地区实行财政金融统制过程中，日本的最终目的是最大限度地掠夺东南亚各地的财富。考虑到东南亚大多属于殖民地的特点，日本在实施占领的过程中通过发行外币军票来筹集军费和获取战略物资。军政当局还通过接收当地银行发行了高额的银行券，这直接导致当地税收、货币和金融混乱，物价飞涨。日本占领期间，上述财政金融统制给东南亚各国人民带来了深重的灾难。日本投降时，在东南亚各地仍有大量军票未被回收，盟军宣布此类货币全部作废，东南亚各国人民因此遭受巨大损失，这也成为二战后东南亚重要的遗留问题。④ 赵姝岚、孔建勋则以日本对泰国的援助为视角评析了日本的官方发展援助，认为官方发展援助是日本发展对东南亚关系的重要举措。该文指出，日本对泰国的援助最早始于1954年的技术合

① 李忠林：《试析中越关系中的美国因素》，载《亚非纵横》2011年第4期。
② 段红云：《明代中缅边疆的变迁及其影响》，载《云南民族大学学报》（哲学社会科学版）2011年第5期。
③ 郑伟林：《民国时期的滇越第五段边界争端》，载《云南财经大学学报》（社会科学版）2011年第3期。
④ 毕世鸿：《太平洋战争期间日本对东南亚的财政金融统制》，载《东南亚纵横》2011年第3期。

作，真正具有规模的援助则始于1967年的日元贷款，1970年日本开始对泰国开展无偿援助，从此援助成为发展双边政治和经贸关系的主要纽带。日本对泰国的官方发展援助可以被视为国际发展援助的“典范”。从主观方面来看，日本的援助对于其减轻战争罪责、恢复和发展与东南亚以及亚洲其他国家的政治、经济、社会、文化等全方位的关系发挥了至关重要的作用。由于战败国的身份，加之日本对外关系的发展受制于日美同盟条约的限制，日本在地区和国际事务中发挥独立作用的余地不大。而官方发展援助相对而言受美国的干扰较少，是日本独立自主地发展全方位对外关系的重要举措。尤其是进入20世纪90年代以来，日本通过大湄公河次区域合作开发计划，利用泰国作为桥梁，对该地区的合作最大限度地施加了影响力，从而成功地塑造了“政治大国”的形象。从客观方面来看，日本的援助也对泰国社会经济的发展发挥了积极的作用。日本的援助项目大多集中在基础设施和教育培训领域，这些对于促进泰国的社会经济发展有切实作用，尤其是教育培训项目和文化交流项目不仅加强了泰国政府与日本的合作关系，而且也极大地改善泰国民间对日本的认识。①

二、南亚问题研究

2011年，云南省的南亚问题研究从选题到研究方法均得到了进一步拓展。就研究领域和主题而言，除重视孟中印缅次区域合作、印度经济发展和中印经贸竞合这一传统研究长项外，南亚局势和大国与南亚关系、南亚政治文化等方面也受到较多关注。在研究思路和研究方法方面，许多学者越来越重视借鉴相关学科理论和方法来研究南亚问题。本年度，南亚研究学者对原始文献和国内外学术界的相关研究成果不仅更加重视，而且对材料的占有和运用也有较大改善。

2011年，云南南亚问题研究界推陈出新，相继出版《中印能源合作战略与对策研究》、《南亚国家经贸法律概述》、《南亚报告（2010—2011）》和《尼泊尔——深山中的古国》等著作。研究者在中文学术期刊上发表30余篇论文，对中印人文交流与合作、云南与南亚国家经贸合作、南亚局势和大国与南亚关系、印度洋战略、印度经济发展和中印经济的竞合以及南亚政治文化等问题进行了深入探讨。此外，云南学者还积极参加国际学术研讨会，提交英文论文与国外学者进行学术交流。② 由于本年度云南南亚研究学者研究范围非常广泛，不能一一归纳，本文仅从南亚局势和大国与南亚关系、印度经济发展和中印经济的合作与竞争、南亚政治文化等3个方面对2011年度云南南亚问题的主要研究情况作一综述。

南亚局势和大国与南亚关系研究，是云南南亚学术界长期关注的一个重要问题。在反恐战争研究方面，徐洁明、余学波论述了北约介入阿富汗战争的动因与状况。认为从北约介入阿富汗战争的原委看，美欧方面有着不同的动力。美国处于巩固自己在北约的领导地位，将阿富汗作为北约“全球化”战略实践的试验场，最终将北约完全改造为服务于美国的工具，由此成为北约介入阿富汗战争的主导力量和推手；欧洲盟国则主要出于维持联盟关系、共同应对“伊斯兰恐怖主义”、推广民主、完成联合国授权之任务等因素而被动地介入。从北约介入阿富汗战争的现状来看，尽管其在组建阿富汗国民军和警察部队、进行战后重建工作和参与打击毒品种植与交易等方面取得了一定成果，然而随着塔利班的卷土重来，北约联军兵力不足和合力不够，打击毒品种植与交易以切断塔利班财源的做法难以实施。这样，在成就与困境并存的情况下，尽管有奥巴马政府的“阿富汗战略”及其明确的撤军时间表，北约联军的阿富汗前景仍然取决于能否在阿富汗扶持一个有效政府，以及能否建构一支胜任本国安全事务的阿富汗安全部队，而这两点的实现与经济社会发展方面的民心工程和打击毒品又密切相关。诸多不利因素和不确定因素并存，一个确有成效的

① 赵姝岚、孔建勋：《从日本对泰国的援助评日本的官方发展援助》，载《东南亚南亚研究》2011年第1期。

② 郭穗彦：“Cross Cultural Dimension of China－South Asia Cooperation，”提交“中国—南盟人文合作”国际研讨会；郭穗彦：《Look East Policy：A Review and Its Possible Future》，载《Foreign Policy Journal》（印度外交政策研究中心的网络刊物），2011年第8期；胡娟：《加强中国西南与印度东北部合作的对策建议》（英文），提交“海德拉巴国际学术会议”。

“过渡”性安排及其间的欧美合作必不可少。① 陈利君、许娟回顾了美巴10年反恐合作的进程，分析了其进一步深入开展反恐合作的困境。该文指出，虽然美巴已开展了10年的反恐合作，但随着反恐战争的深入开展，美巴在反恐目标、方式等方面存在的矛盾和冲突日益凸显。在反恐目标上，美国的反恐目标是打击恐怖组织和避免恐怖分子攻击美国和美国公民，维护美国及盟国的利益，最终创造一个让恐怖分子及其庇护者无法生存的国际环境；而巴基斯坦政府则认为，基地组织和阿富汗塔利班不是巴基斯坦的主要威胁，塔利班不是巴基斯坦的敌人。在反恐政策上，美国强调运用军事手段摧毁恐怖分子有生力量；而巴基斯坦则主张通过采取包括和谈在内的综合措施，以期维护国家稳定。但从目前情况看，美国以援助换取军事行动的合作方式效果并不佳，而巴基斯坦国内反美情绪蔓延等因素更加深了美巴之间的猜忌。此外，基地组织出现的新特点也增加了美巴反恐合作的难度。②

在中美印关系和中印关系研究方面，陈利君、许娟以美国总统奥巴马2010年11月对印度的访问为研究基点，分析了印美接近的动因，评估了印美结盟对抗中国的可能性，并对中国处理与印、美关系问题提出了许多建议。该文认为，美国对印度的利益诉求在于：美国反恐重心东移，在反恐问题上需要印度的支持；中国经济的迅速崛起，促使美印靠拢；开拓印度市场，推动美国经济复苏和就业。而印度则希望美国帮助其提升国际地位，实现其获得联合国常任理事国席位、进入核俱乐部的诉求。文章也探讨了美印联合对抗中国的可能性，认为奥巴马访印的确加强了美印之间的合作，但美印结盟对抗中国的可能性不大。在中印美三角关系中，中国应放弃传统的零和博弈思想，理性看待印美两国合作；不谋求地区制衡，以推动地区共同利益为基点发展与美、印的关系；以灵活、务实的外交方式，前瞻性的战略布局发展同美、印的关系；积极参与南亚事务，发展同南亚诸国的友好合作关系。③ 陈利君、许娟还以2010年温家宝总理访问印度为例，论述了中国对印度公共外交的形式及障碍。该文指出，中国对印度公共外交的主要障碍有以下几个方面：一是缺乏对印度进行系统公共外交的总体布局，中国对印公共外交缺乏规划和引导，形式单一；二是中国国内对印舆论存在片面性，公众对印度缺乏全面的认识；三是印度的国际报道、资料信息大多源自西方媒体，西方话语味道浓厚，印度普通民众难以客观地了解中国；四是中国对印度的公共外交投入不足，人才资源有限。④ 陶亮以印度洋问题为切入点，通过历史和现实考量解析印度洋与印度国家安全的内在逻辑以及中印两国合作的基点，进而探讨中印在印度洋事务上合作的可能性。该文系统阐述了印度海洋战略的形成过程，以《印度海军理论》和《印度海军战略》这二份印度海军海洋战略的纲领性文件为据，分析了印度洋在印度国家安全战略中的地位。该文指出，中国经济的快速发展、对海外资源需求的迅速增加以及对外贸易依存度的增大，也使得印度洋对中国国家安全具有战略重要性。中国在印度洋的活动不会使中、印发生必然的对抗，两国在印度洋地区有开展合作的基础。双方日益密切的经贸关系是两国在印度洋事务上合作的基础；中国在印度洋地区活动的目的是为了保障能源、航运安全，而不是要挑战印度在该地区的地位，这是两国在印度洋事务上开展合作的重要前提；中印在印度洋事务上的合作能够平衡印度洋地区各方力量，有助于维护地区的和平与稳定。⑤ 郭穗彦分析了印度官方、主要政策决策者、学者、社会精英和媒体对中国快速发展的态度，阐述了印度对中国崛起产生负面看法的原因，并探讨中国应如何看待印度对中国崛起的反应。文章认为，印度之所以对中国崛起产生负面看法，是由于中国国际影响力的提升令印度感到其外交空间受到挤压；

---

① 徐洁明、余学波：《北约介入阿富汗战争前景探析》，载《西亚非洲》2011年第1期。

② 陈利君、许娟：《美国—巴基斯坦十年反恐合作：进程、困境与反思》，载《南亚研究季刊》2011年第4期。

③ 陈利君、许娟：《奥巴马访印对中印美三角关系的影响》，载《南亚研究》2011年第1期。

④ 陈利君、许娟：《试论中国对印度的公共外交——以温家宝总理2010年访印为例》，载《云南社会科学》2011年第4期。

⑤ 陶亮：《印度的印度洋战略与中印关系发展》，载《南亚研究》2011年第3期。

印度没有成熟的对华战略是其对中国崛起的态度摇摆不定的根本原因；印度社会各个阶层对中国崛起的看法存在较大差异，是印度社会和集团利益多元化的体现。①

南亚局势向来是云南学者关注的重点，但是，除了印巴关系的研究较为系统外，南亚其他国家之间的关系一直是云南学者研究的薄弱环节，这一问题在2011年有所突破。李敏以水资源争端为基点，考察印度和尼泊尔水资源争端的历史与现状，分析了其合作不畅的原因。该文为深入研究南亚地区国家之间的关系提供了一个可供借鉴的视角。文章指出，尼泊尔与印度的水资源合作始于英印殖民统治时期，两国真正大规模的水资源合作则始于20世纪中叶。自1950年以来，尼泊尔和印度签订了一系列共同开发水资源的协议，内容涉及共同开发水利水电项目、河流航运的可行性研究、交换水文信息和治理洪水等方面。然而，尼、印两国在共同开发水资源方面却成效甚微，且围绕水资源开发产生的一系列问题成为影响两国关系和尼泊尔国内政治斗争的一个重要因素。究其因由，印度长期以来在处理尼印关系中的家长作风和极端利己主义行为是导致尼、印水资源合作成效甚微甚至一度中断的重要原因；尼泊尔政局动荡，一些政要将与印度的水资源合作作为政治斗争的重要内容，也是阻碍尼印水资源合作的重要原因；尼泊尔长期内战和动乱，政府对部分地区的失控也是造成水资源合作与开发进展缓慢的重要原因；印度对尼泊尔与其他国家或国际组织的水资源合作持提防心理，而尼泊尔希望第三国或是国际组织参与尼泊尔的水资源开发，以此平衡印度在尼的影响，双方预期和目标的不对称性也是导致水资源合作不畅的原因。目前，引入国际合作机制正成为国际社会解决水资源争端的一个主要趋势，因而，该文认为，引入国际合作机制或地区性组织将是解决尼印水资源争端的一个重要途径。②

印度经济发展和中印经贸合作与竞争问题一直在云南南亚问题研究中占有重要的分量。2011年，关注中、印自由贸易区建设是一个新的研究动向。杨思灵分析了中印两国参与自由贸易区建设的一些共同特点及两国参与自由贸易区建设的现实利益碰撞，指出建立中印自由贸易区面临的障碍与挑战，并提出一些可行性建议。文章指出，中印两国是亚洲地区同时崛起的两个最大发展中国家，参与自由贸易区网络建设难免产生一些利益碰撞。首先，地缘政治竞争观对中、印两国参与自由贸易区建设产生了消极影响。印度积极与东盟、日本、澳大利亚、韩国和美国签订自贸区协议，对中国—印度自由贸易区建设却持消极态度，其中一个主要原因就是地缘政治竞争观的影响。其次，中印在参与自由贸易区建设时还存在产品市场竞争。目前，两国对产品市场的竞争主要体现在印度对其国内市场的保护上。1994—2010年，印度是对中国发起反倾销调查最多的国家。再次，中印两国参与自由贸易区建设也存在战略性能源资源竞争。两国均将确保能源供给的稳定性和开辟多元化渠道作为能源外交战略的主要内容，且在战略重点上具有较高的一致性，这无疑会使两国的自由贸易区战略蕴含着对战略性能源资源的竞争。③ 杨思灵也从对外贸易政策的变化、自由贸易区战略的内涵及前景等方面评析了印度自由贸易区战略发展的有利因素和面临的挑战。该文指出，印度自由贸易区战略的内涵包括政治利益诉求和经济利益诉求两个方面。在政治利益诉求方面，主导南亚地区、制衡中国、塑造大国形象是印度积极建立自由贸易区的主要目标；在经济利益诉求方面，拓展国际市场、吸引外资、提升国内产业竞争力、维护能源安全是印度构建自由贸易区的主要追求。持续、稳定的经济增长率和有利的国际环境是印度实施自由贸易区战略的有利因素，同时，印度建立自由贸易区也面临一些不利因素：一是政治互信缺失的影响，南亚地区其他国家在与印度开展合作上非常谨慎，极大地制约了其参与印度主导的自由贸易区的积极性。二是各国政府参与自由贸易区的矛盾心理的

① 郭穗彦：《印度如何看待中国的崛起》，载《东南亚南亚研究》2011年第3期。

② 李敏：《尼泊尔—印度水资源争端的缘起及合作前景》，载《南亚研究》2011年第4期。

③ 杨思灵：《中印参与自由贸易区比较研究》，载《南亚研究》2011年第2期；杨思灵：《建立中印自由贸易区的难点问题与对策研究》，载《和平与发展》2011年第4期。

影响，南亚地区其他国家对参与自由贸易区利与弊的衡量和矛盾的心理，延缓了其与印度签订自由贸易协议的进程。三是印度实施自由贸易区战略时，也面临美国、欧盟、日本、新加坡等国家和地区的竞争。①

李涛以海外移民与其母国的经济联系为研究视角，对海外华人和海外印度人这两大移民群体与各自母国的经济联系进行比较，分析其不同特点和共同之处。该文认为，作为亚洲两大相邻的重要移民输出国，中国、印度的海外移民在绝对数量、移民历史和移民方式上均存在相似之处。但通过比较也可以发现，海外印度人与印度的经济联系以侨汇为主，而海外华人与中国的经济联系则以投资为主；与印度经济联系密切的是生活在欧、美发达地区的海外印度人，而在对华境外投资中占比最大的则是来自香港华商的资金。② 辛仁杰、孙现朴从金砖国家合作机制的视角分析其对中印关系的促进作用。文章认为，印度重视金砖国家机制缘于以下几点原因：一是冷战后印度外交政策的转变，冷战后的国际政治环境使得印度在外交政策方面作了一些调整；二是印度希望利用金砖国家机制这一平台来提升其大国地位，争取机制内大国对其成为联合国安理会常任理事国诉求的支持；三是印度等发展中国家希望通过金砖国家机制提升话语权和规则制定权，共同倡导建立一个多极化的世界。金砖国家机制对中印关系的促进作用主要体现在它为中印两国提供了一个解决双边经贸、政治、安全等问题的新平台。③ 除上述研究外，2011 年也出现了一些对印度外资、外贸、产业发展等云南南亚研究传统长项的研究成果。④

政治文化向来被视为南亚研究的重要内容，但政治文化研究却长期是云南南亚研究的一个弱项。虽然这种状况在 2011 年没有大的改观，但也出现了一些新的尝试。赵畅分析了尼泊尔外交政策走向及其均势外交的由来和特点。文章指出，在主观层面上，国家的核心利益和国内政局与政策变动是尼泊尔选择“均势”外交的根本原因；国家经济发展的需要也促使尼泊尔走“均势”外交路线。在客观层面上，居于中国与印度之间的地缘环境造就了尼泊尔的“均势”外交；当今国际环境的相对均衡状态有利于尼泊尔运用“均势”外交。尼泊尔均势外交的主要特点是在中印间实行等距离外交、利用大国之间的矛盾力求自身安全。⑤ 和红梅、涂华忠论述了巴基斯坦著名诗人伊克巴尔的民族思想及其在巴基斯坦建国运动中的作用。该文认为，20 世纪初期，伊克巴尔在积极参与各种维护穆斯林权益的活动中逐渐形成了一套系统的民族思想体系。他主张改革伊斯兰教、重建穆斯林的伊斯兰精神以及深化伊斯兰民族观，这套民族思想体系不仅启蒙、团结了印度的穆斯林民众，还推动了巴基斯坦建国运动向前发展。⑥ 蒋鹏的文章阐述了经典、种姓制度、祭祀活动等对古代印度婚姻的影响，分析了古代印度婆罗门教的经典《摩奴法典》中对婚姻、种姓制度内的等级婚姻、祭祀以及嫁妆等的规定和规范，认为影响古代印度婚姻的主要因素均与印度宗教密切相关。⑦ 尽管这些论文在材料运用和论述深度方面可能还存在不尽如人意之处，但它们拓宽了南亚研究的视角，是深入研究南亚地区政治文化的有益尝试。

---

① 杨思灵：《试析印度自由贸易区战略及前景》，载《外国问题研究》2011 年第 2 期。

② 李涛：《中、印海外移民与母国经济联系的比较研究》，载《世界民族》2011 年第 3 期。

③ 辛仁杰、孙现朴：《金砖国家合作机制与中印关系》，载《南亚研究》2011 年第 3 期。

④ 陆文洁、陈利君：《印度汽车产业发展现状及其优劣势》，载《云南财经大学学报》（社会科学版）2011 年第 4 期；王宏军：《印度外资制度的历史与展望》，载《南亚研究》2011 年第 2 期；任佳：《中印经济崛起及其对地区和世界的影响》，载《东南亚南亚研究》2011 年第 4 期；殷永林：《改革以来印度经济增长的新特点及其影响》，载《东南亚南亚研究》2011 年第 1 期；殷永林、罗锋：《近年来印度对外贸易发展的特点》，载《南亚研究季刊》2011 年第 3 期；段钢、齐美虎：《后金融危机时代的中印合作前景与展望》，载《经济问题探索》2011 年第 2 期；李丽：《中印贸易关系的国际政治经济学分析》，载《东南亚南亚研究》2011 年第 2 期。

⑤ 赵畅：《从均势角度看尼泊尔小国外交》，载《学术探索》2011 年第 4 期。

⑥ 和红梅、涂华忠：《论伊克巴尔的民族思想与巴基斯坦建国》，载《东南亚南亚研究》2011 年第 3 期。

⑦ 蒋鹏：《试论古印度影响婚姻的因素》，载《思想战线》2011 年第 11 期。

三、西亚问题研究

2011年，云南学者在西亚问题研究方面发表的论文数量与往年大致相当，其内容涉及西亚局势、亚非知识话语权、中国与土耳其关系等方面。张金平论述了2009年以来“基地”组织在也门的恐怖活动变化与也门反恐态势，认为“基地”组织在也门的恐怖活动正由隐性状态发展为显性状态，将对中东反恐战争的深入开展产生重要影响。文章认为，随着“基地”组织在也门活动的新变化以及中东反恐斗争的深入，合作反恐成为也门和中东反恐的共识，并逐渐成为中东国际反恐斗争的主流形式。合作、自主、综合反恐（社会、经济、政治等领域反恐与武力反恐相配合），是也门反恐框架的主要要素，也会逐渐成为中东与国际反恐斗争的重要标准。① 刘鸿武认为随着全球发展“后西方时代”的到来，亚非知识与亚非智慧必须获得足够的尊重。在人类共有观念结构中，应有来自亚非世界古老智慧与当代发展经验的系统总结与融会，人类才足以应对日益复杂的生存发展挑战。文章认为，当代中非发展合作的实践过程与理论总结，将作为一个重要的思想源头与理论温床，有助于“亚非知识”话语权的提升及人类现代性的二次重构。② 肖宪论述了中国—土耳其关系的发展和中土战略合作关系的内涵。该文指出，随着中东和中亚在中国对外战略中地位的上升，土耳其在中国外交中的地位会更加重要。文章以三个阶段总结了50年来中土关系的发展，认为贸易不平衡和“东突”问题是影响中土关系的两大因素。贸易不平衡使土耳其方面感到不安，甚至影响到两国的政治关系，也导致中、土间贸易争端和摩擦的数量急剧增加。在“东突”问题上，土耳其是中国境外“东突”分裂分子最集中、最活跃的国家之一。由于对中国和新疆的真实情况缺乏了解，加上受“东突”分子宣传的影响，许多土耳其民众以及一些政党、民间组织均对“东突”运动持同情和支持态度。但上述双边关系发展中的消极因素并不会阻碍中、土关系的发展，在埃及、叙利亚等阿拉伯国家发生剧烈动荡后，土耳其在中东地区的重要性更进一步凸显，深化中土战略合作关系十分必要。③

四、其他国际问题研究

2011年，云南南亚研究学者在中国—南美能源合作研究、非洲研究与中非合作等问题上取得明显进展。其中，刘学军的《中国—南美能源合作研究》一书对中国与南美的能源合作作了系统研究。该书认为，南美地区是中国石油产业根据“走出去”战略而设定的三大战略区之一，中国与南美一些国家间的“战略伙伴”关系是双方开展能源合作的基础，但中国和南美毕竟相距遥远，彼此了解有待加深。中国油气公司在同南美国家开展能源合作时，要充分考察东道国的投资环境，注意防范和化解风险，加强成本核算意识，才能站稳脚跟，扩大成果，为中国的能源安全作出贡献。刘鸿武主编的《非洲研究》是以非洲问题为专门研究对象的综合性学术刊物，设有“非洲政治与国际关系”、“非洲经济与发展”、“非洲历史、教育与文化”、“中非关系”、“非洲研究书评”等栏目，内容涵盖非洲政治、经济、历史、文化、社会、教育、国际关系等主要人文社科领域。刘鸿武、罗建波合著的《中非发展合作理论、战略与政策研究》一书，研究了当代中非合作关系及其全球影响与意义，集中讨论了当代中非合作关系的理论、学科与方法，并对当代中非合作关系一些战略性问题进行思考研究。该书是一部专门研究当代中非合作关系及其全球影响与意义的著作。全书由导论和上中下三篇构成。导论部分从当代世界体系转型与人类现代性二次建构的角度，提出了全书将要讨论的一些核心命题，及相关知识概念与理论假设。上篇各章集中讨论当代中非合作关系的理论、学科与方法，涉及中非合作关系的理论背景、学科建构、视野拓展、方法建构等问题。中篇各章是对当代中非合作关系

① 张金平：《“基地”组织恐怖活动变化与也门反恐态势》，载《亚非纵横》2011年第2期。
② 刘鸿武：《西方政治经济理论反思与“亚非知识”话语权重建》，载《西亚非洲》2011年第1期。
③ 肖宪：《构建中国与土耳其新型战略合作关系》，载《西亚非洲》2011年第9期。

一些战略性问题的思考研究，涉及当代中国对非战略的历史背景与进程、目标选择与全球影响。下篇各章是有关当代中非合作关系的政策层面的思考与研究，涉及当代中非关系在一些具体领域的政策选择、路径调整、措施完善、机制建构等问题。

除上述著作外，云南学者还就中非关系、非洲人类学研究等主题发表了一些论文。王涛、李泽华论述了中国对非软权力外交的体系。该文认为，目前中国对非软权力外交以"中非合作论坛"为制度保障，在此基础上开展对非经济、社会软权力外交和文化软权力外交，初步形成一套系统的对非软权力外交体系。在此体系下，中非关系取得了一系列成果。但中国在推进对非软权力外交的过程中还存在外交手段比较单一、效果有限、影响不大等问题，需要在未来中非关系发展进程中逐步加以完善。① 赵贤对尼日利亚自然概况和农业资源进行了简要介绍，分析其农业发展存在的问题及原因，并就中、尼农业合作的可能性进行了探讨。该文提出了一些推动中、尼农业合作的具体建议：一是鼓励国内有实力的农业企业到尼日利亚投资经营农场；二是针对尼日利亚地处热带，农业基础设施薄弱，农业生产技术落后的具体情况，应投入必要资金推动当地农业基础设施建设；三是通过协助尼日利亚民众改良经济作物品种、改善田间管理技术等，提高尼日利亚经济作物产量，增加农民收入。② 马燕坤从人类学视角探讨了与非洲大陆的关系，认为人类学和非洲大陆有着紧密联系，因为人类学，非洲被发现；根植于非洲，人类学得以发展。而人类学田野作为以关怀研究对象本身即对象所处情境为重的方法论，在充分彰显非洲历史事实、促成非洲与外界对话以及复原非洲本真态等方面具有可观的价值。③

（云南省社会科学院　郑启芬　陈利君）

---

① 王涛、李泽华：《论中国对非软权力外交的体系与内容》，载《贵州大学学报》（社会科学版）2011 年第 1 期。

② 赵贤：《尼日利亚农业现状及中尼农业合作研究》，载《亚非纵横》2011 年第 2 期。

③ 马燕坤：《人类学对非洲的发现与重现》，载《世界民族》2011 年第 2 期；马燕坤：《历史事实与文本情景：人类学田野复原非洲本真态》，载《西亚非洲》2011 年第 1 期。

社会学

一、社会福利、社会保障问题研究

毕天云①指出，在底线公平视阈中，社会成员的不同福利需求可以分为底线福利需求和非底线福利需求两个层次；社会成员的同一福利需求可以分为底线需求和非底线需求两种成分。与此相应，需求为本的社会福利制度体系可划分为三种基本类型：底线福利制度满足社会成员的底线福利需求，体现社会成员权利的一致性；非底线福利制度满足社会成员的非底线福利需求，体现社会成员权利的差异性；跨底线福利制度兼顾同一社会福利需求中的底线需求和非底线需求，体现社会成员权利的一致性和差异性。毕天云②认为，我国社会福利体系建设创新的目标是建立普遍整合型社会福利体系，它既不同于“补缺型”的福利体系，也区别于“碎片化”的福利体系，是“普遍型”和“整合型”的有机统一。“普遍型”体现在社会福利对象的广泛性、社会福利内容的全面性、社会福利类型的综合性、福利提供主体的多元化和福利供给方式的多样性。“整合型”主要包括社会福利主管部门的整合、福利制度的整合、城乡之间的整合和福利类型的整合。

张凯、杨志银③认为，社会保障制度是市场经济的产物，是市场经济发展的一项重要制度保证，建立和完善社会保障制度，有利于加强专业技术人才队伍建设。本文以昆明市盘龙区为例，分析专业技术人才队伍建设的主要成绩和存在的问题：专业技术人才队伍总量不足、专业技术人才队伍职称结构有待优化、专业技术人才队伍与经济发展要求不相适应、专业技术人才投入机制有待完善；文章提出完善社会保障制度以促进专业技术人才队伍建设的措施：加快统一的社会保障法制建设、统一专业技术人才社会保障制度、提高专业技术人才保障水平、建立专业技术人才社会保障事务代理机构以及建立专业技术人才社会保障争议解决机制。

二、社会文化问题研究

2011年，云南社会学界对文化问题的研究主要为对文化理论的相关问题以及对民族文化问题的研究。

杨福全④指出，当前，“文化焦虑”弥漫在中国社会，这激发了我们的忧患和反思，一批专家学者片面地把“所谓”的国学指称为中华民族传统文化的全部。任何一个民族和国家，都应有世界眼光、全球眼光，要有理性的文化自觉，既要看到中国传统文化的优秀部分，也应冷静地看到，在绵延数千年的中国专制封建社会中沿袭下来的传统文化中，也有不少糟粕，要勇于扬弃这些糟粕，并勇于学习其他民族和国家的文化精髓。章海翔⑤认为，生态文明既是人类发展的文化成果，也是人类发展的必然趋势。对朴素生态思想作出正确的判断和历史的检视，不仅有利于准确认识传统生态观，检视其不足，而且有利于明确生态文明建设的发展方向，走人与自然和谐发展的生态文明之路。文章认为，中国古代生态文化观演进中的神化，切断了生态文化的生命之源、将调整人与自然的关系置于调整社会关系的道德伦理之下，使其逐渐丧失了原有的本质、以自然经济为基础的农耕文化制约了生态文化观的发展。同时指

---

① 毕天云：《论底线公平视阈下的中国社会福利制度体系》，载《学习与实践》2011年第1期。

② 毕天云：《论普遍整合型社会福利体系》，载《探索与争鸣》2011年第1期。

③ 张凯、杨志银：《充分发挥社会保障制度促进专业技术人才队伍建设的作用——以昆明市盘龙区为例》，载《时代金融》2011年第4期。

④ 杨福全：《“文化焦虑”弥漫当前社会》，载《人民论坛》2011年第4期。

⑤ 章海翔：《云南农耕文化朴素生态思想断裂的历史评价》，载《云南农业大学学报》2011年第5期。

出，人与自然的关系具有多样性、复杂性、复合性、关联性，要在此基础上追求人与自然之间的和谐性、互利性以及整个地球生物圈发展的可持续性，在科学的生态文化观指导下建立起高效的生产体系和经济体系，我们才能在漫漫长路上克服种种迷惑的魔障。王丽萍①认为，文化线路在理论和实践层面均为世界遗产保护提供了新理念和新方法，在国际古迹遗址理事会和世界遗产专家的努力下，文化线路理论经过9次研讨会的补充、完善形成了概念清晰、内涵丰富的理论体系，历次会议内容体现了文化线路理论发展演变的特点。分析国际古迹遗址理事会第16届大会形成的《2008文化线路宪章》内容后，本文从理论层面深度解析文化线路思想，并指出文化线路对我国遗产保护体系重构、多元文化保护、遗产旅游资源的保护与利用和加强世界、民族的交流与联系具有举足轻重的指导作用。

对民族文化的研究主要有杜钊的《基于民族文化的白族档案研究》、晏雄的《基于文化选择理论视角的民族文化产业化研究》、田红云的《试论民族旅游中民族文化的现代调适》以及路芳、彭兆荣的《建立我国遗产保护教育体系管见》等文章。杜钊②在文章中以档案内容、形态、分布三个基点考虑民族档案的立体式存在状态，从时间和空间维度进行白族档案研究，指出民族档案是民族文化的产物和历史积淀，它与民族多元文化相生相伴，鉴于其在文化遗产保护中的重要作用，民族档案的定义不易过窄，应该涵盖包括口述历史、文字记录、实物材料、活档案、等各类载体的档案文本；白族档案是白族文化遗产的重要组成部分，在新时期，白族传统文化作为历史的积淀仍在白族人民社会生活中不同程度地保留并传承和延续着，它负载着白族人民的价值取向，影响着白族人民的生活方式，拢聚着白族人民自我认同的凝聚力，白族文化正在发生一些深刻的变化，这种变化是有一个相当长时间的过程，档案的生命是脆弱的，只要稍有不慎便会造成无法弥补的损失，现有的保护措施和条件还无法为其提供完美的庇护。

晏雄③在文章中指出，民族文化主体如何选择本民族的文化发展路径，直接关系到本民族文化能否参与到由主流文化主导的经济利益的分配进程中而使本民族的文化力转化为经济力。民族文化主体应该主动而不是被动选择自身的发展路径。民族文化产业化是民族文化主体选择的结果，因此，民族文化产业化的过程应该是民族文化主体的积极参与过程，而不仅仅是政府或投资者一厢情愿的开发过程。晏雄认为，民族文化产业化的路径选择主要有三点，一是发展民族文化产业必须结合民族地区文化资源和文化特质，理性分析，慎重选择适合当地民族文化发展的产业化之路；二要遵循文化产业的运行规律；第三，发展民族文化产业必须顺应文化主体的选择。

田红云④指出，民族旅游在很大程度上依赖于少数民族地区独特的民族文化。旅游作为一种跨文化的交流过程，游客与目的地的社会文化差异带来文化的传播与互动，对民族文化造成不小的冲击，游客求异的旅游需求与地方性知识保留之间的矛盾也日渐明显。为解决这一矛盾，需要对于民族旅游中的民族文化作出一定的调适，通过传统文化的再造来达到一种象征性的真实，将民族旅游中的矛盾与冲突转化为互赢互利的和谐共存。路芳、彭兆荣的文章《建立我国遗产保护教育体系管见》指出，中国的遗产保护迫切需要建立自己的遗产体系，而体系的建立，需要人才的管理以及公众的参与。文章从相关国际背景、相关国家案例中分析建立我国遗产教育体系的必要性，并且从学校教育、遗产培训以及少数民族遗产教育三个方面列举出了我国遗产保护教育体系。

宋建峰、李保林⑤在文章中指出，近年来，随

---

① 王丽萍：《文化线路：理论演进、内容体系与研究意义》，载《人文地理》2011年第5期。

② 杜钊：《基于民族文化的白族档案研究》，载《兰台世界》2011年第1期。

③ 晏雄：《基于文化选择理论视角的民族文化产业化研究》，载《西南民族大学学报》（人文社科版）2011年第5期。

④ 田红云：《试论民族旅游中民族文化的现代调适》，载《重庆文理学院学报》（社会科学版）2011年第5期。

⑤ 宋建峰、李保林：《基督域限中的少数民族女性与乡村文化建设探析——以云南省怒江泸水县大南茂村为例》，载《云南行政学院学报》2011年第3期。

着国家现代化进程的推进，住在高山险峻之地的少数民族群众不断迁移至平缓之地定居，生产方式多样化，生活得到改善。然而，离开了原有的语境，与特定生存环境相伴而生的少数民族传统特色文化在激烈的多元文化碰撞中支离破碎，一种新的文化景观由于历史和地缘的因素不断滋生，成为少数民族文化乡村变迁中最为活跃的因素，女性则是这支队伍中最为积极的实践者和最为鲜活的力量。当前，关于少数民族乡村文化在基督域限中所经历和面临的情状，仍备受政府和各界学者关注。而观察、解析一种文化的衍生和发展，探究其演变的内涵，将为我国科学建设和发展少数民族地区乡村文化提供借鉴。

三、云南社会问题研究

1. 云南社会发展问题研究

杨文斐、丁世青①在文章中指出，“桥头堡”战略是云南省转变经济增长方式、扩大对外开放的最新发展战略。当前，云南省面临着劳动者数量供给大于需求、结构性矛盾导致就业压力增大、劳动者技能素质不高等一系列的就业问题。“桥头堡”战略的实施，对解决云南省就业问题来说既带来了机遇同时也带来了诸多挑战，经济波动导致结构性失业人员增加的可能性依然存在，对类似亚洲金融危机、次贷危机以及其他不可预料因素的影响仍然需要作好充分的准备。从目前国家对此应该采取实施就业培训计划、扶持中小企业和非公企业发展、吸纳更多的劳动力就业，全面发展旅游业和服务业、并带动餐饮、住宿业的发展等措施，努力扩大就业规模、实现就业和经济的协调发展。

许南垣、朱晓辉、赵云、陈茜茜②认为，云南在实施建成中国面向西南开放的重要“桥头堡”这一国家战略时，不仅要积极致力于经济硬实力建设，还要凭借自身与东盟毗邻的区域比较优势，积极开展双方在文化和服务方面的合作，以增强自身的软实力。本文首先从制度设计、法律保障和跨文化的冲突与沟通交流三个方面，分析了近年来云南省与东盟在文化服务产业合作中存在的问题，并提出了五点思考，即总体思路上，要围绕“桥头堡”的战略部署，进一步深化双方的交流，扩大双方的合作领域，不断扩大中华文化的亲和力、影响力和软实力，为双方的发展建设奠定思想基础，提供文化支撑；发展目标上，使云南成为我国面向西南地区的重要交流窗口、文化贸易通道、文化合作平台、文化信息媒介中介中心、国际和谐文化建设示范区；重点领域上，以对外文化贸易、旅游贸易服务、服务外包、文化演艺等为重点，把云南的的文化服务产业市场进一步扩大；另外要切实解决“桥头堡”建设文化服务交流合作中缺乏长效机制、平台建设滞后、文化交流合作协议大多停留在框架等几个问题，争取将“桥头堡”建设文化交流合作工作纳入国家外交总体布局；最后是实施“桥头堡”建设文化服务合作的四大工程建设，包括：实施文化服务交流展示建设工程、实施文化服务交流合作建设工程、实施文化服务交流窗口建设工程以及实施文化服务交流基地建设工程。文章在最后结合“桥头堡”建设战略和以上存在的问题，提出了双方在文化服务产业互动发展中应该选择的机制与路径。

周辰、丁世青③在文章中选取了与就业关系密切的变量进行回归，印证了保持经济高速增长、促进就业的结论：轻工业比重工业吸纳的就业人数多；相同耗能情况下，服务业创造了比第一、第二产业更多的就业机会；大力发展教育事业，可以提高劳动者的就业能力。

张桥贵④认为，在多民族聚居的边疆民族地区的各种资源开发中，宗教文化旅游资源的开发与当地群众的利益最密切相关，当地群众对项目的参与度最高，从开发中获利最多，同时也对当地群众的传统信仰影响最深。目前宗教旅游开发中

---

① 杨文斐、丁世青：《“桥头堡”战略下云南省就业问题探索及对策研究》，载《中国集体经济》2011 年第 5 期。
② 许南垣、朱晓辉、赵云、陈茜茜：《云南——东盟文化服务产业的互动发展》，载《昆明理工大学学报》（社会科学版）2011 年第 2 期。
③ 周辰、丁世青：《云南省就业现状和对策研究》，载《中国集体经济》2011 年第 3 期。
④ 张桥贵：《云南宗教旅游开发的思路、原则和措施》，载《云南民族大学学报》（哲学社会科学版）2011 年第 1 期。

的过分市场化运作和商业化经营，将严重有损宗教教职人员和宗教团体的形象。在宗教旅游开发中应积极引导优秀宗教文化与健康旅游活动良性互动，促进旅游、宗教文化和人的全面协调发展，实现社会效益、经济效益、生态效益三方共赢，以营造文明、健康、和谐的宗教旅游氛围。开发中应遵循文化性、生态性、特色性、保护性、参与性和合理性的原则。

赵媛媛①在文章中指出，解决失地农民的择业问题，并将其纳入到社会统筹保障中来，对维持长期的经济增长和和谐社会的发展都是较为有利的，对完善我们国家的社会保障体制、解决“三农”问题具有重要意义。文章对促进失地农民的择业提出了五点建议：借助呈贡“名片行业”的吸引力择业和创业；政府应多渠道引导，保障失地农民实现择业增收；完善扶持补助政策，增强政府与外出租地户的联系；健全社会保障体系以及建立失地农民“创业协会”和建立“创业网站”。

2. 云南禁毒问题研究

周琼②等在文章中指出，20世纪末，“冰毒”、“摇头丸”等新型毒品开始在中国西南边疆民族地区泛滥，对各民族的身心健康、婚姻家庭、人口、道德体系及民族文化传统等造成了严重冲击和影响。在新的国际禁毒形势下，建立健全边疆民族地区强有力的、全方位的新型毒品防御体系迫在眉睫。在边疆民族地区进一步普及新型毒品危害的宣传教育，建立更完善的法律法规，从预防、防治上着力，从源头上遏制毒品的流通，彻底攻克新型毒品的流毒、清除其影响，才能更好地保持边疆民族优秀的传统道德文化，重建和谐村寨。这不仅是目前边疆民族地区戒断新型毒品的任务，也是建设和谐社会的重要内容之一。

房红课题组③认为，禁吸戒毒法制化建设是一项重要工作，通过立法的方式确定禁吸戒毒的目的、原则、方式、程序以及救济，对禁吸戒毒工作进行制度化建设，保证禁吸戒毒工作的规范和统一，这是我国依法治国方针在禁吸戒毒工作领域的具体体现，既是禁吸戒毒工作的重要依托，又是禁吸戒毒工作的开展依据。文章指出了云南省禁吸戒毒地方性的立法建设，主要为云南省禁吸戒毒的地方性法规、云南禁吸戒毒的自治条例和单行条例、政府关于禁吸戒毒的立法。文章最后指出了云南禁吸戒毒模式法制化存在问题和建议，一是要及时向国务院及各职能部委反馈云南省禁吸戒毒工作的立法实际需求；二是对云南省禁吸戒毒法制化建设要进行整体规化；三是积极着手完善云南省《禁毒法》配套立法。

阮惠风、李祖琼④在文章中认为，昆明市毒品集散和中转的成因主要有：历史的原因与特殊的地缘关系，是使昆明市成为毒品过境、集散、中转地的首要原因；便捷发达的交通条件，使昆明成为了毒品过境贩运的必经地，是昆明成为毒品集散地、中转地的重要原因；吸毒人数基数大，毒品消费市场相对稳定，是形成昆明市毒品中转与集散的又一重要原因；近年来昆明市各类毒品案件呈明显上升趋势，外省籍、外国籍人员赴昆贩毒增多。

杨黎华⑤认为，我国部分地区青少年滥用一些国家规定管制的麻醉药品和精神药品的现象较为严重，导致一些疗效较好的药物变成了危害青少年身心健康的新型毒品。文章认为，对在校大学生开展预防麻醉药品和精神药品滥用的认知调查，是控制麻醉药品和精神药品滥用的一项重要措施，掌握高等学校学生对麻醉药品和精神药品相关知识的了解情况，是探索学校开展预防麻醉药品和精神药品滥用的方法。文章最后指出，对学生进行全面的麻醉药品、精神药品知识的相关教育以及加强学校麻醉药品、精神药品滥用预防教育力度，都能保证和提高学校毒品预防教育的效果。

---

① 赵媛媛：《呈贡县失地农民择业问题探讨》，载《云南农业》2011年第3期。

② 周琼、袁英、张鹂、何严萍、李聪：《西南边疆民族地区新型毒品泛滥后果研究》，载《文山学院学报》2011年第4期。

③ 房红：《云南禁吸戒毒模式法制化研究》，载《云南警官学院学报》2011年第1期。

④ 阮惠风、李祖琼：《昆明市毒品集散和中转的成因分析》，载《云南警官学院学报》2011年第1期。

⑤ 杨黎华：《大学生预防麻醉药品和精神药品滥用的认知调查》，载《云南警官学院学报》2011年第1期。

3. 西南联大相关研究

杨绍军通过三篇文章《魏建功先生在西南联大》、[①]《向达先生在西南联大》、[②]《蒋梦麟先生在西南联大》[③] 分别介绍了西南联大时期的三位著名学者，魏建功、向达和蒋梦麟。在文章《魏建功先生在西南联大》中，作者描述了作为著名的语言文字学家、教育家以及我国现代语言学开拓者的魏建功先生在西南联大时期的教学、生活等事宜。文章《向达先生在西南联大》和《蒋梦麟先生在西南联大》分别介绍了作为著名的历史学家、考古学家、翻译家的向达以及当时的北京大学校长蒋梦麟在西南联大时期的诸多教学等事宜。

高建国[④]等指出，抗战前清华、北大和南开的课程设置体现着通识教育理念。文章通过对比西南联大 5 个学院一、二年级的课程设置，发现联大传承着北京大学、清华大学和南开大学的通识教育传统。其通识性教育有 4 个鲜明的特点：一是通识课程的设置与联大注重“通才”的人才培养目标是一致的；二是通识课程的设置有着普遍性和强制性；三是通识课程的设置注重学生知识的“文理渗透”和“中西会通”；四是通识课程的设置有着学科差异的不同侧重。

四、边疆、民族问题研究

宋健峰[⑤]认为，怒族社会呈现出鲜明的多元文化共生特征，其中既有历史积淀的因素使然，也有国际化、现代化的发展趋势影响。怒族社会在交流与碰撞、融合与排斥、重构与再生的多元嬗变过程中，呈现族群性别的平等与尊重、交融与发展，交织着传统与现代文明接轨的独特因素。多元文化中的怒族性别承载主要体现在怒族服饰、日常用品、居住、节庆、饮食等方面，分别其性别配置理念在民族文化传承中的形式、途径、手段和机制，探索怒族女性在民族文化传承、男性参与保护怒族传统森林文化，复兴本民族生态生存方式和生活经验，发展怒族社会区域经济，建构怒族两性合力的民族文化保护与发展的和谐生态系统，怒族人民才能在认识自然、继承祖先生态生存经验的总结中获得发展的良性启迪，并在不断了解外来文化的过程中对其他民族文化占有、甄别、挑选、为我所用，吸取精华，剔除糟粕，理性地选择适合自己族群发展的文化。

雷信来[⑥]等认为，南诏大理国时期滇西北白族政治文化作为中国传统政治文化的有机组成部分，既具备中国传统政治文化的属性，又有其鲜明的民族个性，表现为：与地理环境相适应的开放性和包容性突出；功利主义价值取向明显；政治认同的二元性；儒释二教与政治文化和谐共存；贵族式教育、宗教寺庙和本主文化是白族政治社会化的主要媒介。

佴澎[⑦]认为，清代中央王朝对西南少数民族地区纠纷解决中规范的制定和适用作了相应的调整，西南少数民族在努力保持固有规范的同时，也积极朝着中央王朝规范靠拢。纠纷解决规范在西南少数民族地区的发展说明，社会秩序的确立是国家规范和少数民族固有规范共同作用的结果。国家规范在调节少数民族固有规范的机制时有所创新，少数民族固有规范在国家规范的指引下不断完善，对维护少数民族地区的社会稳定发挥了重要作用。文章最后指出了在纠纷解决上国家规范和民族规范两种规范的有机结合及其特点，主要为多元文化的冲突与融合、国家规范与固有规范在社会控制中发挥着各自的作用、法文化的可变迁性。

李庆雷[⑧]认为，作为区域旅游发展战略，创意旅游强调创意对于旅游产业发展的驱动作用，注重旅游产品研发设计、思考型游客市场开发、培

---

① 杨绍军：《魏建功先生在西南联大》，载《学术探索》2011 年第 1 期。
② 杨绍军：《向达先生在西南联大》，《学术探索》2011 年第 2 期。
③ 杨绍军：《蒋梦麟先生在西南联大》，载《学术探索》2011 年第 4 期。
④ 高建国、宋才琼、张俊峰：《西南联大课程设置中的通识教育》，载《国家教育行政学院学报》2011 年第 7 期。
⑤ 宋健峰：《怒族多元文化互动与性别承载》，载《云南民族大学学报》（哲学社会科学版）2011 年第 2 期。
⑥ 雷信来、赵金元、周俊华：《南诏大理国时期滇西北白族政治文化的特征》，载《青海民族大学学报》2011 年第 1 期。
⑦ 佴澎：《清代西南少数民族的纠纷解决规范》，载《云南社会科学》2011 年第 3 期。
⑧ 李庆雷：《论边疆民族地区创意旅游发展战略》，载《四川民族学院学报》2011 年第 2 期。

育泛旅游产业体系、社区居民参与、运用非传统营销手段。该战略适合边疆民族地区区位不理想、经济欠发达但民族文化资源丰富、谋求发展愿望迫切的实际，以及将民族文化资源转化为文化旅游经济优势的要求。文章指出：边疆民族地区创意旅游发展的经验借鉴、边疆民族地区创意旅游发展的基本路径、边疆民族地区旅游发展中的创意生产是边疆民族地区创意旅游发展的基本路径。

王友富、王清清[①]在文章中指出，云南石林彝族自治县的撒尼人，居住的地方呈典型的喀斯特地貌，解决生活与灌溉用水，一直是撒尼人与大自然不断抗争与磨合的主题。2009 年至 2010 年中国西南地区干旱，使这一矛盾更加突出和明显。文章阐述了三个方面的内容：挖掘整理撒尼人祖辈积累的地方性水知识；分析当前撒尼人面临的与水资源保护利用相关的问题；力图在传统地方性水知识与现代技术之间找到一条水资源可持续发展的道路，最终促进社会经济的可持续发展。

袁娥、陈晓婧[②]认为，个体成员是如何获得对本民族的归属感和对民族的积极评价，以及对民族活动的行动卷入，一直以来广受学界关注。本文通过对云南省临沧市沧源地区佤族的民族认同建构路径进行分析认为，在坚持国家统一的前提下，民族自治地区政府以及本民族知识精英已成为构建现代民族认同的重要引导性因素。

五、社会工作问题研究

钱宁在[③]认为，中国社会工作的发展是在社会福利制度改革的背景下，通过政府主导、教育推动和实务跟进等一系列独特的历史过程和体制变革实现的。从中国计划经济时期形成的传统行政社会工作体系与专业化和职业化社会工作发展的关系看当代中国社会工作的发展，对理解中国特色的社会工作制度和“嵌入式”的专业化与职业化方式，掌握其特点，有理论和现实意义。

高万红[④]在文章中，以增能理论为指导，在昆明 Y 社区开展流动人口社区综合服务，提出增能视角下的流动人口能力建设的内容包括：个体层面的适应城市生活能力的提升和社会层面的自助和互助组织建设。重点是：充分挖掘流动人口本身具有的潜力，提高其自信心：建设掌控自己生活的能力：构建互助和自助组织，透过集体意识的觉醒和共同努力来改善生活状况，促进社区融合。提出了流动人口社会工作的基本原则：实施流动人口主导；学习必要的技巧；合作而非教导；外化无助；用行动抗拒歧视与不公平。

刘芳、高万红[⑤]等在文章中指出，现代健康观念注重生理健康、心理健康、道德健康和社会环境适应等的整合。基于现代健康理念的指导下开展的流动妇女社会工作服务，旨在通过社会工作服务促进流动妇女生殖健康、家庭教育、艾滋病防治的有机结合，实践现代健康理念，促进流动妇女的健康与发展。

（云南师范大学　曲凯音　毕天云）

---

① 王友富、王清清：《民族地区的地方性水知识与水资源可持续发展研究——以云南石林彝族自治县撒尼人为例》，载《青海民族研究》2011 年第 1 期。

② 袁娥、陈晓婧：《当代民族认同的建构思考——新时期沧源地区佤族认同建构实践》，载《民族学刊》2011 年第 1 期。

③ 钱宁在：《社会福利制度改革背景下中国社会工作发展的历史与特色》，载《社会工作》2011 年第 1 期。

④ 高万红：《增能视角下的流动人口社会工作实践探索——以昆明 Y 社区流动人口社区综合服务实践为例》，载《华东理工大学学报》（社会科学版）2011 年第 1 期。

⑤ 刘芳、高万红、杨月明、莫佳妮：《社会工作促进流动妇女健康与发展的实践研究——以昆明市 Y 社区为例》，载《社会工作》2011 年第 10 期。

民族学

2011年度，民族学各项研究都紧密联系“中国面向西南开放重要桥头堡”和“民族团结进步边疆繁荣稳定示范区”等云南社会发展的主题和现实问题开展研究。研究人员积极深人田野，研究范围广泛，视角独特，着眼点集中，讨论深入，学术范式日趋规范。尽管在民族学理论与方法方面缺乏明显的新突破，但在分支学科和应用研究领域有新的进展。民族文化与文化产业、民族近现代史、民族认同专题研究本年度受到重视，无论是涉及内容的广度，还是学术探讨的深度，都有明显的进步。下面分别介绍民族学研究几大领域的主要研究成果和代表性学术观点。

一、学科发展研究

1. 云南的民族学/人类学科发展研究

孟航在《中国民族学人类学社会学史（1900—1949）》（人民出版社2011年版）中讨论了民族学人类学社会学的学科知识在中国早期发展的历程，展示了中国几代学者将西方的理论与中国的学术传统结合起来，发展出具有中国特色的民族学、人类学、社会学研究的过程，并揭示出中国学者对世界民族学、人类学、社会学的贡献。马燕坤在《人类学对非洲的发现与重现》（载《世界民族》2011年第2期）中指出，作为起源于西方的学科，人类学与非洲大陆有着紧密联系。将人类学与非洲结合起来考察，有利于探索人类学理论与实践之间关系的意义。瞿明安在《论当代中国文化人类学的发展趋势》（载《广西民族研究》2011年第2期）中从学科发展的角度出发，对当代中国文化人类学的发展趋势作了预见性的展望。指出人类学理论取向多元化、研究方法综合运用、分支学科和应用研究向纵深发展的趋向。徐义强在《近30年中国医学人类学研究的回顾与反思》（载《思想战线》2011年第3期）中认为我国医学人类学目前正处于学科初期起步阶段，其势方兴未艾，随着社会的发展，医学人类学的价值会被更多的人认识。在医学人类学近30年的学科建设中，中仍存在不少问题，应进一步完善、拓宽医学人类学研究领域，加强研究机构和研究队伍建设，并基于中国传统疾病认知基础上尽快形成中国医学人类学的理论和框架体系。白兴发在《二十世纪前半期的云南民族学》（民族出版社2011年版）中对20世纪前半期云南地区民族学的发展状况作了比较深入、细致的梳理，形成了一条云南地区民族学早期、中期、抗日战争时期和抗日战争胜利后学科发展特点的较为清楚的脉络线索。

2. 研究综述

段丽波、涂晶晶、段红云在《中国西南乌蛮史研究与反思》（载《思想战线》2011年第6期）中指出对乌蛮史作系统、全面、细致的研究，有助于了解西南各民族的由来与发展，对探讨中华民族多元一体格局的形成具有重要的理论和实践意义。学术界现有研究成果主要集中于乌蛮族属、源流、分布、发展等方面，对乌蛮民族文化、民族关系等的探讨显得较为薄弱，对乌蛮民族发展的关联性关注不够，其研究方法和视阈尚需改进，因此对中国西南乌蛮史作一个全面、系统的细致研究实为必要。袁娥在《民族认同与国家认同研究述评》（载《民族研究》2011年第5期）中对目前国内外民族认同和国家认同的相关研究成果进行系统梳理，指出通过引入身份认同理论，把群体或个体的意识和行为同文化和社会结构因素联系起来，从综合性、历时性的动态视角来研究民族问题，由此总结出民族认同与国家认同变迁的规律或机理，将会更好地服务于现实社会。赵荔在《海外中国民族学发展述评》（载《国外社会科学》2011年2期）中认为16世纪中叶至今，海外中国民族学的发展经历了奠基、稳固和扩展三个阶段。目前，海外中国民族学的影响已经遍及五大洲，其对中国学以及中国本土民族学的发展正在产生多方面的重要影响。王俊在《近20年来我国散居民族研究综述》（载《学术探索》2011年第5期）中散居民族工作是我国整个民族工作的重要组成部分。近20年来，国内学术界已有相关论著从散居民族的概念、概况、政策法规、权益保障、散居民族工作、民族乡工作、城市民族工作等不同的角度进行研究，各地在民族工作实践中也积累大量的经验，促进了散居民族的平等、团结、进步事业的发展。陈刚在《西方应用人类学最新发展述评》（载《民族研究》2011年1期）中梳理了西方应用人类学的发展历程，重点对其最新发展动向进行了评述，从研究方法和主题，从学科界定、地位和要求等方面揭示了西方应用人类学的新变化，指出全球化带来了急剧的社会变迁，使人类社会面临许多新的问题，推动了以解决问题为目标的应用人类学的快速发展。

3. 民族学/人类学分支学科研究

【艺术人类学】何明在《仪式中的艺术》（社会科学文献出版社2011年版）中运用民族志方法研究不同地域、不同族群、不同类型的仪式中的艺术性活动经验，探讨了仪式艺术的特征和意义、艺术与信仰及其他社会文化的关系等问题。何明在《走向市场的民族艺术》（社会科学文献出版社2011年版）中集中展示了一些民族地区社会中以经济效益为目的、由当地人“在地”或基于“在地”而“外出”所进行的艺术展演活动，多角度地回应了关于艺术与族群、艺术与商业社会、艺术与文化资本等问题的讨论。

【经济人类学】郑宇在《仪式、经济与再生产——以云南省红河州元阳县箐口村哈尼族“昂玛突”仪式为例》[载《中南民族大学学报》（人文社会科学版）2011年第1期]中指出哈尼族祭祀寨神的“昂玛突”仪式中的经济活动主要以在“象征性再分配”和“礼物、食物的互惠”中展开。以之为主导的包括宗教、符号及社会关系等的共同运作，勾勒并强化了传统社会秩序的结构性再生产。在现代变迁中，在共同体内外多种因素的作用下，这种再生产呈现为传统与现代间的多重交织与碰撞。

【影视人类学】王清华在《影视人类学与云南民族文化强省建设》（载《云南社会科学》2011年第2期）中指出近年来云南的影视人类学得到长足的发展。由于影视人类学具有影像存史、产生经济效益和社会效益等作用，民族文化强省的建设也需要影视人类学的大力发展，二者存在相互促进的关系。

【法律人类学】洪涵、张晓辉在《从形式结构到社会创造性——法律人类学语言研究述评》（载《贵州社会科学》2011年第2期）中认为法律人类学的语言研究既以形式结构分析为基础，又关注语言的功能和创造性。法律实践中的语言既可能渗透着国家权力的建构、国家权力的主导，也可能在社会关系的生成、塑造、转换中相当程度地满足当事人的诉求。徐梅、李朝开、李红武在《云南少数民族聚居区生态环境变迁与保护——基于法律人类学的视角》（载《云南民族大学学报》（哲学社会科学版）2011年第2期）中认为为保护和建设云南少数民族聚居区生态环境，从法律人类学的视角看，有必要进一步健全少数民族地区生态环境法制并切实加强宣传教育，认真发掘少数民族法文化中有益于生态环境保护的合理成分并加以创造性转换，加大对少数民族聚居区生态扶贫的力度并建立健全生态补偿机制。

二、民族史学研究

1. 族源与族属考证

王文光、段红云的《中国古代的民族识别》（云南大学出版社2011年版）以马克思主义唯物史观为指导，依据大量丰富翔实的史料，按照中国古代民族发展的不同地域、不同族系，系统地对中国古代众多民族的分布区域、分化组合、互相融合、发展变化的情况进行了研究，对众多古代民族的发展源流进行了全面梳理。李永勃在《戎狄考辨》[载《云南师范大学学报》（哲学社会科学版）2011年第1期]中认为，戎具有本指与转指二义。戎本是先商族，为东夷的一支，后泛指华夏四境之少数民族，逐渐演变成一个文化概念。由于羌、狄在文化上与华夏族的差异，故戎主要用来指西北之羌人与狄人；狄人强大后，则主要用来指西方氐羌系少数民族。狄为犬族，是以犬为图腾的一个民族。狄族强大后，取得与戎并立的地位，成为北方少数民族的代表。王文光、段丽波在《中国西南古代氐羌民族的融合与分化规律探析》[载《云南民族大学学报》（哲学社会科学版）2011年第3期]中认为从先秦以来不断南迁的西北氐羌系统民族，经过秦汉魏晋南北朝和唐宋时期的发展，历经了同源异流即民族分化、异源同流即民族融合的发展途径，最终形成了我国西南地区汉藏语系藏缅语族羌语支、彝语支、藏语支、缅语支、景颇语支各民族及语支存在争议的白族和土家族的直接先民。

2. 近现代民族史研究

王文光、段红云、尤伟琼在《当代云南民族识别的学术回顾》（载《思想战线》2011年第1期）中认为新中国成立之后云南的民族识别，是为了实现民族平等而进行的一项政治性学术工作，从学术史和当代民族史的视角对民族识别的研究不太多，至今还没有从宏观总体的学术总结。从对云南民族识别的研究进行基本的分类和学术回顾，可以看出云南的民族识别是云南当代民族史研究的一个重要内容，同时也是马克思主义民族理论中国化实践的成功范例。王文光，李艳峰在《当代云南彝族识别的回顾与反思》（载《思想战线》2011年第5期）中认为彝族是中华人民共和国成立后首批识别的38个民族之一。彝族的识别工作主要是对彝族不同支系的识别归并，最终使彝族的各个支系成为统一多民族国家的一个平等成员。因此，对云南彝族的识别归并工作是一次具有中国特色的民族理论和民族工作的实践性探索。朱映占在《民国时期民族研究中的焦点问题》［载《云南民族大学学报》（哲学社会科学版）2011年第2期］中认为近代以来中国在从传统王朝的天下体系向国民国家体系转变过程中，境内的民族不断面临着民族意识如何发展，民族认同如何凝聚，边疆如何稳固等诸多难题。对此，在意识层面，民国时期的许多学者和政治人士都展开了研究和争论；在现实层面，民国中央政府和地方政府也进行了一些实践和尝试。王明东，陈乐平在《民国时期云南边疆鸦片种植抗铲事件探析》（载《贵州民族研究》2011年第5期）中认为民国时期云南省政府一面采取鸦片禁种、禁运、禁吸的措施，另一方面又允许甚至鼓励地方民众种植大烟，以收烟亩罚金、产烟税与公卖烟等手段，获取巨大的经济利益。云南边疆土司为了自身经济利益与政治利益，策动地方民众武力抗铲，抗铲事件频发。嘉日姆几在《民主改革的思想历程——20世纪中叶中国共产党少数民族社会改革思想研究》（载《思想战线》2011年第2期）中认为民主改革是我国社会主义改造的重要组成部分，是维护祖国统一、民族团结的重要举措，是马克思列宁主义中国化的具体实践。民主改革史是中华人民共和国史的重要组成部分，也是56个民族共同的历史记忆，民主改革史的研究绝不能用地方史、部门史、民族史的视角来看待。张媚玲在《近代民族危机驱动下传统民族观的转型》（载《思想战线》2011年第4期）中认为随着近代西方殖民主义的东扩，西方民族国家以其强势的话语权冲击着传统中国的民族观，迫使其向现代民族国家观念方向转型。这一转型的过程促使中华民族观念诞生，中华民族、国家认同意识觉醒的过程，这一转型处于传统中国向现代民族国家转型的特殊历史阶段。盛美真在《社团组织在移风易俗中的作用——民国时期云南风俗改良会考察》［载《云南民族大学学报》（哲学社会科学版）2011年第2期］中认为民国时期作为民意代表的云南风俗改良会在移风易俗中的作用主要表现为：倡导改造摒弃不良风俗，为新风尚的发展创造条件；从不同角度劝导改革不良风尚，倡导符合时代发展的新风尚；集各方力量，极力促进近代新型社会风尚发展；利用自身优势，积极影响政府决策和政策制定。杨绍军在《“魁阁”和“边疆人文研究室”之比较研究》（载《贵州民族研究》2011年第1期）中认为云南大学—燕京大学社会学实地调查工作站和南开大学文学院文科研究所边疆人文研究室作为抗战时期分属不同高校的研究机构，它们在战时所进行的调查研究，形成了中国民族学、人类学、社会学研究的高潮。通过比较研究，揭示其共性和特点，不难看出它们在中国现代学术史上的重要地位和作用，并对当代学术发展有着重要的启示。张子建在《民国时期中缅边界问题对民族国家构建的回响》（载《贵州民族研究》2011年第2期）中认为民国时期西南边疆各民族在边疆危机时刻从坚定的领土认同出发，积极、自觉地选择了国家认同与民族认同的和谐统一路径，在民族国家构建中找到自己新的归属，并担负起表述民族国家的责任和义务。潘先林在《辛亥革命时期云南军都督府民族政策析论》［载《云南民族大学学报》（哲学社会科学版）2011年第6期］中指出云南军都督府发布了《滇军政府讨满洲檄》，较早接受了“五族共和”主张，结合云南实际，提出了事实上的“七族共和”主张，丰富和发展了民国初年的“五族共和”思想，但也延续了早期同盟会革命宣传中极为狭隘的民族主义立场，将政治、边防、外交、民族等问题混为一谈，导致了傣族民主革命先行者刀安仁的悲剧。

3. 边疆治理与经营研究

陈碧芬在《元代对滇东北地区的经营与开发》［载《中央民族大学学报》（哲学社会科学版）］中认为元朝把云南纳入中央王朝的直接统治范围，为滇东北地区再次带来了开发和发展的契机。通过军事征讨、政治统治、屯田、驿站设置、设学，该地区有了较好的发展，同时，该地区也形成强大力量与中央王朝相对抗，对统治极为不利。明朝从中吸取经验教训，对其采取分而治之、土流并治的政策，使之不能再形成强大势力，稳固了统治。段红云在《明代中缅边疆的变迁及其影响》［载《云南民族大学学报》（哲学社会科学版）2011 年第 5 期］中认为明代是中国西南边疆和云南民族社会发生划时代变迁的重要历史时期。明朝中后期，中央政府统治不力，边地土司纷争不断，缅甸洞吾王朝趁机北扩，侵占了明初设置的老挝、八百、木邦、孟密、蛮莫、孟艮、古剌、底马撒等土司地区。明代中缅边疆的变迁，对统一多民族国家的形成和发展产生了深远的影响，奠定了今天中缅边疆的基本雏形。同时，长期的战乱，对当地经济社会造成了严重的破坏，并使包括百夷、峨昌、蒲人等在内的部分边疆民族成为缅甸控制下的居民，逐渐演化成今天意义上的跨境民族。方铁在《唐宋两朝至中南半岛交通线的变迁》（载《社会科学战线》2011 年第 4 期）中认为在中国腹地与中南半岛之间，存在陆路、海路两类交通线。唐宋两代，这些交通线经历了兴衰、更替的变化。唐宋两朝对西南边疆的治策及其治边实践以及西南边疆和中南半岛时代的变迁，是导致交通线变迁的重要原因。中南半岛北部诸国遣使入唐，主要走过云南达成都的陆路，中南部的诸国则多选海路。中南半岛及海外诸国与宋朝交往主要走海路，蒲甘等国因北上的陆路受阻，与宋朝的交往不多。

4. 民族关系史研究

周智生在《明代纳西族移民与滇藏川毗连区的经济开发——兼析纳藏民族间的包容共生发展机理》（载《思想战线》2011 年第 6 期）中认为明代中后期，大量纳西族移民先后进入了云南、四川、西藏三省交接的藏族聚居区，他们对于滇藏川三省毗连地区的社会经济发展起到了积极的促进作用，同时作为外来异族，他们成功契合进入了藏族聚居区，实现了与当地藏族之间的持久共生与交融，并得到了藏族的高度认同。段红云在《丽江改土归流后纳西族的社会变迁》［载《云南师范大学学报》（哲学社会科学版）2011 年第 6 期］中认为雍正元年（1723 年）丽江土府改土归流后，内地流官统治体系进入丽江，农业和商品经济进一步发展，汉文化教育兴起，各民族间交流进一步深入，有力地推动了纳西社会的转型，为纳西族成为多元文化综合体奠定了坚实的基础。

5. 民族迁徙与融合

古永继在《明清时期云南的江西移民》（载《思想战线》2011 年第 2 期）中认为明清时期，外省籍移民大量入迁云南，其中江西移民数量众多、涉及地区广阔。江西移民通过军事留戍、商人寓居、仕宦任职、谪迁流放、矿业开发等不同渠道进入云南，对当地社会的发展产生了深刻影响。

6. 民族社会与文化发展研究

杨寿川、张永俐在《中外矿业史上的云南白铜》（载《思想战线》2011 年第 1 期）梳理了云南“白铜”生产及传播的历史，指出云南白铜的产生比之欧洲至少要早 1400 年。云南白铜的发明对世界铜合金的发展作出了卓越贡献，在世界科技史和矿业开发史上占有重要地位。杨寿川在《13—19 世纪：滇银辉煌 600 年》（载《云南社会科学》2011 年第 3 期）中指出随着早期“银本位”货币制度的初步形成与“计亩征银”赋役制度的逐渐确立，社会经济生活中对白银需求量显著增加，极大地刺激了白银生产的发展；此外，元明清三朝政府推行的“矿政”也有利于银业的开发。13—19 世纪的 600 年间，云南银业一直快速持续发展，其产量和银课均居产银各省首位，云南省成为当时全国主要的白银产地，在中国古代矿业开发史和中国古代经济发展史上占有重要地位。

7. 民族档案和史料研究

华林、赵德美、王旭东在《云南少数民族档案遗产流失及其整合性保护研究》（载《思想战线》2011年第3期）中指出针对云南少数民族档案遗产的流失现状，提出综合性的保护对策，不仅可以为档案文献的抢救工作提供参考，对于更好地保护、发扬民族传统文化与具有重要意义。沈峥，甄昕宇在《云南少数民族古籍修复研究》［载《云南民族大学学报》（哲学社会科学版）2011年第2期］中认为由于自然和非自然的原因，许多民族古籍在流传过程中遭到损坏，但传统修复技术是在对汉文古籍的修复过程中总结的，不能完全应用于少数民族古籍的修复。

三、民族社会发展研究

1. 民族社会发展研究

杨红英的《西部边疆建设的理论与实践》（科学出版社2011年版）以西部边疆建设为研究对象，较全面地探讨了西部边疆建设所面临的理论与实践问题。并从民族学和经济学的双重视角，阐述了西部边疆发展的“异质观”。提出在典型的多民族边疆省份进一步完善和发展民族区域自治制度的创新构想。

李志农、乔文红在《传统村落公共文化空间与民族地区乡村治理——以云南迪庆藏族自治州德钦县奔子栏村“拉斯节”为例》（载《学术探索》2011年第4期）中通过迪庆藏区德钦县奔子栏村公共文化空间——“拉斯节”的个案研究，阐释这一传统公共文化空间在乡村秩序建构中的重要意义，以期在乡村地区特别在民族地区的乡村治理中，实现内源性公共文化空间与外源性嵌入式政治公共空间的交融互构，为更为有效的乡村治理提供可能。李红春在《云南纳家营回族生存智慧的政治人类学解读》（载《云南社会科学》2011年第3期）中认为云南通海县的纳古镇对内外事务的组织与控制往往呈现为一种“认同性调控”，有效化解了每一次政治危机。这种生存智慧的获取是民族对于自身历史、社会背景、宗教文化传统的完美整合，是政治人类学研究中应予以重视的内容。王越平在《仪式重构与社会整合：滇越边境Y村的个案》［载《广西民族大学学报》（哲学社会科学版）2011年第5期］中认为滇越边境Y村人对祭龙仪式、节庆仪式和“哆嗦”仪式的重构，实现了村落内部的公共秩序、族群交往的群体秩序，促成了Y村移民社会的整合，并集中地表现为Y村人在特定社会情境下的一种适应策略。

【社会保障研究】王俊在《论云南散居民族的权益保障问题》（载《云南社会科学》2011年第2期）中认为由于历史、自然等原因，云南散居民族地区经济发展缓慢、社会事业滞后，随着改革的深入和经济体制的转变，原有一些保障散居民族权益的政策措施逐渐失效或难以落实，决定了需要不断加强其权益保障。健全散居民族权益保障的法律法规体系、保持扶持政策的有效性和连续性、加大政策法规的执行、监督力度和相应的宣传、倡导和理论研究，才能为散居民族创造平等的生存和发展环境。

【少数民族移民研究】陆海发在《边疆少数民族自发移民问题治理研究——基于对云南红河州开远市的调查与思考》（载《云南社会科学》2011年第5期）中认为云南红河州开远市少数民族自发移民聚集区的一些问题与矛盾已经变得愈来愈突出，不仅移民群体自身陷入了边缘化的现实困境中，而且边疆一些区域性族际关系和社会管理问题也不断暴露出来，急需地方政府通过多种渠道，采取有效措施推进边疆少数民族自发移民问题的有效治理。

2. 民族政治研究

【民族国家研究】周平在《论中华民族建设》（《思想战线》2011年第5期）中认为反观中国的国族建设，“应有”与“现有”之间存在巨大的反差。因此，必须加强中华民族建设。这是一项筑牢国家政治安全根基的基础性工程。推进中华民族建设，需要吸取其他国家的经验教训，更需要探索中国特色的国族建设之路。其中，还必须处理好少数民族权利保护等一系列理论问题。

【民族政策研究】贺琳凯《新中国民族关系与民族政策的互动研究》（云南大学出版社2011年版）从新中国成立以来的民族关系和民族政策存在着明显的互动关系的理论假设出发，具体地考察了不同历史时期民族关系与民族政策之间的相互作用，分析了不同时期民族关系和民族政策自身的特点和互动关系的特点，提出了调整民族政策和通过恰当的民族政策促进民族关系的进一步协调发展的设想。范祖琦在《云南民族区域自治六十年的启示》[载《云南民族大学学报》(哲学社会科学版)2011年第1期]中对云南民族区域自治60年的成就、经验、教训进行了总结，提出对云南民族问题和民族工作的准确认识；从各民族的实际出发、因地因民族制宜，促进各民族社会进步和经济发展；坚持党的领导，保证民族区域自治的贯彻执行等原则是取得云南民族区域自治60年成就宝贵经验。甄朝党、苏丽杰在《60年来中国民族团结进步创建工作的启示》[载《云南民族大学学报》(哲学社会科学版)2011年第5期]中指出民族团结是中国处理民族问题的根本原则，也是中国民族政策的核心内容。中国共产党开创了具有中国特色的解决民族问题的正确道路，形成了比较完备的民族政策和法律体系，使各民族之间形成了平等、团结、互助、和谐的社会主义民族关系。任新民在《"政策催化"：民族地区实现跨越式发展中一个被忽视的问题》[载《云南民族大学学报(哲学社会科学版)》2011年第5期]中认为在民族地区经济社会发展实践中，一些优惠政策的投入没有达到政策设计时的目标，甚至于出现了与政策设计价值目标相反的社会效果。研究政策的催化作用，最大限度发挥和提高民族政策的社会效应，就成为民族理论与政策研究中的一个重要的课题。

3. 民族法学研究

【民族习惯法研究】佴澎在《清代西南少数民族的纠纷解决规范》(载《云南社会科学》2011年第3期)中通过对清代西南少数民族地区纠纷解决规范发展变化的研究说明，社会秩序的确立是国家规范和少数民族固有规范共同作用的结果。国家规范在调节少数民族固有规范的机制时有所创新，少数民族固有规范在国家规范的指引下不断完善，对维护少数民族地区的社会稳定发挥了重要作用。

四、民族文化研究

(一)民族文学研究

【少数民族文学研究】刀承华在《傣族传统文学中的和谐思想及其社会功能》[载《云南民族大学学报》(哲学社会科学版)2011年第3期]中认为傣族传统文学中一个重要的思想是和谐的思想。傣族传统文学中的和谐思想培养了社会成员尚"和"向"善"的性格特征，发挥了协调家庭关系、维系村寨和睦、保护生态环境以及人格塑造等方面的社会功能。刘红在《云南民族民间文学"夫妇"叙事的女性倾向》[载《云南民族大学学报》(哲学社会科学版)2011年第3期]中指出云南民族民间文学中的"夫妇"叙事在情节设置、细节安排以及人物塑造诸方面都有一个尊重女性主体人格权利的女性视角，主要表现为彰显婚姻缔结过程中女子的主体意愿、展现婚姻生活中男女双方的人格对等。此种女性倾向与标榜男尊女卑的汉文化迥然有别，揭示了云南少数民族传统文化的独特气质。

【少数民族史诗、神话研究】刀承华在《傣泰壮创世神话核心观念的比较研究》[载《中央民族大学学报》(哲学社会科学版)2011年第5期]中对傣泰壮民族创世神话中的核心观念所存在的共性和差异进行了分析，指出随着历史的发展，傣泰壮民族由一个族群共同体分化成为不同的民族，创世神话在这一过程中发生了变异，但傣泰壮民族创世神话的核心观念共性大于差异，这说明傣泰壮民族具有共同的族源和文化渊源关系。

(二)民族艺术研究

王佳在《简论传统民族歌舞当代转型的机制及意义》(载《思想战线》2011年第4期)中认为经济全球化和文化交流的加剧，加速了传统民族社会文化的存续环境、建构方式等的变迁。曾经在传统社会民族群体的生产生活中发挥着重要作用的歌舞，在这一过程中，其形态、功能和意义等方面也发生了显著的变化。

(三)民族宗教研究

【白族宗教信仰研究】张海超在《空间视角下的白族本主庙与村庄的宗教生活》(载《云南

社会科学》2011 年第 3 期）中指出白族本主庙的选址与建筑模式、空间分割和配置、神像布局反映了白族的神灵崇拜、洁净仪式与神庙空间的关系，同时，跨村庄以及与更广阔的世界的联系也能从与本主庙有关的仪式活动中发现。

【傣族民间宗教与上座部佛教研究】和少英、刀洁在《金平傣族的巫文化与心理治疗》［载《中央民族大学学报》（哲学社会科学版）2011 年第 1 期］在对金平傣族存在于日常生活中的种种巫术事象，尤其是巫师、巫医及其心理治疗等文化事象长期的田野调查的基础上，指出该族群不信仰南传上座部佛教，却保留着十分古朴的以“万物有灵”为其核心内容的丰富多彩的巫文化信仰。吴之清在《论傣族节日庆典与南传上座部佛教的关系》［载《云南民族大学学报》（哲学社会科学版）2011 年第 3 期］中指出南传上座部佛教在这些地区的流播过程中，也会向该民族的习俗或节日文化方面渗透而深受影响。这种渗透是在节日文化与宗教信仰有机联系的基础上进行的，明显体现在原始宗教与人文宗教相互妥协及人文宗教本地化的过程当中。

【普米族宗教信仰研究】奔厦·泽米在《普米族白石崇拜的文化解读》［载《云南民族大学学报》（哲学社会科学版）2011 年第 3 期］经过长期的文化互渗，作为氐羌族群共有的白石崇拜在藏彝走廊狭长的地域范围内，形成诸族群大同小异的白石崇拜文化圈。诸族群对白石的崇拜不仅是象征祖先神灵，也是古羌集团源远流长的尚白心理的反映。

【其他少数民族宗教信仰】和晓蓉在《心灵传承视角下壮族布洛陀信仰的当代重构及其意义》（载《广西民族研究》2011 年第 4 期）中认为当代壮族布洛陀信仰的重构，在其世俗化建构的表象下，其重建、复兴、重释、变异等过程都是在心灵传承机制的整合作用下进行的；壮族布洛陀信仰的重构，对后现代语境中民族传统信仰的复兴与重构、民族非物质文化遗产保护与传承的理论与实践，具有启示和典范作用。

【现状与问题研究】黄彩文、李杰在《布朗族宗教信仰与和谐社会构建中应处理好的几个关系》［载《云南民族大学学报》（哲学社会科学版）2011 年第 2 期］中通过对布朗族宗教文化的研究指出其宗教文化中包含的价值观与和谐社会的总目标是协调一致的，但也有消极的一面。因此，我们一方面要正确处理好宗教信仰与经济社会发展的关系；另一方面要努力挖掘和发扬布朗族宗教信仰中有利于社会和谐发展的伦理道德精神和积极因素，为构建和谐云南、和谐边疆服务。张桥贵在《云南宗教旅游开发的思路、原则和措施》［载《云南民族大学学报》（哲学社会科学版）2011 年第 1 期］中认为目前宗教旅游开发中的过分市场化运作和商业化经营，将严重有损宗教教职人员和宗教团体的形象。在宗教旅游开发中应积极引导优秀宗教文化与健康旅游活动良性互动，实现社会效益、经济效益、生态效益三方共赢，以营造文明、健康、和谐的宗教旅游氛围。张婷婷在《论我国卫视对边境地区少数民族受众的影响——以勐腊县为例》（载《学术探索》2011 年第 6 期）中认为卫星电视作为我国社会主义新闻事业的重要组成部分，但由于受体制改革、社会转型、大众文化影响、国外媒介冲突、受众群体、行政管理等因素影响，忽略了边境地区少数民族受众这一重要群体，未能完全履行卫视职责，满足这一群体的需求，并发挥其在社会控制方面的影响力，维护祖国边境稳定发展。

（四）民族生态文化研究

廖国强、关磊在《文化·生态文化·民族生态文化》［载《云南民族大学学报》（哲学社会科学版）2011 年第 4 期］中梳理了文化、生态文化、民族生态文化等概念的形成，并从学术理路对之作阐释，分析了民族生态文化与生态文化之间的区别和联系。

（五）传统文化与现代化研究

【传统文化研究】陈孟云在《傣族贝叶文化资源的现代性之路——以傣族舞剧和电影〈孔雀公主〉为例》（载《云南社会科学》2011 年第 5 期）中以傣族传说《召树屯》先后被改编成现代舞剧与汉语电影《孔雀公主》为例，分析了傣族贝叶文化在新中国成立后与汉文化沟通整合而实现的原生态艺术发展为现代性民族艺术。杨福泉在《略论纳西族图画象形文字的象征意义》［载《云南民族大学学报》（哲学社会科学版）2011 年第 5 期］中认为纳西族图画象形文字的象征涵义相当直观而丰富。多反映在东巴图画象形文中的象征意义。纳西族图画象形文字中有与甲骨文象征意义相近而又微妙不同的字词，反映出两种不同的文化观和审美观。张宁在《克木语使用状况调查研究》[载《云南民族大学学报》(哲学社会科学版)2011年第5期]中指出近60年来，克木人逐渐由封闭走向开放，母语使用领域则相对萎缩，语言活力有所下降，逐渐显露衰退趋势。本文以田野调查材料为基础，从保护和抢救濒危语言的角度讨论我国境内克木语的使用状况及其保护措施。

【云南少数民族传统文化保护与传承】董秀团的《白族大本曲研究》(中国社会科学出版社2011年版)借鉴艾布拉姆斯关于艺术作品四要素的分析模型，建立了大本曲文化系统的结构模式，对大本曲这一艺术形式的本身进行了分析，探讨了大本曲与其文化系统中另外三个要素之间的互动关系，更系统、深入地认识大本曲这一与白族民众生活紧密相关的艺术形式。

【非物质文化遗产研究】吴兴帜在《文化生态区与非物质文化遗产保护研究》(载《广西民族研究》2011年第4期)中试图从文化生态区的理念出发，探寻非物质文化遗产保护与传承的道路，为非物质文化能够继续活态的、原真性的存续提供一种方法论视角。黄彩文在《云南人口较少民族非物质文化遗产的保护与传承——以邦丙村布朗族的传统纺织技艺为研究个案》(载《西北民族研究》2011年第3期)中指出由于人口较少民族文化核心区范围较小，存续本民族传统文化的能力较弱，其传统文化的处境比其他少数民族更为严峻。杨云红在《论民间艺人档案的建立》[载《云南民族大学学报》(哲学社会科学版)2011年第3期]中指出，剧烈的社会、文化变迁对民间艺人的存续产生了强烈冲击，很多非物质文化遗产的传承面临着后继乏人的问题。因此，立足于云南省保护和传承非物质文化遗产的实际情况，做好民间艺人档案的征集记录，对做好非物质文化遗产保护和传承工作有着重要意义。李福军的《云南傩艺术概论》(四川师范大学电子出版社2011版)在探究云南傩艺术研究现状、起源与发展、文化功能、文化特征以及云南傩艺术的保护与传承的基础上，对云南傩艺术的现代价值作了较为深入的考察。从理论上揭示傩这种人类最初的精神文化成果对现代文明的影响。

【文化变迁研究】韦玮、白志红在《云南Y村佤族土地使用及其变迁的人类学研究》(载《开放时代》2011年第5期)中通过对云南Y村的田野调查，分析当地佤族土地使用变迁及其引起的社会文化变迁情况。指出橡胶的引进促使私人土地占有量开始出现两极化趋势，由此导致佤族的传统文化也相应发生了改变。

【民族认同研究】袁娥在《佤族文化中的国家认同实证考量》[载《云南民族大学学报》(哲学社会科学版)2011年第2期]中以佤族为例，探讨佤族文化中的国家认同意识，进而从民族文化的根源上寻求民族认同与国家认同的良性整合。古文凤在《苗族民族认同的层级论——对苗族“蒙人”的个案研究》[载《中央民族大学学报》(哲学社会科学版)2011年第2期]中对苗族蒙人的民族、国家认同的分层表现进行了研究，指出不同的层级有不同的认同标准，其情感指向也有所不同，苗族蒙人对中国国家的认同是苗族蒙人最高级的认同。陆海发，胡玉荣在《论当前我国边疆治理中的民族认同与国家认同整合》(载《广西民族研究》2011年第3期)中认为伴随着当前我国边疆地区现代化进程的加剧，边疆民族认同与国家认同的矛盾与冲突在一定程度上凸显出来，因此在现实的认同整合过程中，必须调整我国当前的民族政策取向、转变边疆治理的思路、切实保障少数民族的正当权益，并通过国族建设实现边疆民族认同与国家认同的和谐共存。马翀炜、张雨龙在《跨境橡胶种植对民族认同和国家认同的影响——以中老边境两个哈尼族(阿卡人)村寨为例》(载《思想战线》2011年第3期)中随着村民土地产权意识的不断加强，户与户之间、村与村之间的土地边界逐渐清晰，边境线也开始在两村村民的心里被建构起来。两村阿卡人的民族认同和国家认同等观念也相应的发生了许多变化。任新民，周文在《民族心理认同的结构及构建》(载《思想战线》2011年第6期)中就民族心理认同的结构和特性进行系统梳理，厘清了民族心理认同理论基本观点，可以为进一步提高本民族心理认同与国家心理认同的重合、国家和谐统一提供理论依据。郑晓云在《当代边疆地区的民族认同与国家认同——从云南谈起》[载《中南民族大学学报》（人文社会科学版）2011年第4期］中指出当代边疆少数民族国家认同得以强化，经济发展与国家的强盛是主要的驱动力，但是国家主体文化在其中的影响不足，不利于国家认同的夯实，甚至会带来巨大的负面影响。必须加强边疆少数民族地区的文化建设，进一步增强国家主体文化在各民族国家认同构建中的分量，夯实各民族国家认同的文化基础。桂榕在《回族的国家认同：建构与阐释的文化人类学视角》［载《北方民族大学学报》（哲学社会科学版）2011年第1期］中通过分析回族日常生活文化表达和实践的文化外层、文化中间层、文化内层及文化内核，这四个层面的文化建构和阐释，展现回族国家认同主体的心理活动与行为表现、文化权力与现实利益，以及回族社会与国家的互动，对回族国家认同形成较为全面的认识。张海超在《祖籍、记忆与群体认同的变迁——大理白族古代家谱的历史人类学释读》［载《北方民族大学学报》（哲学社会科学版）2011年第1期］中通过分析云南大理白族地区普遍流行其祖先来自南京的说法，指出白族对祖籍的坚持其实也是一种重新界定自己身份的行动，通过建立一套新的记忆体系，大理人逐渐放弃了旧的身份，从明初被视为化外的“蛮夷”最终成为与王朝的历史有密切联系的汉人后裔。李志农、乔文红在《“发明”与重构——论云南维西玛丽玛萨人的文化自觉》（载《思想战线》2011年第1期）中指出自21世纪初，玛丽玛萨人开始了民族文化的自觉，通过以代表玛丽玛萨人文化身份重要标志的玛丽玛萨服、玛丽玛萨歌舞和节日文化等的重构和“发明”。

【云南民族文化产业研究】范建华在《文化与文化产业发展新论》（人民出版社2011年版）中强调，在当代中国经济社会迅速发展的前提之下，对于生态环境脆弱的欠发达地区及那些难以发展传统工业而文化资源丰富的民族地区，需要优先发展文化产业。因为这将是既能够保护生态环境，又能够传承和发展传统民族文化，乃至有助于推动经济增长方式转变与升级的最佳路径。围绕文化产业的基础、前景、核心范畴等基本理论问题，针对目前文化产业发展中的诸多薄弱环节，书中还提出文化产业区域发展不平衡论、两型、两极论与优势互补论、文化旅游互动发展论、依据实际情况发展文化产业论等富有实践操作意义的重要论点。尹欣、范建华的《2008—2009云南文化产业发展报告》（云南大学出版社2011年版）对云南文化产业在2008—2009年十大产业门类和发展中的问题及所发生的大事详尽地进行了阐述、分析和记录。王亚南在《云南文化产业“十二五”发展目标透析——基于文化消费需求的协调增长测评》（载《云南社会科学》2011年第5期）中认为“十二五”期间，云南的文化产业发展必须与文化消费需求增长实现良好契合，城乡文化消费需求增长应当与经济发展、民生增进实现良好协调，这就需要对“十二五”规划既定的“协调增长”目标作出预期测算，并以此衡量文化产业何以才能成为国民经济支柱性产业。

（六）节庆、集会研究

范建华在《论节庆文化与节庆产业》（载《学术探索》2011年第2期）中认为节庆的产生根源于人类社会的精神生产活动。在特定的时间和空间中进行的节庆活动，不仅是对日常生活的延续，也是人们重要的情感寄托和精神信仰方式。节庆在满足广大人民群众的精神需求和物质需求、地方文化形象建设、文化品牌打造和文化产业发展方面起着全新的作用。顺应这一趋势，实现节庆产业的可持续和科学发展，能够提升我国的文化软实力、保护民族文化多样性、增强民族自信心和自豪感、实现相关国民经济建设的增长，为实施对外文化贸易战略服务。

（七）仪式、象征研究

赵洪云在《盈江县盏达傣族婚姻仪礼的文化内涵》［载《云南民族大学学报》（哲学社会科学版）2011年第4期］中指出傣族对礼物往来的重要性有极强的意识，礼物馈赠和其他交换在该社区的社会生活中扮演着重要的角色，特别是在维持、再生产及改造他群与我群之间的人际关系方面，建立起了一套关于礼物的话语的丰富涵义。黄彩文，丁桂芳在《哈尼族奕车人“阿巴多”酒宴与青春期教育》（载《思想战线》2011年第1期）中指出“阿巴多”是哈尼族奕车支系青年人的一种聚会交友活动。从活动的内容、意义及其对整个社会的影响来看，“阿巴多”是一次培养青年人性观念、生存理念和生活智慧的青春期教育。在这个过程当中，青年人不仅获得了应对未来生活的一些基本理念和技能，而且通过相互的交流和沟通，其本身成为构建和巩固整个奕车社会关系网络的关键力量。

五、跨境、跨界民族研究

（一）跨境、跨界民族理论与现实问题研究

马翀炜、张雨龙在《对泰国北部山区一次村民选举的人类学考察》［载《广西民族大学学报》（哲学社会科学版）2011年第6期］通过对泰国北部山区D村村长竞选过程的考察。指出村民积极参与村寨选举的政治博弈活动表明了曾经长期游走于国家边缘的山地农民正积极参与国家化的进程。将国家视为可资利用的工具，用国家提供的各种社会资源来为自身构建更多的社会资本，进而在市场中获得更大收益是一些山地民族的现实选择。和少英、李闯在《桥头堡建设与云南跨境民族文化的繁荣发展》［载《云南民族大学学报》（哲学社会科学版）2011年第5期］中指出随着国家对桥头堡建设的战略部署进入了全面实施的新阶段。对地处桥头堡建设最前沿的云南跨境民族文化的繁荣发展问题进行探讨具有重要的现实意义。谷家荣在《滇越边民跨国流动与社会稳定研究——基于国家、地方与边民的视角》（载《广西民族研究》2011年第2期）中对越边民跨国流动与社会维稳间的关系进行了研究，指出滇越边境关键在于国家、地方和边民三者之间构织起一个有序的会通和并接环境。李官、李劲松在《教育视角下的跨界民族文化差异与边疆民族稳定》（载《学术探索》2011年第3期）中指出基于跨界民族的发展过程而提出的解决跨界民族问题的传统思路忽略了对跨界民族的文化差异的尊重，没有重视对其进行“求同存异”文化观的培养，从而增加了国家统一与边疆稳定之间矛盾的可能性，而义务教育的充分发挥则可以有效缓解或解决这个冲突。

（二）跨境、跨界民族历史研究

何平在《叭真不是西双版纳第一代召片领——叭真真相再考》（载《思想战线》2011年第1期）中认为叭真是《泐史》编写者在比较晚近的时候，把11—12世纪统治今泰国北部及周边地区的一位首领的事迹，以其名写进了《泐史》这部文献，并附会创造成勐泐的创建者的。《泐史》中提到的叭真，其真实身份是今天泰国和老挝文献中提到的坤真、坤壮或陶真，其统治的地区并不包括今天的西双版纳。

（三）东南亚民族研究

何平在《泰国东北部地区老族的由来及其历史变迁》（载《贵州民族研究》2011年第5期）中指出泰国东北部地区的老族，是在泰族控制这个地区之前从今天的老挝这一带移居到过去的。但是，由于这一带地区的主要居民的历史和和文化与今天老挝的主体民族老族有着十分密切的联系，他们中的许多人仍然自认为是老族人，现在国际学术界也仍然还把这些居民称为老族人。饶睿颖在《论早期泰北泰庸人的形成》［载《云南民族大学学报》（哲学社会科学版）2011年第4期］中认为从中国南方迁徙到中南半岛地区的傣泰民族中的不同分支在不同的时期先后迁到了泰北谷河流域清莱、清盛一带，与当地的拉瓦、克伦等民族相互杂居、通婚，最终形成了早期的泰庸人，因此，早期泰北泰庸人属于傣泰民族群体中的分支，是后来泰国北方主体民族的先驱，对早期泰国北方政权的形成有着重要的作用。

（云南大学　李晓斌）

宗教学

云南地处中国西南边陲，民族种类众多，宗教类型齐全，有佛教、道教、基督教、伊斯兰教等主要宗教，还有各少数民族的传统宗教。在文化的交流和互动中，各大宗教与少数民族宗教相互融合，并与社会生活联系在一起。因此，云南宗教学研究拥有丰富的研究资源，在研究内容上体现出一定的本土特色。

从现有的文献资料来看，2011年云南宗教学研究具有以下特点：①理论建构和研究方向选择具有鲜明的时代性。云南宗教学界紧密结合和谐社会建设和“两强一堡”战略开展研究工作，理论建构的目标是为了引导宗教与社会主义社会相适应。②引入多学科视角，具有学科交叉性。2011年的云南宗教学研究引入了社会学、人类学、中医学和考古学等多学科的理论视角，更加强调宗教与社会的关联性，而不只是停留于宗教本身的研究。③立足本土资源，发挥民族性和地域性资源优势。云南宗教学研究立足本地资源优势，对制度性宗教（佛教、道教、基督教和伊斯兰教等）和少数民族传统宗教以及二者之间的相互影响进行研究，体现出云南宗教学研究的独特视野。④研究领域扩大，与国内的宗教学研究展开对话。2011年，云南宗教学研究在宗教理论上有所贡献，而且还把研究领域扩展到中原和北方少数民族地区。云南宗教学研究走出了云南，与国内宗教学研究紧密联系。

据不完全统计，自2011年1月1日至2011年12月31日止，云南宗教学界公开发表学术论文及相关硕士学位论文共计103篇，出版著作1部，立项国家社科基金重点项目1项，国家社科基金西部项目宗教学相关课题5项，云南省哲学社会科学规划项目7项。本文从宗教学理论研究、少数民族宗教研究、传统宗教学研究（佛教、道教、基督教和伊斯兰教等）、外国宗教学研究、重要学术活动以及云南宗教学课题立项存目等六个方面对2011年云南宗教学研究的现状进行综述。

一、宗教学理论研究

2011年，云南学者的宗教学理论研究主要涉及宗教思想、宗教概念辨析、宗教信仰现状等方面的议题。在此传统研究思路基础上，云南学者还在研究视野上有所突破，把宗教和社会管理、文化产业、文学艺术等方面联系起来。宗教研究不只囿于宗教本身的探讨，而是把宗教置于更为广泛的社会视野里来认识。

（一）宗教学研究视野与理论创新

云南学者对于宗教学基础理论的研究主要体现在宗教认识立场和宗教功能等两方面，在此项研究中，学者们运用了多学科交叉的视角来认识宗教，并就宗教在社会中的作用以及由此而产生的一些现象作了理论上的探索。

一些学者借用了文化人类学的视角来研究宗教现象。基于宗教作为一种文化现象的立场，王萍认为原始宗教具有解释、艺术和娱乐等文化功能。[①] 李世武在论文《边界模糊——区分宗教和巫术的困境》中把宗教视为一种文化现象，探讨了巫术和宗教的边界问题。李世武认为在宗教研究中需应用语境和情景视角，从“文化持有者的内部眼界”来考察文化现象。[②] 徐义强在论文《李亦园宗教文化观述评》中基于宗教是一种文化现象的立场，介绍了人类学家李亦园对于中国人宗教信仰的讨论，即一种以佛道思想为主、杂以其他的仪式成分和古老习俗的复杂混合体。作者指出李亦园提出的“三层面和谐均衡”理论模式，

---

① 王萍：《浅议原始宗教的文化功能》，载《现代交际》2011年第1期，第57页。

② 李世武：《边界模糊——区分宗教和巫术的困境》，载《世界宗教文化》2011年第3期，第55～57页。

是构建中国宗教解释体系的有益尝试。①

宗教生态论的引入和运用是云南宗教理论研究中的新亮点。宗教生态论借用文化生态学理论，把宗教文化看做一个生命系统，研究该系统的结构、内外关系、运行机制等，在研究中强调系统整体性和平衡性。徐祖祥、张涛在论文《宗教选择与信仰自觉：滇南苗族宗教生态急剧变迁的理性反思》中从“王主”信仰的冲击与信仰自觉的衰退、基督教的传播与宗教信仰的转换和传统宗教信仰的重构与困境等方面介绍了当代滇南地区苗族宗教生态的发展及其变迁的历程。② 作者认为民族地区宗教生态问题发生的本质在于民族文化和民族传统宗教的传承和创新。信仰自觉应成为民族发展的核心动力，它引导了民族传统宗教的传承与创新。

云南学者从历史学和社会学角度研究民间信仰。刘雅萍在论文《中国古代民间神灵的兴衰更替——以南京蒋子文祠为例》中以南京蒋子文祠为个例，阐述了中国古代民间神灵的兴衰更替现象。作者认为随着时代发展，如果神灵没有新的灵验故事，不能满足社会需求，旧的神灵将为民众所遗忘。③ 孙跃在论文《公祭、文化遗产与民间信仰——以天津市G镇三霄娘娘信仰的恢复为例》中基于天津市G镇三霄娘娘信仰的恢复过程进行田野调查，阐述了国家公祭活动以及非物质文化遗产制度对于三霄娘娘信仰恢复的促进作用。作者认为公祭活动与非物质文化遗产制度代表了国家的价值诉求。而在此之下，民间信仰仍然按照原来固有的逻辑在国家的价值诉求之下寻求生存与发展的空间。④

云南学者用马克思主义宗教观来分析云南少数民族的宗教活动。张庆松在论文《马克思主义宗教观与云南少数民族的宗教实践》中从马克思主义宗教观中撷取宗教认识论、宗教功能论和宗教消亡论等三个方面来认识少数民族宗教。⑤ 作者指出马克思主义宗教观的理论在云南少数民族的宗教活动中有着鲜活而生动的实践。

在云南宗教学研究中，出现了多学科交叉的趋势，宗教学与体育学的结合就是其中的典型例子。吴阳、周山彦在论文《原始宗教情结下古滇民俗体育文化探析》中从体育考古学的角度研究了滇国的原始宗教信仰以及其中蕴含的民俗体育形式。⑥ 作者认为古滇文化已具备体育文化的构建因子，滇国在重大节日举行的斗牛、竞渡、磨秋、剽牛祭祀等民俗活动中已彰显出体育的特色，这类活动是古滇民族主要的民俗体育活动形式。

（二）宗教信仰现状研究

宗教是一项与人的精神相互关联的文化现象，它包涵了精神信仰和行为实践两个层面。2011年，云南宗教学界的研究重点关注了人的精神信仰，并从理论和实证两方面对此开展了相关的研究工作。

王聪聪、罗鸣春等在论文《国内关于信仰的心理学研究述评》中对国内关于信仰的心理学研究成果进行了梳理和述评，作者认为国内关于信仰研究尚无系统的理论构建；研究方法缺乏多样性，没有能深度挖掘的访谈或实验等手段；数据分析方法主要采用相关分析、方差分析、回归分析等。⑦ 宋军乐、王涛等在论文《当代青年与宗教信仰》⑧ 中指出社会价值多元化的背景下的青

---

① 徐义强：《李亦园宗教文化观述评》，载《世界宗教文化》2011年第3期，第44～47页。

② 徐祖祥、张涛：《宗教选择与信仰自觉：滇南苗族宗教生态急剧变迁的理性反思》，载《云南民族大学学报》（哲学社会科学版）2012年第1期，第53～57页。

③ 刘雅萍：《中国古代民间神灵的兴衰更替——以南京蒋子文祠为例》，载《世界宗教研究》2011年第4期，第69～74页。

④ 孙跃：《公祭、文化遗产与民间信仰——以天津市G镇三霄娘娘信仰的恢复为例》，载《江南大学学报》（人文社会科学版）2011年第6期，第110～116页。

⑤ 张庆松：《马克思主义宗教观与云南少数民族的宗教实践》，《云南社会主义学院学报》2011年第1期，第42～47页。

⑥ 吴阳、周山彦：《原始宗教情结下古滇民俗体育文化探析》，载《体育科技文献通报》2011年第1期，第114～116页。

⑦ 王聪聪、罗鸣春：《国内关于信仰的心理学研究述评》，载《思茅师范高等专科学校学报》2011年第2期，第49～53页。

⑧ 宋军乐、王涛：《当代青年与宗教信仰》，载《科技致富向导》2011年第5期，第382～382页。

年人的信仰处于价值无根的状态，有许多青年选择了宗教作为自己的信仰，应该对信仰宗教的青年提出有价值的引导和建议，防止理想与信仰的迷失。马凤鸣，冯珍等在论文《少数民族地区大学生宗教信仰状况调查报告——以大理学院为例》中针对大理学院学生的宗教信仰状况进行描述和统计分析，对加强当代大学生科学宗教观教育的方法途径问题提出思考。①

（三）宗教与和谐社会建设

宗教是一项重要的社会设置，它直接影响着人的精神信仰。宗教问题处理得当与否，关系到国家和社会的稳定。云南宗教学者将宗教置于和谐社会建设的背景下加以研究，主要涉及意识形态安全、宗教政策与管理、宗教与和谐社会建设等方面的议题。

何其敏、张桥贵主编的研究报告文集《流动中的传统——云南多民族多宗教共处的历程和主要经验》是云南宗教学研究的突破性成果，它为认识民族与宗教的关系提供了新视角。② 该书由12份论文和研究报告组成，分别从社会学、历史学、政治学、人类学等不同的学科视角，探讨了云南多元宗教共存格局的形成和运作机制、多元宗教共存的特征、佛教与民族民间信仰的关系、基督教与少数民族宗教的融入与互动以及云南宗教管理的模式等议题。这些研究以理论文献和田野调查相结合，阐释了民族宗教对于社会、经济和文化的作用，并从中总结了多民族、多宗教和谐共存的主要经验。这对于我们研究多样性宗教文化具有方法论的指导意义，同时对认识传统的发展历程以及传统的冲突和张力具有一定的启示作用。

意识形态领域的稳定直接关系国家政权的巩固，也是我国社会主义事业中需要关注的重要问题。孙浩然在论文《宗教渗透与意识形态安全的理论透视》中研究了宗教渗透对意识形态领域安全的威胁。作者认为宗教渗透在意识形态领域制造的混乱会造成国民对国家指导思想的怀疑、政治信仰动摇、破坏正常的社会伦理，进而发生价值体系的变异，直接影响了整个社会和国家政权的稳定和发展。所以我们应该抵御宗教渗透，维护我国意识形态安全，这关系到我国社会主义事业的兴衰成败。③ 林萍从宗教渗透的概念出发，揭示宗教渗透的本质，分析新形势下境外利用宗教对我国进行渗透的手段和途径，并提出新形势下，高校抵御宗教渗透的可行性对策。④

宗教文化建设是云南建设民族文化强省和实施桥头堡战略的重要内容。建设民族文化强省是增强云南竞争实力，符合云南省情和当代文化发展趋势的重要决策。云南桥头堡建设是社会、经济、制度、文化等综合性的建设。纳文汇在论文《中国面向西南开放桥头堡建设中的宗教文化建设》中认为，云南桥头堡建设战略中，要进一步加强宗教文化建设，充分调动和发挥各民族各宗教各阶层的社会力量，并通过共同努力，顺利实现中国面向西南开放桥头堡建设的战略目标。⑤ 同时，纳文汇强调应该从理论思想、保持信仰特色、贯彻民族宗教政策和处理好宗教内外部关系等四方面进行宗教文化建设。作者认为云南建设民族文化强省的战略目标决策应该变为全省各民族、各宗教、各阶层的共同意识和自觉行为，这有利于战略目标顺利实现。⑥

正确处理和认识宗教问题，有利于和谐社会建设。张桥贵、李守雷在论文《民族之间通婚影响多宗教和谐共处的研究——以云南省西双版纳傣族自治州为例》中对云南省西双版纳傣族自治州的民族、宗教间通婚的四种情况进行了分析，即相同民族相同信仰之间的通婚、不同民族相同信仰之间的通婚、相同民族不同信仰之间的通婚和不同民族不同信仰之间的通婚。作者认为族际通婚促进了多宗教的和谐共处，而宗教的和谐共

---

① 马凤鸣、冯珍：《少数民族地区大学生宗教信仰状况调查报告——以大理学院为例》，载《中国城市经济》2011年第29期，第340页。

② 何其敏、张桥贵主编：《流动中的传统——云南多民族多宗教共处的历程和主要经验》，宗教文化出版社2011年版。

③ 孙浩然：《宗教渗透与意识形态安全的理论透视》，载《甘肃理论学刊》2011年第6期，第20～24页。

④ 林萍：《建立高校抵御宗教渗透的长效预警机制》，载《红河学院学报》2012年第1期，第35～38页。

⑤ 纳文汇：《中国面向西南开放桥头堡建设中的宗教文化建设》，载《东南亚南亚研究》2011年第3期，第62～66页。

⑥ 纳文汇：《云南民族文化强省建设中的宗教文化建设》，载《今日民族》2011年第4期，第46～49页。

处又反过来为族际通婚创造条件。① 黄彩文、李杰在论文《布朗族宗教信仰与和谐社会构建中应处理好的几个关系》中研究了分布于西双版纳、普洱、临沧和保山等地山区或半山区的布朗族社会中多元宗教共存的现状。黄彩文等认为布朗族宗教文化中所包含的核心价值观与和谐社会的总目标是协调一致的，但也有消极的一面。因此我们正确处理好宗教信仰与经济社会、文化保护等方面的关系，挖掘和发扬布朗族宗教信仰中的积极因素为云南的和谐社会建设服务。②

云南学者对宗教政策和宗教管理等方面的研究，为正确认识宗教和处理宗教问题提供了支持。王爱国在《从政策管理到依法管理的历史性转变——〈宗教事务条例〉及相关法律法规》一文中指出，《宗教事务条例》作为我国第一部宗教事务方面的综合性行政法规实现了从政策管理到依法管理的历史性转变。《宗教事务条例》将党的政策主张法律化，将国家的宪法原则具体化，由此确立了我国宗教事务管理九个方面的基本制度。③ 肖飒在论文《边疆民族地区宗教活动新特征及其对农村基层党组织与基层政权建设的影响——以云南省武定县为例》中研究了边疆民族地区云南省武定县农村中“非正常化”宗教活动的影响对农村基层政权组织的冲击。作者提出农村基层政权组织必须强化科学发展观，发挥基层政权组织在信教民族地区应有的职责和作用。④ 张永茂的硕士论文《中国共产党少数民族传统宗教政策研究》以大理州白族的传统宗教——本主崇拜的历史与现状，讨论了党和国家的民族传统政策在大理白族地区的贯彻落实情况和存在的问题。⑤ 李昆则提出了新农村建设中的少数民族传统宗教文化传承问题，在变革传统的同时应该注意对传统文化的保留和传承。⑥

教育是社会运行和发展中的重要组成部分，它关系人的社会化过程和知识创新等重要议题。云南学者也同样关注了教育中的宗教问题。孙琥瑭、杜丽的论文《民族高等教育如何正确对待宗教因素》研究了民族高等教育中涉及的宗教知识和宗教问题。⑦ 作者认为宗教因素异常复杂，敏感且关涉甚广，但不可回避，必须勇于面对，正确面对，善于面对。处理好民族高等教育中的宗教因素，是民族高等教育过程中的重要一环。

（四）宗教与旅游业

旅游业是云南经济发展的支柱型产业，旅游业直接关系到云南的社会经济发展和稳定。宗教文化是云南旅游业中的重要资源。因此如何正确开发和利用宗教文化资源成为云南学者的研究议题之一。

开发宗教文化资源应该营造文明、健康、和谐的社会氛围，实现社会效益、经济效益、生态效益三方共赢。张桥贵的论文《云南宗教旅游开发的思路、原则和措施》研究了多民族聚居的边疆民族地区的宗教文化旅游资源的开发与当地群众的相互影响关系。作者认为当地群众在宗教文化旅游开发项目中的参与度较高，从开发中获利最多，同时也对当地群众的传统信仰影响最深。但是宗教旅游开发中的过分市场化运作和商业化经营，将严重有损宗教教职人员和宗教团体的形象。在宗教旅游开发中应积极引导优秀宗教文化与健康旅游活动良性互动，促进旅游、宗教文化和人的全面协调发展。在宗教旅游开发中应遵循文化性、生态性、特色性、保护性、参与性和合

---

① 张桥贵、李守雷：《民族之间通婚影响多宗教和谐共处的研究——以云南省西双版纳傣族自治州为例》，载《世界宗教研究》2011 年第 6 期，第 147 ~ 160 页。

② 黄彩文、李杰：《布朗族宗教信仰与和谐社会构建中应处理好的几个关系》，载《云南民族大学学报》2011 年第 2 期，第 16 ~ 20 页。

③ 王爱国：《从政策管理到依法管理的历史性转变——〈宗教事务条例〉及相关法律法规》，载《世界宗教文化》，2011 年第 6 期，第 13 ~ 18 页。

④ 肖飒：《边疆民族地区宗教活动新特征及其对农村基层党组织与基层政权建设的影响——以云南省武定县为例》《科学与无神论》2011 年 2 期，第 27 ~ 32 页。

⑤ 张永茂：《中国共产党少数民族传统宗教政策研究》，云南大学硕士学位论文，2011 年。

⑥ 李昆：《传统与变革：云南少数民族宗教传统文化与新农村建设》，载《云南财经大学学报》2011 年第 3 期，第 94 ~ 95 页。

⑦ 孙琥瑭、杜丽：《民族高等教育如何正确对待宗教因素》，载《吕梁学院学报》2011 年第 1 期，第 57 ~ 59 页。

理性的原则。①

部分学者对宗教旅游开发中的具体案例进行了讨论。段云虹的论文《旅游风景区宗教文化的传承与保护——以昆明西山旅游风景区为例》研究了西山旅游风景区独具特色的宗教文化和人文景观旅游资源的价值、特点。段云虹提出了传承和保护的对策，不仅对于推动社会主义文化的大发展、大繁荣，而且对于构建社会主义和谐社会均具有积极的现实意义。② 杨文安对鸡足山佛教历史文化旅游资源开发进行了讨论，提出开发的原则：①与现代科学技术结合；②与时代审美情趣相结合；③与宗教和民族政策相结合探析；④与可持续发展战略相结合。③

（五）宗教与文学艺术

文学是一种语言的艺术，以语言文字的方式表达社会生活和情感。宗教作为社会生活的组成部分，为文学的发展提供了重要的素材，在文学作品中也会表现出宗教思想、宗教情感等内容。2011 年，云南宗教学研究主要涉及文学作品中的宗教思想和宗教生态构成等内容。

文学作品中蕴含了丰富的宗教思想和宗教发展的历史信息。刘彦彦、龙珊在论文《略论明清小说与宗教生态》中认为明清小说中涉及宗教的戏剧性情节往往和宗教生态形成显明的互动关系，通过解读明清小说文本中宗教内容，展示了宗教生态的变化形式。④ 李福军在论文《蒲松龄小说〈聊斋志异〉中的佛教文化思想探析》中认为，蒲松龄在构建《聊斋志异》鬼狐仙怪世界故事时以佛教文化思想中的“因果报应”观为主导思想，这种隐喻的方式一定程度上体现佛教提倡“众生平等”思想及佛学的神秘观。⑤ 张一方则在论文《〈西游记〉、〈封神演义〉折射出的佛道之争》指出，《西游记》和《封神演义》两部小说都是从正面倡导佛道相容，但对佛道教的定位有先后之别，二者折射出历代民间常有的佛道之争。⑥

云南学者主要从宗教学的视角研究具有宗教思想和象征符号的艺术形式，如湘西傩戏和云南纸马。韩梅、李玉在论文《浅谈宗教与艺术》中研究了宗教与艺术的关系，并对此进行了现代反思。⑦ 田红云在论文《傩戏的神话行为叙事探析——以湘西傩戏为例》中以湘西傩戏为例，讨论了傩戏的神话行为叙事。作者认为傩戏中的乐舞表演、祭祀仪式等活动受神话思维的影响，在行为叙事中被赋予了再诠释功能，在不断重构的历史进程中呈现出动态的发展状态。⑧ 此外，田红云还研究了湘西傩戏用面具、神图、傩乐、傩舞等宗教艺术符号。他认为宗教性质的想象与宗教艺术形式共同构成了当地宗教信仰的多重象征。傩戏作为宗教艺术的象征表达建构了神圣空间，各种宗教艺术被充分运用到这个象征体系中，进而保障了仪式的顺利进行，最终达到人神沟通。⑨

云南有着产生古老原始崇拜观念的深厚土壤，因此云南纸马就具有了独特的地域风格。曲艳玲在论文《云南纸马的本土发生说》中认为“蜀身毒道”把佛教最早带入云南民间社会，又把造纸术、印刷术带到云南，原始崇拜观念与物质技术条件的契合促成了云南纸马的本土发生。⑩

二、少数民族宗教研究

（一）白族宗教

白族宗教是一个复杂而庞大的信仰体系。白族有独特的本主信仰，同时也受到佛教、道教和

---

① 张桥贵：《云南宗教旅游开发的思路、原则和措施》，载《云南民族大学学报》2011 年第 1 期，第 26～31 页。

② 段云虹：《旅游风景区宗教文化的传承与保护——以昆明西山旅游风景区为例》，载《民族艺术研究》2011 年第 6 期，第 113～117 页。

③ 杨文安：《鸡足山佛教历史文化旅游资源开发探析》，载《思想战线》2011 年人文社会科学专辑第 37 卷，第 462～463 页。

④ 刘彦彦、龙珊：《略论明清小说与宗教生态》，载《明清小说研究》2011 年第 4 期，第 66～79 页。

⑤ 李福军：《蒲松龄小说〈聊斋志异〉中的佛教文化思想探析》，载《云南电大学报》2011 年第 3 期，第 36～39 页。

⑥ 张一方：《〈西游记〉、〈封神演义〉折射出的佛道之争》，载《盐城师范学院学报》2011 年第 1 期，第 77～79 页。

⑦ 韩梅、李玉：《浅谈宗教与艺术》，载《科技信息》2011 年第 15 期，第 831 页。

⑧ 田红云：《傩戏的神话行为叙事探析——以湘西傩戏为例》，载《思想战线》2011 年第 5 期，第 139～140 页

⑨ 田红云：《试论傩戏的象征表达——以湘西傩戏为例》，载《中央戏剧学院学报》2011 年第 3 期，第 136～143 页。

⑩ 曲艳玲：《云南纸马的本土发生说》，载《吉林艺术学院学报》2011 年第 1 期，第 24～28 页。

儒家文化的影响。本主信仰、佛教、道教和儒家文化等思想共同构建了白族的信仰体系。2011 年白族宗教研究主要涉及白族传统宗教仪式、宗教组织和佛教密宗传播史等相关主题。这些研究应用了人类学理论和田野考察方法，在理论和方法上有一定创新。

张海超在论文《空间视角下的白族本主庙与村庄的宗教生活》中研究了本主庙宇的建筑模式、空间分割和配置、神像布局等空间布局和安排模式。作者认为对空间的理解和运用体现着一个地区的文化观念和行为原则，白族本主庙的选址与建设正反映了白族村民的精神世界和宇宙观，其核心是一种神灵崇拜、洁净仪式与神庙空间相互关系。①

龚民的硕士论文《大理高兴村宗教文化调查研究》运用宗教人类学的方法观察宗教现象、访谈和整理民间故事等，对高兴村的宗教文化进行了研究。② 作者在文中分析了宗教建筑、神话传说、宗教组织和信仰体系等宗教文化事项，从信仰特点、宗教仪式和宗教的社会功能等方面揭示了高兴村的宗教文化特征，以此探讨白族村落宗教文化在当代社会中的价值。

邹成锡、朱虹、谷峥霖等在论文《论大理白族非物质文化遗产——“绕三灵”的价值功能》中介绍了大理白族“绕三灵”活动的起源、内容、形式等内容。作者认为，“绕三灵”活动对白族社会具有以下重要价值：还原白族传统伦理文化的历史价值；促进白族民族认同与国家认同相融合的社会和谐价值；体现白族文化传承与教化功能的教育价值；展现白族文化艺术再造与鉴赏的审美价值。③

徐敏在论文《民间宗教“莲池会”的嬗变》中研究了云南省大理州地区白族妇女的民间宗教组织——莲池会在新历史条件下莲池会逐渐由宗教组织转向世俗活动组织的现象。④ 作者认为透过莲池会的嬗变历程，可以看出宗教与社会发展相适应的必然性。

云南学者对于佛教密宗的研究主要关注了密宗传播对社会文化的影响。张海超在论文《南诏大理国佛教文化传入途径研究》中从文献记载入手，结合宗教、艺术、考古等民族志资料，讨论了南诏大理国佛教文化传入的途径。⑤ 作者认为唐朝、印度、吐蕃以及东南亚诸国等地的佛教文化同时构建了南诏大理国独特的佛教系统。周俊华、雷信来、赵金元等在论文《南诏大理国时期佛教密宗与白族先民政治生活的积极互动》中研究了佛教密宗在南诏大理国的政治影响。作者认为南诏大理国时期佛教与政治紧密结合，并对云南边疆治理产生过积极影响。宗教依托于政治，一旦失去了政治权力的依托，宗教以及依靠宗教而生存的社会阶层必然衰落。⑥

（二）普米族宗教

普米族主要信仰本民族的传统宗教——雅毕（也作师毕、释毕）信仰和韩规信仰。雅毕为宗教祭司，无文字经书，一般口传心授。韩规信仰是普米族传统宗教，信仰万物有灵，崇拜自然和祖先，有丰富的文字经典。2011 年云南学者对普米族宗教的研究主要关注宗教艺术、宗教文学、葬礼习俗和普米族族源等议题。

熊永翔，殷海涛在论文《普米族宗教祭司的法器与服饰艺术》中介绍并分析了普米族祭祀坛场的法器及服饰所蕴含的文化内涵。⑦

西南少数民族宗教与民间文学相互关联，有机结合。熊永翔在论文《普米族宗教与民间文学关系摭谈》中分析了普米族韩规教和释毕教中的神话传说、童话故事、古代歌谣等口传文学。作

---

① 张海超：《空间视角下的白族本主庙与村庄的宗教生活》，载《云南社会科学》2011 年第 4 期，第 71 ~ 76 页。

② 龚民：《大理高兴村宗教文化调查研究》，云南大学硕士学位论文，2011 年。

③ 邹成锡、朱虹、谷峥霖：《论大理白族非物质文化遗产——“绕三灵”的价值功能》，载《新西部》（理论版）2011 年第 11 期，第 51 ~ 52 页。

④ 徐敏：《民间宗教“莲池会”的嬗变》，载《广西社会主义学院学报》2011 年第 3 期，第 54 ~ 56 页。

⑤ 张海超：《南诏大理国佛教文化传入途径研究》，载《青海民族大学学报》（社会科学版）2011 年第 4 期，第 69 ~ 73 页。

⑥ 周俊华、雷信来、赵金元：《南诏大理国时期佛教密宗与白族先民政治生活的积极互动》，载《大理学院学报》2011 年第 9 期，第 1 ~ 5 页。

⑦ 熊永翔、殷海涛：《普米族宗教祭司的法器与服饰艺术》，载《民族艺术研究》2011 年第 3 期，第 115 ~ 121 页。

者认为普米族宗教和民间文学交互影响并有机结合，在整体上构建了民族特色，共同传承和发展普米族文明。①

奔厦·泽米、杨俊伟在论文《普米族“释毕戎肯”葬礼场域的社会关联》中观察和分析普米族葬礼场域所蕴涵的社会关联。作者认为此种社会关联是神性关联与伦理关联之间共生互塑的并存形式。②

熊永翔在论文《宗教视域下西夏人与普米族的族属关系》中从宗教人类学的角度讨论了普米族与西夏人的自然崇拜、鬼灵崇拜和巫术占卜等原始宗教系统。作者认为西夏人与普米族在不同时代的宗教信仰具有相似性，这反映了二者同为古羌民族共同的源流、亲缘及迁徙的历史痕迹。③

（三）哈尼族

哈尼族的宗教信仰主要有万物有灵、多神崇拜和祖先崇拜等。在哈尼族的宗教观念中存在天神、地神、龙神、寨神和家神等神灵，为了得到神灵的保佑，需要举行定期的祭祀活动。2011年云南学者对哈尼族宗教研究主要涉及祖先崇拜和祭寨神的“昂玛突”仪式。

白春苗在论文《哈尼族祖先崇拜略论》中研究了哈尼族祖先崇拜在各个历史阶段的表现形式，分别为早期图腾女始祖崇拜、母系氏族女祖先崇拜、父系氏族祖先崇拜、部落祖先崇拜、宗族祖先崇拜、家族祖先崇拜和家庭祖先崇拜等。作者指出祖先崇拜在哈尼族社会发展的各个阶段中曾以不同的形式居于原始宗教信仰的主导地位。④

郑宇在论文《民族节日文化现代变迁的机制探析——以云南红河州哈播村“昂玛突”长街宴为例》中分析了哈播村哈尼族的长街宴从祭寨神的“昂玛突”仪式中逐渐“脱嵌”，而成为旅游业中的文化符号。此种“脱嵌”表现为饮食、服饰、歌舞以及等多种文化艺术活动的功能转换，宗教观念内涵的改变和组织制度重构是变迁动力所在。作者认为传统文化事项之所以存续的动力在于传统文化事项能动地利用新文化要素来延续并发展自身应对外来文化冲击。⑤

（四）彝族

云南彝族主要信奉原始宗教，崇拜自然、灵魂和祖先。宗教祭司分“毕摩”和“苏尼”，毕摩熟知彝文，身兼医、巫、史等多种角色。“苏尼”不懂彝文，以羊皮鼓作法驱鬼。部分与汉族杂居的彝族受汉族宗教和基督教影响。2011年云南学者的研究主要涉及彝族原始宗教信仰以及社会习俗等论题。

陈思清在论文《彝族原始宗教研究的百科全书——读〈彝族原始宗教研究〉》中介绍了《彝族原始宗教研究》一书的基本内容、写作特点和研究价值。⑥ 作者对此书高度评价：堪称集彝族原始宗教研究之大成，是一部百科全书式的综合性学术论著。该书不仅为彝族原始宗教的深入研究提供了线索，拓展了研究空间，而且对促进社会稳定和谐、增进民族团结有着长远意义。

马妮娅在论文《云南省开远市彝族阿哲颇的建房习俗与民间信仰调查报告》中研究了云南省开远市郊区的旧寨村阿哲颇支系彝族的建房仪式过程及其文化意义，其中既有自身的特点，也有其他民族的信仰特征。作者认为旧寨村彝族独特的民间信仰是一个多元文化的信仰体系，这是彝族传统文化与其他民族文化融合的结果。⑦

王晓慧、郝云华、陈晞等在论文《从烂泥箐乡祭山神活动透视当地彝族原始宗教观》中介绍了丽江市宁蒗彝族自治县烂泥箐乡政府邀请资深

---

① 熊永翔：《普米族宗教与民间文学关系摭谈》，载《当代文坛》，2011年第3期，第50～52页。

② 奔厦·泽米、杨俊伟：《普米族“释毕戎肯”葬礼场域的社会关联》，载《民族艺术研究》2011年1期，第173～176页。

③ 熊永翔：《宗教视域下西夏人与普米族的族属关系》，载《宗教学研究》2011年2期，第186～193页。

④ 白春苗：《哈尼族祖先崇拜略》，载《红河学院学报》2011年第1期，第1～5页。

⑤ 郑宇：《民族节日文化现代变迁的机制探析——以云南红河州哈播村“昂玛突”长街宴为例》，载《西南边疆民族研究》2011年2期，第156～161页。

⑥ 陈思清：《彝族原始宗教研究的百科全书——读〈彝族原始宗教研究〉》，载《毕节学院学报》2011年第2期，第25～29页。

⑦ 马妮娅：《云南省开远市彝族阿哲颇的建房习俗与民间信仰调查报告》，载《原生态民族文化学刊》2011年4期，第153～156页。

毕摩举办祭山神活动的事件。此事件达到了两个目的：唤起人们对传统观念的重视，制止村民对森林的砍伐。作者认为彝族尊重自然的朴素原始宗教观念有利于生态环境。①

（五）达斡尔族宗教

达斡尔族多信仰萨满教，这是原始宗教的一种晚期形式，集自然崇拜、图腾崇拜和祖先崇拜于一身，因满—通古斯语族各部落称远古氏族的巫师（祭司）为“萨满”而名。达斡尔人因信仰萨满教，还形成了以萨满教为核心的宗教节日（斡米南）和习俗（敖包祭）。从在过去的研究文献中可以看到，云南学者对于北方少数民族的研究相对较少。2011 年，云南学者对于达斡尔族萨满教和敖包祭祀仪式的研究，使云南学者的眼光突破了地域的局限，促进了了云南与国内宗教学研究的对话。

萨满教是达斡尔族固有的宗教信仰，它在达斡尔族社会中承担了一定的社会功能。面对现代社会外来文化的冲击，萨满教依然存续，其原因就在于其对达斡尔族社会生活和心理的调节功能。孟盛彬在论文《达斡尔族萨满敖包祭祀仪式的田野考察》中对萨满敖包祭祀仪式过程以及文化和社会意义进行了阐释。作者认为祭祀仪式能够团结群体、约束个体行为，使社会关系正常化；同时也给全体带来安全感，减少焦虑。② 孟盛彬在论文《达斡尔族萨满教的衰落与文化重构》中从萨满教的古代全盛时期、近代衰落时期和现代文化重构时期等发展演变历程进行了描述。③ 作者认为萨满作为达斡尔族传统文化的集大成者，它还承担着调节心理平衡的社会功能。在短期内还不能彻底消除其影响，这也是萨满教能够继续存在的重要原因之一。

（六）其他少数民族宗教研究

另有一些对其他少数民族传统宗教的研究，主要涉及金平傣族、滇南瑶族玛里玛萨人以及摩梭人，这些研究都具有鲜明的民族性特征，即研究了云南少数民族特有的传统宗教。和少英、刀洁等在论文《金平傣族的巫文化与心理治疗》中研究了云南省南部边陲的金平傣族对用巫文化来解释和治疗心理疾病的现象。④ 作者认为虽然现代医学具备治疗心理疾病的能力，但是金平傣族社会中的巫文化仍然发挥着解释和治疗功能。龙倮贵在论文《滇南红河瑶族民间信仰文化述略》中介绍了滇南红河瑶族的“万物有灵”观、巫术控制和食物祭献方式等宗教信仰概况。⑤ 刘青在论文《玛里玛萨人的宗教文化与民族接触》中指出玛里玛萨族群宗教文化具有东巴教、藏传佛教和傈僳族原始宗教的融合现象源自土司与喇嘛寺院统治势力和地域民族接触的双重作用。⑥ 陈柳在论文《摩梭人达巴经及其文化内涵》中研究了摩梭人原始宗教中的口承经典——达巴经对摩梭社会文化生活的影响。⑦ 作者认为达巴经是摩梭族群认同的文化基础；蕴含着浓郁的“家屋”观念；具有尊崇女性的丰富文化特质。

三、传统宗教学研究

（一）佛教研究

云南是中国通往南亚和东南亚的主要通道，佛教也在文化和经济的交往中得以传播，形成了汉传佛教、藏传佛教和南传上座部佛教等分支。汉传佛教在云南全省境内均有较大影响。藏传佛教主要传播地区是滇西北地区的迪庆藏族自治州（香格里拉县、德钦县和维西县）、怒江傈僳族自

① 王晓慧、郝云华、陈晞：《从烂泥箐乡祭山神活动透视当地彝族原始宗教观》，载《中国市场》2011 年第 35 期，第 167～168、184 页。

② 孟盛彬、郝海迪：《达斡尔族萨满敖包祭祀仪式的田野考察》，载《寻根》2011 年 5 期，第 102～107。

③ 孟盛彬：《达斡尔族萨满教的衰落与文化重构》，载《世界宗教文化》2011 年第 6 期，第 24～28 页。

④ 和少英、刀洁：《金平傣族的巫文化与心理治疗》，载《中央民族大学学报》（哲学社会科学版）2011 年第 1 期，第 17～22 页。

⑤ 龙倮贵：《滇南红河瑶族民间信仰文化述略》，载《宗教学研究》2011 年第 4 期，第 198～202 页。

⑥ 刘青：《玛里玛萨人的宗教文化与民族接触》，载《西南民族大学学报》（人文社会科学版）2012 年第 2 期，第 60～63 页。

⑦ 陈柳：《摩梭人达巴经及其文化内涵》，载《民族文学研究》2011 年第 2 期，第 156～163 页。

治州（兰坪县、福贡县和贡山县）以及丽江市（玉龙县和宁蒗县）等。南传上座部佛教主要分布于西双版纳傣族自治州、普洱市、临沧市、德宏傣族景颇族自治州及保山市。云南学者对于佛教的研究具有鲜明的地域性和民族性特征，特别对云南独有的南传上座部佛教研究的成果较为丰富。

1. 汉传佛教

2011 年，云南学者汉传佛教的研究主要体现在佛教组织建设、佛教思想及其实际运用等方面。这些研究与当今社会的道德规范形成、道德精神构建以及和谐社会建设有很大的启示作用。

吴之清在论文《"六和敬"：佛教僧团的建制原则》中研究了佛教依据戒律思想而形成的僧制原则——"六和敬"。依据佛教教义，"六和敬"可分为"事和"与"理和"。"事和"即身和敬、口和敬、意和敬、戒和敬、见和敬、利和敬；"理和"即证择灭；"事和"的目的在于达到"理和"，二者是相辅相成的关系。[①] 作者认为"六和敬"为按照律制而成的僧团运作纲领，融合了佛陀建僧制的目标与修行解脱的趣旨，体现了僧制原则和佛教精神，对当今的和谐社会构建有很大的启示。

吴之清在论文《佛教心智哲学解析》中以心智哲学的理论角度来研究佛教心智思想。[②] 作者认为佛学以六识或八识心王为心智的认知结构，系统说明了人类精神层面的功能情况，以精深细密的剖析论述了心智结构与认知作用。作者指出佛教的心智理论科学地调和了心智哲学中天赋论与建构论的关系，这也是现代认知科学所不具备的特质。

吴之清在论文《试析天台"三藏教六即"思想》中阐释了"三藏教六即"的概念，并从文化学的角度展现其丰富的哲学内涵。天台三藏教的这些特点以"六即"思想具体表现出来：不见不闻的理即位、有闻有信的名字位、以析空为观入的观行位、相似证理入的相似位、分破见思二惑入的分真位、究竟证偏真涅槃的究竟位。[③]

尹晓彬在论文《唐大圆生卒年辨证》中对中国近现代佛教史上著名佛教学者唐大圆生卒年进行了考证。作者根据族谱、唐氏自撰文著及有关方志等文献资料，推断唐大圆生于 1885 年，卒于 1941 年。[④]

云南学者研究体现了佛教思想对社会道德的促进作用，它为社会道德提供理论基础，同时在实践上也具有指导意义。刘晨在论文《从宗教人类学看佛教"众生平等"的生命观》中研究了佛教中的"众生平等"思想，论述宗教性的意义系统对于社会行为主体的经验和实在的形塑以及对其行为过程的影响。作者认为平等心是一种高尚的人格素养和精神境界，该思想对于提升人类的个人素养、维护人权平等、营造和谐的人际关系、对社会历史、社会进步都有深刻的影响。[⑤] 华红莲、庄立会、钱桂蓉等在论文《佛教文化中的德育资源及其实践样态浅析》中研究了佛教在当代的社会德育中具有重要作用。作者认为佛教文化中丰富的道德教育资源对于现代道德生成等方面具有重要的启示作用。当前佛教文化中的德育资源的道德教育已经在佛教办学（仅在中国台湾地区）、公益营队活动和佛教文化旅游等形式中表现出来。[⑥]

2. 藏传佛教

藏传佛教又被称为藏地佛教，以西藏地区为信仰中心。在云南省，藏传佛教是滇西北地区的藏族、部分纳西族（摩梭人）和普米族群众的主要宗教信仰。2011 年云南学者对藏传佛教的研究主要涉及藏传佛教世俗化、藏传佛教信仰及其变迁、藏传佛教管理等议题。

现代社会中的先进的媒介技术，改变了人类的社会交往方式、生活方式，并重构了时间和空间的表现方式，也正是因此手机促进了宗教的世

---

① 吴之清：《"六和敬"：佛教僧团的建制原则》，载《人民论坛》2011 年第 2 期，第 200～201 页。
② 吴之清：《佛教心智哲学解析》，载《山西财经大学学报》2011 年第 2 期，第 237～238 页。
③ 吴之清：《试析天台"三藏教六即"思想》，载《世界宗教研究》2011 年第 2 期，第 7～15 页。
④ 尹晓彬：《唐大圆生卒年辨证》，载《吕梁学院学报》2011 年第 1 期，第 52～56 页。
⑤ 刘晨：《从宗教人类学看佛教"众生平等"的生命观》，载《山西财经大学学报》2011 年第 2 期，第 239 页。
⑥ 华红莲、庄立会、钱桂蓉：《佛教文化中的德育资源及其实践样态浅析》，载《文山学院学报》2011 年第 5 期，第 49～52 页。

俗化进程。陆双梅在论文《在场的缺场：手机对当前藏传佛教信仰实践的影响——基于迪庆藏区田野调查的阐释》中，运用参与式观察和问卷调查等实证研究方法调查了迪庆藏区僧俗日常生活中手机使用情况，探讨了手机在僧俗的日常宗教生活、藏传佛教信仰等方面引起变化。作者认为手机重构了新的时空组合，从而加剧了藏传佛教的世俗化过程，并推动了藏区社会文化的现代嬗变。①

藏族生活在高原地区，与之相应地形成了独特的民风民俗，在藏族地区存在着天葬、火葬、塔葬、水葬和土葬等丧葬风俗，而这些风俗与藏族的佛教信仰关联在一起。刘薇的论文《论藏族丧葬风俗的多样性》按藏族地区丧葬风俗的不同，从宗教信仰、社会环境、自然环境以及死者的身份地位等多方因素对这一现象进行了论述和分析。② 作者认为不同的丧葬形式由死者的身份地位以及各自的生存环境所决定。同时，这些丧葬形式具有共性，即受到藏传佛教的影响，要求肉身的完全解脱（土葬除外），而最终达到灵魂的超度，生命的轮回。

云南大学硕士研究生和淇在学位论文《塔城来远寺、达摩寺社区藏传佛教信仰比较研究》中，运用宗教学、人类学和社会学的方法对迪庆藏族自治州来远寺社区和达摩寺两个社区中的藏族、纳西族和傈僳族僧俗信众藏传佛教信仰的异同作了比较分析。③ 作者认为该地区的历史政治关系、经济类型、民族认同和宗教自身的发展等因素造成了两社区僧俗信众的信仰差异。作者在文中还讨论了多元民族文化地区各民族的宗教选择、宗教的适应性变迁、宗教的社会功能和藏传佛教信仰对民族团结与社会和谐的意义问题。

艾丽曼在论文《从萨满教到藏传佛教——蒙古族宗教信仰变迁的历程》中从社会变迁的视角出发，研究了蒙古族宗教信仰从早期信仰萨满教向藏传佛教转变的历程。④ 作者认为蒙古统治者实行“兼容并包”的宗教政策促成了蒙古族宗教的多元格局。

陈小华、牛绿花在论文《藏传佛教宗教事务依法管理初探》中研究了当前藏传佛教宗教事务管理中还存在着诸多问题和不足，提出应当通过健全、完善藏传佛教宗教事务法律制度使管理有法可依；通过切实转变观念、提高思想认识、树立群众观念、培养服务意识来提升管理能力；通过利用高等院校、依托地方党校等对各级宗教干部进行中国特色社会主义宗教理论和政策、法律、法规的培训来提高藏传佛教宗教事务执法能力。⑤

3. 南传上座部佛教

南传上座部佛教是傣族地区的主要信仰，其影响已经渗透到傣族社会生活的各个方面。2011年，云南学者对南传上座部佛教的研究主要集中于宗教仪式、宗教经典、宗教节日庆典、宗教艺术、傣族医学与宗教的关系以及宗教生态观等方面。在这些研究中，不只停留于文献的梳理与分析，而是在理论和方法上有所突破。人类学视角和方法的引入，为南传上座部佛教研究开拓了新的天地。

南传上座部佛教仪式与傣族社会生活紧密联系在一起，对此类宗教仪式的研究主要关注了仪式在傣族社会中的功能和作用。李文钢在论文《“摆”是一种傣族消解社会身份的宗教仪式——读〈芒市边民的摆〉》中对云南省德宏芒市的傣族村寨寨民做“摆”仪式进行了讨论。作者认为“摆”作为一种宗教仪式，消解了寨民的社会身份和贫富差别意识，使得村寨社会呈现出安定和谐的局面。“摆”仪式的存在足以让现代人反思“现代化”生活。⑥ 申波、方源在论文《梵音与暮

---

① 陆双梅：《在场的缺场：手机对当前藏传佛教信仰实践的影响——基于迪庆藏区田野调查的阐释》，载《西南边疆民族研究》2011年2期，第141~147页。

② 刘薇：《论藏族丧葬风俗的多样性》，载《现代交际》2011年8月刊，第80~81页。

③ 和淇：《塔城来远寺、达摩寺社区藏传佛教信仰比较研究》，云南大学硕士学位论文，2011年。

④ 艾丽曼：《从萨满教到藏传佛教——蒙古族宗教信仰变迁的历程》，载《青海师范大学民族师范学院学报》2011年第1期，第1~7页。

⑤ 陈小华、牛绿花：《藏传佛教宗教事务依法管理初探》，载《云南大学学报》2011年第7期，第87~91页。

⑥ 李文钢：《“摆”是一种傣族消解社会身份的宗教仪式——读〈芒市边民的摆〉》，载《德宏师范高等专科学校学报》2011年第3期，第10~14页。

鼓的感召——傣族“关门节”仪式中佛寺“大鼓”音声的个案考察》中从音乐学角度研究了南传佛教寺院中的“大鼓”在仪式与信仰中对信众的心理隐喻作用。① 傣寺大鼓具有自然声响和僧众心理意念的主观赋予的双重功能，连接着现实世界与未知世界。从佛寺鼓声之于佛教仪式过程的功能价值可以读出宗教生活的音乐在民俗活动整体中价值功能。宋文贤在论文《仪式·音乐——以德宏户撒阿昌族南传佛教仪式活动为例》中研究了云南德宏地区户撒阿昌族的南传佛教仪式活动音乐和非音乐的音声因素。② 作者认为这些因素组合成特定的符号，其自身特点在仪式中凸显，并成为族群记忆延续和传承的时空桥梁。

傣族的节日庆典与南传上座部佛教密切关联在一起，云南宗教学者的研究主要关注了节日庆典的宗教思想及其心理调适作用。傣族民众以其特有的应对方式自觉或不自觉地进行着心理调适，从而维护着本民族的心理健康和社会稳定。吴之清在论文《论傣族节日庆典与南传上座部佛教的关系》中研究了元阳、西双版纳、德宏等地区傣族节日庆典文化。作者认为南传上座部佛教在这些地区的流播过程中，也会向该民族的习俗或节日文化方面渗透而产生深刻影响。这种渗透是在节日文化与宗教信仰有机联系的基础上进行的，明显体现在原始宗教与人文宗教相互妥协及人文宗教本地化的过程当中。③ 秦竹、马定松、秦华、张奇等在论文《傣族佛教节日的心理调适作用及其价值探析》中通过对傣族佛教主要节日的分析，讨论其具有心理调适作用的合理成分和应用价值，作者认为南传上座部佛教以节日为载体，能够在一定程度上满足信众的心理需要。这是傣族社会的一种有效的心理调适机制，它具动态调节性，行为宣泄性，心理暗示性，社会支持性，尊重接纳性，社会和谐性，人格健全性和民族认同性等心理调节功能与作用，对于维护和促进傣族民众的心身健康无疑有着重要而深远的意义。④ 秦竹、马定松等在论文《傣族南传佛教心理调适方法与现代心理疗法的相关性研究》中研究了傣族南传上座部佛教的心理调节功能。用现代心理治疗理论探讨其合理内涵和相关性，此研究为补充和完善云南少数民族心理学的学术内涵、促进汉族与少数民族心理调节方法的兼容与互补奠定基础。⑤

宗教艺术的研究主要侧重于佛塔和造像艺术等方面。郝云华、贺天增在论文《德宏傣族佛教建筑之佛塔艺术》中对德宏傣族地区佛塔类型、结构和装饰艺术等内容进行了研究。作者结合塔结构探讨了德宏傣族地区的佛塔分类，认为该地主要有单塔、群塔和其他三大类。其佛塔的装饰融合了外来文化、汉文化以及本土文化的特点，并形成了自己独特的风格。⑥ 李辰光在论文《德宏傣族佛教造像艺术浅谈》中结合南传上座部佛教的历史发展和教义精神，对比南上座部传佛教和北传佛教在教义和造像艺术形式，分析南传上座部佛教的造像艺术特色、表现技法及其艺术表现形式独特的根源所在。⑦

对于南传上座部佛教与傣族医学关系的研究是一个多学科交叉的新领域，在研究角度上有所拓展。此类研究从一个新的角度解释了南传上座部佛教与傣族社会生活的关系。张婷、叶建州、周红黎、郑进等在论文《傣医“神药两解”浅析》中对傣族医药学中的“神药两解”现象进行了研究。“神药两解”指傣族民间医生治疗疾病时心中默念口诀并用口吹、手摸患处，辅以傣药内服外敷（适用于骨伤及皮肤烧烫伤治疗的一种方

---

① 申波、方源：《梵音与暮鼓的感召——傣族“关门节”仪式中佛寺“大鼓”音声的个案考察》，载《云南艺术学院学报》2011年第4期，第29~34页。

② 宋文贤：《仪式·音乐——以德宏户撒阿昌族南传佛教仪式活动为例》，载《北京青年政治学院学报》2011年第3期，第96~99页。

③ 吴之清：《论傣族节日庆典与南传上座部佛教的关系》，载《云南民族大学学报》2011年第3期，第47~50页。

④ 秦竹、马定松、秦华、张奇：《傣族佛教节日的心理调适作用及其价值探析》，载《云南中医学院学报》2011年第3期，第22~25页。

⑤ 秦竹、马定松：《傣族南传佛教心理调适方法与现代心理疗法的相关性研究》，载《云南中医学院学报》2011年第6期，第4~6页。

⑥ 郝云华、贺天增：《德宏傣族佛教建筑之佛塔艺术》，载《民族艺术研究》2011年第5期，第101~108页。

⑦ 李辰光：《德宏傣族佛教造像艺术浅谈》，载《青年文学家》2011年第7期，第239页。

法)。作者梳理了“神药两解”的起源，并认为该现象的产生与原始宗教、文化因素、经济因素密切联系。作者认为“神药两解”在治疗理念上的合理性对现代医学具有启示作用。①

贝叶是记录南传上座部佛教古代经典的主要载体，因此这些经典称为“贝叶经”。由于语言文字障碍，国内学界对此关注不多。近年随着《中国贝叶经全集》(100卷)的出版发行，国内外学界才逐渐关注贝叶经研究。云南学者对于南传上座部佛教经典的研究主要关注了抄本的传承与保存情况、经文解读与实际运用等方面。周娅在论文《中国南传上座部佛教抄本概况研究》中介绍了中国境内南传上座部地区的佛教抄本情况概要。② 姚珏在论文《西双版纳傣族〈维生达腊本生经·十祝〉“十愿文”研究》中对西双版纳傣族《维生达腊本生经·十祝》“十愿文”进行了解读与研究。③ 郭联俊在论文《贝叶上的旋律——以西双版纳猛龙区域傣族南传佛教〈维先答腊〉念诵为例》中运用音乐人类学视角和田野调查方法探讨南传佛教僧侣念诵贝叶经《维先答腊》吟诵与当地社会文化之间的密切关系。④

宗教思想是影响傣族生态观的重要因素。刘垚在论文《宗教对傣族生态环境思想的影响》中认为原始宗教和佛教对傣族生态环境思想构建起到了极其重要的作用。宗教中诸如万物有灵、众生平等及万物一体等观念是傣族生态环境思想形成的重要来源。⑤

(二)道教研究

道教在云南传播的历史悠久，对少数民族的宗教文化影响较深。东汉时期，张道陵在鹤鸣山创“五斗米道”，特立天下“二十四治”，其中“蒙秦治”、“稠粳治”深入云南境内，道教得以在云南少数民族地区传播。因此云南的道教研究也具有地域性和民族性的特征，除了关注道教教义思想之外，还涉及地方道教史和道教与少数民族关系等内容。

1. 道教思想和地方道教史

道教思想研究主要涉及道教与玄学、道教修炼与中医学的关系探讨。袁松在论文《道教宗教化过程与魏晋思想发展研究》中指出魏晋玄学继承了西汉道家思想，创造了新的思想体系，它不仅盛行于魏晋时期，而且还影响到佛学，乃至对宋明时期的理学都产生了深远的影响。⑥ 汪剑、张晓琳、和中浚等在论文《上清派炼养术的藏象学说内涵探讨》中整理了上清派道教医药相关古籍文献，探讨上清派道教与中医学理论体系发展的关系。作者认为上清派以存思、行气、服食等为主要修炼手段，结合了中医学藏象学说内容，这对道教发展、养生学和中医藏象学说的发展起到了促进作用。⑦

云南道教具有地域性特征，因此云南学者的研究也侧重地方道教发展史的研究。萧霁虹在论文《南诏洞天福地——巍宝山的历史与现状》中介绍了“南诏洞天福地”称谓的由来，巍宝山神仙道人的历史与传说，巍宝山宫观的地域和民族特色以及巍宝山的奇树异草等内容。作者认为巍宝山是道教文化、南诏历史文化、少数民族等多种文化交融荟萃的洞天福地。⑧ 萧霁虹在论文《道教长春派在云南的历史和现状》中通过对已发现的碑刻资料，结合相关历史文献和田野材料，梳理了长春派的创立、发展、衍变等历史过程。作者认为长春派的历史和衍变，显示了云南地方道教、道士的一个重新认识自我和重塑的过程，从一个侧面反映出区域道教宗派和社会、经济、

---

① 张婷、叶建州、周红黎、郑进：《傣医“神药两解”浅析》，载《云南中医学院学报》2011年第3期，第20~21、54页。

② 周娅：《中国南传上座部佛教抄本概况研究》，载《世界宗教研究》2011年第2期，第33~39页。

③ 姚珏：《西双版纳傣族〈维生达腊本生经·十祝〉“十愿文”研究——“十愿文”反映的西双版纳傣族佛教“人间”观念及其在早期佛教思想中的来源》，载《西南边疆民族研究》2011年2期，第94~100页。

④ 郭联俊：《贝叶上的旋律——以西双版纳猛龙区域傣族南传佛教〈维先答腊〉念诵为例》，载《大舞台》2011年第1期，第127~128页。

⑤ 刘垚：《宗教对傣族生态环境思想的影响》，载《文山学院学报》2011年第2期，第29~32页。

⑥ 袁松：《道教宗教化过程与魏晋思想发展研究》，载《思想战线》2011年第37卷，第422~424页。

⑦ 汪剑、张晓琳、和中浚：《上清派炼养术的藏象学说内涵探讨》，载《中医学报》2011年第3期，第380~382页。

⑧ 萧霁虹：《南诏洞天福地——巍宝山的历史与现状》，载《贵州社会科学》2011年第7期，第64~68页。

文化的发展变迁概貌。①

2. 道教对少数民族的影响

道教对云南少数民族的影响较为深远，因此云南道教具有民族性特征。云南学者的研究中，道教与少数民族关系也是讨论的重要话题之一。

（1）道教对瑶族的影响

罗兆均、徐祖祥等在论文《浅谈道教在瑶族社会中的传播与影响》中研究了道教在瑶族地区的传播过程及其文化影响。作者认为道教传入瑶族社会后，与瑶族原始宗教相融合，衍生出瑶族道教，成为瑶族传统文化的核心。② 徐祖祥在论文《论闾山教对过山瑶道教的影响》中以过山瑶为中心，探讨了闾山教对梅山教的具体影响。③ 作者指出闾山教与过山瑶都有陈夫人信仰，过山瑶道教授箓仪式挂灯中的重要程序如赐印、赐阴阳据、授戒等都与闾山教的祖师陈夫人有关，仪式中所用主要法器和一些巫法也来源于闾山教。作者认为梅山教闾梅派应是原有的梅山教吸收了闾山教诸多因素后形成的。

（2）道教对普米族影响

熊永翔、牛凌燕在论文《道教对普米族韩规教的影响》中分析了普米族宗教坛场科仪、宗教神灵信仰、岁时民俗中的道教因素。④ 作者认为普米族宗教具有多元文化特色的根本原因在于中华民族多元一体格局的较早形成，亦反映历史上华夏文化辐射力的深远影响。

另外，有学者研究了《周易》思想对于道教和少数民族宗教的影响。《周易》是中华传统文化的组成部分，是道家道教思想的重要来源。《周易》中有关乾坤、八卦的思想，是道教和西南少数民族禹步的理论基础。张泽洪、张悦在论文《〈周易〉思想与文化传播——以道教和西南少数民族禹步为例》中以道教和西南少数民族禹步为例，详细考察其宗教法术蕴涵的《周易》思想。作者指出道教和西南少数民族宗教法师的禹步，其科仪始终按九宫八卦布局行法，此深得《周易》思想天人关系的精要。⑤

（三）基督教研究

基督教自清光绪年间传入云南之后，依托创立少数民族文字，行医办学，培养少数民族传道人员等手段在云南少数民族地区产生重要影响。因此云南的基督教研究不只在基督教发展、基督教思想、基督教管理等方面有所讨论，而且进行了带有鲜明的地域性和民族性的研究，主要有少数民族地区基督教史、基督教与少数民族社会生活等议题。另外，2011 年度关于天主教的专项研究较少，相关研究并入本节中，不再专门介绍。

杨洪文在论文《从处境中对基督教发展进路的浅思》中从处境的观察视角对基督教在中国的传入和发展历程作简要回顾，并在现代市场经济背景下对基督信仰的生存状态进行反思，提出了基督教在发展中不断与处境融入和对话的进路。⑥⑦ 作者认为基督教信仰在现代社会中面临冲击和考验，但是前景是光明的，因为“神的永在，为基督教提供了不竭的信仰资源”，这是基督教发展的动力所在。

基督教认为人类有“原罪”，基于此立场形成了一整套关于“原罪”、“救赎”和“奉献”的教育思想体系，这种教育思想对西方社会乃至世界范围都有深远影响。张镇寰在论文《基督教的教育思想探析》中介绍并剖析基督教教育思想，揭示这一教育思想体系中的内在精神。作者认为，基督教思想对现代教育具有启示作用，在父母针对孩子道德教育的方面具有一定的实际意义。⑧

① 萧霁虹：《道教长春派在云南的历史和现状》，载《中国道教》2011 年第 6 期，第 39 ~ 44 页。

② 罗兆均、徐祖祥：《浅谈道教在瑶族社会中的传播与影响》，载《西安社会科学》2011 年第 5 期，第 85 ~ 86 页。

③ 徐祖祥：《论闾山教对过山瑶道教的影响》，载《西南民族大学学报》（人文社会科学版）2011 年 8 期，第 72 ~ 76 页。

④ 熊永翔、牛凌燕：《道教对普米族韩规教的影响》，载《中国道教》2011 年第 4 期，第 23 ~ 27 页。

⑤ 张泽洪、张悦：《〈周易〉思想与文化传播——以道教和西南少数民族禹步为例》，载《周易研究》2011 年第 3 期，第 68 ~ 75 页。

⑥ 杨洪文：《从处境中对基督教发展进路的浅思》，载《金陵神学志》2011 年第 2 期，第 144 ~ 159 页。

⑦ 作者认为“处境”是“历史与现实的交融，个体与全体的对应，社会与文化之参照”，本文中“处境”的意义比较宽泛，包括历史处境、生存体验、社会场景、文化背景、经济环境、政治背景等诸多因素。

⑧ 张镇寰：《基督教的教育思想探析》，《吕梁学院学报》，2011 第 3 期，第 46 ~ 48 页。

宗教与社会主义社会相适应的基本理论，为我国宗教的社会存在指出了方向。张雍德、古文凤等在论文《昭通市农村基督教问题实证研究》中对昭通市农村基督教在传播过程中体现出的农村社会特点，拓展态势和社会影响等进行了综合分析。① 作者认为加快散居民族地区脱贫步伐、保证宗教政策的贯彻执行、培养基督教教职人员、注重农村文化基础设施建设等是引导农村基督教与社会主义社会相适应的重要手段。

朱映占在论文《民国知识分子眼中的西南边疆基督宗教》中以游记和考察文本为中心，讨论了民国时期来西南考察的知识分子对此地区基督教的态度和看法。② 作者认为知识分子对传教士及其传教事业的评价是毁誉参半。肯定和否定的评价是依据基督宗教与西南边疆的稳定，以及基督教对西南民族的民族意识与国家认同的影响来作出的判断。

孙浩然在论文《荣神益人的双重变奏——基督教在乌蒙山区苗族传播中的宗教事业与社会事业》中对乌蒙山区滇黔两省交界的威宁县石门坎苗族教会的历史活动进行解读，勾画出"社会—宗教"型传教模式的背景图案。③ 作者从社会学的角度解读"荣神益人"的神学话题，"荣神"是宗教事业，"益人"是社会事业，只有两者有机结合和互动，才能使基督教发挥更大的社会作用，自身也获得更多的社会资本。

李昕在论文《滇北花苗基督徒热衷唱诗原因解析——以云南昆明芭蕉箐教会为例》中运用人类学的田野调查方法，研究了云南昆明芭蕉箐教会基督徒热衷唱诗的原因。④ 作者认为在有着基督教信仰的花苗地区，唱诗活动不再只是西方基督教文化的一部分，实际上它已然内化到花苗地区基督徒的行为中，并自觉成为花苗文化的一部分。

郑宇、靳志华在论文《宗教信仰与民族文化的交融共显——以芭蕉箐苗族"感恩节"为例》中研究了云南苗族芭蕉箐教会的感恩节的基本情况和运作过程。⑤ 作者认为少数民族基督徒在信仰基督教的同时，并非被动地接受与适应，而是较为充分发挥了主观能动性。在这一仪式过程中，少数民族基督徒也实现了各自以及群体的诉求和愿望。

19 世纪末，基督教开始在云南传播，本土宗教与外来基督教相互碰撞的结果就是宗教信仰的变迁和宗教格局的改变。吴洪亮、罗利群等在论文《传播学视域中怒江流域傈僳族——宗教信仰变迁动因分析》中从传播学视阈出发，将傈僳族原始宗教与基督教的传播特点进行对比分析，探讨了怒江傈僳族宗教信仰从原始宗教向基督教变迁的深层原因。⑥

2011 年关于天主教的研究主要涉及一个较为重要的议题——本土化。天主教在中国的本土化过程具有什么样的特征呢？孙琥瑭在论文《求同还是存异——以天主教太原教区和石家庄教区为典型个案的本土化研究》中以当代中国天主教太原教区和石家庄教区为典型个案进行研究，探讨了基层教友对天主、耶稣和圣母认识背后的本土化经验。作者认为当代中国的天主教友，继承和强化了天主教中某些宗教文化思想，同时，也一定程度上也保留与延续了一些中国文化基因，这些因素被加以改造或提升之后，共同构建了本土化的天主教。⑦

（四）伊斯兰教研究

2011 年，云南学者对伊斯兰教的研究主要涉

---

① 张雍德、古文凤：《昭通市农村基督教问题实证研究》，载《云南社会科学》2011 年第 3 期，第 115 ~ 119 页。

② 朱映占：《民国知识分子眼中的西南边疆基督宗教——以游记和考察文本为中心的探讨》，载《西南边疆民族研究》2011 年第 2 期，第 51 ~ 58 页。

③ 孙浩然：《荣神益人的双重变奏——基督教在乌蒙山区苗族传播中的宗教事业与社会事业》，载《湖北民族学院学报》，2011 年第 5 期，第 44 ~ 49 页。

④ 李昕：《滇北花苗基督徒热衷唱诗原因解析——以云南昆明芭蕉箐教会为例》，载《西藏民族学院学报》2011 年第 1 期，第 90 ~ 94 页。

⑤ 李昕：《宗教信仰与民族文化的交融共显——以芭蕉箐苗族"感恩节"为例》，载《中国宗教》2011 年第 1 期，第 78 ~ 80 页。

⑥ 吴洪亮、罗利群：《传播学视域中怒江流域傈僳族——宗教信仰变迁动因分析》，载《贵州民族学院学报》（哲学社会科学版）2011 年第 6 期，第 1 ~ 7 页。

⑦ 孙琥瑭：《求同还是存异——以天主教太原教区和石家庄教区为典型个案的本土化研究》，载《吕梁学院学报》2011 年第 6 期，第 41 ~ 50 页。

及回族研究史、伊斯兰文化地方史、伊斯兰社会中的天课制度以及回族的国家认同等方面。这些研究基于文献资料的梳理对回族社会的宗教和文化现象进入了深入阐释，同时在研究中还运用了人类学视角研究回族的国家认同，这是一种新的尝试和突破。

回族研究中同质化的想象和普遍主义的研究方法忽略了中国回族内部的差异和地方性差异的事实。因此在回族研究中重视回族地方性知识和具有地方性视野的研究方法，有助于我们更深刻地理解和认识回族文化。冯瑜、纳娜在论文《“地方性”的尝试——对当前云南回族研究的一点思考》中对回族研究的历史进行梳理。[①] 作者认为在云南回族具体生活的情境下，“地方性”可能是目前能较好地还原云南回族真实生存图景的一种研究视角。

萧霁虹在论文《〈清真月报〉〈清真铎报〉：伊斯兰文化与云南地方文化的交融》中以民国时期云南穆斯林创办的《清真月报》、《清真铎报》两种刊物为文献基础，研究了独树一帜的云南伊斯兰文化。[②] 作者认为近代云南穆斯林文化名人辈出，伊斯兰文化亦出现兴盛局面，促进了伊斯兰教深厚的文化底蕴与云南地方文化的交融。

王子华在论文《白亮诚对中国伊斯兰文化的贡献》中对白亮诚的生平事迹进行了介绍和回顾。[③] 作者认为白亮诚对中国伊斯兰文化的贡献，主要表现在以下几方面：①改革经堂教育、创办正规学校、培养经书两通人才；②遵经革俗，宣传伊合瓦尼主张，振兴教门；③创办刊物、出版经典、搜集史料；④选送留埃学生；⑤在西双版纳地区传播伊斯兰文化；⑥在缅、泰和港台传播伊斯兰文化。

郑伟林、杨志银在论文《关于云南沙甸“天课”的新制度经济学分析》中研究了伊斯兰社会中的“天课”制度以及“天课”与世俗经济中税收的差异性。[④] 论文的研究修正了有关非伊斯兰教国家穆斯林地区穆斯林信徒缴纳的“天课”是一种“所得税”或“财产税”的观点，但并不否定“天课”的新制度经济学意义和宗教经济学意义。作者认为“天课”是否为一种正式约束，取决于这一规则运用的地区是否为政教合一的伊斯兰经济区。

桂榕在论文《回族的国家认同：建构与阐释的文化人类学视角》中从文化人类学视角，对回族日常生活文化表达和实践的文化外层、文化中间层、文化内层，到反映回族认同心理的文化内核等四个层面的文化层次进行阐释。[⑤] 作者认为，回族国家认同主体在心理活动与行为表现、文化权力与现实利益，以及回族社会与国家的互动等方面达到对国家的认同。

四、外国宗教学研究

2011 年，云南宗教学界对外国宗教学的研究成果并不多，而且与外国宗教学理论前沿还有一定的差距。本年度的外国宗教学研究主要涉及国际恐怖主义的“宗教动员”、文学作品中的宗教思想及宗教对泰国社会经济、文化的影响等话题。

云南学者从国际关系的角度研究宗教现象，这对于解决因宗教而产生的国际矛盾具有一定的启示作用。张金平在论文《当代国际恐怖主义的“宗教动员”》中研究了当代国际恐怖主义的“宗教动员”现象。作者认为，以宗教名义进行社会动员，是当代全球恐怖主义的一个重要特征，宗教动员下的恐怖主义已成为当代恐怖主义的主导

---

① 冯瑜、纳娜：《“地方性”的尝试——对当前云南回族研究的一点思考》，载《西南边疆民族研究》2011 年第 2 期，第 199～205 页。

② 萧霁虹：《〈清真月报〉〈清真铎报〉：伊斯兰文化与云南地方文化的交融》，载《伊斯兰文化》2011 年第 1 期，第 153～163 页。

③ 王子华：《白亮诚对中国伊斯兰文化的贡献》，载《回族研究》2011 年第 3 期，第 130～139 页。

④ 郑伟林、杨志银：《关于云南沙甸“天课”的新制度经济学分析》，载《云南财经大学学报》（社会科学版）2011 年第 5 期，第 38～40 页。

⑤ 桂榕：《回族的国家认同：建构与阐释的文化人类学视角》，《北方民族大学学报》（哲学社会科学版），2011 年第 1 期，第 42～47 页。

势力。这主要有三重路径：第一条路径，世俗力量的“宗教动员”聚集宗教极端势力；第二条路径：社会力量的“宗教动员”衍生宗教极端势力；第三条路径：极端暴力势力的“宗教动员”导致恐怖主义泛滥。梳理当代国际恐怖主义因“宗教动员”而泛滥的路径，可以为国际反恐提供某种思路，从而消除恐怖主义进行“宗教动员”的不良后果，并优化宗教发展环境。①

云南学者同样关注了外国文学作品中的宗教思想。任重殊、贾晓丽等在论文《威廉·华兹华斯作品的宗教情感探究》中研究了威廉·华兹华斯诗歌中的描述方式和宗教思想。② 作者认为威廉·华兹华斯对自然的歌咏已不仅仅是简单的对自然的依恋，而是蕴含着对超自然事物的体验和敬仰，而这种对超自然事物的情感就是一种宗教情感，是华兹华斯诗歌中更为本质的精神内涵。

云南学者研究了南传上座部佛教文化对于泰国社会文化和旅游经济的建构作用。饶睿颖在论文《浅析佛教文化对泰国兰那社会的影响》中分析了佛教文化对泰国的兰那地区特有的文化特征、习俗信仰及生活方式构成的影响。③ 段召阳在论文《浅析佛教对泰国旅游业的影响》中认为佛教文化作为泰国旅游业发展的内在动力，主导和支配泰国旅游经济的发展。④

2011 年，云南宗教学研究取得了一定的成就，有相当数量的成果涌现，并在国内产生了一定影响。特别是宗教学研究在理论和方法上都有所突破，跨学科研究比较突出，研究视野已经走出云南的地域局限，与全国的宗教学研究开展对话与交流。在肯定既有成绩的同时，我们同样要清醒地认识到云南宗教学研究的问题与不足。

首先，宗教学理论研究还有待提升。虽然有一定数量的研究成果对宗教学理论问题进行了探讨，但是高质量的理论研究还不多见。

其次，跨学科研究需要加强。多学科交叉研究是宗教学研究领域的新亮点，这还需要广大宗教学研究者共同努力，发挥多学科交叉研究的优势，把云南宗教学研究做大做强。再次，在外国宗教学研究方面比较薄弱。云南宗教学者还需更多关注外国宗教学研究的理论前沿，引入国外研究的新视野、新理念，为云南宗教学研究注入新的活力。最后，宗教学研究应该加强与国内宗教学研究的同步性。2011 年度国家社会科学基金的立项列表中，与云南宗教研究相关的课题只有 1 项，这一事实说明，云南宗教学研究的议题和理论构建还需要进一步加强，更多关注国内宗教学研究的理论前沿，并与之保持同步。

云南宗教学研究发展挥了本土的民族和地域优势，开辟了一条独特的研究道路，拓展了研究空间。但是其中也存在一定的问题和不足，这还需要云南宗教学者的共同努力。如果云南宗教学界能够立足本土资源，继承优良的研究传统，加强对外交流与对话，提升理论水平，扩大研究视野，相信云南宗教学研究会有更多优秀的成果出现，云南宗教学研究将迈进一个新阶段。

（云南民族大学　曾　黎）

---

① 张金平、徐以骅：《当代国际恐怖主义的“宗教动员”》，载《阿拉伯世界研究》2011 年第 3 期，第 65 - 72 页。

② 任重殊、贾晓丽：《威廉·华兹华斯作品的宗教情感探究》，载《华章》2011 年第 15 期，第 85 页。

③ 饶睿颖：《浅析佛教文化对泰国兰那社会的影响》，载《昭通师范高等专科学校学报》2011 年第 3 期，第 48 ~ 51 页。

④ 段召阳：《浅析佛教对泰国旅游业的影响》，载《剑南文学》2011 年第 12 期，第 208 ~ 211 页。

历史学

一、历史学理论研究

白云著《中国史学思想通论·历史编纂学思想卷》（福建人民出版社 2011 年版）着重在研究历代史学家在反映历史变化时，为撰写史书，在体裁体例上的创造。本卷注意从中国史学史发展过程中，思考历史编纂学的变革和特征，论说每一体裁的史学观念，以及梳理不同历史编纂观念的发展。

赵启燕著《白族研究一百年》（云南大学出版社 2011 年版）对白族历史文化学术史进行专题研究，系统梳理了百年白族研究的发展历程，探讨了白族研究的史学方法，分析了专题研究的重要成果、表现特征和学术价值。

刘伟的《社会历史的运动逻辑——兼论辩证法作为社会历史科学方法论的典范性》（载《求实》2011 年第 1 期）认为，马克思的辩证法批判改造了黑格尔辩证法中的现实观念和主体观念，《资本论》的辩证法完整地展示出唯物辩证法的基本内涵：通过发现社会历史的内在矛盾，运用抽象上升到具体的方法确定现实；以把握现实为“钥匙”，运用逻辑与历史相统一的方法叙述总体历史的矛盾运动过程。现实原则与历史原则相统一是马克思辩证法的灵魂。马克思的辩证法作为科学的方法论是其自由学说的理论内核，自由是社会历史科学的最高命题，马克思的辩证法是社会历史科学方法论的典范。

王健、李毅的《整体与区域：中国历史文化研究的空间转换》[载《云南师范大学学报》（哲学社会科学版）2011 年第 1 期] 认为，最近 30 年来，中国区域历史文化的研究经历了一个从整体研究到区域研究的转折过程。区域研究的热潮仍然持续高涨，而从整体上研究中国历史文化的气氛仍较为淡薄，令人信服的整体研究微乎其微。现在需要在全面总结区域历史文化研究成果的基础上，从整体和宏观的视野上，重新审视中国历史文化，以整个中国范围为空间来考察，各文化类型的空间互动关系。

马燕坤的《历史事实与文本情境：人类学田野复原非洲本真态》（载《西亚非洲》2011 年第 1 期）认为人类学田野作为一种可行而科学的方法论，在充分彰显非洲历史事实并促成非洲与外界对话的同时，能够较好地剥离掉西方在表述非洲时附着的情境因素，从而复原非洲本真态。

白云的《章节体的引入与近代史书编纂观念的变化》（载《史学史研究》2011 年第 1 期）指出，章节体的引入和进化史观的传入，带来了史书编纂的创新，使历史的编纂从帝王的庙堂中解放出来，真正成为普及教育与激发爱国之心的有力武器，不仅促进了中国历史编纂学的发展进步，在中国传统史学近代化进程中起了重要作用，而且以史教救国，迅速成为清末社会各阶级“教育救国”思潮的重要组成部分，发挥了救亡图存的舆论先导作用。其《趋势和走向：中国史学批评研究 30 年》[载《廊坊师范学院学报》（社会科学版）2011 年第 4 期] 认为，中国史学批评研究 30 年来，学者们在中国史学批评的贯通研究、专题研究、个案研究等方面均取得了一定的成绩，有些相关问题已有比较深入的探讨。但总体上看，贯通研究相对薄弱，专题研究众说不一，个案研究发展不平衡，中国史学批评学科的建设还任重道远。今后宜重视贯通研究和理论探索，加强研究中的基础性工作建设，深化专题史学批评研究，重视断代史学批评研究，拓展史学批评个案研究，关注史学批评学科建设研究。

李杰的《列宁的历史认识论》（载《史学理论研究》2011 年第 2 期）指出，列宁在其毕生的革命生涯中，为了认清并解决俄国社会问题，与形形色色的机会主义和错误思潮进行斗争，大量运用了历史知识作为观点的辅助说明，并自己研究革命史、工人运动史等事例作为论据，形成了独特的历史认识论，其历史认识论对于发展唯物史观历史认识论有重要理论价值和现实意义。李杰撰写的《普列汉诺夫的史学方法论及其评价》（载《山东社会科学》2011年第7期）认为，普列汉诺夫的史学方法论坚持了唯物史观从社会存在说明社会意识，从经济状况寻找决定历史发展的根本原因，从经济、政治、文化、宗教、道德等历史因素的相互作用阐述历史过程等基本原理。特别是提倡将哲学方法作为历史研究的基本方法看待，把促进唯物史观理论发展作为历史研究的任务加以强调，为发展唯物史观史学方法论作出了贡献，但将相互作用理解为折中主义则体现了其局限性。

尹建东的《天下观念与华夷边界：从先秦到秦汉的认识转变》[载《云南民族大学学报》(哲学社会科学版)2011年第4期]认为，“天下观念”与“华夷之辨”是先秦以来以华夏为中心认识和看待华夷地域差异与文化区别的重要思想基础，其目的是为了保证当时“天下”秩序的稳定和中原华夏文化的优势地位。秦汉时期，随着王朝“大一统”的实现，“天下”真正变成了由“夏”和“夷”组成的二元结构。在这一背景下，汉代古文及今文学家在先秦天下观的基础上又分别对其作了新的补充和铨释，从而完成了认识上的重大的转变。

二、世界史研究

（一）东南亚、南亚史研究

姚勇、姚鹏的《简论缅甸“迈达”族群的形成》（载《东南亚南亚研究》2011年第3期）研究表明，19世纪末英国占领缅甸之后，云南德宏户撒坝子许多阿昌族群众去往缅甸做工或贸易，他们最初冬去春来往返于中缅两地，被缅甸人称为“迈达”。随着经济往来的日益密切，他们中不少人定居缅甸，特别是民国时期达到高峰，这些人及其后代形成了缅甸的“迈达”族群。

李小梅的《明末清初活跃在缅北和中缅边境的中国人》（载《边疆经济与文化》2011年第3期）研究表明，明末清初，农民军领袖李定国率部拥护南明桂王永历帝入缅后的3年时间里，他们在佤族地区大举开矿建厂，为中缅边境地区的经济开发作出了巨大贡献，对中缅两国边境地区人口分布格局产生了深远影响。其《南诏、大理国和缅甸的骠国、蒲甘王朝的关系》（载《边疆经济与文化》2011年第4期）认真梳理了南诏和缅甸的骠国、大理国和缅甸的蒲甘王朝之间的联系。

郭华、王秀红的《试论近代泰国地主土地所有制的形成原因》（载《滁州学院学报》2011年第1期）认为，由于近代英、法殖民主义对泰国的争夺，其传统的封建国家土地所有制逐渐演变成为了地主土地所有制。

饶睿颖的《浅析佛教文化对泰国兰那社会的影响》（载《昭通师范高等专科学校学报》2011年第3期）认为佛教于12世纪下半叶传入泰国兰那后，佛教文化对泰国的兰那地区人们的社会政治、文化、生活产生了深远的影响。

何平的《泰国东北部地区琶喉的由来及其历史变迁》（载《贵州民族研究》2011年第5期）通过对泰国东北部地区老族的研究认为，随着后来的泰族对这个地区的控制和现代泰国版图的形成，尽管这些老族成了泰国的国民，而且今天泰国官方也把他们称为“北方泰族”；但是，由于这一带地区的主要居民的历史和和文化与今天老挝的主体民族老族有着十分密切的联系，他们中的许多人仍然自认为是老族人，现在国际学术界也仍然还把这些居民称为老族人。

罗圣荣、汪爱平的《马来西亚马华族群关系与马印族群关系之比较研究》[载《广西师范大学学报》(哲学社会科学版)2011年第2期]认为马华族群关系与马印族群关系一直是马来西亚族群关系的两大主题，二者兼属于“马来人与非马来人关系”的范畴。但由于华、印两族的社会背景、文化背景差异巨大，因此，马华族群关系与马印族群关系在表现出部分共性的同时，也存在一些明显的差异。

罗圣荣的《评〈马来西亚印度人的历史、问题及其未来〉》（载《南洋问题研究》2011年第2期）认为马来西亚的印度族群是当今马来西亚社会体系中一个重要的构成单元。作者指出，印度族群在构建马来西亚现代民族国家的历程中所扮演的角色和贡献，其重要性远不能以这个族群在马来西亚社会中所占的比重来考量和诠释。

赵文红的《略论明清中国与苏禄的关系嬗变及异同》（载《思茅师范高等专科学校学报》

2011 年第 4 期）研究表明，明清两代中国与苏禄的关系都是在中国强大的背景下建立起来的，官方正式朝贡关系维系时间都很短，然而不论是明代还是清代，贸易都是中国与苏禄的重要交往内容。

周伟、于臻的《试析入盟以前的越南与东盟关系（1975—1995）》（载《南洋问题研究》2011 年第 1 期）认为，冷战期间，越南与东盟关系忽冷忽热，1995 年越南加入东盟后，双方关系实现了历史性突破，长期动荡和分裂的东南亚开始走向区域联合自强和一体化方向的新道路。越南与东盟关系的演变，有着复杂的背景因素和各自的利益考虑，表现出一些明显的特征。

夏玉清、孔慧的《英国殖民统治时期在新加坡的印度人》（载《世界民族》2011 年第 3 期）认为，英国殖民统治时期，一些在印度的“推力”和新加坡的“引力”综合作用下，印度人以契约劳工或自由移民的身份来到新加坡，在市政工程、服务行业以及商业中扮演了重要角色，为英国殖民统治时期的新加坡实现经济的持续发展和繁荣作出了一定的贡献。

李昆声的《中国云南与东南亚南亚的经济文化交流——自远古至战国秦汉时期》［载《广西民族大学学报》（自然科学版）2011 年第 1 期］研究表明，旧石器时代晚期中国云南与东南亚在石器工业方面，旧石器均以砾石为原料制造，以石片石器为主，新石器时代云南的有段石锛、有肩石斧、有肩有段石锛对越南下龙文化有较大影响。春秋时期铜鼓在云南滇西至滇中起源后迅速传播到越南和泰国、印尼等东南亚国家。战国秦汉时期，已有南亚侨民居住在云南，并有来自印度的蚀花肉红石髓珠和“林伽”在滇池地区墓葬中出土。这些文化现象展现了当时云南与东南亚南亚的经济文化交流。

（二）非洲史研究

王涛的《1966 年军事政变与乌干达民族国家的发展》（载《湖州职业技术学院学报》2011 年第 2 期）认为，1966 年的乌干达军事政变虽然遏制了巴干达人的地方民族主义分裂倾向，维护了国家的统一，但政变也导致了国内民族间的矛盾，新的地方民主主义力量泛滥起来，为乌干达民族国家未来的发展埋下了隐患。

马燕坤的《权力与荣誉：卡扎菲时代利比亚的国家战略及实践》［载《河北北方学院学报》（社会科学版）2011 年第 5 期］通过对卡扎菲掌权时期的国家战略及其实践的研究，认为自近现代以来，第三世界国家在其权力和荣誉在得到捍卫的同时，也埋下了来自外力冲击和挑战的风险，而未能进入真正的平稳过渡之中。很大程度上，这是由于这些国家坚持的价值观念与西方主导下的主流模式不一致之故。

（三）日本史研究

金少萍、许金菁的《日本传统绞染工艺的缘起与发展》［载《烟台大学学报》（哲学社会科学版）2011 年第 3 期］研究表明，隋、唐时期，伴随着中日文化交流的文化背景，“绞缬”工艺传入日本，其后在日本得到了较大发展，为日本本土绞染工艺的形成和发展奠定了重要基础。

毕世鸿的《太平洋战争期间日本对东南亚的财政金融统制》（载《东南亚纵横》2011 年第 3 期）认为，1941 年日本在发动太平洋战争的同时，开始对东南亚地区实行财政金融统制，采取政府出台相关政策、军队和金融机构具体实施的方针，滥发军票和南方开发金库券，对占领区征收苛捐杂税，排挤当地商业银行，严重破坏了当地原有的财政金融秩序，给东南亚各国人民造成巨大损失。

程利、杨黔云的《日军进攻中国第二条战线战略的形成及破产》（载《学术探索》2011 年第 6 期）通过侵华日军绘制的云南地形图的研究，认为地图佐证了日本进攻中国的第二条战线战略，即日军 1942 年 5 月占领云南滇西地区后，欲趁势扩大战果，谋图继续进攻滇中、滇东北，再从滇东北攻占重庆、成都，从而形成从西南进攻中国的第二条战线。由于日军兵力不足、中国的坚决抵抗、太平洋战争失利等诸多原因导致其进攻中国的第二条战线战略破产。

（四）欧美史研究

李剑、杨文伟的《浅议美国南北战争前半自由黑奴的形成》［载《福建论坛》（社科教育版）2011 年第 2 期］研究表明，进入 19 世纪以后，美国的黑奴获释从最初只需奴隶主同意即可到 1820 年法令进一步要求得到州立法会的同意，黑奴获释的条件越来越高。

田敏的《美国在菲律宾的殖民统治政策分析》（载《昆明学院学报》2011 年第 5 期）认为，美西战争后美国在菲律宾实行殖民统治，由于美国特殊的国家历史和菲律宾不同于其他东南亚殖民地国家的状况，美国在菲律宾实行了政治复制、经济垄断、文化移植等不同于其他宗主国的殖民统治政策。

赵虹、马婕妤的《前工业化时期英国的休闲生活》（载《红河学院学报》2011 年第 1 期）就英国前工业化时期，英国休闲生活方式、内容、特征等进行了梳理和分析。

许洁明、李强的《英国新兴工业资产阶级道德观浅析》［载《四川大学学报》（哲学社会科学版）2011 年第 1 期］认为，英国工业资产阶级是工业革命中形成的新兴力量，其道德观随经济实力的强大逐渐获取主流价值观的地位，促进英国社会现代伦理观念的建立。

赵文红的《试论近代早期欧洲殖民者对东南亚海上贸易格局的影响》（载《东南亚纵横》2011 年第 9 期）认为，近代早期，随着葡萄牙、西班牙和荷兰等欧洲殖民者先后进入东南亚，该地区关键海域的制海权被欧洲殖民者所掌控，香料贸易基本为欧洲殖民者垄断，东南亚本土商人、印度商人和中国商人等传统商人都受到了不同程度的冲击，欧洲殖民者也逐渐参与或垄断了东南亚与其他地区的诸多主要贸易。

三、中国史研究

（一）中国古代史研究

杨勇著《战国秦汉时期云贵高原考古学文化研究》（科学出版社 2011 年版）通过对考古材料的系统梳理，就战国秦汉时期云贵高原的土著青铜文化和汉文化遗存分别展开研究，初步构建了土著青铜文化的谱系，揭示了早期汉文化的面貌。在此基础上，又围绕汉夷文化的关系，从不同角度和不同方面进一步探讨了战国秦汉时期云贵高原的社会文化变迁。此外，对研究中涉及的一些理论方法问题，也进行了思考和探索。本书是关于战国秦汉时期云贵高原考古学文化的一部综合性研究专著。

朱之勇的《我国北方细石器工业分区与分期问题初探》（载《北方文物》2011 年第 2 期）对北方地区细石器工业的分区、分期研究进行了梳理和分析，并对该问题的进一步深入研究提出了建设性意见。

钟金雁的《先秦两汉时期儒家的贫富观及贫富调整思想》［载《云南民族大学学报》（哲学社会科学版）2011 年第 1 期］指出，先秦两汉时期的儒家不反对求财致富，但强调获得财富应遵守“道义”原则。指出贫富分化的根本原因是国家基本制度设计违反“道义”，造成“重税、兼并”，从而使特权、垄断盛行，侵蚀人们的劳动所得，应根据“道义”原则建立相应的财富约束与调整机制，从基本制度设计上竭力防止和避免贫富分化。

赵卫华的《秦代象郡位置新考》［载《山西师大学报》（社会科学版）2011 年第 2 期］通过对史料的梳理认为，秦象郡的北界当在现今中国广西南部及云南东南部，其南界达到当今越南中部地区，主体当在当今越南境内。

张尚谦的《“品式”和西晋“户调式”》研究一文认为《晋武帝户调式研究》（载《云南民族大学学报》2011 年第 1 期）一文把西晋“户调式”中装饰“标准赋税额”的“课田”规定，一种形式方面的规定，曲解为国家对“课田民”的“授田”规定，还歪曲了中国古代和中世纪史的真实情况，这对正确认识中国古代中世纪史起了负面作用。

侯江红的《唐朝均田制度实施成本剖析》［载《西华大学学报》（哲学社会科学版）2011 年第 1 期］通过研究认为唐初政府实行均田制缘于维持政权合法性、获取财政收入以及争夺劳动力的需要。

侯江红的《唐朝两税三分制财政改革与地方政府农业经济职能》（载《中国农史》2011 年第 1 期）通过研究认为正是唐中期的两税三分制财政改革，使道节度使、州刺史所代表的地方政府成为辖区内的真正剩余索取者和控制者。

武建国、康春华的《唐代赋役优免管理体制探析》（载《思想战线》2011 年第 5 期）认为唐代优免体制制度严密，可操作性强，违规者将受到严厉的处罚。

薛正超的《从国家无偿赈济到“劝谕”富民

出资——唐宋国家实物救灾职能转变的考察》（载《云南社会科学》2011 年第 1 期）论述了唐中叶以后，在无偿赈给之法难以为继的情况下，唐政府一方面改行有偿赈贷之法，另一方面则开始积极引导富民出资出力参与社会灾荒救济。宋代赈灾分为政府直接赈救与利用社会力量赈济两个方面。政府直接赈救，继承并发展了唐后期以来用富民之资恤救贫民之宗旨。

刘欣的《宋人遗训中的丧葬观及其终极关怀》（载《云南社会科学》2011 年第 4 期），通过研究认为宋儒对丧祭之仪的重视，真实的目的在于教人慎终追远，让民心归于仁厚，使社会道德风尚日渐淳厚，其社会功能才是宋儒终极关怀之意义完全和最高的体现。

吴晓亮的《对宋代"拦头"与市镇管理关系的考察》（载《江西社会科学》2011 年第 11 期）认为，拦头的设置从最初具有的临时性，后趋于固定化。由于拦头的职事与征税密切相关，故人员的选拔要经由转运使司的官员，客观体现出其身份的特殊性和重要性。

武建国、张锦鹏的《宋代江南地区农村劳动力的利用与流动分析》（载《中国经济史研究》2011 年第 2 期）认为由于宋代江南人口急剧增长，人多地狭的矛盾日趋突出，致使农村中明显出现劳动力"溢出"情况，农村人口流动的方式和方向，大体可形象地归纳为"候鸟式"、"风筝式"、"鱼跃式"三种流动模式。

刘俊柯的《论明清时期海洋政策的内趋性》（载《思想战线》2011 年第 3 期），论述了明清时期海洋政策内缩的原因，叙述了海洋政策内缩的表现，并指出了其不足。

段红云的《试述明代贵州行省的设置及其意义》（载《西南边疆民族研究》2011 年第 2 期）中指出，明代在中央王朝平定云南、加强对西南民族地区统治的过程中，贵州地区的战略地位不断提高，明王朝亦加强了对贵州的统治和经营，并于 1413 年单独设置了贵州省，奠定了今天滇、川、黔的行政区划雏形，稳定了西南民族地区的局势。

周琼的《乾隆朝"以工代赈"制度研究》［载《清华大学学报》（哲学社会科学版）2011 年第 4 期］通过对"以工代赈"这一制度的研究，认为工赈的实施增强了灾民自力更生的能力及自救意识，发挥了救灾及增强社会基础设施的双重功效，减少了社会动荡的因素。其第二篇文章《清代审户程序研究》［载《郑州大学学报》（哲学社会科学版）2011 年第 6 期］论述了清代的审户制度在赈灾中的重要作用。

（二）中国近现代史研究

梁建的《晚清西方各国使节进驻北京历程探析》（载《历史教学》2011 年第 18 期）探讨了西方各国向北京派遣常驻使节的艰难历程，分析了原因：既有晚清统治者虚骄心理的原因，也有他们在西方各国推行"炮舰政策"情况下担心政权不稳的因素。

程利、李卫东的《武汉近代制造业盛衰的历史原因与现实启示》（载《历史教学》2011 年第 20 期）认为武汉近代制造业兴盛的原因是中国近代经济由东向西发展的一个必然结果，其发展与武汉地区商业、金融和交通的发达密切相关而且以张之洞为代表的地方执政者发展制造业的决心、魄力和详尽的规划起到了极大地推动作用。

张金平、牛嘉的《孙中山在东南亚进行革命活动的区位优势》（载《云南社会科学》2011 年第 4 期）论述了孙中山在东南亚的革命活动所具有三个层面的地域区位优势，即地理相连的便利、共同历史使命的地区革命高潮、关注中国革命的东南亚华侨的支持。

陈元惠的《1908 年河口起义与中法交涉》［载《云南民族大学学报》（哲学与社会科学版）2011 年第 4 期］对河口起义前后，清廷与法帝国主义围绕查拿镇压革命党人、保护洋人与教士、滇越铁路与法商损失赔偿等问题进行的交涉进行了研究。

林超民的《民族主义与现代国家》［载《云南民族大学学报》（哲学社会科学版）2011 年第 5 期］论述了民族主义在辛亥革命中的作用，并进一步指出了在革命后民族主义的转变为超越血缘种族的现代国家体系。

周朗生的《20 世纪以来中国民生主义的历史轨迹——纪念辛亥革命 100 周年》（载《兰州学刊》2011 年第 9 期）一文对 20 世纪以来的民生主义发展轨迹作了具体论述。

林文勋于 2011 年 10 月 3 日发表在《云南日

报》上的《辛亥革命的伟大意义》探讨了辛亥革命对中国社会产生的深远影响。

林超民于2011年8月19日发表在《云南政协报》上的《浴血奋战　众志成城》探讨了滇西抗日战场的重要性，认为滇西抗日战场作为中国抗日战争的重要组成部分，直接保卫了西南边疆，保卫了中国抗日战争的大后方和指挥中枢，也是中国抗日战争中唯一对日军展开战略反攻的战场。

沙文涛的《国民党对孙中山丧事的政治运作》（载《历史教学》2011年第4期）阐述了国民党以治丧活动为契机，运用党的组织系统和宣传机器来宣传孙中山思想、塑造孙中山形象，希图通过孙中山偶像地位的塑造来强化普通民众和国民党员对党（国民党）、国（国民政府）的认同。

张媚玲、张曙晖的《中国早期社会学研究的回顾与反思——以“魁阁”学术集团为对象》（载《学术探索》2011年第6期）一文对“魁阁”的研究给予了高度的评价，也指出了中国社会学的研究不足和今后努力的方向。

武经伟的《中国社会转型：路径，文化与文明的历史变迁》（载《思想战线》2011年第5期）认为近代开始的中国社会转型，有复杂的引起“冲突和转变”的内外因素，也有文化与文明的多重力量在历史进程中的博弈。

四、历史文献学

由云南文史馆主编的《云南丛书》（中华书局2011年1月版）一书的出版，是云南文化发展史上的一件大事。《云南丛书》为大16开四拼本，每套50册，收录汉唐至民国初年的云南文献，其中明代文献14部，清代文献151部，民国初年文献15部，为方便检索利用特重新编写《云南丛书书目提要》以备查询。《云南丛书》收录的著述涉及历史、政治、经济、教育、哲学、文学、艺术、地理、数学、医药等多个学科，为云南地方历史文献之百科全书。

林超民等著《西南古籍研究（2010年卷）》（云南大学出版社2011年6月版）是“西南古籍研究”的总第八卷，除了刊登关于西南古籍整理研究的论文外，还刊登了不少有关近现代西南文献的整理研究的论文。卷末附有本刊前七卷的目录索引，为对本刊及相关内容有兴趣者提供了极大的便利。作者以80后居多，反映了编者培养人才的良苦用心和对80后学人所寄予的殷切希望。

杨为星的《苍雪大师〈南来堂诗集〉诗注》（云南人民出版社2011年11月版）对明末清初云南高僧苍雪大师的《南来堂诗集》进行了深度细致的注解。

刘欣的《论宋代家训的文体表现》［载《北京理工大学学报》（社会科学版）2011年第3期］通过研究认为宋代的家训可视为是一种广泛的文化现象，其形式多样，有形的、无形的，文字的、实物的；其文字家训不但有“训”体，更有其他形式的文体。

张国庆的《〈文心雕龙〉集校、集注集释十则》［载《云南民族大学学报》（哲学与社会科学版）2011年第5期］对《文心雕龙》中的“原道”、“练字”两篇中引发歧义和原文表达不清楚的部分进行了校注。

五、云南地方史研究

（一）先秦两汉时期

尹绍亭、尹仑的《生态与历史——从滇国青铜器动物像看“滇人”对动物的认知与利用》［载《云南民族大学学报》（哲学社会科学版）2011年第5期］从生态人类学的角度，将动物图像作为“滇人与自然环境关系的媒介”，并将其进行分类来考察滇人对动物的认知，从生计、娱乐、宗教及艺术四个方面考察了滇人对动物的利用情况，以深化对古滇人生活环境、社会生产和生活的认识，为考察滇池区域生态环境的变迁提供了历史参照。

傅奠基、杨焰的《先秦九州五服视野中的昭通境遇——昭通政区的历史人文地理背景》（载《昭通师范高等专科学校学报》2011年第4期）一文对昭通地区政区的起源问题进行了探究。

（二）魏晋南北朝时期

王世丽的《东晋以来爨氏与中央和地方势力的关系》（载《文山学院学报》2011年第5期）对爨氏与中央和地方势力的关系进行了探讨，认为爨氏通过奉王朝正朔，获得了统治的正统性；同时，通过保持向王朝的朝贡及统合夷汉部曲，维护了其与中央、地方关系的互动。

（三）南诏大理国时期

李小梅的《南诏、大理国和缅甸的骠国、蒲甘王朝的关系》（载《边疆经济与文化》2011年第4期）论述了南诏、大理国与缅甸的骠国、蒲甘王朝的关系，认为在南诏统治时期，骠国长期受到南诏庇护，并最终沦为南诏的附庸国，而在大理国时期，大理政权和蒲甘王朝关系渐趋平等，双方和睦相处。

杨周伟的《论唐宋时期易学在南诏、大理国都城建设中的运用》（载《周易研究》2011年第2期）一文论述了易学在王都的选址、整体规划布局、建筑格式及风格等方面对南诏、大理国都城建设和规划产生的影响。

李乾夫的《南诏大理国时期白族主要哲学思想及其特点探析》（载《黑河学刊》2011年第6期）主要从碑文来考证南诏大理国时期白族人民的世界观、天命观及政治伦理思想，认为当时白族人民已经具有较高的抽象思辨能力，而且作者经过分析认为南诏大理国政权对中央文化具有高度的认同感。

张海超的《南诏大理国佛教文化传入途径研究》[载《青海民族大学学报》（社会科学版）2011年第4期]结合宗教、艺术、考古等民族志资料，梳理了南诏大理国佛教文化传入的途径。同时认为南诏大理国佛教的传入受与之为邻的印度、吐蕃以及东南亚诸国各方的影响。

雷信来等的《南诏大理国时期滇西北白族政治文化特征》[载《青海民族大学学报》（社会科学版）2011年第1期]，文章认为南诏大理国时期滇西北白族政治文化既具备中国传统政治文化的属性，又有其鲜明的民族个性，并对此进行了具体论述。

奎建荣的《宋朝入滇经籍探究》（载《思想战线》2011年第5期）认为由于宋朝的民族政策，宋朝入滇经籍为数不多，但其包含的文化信息在一定程度上可以说明大理国吸收了宋代文化的新因子。此外宋朝入滇经籍不仅促进了大理国文化的发展，也促进了印刷术在云南的运用。

（四）元明清时期

付春著《尊王黜霸：云南由乱向治的历程（1644—1735）》（云南大学出版社2011年5月版）以明清云南由乱向治的历程为主轴，探讨了云南在清初大约一百年左右的时间内由乱向治的轨迹和成效，梳理了明末清初云南与全国的地理形势、民族分布及统治者在云南践行“尊王黜霸”的举措，论述了清朝统治者为了实现大一统的目的，以打击割据分裂为手段，最终完成了由明末的动乱走向清初平治的历程。

周智生的《明代纳西族移民与滇藏川毗连区的经济开发——兼析纳藏民族间的包容共生发展机理》（载《思想战线》2011年第6期）探讨了明代纳西族进入滇藏川毗连区的概况、对该地区的开发情况，并在此基础上深入分析了这一时期纳西族移民与该地藏族共生与交融的机理。

杨永福的《论元明清时期滇川黔桂毗邻地区的移民》（载《贵州民族研究》2011年第1期）对元明清时期滇川黔桂毗邻地区移民进入的概况进行了探讨，并进一步分析了移民对该地区民族关系与民族融合产生的影响。

张海超的《移民、稻作与水利建设：明清时期大理盆地的生计变迁》（载《原生态民族学刊》2011年第3期）一文中论述了明清时期大量进驻大理的军事移民在改变洱海流域人口构成的同时也促使当地的水土资源得以重新配置，使大理从此由水旱兼作的多元农业向以精细种植的稻作水田农业转变，同时也使当地的生态环境不可避免的发生了变化。

古永继的《明清时期云南的江西移民》（载《思想战线》2011年第2期）则探讨了明清时期江西移民通过军事留戍、商人寓居、仕宦任职、谪迁流放、矿业开发等不同渠道进入云南对当地社会发展产生的深刻影响。

古永继的《明清时期云南傣族地区的教育发展及特点》[载《云南师范大学学报》（哲学社会科学版）2011年第2期]论述了傣族地区以儒学和寺庙教育为主的二元教育体制的形成。

顾霞、顾胜华的《清代滇东北地区的学校教育》（载《昭通师范高等专科学校学报》2011年第2期）论述了清代统治者在滇东北发展教育的具体措施以及产生的影响。

陈碧芬的《元代对滇东北地区的经营与开发》[载《中央民族大学学报》（哲学社会科学版）2011年第1期]阐述了元代统治者对滇东北地区

与内地一样看待，促进了这一地区的发展。

沈乾芳的《明清时期彝族土司联姻对西南地区的影响》（载《贵州民族研究》2011 年第 1 期）一文从明清时期彝族土司联姻对西南地区统治集团的稳定、西南交通、中央政府的改土归流进度、民族交流和社会进步的影响四个方面论述了这一时期彝族土司的族际联姻和跨等级联姻对西南地区社会发展产生的深远影响。

姜建国的《明代云南驿站变迁考》（载《思想战线》2011 年第 2 期）介绍了明代驿站的功能、管理方式和设置方式，并对明代云南驿站的变迁作出了探讨。

马银行的《论明清时期丽江的城与墙》（载《大理学院学报》2011 年第 11 期）对明清两代丽江修建城墙的过程、原因及城墙功能等进行了比较探析。

杨寿川的《13—19 世纪：滇银辉煌 600 年》（载《云南社会科学》2011 年第 3 期）论述了 13—19 世纪的 600 年间滇银开发取得的巨大成就，并分析了其原因。

祁志浩的《清代云南府的慈善事业与滇中社会》（载《文化学刊》2011 年第 1 期）认为在清代，云南府以昆明县为中心，在官方为主导力量的积极介入下，创建了大量的慈善组织来推动边疆基层社会的发育。

刘雪松的《清代云南鼠疫流行区域变迁的环境与民族因素初探》（载《原生态民族文化学刊》2011 年第 4 期）结合历史文献资料，研究清代云南鼠疫发生和流行区域的变迁，分析了清代云南鼠疫流行区域变迁的原因，认为云南社会和自然环境的变化是鼠疫流行区域变迁的主要原因。

段红云的《丽江改土归流后纳西族的社会变迁》［载《云南师范大学学报》（哲学社会科学版）2011 年第 6 期］论述了丽江地区改土归流以后的社会变迁状况，认为改土归流后丽江地区农业和商品经济进一步发展，汉文化教育兴起，各民族间交流进一步深入，民族融合大大加强，有力地推动了纳西社会的转型，为纳西族成为多元文化综合体奠定了坚实的基础。

（五）近代时期

潘先林、张黎波所著的《天南电光——辛亥革命在云南》（云南人民出版社 2011 年版），该书以纪实的形式，分“闯进大门的陌生人”、“现代化的曙光”、“孙中山的选择”、“天南电光耀千秋”、“有声来自西南”、“新政策新气象”、“新起点新希望”七个单元，全面系统地记述了有关云南辛亥革命的原因、经过、意义、成果等方面的内容。

周立英著《晚清留日学生与近代云南社会》（云南大学出版社 2011 年版）以《乙巳东游日记》为撰写的主要资料依据，推陈出新，系统地论述了晚晴留日学生的背景、状况以及对近代云南社会产生的深远影响。

范建华主编《纪念辛亥革命 100 周年文集》（云南大学出版社 2011 年版）收录了谢本书《辛亥革命史事三题》、吴宝璋《关于云南辛亥革命的三个评价应受到高度重视——兼论云南在全国辛亥革命中的突出地位》等诸多学者的二十余篇文章，选题广泛，思考深邃，许多文章对辛亥革命的研究进行了新的思考，为我们重现了 100 年前辛亥革命时期的云南社会各方面状况，也体现了近年来学者们对云南辛亥革命研究的新成果和新水平。

赵旭峰的《半殖民语境下的滇越铁路与云南社会》［载《重庆交通大学学报》（社科版）2011 年第 2 期］、杨永平、黎志刚的《滇越铁路与近代云南红河流域的社会变迁》［载《昆明理工大学学报》（社会科学版）2011 年第 1 期］探讨了滇越铁路通车后给云南社会带来的利弊两方面的影响。

周立英《留日教官与云南陆军讲武堂》（载《学术探索》2011 年第 1 期）论述了云南陆军讲武堂创办的历史背景、发展历程等方面的状况。

潘先林的《辛亥革命时期云南军都督府民族政策析论》［载《云南民族大学学报》（哲学社会科学版）2011 年第 6 期］论述了云南军都督府继续了早期同盟会革命宣传中极为狭隘的民族主义立场，在边疆民族地区确立了土流并治的统治形式，实行民族同化政策，具有明显的大民族主义思想。

范德伟的《越南华侨与戊申云南河口起义》（载《华人华侨历史研究》2011 年第 3 期）分析梳理了越南华侨与云南河口起义的密切关系，探讨了越南华侨对辛亥革命的巨大贡献。

周玲、罗锋的《从边缘到前沿——云南辛亥革命精神的起源与传承》(载《学术探索》2011年第8期)对云南社会在中法战争后的变化作了探讨，认为这种内在的精神积累是云南在近代社会走向中国革命前沿的重要原因。

林文勋、马琦的《近代云南省际贸易研究》(载《中国边疆史地研究》2011年第4期)论述了被学术界长期忽视的云南与周边省份之间的贸易状况，认为近代云南的省际贸易与国际贸易形成了良好的互动机制，促进了云南乃至整个西南地区社会经济的发展和区域市场的形成，也使云南成为近代中国对外贸易的桥头堡。

杨志玲的《近代云南茶叶出口与茶业经济的良性互动》(载《思想战线》2011年第3期)一文认为茶叶出口带动了茶叶经济的发展，并且两者之间形成了良性的互动关系，使得近代云南茶业经济繁盛一时，从而奠定了近代茶业经济在云南经济史上的地位。

石攀的《民初云南总商会商事公断处初探》(载《云南档案》2011年第1期)对民国初年云南总商会商事公断处的成立、组织机构、它理案的特点等方面的内容进行了探讨。

盛美真的《社团组织在移风易俗中的作用——民国时期云南风俗改良会考察》[载《云南民族大学学报》(哲学社会科学版)2011年第2期]，作者通过研究认为云南风俗改良会在移风易俗中的作用主要表现为倡导改造摒弃不良风俗，为新风尚的发展创造条件。其另一篇文章《抗战内迁中云南社会风尚的变化及转向》[载《贵州大学学报》(社会科学版)2011年第2期]论述了抗战内迁时期云南社会风尚在进一步变化中的新内容。

翟昭明、邹立莉的《昭通革命斗争历史回顾》(载《昭通师范高等专科学校学报》2011年第3期)对中国共产党成立后的昭通地区革命斗争历程进行了探究。

黎志刚的《民间借贷与乡村社会秩序——以民国云南为中心的考察》[载《昆明理工大学学报》(社会科学版)2011年第2期]分析了民国时期民间借贷作为云南乡村社会借贷的主体，对乡村社会秩序发挥着的双重作用。

杨梅的《清末至民国云南海关档案的经济史料价值探究》(载《云南档案》2011年第4期)从贸易、经济、税收等方面探讨了蒙自、思茅、腾越三个海关的贸易统计资料和贸易报告的史料价值。

(六)长时段综合研究

何耀华任总主编，李昆声、钱成润、朱惠荣、林超民、段玉明、夏光辅、蒋中礼、王文成、牛鸿宾、谢本书等任分主编的《云南通史》(中国社会科学出版社2011年版)一书被誉为云南地方史、民族史研究的重要成果，该书是迄今篇幅最大、内容最完整、阐述最系统的云南通史著作，也是近年来云南地方史和民族史研究的重要成果，全书共6个分卷、334万余字。该著作对云南各民族自远古时期直至1949年的政治、经济、社会、文化等方面的状况进行了深入阐释和全景式展现，并配以数百张历史图片，史料十分丰富，图书文献、原始档案、考古发现、田野调查、口传材料颇具规模。《云南通史》的出版开启了云南编修五千年通史的先河，填补了云南史学的一大空白，同时该书出版对于正确认识云南、全面建设云南、促进云南更好更快地发展具有重要的借鉴作用，对于研究中国历史、云南地方史、民族史及中国与东南亚、南亚交流史等具有重要参考作用。

方铁的《历代治边与云南的地缘政治关系》[载《西南民族大学学报》(人文社会科学版)2011年第9期]认为历代治理云南的思想及其实践，以及云南地区的交通线、核心区域、重要城市与区城行政中心、移民的迁徙与分布、社会经济发展水平与历代经营的重点等，都是影响云南地缘政治关系的重要因素。

杨寿川、张永俐的《中外矿业史上的云南白铜》(载《思想战线》2011年第1期)探讨了历史时期云南白铜的产生、发展及传播等方面的状况，认为云南白铜的发明对世界铜合金的发展作出了卓越贡献，在世界科技史和矿业开发史上都占有重要地位。

吴光范的《"小云南"地理位置考》(载《云南社会科学》2011年第3期)，作者通过对历史文献、民谣、民俗的考证，认为"小云南"就在云南省。

六、专题史研究

（一）经济史研究

薛政超的《唐宋“富民”与乡村社会经济关系的发展》（载《中国农史》2011年第1期）通过研究认为唐宋以来的“富民”群体成为了乡村社会经济关系的中心和主导社会阶层。

林文勋在《〈中国盐业史辞典〉评介》（载《盐业史研究》2011年第4期）中指出《中国盐业史辞典》以翔实的资料，广阔的知识面对中国盐业史辞条的编写和中国盐业史的研究进行了全新的、有益的探索，是中国盐业史的一部大百科全书。

李睿的《唐宋时期的茶马互市》（《思想战线》2011年第6期）论述了这一时段的茶马互市的背景、特点和作用。

白龙飞的《元朝赤字财政下的货币政策问题研究》（载《思想战线》2011年第6期）一文对元朝财政赤字的表现、特点和影响都进行了探讨分析。

尹邦鳌的《论王符经济思想中的“富民为本”》（载《思想战线》2011年第6期）认为王符发展了自战国以来的富民思想，并将之视为治国的根本。

（二）社会史研究

林文勋的《唐宋社会变革论纲》（人民出版社2011年版）以中国古代“富民社会”体系为理论基石，对唐宋社会变革问题作一个宏观层面的探讨。全书的理论核心是中国古代“富民社会”体系，中心内容则是分析和揭示商品经济与唐宋社会变革间的内在联系。

陈碧芬的《试析明清时期的“以民养民”论》（载《学术探索》2011年第1期）通过研究认为，明清时期“以民养民”论大量出现，把救助困者、贫者看做是富民的主要责任，并产生了两个重要的结果：一是明清时期富民举办社会救助活动的兴盛；二是富民借助社会救助实现基层社会控制权的扩张。

周琼的《灾害及其防御和应对——“西南灾荒与社会变迁”暨第七届中国灾害史国际学术研讨会综述》（载《中国历史地理论丛》2011年第2期）概述、总结了2010年8月举行的“西南灾荒与社会变迁”暨第七届中国灾害史国际学术研讨会的学术成果和相关的研究动态，文章指出这次会议为国内外灾害史学者进一步深入研究历史时期及现当代各类灾害及救济制度、措施、影响等问题提供了交流、合作的平台。

（三）文化史研究

包云燕、张玮等著《守望我的西南联大（第二辑）》（云南教育出版社2011年版）对西南联大的相关史料进行了进一步地整理和发掘，并在此基础上辑成该书。

顾士敏著《中国儒学导论——为当代大学生而作》（云南大学出版社2011年版）较全面、系统地介绍了儒学——这一中国历史上影响最大思想流派。它重点回答了儒学为什么发生于中国，儒学怎样发生于中国，所谓“儒家文化”是什么等重要问题。

瞿明安、秦莹著《中国饮食娱乐史》（上海古籍出版社2011年12月出版）将中国历史上丰富多彩的饮食文化与娱乐文化有机地结合在一起，运用丰富的史料加以叙述。作者从中国的先秦时期开始，一直讲到当代中国，纵向展开论述；并通过中外饮食娱乐文化的对比，横向加以论述，内容丰富全面，图文并茂，将中国自古至今饮食娱乐文化的发展脉络梳理得十分清晰。

朱映占的《民国知识分子眼中的西南边疆基督宗教——以游记和考察文本为中心的探讨》（载《西南边疆民族研究》2011年第2期）指出，民国时期西南地区的基督宗教在当时来西南考察的知识分子眼中是毁誉参半的，这一方面与基督宗教在传播过程中的表现有关，另一方面也与知识分子从基督宗教与民族国家命运的关系角度进行认知有关。

赵惟惟、叶明春的《秦汉时期“平和”审美与“不平”审美的演化》［载《云南师范大学学报》（哲学社会科学版）2011年第3期］论述了秦汉时期审美观的变化。

林文勋、黎志刚的《南宋富民与乡村文化教育的发展》［载《国际社会科学杂志》（中文版）2011年第4期］认为南宋富民阶层在乡村社会中广泛存在，他们以“富而好儒”作为立家根基和必然选择，在发展家庭文化教育的同时，也在乡村社会中开展广泛的兴学活动，促进了乡党之学的繁荣。

王晓丹的《〈妇女杂志〉对近代都市女性生活的塑造和影响》（载《学术探索》2011年第8期）一文认为商务印书馆于1915年创办的《妇女杂志》对读者起到了引领和启蒙的作用，对都市女性的生活产生了广泛而深远的影响，该杂志亦成为研究民国女性社会生活和妇女问题的最有价值的史料之一。

（四）人物专题研究

谢本书著"辛亥著名人物传记丛书"之《蔡锷》（团结出版社2011年版）翔实地记录了蔡锷短暂的一生，重点叙述其两件大事：一是辛亥革命时期，领导了云南反清起义，建立了辛亥云南军都督府，实行了一系列颇有成效的改革；二是在袁世凯复辟封建帝制时期，领导了反袁护国战争，取得了重大胜利，立下了特殊功勋，被称为"讨袁名将"、"护国军神"。这两件大事，奠定了蔡锷在中国近代史上的重要地位。其著《龙云传》（云南人民出版社2011年版）以翔实的史料记载了龙云一生的军旅生涯和所经历的政治风云，从一个侧面反映了中国近代社会发展的进程和各种政治势力之间错综复杂的斗争。

杨绍军的《魏建功先生在西南联大》（载《学术探索》2011年第1期）指出，著名的语言文字学家、教育家魏建功先生不仅是我国现代语言学的开拓者之一，而且也是北京大学中文系古典文献专业的奠基人。《向达先生在西南联大》（载《学术探索》2011年第2期）指出，我国著名的历史学家、考古学家、翻译家向达毕生致力于中西交通史研究，同时兼及敦煌学、目录学、版本学和少数民族史等领域，在他所涉猎的不同研究领域都有精湛造诣和卓越成果，深受国内外学术界的推崇。

刘平章口述，张昌山、卫魏等撰文的《我的父亲刘文典》［载《云南大学学报》（社会科学版）2011年第5期］通过刘文典哲嗣刘平章的口述，从人生经历、为人处世、治学态度及世人关注等视角，展现了刘文典不全为人知的方方面面，认为刘文典是一位国学大家，他极具传统士大夫的傲骨，坚守着学人气节，呈现出一副"狷狂"模样，但内心追求的却是独立与尊严。

贺良林的《闻一多在蒙自的日子》（载《兰台世界》2011年第11期）以闻一多等诸多教授为代表的西南联大在蒙自留下的历史足迹，书写的历史传奇为基点，认为闻一多在蒙自的所作所为始终让蒙自人津津乐道。

段金生的《论杨增新的政治思想》（载《西域研究》2011年第1期）论述了杨增新在"天下定于一"的理念作用下，主张国家统一，积极抵制了外部势力对新疆的干涉。

（五）交通运输史

肖雄的《抗战时期日本对华的交通封锁及国民政府的反封锁对策》（载《抗日战争研究》2011年第1期）探讨了抗日战争时期，日本侵略者对中国抗战后方采取战略性的交通封锁政策，严密封锁中国出海口，阻断中国国际交通线。国民政府为打破封锁，对内坚持自力更生原则，对外努力开辟国际交通线。虽然国民政府的反封锁对策缺乏总体规划，应对比较被动，但其对中国抗战的最终胜利起到了不容忽视的积极作用。

方铁的《唐宋两朝至中南半岛交通线的变迁》（载《社会科学战线》2011年第4期）通过研究认为在唐宋两朝统治的610年间，中国内地与中南半岛之间的交通线，在兴衰、更替及其作用等方面发生重要的变化，唐朝与宋朝对西南边疆的治策及其经营实践以及西南边疆和中南半岛地区时代条件的改变，是造成这些交通线及其利用情形变化的重要原因。

杨永福、何廷明的《论元明时期的"入湖广道"与滇、黔政治中心的变迁》（载《贵州民族研究》2011年第5期）探讨了元明时期入湖广道的开通和拓展，导致了贵州在西南边疆的战略地位的提高，也使云南政治中心从滇西大理回归昆明。

（六）边疆史研究

吕昭义、杨永平的《达旺历史归属论》（载《中国边疆史地研究》2011年第1期）认为，门隅地方古代史是我国西藏地方史的一个组成部分，在与西藏地方史一道融入中华民族整体发展史的进程中，达旺成为门隅政治、宗教、文化中心，英国入驻阿萨姆后在相当长的时期内沿袭了沿喜马拉雅山南侧坡脚的传统习惯线。

潘先林、张黎波的《西南边疆早期现代化的

主要现象及其与国家安全之关系》（载《思想战线》2011 年第 2 期）认为西南边疆早期现代化的主要现象，一是“边陲”（边疆少数民族地区）与“中心”（中国内地）之间非常松弛、隔绝的关系（天高皇帝远）变为双方打通而密接的关系，二是少数民族的国家认同意识及其发展。西南边疆早期现代化的显著成就，推进了“边陲”与“中心”双方关系的发展，为保卫国家安全作出了贡献。

娄贵品的《“西南研究”与中国边疆学的构筑——以“国立中山大学文学院边疆学系组织计划纲要”为中心的考察》（载《思想战线》2011 年第 2 期）认为 1939 年杨成志先生拟订的《边疆学系组织计划》，是目前所见最早的高校边疆学系筹组计划，应该视为中国边疆学构筑的学科源头。我国高校“边疆学系”筹组，与中山大学“西南研究”的长期积累密切相关。在中国边疆学构筑的学术历程中，“西南研究”具有重要的地位和作用，产生过重要的影响。

张子健的《民国时期中缅边界问题对民族国家构建的回响》（载《贵州民族研究》2011 年第 2 期）主要论述了民国时期西南边疆各民族在边疆危机时刻从坚定的领土认同出发，积极、自觉地选择了国家认同与民族认同的和谐统一路径，在民族国家构建中找到自己新的归属，并担负起表述民族国家的责任和义务。

朱映占、段红云的《民国治边事业汇总的边政人员考察》（载《思想战线》2011 年第 4 期）认为民国时期专门施行于边政人员的相关政策，并未形成系统，在实施过程中也受到多方面因素的影响，未能有效贯彻，这在很大程度上影响了边政人员在边疆治理过程中的作为。

段红云的《明代中缅边疆的变迁及其影响》［载《云南民族大学学报》（哲学社会科学版）2011 年第 5 期］探讨了明代作为中国西南边疆和云南民族社会发生划时代变迁的重要历史时期，到明中后期，边地土司纷争不断，缅甸洞吾王朝趁机北扩，侵占了明初设置的老挝、八百、蛮莫等土司地区，这些变迁对统一多民族国家的形成和发展产生了深远影响，奠定了今天中缅边疆的基本雏形，长期的动荡不安对当地经济社会发展造成了严重破坏，使百夷、蒲人等部分边疆民族成为缅甸控制下的居民，并逐渐演化成为今天意义上的跨境民族。

段金生、郭飞平的《南京国民政府政治视野中的西南边疆》［载《云南师范大学学报》（哲学社会科学版）2011 年第 5 期］探讨了不同时期南京国民政府对西南边疆重要性的认识变化。此外在两人合著的《制衡与牵制：南京国民政府治理边疆的政治策略——以边疆行政区域的新规划为中心》（载《云南行政学院学报》2011 年第 1 期）中，认为南京将甘肃分设宁夏、青海，内蒙地区分设察哈尔、热河、绥远三省，还设了西康省，这些变革客观上消解了边疆地方实力派的压力，起到了制衡与牵制作用，有利于推动中央政府对边疆的社会控制，提高边疆各省区的行政效率，并通过空间管理的重新布局抵御外围势力的干涉。

（云南师范大学　周智生）

文　学

2011年云南省文学研究在各分支领域均平稳发展，现从文学史研究、文艺理论研究、民族民间文学研究、文学评论与作品研究5个方面，对文学研究情况作一综述。

一、文学史研究

汉赋往往被后世视为汉代文学的代表，但相较《史记》、《古诗十九首》等，汉赋的研究不够深入和细致。冯良方从汉赋和汉代奏议文体的关系入手，考察汉赋的特质。指出汉赋和汉代奏议存在着较为普遍的作者双栖、同时关涉政治和经学、文体互渗的现象，赋与奏议在汉代均高度发达，赋是比较纯粹的文学作品，奏议在公文中属上行文。赋与奏议存在着较多的联系，但汉人重奏议而轻赋。汉代属于文学性质的汉赋，虽然已经具有突出的的审美特性，但地位却不及属于政治应用文性质的奏议。由此可见，汉赋独立的文学审判价值在汉代尚未得到充分的肯定（冯良方：《双栖写作下的文体渗透——以汉赋和汉代奏议文体关系考察》，载《云南师范大学学报》2011年第4期）。冯小禄、张欢以汉人体现于各体类赋文中的审美心态为论题，认为理性、求全、夸饰是汉赋所体现的审美心态，生成于汉赋特殊的象类式铺陈的感知表现方式，及汉代赋家居于各种政治道德人格和文化人格之中的审美人格。进而讨论汉赋三体对先秦以来文学表现范式的发扬光大与集成创发，以及随东西汉之分而发生的语体、气性、风格迁流（冯小禄、张欢：《新论汉赋审美心态之生成、创发与迁流》，载《云南师范大学学报》2011年第4期）。

地方文学研究是中国文学研究的一个重要组成，云南传统文学崛起于明代，一代文学家以地域色彩浓郁、人文底蕴深厚的创作成就，成为我国明代文学史的一个重要组成部分。孙秋克的《明代云南文学研究》是一部以明代云南文学为研究对象的断代地域文学研究著作，从“传统与地域”、“文化与文学”、“交融与特色”、“个案与群体”等视角，在实证研究的基础上，以新体例对明代云南文学的崛起、发展和重要文学现象、基本特点进行了分析论述和理论概括。主要包括云南文学的崛起，隐逸文学的兴盛，宦滇职官的咏歌，宦游诗人的心声，谪戍名家的创作，遗民诗家的才性，首府外文学家族考论及附录《〈新纂云南通志〉集部明代简表》、《重要研究论著论文索引》等内容。姜晓霞认为该书梳理了明代滇云文脉，并对明代云南文学与全国文学的关系作出了恰当定位，明确了明代云南文学在全国大格局中的基本地位，具有填补地方文学研究空白的意义（姜晓霞：《梳理明代滇云文脉，填补地方文学研究空白——评孙秋克教授〈明代云南文学研究〉》，载《昆明学院学报》2011年第1期）。

二、文艺理论研究

在学科的形成与发展中，对学科学术史的梳理是一项富于意义的工作。通过对学科纵向发展进程与横向扩展过程的考察，辨认其发展的轨迹，探寻其相关理论资源的源流，学科名称与核心概念的形成与确认，其实际研究逐渐扩展的进程，既与某些相邻学科发生部分重合、又超越它们并凸显出自身学科特征的状况等，将可以厘定学科发展的方向，发挥相关的学科优势，更好地促使新学科健康有益地成长。谭君强以叙事学和比较叙事学为例，说明学科名称涉及学科定义的问题，事关学科方向与发展。新的学科伴随着其名称的出现而名实相符，一门新的学科由此而诞生。学科名称确立之后的研究可以归之为显性研究，学科名称确立之前与这一学科发展方向大体相系所展开的研究可归之为隐性研究。显性研究与隐性研究之间常常互有交错、有时并无明显的界限，而学科名称的确立可以看做沟通二者的桥梁（谭君强：《学术史研究及其在学科发展中的意义——以叙事学与比较叙事学为例》，载《贵州社会科学》2011年第1期)。

艺术人类学是云南省文艺理论叙事学之外的一个新的生长点，何明是领军人物。他认为人类学对艺术研究的重视程度逐渐提高、参与者增多；同时，多文化之文化视角和多点民族志方法，与艺术理论和美学特别是从中派生出的文化研究形成了更明显的整体性把握人类建构艺术经验的合流态势。迈向艺术建构经验的艺术人类学，必须参与观察处于自然状态中的生活世界如何建构艺术与艺术如何表述生活世界，整体性分析艺术与日常生活、实用与非实用、审美因素与非审美因素等之间的关联。从实践出发的关系分析是艺术建构经验研究的关键工具，迈向艺术经验的艺术人类学的研究有两个主要维度：社会文化的艺术建构经验和艺术的社会文化建构经验；从这两个维度切入，会呈现包括艺术边界、艺术圈子、艺术生产、艺术变迁、艺术交流等在内的一系列重要研究论题(何明:《迈向艺术建构经验的艺术人类学》，载《思想战线》2011年第4期)。

叙事理论作为文艺学的重要理论分支，引起了学术界的广泛关注，并一直成为国际学术前沿理论之一。谭君强是国内率先研究和介绍叙事理论的学者之一，他认为叙事学研究已得到长足发展，并成为国际学术领域中的显学之一。如何使中国的叙事学研究在已有的基础上形成自己的特色，在国际叙事学领域占有一席之地，“比较叙事学”研究或许是中国叙事学研究与中国叙事学者可以承担的任务。比较叙事学将在沟通中外叙事理论与实践、挖掘中国丰富的叙事理论资源、扩展与深化叙事学研究中显现出自己的优势，并对叙事学研究产生积极的影响。(谭君强:《比较叙事学:“中国叙事学”研究之一途》，载《江西社会科学》2010年第3期)。

叙事学研究的一个突出贡献是作品研究。陈芳用叙事学理论分析让·鲁什〈夏日纪事〉的叙事策略，认为让·鲁什的成功主要在于探讨和开放的态度，在叙事文本层面，探讨和开放在于对叙事可能之逻辑的充分展示。(陈芳:《寻求双向认同的真实叙事——让·鲁什《夏日纪事》叙事策略分析》，载《思想战线》2011年第1期)。

三、民族民间文学研究

云南是世界罕见、至今尚未完全崩溃的神话王国。云南民族众多，有其特殊的自然、人文环境，汉代以降，就逐步融入中华民族多元一体、多源一体、多元共生、多元并存之文化总体格局之中。这不仅维系、强化了云南少数民族神话叙事内容、母题、存在形态、民族特色的丰富多样性，而且有利于活形态神话的存续。一直以来，云南就是神话研究的最佳考察地及研究单位。从中国神话资源尤其是少数民族神话资源极其丰富这一客观实际出发，李子贤提出，在对中国古文献神话，其中包括汉文献神话及各少数民族文献神话进行深入研究的同时，一个紧迫的任务是对我国各少数民族神话，其中包括对云南这个神话王国进行全方位、系统性的研究。这不仅可充分研究中国神话，也是神话学界必须担当的一项历史性责任。中华民族多元一体的文化，是多元共生、多元并存、逐步融为一体的。中华民族的神话，亦是多元共生、多元并存、各具特色，都为中华民族神话宝库的形成作出了自己的贡献。从某种意义上说，中国各少数民族的神话，尤其是现今仍在存续的活形态神话，不仅是中国神话的一大特色，也是世界神话宝库中不可多得的珍品，值得深入研究(李子贤:《神话王国诸相——对云南少数民族神话总体特征及存续的解读》，载《云南师范大学学报》2010年第6期)。

田红云认为傩戏是一种神话行为的叙事。最初的傩祭仪式对神话作出诠释与表现，进而在神话行为的主导下实现神话意识，发展至相对完整的戏剧艺术的表演。傩戏在各种扮演行为和宗教艺术的综合运用中具有丰富的行为叙事特征。傩戏是关于神的事迹及故事的行为叙说，存在于傩祭仪式之中，傩仪中巫师的装扮行为和表演行为背后所隐含的往往就是原始宗教意识支配下的神话的体现。傩戏中的乐舞表演、祭祀仪式等活动受神话思维的影响，在行为叙事中被赋予了新的且深刻的再诠释功能，在不断重构的历史进程中呈现出动态的发展状态(田红云《傩戏的神话行为叙事探析——以湘西傩戏为例》，载《思想战线》2011年第5期)。

从民俗文化的角度研究古代文学，或者说研究中国古代文学作品中的民俗文化，是文学研究的一个新视角和新方法。申江认为《西游记》里隐含着五行思想，作者是以五行思维进行构思的，作品中五行踪迹或显或隐，虽非难辨而意义未彰，乃因后世对其符号思维本质失察。五行作为是书精髓，于其品格改造、主旨提升莫不重要。美猴王从不在五行到皈依五行，从齐天大圣到孙行者，作者自号华阳洞天主人等，莫不深藏用心：治乱两可者居其所则治，失其所则乱；千载齐天功名无非改朝易代，一朝行者之位总是扶正辟邪；以暴易暴决非福音，对美猴王当束之用之。小说之锋芒，终极鹄的自非为所欲为、不欲受制外力之专制皇权莫属（申江：《五行思维与〈西游记〉》，载《昆明学院学报》2011年第4期）。

周均东认为20世纪中叶以来，伴随着中国现代化发展的时代洪流及强大话语权，西南边疆少数民族文学一方面强化了其作为特定少数民族精神和灵魂载体的文化特征，充分表达了特定民族在文化和心灵上的不同诉求；另一方面也超越了蕴涵于作品中的民族价值、民族精神、作品题材、表现主题、艺术形象等意识形态层面的内容，在文体形态上与时俱进，不断创新，以其独特的艺术品格和文体形态，为多元一体、百花齐放的中华民族文学的发展注入了鲜活的因素。他把当下的西南边疆少数民族文学的文体存在形态划分为5个大类：韵文体少数民族文学、幻想体少数民族文学、叙事体少数民族文学、散文体少数民族文学和多媒体少数民族文学。认为从根本上讲，西南边疆少数民族文学文体存在形态的变化和演进，都是时代影响的结果，都是少数民族文学外部生态环境及其时代宿命的变化所导致的。一个时代有一个时代的文学，一个时代也有一个时代的少数民族文学。梳理和辨析当下西南边疆少数民族文学的文体形态，对深入研究西南边疆的当代少数民族文学具有显在的学理价值（周均东：《西南边疆少数民族文学文体形态的发展辨析》，载《思想战线》2011年第6期）。

《阿诗玛》是长期流传于撒尼人的民间故事，新中国成立后有关学者对其进行了搜集整理，使其成为中华民族的经典作品。《阿诗玛》的搜集整理对其传承和撒尼人民族文化发展的影响，以及由此引发的对少数民族口承文学搜集整理方式方法的讨论成为近年少数民族文学研究的一个热点。黄毅集中撰文对此进行了探讨。认为《阿诗玛》的搜集整理功劳很大，产生了巨大的社会反响，让世人了解了撒尼人及其文化，但整理也不可避免地削弱了其适应社会的能力；整理使《阿诗玛》固定下了，使其丧失了自我调整与更新、保持活力的能力。他在比较多种异文的基础上，对整理本和原本主题思想、人物形象的异同作了研究。新中国成立初期撒尼社会传承的《阿诗玛》有很多种异文，而没有一个固定的标准的文本。众多的异文让我们看到，这个时期的《阿诗玛》人物形象和故事情节都具有多元化的特点，但主题却相对单一，即抒发女性对出嫁的恐惧和痛苦之情。研究深化了对民间文学进行搜集整理的理解（黄毅：《解放初期撒尼社会传承的〈阿诗玛〉的特点》，载《昆明学院学报》2011年第2期）。

四、文学评论与作品研究

女性文学研究是文学研究的重要组成，但多数研究限于研究女性作者的作品。降红燕借助于对毕新伟新著的评析，提倡女性文学研究不应仅限于单一的女性作者及其文本，也应当扩展到男性作者及其文本，认为林纾翻译的《巴黎茶花女遗事》，翻译演出的易卜生《玩偶之家》，鲁迅的《伤逝》都是构成当时整个女性解放话语场域中不可缺少的因素。由于历史文化等诸多原因，男性作者会在无意识中浸染上男性中心主义意识，包括鲁迅这样的大家也如此。由于诸多复杂原因，目前性别研究领域中更多活跃着的是女性学人的身影，男性研究者很少，男性研究者也应该是研究队伍中的重要力量（降红燕：《文学与性别研究领域的新收获——读毕新伟〈暗夜行路：晚清至民国的女性解放与文学精神〉》，载《海南师范大学学报》2011年第6期）。

儿童文学研究是云南文学研究的一个亮点。儿童文学如何发展，很多学者撰文发表了自己的看法。韦苇站在世界儿童文学的立场上，提出亚洲儿童文学作家和西方儿童文学作家的理想目标是一致的：都是为了在全世界赢得尽可能多的读者。衡量亚洲儿童文学的品质，不可避免地要置于世界统一的评价尺度之下。中国和日本都需要汲取偏离世界统一的儿童文学评价标准、脱节于世界儿童文学潮流的历史教训，并重视世界普及率对东方儿童文学的严峻挑战，力求改变西半球儿童文学远强于东半球儿童文学的现状。安徒生儿童文学奖和林格伦儿童文学奖的设立，已经把世界儿童文学的统一评判标准具体化，东方儿童文学改观世界普及率的努力因此也就有了遵循的依凭，客观地评价了世界统一尺度下东方儿童文学的前行与不足。王昆建、李芳从课程建设的角度提出了来自实践的教学改革思路。齐童巍追寻了中国儿童文学现代自觉之后对图画书的习惯性称谓。金秋月对作家作品叙事功能秉承传统叙事研究的同时也进行了作者个人的思考。程瑜瑜关于经典童话叙述艺术的探讨体现了对作家作品研究视角的拓展。何家欢论及儿童文学的经典品质，呼吁作家创作回归经典。王科对“儿童年龄限阈”提出了个人的观点。王亚玲对图画书的空白艺术进行了探讨，具体分析了图画空白和内容空白的意蕴及特点。李秀丽从儿童文学的视角论及古代牧童诗，并从古典意义的儿童文学角度强调将中国古典文学中的牧童诗纳入儿童阅读视野的必要。贾彬对汤汤的“鬼精灵”系列童话故事进行了较全面的评述。童稚平从读者阅读的角度探讨安妮和皮皮这两个人物之间的互文性，从而解读两个文本在对话中发出的各自声音。崔昕平就经典与大众、优雅与通俗在当下对作家的创作评价和对少年儿童阅读导向的分歧与对峙进行了具有历史眼光的分析。王海燕选择儿童文学中常见矛盾体现物镜子作为研究对象，从儿童文学中的镜子意象透视这种意象对于文学表现和儿童自身表现的内在意义。严晓驰对王尔德童话中色彩词汇的分布情况及其所蕴含的隐喻意义作出了新视角下的分析。金丽君以创作逻辑为出发点，评价了周锐的童话创作。高畅对国内少有研究的一部德国儿童文学幻想作品进行了多元的解读，揭示了其丰富的价值。杜芳从叙事学的研究视野观照安徒生的童话创作，分析其童话中的自我虚构、虚构中的真实及其二者的对立统一关系（韦苇：《世界统一评价尺度下的东方儿童文学———在第11届亚洲儿童文学大会上的发言》；王昆建：《高校儿童文学精品课程建设探略》；李芳：《构建高师小学教育专业儿童文学课程体系的思考》；齐童巍：《论“图画故事书”是原创图画书的习惯性称谓》；金秋月《时光的守望——试论〈1937·少年夏之秋〉中镜子的叙事功能》；程瑜瑜：《奇异空间的想象——〈爱丽丝镜中奇遇记〉的叙述艺术》；何家欢：《关于儿童文学经典品质的思考》；王科：《中国儿童文学语境下的儿童年龄限阈探析》；王亚玲：《图画书的空白与审美阐释》；李秀丽：《丰富的童真世界，永远的精神家园——从儿童文学视角探究唐代牧童诗》；贾彬：《汤汤“鬼精灵系列”短篇童话解析》；童雅平：《〈绿山墙的安妮〉和〈长袜子皮皮〉的互文性解读》；崔昕平：《当代儿童文学批评的精英情结与儿童本位缺席》；王海燕：《自我认同与他者目光：论西方儿童文学中的镜子意象》；严晓驰：《论王尔德童话的色彩隐喻——以红、白、金为例》；金丽君：《浅析周锐童话创作中的逻辑异趣》；高畅：《用幻想构建的双重世界——〈永远讲不完的故事〉的多元解读》；杜芳：《安徒生童话自我虚构的无限与真实的有限》）。

张爱玲作品研究仍是研究热点之一，杜丽琴通过对张爱玲作品的细读，发现张爱玲围绕男女争战故事中的女性，铺写了月、花、饰物、颜色、音响、戏曲六组意象。意象间彼此关联，形成了一个类似生物群落的女性意象群落。前三组多为原型意象，反讽是常用的修辞技巧。原型意象主要是通过改造物象的形质进入小说，每个意象都有其独具一格的显现方式。张爱玲借助原型意象反讽，把对笔下女性的放任、容忍、宽爱、嘲讽等复杂态度隐藏在作品中，使其意蕴更加丰富（杜丽琴：《张爱玲小说女性意象群落研究——月、花、饰物意象》，载《昆明学院学报》2011年第4期）。

（云南大学　王卫东）

考古学

2011年，神州大地吹响了社会主义文化强国建设的集结号。随着“两强一堡”战略的有序推进，云南文化遗产保护事业迎来了硕果盈枝的时节。

一、考古发掘与研究

中外古人类学家在滇云大地上携手合作，澳大利亚、南非和北京大学考古文博学院等机构的专家相继造访交流，扩大了合作空间，全省考古工作和大遗址保护取得新突破。澄江发现2500年前村落及墓葬群遗址学山聚落，与金莲山墓地是同一时期的聚落遗址，这是云南已发现的唯一居址和墓葬连在一起的墓葬群，填补了古滇文化在聚落遗址发现方面的空白；广南牡宜封土堆墓出土了中国考古史上最大的石寨山型铜鼓，考古专家推断应为句町贵族甚至为王族的墓葬；景谷营盘山发掘所获的考古学资料，让我们进一步了解了澜沧江中下游流域的史前人类文化面貌；华宁小直坡墓地是抚仙湖东岸一次重要的考古发现，所反映的文化性质是云南省一种全新的青铜文化；抚仙湖世界文明研讨会邀集了李伯谦等国内考古学泰斗的拨冗光临，就抚仙湖水下遗址与中国文明起源、早期发展、历史、民族与世界文明的比较等重要学术领域，进行了深入的交流和探讨。

2011年，云南省考古工作和大遗址保护取得重大突破。完成了红河机场建设、宣威至曲靖高速公路、丽江至攀枝花公路荣将至福田段、华坪县城西北过境公路、丽江市环城西路、福慧路西段公路、泸水县听命河水电站、珠巴龙河洛它电站、子君村城中村改造项目等12项建设工程用地范围内的考古调查勘探工作，发现和保护了大量的古遗址、古墓葬、古建筑和石刻，向建设单位出具了《云南省建设工程文物保护意见书》，保证了国家重点建设项目的顺利开工和文物得到较好保护。省文物局和省移民开发局主持召开“向家坝、溪洛渡电站水库淹没区（云南部分）文物保护规划评审会”，对向家坝水电站库区淹没文物点55项和溪洛渡电站库区淹没文物点8项保护对象内容进行确认，论证通过了两个文物保护规划，积极推动了国家大型水电水库淹没区建设工程。

年内公开出版的田野考古报告蒋志龙、徐文德执笔的《重庆万州老棺丘古墓群发掘报告》，使我们对万州老棺丘古墓群遗址的堆积和埋葬情况有了全面的了解，为复原人类开发和利用三峡库区的活动图景提供了个案资料。此外田怀清的专著《南诏大理国瓦文》、木基元主编的《纳西族考古文物资料汇编》也有一定价值。《四川文物》2011年第2期也发表了“云南省临沧市那蚌遗址发掘简报”、“云南龙陵县大花石遗址发掘简报”，是滇西地区新石器文化调查发掘的最新研究成果。

二、博物馆工作

正是金秋时节，云南省博物馆迎来了60岁华诞，全面总结了自1951年1月建馆以来的历史沿革、工作成果、珍藏文物和学术研究等内容的馆史志书——《春秋——云南省博物馆60年》公开出版，见证了云南省博物馆的发展历程，展示了在党和政府的支持帮助下，云南省在抢救保护优秀文化遗产方面作出的不懈努力和取得的巨大成就。历时一个月的馆藏精品展览让万千观众流连忘返，别出心裁的纪念活动载入了史册，收到了余音绕梁的实效。年内，云南边屯文化博物馆、昭通市博物馆、德昂族博物馆、西南联大蒙自分校纪念馆、云南傣族民主革命先驱刀安仁故居、滇池博物馆、大理农村电影历史博物馆、中国苴却砚精品博物馆、云南飞虎队研究会博物馆相继开馆，昆明博物馆已突破百座之数，云南博物馆建设正向特色化迈进；云南民族博物馆外展频频，先后在甘肃、安徽、浙江、宁夏、内蒙古、福建等地举办展览，不断提升了彩云之南民族文化的影响力和美誉度。全省各级博物馆立足于阵地建设，不断丰富陈列展览内容，建党90周年、辛亥革命100周年活动有声有色，凸显了别致不二的云南文博元素。

结合我省博物馆、纪念馆免费开放工作的特点和成效，2011年云南省文物局积极向国家申报我省博物馆、纪念馆免费开放单位，通过努力使普洱市博物馆、昆明聂耳纪念馆、西南联大蒙自分校纪念馆等5家新纳入了国家第三批博物馆、纪念馆免费开放补充名单，全省纳入国家博物馆、纪念馆免费开放名单的单位增至43家，每年将获得国家博物馆、纪念馆免费开放专项经费补助达2 200余万元。

云南省历来重视社会文物管理工作，建立全省规范的文物流通秩序。配合海关、公安、司法部门做好出入境文物鉴定和涉案文物鉴定工作，2011年办理文物进出境近800余件，办理涉案文物91件，坚决打击盗窃、盗掘、损毁文物的犯罪行为。鉴定全省馆藏文物5 000多件，确定国家三级以上文物200余件。完成省财政主持的云南省文物总店清产核资工作及资产评估工作，文物总店已核销事业单位编制，转企改制为云南省文物总店有限公司。按有关法律、法规严格实行资质审批和年度报告制度，审核了云南典藏拍卖有限公司文物拍卖标的3 000多件。

三、对外文化交流和文化遗产保护

坚持走出去请进来的方针，大型情景歌舞史诗《辉煌新加坡》首演等亮点频现，对外文化交流可圈可点。云南省非物质文化遗产保护中心正式成立，全省12个项目上榜国家级第三批非物质文化遗产名录，建水、宁洱获得国家级生产性保护示范基地称号，传承保护工作取得令人瞩目的成效。昆明“双馆名城”建设紧锣密鼓，“南诏古街”成功申报“中国历史文化名街”，茶马古道保护迈开新步伐。《云南省博物馆馆藏精品全集·工艺品》、《昆明城市史》（第二卷）、《茶马古道文化遗产保护论文集》、《云南省首届文化遗产保护与经济社会发展论坛论文集》、《世界文化遗产丽江古城志》等一批专著于年内出版，阐发了高质量的学术论点，代表了我省文化遗产保护研究领域的学术水平。木基元发表于《南京博物院研究集刊》（第12辑）的专文《云南民族文物保护研究的拓荒者——宋伯胤》，追忆了这位杰出的学者在新中国成立之初对剑川石窟、白沙壁画、怒江文物、苦聪人等开创性探索等鲜为人知的史实。

在对保护维修方案进行论证审批的基础上，积极落实文物保护专项经费。2011年启动了窦垿故居、龙陵松山战役遗迹、勐旺塔及西北文笔塔、凤庆文庙、金沙江石鼓渡口、鲁都克教堂、依氏土司衙署、牛羊太平桥、张冲故居、杜文秀帅府、李文学农民起义遗址、拱辰楼、刀安仁墓、南甸宣抚司署、片马人民抗英斗争遗址、叶枝土司衙署等40个省级重点文物保护工程，包括规划编制、文物维修、杀虫灭菌、科技保护等工作内容，使一大批不可移动文物得到及时维修保护。实施全国重点文物保护单位云南陆军讲武堂消防、安防工程，顺利通过国家文物局验收；启动了孟连宣抚司署文物维修消防和姚安龙华寺消防避雷工程。实施云南两个早期建筑——唐代安宁曹溪寺和大姚白塔的维修，积极争取将曹溪寺申报全国文物维修精品工程。

2011年，积极将云南茶马古道保存完好的24段、300多公里茶马古道路段和沿线村落、寺庙、客栈、商号、古茶园共计150多个点，统一申报全国重点文物保护单位，纳入国家依法保护范畴，使云南对茶马古道的保护、研究和认识处于全国领先水平；在昆明举办的“茶马古道与桥头堡——中国古代大通道”系列学术活动，扩大了茶马古道的社会影响力，掀开了茶马古道文化线路遗产保护、开发的新篇章，这也是云南文化遗产保护工作的一个亮点。

通过开展传统历史文化街区、文物古迹的保护工作，2011年联合上报国务院批准公布宾川县州城镇、洱源县凤羽镇、蒙自县新安所镇、祥云县云南驿镇云南驿村等为国家级历史文化名村（镇），上报省政府批准公布鹤庆县松桂镇、香格里拉县洛吉乡尼汝村、香格里拉尼西乡汤堆村、香格里拉县三坝乡白地村、德钦县燕门乡茨中村、德钦县云岭乡雨崩村、麻栗坡县董干镇城寨村、建水县官厅镇苍台村、红河县甲寅乡作夫村、红河县城迤萨镇历史文化街区等为省级历史文化名村（镇）。云南省各级历史文化名城名镇（村）由2010年的61个增加到70个，位居全国前列。

以《中华人民共和国文物保护法》、《中华人民共和国非物质文化遗产法》及《云南经济和社会发展第十二个五年规划纲要》为依据，云南省文化厅、省文物局于2011年编制完成了《云南省文化遗产事业发展“十二五”规划》，确定了“十二五”时期文化遗产事业的发展目标和工作重点，是未来五年云南文化遗产工作的行动指南，是各地区各部门推动文化遗产事业发展的重要依据。踏着强劲的时代鼓点，我省文化遗产保护与利用必将迎来更加辉煌的明天。

（西南林业大学　木基元）

语言学

2011年，云南省的语言学研究继续保持良好的发展势头，取得了丰硕的研究成果，共出版语言学著作19部，发表语言学论文近80篇，其中CSSCI期刊上的文章8篇。具体表现在研究理念上，语言本体描写仍然是主流；在研究对象上，涉及汉语，也涉及汉藏语系藏缅语族和壮侗语族等少数民族语言；在研究内容和研究方法上，有对艺术语言学、地理语言学、认知语言学、语用学、应用语言学、语言接触及语言关系理论的探索，有对汉藏语系单一语言语法现象的共时描写和民族口传文学的记录、整理和译注，有对汉语和英语、英语和中国少数民族语言的类型比较，也有对语言使用情况、民族地区多语现状语言国情的调查研究，以及对语言习得、语言学习、语言教学和语言信息处理的研究。现就描写细致、方法新颖、视野开阔、观点有创新的主要研究成果介绍如下。

一、语言理论的探索

关于艺术语言学理论，主要为云南语言学家骆小所的《再论艺术语言的审美发现》一文。该文指出，艺术语言的审美发现指艺术语言向发话主体和受话主体生成和显现美感的过程；艺术语言的审美发现往往指向非实体性，即非实证性的拟态化世界，从而体现艺术语言的审美超越过程。文章强调，艺术语言的审美发现是审美主体在自身感性生命活动中对于审美对象的建构，这决定了艺术语言的独创性和自然性，体现了发话主体审美力爱心能够，从而唤起受话主体心理意象的涌现，追求非实证物象的丰富神致和情致，使艺术语言意象生发出气韵的生动和艺术的变异。

云南分布有25个世居少数民族，云南的少数民族语言主要是汉藏语系的藏缅语族、壮侗语族、苗瑶语族，以及南亚语系语言，且其中大部分是无文字语言。要想进行全面、深入的历时研究，对于这些无文字语言而言，其共时研究则显得更加重要。骆小所、太琼娥的《云南壮侗语族语言地理分布探析》一文主要针对云南壮侗语族各语支的分布状态进行梳理和分析，能够对今后云南壮侗语族语言的历时研究提供诸多有价值的参考。该文谈道，云南的壮侗语族语言包括傣语、壮语、布依语、仡佬语、水语、拉基语、普标语、布央语、布干语等少数民族语言，具有明显的语言特点和地域特点。文章指出，云南壮侗语族语言是汉藏语系一个小的语言群体，属于汉藏语系的一个特定语族，按语言亲缘关系的远近又分为若干语支；这些语支体现了云南民族语言和文化的多样性。

从甲骨卜辞语法看上古时期汉语和汉藏语系藏缅语族语言以及阿尔泰语系语言间的接触关系，刘青的《从甲骨卜辞语序看商朝语言与其他语族古代语言间关系》也为语言历时研究提供了一种独特的新视角。该文在对甲骨文语序中异序并存现象、商朝语言与古藏缅语及阿尔泰语之关系进行研究的基础上，指出甲骨卜辞与藏缅语有不少共同的特征，而其不同于藏缅语的部分却与阿尔泰语有一些微妙的契合；语序的转变既有外部原因，也有内部原因，其中字形与语序间关系是不容忽视的因素。对于甲骨卜辞在处理修饰语与被修饰语的关系时，绝大多数与阿尔泰语一致这一现象，文章认为这恰恰说明汉语与阿尔泰语的接触并不是从中古才开始的，远在上古就已经广泛存在了。

认知语言学是语言学的一门分支学科。冯英的《汉语义类词群的语义范畴及隐喻认知研究》（三）对汉语词群的义类和隐喻认知的关系，作了积极的探索。该书运用认知语言学理论，对其语义范畴、造词理据、隐喻认知模式等作了较为全面的分类解释。这样的研究视角有其价值及意义：汉语词汇的丰富性和复杂性，决定了不同义类的词群在语义范畴和隐喻认知上有一定的个性特点和共性特征，这些异、同从不同角度展示了汉语词汇面貌；从语义类别入手，一个词群一个词群地进行归纳、描写、分析、解释，不仅能够揭示出汉语个体词群的独特内涵，还能概括出汉语词汇发展的共性特征。书中从单纯词的语义范畴及构词造字方式、合成词的语义范畴及构词造字方式、惯用语和成语的语义范畴及构造方式、产生的认知基础，对汉语“人”词群、“手”词群、“气”词群、“金”词群、“月亮指称词”等词群的隐喻认知进行了细致而深入的梳理和描写。

文健的《隐喻的逻辑推理解构》一文从语言逻辑的视角，通过解构隐喻的逻辑推理机制对“隐喻为何会具有认知的功能”、“人是如何通过隐喻去进行认知活动的”等问题作了解答。文章强调，隐喻是一种由前提、结论和规则组成的语用推理，这一逻辑内涵才使得隐喻具有了认知功能；隐喻言外之意的得出是一个语用推理的过程，该推理的关键在于推理者自身的推理能力；推理者的推理能力是与其自身的认知积累成正比的，隐喻的语效和隐喻推理的成效也成正比。

韩芸的《从合作原则的违反看中国传统相声的幽默效应》谈到中国传统相声通常使用特定的修辞手法如隐喻、反语、夸张和谐音等，打破合作原则，生成会话隐义；正是这些“不合作”话语与相声中特定的情景因素重合，从而产生一种幽默滑稽的语言效果，使相声语言更加丰富多彩、诙谐有趣，从而增强了相声的艺术表达效果。其《人称指示语违反合作原则的理据探究》认为：在日常交际中，人称指示语除了语法常规用法之外，还具备丰富的语用功能和人际功能，并常常以违反合作原则的形式体现出来；人称指示语对合作原则的违反主要体现在对数量准则和关联准则的违反，主要目的是体现说话者的语用视点和语用站位，或者为了遵守礼貌原则以维护良好人际关系。《模糊语用失误的认知研究》对模糊语用失误的认知动因进行了探究，认为：人类对客观世界的认知总是建立在对其进行范畴化的基础之上，在这个过程当中，人往往会发现其在范畴归属上的不确定性和模糊性，正是这种认知上的模糊导致了语言的模糊；在言语交际中，当交际主体对所使用的模糊语言持不同的看法，在无意中造成说话人的交际目的和听话人的理解之间的错位，并因此妨碍了交际顺利进行的时候，模糊语用失误就产生了。

词群是指在词义上有着语源关系，在文字形体上有着家族标志特征的一类词。汉语“人”词群指以“人”为义符所构成的字和以“人”为义素构成的合成词、惯用语和成语。辜夕娟、周文德的《汉语“人”词群产生的认知基础》一文，通过对“人”词群的字形发展、词形特点及词义演变的分析，揭示出“人”词群产生的认知基础。辜夕娟的《汉语“人”部字研究综述》一文，在充分获取语料的基础上，从语言和文化的角度对汉语“人”部字的研究概况作了相关介绍与评述，并指出“人”部字还有一定的研究空间。

另外，赵小东、熊安慧《论句法规范的学科定位》一文对句法、句子结构、句法结构、规范和句法规范的所指重新进行了梳理，在此基础上认为：句法是包括音节、语素的相关语言单位进行组合从而增加结构意义的一个规则系统；句法规范是指从组成短语、小句直到句子的过程中结构层次和结构关系的合理性与发展趋势，其中包括句法更替的规律、句法发展的可能性与演变发展的度及适用范围；因此，应当从共时和历时两个平面着手对其进行分析。

关于古汉语，邱渊的《“连珠”文体及其与〈韩非子·储说〉的关系》一文对“连珠”的特征是什么、“连珠”和《韩非子·内储说》、《韩非子·外储说》是什么关系等问题展开了论述。该文谈道，明杨慎认为“连珠”之体肇于韩非子，而且对“连珠”的特征有所论述；日本学者蒲阪圆也认为韩非子的内、外《储说》即连珠体之始祖；刘勰认为“连珠”源于扬雄。还进一步指出，明杨慎认为“连珠”之体肇于韩非，“连珠”的特征是“先列其目而后著其解”，这其实是一种误解。“连珠”应是扬雄首创，但明显是受了《韩非子·储说》的影响。“连珠”的特征应是“辞句连续，互相发明，若珠之结排”。所以，运用“连珠”这种语体可写出各种文体的作品来，“连珠”的本质既不是论述说理，也不是抒情，但人们可以用“连珠”来寄予哲理，也可以用“连珠”来抒情。

另外，人民文学出版社2005年修订出版的《鲁迅全集》（共18卷），在1981年版的基础上作了大量的增补和修正，是迄今为止内容最完整、质量最好的《鲁迅全集》新版本。由于其所涉及的注释范围非常广泛，其中仍难免偶有疏失之处，念颖《新版〈鲁迅全集〉注释酌议》对此作了例证分析，以备将来重新修订之需。

二、汉藏语系语言的本体共时描写

在语言研究中，语言本体的共时描写是语言研究的重要根基，也是语言研究得以全面、深入发展的前提，假若没有这个前提，历时语言研究也好，语言应用研究也好，都将无法顺利进行。① 所谓“本体研究”是指对语言结构系统内的语音、语法和词汇进行研究。细致、扎实的共时描写为进一步进行历时研究和科学解释提供了前提条件，云南语言学学者们在这个方面做了很多卓有成效的工作，其描写的对象既涉及汉语也涉及汉藏语系的少数民族语言。

（一）汉语描写

关于现代汉语语法描写，李德鹏的《现代汉语双音节介词成词研究》一书，提出了汉语双音词判定的语法意义标准、介词与动词连词划界的新方法，对确定现代汉语双音节介词范围进行了有益的尝试。并按成词时间和成词方式的不同考察了各类双音节介词的成词过程，在目前学界相关理论解释其成因仍存争议的情况下，提出了汉语双音词成词的意义缺失机制，为“动＋介＋宾”是动补还是动宾结构等系列问题提供了新的解决思路。此外，该书还以双音节介词为切入点，对整个汉语双音词系统的成词方式和成词机制问题作了初步探讨。该书以“双音节介词的范围”、“同义并列双音节介词的成词”、“‘×着’类双音节介词的成词”、“‘×于’类双音节介词的成词”、“双音节介词成词方式与其他成词方式的比较”、“双音节介词成词机制与其他成词机制的比较”为其主体框架。李德鹏在《汉语双音词成词的词法途径》一文指出，汉语双音词成词的词法途径就是从词到词，没有经过线性相连的句法结构，主要有三大类：“单音词＋单音词”、“单音词＋单音节非词”、“双音词”，第一类主要包括同义并列成词、非同义词直接成词，第二类是“词根＋词缀”成词，第三类包括实词转类、实词虚化。该文考察了这些词法途径在所有词类中的适用度，并以例证加以说明。在双音词成词的词法途径中，同义并列的适用度最广，而非同义直接成词的适用度最差，其他三种成词途径的适用度介于二者之间。李德鹏的《“介词＋了”及相关现象考察》一文，从“了”的语法意义以及形式验证标准两个方面对“介词＋了”及相关现象进行考察。文章指出，动态助词“了”的语法意义是表示“实现态”，它可以跟在介词后面，验证的形式标准是介词前面能加否定标记“不”或“没”。“除开、除去、除却”和“为了、除了”的情形相同，也都是单音节介词后面跟体标记。

另外，田业政、谢泽荣的《字件和标符探究》、赵倩的《词的引申义数量和语义范畴量的关系——以人体名词为例》、赵小东和熊安慧的《适于表情达意的变异句法结构更为规范》和《语言演变发展视野下的句法成分简略》、张丽和熊声波的《“存在”是否谓词浅析》、李永勃和沈媛的《汉语中对动物雄性、雌性及幼仔称谓的探析》、谢智香的《论现代汉语口语词的特点》等文章也对汉字字形、人体名词语义、变异句法结构、句法结构省略、谓语词、称谓词、口语词进行了分析。

关于古汉语语音、语义、文体研究，涉及邓飞、云南师范大学的唐建立的《甲骨卜辞之“正”和“又正”》、彭静的《明传奇用韵中鱼模、歌戈互押现象探析》、陈敏祥的《〈诗经〉中“莫”字的考察》、乔立智的《论唐诗语言研究对辞书编纂的意义——以白居易诗歌为例》和《白居易诗歌口语词例释》、邱渊的《中国古代文体研究的历史与现状》等文。

西南大学的邓飞、云南师范大学的唐建立著《甲骨卜辞之“正”和“又正”》一文谈道，把甲骨卜辞的结构分为“前辞”、“命辞”、“占辞”、“验辞”几个部分，这对于卜辞的早期研究意义重大，但随着对甲骨卜辞研究的深入，这种分法逐渐显露出一些不足，它不能真正揭示甲骨占卜祭祀的全过程，一些卜辞的性质被隐藏了起来。虽

---

① 引自戴庆厦《正确处理民族语言研究中的四个关系》，载《河北师范大学学报》（哲学社会科学版），2009 年第 2 期。

然学界提出了署辞、兆辞、果辞等术语，以期更细致地揭示卜辞的结构，但仍然有一些问题值得探讨。文章通过对卜辞中“正”、“又正”用法的考查，认为：用于卜辞中或者卜辞末，具有独立性的“正”、“又正”是兆象预示内容的标志语，它们反映兆象的含意；完整的甲骨卜辞应该包括“卜”—“贞”—“正”（或“又正”）—“占”—“用”（或“不用”、“兹用”）几个连续的过程和结构。彭静《明传奇用韵中鱼模、歌戈互押现象探析》一文指出，很多明传奇作品中属《中原音韵》“鱼模”、“歌戈”部的字常在一起押韵，结合这些韵脚字在现代苏州方言中的读音以及明代曲论家的论述，这种押韵现象反映的可能是明代吴语方言的特点。陈敏祥《〈诗经〉中“莫”字的考察》考察了《诗经》中“莫”的语法和语用功能，得出的结论是“莫”在《诗经》时代，其实词的用法仍占主要地位，但已有虚化迹象。乔立智的《白居易诗歌口语词例释》一文结合共时描写和历时分析，继承传统训诂学的研究方法，考释了白居易诗歌作品中的10个具有代表性的口语词。《论唐诗语言研究对辞书编纂的意义——以白居易诗歌为例》一文指出，白居易诗歌中出现的大量新语词可增补《汉语大词典》未收条目，或可添加其未收义项，或可为其提供或补充书证，或可纠正其不确释义，在唐诗语言研究中具有不可替代的地位。邱渊的《中国古代文体研究的历史与现状》一文对中国古代文体研究的三种形式及古代文体研究中存在的问题作了梳理。

（二）少数民族语言本体描写

汉藏语系包含汉语和藏缅语族、苗瑶语族、壮侗语族语言。

1. 关于藏缅语族单一语言的描写，主要涉及彝语句类和拉祜语语音、句法的研究

拉祜语是否存在元音的松紧对立，学术界尚有争议。以往研究中，通常只是把拉祜语带有紧元音声学特征的音节，处理为促声调音节（21调值和54调值）。香港科技大学朱晓农、洪英和云南民族大学民族文化学院的刘劲荣合写的《拉祜语紧元音：从嘎裂声到喉塞尾》用实验语音学的方法对拉祜语的“松紧元音”作了较为科学的、有说服力的界定。文中谈到对于拉祜语是否存在元音的松紧对立及其对立的性质，藏缅语学界主要存在四种观点，即常竑恩的“唯松紧元音说”；马提索夫的“唯喉塞尾说”；盖兴之的“喉塞与松紧并存说”；孙宏开的“既无喉塞尾也无松紧元音说”。过去对于“紧音”的看法，有的着眼于声调，有的着眼于辅音（喉塞尾），更多的着眼于元音。该文指出，拉祜语的“松紧”元音实质上是发生态的区别；松元音是普通元音；紧元音中则存在两大类发声态，即僵声（嘎裂声、喉堵）和张声（喉塞尾和张声嘎裂）。由此看来，过去争论的四方可能都不算错。

述宾结构共存于汉藏语系的汉语和少数民族语言中，述宾结构的语序也构成了汉语与藏缅语在语序特征上的最大不同。拉祜语是汉藏语系藏缅语族彝语支中的代表性语言，其述宾结构的语序属OV型。张雨江的《拉祜语的述宾结构》一文，以普洱市澜沧拉祜族自治县拉祜纳方言为依据，从拉祜语述宾结构的基本形式、语义类型、语法标记及助词来源等方面对拉祜语述宾结构进行了描写和分析。该文指出，拉祜语的述宾结构分为粘合式、组合式、标记式三类拉祜语这种宾语前置的表达方式，在句中起到了强调宾语、引起听者对宾语所表述的人和事的充分注意和重视的作用；从述语与宾语的语义关系来分析，可以把拉祜语的宾语分为受事宾语、施事宾语、方位处所宾语、等同宾语、数量结构宾语等类型。

句型、句式、句类是三个不同的概念。句型是根据句子的结构及功能划分出来的类别，如单句与复句，单句又分主谓句和非主谓句。句式是属于主谓句或非主谓句的下位概念，它是根据句子的结构格局或特殊标志而确定的句子类别，如主谓谓语句、兼语句、连谓句、双宾语句、存现句、把字句、是字句、被字句等。句类是根据句子的语气划分出来的类别，如陈述句、疑问句、祈使句、感叹句。赵小东、熊安慧的《彝语中的正反问句研究》，从彝语“正反问句的结构特征”、“彝语正反问句的方言差异”、“与汉语方言之比较”等方面，对彝语正反问句展开描写。该文指出，彝语正反问句有着丰富的形式，可以采用直接重叠、肯定否定重叠、肯定否定重叠中间加语气词三种形式；可以重叠主要成分，也可以重叠附加成分，对双音节词进行重叠时既可以重叠前一音节，也可以重叠后一音节；与汉语正反问句相比，有同也有异。

2. 苗瑶语族语言的语法描写

余金枝的《湘西矮寨苗语参考语法》一书，以湘西苗语矮寨土语（简称“矮寨苗语”）为研究对象，以参考语法为理论指导，借助自己对母语的语感和田野调查所收集到的10余万字的语料，对矮寨苗语语法进行了全面、系统、深入的共时描写与分析。全书共分为九章。第一章“绪论”，主要介绍了“苗语和苗语系属”以及“矮寨镇的苗族及其语言生活”。第二章“苗语语法研究之概况”，对苗语语法研究成果进行了全面梳理。第三章描写矮寨苗语的音系。第四章至第九章描写分析了矮寨苗语的词类、短语、句法成分、句型、句类以及构词、词汇构成。该书力求做到不遗漏重要的语法事实，对语法事实进行全面描写，又能够针对有特点的语法事实进行深入分析，在语法描写的系统性和微观性上更加深入。

3. 关于壮侗语族语法描写，主要涉及傣语语序和词汇认知的研究

语序和虚词是汉藏语系语言表达语法关系的主要手段。克原秀的《德宏傣语修饰语的语序探析》一文，对傣语中名词修饰语、动词修饰语的构成、修饰语与中心词之语序等相关句法特点展开描写和分析。该文指出，傣语修饰结构短语富于变化而复杂，又具有内在规律。名词的修饰语有名词、数词、量词、代词、形容词、动词等；动词的修饰语有助动词、否定副词、介词结构、时间名词、形容词等。这些修饰语与中心语的语序在一定的条件下有前置、后置两种形式。

空间概念是人类基本的认知概念之一。赵瑛《西双版纳傣语空间方位隐喻研究》一文，从词汇学、认知语言学的角度，对傣语东、南、西、北、前、后、左、右、上、下、里、外、中间、远、近、高、低等空间方位词展开描写和分析。

（三）本体研究与非本体研究的结合

语言学是一门独立而又具有综合性特点的学科。对语言及其与之密切相关的文学、历史学、民族学、文化学、人类学、社会学等进行的跨学科、交叉研究，属于“非本体研究”。地名既是一种社会文化现象，同时也是一种语言现象，地名本身即是一种语言符号。对地名进行研究，有助于我们了解文化风俗习惯、社会变迁、语言接触与语言分化。

1. 关于地名词汇与民族文化之关系

村寨名是民族语言词汇的一个组成部分，村寨的取名方式往往与一个民族的多种文化要素有直接的关连。村寨名作为拉枯语词汇中不可或缺的部分，其词汇系统具有与一般的词不同的特点。刘劲荣、张琪的《澜沧拉祜语村寨名的词汇系统》一文，对澜沧县341个拉枯语村寨名词汇进行了全面考察。在此基础上指出，拉枯语村寨名的通名系统有单独构成村寨名的，也有和专名一起构成村寨名的。澜沧拉枯语村寨名的通名可分为三类，即自然地理实体通名系统、人工地物通名系统和聚落通名系统。拉枯语村寨名专名的构成有名词、动词、形容词，它们与通名一起构成村寨名，该文还进一步以列举的方式着重讨论了拉枯语村寨名专名的构成方式。

何新元、许碧荣的《跨语言视角下的滇西北“四江并流”地区地名解析》提到，随着民族学家、语言学家对藏东南、川西及滇西北各民族及语言研究的深入，“藏彝走廊”的提法得到了越来越多学者的认可，滇西北“四江并流”区域主要居住有藏缅语族的民族和汉藏语系汉语支的民族。该文章以调查“四江并流”地区的常见地名入手，从多语言的角度分析其地名构成的基本特点，发现“塘”类地名、“洛”类地名和“坪”类地名的词源均与古藏缅语有关，旨在揭示该区域地名的语言特征与民族文化折射，为了解该地区语言的空间分布模式、民族构成、语言变迁及各民族对生存环境的理解提供参考。

2. 关于亲属称谓词与民族文化的关系

陈海宏、谭丽亚《怒苏语亲属称谓特征及其文化内涵》谈道，怒族是怒江流域的古老居民，由“怒苏”、“阿怒”、“阿龙”、“若柔”四个支系构成，具有“一体多元”的特点，亲属称谓词是怒族（怒苏）语言重要的组成部分。文章在田野实地调查的基础上对云南省福贡县匹河怒族乡怒苏语的亲属称谓特点进行研究，并从从词汇学和文化语言学的视角来探究怒苏语亲属称谓所蕴涵的文化意义。认为，怒苏语亲属称谓系统的构成和使用特点体现了怒苏语和怒族文化的关系，反映了怒族（怒苏）的社会文化特点。

3. 关于狩猎词汇与民族文化的关系

陈海宏、谭丽亚的《怒苏语狩猎词汇及其文化内涵》一文从词汇学的角度指出，狩猎词汇是怒族传统语言文化的重要组成部分，并渗透于怒族社会生活的各个方面。狩猎词汇主要包括与狩猎方式、狩猎工具、猎物名称有关的词汇。怒苏语狩猎词汇的文化意蕴主要包含三个方面的内容：与原始宗教信仰之关系；怒族谚语中狩猎文化的反映；与怒族地名文化之关系。该文以怒苏语狩猎词汇作为研究对象，从语言人类学的角度探究在怒族的原始宗教信仰、谚语和地名中所蕴含的狩猎文化，并尽可能还原怒族狩猎文化的原貌。

4. 关于谚语与民族文化之关系

刀洁的《傣语谚语的语言特点及文化内涵——以中越边境白傣语为个案》从思想内容、艺术特色、文化内涵等方面对傣语谚语的语言特征、文化特征进行了全面的探讨。文章指出，傣族的谚语是傣族人民长期以来生活经验的总结，并在民间中口耳相承的一种语言形式，是金平傣族人民智慧的结晶；它不仅具有谚语的经验性和口语性的基本特征，同时又具有令人折服的说理性和训诫性等特征。

三、语言对比及互译问题研究

这个部分主要涉及三个方面的内容。

关于英语、汉语的词汇的文化内涵对比，周琬謦的《汉英基本颜色词文化内涵的对比研究》一文，以汉英差异最大的一组颜色词“黄色”与“yellow”为例进行共性和差异比较，探索它们深层积累的文化信息，揭示其文化差异，有利于改善学习者的语言能力，避免语用失误，提高跨文化交际的有效性。

在英语学习中彝族学生和其他学生一样不可避免地受到母语及其文化的影响，杨家丽《彝英语语言文化的相关性对比研究》一文对比分析了彝语、英语语言文化在语音、词汇、语法等方面的正负相关性，以及两种语言的思维方式和文化差异，指出彝语对英语学习者的影响，从而使彝族地区的英语教师在教学过程中有效促进正迁移、减少负迁移。

关于英汉互译问题，孙兴文的《英语人群名词的语义特征与汉语人群量词的英译理据》考察了英语人群名词的语义特征及其分类，讨论了汉语人群量词的英译理据。并指出，汉语人群量词可以依据“计量多少、语义褒贬、状态动静、专名转借”等语义理据，分别选用“多量、少量、褒义、贬义、动态、静态、借用”等对应类别的表量名词来翻译。此外，还有吴巳英的《诗经体翻译英语民歌的可行性》、吴巳英和李靖的《外国文学翻译体例的时代演变》、李文俊的《英语阅读策略与汉语阅读策略之比较》、毕慧赟的《浅谈新闻英语新词的构成及其翻译策略》、史春华的《英汉省略现象探析》等文章也对英汉互译的相关问题作了探讨。

四、少数民族语言使用情况的调查和研究

新中国成立以来共进行过二次全国语言普查：第一次是1956年的汉语和少数民族语言调查，第二次是1999年教育部等11部（委）联合开展的中国语言文字使用情况调查。国家语委在2008年初启动第三次全国语言普查，全部普查结束将花费近10年时间，此次普查旨在全面了解国内少数民族语言和汉语方言的语言资源情况，并确定重点保护的濒临灭绝的方言范围，着手进行抢救，此外还对方言区、少数民族地区“地方普通话”的情况进行调研。在《中国少数民族语言使用情况》（中国社会科学院民族研究所、国家民族事务委员会文化宣传司主编，中国藏学出版社1994年版）的基础上，局部地区的语言国情调查已经开始。目前我国的语言生活发生了重大的变化，许多新的语言问题、民族问题相继出现。迄今为止，我们对当前语言国情的把握还十分有限，仍难以适应当前民族语文工作的需要，还缺乏更为全面、深入、细致的调查研究，以及高层次的理论成果，在方法论上也尚待补充完善。新时期语言国情调查是一项宏伟工程，需要众多试点的调查研究成果共同构建。基于此。由教育部领导的中央民族大学“985”工程创新基地组成了多个课题组进行广泛的民族语言田野调查，实地收集了第一手资料，正在组编《新时期中国少数民族语言使用情况研究丛书》。自2007年开始，商务印书馆陆续出版了这套由戴庆厦教授总主编的丛书，如《基

诺族语言使用现状及其演变》、《阿昌族语言使用现状及其演变》、《云南蒙古族卡卓人语言使用现状及其演变》、《云南里山乡彝族语言使用现状及其演变》、《元江县羊街乡语言使用现状及其演变》、《元江县因院镇语言使用现状及其演变》、《拉祜族语言使用现状及其演变》等均以云南少数民族语言的语言使用现状为研究对象。一些云南语言学学者也积极投身到这项工作中来，开拓了云南语言研究的新思路、新视野、新方法，对云南的语言学研究起到了很好的推动作用。2011 年，云南学者对少数民族语言使用情况的研究，主要涉及汉藏语系藏缅语族的拉祜语、哈尼语卡多话、怒苏语，和汉藏语系壮侗语族的水语、巴哈布央语，以及南亚语系的克木语和阿尔泰语系的蒙古语。

澜沧县是全国唯一的拉祜族自治县，是拉祜族早期的一个聚居地，曾是历史上不同时期各地拉祜族的发源地之一。澜沧保留了拉祜族大量的语言文化资源和遗产，以及拉祜族各种社会人文特征，是研究拉祜族取之不尽的源泉。由中央民族大学戴庆厦主编、云南民族大学刘劲荣等参与编著的《澜沧拉祜族语言使用现状及其演变》（商务印书馆 2011 年版）对澜沧拉祜族使用母语的情况进行了微观的统计，并对其成因进行了论述。该书在对云南澜沧拉祜族自治县南岭乡勐炳村、勐朗镇唐胜新村、勐朗镇勐滨村、竹塘乡茨竹河村实地调查的基础上，对澜沧拉祜语的使用现状进行了细致的描写，对存在的问题及语言发展对策等进行了诸多有价值的思考。指出：拉祜族是个地处边疆的少数民族，在巩固边疆、民族团结上都作出了自己的贡献；澜沧拉祜族较好地保存了自己的母语，对自己母语有很深的感情，对母语的保存充满信心；但澜沧拉祜族兼用汉语的比例较低，存在母语与兼用语不和谐的状况；比例的失调在一定程度上阻碍拉祜族文化教育的建设，也影响了拉祜族地区的经济建设，应当组织力量认真研究拉祜族的教育发展问题；国家在政策上应予以特殊倾斜，加大拉祜地区双语教育的投入，尽快改变澜沧拉祜族的教育面貌。该书以“绪论”、“澜沧拉祜族自治县拉祜族的社会文化概况”、“澜沧拉祜族四个村寨个案调查”、“澜沧县拉祜族使用母语的状况”、“澜沧县拉祜族兼用汉语的现状及成因”为主要框架，书后附有“澜沧县拉祜语语音系统”、“澜沧县拉祜语 2000 常用词”、“专访及座谈会”、“田野调查日志”、“工作照片”。

卡多话是哈尼族卡多支系所说的一种语言，属于哈尼语碧卡方言，其使用人口约有 18 万。近 20 年来，随着社会的发展，卡多话呈现出衰退的趋势。赵敏的《卡多话衰变现状研究》一文，选取云南省江城县宝藏乡的卡多话作为研究对象，从语言使用现状、词汇能力以及语言本体的衰退表现等方面对卡多话的衰退现状进行了个案分析和论证，并探究其衰退的原因。

陈海宏、谭丽亚的《经济文化变迁与双语转型——匹河怒族老姆登村双语个案分析》一文，在对怒族怒苏支系的语言使用情况进行调研的基础上指出，经济文化变迁与语言演变是相互作用的，老姆登村的经济文化变迁导致其双语使用发生转型，且双语转型有利于当地社会、经济的和谐发展。

关于水语的使用现状，涉及代世萤《贵州省荔波县水尧乡水族语言使用情况调查》一文。该文在对贵州省荔波县水尧水族乡田野调查的基础上写成。文中在介绍当地水族社会、人文基本情况的基础上，从年龄、性别和职业分工等方面对水尧水族乡语言使用的基本情况进行了介绍，进而讨论了水尧水族乡语言现状的成因，还对当地语言的使用趋势作了初步探讨。

保明所的《巴哈布央语的濒危趋势及其应对措施》一文，阐述了巴哈布央语的濒危趋势以及应采取的保护策略和措施。文章指出，针对巴哈布央语的濒危状况，可以通过强化该民族群体的自主保护意识，建立濒危语言保护示范村、地方政府重视、建立濒危语言的扶持政策等方式尽可能进行保护。

克木人是一个归为布朗族的独立群体，这个群体有自己的语言、相对聚居的分布地以及共同的族群认同感。克木语属南亚语系。克木人在我国只有 2 000 多人，主要分布在勐腊县，而且是个多语的群体。但在老挝、泰国、缅甸、越南等国却是一个人口比较多的一个民族。特别是在老挝，克木族是第二大民族，人口有 40 万之多。有两篇文章对克木语的使用现状做了描写。由中央民族大学戴庆厦、中国社会科学院民族研究所陈国庆、云南民族大学余金枝等调查并写成的《云南省勐腊县曼迈村克木人语言使用现状及成因》[载《南方语言学(第3辑)》]一文，对勐腊县勐腊乡曼迈村克木语的使用现状、语言功能、语言接触对其发展趋势的影响等进行了描写，并分析了语言现状的成因。此外，张宁的《克木语使用状况调查研究》一文以田野调查材料为基础，从保护和抢救濒危语言的角度讨论了我国境内克木语的使用状况及其保护措施。该文指出，克木语是一种跨境语言，在我国境内属于使用人口少、无文字的语言，过去和现在一直局限在克木人家庭和村寨中使用，是一种在使用族群内部保持着活力的语言；近60年来，克木人逐渐由封闭走向开放，双语或多语逐渐成为其语言生活的主流，母语使用领域则相对萎缩，语言活力有所下降，逐渐显露衰退趋势。

关于阿尔泰语系的蒙古语，有艾丽曼的《青海河南蒙古族自治县蒙古语的衰退与复兴》一文。河南蒙古族自治县位于青海省黄南藏族自治州，在历史发展的长河中因社会环境的变化、地理环境的制约、藏传佛教的影响以及长期与周围藏族往来等原因，蒙古族自身原有的传统民族文化发生了改变，许多表层文化现象如服饰、饮食、语言文字、风俗习惯等已基本与当地藏族趋同。20世纪80年代，当地政府和蒙古族群众开始开展蒙古语的教育复兴工作，试图通过制度化的教育有效传承蒙古族文化，然而这一工作在其后的发展过程中却暴露出诸多问题，蒙古语的学习陷入困境。该文以此为个案，运用田野调查的方法，对青海河南蒙古语教育发展状况作了剖析。

另外，关于云南少数民族汉语习得问题，继王渝光获2010国家社科基金项目“云南少数民族汉语习得研究”后，王渝光、杨瑞鲲发表了该课题的阶段性成果即《云南少数民族汉语的地位与类型》。该文指出，云南少数民族汉语是客观存在于云南各民族社会实际交际中的汉语，是交际中的介语。从少数民族汉语的学科体系来看，其地位是汉语的民族变体，有着重要的使用价值。依据母语、中介语、目的语的不同，云南少数民族汉语的类型呈现出多种具体的形态(少数民族汉语当地话和少数民族汉语普通话)，其使用和习得方式也不尽相同。

还要特别提到的是，2010年6月，“第三届中国云南濒危语言遗产保护国际学术研讨会”在云南玉溪召开，来自澳大利亚、美国、泰国、缅甸、中国等国内外学者70余人参加了会议，会议的议题是“保护濒危语言、维护语言文化的多样性”。此次会议的论文集《母语的消失与存留——第三届中国云南濒危语言遗产保护国际学术研讨会论文集》也于2011年12月由民族出版社出版。该书收录有云南语言学者有关语言使用现状和问题的论文，如《弹性思维与语言濒危》(杨艳、白碧波)、《克木语使用状况调查研究》(张宁)、《元江县因远镇语言使用现状》(白碧波、杨艳)、《外语教育与云南少数民族语言的保护》(李强)、《玉溪市撒都话濒危程度调查》(许鲜明、杨艳、刘艳)、《玉溪市红塔区灵秀村委会语言使用现状调查》(杨艳、刘艳、肖黎)、《玉溪市红塔区灵秀村委会哨河村彝族语言生活调查》(刘艳、杨艳)、《玉溪市红塔区梅冲村哈尼族语言生活调查》(石常艳、季红丽、杨文学)、《玉溪市红塔区灵秀村彝族语言生活个案调查》(陈緦、刘洁)、《玉溪市红塔区灵秀村小三家村彝族语言生活个案调查》(肖黎、杨艳)、《云南蒙古族卡卓语的语言活力评估》(张雅音、王成玉)、《非物质文化遗产视野中的濒危语言》(黄龙光、杨晖)、《濒危语言的内生式保护：社会表象理论》(唐玲萍)、《周边少数民族语言对毕苏语的接触和影响》(季红丽)、《丽江古城纳西族双语状况探究》(赵庆莲)、《梁河阿昌语衰变现象探微》(谢红梅)、《关于云南濒危少数民族语言保护的思考》(李怡)、《东南亚哈尼/阿卡文的保护及应用价值》(杨忠明、杨泽华、黄荣生、王建华、沙露)、《哈尼语逐渐走向濒危的边缘》(刘顺才)、《哈尼族家谱的传承与演变》(赵德文)、《哈尼族语言的功能及其保护建议》(杨美琼)、《略论哈尼族语言遗产的传承》(杨琼芬)等，以及国内外同行有关语言使用、语言濒危的论文共30篇。

五、语言教学研究

2011年云南的语言教学研究，主要涉及汉语教学、英语教学、少数民族地区双语教学、中国学生外语教学、对外汉语教学五个门类。

（一）关于汉语教学

周芸、邓瑶、周春林的《现代汉语导论》，崔梅、周芸的《普通话等级考试训练教程》、《新闻语言教程》，以及路伟的《教师口语》等教材出版。

周芸、邓瑶、周春林的《现代汉语导论》以“现代汉语语音”、“现代汉语词汇”、“现代汉语语法”、“现代汉语语用”、“现代汉语书写符号”为主体框架。该书立足于现代汉语的客观事实，从形式和意义、描写和解释、静态和动态、微观和宏观相结合的角度，系统讲授现代汉语的语音、词汇、语法、语用、书写符号等问题，让读者能较为全面地掌握现代汉语的基本理论和基础知识，并能运用所学理论和方法去观察、分析和研究具体的语言现象，为其从事语言文字及相关工作奠定了坚实的基础。该书是云南省普通高等学校“十二五”规划教材。

普通话水平测试是根据教育部、国家语委相关文件精神，按照《普通话水平测试大纲》和《普通话水平测试等级标准》的统一标准和规定要求，在全国范围内开展的一项国家级汉语口语水平测试。测试内容包括普通话语音、词汇和语法；测试方式为口试；测试结果是为应试者确定普通话水平的具体等级。开展普通话水平测试以及实施普通话等级证书上岗制度，标志着我国推广和普及普通话的工作走上了制度化、规范化、科学化的新阶段。云南是一个多民族的省份，在云南开展普通话推广工作、测评工作，对于多民族文化背景下的和谐民族关系构建，具有极其重要而特殊的意义。崔梅、周芸的《普通话等级考试训练教程》积极响应新时期国家推广普通话的相关政策，紧密结合云南省推广普通话、普通话教学和测试的实际情况，立足于普通话水平测试的基本要求，从普通话学习者和参加普通话水平测试的考生的实际需求出发，科学设计了普通话语音的基础知识、普通话声韵调的发音原理和辨正方法、普通话水平测试的能力训练和应试技巧等内容，具有理论的实用性、实践的可操作性、学习难度的循序渐进性等特点。该书以“声母及其训练”、“韵母及其训练”、“声调及其训练”、“朗读及其训练”、“命题说话及其训练”为主体框架，书后附有现代汉语常用字表、普通话异读词审音表、常用多音字表。该书既可作为各级各类高等院校学生普通话课程的学习教材，也可作为社会各行业的普通话培训教材，亦可作为个人自学普通话、参加普通话水平测试的参考用书。本书的编写者均为云南省现代汉语研究领域的相关专家学者和长期从事普通话课程教学的一线教师。

路伟的《教师口语》是为高等院校师范类各专业的本、专科生编写的教材，同时也可以作为其他普通话学习者和需要报考教师资格证的人士学习和参考。该教材是在广义上使用“教师口语”这一概念，分为两个部分：第一部分包括绪论、现代汉语语音、方音辨正、朗读与朗诵、态势语五章。系统介绍语言学、语音学、普通话的相关知识，引导学生掌握普通话的理论知识，学好普通话，同时讲解与教师口语密切相关的“朗读与朗诵”和“态势语”。第二部分包括教学口语、教育口语、教师交际口语三章，从教师的教学、教育、日常的工作和生活等方面系统完整地讨论教师口语。《教师口语》的目的是使学习者学好普通话，系统全面地从教学、教育以及工作和生活等方面掌握教师口语技能，从而更好地为教学服务。

改革开放30余年来，我国新闻事业得到了快速发展，由此推动了新闻教育和新闻理论研究的全面提升，许多高校都增设了新闻专业。新的专业方向需要新的教学模式和适合的专业教材。如何编写一本既能体现专业要求，又能符合学生实际的高水平的教材也成了困扰教学工作者多年的问题。经过多年的教学实践和理论研究，崔梅、周芸编写了《新闻语言教程》。该书的宗旨是：注重自身的教学体系，力求反映新的时代需求；在对新闻语言进行静态描写分析的同时，也注意动态的分析；在要求提高学生理论水平的同时，还强调提高实际的语言运用能力。为了适应教学的需要，让学生能更好地掌握所学的内容和进行更深入的学习和思考，并培养其分析问题的能力和基本的学术素养，《新闻语言教程》在各章后设有“复习与思考”、“案例分析与讨论”，在各章后面还提供了相关的拓展阅读的书目。该书的内容包括：绪论、新闻语言的特性、新闻语言的语用要求、新闻语言的运用、新闻报道语体、新闻语言的规范和中国当代新闻语言生活现状这几个方面。

（二）关于外语教学，涉及英语教学，和东南亚语言的教学

英语教学研究方面，有韩芸的《第一人称复指代词在大学英语教学中的移情研究》、夏宝兰和彭庆华的《语法/语用能力及其意识程度调查研究》、赵俊海的《任务型语言教学的重要变量：任务与教师介入》、蒋小兰的《浅谈高职英语教学中模糊限制语的应用》、符春焕的《利用网络语料库培养学生英语语法自主学习能力》、刘跃英的《建构主义理论视野下的大学英语语法教学探究》等。少数民族英语教学方面，有杨家丽的《母语文化对彝族大学生英语自主学习的影响》、肖婧的《基于云南少数民族地区的初中英语教学策略研究》，以及杨东霞、柯蔚青、杨红艳的《基于自主学习的少数民族地区高校英语专业学生阅读策略培训研究——以大理学院为例》等文章。

关于泰语教学，陆生著有《泰语语音教学模式研究（泰文版）》，该书教学实践对象为：云南民族大学东南亚南亚语言文化学院泰语专业2009级35名学生，教学时段为：2009—2010学年度上学期。该书在访谈、调研国内外泰语教学专家学者、各高校泰语专业教研室主任和往届泰语专业毕业生等45名师生的基础上写成。在充分调研的基础上，作者提出了针对中国学生泰语教学模式的5个步骤：①回顾学生已具备的原有知识；②以语音学知识为背景提出泰语语音教学新知识；③以学生为中心的互动教学；④教学过程中和教学过程结束后的测试；⑤教学模式的评估和改进。该教学模式的效率测试结果为：$E_1/E_2=81.51/82.51$，该结果与既定的标准相符。书中提出的教学模式专家论证会（论证会分别在泰国布拉帕大学和云南民族大学各举办1次）的专家来自泰国教育技术专家5名和国内外泰语教学专家28名。经过泰语专业教学领域和教育技术领域的专家评估，认为该教学模式非常适合中国学生泰语语音的教学和学习。该书的研究成果旨在为中国学生设计一套应用国际音标和互动关系进行泰语语音教学模式，并可运用统计学原理测试该教学模式学习过程中的效率（E_1）和学习过程结束后的效率（E_2）。

（三）关于少数民族地区双语教学

盖兴之、刘劲荣的《拉祜族双语教学研究》一书，对拉祜族双语教学相关特征进行了深入的研究，明确了拉祜语语文课与汉语语文课的区别与统一。全书以“拉祜族的社会与语言”、“拉祜族的双语教育”、“拉祜语、汉语语言的对比”、“拉祜语、汉语双语教学中的语言翻译”、“双语教学与文化”、“双语教学的教学理论”、“双语教学的学习理论”、“课堂教学”、“教材建设与师资建设”为主体框架。作者在贯彻语文课程标准的教学理念和学习方法的基础上，对拉祜族汉语教学方法进行研究，突出拉祜族汉语教学的特点，主张建立自主、合作、探究的学习方法，同时提倡用对比教学法，并提高教学的预见性。为构建“以学生发展为本”的新课堂，作者在对拉祜族汉语课堂教学的研究中提出了建立具有双语性、整合性、互动性、研究性、生命性五种特征的拉祜族汉语教学新课堂要求。通过对比，让教师把握拉祜族汉语教学的特点，让拉祜族学生掌握学习汉语的规律，推动拉祜族汉语教学的发展。另外该书通过对中介语理论与拉祜族汉语中介语的系统研究，描述了拉祜族汉语中介语的语言系统，区分了学校中由汉语教学产生的“课堂中介语”和由社会自然学习汉语产生的“社会中介语”，从而深化了对拉祜族地区汉语学习的研究，夯实了双语教学的基础。

此外，赵秀兰的《双语、双文化视野下的佤汉双语教育——对佤族地区小学教师双语培训的总结和思考》一文，从双语、双文化的角度对2005年至2008年双语教师培训中的佤汉双语教学情况进行了分析总结，并提出相关的思考。

（四）关于民族院校的民族语教学

主要有收录于《民族语文教学研究（第一辑）》（中央民族大学出版社2011年版）一书中的《云南民族大学民族语言教学回顾与展望》和《试论在民族院校开展民族语教学的重要性和必要性》两篇文章。

刘劲荣、罗海麟、张琪、肖师普的《云南民族大学民族语言教学回顾与展望》一文，对云南民族大学“中国少数民族语言文学”专业的建设和发展历程做了回顾，论述了云南高校实行少数民族语言教学的重要性和紧迫性，提出了“中国

少数民族语言文学”专业的“专业+方向”、“学校+政府”、“专业+学科”的人才培养模式，介绍了云南民族大学民族文化学院的教学运行与管理体制，对存在的问题和不足也作了深入思考。

在民族院校开展民族语教学，不仅具有深刻的历史文化背景，而且具有十分重要的现实意义。和晓花的《试论在民族院校开展民族语教学的重要性和必要性》一文认为在民族院校开展民族语教学，不仅对维护民族地区的社会稳定具有不可替代的作用，而且对培养少数民族干部和民族语文翻译人才具有重要的作用，对传承和保护少数民族语言文化也具有独特的作用。

（五）对外汉语教学研究方面，主要涉及综合性文章和东南亚学生汉语学习、教学的文章

在对外汉语语音、委婉语、特殊介词结构教学方面，有刘燕的《论〈汉语拼音方案〉存在的问题及其对对外汉语语音教学的影响》、何仁聚的《汉语委婉语的习得过程及其对对外汉语教学的启示》、宋鹏的《“在×上”与“在×里”对比分析与对外汉语教学》等文章。

东南亚学生汉语学习、教学方面，主要涉及泰国、越南、柬埔寨留学生的汉语学习和教学。杨骐冰、齐春红的《泰国留学生汉语单项定语习得顺序研究》一文根据充当汉语单项定语的语法成分，将汉语单项定语分为12类，以此为考察项目，对泰国学生的作文语料进行了统计分析，并且运用自然度理论、标记理论、第二语言习得理论和认知语言学等理论对这些项目的特性进行了进一步分析，在此基础上归纳得出泰国学生习得汉语单项定语的顺序，最先习得领属性定语，最后习得介词短语定语，同时确定了泰国学生习得汉语单项定语的难点，并对教学提出建议。周芸、张永芹、张婧的《论泰国学生汉语语体能力培养的基本原则》一文，通过调查和分析泰国学生汉语语体能力的习得特点，将泰国学生汉语语体能力培养的基本原则确定为以汉语语体为中心、以学生的学习和实践为主体、课内和课外的有机结合等。该基本原则的构拟，对于具有汉语国际教学地理区位优势的单位开展汉语国际推广、制定具体可行的培养措施，具有十分重要的意义。赵丽梅的《泰国学生汉语语法学习中的偏误调查》一文，以第一手语料为例，围绕遗漏、误加、误代与错序四个泰国学生语法表层结构上易产生的偏误展开分析，通过查找主要原因和探索趣味式教学，旨在为认识泰国学生语法习得过程提供一些帮助。

冯桂玲的《越南留学生的汉语学习特点实证研究》一文，通过调查研究，立足汉语的学习主体——越南留学生本身，从学生对汉语言的态度、学习动机、学习目的、学习策略等方面对越南留学生汉语学习的特点进行了研究。宋鹏的《柬埔寨留学生汉语比较句习得研究》一文，以发放问卷的形式调查柬埔寨留学生在使用比较句时容易出现的偏误，根据问卷结果对其出现的偏误进行了分类，并分析柬埔寨留学生对汉语比较句的习得顺序进而提出在教学上的一些建议。

六、语言信息处理研究

语言信息处理是应用语言学中一个重要的分支，它以语言信息处理为基础，可为汉语普通话水平测试、汉语教学提供最为直接的理论和方法指导。在这个方面，王渝光的《实验语音学：普通话水平测试等级标准》作了很多有价值的探索。该书借助先进的语音研究手段，将传统语音学和现代科学技术紧密结合起来，将汉语语音学的基础研究与汉语普通话水平测试的应用研究紧密结合起来，验证、丰富、补充、完善传统汉语语音学的内容，为汉语语音学研究的现代化提供新的研究理论和方法，促进汉语语音学的发展。书中涉及的主要专题有“实验语音学与普通话水平测试等级标准”、“语音的声学特征”、“普通话语音系统”、“普通话水平测试各等级标准正误辨析”、“普通话水平测试单音节字词的语图识别”、“普通话水平测试双音节词语的语图识别”、“普通话水平测试朗读语句的语图识别”、“普通话水平测试说话部分的正误辨析”、“实验卷全卷的等级评分与普通话水平测试教育测量标准”，书后还附有“普通话水平测试等级标准（试行）”、“普通话水平测试大纲［教育部国家语委发教语用（2003）2号文件］”、“普通话水平测试实验卷”。书中根据国家的语言文字政策，以云南30多年来的普通话教学与水平测试实践为基础，从语言信息处理的角度，对普通话教学与水平测试进行了全面的

总结、分析和深入研究。该书所作的语言信息处理的相关研究，对推广国家通用语言，促进汉语言教学与测试的现代化、科学化，维护、加强国家语言战略和语言安全，提高汉语的国际地位，提高全国各族人民学说汉语标准语的水平，有着积极的意义。

七、民族口传文化的语言学译注

口传文化是民族语言的表现形式之一。语言和口传文化均是民族文化的重要表征。记录、整理和译注、研究民族口传文化，对于最大限度地记录和保留民族语言、文化，推动多民族语言、文化的和谐共生，具有十分重要的意义，这对于缺乏民族自源性传统文字、缺乏古代文献的民族而言则更是如此。哈尼语是我国汉藏语系藏缅语族彝语支中的代表性语言，哈尼族口传文化也是中华文化的重要组成部分。它主要记载和反映哈尼族本民族的政治、哲学、历史、宗教、文学、艺术、语言、历法、谱牒、民俗以及习惯法等内容。其主要形式有史诗、神话、传说、故事、祭词、谱牒、歌谣、谚语、谜语等。搜集整理哈尼族口传文化，是一项填补空白的工作，不仅有利于加强对哈尼族文化遗产的抢救、传承与保护，还有助于丰富和加深对哈尼语言、文化的认识，推进民族文化大州、民族文化大省的建设。

哈尼族父子连名制谱牒是哈尼族人民世代口耳相承的独特的历史文化，也是中华民族历史文化的瑰宝。2011 年，《红河州哈尼族口传文化译注全集》编译工作领导小组办公室（办公室设在红河州民族研究所）组织工作人员搜集、整理、出版了《全集》中第 13 卷到第 20 卷，一共 8 卷，分别为：①第 13 卷《红河州哈尼族谱牒》（四），收入了包括元阳县大坪乡、嘎娘乡等地哈尼族各姓氏谱牒；②第 14 卷《红河州哈尼族谱牒》（五），收入了包括元阳县新街镇、沙拉托等地哈尼族各姓氏谱牒；③第 15 卷《红河州哈尼族谱牒》（六），收入了包括元阳县俄扎乡、黄草岭乡等地哈尼族各姓氏谱牒；④第 16 卷《红河州哈尼族谱牒》（七），收入了包括红河县垤玛乡、三村乡等地哈尼族各姓氏谱牒；⑤第 17 卷《红河州哈尼族谱牒》（八），收入了包括红河县羊街乡、浪堤乡等地哈尼族各姓氏谱牒；⑥第 18 卷《红河州哈尼族谱牒》（九），收入了包括红河县逸萨镇、宝华乡、乐育乡等地哈尼族各姓氏谱牒；⑦第 19 卷《红河州哈尼族谱牒》（十），收入了包括绿春县大兴镇、牛孔乡等地哈尼族各姓氏谱牒；⑧第 20 卷《红河州哈尼族谱牒》（十一），收入了包括元阳县牛角寨乡、马街乡、建水县坡头乡、普雄乡、绿春县大兴镇等地哈尼族各姓氏谱牒。每一卷的作者均熟悉哈尼文化并对哈尼文化有所研究，且熟练掌握哈尼语和国际音标。书中谱牒的译注采用哈尼文、国际音标、汉字音译加注释的形式体例，以阿拉伯数字标明谱系序号，从左至右分栏排版；为突出和保护哈尼族语言的多元文化特色，各地哈尼族的口传文化，以编译者籍贯所在地哈尼族语言语音来作为记音依据；使用国家民委批准的哈尼语文字方案。

总的看来，2011 年的云南语言学研究有了很大发展，无论在广度上还是在深度上都取得了突破性进展，取得和公布了一大批新语料，揭示了一些新规律，关注语言本体，在以语言本体研究为重上达成共识，并关注语言与社会之关系，语言理论研究与语言应用研究并重。云南语言学的视野更加开阔，研究方法趋向多元化，更加重视现代语言学新理论、新方法、前沿性理念的运用，更加注重传统语言学与现代语言学的有机结合，更加注重综合研究，把类型学、实验语音学、社会语言学、文化语言学引入语言研究，很好地做到了省内外、国内外研究的接轨。但也存在一些不足之处和薄弱点，主要体现在：共时描写不够深入；缺乏对语言现象的解释；缺乏全面、深入的历时研究；缺乏多语言的比较研究；理论思考和创新不足；民族语言的研究目前还远远跟不上民族地区民族语言、文化发展的应用之需，能够从根本上为国家、当地政府提供有效决策的建议不够。

参考文献：

1. 马学良：《汉藏语概论》，民族出版社 2003 年版。

2. 孙宏开、胡增益、黄行：《中国的语言》，商务印书馆 2007 年版。

3. 科姆里著，沈家煊译：《语言共性和语言类型》，华夏出版社 1989 年版。

4. 戴庆厦：《汉藏语研究的一些思考》，载《南开学报》2000 年第 5 期。

5. 戴庆厦：《汉语与少数民族语言语法比较》，民族出版社 2006 年版。

6. 戴庆厦、蒋颖：《参考语法编写的几个问题》，载《云南师范大学学报》（哲学社会科学版）2007 年第 1 期。

7. 戴庆厦：《构建双语和谐的多语社会》，载《民族教育研究》2007 年第 2 期。

8. 戴庆厦：《正确处理民族语言研究中的四个关系》，载《河北师范大学学报》（哲学社会科学版）2009 年第 2 期。

9. 戴庆厦：《论新时期我国少数民族的语言国情调查》，载《云南师范大学学报》（哲学社会科学版），2008 年第 3 期。

10. 中国社会科学院语言研究所：《中国语言学年鉴》，商务印书馆 2006 年版。

（云南师范大学　李　洁）

新闻与传播学

2011 年，云南省的新闻与传播学研究在整体上呈现平稳发展的态势，学术专著和学术论文在数量上较之上一年度明显减少。

一、新闻理论研究

云南财经大学杨青山在《论财经新闻报道的党性原则》（载《新闻世界》2011 年第 7 期）中指出，财经新闻报道作为社会主义新闻事业的一部分，必须与党中央保持高度一致，必须牢牢把握正确的舆论导向，必须坚持以人为本，全心全意为人民服务，必须坚持实事求是，一切从实际出发。财经新闻报道只有坚持党性原则，做到“四个必须”，才能具有强大的活力，才能够为党的新闻事业作出自己应有的贡献。

曲靖师范学院李兵在《媒介文化语境中的误读》（载《北方论丛》2011 年第 6 期）中指出，在信息社会，阅读式微和误读激增，新媒介在其中扮演着重要角色。传播渠道的噪音无法消除，媒介制造误读，过量生产的神话能指使意义产生了内爆。新媒介模糊了作者与读者、正读与误读的界限，带来身份认同的危机。媒介文化中的受众虽然没有完全变成任人宰割的呆鸟，但主体的存在意义仍然受到了语言符号和新媒介的双重钳制。读者要摆脱被媒介控制的困境，走向一种自反式的理解就成为必然。

红河学院杨惠林在《媒介再现与社会现实建构》（载《红河学院学报》2011 年第 3 期）中指出，媒介真实与社会现实存在着偏差，媒介再现现实的方法主要有对新闻事实的选择、新闻语言的运用和转换、报道对象的突出与淡化，媒介不能真实反映现实的原因除了意识形态方面的因素以外，还有强势阶层对话语权的掌控，弱势群体的集体失声以及媒介对经济利益的追逐等方面的影响。可见，社会“现实”是由媒介建构的。

云南师范大学杜忠峰、史晓宇在《对农民工媒介素养现状的调查研究——以昆明大学城建筑工地为个案》（载《东南传播》2011 年第 3 期）一文中，利用定量研究方法，对农民工的媒介素养能力（媒介消费态度与行为、媒介信息的认知与判断能力、媒介信息的理解与批判能力、利用媒介资源的能力）进行了描述与分析。研究结果发现，农民工的媒介信息接触趋向多元化，娱乐信息受到青睐；媒介接触经验与生活经验共同影响着农民工对信息环境的感知与理解；硬件条件与时间精力制约着农民工使用媒介能力的培养。

此外，这一时期云南省新闻理论研究方面的学术论文还有：

曾志勇：《社会网络分析在大学生群体管理中的应用实证研究》（载《商业经济》2011 年第 2 期）；

杨青山《“财经新闻”专业应走特色发展之路》（载《中国电力教育》2011 年第 16 期）；

邱昊：《数字时代高校媒介素养教育与大学生公民意识的培养》（载《今传媒》2011 年第 1 期）；

刘红、蒋蓓、毕秋敏：《浅论网络视觉素养教育》（载《东南传播》2011 年第 6 期）。

二、新闻业务研究

昆明理工大学王勇副教授在《暴力犯罪新闻报道的导向把握》（载《新闻实践》2011 年第 9 期）中指出，暴力犯罪新闻报道可能产生的负面影响每个社会都不可避免地会发生大大小小的暴力犯罪案件。作为关涉人们生命财产安全的新闻事件，暴力犯罪案件显然具有很高的社会敏感性和关注度。美国新闻学家胥罗克就曾指出：“由于‘危险’比成功更能搅动人心，因此，坏消息的‘时事性’通常比好消息来得高，危机事件因而也比好消息传播更广更快。”

云南财经大学王亚萍、李晶在《艾滋病报道中记者的角色定位——来自于云南媒体关于艾滋病个案报道的例证》（载《中国健康教育》2011

年第3期）一文中，通过对《云南日报》和《春城晚报》两家媒体记者有关于艾滋病个案报道的文本分析，进而研究"他者"视角对记者在艾滋病报道中可能存在的问题。

此外，这一时期云南省新闻业务研究方面的学术论文还有：

杨娇：《"标题碎片"化：新世纪舆论监督的困境——以〈春城晚报〉为例》（载《新闻天地》2011年第1期）；

赵小东、熊安慧、曹燕：《熟语在新闻时评中的运用——以〈春城晚报〉"春城时评"为例》（载《时代文学》2011年第11期）；

李伶俐：《打造电视时事评论员品牌影响力——以凤凰卫视为例》（载《青年记者》2011年第24期）；

张静梅、何炳永：《地方台记者的编辑意识》，（载《青年记者》2011年第26期）；

张静梅：《电视新闻的剪辑策略》（载《新闻爱好者》2011年第24期）。

三、新闻媒体作用研究

（一）著　作

陈静静译（第一译者）：《移民报刊及其控制》（中国人民大学出版社2011年版）。

（二）论　文

云南师范大学李伶俐在《微博在重大突发事件报道中的作用——以"7·23"动车事故为例分析》（载《今传媒》2011年第11期）一文中指出，"即时性"是微博作为媒介最大的特点，在"7·23"甬温线特大铁路交通事故发生后的24小时，微博成为民众最直接、最快速获得信息的渠道，不仅提供最早信息源，而且成为传统媒体新闻源和事故信息聚集点，并参与社会舆论形成、发展和引导，在一定程度上改变了突发事件传播报道模式。与此同时，微博在此次事故中还发挥强大动员功能，积极发动社会力量参与社会救援。

四、广播电视研究

（一）论　文

红河学院杨惠林、李莎在《云南公交移动电视的发展问题与对策分析》（载《东南传播》2011年第3期）一文中指出，云南省车载移动电视起步较晚，信息基础较差，但移动电视的发展对云南来说意义非凡，它可以扩展电视的竞争空间，带来更多的商机，缩小与其他省份的差距，使云南的信息化向前迈进了一个新的台阶。云南移动电视在发展的同时，也存在一些问题，诸如技术上的问题、节目内容的问题、受众的问题、环境的问题、公信力的问题等都制约了云南移动电视的健康发展。该文在探讨了上述问题存在的同时，也给出了一些解决的浅见。

此外，本年度云南省广播电视研究方面的学术论文还有：

张婷婷：《论我国卫视对边境地区少数民族受众的影响——以勐腊县为例》（载《学术探索》2011年第6期）；

单晓红：《视觉消费主义浪潮中的"另类"与"主流"——关于云南卫视跨年公益晚会"地球之声"的文化思考》（载《云岭声屏》2011年第1期）；

赵净秋：《云南应急广播的现状及其发展研究——以云南人民广播电台为例》（载《云南行政学院学报》2011年第1期）；

鲁丹：《谈云南卫视〈经典人文地理〉的跨文化传播特色》（载《科技风》2011年第4期）。

（二）课　题

本年度云南省广播电视研究领域较有代表性的课题有：

云南艺术学院吴丽博士主持的国家社科基金西部项目《中老边境民族语电视传播与文化安全研究》。

云南大学陈静静博士主持的云南省教育厅科学研究基金项目《方言电视节目与云南地域文化建构研究》。

五、传播学研究

（一）论　文

昆明理工大学张名章在《2010年中国网络"门事件"的传播特征分析》（载《新闻与传播研究》2011年第2期）一文中，通过对2010年188起中国网络"门事件"进行系统分析后指出，网络“门事件”的发生率在3月达到顶峰后呈波浪形下降趋势；发生“重心”将逐渐向中西部地区迁移；所涉对象在“平民化”与“大众化”的同时，也在“女性化”与“年轻化”；所涉内容上最突出的问题是性爱与色情问题；传播方式上，“他人传播”是最主要的传播方式；传播效应上，平均放大效应是24万倍，越往中西部地区网络放大效应越大。文章通过揭示“门事件”的传播特征与规律，力图为社会及政府的引导提供有效参考。

昆明理工大学李昌、刘纯怡在《当前传播语境下传受主体的消解与重建》［载《昆明理工大学学报》（社会科学版）2011年第6期］中指出，以web2.0和3G手机为代表的新媒体传播中，非专业化的私人传播日益扩大，很多方面已经超越了职业传播者的影响，传统意义上的传播者和受众的概念正在模糊化和彼此消解。这对传播的社会影响肯定会带来一系列新的问题。传统的新闻传播者要充分认识网络传播环境的特点，把传统优势和网络特征结合起来，在网络传播时代重建自己的话语主导权。

云南财经大学李晶、魏薇在《云南媒体艾滋病报道的议程设置——对〈云南日报〉的内容分析》（载《东南传播》2011年第1期）一文中，通过对《云南日报》1985—2009年每年11月、12月的包含有关键词“艾滋/艾滋病/爱滋病”的371篇报道的内容分析，研究云南媒体是如何构建和呈现艾滋病议题的及其导向作用，并结合相关研究对云南媒体提出了些许建议，媒体应该充分做好媒介议程设置，适时加大相关信息流量，使得这些信息处于明显优势地位，成为舆论的焦点。

此外，本年度云南省传播学研究领域较有代表性的论文还有：

杜忠峰：《美国传播批判研究存在的张力原因》（载《新闻爱好者》2011年第14期）。

杜忠峰：《张力之间：批判范式下的美国传播研究景观——评〈传播学批判研究：美国的传播、历史和理论〉》（载《东南传播》2011年第1期）。

张名章、孟清兰：《2010年中国“门事件”透视》（载《中国青年研究》2011年第5期）。

阮艳萍：《“香草美人”符号体系的传播赢效分析》（载《前沿》2011年第4期）。

王勇：《搭播——大众媒介广告的传播特性》（载《现代视听》2011年第8期）。

任秀芹、刘颖、颜士科：《手机媒体传播对大学生的影响及应对策略分析——以云南财经大学为例》（载《云南财经大学学报》2011年第2期）。

赵小东、熊安慧、张庆功：《手机媒体的传播现状及特点》（载《新闻爱好者》2011年第22期）。

舒格兰、王勇：《淘宝用语“亲”的传播学浅析》（载《新闻爱好者》2011年第20期）。

李伶俐：《微博热的冷思考——兼论微博碎片化的特征及影响》（载《新闻爱好者》2011年第9期）。

方明：《中国西南边境莽人的大众媒介接触调查》（载《东南传播》2011年第6期）。

巴胜超：《语际书写与民族文化的互动传播——以古彝文〈阿诗玛〉为例》（载《云南社会科学》2011年第4期）。

巴胜超：《口语文化中〈阿诗玛〉的传承与传播》（载《民族文学研究》2011年第6期）。

（二）课　题

云南大学刘建华博士主持的国家社科基金项目“舆情消长与边疆民族地区稳定研究”。

云南大学单晓红教授主持的省社科基金项目“网络舆论危机应对研究：以政务微博为例”。

云南大学单晓红教授主持的横向项目“烟草企业文化建设与传播”。

（云南师范大学　郝朴宁　李宇峰　肖　青）

图书馆、情报与文献学

图书馆学是研究图书馆事业的发生、发展、组织管理以及图书馆工作内在联系与发展规律的科学；也是一门正在快速发展中的科学，其目的是研究和总结图书馆工作和图书馆事业的实践经验与发展规律，建立图书馆学的理论体系，以推动图书馆事业的发展，提高图书馆在人类社会进步中的地位和作用。情报学（information science）的概念源于欧美国家。中国学者认为，情报学是研究情报的产生、传递、利用规律和用现代化信息技术与手段，使情报流通过程、情报系统保持最佳效能状态的一门科学。它使人们正确认识情报自身及其传播规律，充分利用信息技术和手段，提高情报产生、加工、贮存、流通、利用的效率。文献学是以文献和文献发展规律为研究对象的一门科学。研究内容包括：文献的特点、功能、类型、生产和分布、发展规律、文献整理方法及文献与文献学发展历史等，根据学科领域划分为历史文献学、古典文献学等。文献学是在文献工作经验积累的基础上产生和发展起来的。为了收集、整理、交流和利用文献，就必须对文献的特点、生产方式和整理方法进行研究，从中总结出规律，从而逐渐形成了文献学。图书馆事业、情报事业和文献工作在社会进步发展中，发挥着不可替代的作用。研究表明，凡是发达国家与发达地区，无不重视图书馆、情报与文献工作。地区经济、文化、教育、科技与社会发展差异的一个很重要的表现就是信息的丰富程度、运用能力、运用信息的条件、手段、便捷程度等。根据所掌握的资料，从图书、情报、档案学科的动态来看，2011年，云南图书馆、情报与文献学有了进一步的发展，并呈现出以下几点值得注意的态势。

一、馆舍建设速度明显加快，新馆建设后发优势明显

云南图书馆界，特别是大学图书馆界的馆舍建设速度明显加快，规模宏大，建设标准以及智能化、现代化水平明显提高。主要表现在呈贡新区11所大学图书馆陆续投入建设、搬迁和使用。与老馆相比，这些新的图书馆设计理念先进、造型新颖、面积较大、功能完善。

作为昆明理工大学新区标志性建筑的昆明理工大学呈贡校区图书馆经过三年左右的建设，先后于2011年9月28日、10月28日分两次移交，并进入紧张的搬迁阶段。在2011年10月28日至12月31日期间，实现图书期刊搬迁100余万册。这所造型优美、服务理念先进、功能完善、智能化水平高的大学图书馆于2012年1月4日进入试运行阶段，每天进馆读者为5 000～8 000人，每天约4 000人次通过图书馆远程访问系统服务图书馆，每天借还书数量为5 000～6 000册次。

云南大学呈贡新区图书馆、云南艺术学院2.3万平方米的新馆、昆明冶金高等专科学校安宁校区图书馆等也正在加紧建设当中。

二、学术、业务交流活动空前活跃

2011年，云南省图书馆、情报学界的学术和业务交流活动表现较为活跃，仅全省高校图书馆学术和业务交流就有20余次。3月26日，由北京维思博文科技有限公司主办的，昆明理工大学图书馆承办的《外文数字图书出版与国际版权合作研讨会》在昆举行；3月29日，为推动CALIS服务系统在云南省各项工作的开展，CALIS云南省文献信息服务中心在云南师大呈贡校区图书馆举办了2011年第一期业务培训；5月10日～12日，由云南大学图书馆承办的2011年中国高等教育文献保障系统（CALIS）日文联机编目业务研讨会在云南大学图书馆思源电子阅览室举行；5月13日，由昆明理工大学图书馆承办的高校图书馆多媒体资源整合及应用研讨会，在昆明理工大学莲华图书馆举行；6月14日，由云南省高校图工委和外资出版商版权保护联盟联合举办的“网络时代的版权保护：图书馆的机遇与挑战论坛”在昆

明召开；6月28日，中央财政支持地方高校发展专项资金云南高校数字图书馆共享平台特色资源数据库项目建设工作会在云南师范大学图书馆召开；7月25日，云南师范大学主办了首届以“弘扬·合作·创新”为主题的图书馆馆长论坛；7月26日~29日，云南省古籍保护中心举办了“云南省第一期《中华古籍总目·云南卷》编纂工作培训班”；7月27~28日，教育部高校图指委三届三次工作会议在云南师范大学召开，会议主题为“十二五期间高校图书馆发展展望”；9月14日，由昆明理工大学图书馆与北京万方数据股份有限公司联合主办的“2011年云南省高校数图新服务应用高级研讨班”，在昆明理工大学图书馆隆重举行；9月16日~17日，云南省高校图工委在昆明云安会都召开云南省高校图书馆馆长工作会议；10月22日，云南省科学技术情报研究院举办了成立40周年学术报告会；11月7日，由云南省高校图工委主办，云南师范大学图书馆承办的西南地区高校图工委第十六届联席会议在西双版纳顺利召开；11月30日~12月2日，国家示范性高等职业院校图书馆馆长论坛暨2011年年会在昆明冶金高等专科学校召开；12月2日~4日，云南省高教学会档案工作分会2011年年会在临沧召开；12月4日~6日，2011年云南省图书馆学会年会在普洱市隆重召开；12月9日，在CALIS西南培训中心（云南大学图书馆）举办了“图书馆强化信息服务，提高竞争力研讨交流会”，特邀广东药学院安东先生以《深度信息服务为图书馆打造核心价值》为题，介绍广东省高校图书馆的先进经验。

三、高度重视图书、情报人才队伍建设

随着互联网技术在图书馆领域的广泛应用和图书馆、情报事业的不断发展，各高校图书馆非常重视图书馆管理和服务人员的培养和训练，普遍加大了对管理和服务人员，特别是技术人员的培训力度。2011年，云南大学图书、档案、情报学共招收图书情报档案本科生75名、硕士21名、档案学博士3名。昆明理工大学图书馆先后邀请省外图书馆学、情报学专家到校讲学和进行业务交流，并派专人参加科技部、教育部组织的科技查新与审核员培训。

四、《教育部科技查新工作站》投入建设和使用

2011年1月11日，教育部第五批科技查新站名单公布，昆明理工大学获得教育部科技查新站筹建单位资格。昆明理工大学教育部科技查新工作站正式进入全面建设阶段。这标志着云南高校没有部级科技查新工作站零的突破。2011年间，昆明理工大学教育部科技查新工作站为高校和企事业单位科技人员各类科学技术项目立项、结题、报奖进行课题查新和代查代检项目400余项。

五、科学研究取得新的成果

CALIS特色数据库建设项目《云南高校图书馆特色资源数据库建设》的建设工作取得进展。中央财政支持地方高校发展专项资金——“云南高校数字图书馆共享平台建设”项目组于2011年3月启动全省高校特色数据库子项目的申报工作。截至4月15日，来自全省13家高校图书馆的17个拟建专题特色数据库向项目组提交了申报书。5月12日，项目组召开项目评审会，对项目进行评审。评出重点项目10个：云南大学图书馆“云南特色花卉研究数据库”，昆明理工大学图书馆“昆明理工大学冶金行业硕博士学位论文数据库”，云南财经大学图书馆“工商管理学科图书数字资源数据库”，云南艺术学院图书馆“云南民族艺术特色资源数据库”，云南农业大学“云南生物多样性文库”，云南民族大学“云南少数民族特色文献数据库”，云南师范大学“西南联大特色文库”、“云南民族教育特色文库”、“云南能源环境特色资源数据库”和“云南当代文学艺术文库”。一般项目5个：云南中医学院“云南地产中草药（民族药）数据库”，昆明医学院“健康社会科学研究文献库”，大理学院“南诏大理文献专题数据库”，昆明学院“云南旅游研究文献数据库”，云南警官学院申报的“公安特色资源数据库”。基础项目2个：昭通师专“昭通地方文献资源数据库”，文山学院“文山地方文献特色数据库”。重点项目各资助10万元，一般项目各资助8万元，

基础项目各资助6万元。

2011年4月，云南农业大学图书馆承办的第四届中美图书馆实务论坛论文集《网络环境下的图书馆信息服务》由云南人民出版社出版。

2011年7月，云南财经大学图书馆馆长于克信的项目“西部国有大型资源型企业改革研究”获国家社会科学基金项目国家自然科学基金项目——地区基金项目立项。

2011年度，云南图书馆、情报与档案界获云南省哲学社会科学规划立项课题4项，包括一项委托课题，两项一般课题和一项青年课题。获云南省教育厅科学研究基金重点项目立项两项。2011年云南省本科院校图书馆质量工程暨CALIS云南省中心学科资源分中心立项6项，云南大学、昆明理工大学、云南师范大学、云南财经大学、昆明医学院、云南农业大学六所学校获资助。

2011年度，国家社科基金、省社科基金、云南省教育规划课题、云南省教育厅科学研究基金等各种项目结题十余项。

六、积极开展学术与业务交流

各图书馆学会及其团体围绕其建设和发展，开展了一系列重要活动，如科学研究、学术交流、业务交流、专家请进来走出去、提高业务能力的培训和交流活动、评奖活动等。图书馆重视中外学术与业务交流，不断有馆员到欧美发达国家，如加拿大、日本、澳大利亚等国留学、访学。

4月25日～29日，云南省高校图工委在《网上报告厅》数据商的支持下。在云南省高校组织了多场中科院老科学家专题学术报告巡讲活动。

4月28日，香港伍集成文化教育基金会伍宗琳董事长一行4人与昆明理工大学图书馆领导及相关部门领导召开了座谈会，就即将建成的“伍集成国际学术交流中心”图书室的内部设计、功能布局及运作模式等问题进行了讨论。

5月20日，泰国国立发展管理学院图书馆馆长Raweewan Auepanwiriyakul一行52人来昆明理工大学图书馆交流访问。

7月22日～23日，由中国档案学会、中国文献影像技术协会共同主办的2011年海峡两岸档案暨缩微学术交流会在北京召开。云南省档案局局长黄凤平应邀参加学术交流，并作了题为《努力守护民族记忆　积极传承民族文化——云南多元民族档案工作的行与思》的学术演讲。

8月25日，重庆生产力促进中心党委书记、中心副主任闫宪同志率一行6人赴云南省科学技术情报研究院进行交流。

11月，云南省科学技术情报研究院邬平副院长参加“云南省赴澳大利亚海外高层次人才招聘团”，赴澳大利亚开展人才的交流学习及招聘工作。

12月15日，应越南科技部南方办事处的邀请，云南省科学技术情报研究院赖于民院长参加了在越南胡志明市召开的“可再生能源技术与应用”研讨会，并作了题为“加强和深化可再生能源与新能源的开发利用水平——共同提高区域应对气候变化能力”的主题演讲。

12月20日～21日，由创新方法研究会主办，中国21世纪议程管理中心和科技部条财司具体指导的主题为“科学发展与方法支撑”的“2011创新方法高层论坛”在北京举办。云南省科学技术情报研究院院长赖于民及课题组相关人员参加会议。

2011年，全省高校和公共图书馆专业技术人员正常晋升了相应的专业技术职务，包括研究馆员、副研究馆员、馆员等。

（昆明理工大学　张仲华　薛秀珍　郭英娜）

教育学

一、研究重点

教育是民族振兴、社会进步的基石，是提高国民素质、促进人的全面发展的根本途径，寄托着亿万家庭对美好生活的期盼。加快转变经济发展方式，促进经济社会又好又快发展，最终取决于国民素质的提高和人才的培养。对云南这样一个集边疆、民族、山区、贫困于一体的欠发达省份来说，随着工业化、信息化、城镇化、市场化、国际化深入发展，各方面竞争日趋激烈，科技和人才越来越成为致胜的关键，教育的基础性、先导性、全局性地位和作用尤其突出，加快教育改革发展的任务更为紧迫。2011 年，云南省教育科学研究遵照《云南省中长期教育改革和发展规划纲要（2010—2020）》、《云南省“十二五”教育发展规划》、《云南省人民政府关于推进义务教育均衡发展的实施意见》、《云南省学前教育三年行动计划》的要求，进一步推动教育科研为社会主义现代化服务，为教育改革和发展服务，更好地发挥教育学学科的理论指导、实验探索。这一年里，云南省教育科学研究的重点表现在以下的几个方面：

首先，教育科学研究加强推进义务教育均衡发展，加快发展农村教育事业。合理配置公共教育资源，重点向农村、边远贫困、民族地区倾斜，加快缩小教育发展差距。同时逐步加强了终身教育、职业教育、学前教育、民办教育和特殊教育等方面的发展。

其次，随着教育改革深入发展，教育学学科体系的构建朝着日趋成熟和完善的方向发展。对教育信息的关注逐步加大，确定教育信息是教育现代化的必由之路。

最后，加强了云南教育体制的改革，主要是加快创新人才培养模式、深入推进义务教育体制改革、深入推进职业教育体制改革、深化教师管理制度改革。这些重要的决策都将推动我省教育事业又好又快发展，谱写云南教育现代化建设的新篇章。

二、学术成果

云南省 2011 年教育学科研立项总计 242 项。出版著作合计 13 部，其中，专著 13 部，科研项目 229 项。全国教育科学“十二五”规划 2011 年度立项课题云南省 7 项。教育部人文社会科学重点研究基地重大项目立项云南省 1 项。

2011 年从教育学的研究来看，加大了对民族教育、职业教育和成人教育等方面的关注。主要作以下归纳：民族教育主要关于对民族学校校本课程的开发，如喻云涛负责的“民族校本教材”编写项目等；学校教育与民族文化的传承研究，如李丽菊负责的高校教育传承民族文化的有效途径研究项目，冼慧负责的以高校武术课程为平台对云南省特有少数民族传统武术进行整理、传承与创新研究项目等；民族教育教材的开发，如刘琉负责的文山少数民族民间舞蹈教材开发项目，高芹负责的多元文化视野下云南少数民族传统文化与幼儿园课程开发研究项目等；少数民族地区人才培养问题，如曾豪杰负责的民族地区人才培养模式创新研究项目等；职业教育和成人教育主要关于人才培养模式的研究以及市场需求状况，如徐宗碧负责的东盟地区劳务市场高技能人才需求状况研究项目等；对学校教育的管理模式及教育的创新探索，如黄劲峰负责的合同管理在高校教学质量与教学改革工程项目建设中的应用研究项目等；培养人才的质量及规格研究，如李强负责的面向职业岗位群的高职人才培养规格研究，宋剑祥负责的高职院校学生可持续发展能力培养的实证研究项目等。

同时，教师状况、课程改革、教育评价、学前教育、基础教育和高等教育的发展等问题仍然是教育学界的重点关注内容。教师状况的研究集中于教师自身状况和专业发展的问题，如廖俊负责的高校辅导员职业倦怠现状及其影响因素模型建构研究项目，以及教师知识研究、教师职业道德规范、教师专业化问题研究。课程改革的研究主要涉及教学内容与教学手法创新的研究，如余冬梅负责的网络环境下的大学英语过程法写作教学与学生自主写作能力培养模式研究项目。教育评价的研究主要关于对校本评价、教师评价改革以及不同主题的评价作出的理性的思考，对传统评价进行反思并更新调整，同时也对成人高等教育评估进行实践与反思。学前教育的研究主要关于婴幼儿早期教育的研究，如曹能秀负责的 The Growth of Babies in Yunnan（云南婴儿发展）研究，刘玉环负责的普通视域与特殊视域下的幼儿识字教育研究项目等。基础教育的研究主要为关于集中于云南民族贫困山区，薄弱学校的教改、教育现状、教育教学质量的研究。高等教育的研究主要为关于对开放大学的研究，如罗蕾负责的开放大学对外宣传模式探索研究，李慧负责的云南开放大学学习支持服务体系研究等；桥头堡战略背景下高校大学生教育的研究，如李晓虹负责的桥头堡战略背景下的云南大学生创业教育研究，庞学峰负责的翻译硕士（MTI）教育与云南桥头堡建设研究项目等。

（云南师范大学　李劲松）

管理学

2011 年，云南学者对管理学学科各领域进行了新探索，学者们结合云南的经济、社会和文化发展状况，理论与实践相结合，在各种学术刊物上发表了大量的文章，形成了理论与现实良性互动的局面。但是，与国内外同行相比，云南学者的研究缺乏高质量的成果，大量的文章缺乏学术规范性，重复前人的研究成果。出精品和力作是云南管理科学领域今后的努力方向。

一、管理学理论研究

2011 年云南学者对管理学理论的研究大都是用某一理论解释或运用到现实中的新现象和新问题，研究的目的主要在于运用，少有学者对管理学重大理论的修正或补充。重应用轻理论，大概与管理学是一个比较成熟的学科，对纯理论研究以及理论创新和突破需要深厚的理论功底有关。

首先是对管理学基本理论的研究。云南财经大学的屈仁均对管理学理论体系的内在逻辑进行了探讨，他认为管理学理论丛林产生的原因并不在于管理理论本身，而在于人的方法缺陷及认识的局限。通过文献研究，作者提出管理研究的六类基本假设，而对六类基本假设的不同看法又可以将它们分成三类管理研究的范式：科学主义范式、人文主义范式及系统思考范式，众多的管理理论与学派，几乎都可由三类研究范式锚定。①

对于管理学人性假设学说，学者黄海斌进行了大胆的探索，他通过对管理理论发展的两个重要阶段进行研究，将科学管理理论的“经济人”假设与行为科学理论的“社会人”进行对比，分析其异同，从而了解管理理论对人性认识的演进过程。② 从人性的角度出发，昆明学院的教师黄福基认为，将以人为本作为企业管理理念，企业领导要有宽广的胸怀，企业要善待人才，重用人才，建立有效的人才激励机制，建立和谐的企业文化。③

其次是有关企业管理理论方面的研究，这方面的研究大多是依据某种理论探讨一个现实问题，之后提出某种新的观念或结论，虽然此类研究难以在理论上有所创新，但对现实有良好的指导意义。如昆明理工大学钟叔玉教授对“走动式管理”理论进行了概括和总结，认为“走动式管理”的特点是情感管理、现场管理和德性管理，企业主管应建立上下联系、内外结合的互动的管理机制，使“走动式管理”作用得到最大发挥。④

昆明理工大学的可星教授在对企业的组织能力研究中，将企业组织能力系统看成一个动态复杂系统，通过对动态复杂环境中企业组织能力系统的构成及运行特征涌现机理的研究，建立起相关的企业组织能力系统的概念模型。作者试图发现企业主体之间产生的耦合现象，建立企业组织能力系统整体涌现的概念模型，该模型揭示了企业组织能力系统整体涌现现象的发生，对管理学基础理论研究具有一定的参考意义。⑤ 顾幼瑾教授则基于生命系统理论研究中的小企业的绩效管理问题，利用企业资源计划系统的数据来进行绩效管理过程中信息的收集，使中小企业绩效管理过程具有更强的科学性和操作性，为中小企业进行有效的绩效管理提供了一个具有操作性的新思路，该研究不仅丰富了中小企业绩效管理的理论内容，而且针对中小企业的特点提出了有针对性和指向

① 屈仁均、孙林岩、叶琼伟：《“丛林”的反思——管理学理论体系的内在逻辑探讨》，载《科技进步与对策》2011 年第 11 期。

② 黄海斌：《从管理理论的发展中比较“经济人”与“社会人”的异同》，载《云南科技管理》2011 第 6 期。

③ 黄福基：《谈以人为本与企业管理》，《现代商业》2011 年第 7 期。

④ 熊学魁、钟叔玉：《走动式管理研究综述》，载《改革与战略》2011 年第 10 期。

⑤ 可星、蔡伟：《基于涌现机理的企业组织能力系统研究》，载《商业研究》2011 年第 5 期。

性的操作方法。①

有关企业员工自我管理模式理论的研究，学者林红以昆明钢铁股份有限公司为例，认为自我管理模式是让人体验到工作中生命意义的管理模式，实践自我管理的最终目的是使企业管理达到无为而治的境界。自我管理是一个包括制度，非正式规则、文化认同、集体行动、治理结构等内容的一个治理体系，企业的抗风险能力、劳动效率等是企业实践自我管理的动力来源，建立并利用好自我管理绩效的评价体系有利于企业自我管理实践活动的开展。②

再次，其他与管理学理论有关的研究。昆明理工大学的王松江教授从系统研究的角度，结合高速公路政府与私人合作项目自身的特点，对其定价理论的适用性进行了分析，指出双层目标规划模型是一种适合其特点的定价理论。作者认为，双层目标规划模型为项目定价提供了合理的技术性保障，提高了项目的可行性，从而有利于长期稳定地保持各方的合作关系，确保项目的顺利执行。③

此外，昆明理工大学的段万春教授在对中介组织的研究中，运用网络分析法，构建出社会中介组织发展水平分析模型，给出了一种评价社会中介组织发展水平的新方法，并通过一个具体的实例应用，表明这种方法是科学合理的、具有实际应用可操作性的。④

二、行政管理体制研究

2011 年云南行政管理学界对行政管理体制研究主要聚焦于三个方面：一是高校行政管理体制研究；二是民族地区尤其是农村行政管理体制研究；三是我国日益凸显的行政问责制研究，以下分别予以论述。

（一）高校行政管理体制研究

高校行政管理体制是云南学者讨论得比较多的一个问题。文山学院的王宏老师认为，面对高校行政管理过程中不断涌现出许多新的情况和新问题，对高校行政管理工作提出了新的要求。因此，需要创新高校行政管理观念，厘清行政权力与学术权力关系，加强规章制度建设，建立有效的行政管理信息沟通机制，推进高校行政管理队伍的专业化建设。⑤

实际上，高校作为科层制典型的延伸，需要从科层制的内在机理探讨高校行政体制的改革。德宏师范高等专科学校吕静副教授从高校科层制管理下的“效率”视角对其行政管理体制进行规范性的研究，他认为，建立在严格科层制组织结构上的各级高等院校都采用了官僚化或等级化的管理模式——一种自上而下的管理与控制，这种科层制结构自身的“X 非效率”对教育特性产生了较强的弱化作用。另外，科层制组织结构对“可量化效率”的追求异化了教育的本质，因此，高等教育管理体制急需改革。⑥

云南师范大学副教授成巧云从政治体制改革的角度探讨了我国高等教育去“行政化”问题。她认为，我国的高等教育的历史和现实表明高等教育“行政化”是计划体制的产物，政府与高校关系失衡和高校管理中行政权力泛化导致了高等教育的发展偏离了大学的精神、损害了高校的公众形象、增加了政府负担甚至危及社会稳定，因此，高校应“行政化”、制定“校宪”，重构高校内部管理体制，培育和引入第三方参与高等教育评价等应是推进高等教育体制改革的重要内容。⑦

（二）民族地区乡镇行政管理体制研究

云南作为少数民族地区最多的省份，云南学

---

① 顾幼瑾、郭梅：《基于 LST 的中小企业绩效管理模式探究》，载《科技管理研究》2011 年第 19 期。

② 林红：《自我管理的实践思考》，载《经济师》2011 年第 6 期。

③ 姚鹏程、王松江：《关于政府和私人合作高速公路项目定价理论的研究综述》，载《科技管理研究》2011 年第 9 期。

④ 段万春、林江珠、孙永河：《基于 ANP 理论的社会中介组织发展水平评价方法》，载《科技管理研究》2011 年第 1 期。

⑤ 王宏：《我国高校行政管理现状分析与改革探索》，载《文山学院学报》2011 年第 2 期。

⑥ 吕静：《我国高校科层制管理下的“效率”解析——基于政府行政体制改革的思考》，载《学园》2011 年第 4 期。

⑦ 成巧云、施涌：《在政治体制改革的框架下推进我国高等教育去“行政化”》，载《云南电大学报》2011 年第 4 期。

者在行政管理体制的研究中常常以某一行政区域为研究对象，带有明显的民族文化特色，这些研究成果对于促进云南社会的和谐稳定具有一定的理论和现实意义。

学者石兴安认为，随着社会主义市场经济的建立，民族自治地区行政管理要引入新的模式。与发达地区相比，民族自治地区行政文化具有自身的特点，但有些特点影响到民族自治地区行政文化的建设，影响到行政活动的实际效果，为此，他提出了重视和加强民族自治地区行政文化建设的几点建议。①

基于对民族行政文化的认识，大理学院的苏紫程老师以大理白族地区的行政文化为调查对象，通过田野调查，分析了滇西民族自治地方行政文化的具体表现形式，并在此基础上提出民族自治地方政府建设良好行政文化，实现政府又好又快发展的初步设想。调查报告指出，民族自治地方传统行政文化中的消极成分阻碍着现代政府改革与发展，必须对其进行从封闭保守型到进取开放型、从集权型到民主参与型、从人治型到法治型的变革与创新，并创建参与型、法治型和学习型政府，以推进地方政府的行政改革与发展。②

对于民族地区行政管理体制的改革，云南大学的李兵教授指出，新农村建设面临制度安排、体制机制、产业支撑、基础设施等诸多因素的制约，但是，更深层次的制约则是人们长期形成的思想观念，城乡二元体制不仅物化为经济结构和社会结构，而且已经内化为人们的思想结构和观念结构。变革公共行政的理念，高扬公平正义的价值，重申政府管理的责任，是推进城乡一体化，加快新农村建设的思想前提。李兵教授以开远市新农村建设为例，总结了开远市被红河州列为全州“试点中的试点”的成功经验。③

云南行政学院刘强老师以西双版纳傣族自治州为例，提出一个民族自治区域的发展与地方政府的行政管理能力密切相关，地方行政管理能力低下是民族地方发展迟缓的重要原因之一。因此，根据云南边疆民族地区发展的实际情况，提升地方政府的管理能力成为地方发展的关键。④ 谢丽娟、罗建生则以云南省宜良县为例，通过对农村乡镇行政机构设置改革相关问题的分析，提出了农村乡镇行政机构设置改革中应注意的问题，阐述了农村乡镇行政机构设置改革的基本思路。⑤

结合云南自然灾害频发的这一情况，昆明学院的马黎老师在政府应对自然灾害方面进行了深入的研究，他认为，云南省各级政府在长期的自然灾害应对过程中，在法规、组织等层面上积累了一些成功的经验，有效发挥了政府在自然灾害应对中的主导作用。今后，边疆民族地区应该扬长避短，借鉴成功经验，有针对性地改进不足，切实提高边疆民族地区自然灾害应对能力。⑥

（三）行政问责制研究

2011年，行政问责制也是云南行政管理学界研究的主要对象。云南民族大学的周阳老师认为，行政问责制是建设责任政府、法治政府、民主政府和效能政府的重要保障。自2003年我国政坛掀“问责风暴”以来，取得了一大批问责成果，然而，在实践过程中却凸显出一系列亟待解决的问题。因此，必须完善行政问责制度，以确保政府部门及官员真正做到有权必有责、用权受监督、违法受追究，由此建立起廉洁、高效的责任政府和服务型政府。⑦

云南财经大学杨莉教授指出，由于长期受计划经济体制与高度集权制度的影响，我国行政问责制存在着职责、权限和责任模糊，行政监督、法律法规不完善及行政问责制程序缺乏等问题。

① 石兴安:《民族自治地区行政文化建设存在的问题及其对策研究》，载《四川行政学院学报》2011年第4期。

② 苏紫程:《滇西民族自治地方行政文化的调查与分析——以大理州为例》，载《新西部》2011年第9期。

③ 李兵:《新农村建设呼唤公共行政理念的变革——云南省开远市新农村建设的启示》，载《学术探索》2011年第1期。

④ 刘强:《提高民族地方政府行政管理能力的意义与路径分析——以西双版纳傣族自治州为例》，载《中共青岛市委党校青岛行政学院学报》2011年第5期。

⑤ 谢丽娟，罗建生:《论农村乡镇行政机构设置改革之思路——以云南省宜良县为例》，载《云南社会主义学院学报》2011年第1期。

⑥ 马黎:《加强云南边疆民族地区自然灾害应对的研究》，载《经济问题探索》2011年第6期。

⑦ 周阳:《我国行政问责制的实践反思》，载《行政与法》2011年第11期。

要从制度上解决行政责任的实现问题，提升执政能力，最根本的一点是要建立健全民主法制，建立良好的责任追究机制，切实解决当前行政问责实践中所面临的问题，顺利地在全国行政机构推行行政问责任制。①

三、工商管理研究

我省2011年工商管理研究取得了丰硕的成果，不少成果达到了国内前沿水平。由于工商管理学涉及的面非常广，它包括企业管理学、技术经济及管理学、会计学和旅游管理四个二级学科专业，现根据四个二级学科的学术研究情况，作一介绍和综述。

（一）企业管理学研究

2011年云南企业管理学的研究大致集中于中小企业融资问题研究、人力资源管理研究、企业核心竞争力、企业社会责任、企业文化等方面，以下分别加以叙述。

在中小企业融资问题研究上，云南民族大学余国民老师指出，中小企业在我国国民经济中的作用日益突出，但是其融资渠道狭窄、单一，市场竞争手段不平等等因素严重阻碍了中小企业的发展。完善中小企业融资的内部环境，加快提高中小企业的市场竞争力，加快中小金融机构的发展，积极推动对于中小企业的经营服务创新和体制机制的创新，积极开拓为中小企业服务业务新领域等都是解决中小企业融资难的相应对策。② 云南财经大学龙超教授认为，从各国经济金融发展的经验来看，中小企业推动经济发展和吸纳就业的功能不可忽视，而为中小企业融资的社区银行是金融系统中不可或缺的重要部分，同时，社区银行对社区经济发展和社会进步起着不可替代的作用。③

社会环境的变化必然引起人力资源管理方式的变化，因此，有大量的学者讨论企业人力资源管理问题。李克认为内部营销对于提高员工满意度、增强顾客忠诚度，以及提升企业竞争力具有重要意义，企业应该把类营销工具和人力资源管理工具融为一体运用于内部营销中。④ 李鹤芝则从人本管理的角度，认为企业人力资源的开发不仅要关注制度管理，还应从人力资源理念出发挖掘员工的能动价值。⑤ 因此，学者林丽从战略人力资源管理的概念直至操作层面剖析、评价企业人力资源管理战略化程度的指标体系，为企业判断人力资源管理提供了现实依据，使企业在调整自己的人力资源管理时更好地与企业战略吻合。⑥

在“桥头堡”战略背景下，学者陈长璐以云南物流企业为例，认为云南省物流人力资源开发需要树立科学的人力资源观，创新物流人力资源教育培训机制；加大物流人力资源开发的投入；完善政策法规体系、规范物流人力资源开发，完善人力资源配工与流动机制等措施，构建面向东南亚和南亚的物流人力资源开发合作平台。⑦ 学者林新波对云南省有色金属企业这一特定领域的战略性人力资源管理进行了深入的研究，认为有色金属企业应该制订人力资源战略规划，调整组织架构，完善日常管理体系，营造战略性人力资源管理的氛围等策略，从而有效提升有色金属企业战略性人力资源管理的水准。⑧

在企业核心竞争力问题上，云南大学的张建民副教授指出，企业竞争优势的来源有四个途径，即人无我有的专有资源、适当的生产经营规模、高超的竞争能力和棋高一着的竞争行动。⑨ 在企业社会责任方面，学者张云华分析了腾讯与360之间纷争的内在财务原因后认为，企业社会责任不仅与传统财务管理目标上存在着博弈关系，企业

---

① 屈子艳、杨莉：《论我国行政问责制构建的困境与对策》，载《经营管理者》2011年第8期。
② 余国民：《我国中小企业融资面临的问题及对策探讨》，载《中国商贸》2011年第5期。
③ 龙超、邓琨：《中小企业融资与社区银行发展——美国社区银行发展的启示》，载《经济学动态》2011年第8期。
④ 李克：《内部营销与人力资源管理的整合模型》，载《云南财经大学学报》2011年第6期。
⑤ 李鹤芝：《人本理念下的企业人力资源现状分析及管理策略》，载《中国商贸》2011年第9期。
⑥ 林丽、肖莹、吴东：《人力资源管理的战略化程度的评价指标体系研究》，载《经济问题探索》2011年第6期。
⑦ 陈长璐、李君：《“桥头堡”战略背景下的云南省物流人力资源开发研究》，载《经济研究参考》2011年第5期。
⑧ 林新波：《有色金属企业战略性人力资源管理的策略研究》，载《经济问题探索》2011年第11期。
⑨ 张建民：《对企业核心竞争力的再认识》，载《技术经济与管理研究》2011年第1期。

管理者在选择财务管理目标时还要关注企业经济责任，重视企业社会责任，只有这样企业才能获得持续发展动力。[①] 学者曾萍则认为，伦理道德与社会责任融合客观存在，两者相互依存，整合为企业社会责任伦理是时代需要。[②] 在企业文化上，云南民族大学的李兴宽博士认为，创新型企业持续创新文化是创新型企业重要的动力要素，对建设创新型企业具有十分重大的意义。[③] 李东华教授等人通过对新华书店案例的分析，认为构建以人为本、富有创新能力的企业文化，打造文化品牌、塑造文化品牌形象，是新华书店持续发展的根本所在。[④]

（二）技术经济及管理学研究

在技术经济与管理学的研究方面，云南财经大学的段云龙博士研究指出，在创新过程中技术创新与制度创新是互动的，它们共同推动者企业的发展。企业在技术创新过程中要不断地加强制度安排与制度环境的建设，既要重视产权制度、企业家管理制度、技术创新管理制度等正式制度的建设，也不要忽视企业文化、企业家精神等非正式制度安排的建设。同时，当地政府也要不断地营造良好的制度环境和氛围，以推动企业持续技术创新的实现。[⑤]

昆明理工大学向刚教授基于“持续创新”这一核心内涵，对创新型企业进行了深入研究，他提出创新型企业持续创新绩效的根本特征是持续性，并构建了创新型企业持续创新绩效评价理论框架，确立了持续创新绩效评价指标体系、指标权重和评价计算方法，建立了创新型企业持续创新绩效的评价模型。该指标体系、模型及方法已成功用于云南省首批创新型企业的评价。[⑥]

（三）会计学研究

2011 年云南省会计学研究呈现“一点多面”的特点。“一点”即会计学界紧紧围绕云南省建设面向东南亚的桥头堡地位讨论如何培养一大批优秀的东盟会计人才，“多面”意指从多个角度和采取不同的方法探讨会计学的应用问题。

李旭教授和刘丽华副教授从非对称理论的视角，对“桥头堡”战略下的东盟会计人才培养问题进行了探讨。[⑦] 之后，刘丽华副教授又撰文指出，云南省会计继续教育国际化发展的规划构想应该着眼于“完善会计继续教育体制，促进会计职业标准的国际化发展；整合云南省教育资源，着力建设区域性国际化会计人才培养基地；加快领军人才工程建设，优化结构提高会计人才队伍素质；发展和改革会计继续教育的内容和手段，创新会计人才培养模式；加强与东盟各国的交流与合作，实现人才配置的市场化和国际化”五大方面来加以构建。[⑧]

在会计学研究的“多面”性上，学者们的研究涉及不同行业中的会计实务与理论。赵如兰教授对司法会计进行了研究，她认为，在解决经济纠纷、经济犯罪中越来越需要司法会计鉴定人员的参与，司法会计鉴定在处理经济案件中所显现的作用越来越大。为此，市场经济呼唤既精通会计又懂法律的复合型人才——司法会计鉴定人才。[⑨] 刘晓善博士认为，法务会计则是特定业务的舞弊审计，随着审计服务社会化的推进，法务会计从舞弊审计中取得独立的地位。法务会计行为是对财务会计事项的合法性进行审计调查和鉴定，

---

① 张云华：《企业社会责任与传统财务管理目标的博弈——基于腾讯与 360 纷争的思考》，载《会计之友》2011 年第 9 期（上）。

② 曾萍、姚建文：《论企业社会责任伦理构建》，载《思想战线》2011 年第 4 期。

③ 李兴宽：《创新型企业文化研究》，载《技术经济与管理研究》2011 年第 9 期。

④ 李东华：《论传统文化企业的企业文化建设与品牌塑造——以新华书店为例》，载《学术探索》2011 年第 4 期。

⑤ 段云龙、刘春林：《基于动力、能力与机遇的企业持续技术创新实现模型研究》，载《科技进步与对策》2011 年第 3 期。

⑥ 向刚、熊觅、李兴宽、陈晓丽：《创新型企业持续创新绩效评价研究》，载《科技进步与对策》2011 年第 8 期。

⑦ 李旭、刘丽华：《“桥头堡”战略下的东盟会计人才培养探讨——基于非对称理论的视角》，载《财务与金融》2011 年第 4 期。

⑧ 刘丽华：《会计继续教育国际化发展的途径——基于云南“桥头堡”战略下的会计人才培养规划》，载《会计之友》2011 年第 9 期（中）。

⑨ 赵如兰、杨静：《我国司法会计鉴定人才的需求与供给分析》，载《经济问题探索》2011 年第 7 期。

并提供相关证据的行为，是一种社会服务活动。①学者戴谜在人力资源会计的理论基础之上，对人力资源是否符合资产定义及应归类于哪类资产进行了分析，并对现有人力资源会计核算模式进行了比较，认为人力资源符合资产定义，应单独列为人力资产。劳动者权益会计模式具有其独特的优势，如果能降低该模式的成本，那么该模式将是最佳选择。② 学者李布祎对我国会计信息质量特征体系进行了反思，他认为，会计信息失真所带来的后果十分严重，保证会计信息真实、可靠，对于维护社会经济秩序、保证经济持续稳定发展，具有重要意义。提高会计信息的质量，在最大范围内防止会计信息失真，有助于指导会计实践工作。③

（四）旅游管理学研究

云南旅游业已成为云南经济发展的支柱产业，旅游业的管理与发展问题长期以来备受旅游管理学界的关注，2011 年学界对云南旅游业的关注主要表现在茶文化旅游和生态旅游方面。

在云南茶文化旅游方面，云南省农业科学院茶叶研究所的研究团队指出，把茶的种植、生产、加工、品鉴和旅游有机结合起来，组成既有休闲又有文化底蕴的生态旅游，从而形成一个全新的，集旅游品牌、宣传和普及茶文化为一体的有机体。对民族茶文化旅游开发，也将推动茶叶市场的健康发展，带动整个茶行业经济的增长。做好民族茶文化旅游，需加大野生型茶园和古茶树的保护工作，加强云南特有民族茶文化的再次深度挖掘，将丰富多彩的民族茶文化有机的融入到旅游中，使茶文化得到更好的宣传和普及。④

云南大学何树红教授等认为，三十年来，旅游业成为了云南名副其实的支柱产业，但生态资源环境的破坏使我们不得不反思旅游业的发展方向和发展方式。要使云南的旅游产业获得长足的健康发展，必须发展生态旅游，可以充分利用云南发展旅游业的历程中积累的宝贵的经验教训，并借鉴国内外其他地区的做法，逐步形成云南特色的科学完备的生态旅游产业体系。⑤

针对旅游行业管理的混乱无序问题，云南大学的罗明义教授等指出，旅游目的地系统是一个极为复杂的市场系统，政府对于“零负团费”现象的行政干预和直接干预方式容易导致比“零负团费”现象更为危险的非市场行为。政府应该运用协同学自组织的规律，使系统从有序向新的有序过渡，用较小的努力获得极大的效益，并通过旅游系统自身的竞争与合作，自我杜绝“零负团费”现象。⑥

四、公共管理理论与政策研究

2011 年云南公共管理学重点集中在公共管理范式嬗变、服务型政府建设、危机管理、社会管理体制创新四个方面，其中尤以服务型政府建设和社会管理体制创新研究居多，这与云南省作为少数民族边境省份的特殊省情有一定关系。

云南大学的李静老师撰文指出，虽然目前服务型公共管理范式在中国大行其道，从中央到地方都提出要构建服务型政府，但并不意味着形成于西方发达国家的管理范式就适合中国，我们在反思、借鉴服务型公共管理范式理论时须立足本国国情，有选择性地借鉴和吸收，以其科学、合理、适合之处推进我国行政体制改革的深入。⑦

在服务型政府建设议题上，学者付耀华阐释了“无缝隙政府”理论在服务型政府的运用问题，该理论要求政府必须把“管理无时无处不在、服务无时无处不在”作为自己的工作目标。在“无缝隙政府”理论视角下构建服务型政府的策略，应含有建立“一线到底”无缝隙服务、无缝隙审批体系服务、问责法制化、政府结构无缝隙化等

① 刘晓善：《论法务会计——基于历史渊源的视角》，载《会计之友》2011 年第 12 期。

② 戴谜：《关于人力资源会计问题的探讨》，载《思想战线》2011 年人文社会科学专辑第 37 卷。

③ 李布祎：《关于我国会计信息质量特征体系的反思》，载《思想战线》2011 年第 S1 期。

④ 浦绍柳、李云锋、韩丽、张艳梅、伍岗：《发挥资源优势，开展民族茶文化旅游》，载《中国农学通报》2011 年第 11 期。

⑤ 何树红、吴肖芳、刘玉清：《云南省发展生态旅游的对策研究》，载《经济问题探索》2011 年第 3 期。

⑥ 罗明义、李莉叶、朱伯威：《旅游“零负团费”现象研究》，载《思想战线》2011 年第 3 期。

⑦ 李静：《公共管理范式嬗变的反思与启示》，载《思想战线》2011 年人文社会科学专辑第 37 卷。

内容。①

云南大学的邓崧教授等主张从政府流程再造的视角，以现代公共管理理论为支撑，利用客户关系管理，在电子政务环境下整合政府流程再造有关信息资源，邓教授提出了一套“意识再造—环境诊断—资源重配—组织重塑—制度创新—流程优化—绩效驱动—技术、安全保障”的渐进性路径选择体系，该体系的提出对于推进服务型政府机构改革具有一定的参考价值。② 吴红燕认为，应该构建一整套政府公共服务效能测评的指标体系及其运行机制，以新公共服务理论核心原则为价值取向，根据效率、效益、公平、民主等原则，侧重产出结果对公众的影响，科学建立政府公共服务效能指标体系，达到公共服务效能建设目标。③

在危机管理研究论域，云南师范大学王世波指出，城市化的过程不仅仅是人口的增加和城区规模的扩大，更多意义在于城市服务水平、服务质量的全面提升。只有在城市建设与发展的同时，全面启动公共安全管理，城市才会向健康、有序的方向发展。④ 在如何应对公共安全危机的模式构建、对策采纳和路径选择上，云南大学方盛举教授认为，面临频发的突发性公共事件的挑战，改善政府危机管理能力最有效的方法是引入共治模式。根据中国政治和社会发展的实际状况，应该依照“党委领导、政府负责、社会协同、公众参与”的要求来建构有中国特色的政府危机管理的共治模式。⑤ 在应对和加强边疆民族自治地区的危机管理能力建设上，云南民族大学教授张金鹏以云南省德宏州为例，指出边疆民族社会在应对非传统安全问题的管理实践中，实现村民自治的制度创新，从根本上为应对危机提供了制度保证；创建多中心社会组织网络结构，为乡村民族社会高效率的社会动员、社会控制和危机应对提供了组织保障；重构“精神家园”，促进了危机应对观念的更新，并为应对危机提供了强大的精神支持。三者的有机结合标志着边疆民族社会危机应对管理体系的形成。⑥

在公共卫生危机管理议题上，云南大学蒋小杰认为，对公共卫生危机管理预防能力进行的评估是一个全过程评估，评估的指标可以分别从事前、事中和事后三个阶段构建，每一阶段都包括制度、机构和信息三个层面的细化指标。⑦ 学者谢和均等则认为，公共卫生预警评估体系是政府预警能力提升的有效工具和指导框架，在评估体系设计中，评估指标的选取遵循全面、敏感、及时、准确的原则，通过层次分析法的定性判断定量化计算，能够对各指标的相对权重进行赋值，从而为评估的开展提供较为客观科学的判断依据。⑧

研究毛泽东和邓小平的社会管理思想，对于加强和创新社会管理具有重要的现实指导意义，为此，昆明学院代山庆博士对新中国第一代领导人和第二代领导人的社会管理思想进行了归纳与分析。他认为，毛泽东思想含有丰富的社会管理思想，主要体现为坚持群众路线，重视群众工作；充分发挥思想政治工作的政治优势；正确处理人民内部矛盾。⑨ 邓小平理论蕴含着丰富的社会管理思想，在邓小平的社会管理思想，强调党的领导，群众路线和群众观点是我们的传家宝，稳定压倒一切。⑩

在公共服务和社会管理改革问题上，云南财经大学马国芳教授通过总结研究近年来云南省公

① 付耀华：《“无缝隙政府”理论视角下我国服务型政府的构建》，载《云南行政学院学报》2011年第3期。

② 邓崧、刘星、张玲：《现代公共管理理论下政府流程再造的路径选择》，载《社会科学》2011年第9期。

③ 吴红燕：《当代政府公共服务效能测评的指标体系及其运行机制》，载《思想战线》2011年人文社会科学专辑第37卷。

④ 王世波、唐梦莎：《论我国城市化进程中的公共安全管理》，载《赤峰学院学报》（科学教育版），2011年第6期。

⑤ 方盛举：《论政府危机管理的共治模式》，载《云南行政学院学报》2011年第6期。

⑥ 张金鹏、张舍：《边疆民族自治地区危机管理能力建设研究——以云南省德宏州为例》，载《云南社会科学》2011年第2期。

⑦ 蒋小杰、李念峰：《公共卫生危机管理中预防能力评估指标体系研究》，载《云南行政学院学报》2011年第6期。

⑧ 谢和均、刘悦：《公共卫生危机预警管理能力评估指标权重分析》，载《重庆文理学院学报》（社会科学版）2011年第3期。

⑨ 代山庆：《毛泽东社会管理思想探要》，载《重庆与世界》2011年第11期。

⑩ 代山庆：《邓小平社会管理思想探析》，载《传承》2011年第26期。

共服务与社会管理方面的改革实践探索，认为政府的绩效管理、制度创新、信息化政府建设、阳光政府建设、关注民生的改革都是支撑云南公共服务与社会管理改革的重要探索，这些探索具有很强的云南特色。① 值得一提的是，云南省开远市委书记李存贵也参与社会管理创新的讨论，他从九个方面详细阐述了开远社会管理创新的独特经验，认为地方政府应坚持民生为本，以“统筹开远城乡发展，建设中国幸福之乡”为目标，建设美丽开远市、做幸福开远人，推进开远社会管理从“垂直化”向“扁平化”转变，提升群众的幸福感。②

五、领导方法与领导艺术研究

长期工作在一线的领导干部对领导方法和领导艺术有着独特的研究，如时任中共云南省委副书记、省委党校校长李纪恒在中共云南省委党校2011年春季学期开学典礼上的讲话中指出，云南的经济社会科学发展战略与领导干部的责任和使命联系在一起，领导干部首先要深化思想认识，切实增强加快转变经济发展方式的责任感和紧迫。其次，云南省各级领导干部要立足云南实际，找准加快转变经济发展方式的着力点。最后，领导干部要努力成为加快转变经济发展方式的行家里手。要带头解放思想，要带头树立正确政绩观，要带头提升能力，要带头改进工作方法，要带头转变工作作风。③

云南省的党建工作成绩突出，中共云南省委党校马树勋对此作了如下总结：云南省各级党委在党中央的领导下，在推进中国特色社会主义经济、政治、文化、社会建设的历史进程中，全面推进党的建设的伟大工程，党的组织建设和党的干部队伍建设取得了良好的成效，极大地提高了全省党员领导干部的素质，增强了党的执政能力。④ 与此同时，领导干部素质的提高是一个终身学习的过程，云南司法警官职业学院副教授谭萍通过对全省88名副处级领导干部的学风状况进行专题调研后指出，面对新形势，领导干部必须牢固树立“终生学习、团队学习、工作学习、自主学习、超前学习”的理念，把学习作为一种乐趣、一种生活方式、一种修养、一种使命、一种政治责任。⑤ 学习的目的正如中共云南省昭通市市委党校陈剑宁所指出那样，学习是为了树立正确的价值观，尤其是社会主义核心价值观，无论过去，现在和将来，对广大党政领导干部来说，都是十分重要的问题。⑥ 到党校学习是提高党员素质的重要途径，云南行政学院副院长王国忠指出，领导干部以学员的身份到党校学习培训，应做到“六个多”：一要停下工作，多读书学习。二要放下架子，多聆听讲授。三要静下心境，多思考钻研。四要安下神情，多锤炼党性。五要坐下身子，多交流研讨。六要留下笔墨，多总结深化。⑦ 这番形象生动的语言高度概括了领导干部如何通过学习，以完善自身的领导方法和领导艺术。

对于领导学的研究，云南师范大学谭亭婷认为当前对变革型领导的研究大多是结构和维度的研究，而对变革型领导最关键的变革力研究尚少。变革型领导的效果不光是从组织内部的结构和组织成员的情绪表现上体现出来，更要与组织绩效相关，是否能产生组织变革从而推动组织有好的发展，应该是变革型领导必备的能力，将变革型领导的实证研究扩展到政府部门，对于提升政府干部的变革型领导有推动作用。⑧

领导艺术包括对领导的称谓问题。云南师范大学李文云教授指出，近些年来，在党政领导干部的称谓上出现了以“官员”相称取代同志、公

① 马国芳、周开：《云南省公共服务和社会管理改革实践探索》，载《云南行政学院学报》2011年第2期。

② 李存贵：《》

③ 李纪恒：《领导干部要做加快转变经济发展方式的行家里手——在中共云南省委党校2011年春季学期开学典礼上的讲话》，载《中共云南省委党校学报》2011年第2期。

④ 马树勋：《云南省提高党员领导干部素质的成效与经验》，载《中共云南省委党校学报》2011年第6期。

⑤ 谭萍：《关于司法行政系统领导干部学风建设的调查与思考》，载《思想战线》2011年人文社会科学专辑。

⑥ 陈剑宁：《党政领导干部应高度重视社会主义核心价值观的建设》，载《乌蒙论坛》2011年第6期。

⑦ 王国忠：《领导干部到党校学习应做到“六个多”》，载《创造》2011年第9期。

⑧ 谭亭婷：《变革型领导研究综述》，载《社会心理科学》2011年第1期。

仆的泛化现象，产生了不良的社会影响。因此，认真分析此现象的社会历史根源及其危害，坚持“公仆”论，杜绝“官员”说的举措，对于把握党的宗旨，夯实党的执政基础意义重大。他主张对党政领导干部的称谓应当坚持“公仆”论，当居安思危，防微杜渐，以便进一步夯实党的执政基础，推进在中国特色社会主义道路上实现中华民族伟大复兴的历史进程。①

云南大学李芳从胜任力模型对领导素质结构进行了解析，她认为，基于胜任力基础上的领导素质结构是高智商、高情商、高德商和高胆商的有机整体。智商和情商是领导者胜任力的两大基石，德商是领导者胜任力的定向器和制控器，胆商是领导者的行动力，是其成功的助推器。高智商、高情商、高德商和高胆商的有机统一是领导者素质的良好结构。② 云南民族大学周家明从整体性政府的角度，认为领导力是整体性政府构建的关键，而领导者的制度建构力、统筹协调力、文化整合力、责任承担力、有效回应力则是整体性政府构建背景下领导力的具体体现，需要从组织、文化、公民、责任等层面研究提升领导力的策略。③

六、非政府组织管理研究

2011年云南学界对于非政府组织的管理研究主要集中在三个方面：国际非政府组织的影响、非政府组织的作用、非政府组织与政府的良性关系。由于云南有大量的非政府组织，因此，云南学者不仅有良好的研究条件，同时，他们的研究成果在国内也处于领先地位。

首先是有关政府与国际非政府组织互动问题，云南民族大学讲师陈姝娅和刘明宇认为，国际非政府组织在中国的活动，一方面有效地弥补了由于我国政府财政实力有限导致的在资源配置和公共物品供给方面力量不足的状况，另一方面，由于境外非政府组织大量涌入中国，政府对国际非政府组织的监管缺乏合理有效的政策依据，造成工作的延迟和双方不必要的误解。要改变这一状况，须从研究国际非政府组织监管的特殊性入手，了解、把握国际非政府组织的运作模式和行动规则，将其同我国建设社会主义和谐社会目标相统一，达到合理设计监管制度的目的。④

在加强监管非政府组织的策略选择上，云南大学的钱宁教授强调，非营利组织作为社会福利供给的重要组织载体，非营利组织如何发挥其社会福利资源筹集和分配功能，帮助那些遭遇金融危机冲击的人们避免或减少生活风险，不仅是一个重大的社会安全议题，也是一个现实的组织管理议题，帮助非营利机构解决它们所面临的问题，促进其健康发展，对改善非营利组织管理，对于提高社会服务机构的服务质量与社会声望，推动社会服务发展，将起到积极的作用。⑤ 云南财经大学张玲指出，中国现行法律体系已经难以应对国际非政府组织来华数量持续增长以及影响范围不断扩大的情况。国家可以根据政治和社会管理方面的需求，建立一套完备的准入制度，通过对国际非政府组织主体资格的确认和审核，赋予其法律地位和身份，准许符合条件的国际非政府组织进入相关领域，从事相关活动，从而将其纳入法律秩序中来，保证国际非政府组织在华活动必须符合我国国民经济发展与社会政治稳定等方面的政策要求。⑥

事实上，非政府组织对云南的文化振兴、扶贫和防艾工作起到了巨大的作用。以扶贫为例，云南大学的张娜、马芹指出，随着新农村建设的不断发展，非政府组织在推进农民培训、提升农民素质的过程中正发挥着积极而不可替代的作用。在我国整体进入工业反哺农业、城市带动农村的历史阶段，非政府组织应提升其参与农民培训的

---

① 李文云：《弘扬“公仆”论 杜绝“官员”说——以党政领导干部的称谓为视角》，载《云南社会主义学院学报》2011年第3期。

② 李芳：《基于胜任力模型基础上的领导素质结构解析》，载《文山学院学报》2011年第2期。

③ 周家明：《领导力与整体性政府的构建》，载《天水行政学院学报》2011年第5期。

④ 陈姝娅、刘明宇：《国际非政府组织监管的特殊性研究》，载《湖北函授大学学报》2011年第5期。

⑤ 钱宁：《非营利组织的管理风险与社会服务机构的发展问题》，载《学习与实践》2011年第10期。

⑥ 张玲：《国际非政府组织准入制度研究》，载《河北法学》2011年第5期。

能力，加强与政府组织的合作，规范“项目牵动，绩效管理”的运作模式，大力开展农业技术推广服务。① 另外，云南大学的李湘云等对国际非政府组织在非洲的扶贫模式及成效研究，为解决云南省所面临的扶贫的艰巨任务提供了有益借鉴。②

由于政府与非营利组织之间的摩擦、非营利组织自身的缺陷，现实中二者常常出现对抗式、依附式的关系模式，学者陆宁认为，理性的政府与非营利组织应选择“合作”关系模式，政府与非营利组织采取双管齐下策略，政府外部关系梳理与非营利组织内部机制重建相互结合，共同营造良性互动的关系模式，形成合作伙伴的治理格局。③ 学者赵子陆从非政府组织与政治稳定的正向功能出发，认为非政府组织是国家与社会双向互动的载体，具有维护国家和社会相对平衡的政治稳定功能，非政府组织具有对社会政治不稳定因素的消解作用，促进政府权威塑造就是其政治稳定功能的体现。④

（昆明理工大学　黎尔平　段万春）

① 张娜、马芹：《非政府组织在农民培训中的作用研究》，载《科教文汇》2011年第9期（中旬刊）。

② 李湘云、王涛：《论国际非政府组织在非洲的扶贫模式及成效》，载《思想战线》2011年第5期。

③ 尹亚琼、陆宁：《公共治理视角下政府与非营利组织间互动关系研究》，载《经营管理者》2011年第7期。

④ 赵子陆、吴道显：《论非政府组织的政治稳定功能——基于国家与社会关系的分析》，载《牡丹江大学学报》2011年第7期。

体育学

2011年，云南省体育学学科建设取得较大进展，学科研究领域不断扩展，研究成果涵盖了学校体育的教学改革与发展、运动训练与运动竞赛、体育文化、民族传统体育等研究领域，特别是在继续深入少数民族传统体育优势研究方向的同时，运动人体科学研究领域的成果数量也有所增加，取得了可喜的成果。

我省是一个少数民族众多的边疆省份，体育事业的发展应与边疆少数民族地区经济、政治、文化建设发展相适应，我省体育学界在边疆民族地区体育事业的发展、少数民族传统体育文化保护与传承、边疆农村体育与和谐社会构建等领域的研究有较大贡献；学校体育的研究着重于在专业建设和教学改革，对少数民族学生体质健康和心理健康问题的研究也有所贡献，将对我省学校体育的改革和发展有一定的影响作用；运动训练与运动竞赛从人体运动科学研究的领域，应用自然科学的研究方法，研究运动员运动竞赛水平的提高机理与方法，我省体育学界对体育运动的科学研究已从地方民族体育特色的研究向多研究领域发展。

一、著　作

饶远教授在《中国西南边疆体育发展特征与模式研究》（人民出版社2011年版）一书中从理论与实践结合的层面，系统论述了中国西南边疆地区体育建设的目标、特征、模式与发展对策，以及西南边疆地区体育发展对构建边疆地区“和谐社会”与“和谐文化”中的作用与实施路径，阐述了体育所创造的活动方式对西南边疆地区各族人民建立科学、文明的社会生活方式，抵制境内外“黄、赌、毒”的侵入，推进国家“富民兴边”和“禁毒、防艾”的社会意义。该著作在全国率先提出“边疆体育”的发展问题，并将“边疆体育”、“国家非传统安全”、“国家文化安全”、“国家认同意识”、“国门形象”等概念引入国内体育学领域，提出边疆体育的发展具有维护国家文化安全，树立国门形象，促进区域体育协调发展、推进睦邻友好、民族团结、反独促统，抵制境内外“黄、赌、毒”侵入，构建“和谐边疆”，促进西南边疆地区体育与社会互动发展的构想，符合我国和谐社会建设与边疆繁荣稳定的战略方针，在体育学研究中具有重要的理论创新价值。该著作涉及了体育学、社会学、民族学、边政学、国际关系学等学科领域，将会有效地推进我国体育多学科的交叉与综合发展，不断推进我国体育社会科学研究的丰富与完善。

刘坚教授在《民族传统体育文化新论》（云南大学出版社2011年版）一书中紧密围绕民族传统体育学科建设的要求，从民族传统体育文化的理论和相关概念入手，对民族传统体育文化的学科体系进行构建，研究了民族传统体育文化起源、民族传统体育文化的内涵、民族传统体育文化的特征与形成的因素、民族传统体育文化的流变和变迁、民族传统体育与现代体育的互动、民族传统体育文化产业化发展的思考和民族传统体育文化的未来。该著作突出基本理论和基本知识，重视内容的系统性、思想性和科学性，反映体育学科发展的时代特色，对完善我国民族传统体育文化研究具有重要意义。该著作为国家级精品课程“民族传统体育理论与实践”、国家级教学团队“少数民族传统体育课程教学团队”和国家一类特色专业“体育教育专业”建设成果。

此类著作还有寸亚玲的《云南少数民族健身操》（云南大学出版社2011年版），陆永华的《基于健身目的的体能训练理论与方法》（吉林大学出版社2011年版），翟波宇的《我国中长跑运动员成功之道》（中国商务出版社2011年版），杨勇的《我国优秀青少年篮球队群体凝聚力研究》（北京体育大学出版社2011年版），杨炯的《高校高水平足球队高原训练模式探讨研究》（广西师范大学出版社2011年版），左文泉的《武术》（北京师范大学出版社2011年版），鲁平俊的《体育市场营销学》(云南科技出版社2011年版),鲁平俊的《学校体育学》(云南科技出版社2011年版),董利民的《常见运动项目规则与裁判法》(云南科技出版社2011年版),陈雪红的《学校体育学》(北京师范大学出版社2011年版),陈雪红的《中小学体育教学设计与实践》(北京师范大学出版社2011年版),刘云的《田径》(北京师范大学出版社2011年版)。

二、论　文

和春云:《论汉纳文化融合与纳西族体育文化》(载《西安体育学院学报》2011年第1期)。

邢维新、田振军:《缺氧诱导脑红蛋白表达及其运动生物学应用展望》(载《体育学刊》2011年第1期)。

李莹:《浅析云南傣族武术的技术风格》(载《成都体育学院学报》2011年第2期)。

何勇:《训练负荷——体能状态数学模型的建立及参数估计》(载《上海体育学院学报》2011年第3期)。

屈成刚:《优秀举重运动员降体重后体重控制与运动能力恢复的个案研究》(载《中国体育科技》2011年第3期)。

冯强、涂传飞:《奥运会复兴的人类学解读》(载《体育文化导刊》2011年第3期)。

周山彦、李晓华、陈静静:《古滇民俗体育探析》(载《体育文化导刊》2011年第04期)。

左文泉:《我国民族传统体育近五年研究现状分析》(载《成都体育学院学报》2011年第6期)。

卢开智:《西部少数民族节日中的传统体育及其传承和演变》[载《云南民族大学学报》(哲社版)2011年第6期]。

王鹏、王继艳、严波涛:《我国优秀男子撑竿跳高运动员助跑起跳技术的运动学研究》(载《中国体育科技》2011年第6期)。

王萍、李晓华、周山彦:《西南联大体育分析》(载《体育文化导刊》2011年第8期)。

赖云华:《西部少数民族节日中的传统体育演变与传承研究》(载《学术探索》2011年第9期)。

王鹏、王继艳、严波涛、许崇高:《我国优秀女子铁饼选手“人—饼”速度指标的运动学分析》(载《北京体育大学学报》2011年第12期)。

刘坚,徐长红,吕金江:《论现代化语境中少数民族传统体育文化的重构》(载《北京体育大学学报》2011年第12期)。

三、研究报告

饶远:《云南省人民政府关于加快体育产业发展的意见》,云南省人民政府2011年3月。

饶远:《国务院关于加快发展旅游业的意见》,国家体育总局体育经济司2011年4月。

饶远:《丽江市体育事业“十二五”发展规划》,丽江市体育局2011年6月。

饶远:《关于打造云南高原特色体育品牌的研究报告》,政协云南省委员会办公厅2011年09月。

饶远:《打造昆明国际高原体育名城》,昆明市文化广播电视体育局2011年10月。

(云南师范大学　方　桢)

艺术学

一、学科建设

本年度，云南确立了推广云南民族文化“走出去”工程为文化工作的重点，本着这一工作思路，对外文化艺术交流活动十分活跃。一方面，云南组织了丰富多彩的美术、书法、摄影等展览和大赛，邀请来自省内外、国内外的艺术家和艺术爱好者发现云南之美，将云南之美介绍到更为广阔的范围；另一方面，各种大型艺术活动层出不穷，文化周、艺术节、汇报演出等，集中体现了云南文艺“走出去”的努力和初步成效，其中，《吴哥的微笑》和《辉煌新加坡》是“走出去”战略的重要收获，使云南文艺在东南亚市场化运作的水平得到了真实检验。

中共云南省委书记秦光荣2011年9月撰文表示，文化产业对推动经济社会健康发展有十分重要的意义和作用，云南将充分挖掘丰富的文化资源，推动文化产业成为战略性新兴产业。秦光荣在文中谈道，要深刻认识发展文化产业在调结构转方式中的重要作用，“发展文化产业就是发展朝阳产业，也是发展实力产业、民生产业、创意产业、环保产业，更是关乎每一个人幸福指数的幸福产业”。在阐述文化产业是幸福产业时，文章说，“讲到生活质量，文化已经是一个十分显著的标志；讲到幸福指数，文化也已经成为一个非常重要的衡量尺度”，“发展文化产业可以提升群众的幸福感，促进社会和谐。”他分析，云南文化资源丰富多彩体现在四个重要方面：一是历史文化源远流长，二是民族文化多姿多彩，三是迁徙文化丰富多彩，四是地域文化特色浓郁。文中指出，云南省已确定了十大特色主导文化产业，这十大产业是：文化旅游、影视动漫、新闻出版、民族演艺、民族民间艺品、休闲娱乐、会展节庆、珠宝玉石、茶文化、体育产业等。

作为云南省的政治经济文化中心，昆明市委领导要求昆明着力构建民族文化强省的枢纽，努力打造中国西部最具竞争力的历史文化名城、民族文化宝库、国际文化枢纽、文化产业基地、文化共享家园，加快把昆明建设成为泛亚文化名城。

（一）书　籍

本年度艺术类书籍出版较多，主要集中在绘画、民间工艺作品集成以及民族民间艺术理论方面，如《王正乾老昆明漫画集》从作者经历过的生活出发，[①] 从昆明的特殊时代所发生的事件与人物，用诗画互补的形式，形成个人的真实的形象化的回忆录，描绘老昆明的风物人情，具有典型性，合理夸张与赋之以情的特点。《戈壤画选》所汇集的画作，[②] 是戈壤20余年来创作的纸上色彩作品中的一部分，材质、风格迥异，其中表现舞蹈形态的作品源于傣族舞蹈传统中对于动物、昆虫等的观察摹仿，人物造型因而具足了动态变化：另一批作品则专心于表现云南地方的山林和植被，色彩笔墨中蕴藏着“一草一木皆有灵”的傣族传统生态信仰。“云南工艺美术精品丛书”本年度出版了张化忠等编选的《云南玉雕名家名品集》、[③]《云南陶瓷名家名品集 》等。[④]《云南玉雕名家名品集》分两部分内容，第一部分是玉雕名家名品赏析，第二部分是玉雕大师们从事玉雕创作多年来的体会和感悟，让我们从另外一个侧面感受到了大师们的又一番风采。《云南陶瓷名家名品集》收录了数十位陶瓷名家的作品，既有传统的器型，又有融入了东西方造型艺术特点的当代陶艺作品；既有同生活紧密结合的实用陶艺作品，又有纯艺术的精美之作。马行云编著的《云南建水紫陶》

① 《王正乾老昆明漫画集》，王正乾作，云南美术出版社2011年版。

② 《戈壤画选》，戈壤作，云南美术出版社2011年版。

③ 《云南玉雕名家名品集》，吴锡贵、张化忠、张代明编，云南科技出版社2011年版。

④ 《云南陶瓷名家名品集 》，张化忠编，云南科技出版社2011年版。

是中国第一本介绍云南建水紫陶文化、历史、工艺、名家、作品的专业书籍。① 陇艺梅所著《匠心独运：云南民族民间工艺美术手工艺人记》是关于云南民族民间工艺美术传承与现存状态的真实记录，② 作者通过长途跋涉，亲临实地，在制作现场与手工艺人面对面交谈，了解技艺生存与传承现状，以第一手图片和文字资料写成的。本书注重历史感，重视现场感，重视对地域文化，历史沉淀的挖掘，以期待牵引出与当下现象相关的文化和史学线索。昆明报业传媒集团、昆明日报社编撰的《昆明民间艺术人物传奇》深入挖掘并详细记载了45位昆明民间艺术代表人物的绝艺、绝技和绝活，③ 是一部呈现民间艺术独特魅力、展示民间艺人风貌的作品。龙纪峰所著《云南壮族美术史》记述了云南壮族美术产生、流行和发展的历史，④ 阐述了云南壮族美术与社会经济发展的依存关系，具有一定学术价值和运用价值。刘红所著《云南民族民间艺术的伦理观研究》综合考察云南民族民间舞蹈、美术与文学等艺术形式，⑤ 整体审视少数民族伦理思想的共性内容与特质，分析民族民间艺术渗透的有关某一特定伦理范畴的具体内涵，并关注其与汉文化特别是儒家伦理的相同与相异，对研究云南民族民间艺术的伦理思想内涵具有一定学术价值。

本年度在艺术理论、艺术评论学、艺术人类学民族民间艺术理论研究方面继续取得新的成绩和进展。

（二）艺术理论文章

周倩旎撰写的《艺术创作与“美的规律”——对〈1844年经济学哲学手稿〉随想》认为，⑥ 马克思的早期著作《1844年经济学哲学手稿》中蕴含着大量的美学思想，“美的规律”的概念就是其中的重要命题之一；关于美的规律的思想，需要联系马克思关于人类劳动的活动特性和精神生产的论述予以阐释，换言之，美的规律的思想，需要放到完整的实践活动中来理解，即不能将美的创造与人类求真问善分割开来。颜峻、杨祝飞撰写的《“歌唱性”释义》对“歌唱性”这一概念进行重新界定，⑦ 以期服务音乐演奏和教学。冯传胜撰写的《校园戏剧的发展历程及贡献》认为，⑧ 校园戏剧是中国话剧的母体，有着悠久的历史传统，也是一代又一代的话剧观众方面的供体，作为戏剧生态的一部分，校园戏剧坚守自身的美学追求，发扬独特的艺术魅力，与其他戏剧团体相呼应，成为“和而不同”的陪伴者，并且在话剧舞台低迷时，以挑旗者的姿态站了出来，带领话剧走出困境。靳娟娟撰写的《中国布莱希特十年研究综述：1999—2009》以大量的研究资料为依据，⑨ 对1999年至2009年十年布莱希特在中国的研究状况从多方面进行分析，力图勾勒出十年来比较完整的布莱希特研究全貌。杨一江撰写的《语言的重量——油画第三群体的谱系描述》认为，⑩ 就国内油画创作的总体而言，除美协和当代艺术主导的两个醒目群体以外，似乎一直潜在着一个第三群体，它选择现代主义之后的语言方式，并维护其核心地位，将语言之外的负荷引向一种零状态，但不是现代主义的再版，而是其变体或深化；作者希望就其性质、现代主义背景以及演进过程作一个简约的描述。朱平的《“新文人画”的发展历程及价值研究》认为，⑪ 20世纪80年代初出现的“新文人画”实质上也是水墨艺术现代转型过程中产生的一种探索方式，这是尊重艺术规律的方式，对于水墨艺术的多元化发展具有一定价值。吴三军、杨静撰写的《城市宣传片

---

① 《云南建水紫陶》，马行云编著，云南科技出版社2011年版。
② 《匠心独运：云南民族民间工艺美术手工艺人记》，陇艺梅著，云南人民出版社2011年版。
③ 《昆明民间艺术人物传奇》，昆明报业传媒集团、昆明日报社编撰，云南美术出版社2011年版。
④ 《云南壮族美术史》，龙纪峰所著，云南人民出版社2011年版。
⑤ 《云南民族民间艺术的伦理观研究》，刘红著，中国社会科学出版社2011年版。
⑥ 《艺术创作与“美的规律”——对〈1844年经济学哲学手稿〉随想》作者周倩旎，《云南艺术学院学报》2011第1期。
⑦ 《“歌唱性”释义》，作者颜峻、杨祝飞，《云南艺术学院学报》2011第1期。
⑧ 《校园戏剧的发展历程及贡献》，作者冯传胜，《云南艺术学院学报》2011第1期。
⑨ 《中国布莱希特十年研究综述：1999—2009》，作者靳娟娟，《云南艺术学院学报》2011第2期。
⑩ 《语言的重量——油画第三群体的谱系描述，作者杨一江，《云南艺术学院学报》2011第1期。
⑪ 《“新文人画”的发展历程及价值研究》，作者朱平，《民族艺术研究》2011年第1期。

中的影像叙事策略》以北京、上海等大城市近年来代表性的宣传片为例,[①] 借助案例分析的方式对其影像特点进行阐释，包括特色文化诉求、叙事结构、视听语言以及跨文化传播技巧等方面。李颖、杨国兴的《新时期云南少数民族题材电影的商业化探索》认为,[②] 云南少数民族题材电影在“十七年”间曾一度辉煌，但在电影创作环境高度市场化的今天，也面临残酷的生存挑战；作者就近年来云南少数民族题材电影在商业化探索方面作出的尝试加以分析，总结出若干要点，以期对云南少数民族题材电影的商业化发展提供有益的借鉴。张名章的《网络剧的艺术生成与美学特征》认为,[③] 网络剧是伴随着互联网技术飞速发展而产生的一种新型影视文化样式。从草根们的“自娱自乐”，到山寨版的"尝试创作"，再到公司化的“专业生产”，网络剧正在从非艺术形态向准艺术、独立艺术及大众艺术形态过渡与发展。森文的《〈考工记〉工艺美学思想探析》认为,[④]《考工记》是我国古代一部体大思精、内容丰富的儒家“经典”之一，以往的研究一向只将其作为《周礼》的一篇文献而列入儒家哲学体系来探析，作者将之纳入工艺美学、设计学的学科视角作出阐释，并对其文化意义作出分析与评价，力图从中发掘出若干富有启发意义的理论与观念。朱琳撰写的的《〈印象·丽江〉——实景演出的仪式性建构》以《印象·丽江》为例,[⑤] 提出实景演出是适应大众文化——主要是旅游文化需求而产生的新的表演形态；《印象·丽江》以其精巧的艺术构想、三位一体的现代艺术展演结构、表演者的原生式角色配置方式以及文化具象写意式的实景构造，创造了原生态实景演出的新形态——仪式性范式。张继姝的《现代情景杂技创新意义探析》认为,[⑥] 随着社会发展，观众对杂技的欣赏水平有了极大的提高，传统杂技已经难以满足现代观众的需要，杂技作为一门流传久远的传统艺术想要被现代社会所接受，必须找到新的突破点，这个突破点就是情景杂技。熊黎明撰写的《多元文化语境中民族舞蹈“产业化”的艺术批评及其价值取向——以〈云南映象〉为例》提出,[⑦] 多元文化语境中的“产业化”民族舞蹈艺术呈现出当代民族艺术的多义性审美发展方向，其文本建构既要符合民族文化母体，最大限度地在美学风格上能与原生民族舞蹈保持一致，又要考虑市场利益和利润收入，也就是“产业化”民族舞蹈艺术文本所采用的象征符号、表达方式和艺术特点要能被处于消费主义社会以追求娱乐体验的大众所认可和接受。孙明跃撰写的《表演艺术类国家级非物质文化遗产保护研究——以云南省为例》认为,[⑧] 表演艺术类非物质文化遗产在整个非物质文化遗产项目中所占比例越大，也就越说明了其传承现状堪忧，更容易走向濒危。作者以云南的39项表演艺术类国家级非物质文化遗产作为考察和研究对象，在对其传承和保护的现状作全面调查的基础上，研究其特点，寻找传承的规律，然后对症下药，希望能够有效解决表演艺术类非物质文化遗产目前所面临的尴尬境遇。

（三）艺术评论文章

陈乙源的《异名同谓——笔墨在石涛和吴冠中之间》认为,[⑨] 20世纪吴冠中提出了“笔墨等于零”引发了一场关于中国画笔墨的论争，但究其本意与目的，是其对“笔墨等于零”的当代解读和延伸；作者从两种笔墨论的由来和本意开始追溯，论证了两者异名同谓的关联性，并借以思考当代中国画笔墨的发展。汤海涛的《艺术应该有界限么?》通过对云南省美术家协会第五届青年

---

① 《城市宣传片中的影像叙事策略》，作者吴三军、杨静，《云南艺术学院学报》2011第3期。

② 《新时期云南少数民族题材电影的商业化探索》，作者李颖、杨国兴，《民族艺术研究》2011年第1期。

③ 《网络剧的艺术生成与美学特征》，作者张名章，《民族艺术研究》2011第5期。

④ 《〈考工记〉工艺美学思想探析》，作者森文，《云南艺术学院学报》2011第2期。

⑤ 《〈印象·丽江〉——实景演出的仪式性建构》，作者朱琳，《民族艺术研究》2011年第4期。

⑥ 《现代情景杂技创新意义探析》，作者张继姝，《民族艺术研究》2011第5期。

⑦ 《多元文化语境中民族舞蹈“产业化”的艺术批评及其价值取向——以〈云南映象〉为例》，作者熊黎明，《民族艺术研究》2011年第3期。

⑧ 《表演艺术类国家级非物质文化遗产保护研究——以云南省为例》，作者孙明跃，《民族艺术研究》2011第5期。

⑨ 《异名同谓——笔墨在石涛和吴冠中之间》，作者陈乙源，《云南艺术学院学报》2011第1期。

美术家提名展的观察认为,[①] 本届提名展以“跨界行动”的方式，将当代美术和数字艺术加以并置和融合，试图在原有的框架之内，以一种开放的学术态势，对“跨界”的可能和方式进行研究；同时，这也将鼓励青年美术家，以更加广阔的视野对现当代艺术发展的趋势加以关注和把握，以自身敏锐的感知能力和多样化的表达方式相结合，探索符合自身创作状态的艺术语境。宋杰的《云南民族电影：视点的错位与语言的尴尬》从电影的视点和语言运用上对所谓“云南民族电影”进行了分析和阐释,[②] 认为“云南民族电影”的创作由于视点的错位以及电影语言运用上的尴尬状态，制约了“云南民族电影”的发展。杨静的《〈东邪西毒〉：中国现代主义电影的创新性实践》认为,[③]《东邪西毒》是中国电影史上一次真正意义的“纯粹能指”的创新试验，它开拓了曾经被认为是不可能的电影语言表达的另一种可能性，创造出中国传统艺术写意审美效果和中国文化追求无穷意蕴的视听语言表达，用中国传统的叙事智慧改造了现代主义电影陌生化的叙事结构，以一种区别于西方的文化主体的姿态表达了中国文化独立的现代人文主题。陈也喆撰写的《亦真亦幻，亦古亦今——话剧〈芸香〉的文本内容和舞台形式》从学院派实验话剧《芸香》的文本内容和舞台形式来剖析《芸香》的艺术魅力。[④] 部分作者关注云南省第十一届新剧（节）目展演，撰写文章对各个表演艺术门类进行评议，如杨德鋆的《丰稔艳景与艺术探求——云南省第十一届新剧（节）目展演舞蹈节目综论》、[⑤] 聂乾先的《奋力超越节点——云南省第十一届新剧（节）目展演舞蹈节目述评》、[⑥] 曾金华的《云南省第十一届新剧（节）目展演歌舞、音乐、杂技类剧目综述》等,[⑦] 涉及当前云南戏剧戏曲创新发展中的一系列问题，如机制创新、理念创新、评价标准创新等。

（四）艺术人类学研究文章

魏美仙、陆定福的《“围城”内外——艺术人类学研究散论》提出,[⑧] 艺术人类学的研究倡导整体文化观中对艺术进行“艺术”和“文化”双重审视，无论在其田野作业的方法还是在对艺术的界定、功能及其分类方面都试图尊重人类艺术活动的多样性和差异性。面对传统艺术学研究造就的艺术“围城”，艺术人类学的抱负在于与“围城”内进行积极的对话乃至达到围墙的拆解。无论其研究旨趣能否实现，至少它提供了认知艺术的另一种可能并且为各种地方性文化艺术提供了更加完整的解释视角。吴丽、张宇丹撰写的《影像人类学及其关键概念的解读》认为,[⑨]“影像人类学”这一学科界定可以相对全面地囊括统一之前的诸种提法且具有一定的超前预期性，通过对其关键概念的梳理性解读，试图让某些模糊的学理意指相对明晰，并对某些老生常谈、似是而非的问题作出个人的评判，谋求理论认识与实务操作的有机融合。森茂芳撰写的《云南“影视戏剧人类学片”的创作及其资源开发》认为,[⑩] 云南（扩及西部地区）是民族民间戏剧的巨大文化宝库，我们的电视一向只以一般的文化专题片与纪录片的形式对其进行记录和传播，未作深层开掘；作者提出了一个“影视戏剧人类学”的概念，认为应将上述民族民间戏剧作影视人类学解

---

① 《艺术应该有界限么?》，作者汤海涛,《云南艺术学院学报》2011 第 1 期。

② 《云南民族电影：视点的错位与语言的尴尬》，作者宋杰,《云南艺术学院学报》2011 第 3 期。

③ 《〈东邪西毒〉：中国现代主义电影的创新性实践》，作者杨静,《思想战线》2011 年第 2 期。

④ 《亦真亦幻，亦古亦今——话剧〈芸香〉的文本内容和舞台形式》，作者陈也喆,《云南艺术学院学报》2011 第 2 期。

⑤ 《丰稔艳景与艺术探求——云南省第十一届新剧（节）目展演舞蹈节目综论》，作者杨德鋆,《民族艺术研究》2011 年第 4 期。

⑥ 《奋力超越节点——云南省第十一届新剧（节）目展演舞蹈节目述评》，作者聂乾先,《民族艺术研究》2011 年第 4 期。

⑦ 《云南省第十一届新剧（节）目展演歌舞、音乐、杂技类剧目综述》，作者曾金华《民族艺术研究》2011 年第 4 期。

⑧ 《“围城”内外——艺术人类学研究散论》，作者魏美仙、陆定福,《云南艺术学院学报》2011 年第 1 期。

⑨ 《影像人类学及其关键概念的解读》，作者吴丽、张宇丹,《云南艺术学院学报》2011 第 3 期。

⑩ 《云南“影视戏剧人类学片”的创作及其资源开发》，作者森茂芳,《民族艺术研究》2011 年第 4 期。

读，并进行云南“影视戏剧人类学片”创作，这是21世纪作为“人类学世纪”及“影视文化人类学世纪”的需要，更是我省影视文化大繁荣与大发展的必须。

（五）民族民间艺术理论实践研究

民族民间艺术、民族民间工艺一直是云南学者研究的重点领域。

（1）民族民间艺术。夏毅和、马琰撰写的《后殖民主义语境下民族音乐文化身份的思考》指出，① 近代以来，在西方音乐的冲击下，中国民族音乐逐渐式微，失去了自己的“文化身份”。后殖民理论能够促使各民族力求返本归原，充分挖掘本民族音乐文化的特点，大大丰富和发挥了自己的民族性。在后殖民理论的指导下，我们要保护自己的传统音乐，不让我们的民族价值核心受到损害；要用一种正常的文化心态来面对中国音乐和西方音乐，通过对话和交流更好地认清我们的民族音乐，并吸收其他民族音乐的精华为我所用。杨军、刘佳云撰写的《云南花灯、滇剧的发展与保护研究》认为，② 在信息化和网络化的今天，云南花灯、滇剧面临着生存和发展的困境。作者在大量调研的基础上，找出了云南花灯、滇剧面临的主要问题，如观众、市场、人才、业余剧团的扶持、专业剧团的投入、现有创作与演出机制、保护发展规划及对体制改革的态度和理解等等，解析其主要原因，并提出了具体的对策、措施和发展、保护建议。刘琉、任仁撰写的《云南壮剧的保护与传承研究报告》认为，③ 形成于清代道光年间的云南壮剧，经历了二百来年的历史衍变和起起落落，目前农村戏班和专业剧团的现状均不容乐观。作者通过深入广泛的调查研究，探寻了作为国家级非物质文化遗产的云南壮剧在保护与传承中存在的诸多问题，提出了想法和解决问题的建议。宋建峰撰写的《多元文化交汇中的怒族传统歌舞艺术传承与保护——以贡山双拉和查腊怒族为例》考察了怒族歌舞，④ 认为这是滇西北特有的人口较少民族艺术百花园中的一朵奇葩，是一个非常独特而又充满原始民族生命内涵的艺术景象。然而，多元文化交汇一方面丰富了怒族传统歌舞的艺术精神，另一方面却又导致其变迁、消失。作者就怒族歌舞艺术的发展路径、现状及变迁问题进行阐述与分析，提出特殊场域中民族传统歌舞艺术保护传承的建议。李瑶的《彝族民间舞蹈跳菜及其传承、发展之探析》对“跳菜”这种艺术形式进行了全面深入的了解，⑤ 并在排练实践的基础上，分别对跳菜的动作变化和节奏处理、技术技巧的提炼、情感的启发以及培养演员等几个方面进行阐释和分析，提出新的看法。李晴海的《略述白族传统情歌的思想及其艺术特征》认为，⑥ 白族传统情歌是白族民歌中最精美的、也是数量最多的部分，内容十分丰富。白族传统情歌感情真挚热烈，意境优美清新，比兴活泼生动，文字短小精练，生活气息浓郁，想象力丰富并具浪漫色彩。王志良撰写的《云南水族民间音乐初探》重点对水族的器乐、民歌、器乐曲、舞蹈乐作一总体概述，⑦ 并在论述过程中总结了云南水族音乐的风格和特点。申波、方源撰写的《梵音与暮鼓的感召——傣族“关门节”仪式中佛寺“大鼓”音声的个案考察》对象是南传佛教寺院中的“大鼓”，⑧ 它素以“声少韵多”而成为仪式中一件感召性极强的“乐器”，其音声对信众具有强烈的心理隐喻作用。学界少有专题从音乐学角度对其在族群仪式与信仰中所产生作用的学术探究，而佛寺鼓声之于佛教仪式过程的功能价值，恰恰为音乐文化学的考察提供了一种从宗教生活的局部看音乐在民俗活动整体中价值功能彰显的学术

---

① 《后殖民主义语境下民族音乐文化身份的思考》，作者夏毅和、马琰，《民族艺术研究》2011年第1期。

② 《云南花灯、滇剧的发展与保护研究》，作者杨军、刘佳云，《民族艺术研究》2011年第2期。

③ 《云南壮剧的保护与传承研究报告》，作者刘琉、任仁，《民族艺术研究》2011年第2期。

④ 《多元文化交汇中的怒族传统歌舞艺术传承与保护——以贡山双拉和查腊怒族为例》，作者宋建峰，《民族艺术研究》2011第5期。

⑤ 《彝族民间舞蹈跳菜及其传承、发展之探析》，作者李瑶，《民族艺术研究》2011年第3期。

⑥ 《略述白族传统情歌的思想及其艺术特征》，作者李晴海，《云南艺术学院学报》2011第4期。

⑦ 《云南水族民间音乐初探》，作者王志良，《民族艺术研究》2011年第5期。

⑧ 《梵音与暮鼓的感召——傣族“关门节”仪式中佛寺“大鼓”音声的个案考察》，作者申波、方源，《云南艺术学院学报》2011第4期。

剖面。王佳撰写的《简论传统民族歌舞当代转型的机制及意义》认为，[①]经济全球化和文化交流的加剧，加速了传统民族社会文化的存续环境、建构方式等的变迁。曾经在传统社会民族群体的生产生活中发挥着重要作用的歌舞，在这一过程中，其形态、功能和意义等方面也发生了显著的变化。唐白晶的《从舞台回归田野——云南花腰傣舞蹈发展探寻》主要研究了云南花腰傣舞蹈的发展过程，[②]分析民族舞蹈从田野走向舞台再回归田野的重要意义，探寻民族民间舞蹈传承发展与创新的问题。杨荣撰写的《牟定彝族"左脚舞"文化的传承与变迁》认为，[③]国家级非物质文化遗产"左脚舞"是牟定彝族传统文化的典型代表，近30年来，各民族跨文化交流已成为一种常态，"左脚舞"这种传统的民族文化实现了从"文化自觉"到自我现代性的建构，从乡间田野的草根文化中脱颖而出，走进了繁华的都市，在多元民族文化中实现了完整的传承和快速的发展，在区域性经济建设和文化多样性保护中发挥着积极的作用。

（2）民族民间工艺。民族民间装饰艺术、工艺品近年来引起学术界的极大兴趣。黄毅、吴化雨的文章《云南民族图案在本土艺术设计中的传承途径探析》认为，[④]探究云南民族图案在本土艺术设计中的传承途径是使传统的民族艺术得到符合现代审美标准的传承与发展，是一种保护云南独有的非物质文化遗产的创新方式。从艺术设计的需求出发，对云南民族图案进行取舍和提炼，研究图案构成形式中二次创作的方式方法和理论体系，是为构建具有云南民族装饰风格的设计体系提供素材，为打造云南民族设计品牌奠定基础。曹秉进的《云南银艺的现代话语——以大理鹤庆新华村为例》认为，[⑤]大理鹤庆新华村银器技艺是云南银器艺术的重要组成部分，从其手工银器技艺保留的完整性、作为一个较大规模存留的民间手工艺村落的独特性、工艺手段以及艺术趣味的典型性上都无疑是云南银器工艺的一个具有说服力的代表。这一具有活力的肌体正在以不同的方式融入到更深度更广泛的现代生活，新华村传统民间银艺与现代创意设计的结合具有积极的研究价值。袁爱莉撰写的《哈尼族奕车女子服饰文化及其审美内涵》认为哈尼奕车女子的服装、发式具有鲜明的地域文化和支系文化特征，[⑥]蕴含着浓厚的信仰文化和古老的历史文化内涵。它以外在的穿戴符号的视觉语言叙述着他们的生活习俗、民族审美心理和思想情感，用特殊的语言符号和形式特征展示出隐喻的原生态民族传统文化和民族审美习惯。瞿天凤撰写的《彝族撒尼人刺绣色彩象征意义研究》从象征人类学角度进行研究认为，[⑦]作为一种象征符号的彝族撒尼人刺绣，是撒尼文化的载体，同时又传达和表现了撒尼文化的意义。刺绣上面的颜色是这个象征符号系统中的要素之一。杨绍恭的《白族聚落民居的数字化传承》着眼目前白族聚落民居传承中的困境，[⑧]借助数字技术优化对白族聚落民居、民居古建筑及"传承人"的保护和发展模式，力求在现代信息技术层面实现白族聚落民居艺术的可持续地发展之路。郝云华、贺天增的文章《德宏傣族佛教建筑之佛塔艺术》研究了德宏傣族佛塔，[⑨]认为佛塔的装饰是融合了外来文化、汉文化以及本土文化的特点并形成了自己独特的风格。其中瑞丽姐勒金塔是傣式风格，而盈江允燕佛塔是傣式风格与汉式风格相结合的典型代表。有学者对云南特有的民族民间工艺形式进行了研究，如吴白雨《对建水陶三个认识误区的澄清及其根源分析》认为，[⑩]长期以来建水陶文本史料贫乏、理论研究滞

① 《简论传统民族歌舞当代转型的机制及意义》，作者王佳，《思想战线》2011年第4期。
② 《从舞台回归田野——云南花腰傣舞蹈发展探寻》，作者唐白晶，《民族艺术研究》2011第6期。
③ 《牟定彝族"左脚舞"文化的传承与变迁》，作者杨荣，《民族艺术研究》2011第6期。
④ 《云南民族图案在本土艺术设计中的传承途径探析》，作者黄毅、吴化雨，《民族艺术研究》2011第5期。
⑤ 《云南银艺的现代话语——以大理鹤庆新华村为例》，作者曹秉进，《云南艺术学院学报》2011第2期。
⑥ 《哈尼族奕车女子服饰文化及其审美内涵》，作者袁爱莉，《云南艺术学院学报》2011第2期。
⑦ 《彝族撒尼人刺绣色彩象征意义研究》，作者瞿天凤，《思想战线》2011年第4期。
⑧ 《白族聚落民居的数字化传承》，作者杨绍恭，《民族艺术研究》2011年第1期。
⑨ 《德宏傣族佛教建筑之佛塔艺术》，作者郝云华、贺天增，《民族艺术研究》2011第5期。
⑩ 《对建水陶三个认识误区的澄清及其根源分析》，作者吴白雨，《民族艺术研究》2011年第2期。

后，导致许多艺术家和研究者在建水陶的认识上存在着诸多误区。在积极构建当代建水陶文化产业的背景下，对于建水陶名称的内涵和外延、产生的时代和当代建水陶艺术的准确认识和理解，必将有利于建水陶艺术的发展和理论体系的建设。张志军撰写的《云南华宁陶艺术初探》通过对华宁陶的文化基础、发展脉络、艺术特点等的探究与阐述，① 希望能让更多的人了解和认识华宁陶，进而达到保护、传承和发展华宁陶艺术之目的。张雁梅、傅东云的文章《孟定傣族剪纸艺术初探》关注孟定傣族剪纸的技艺，② 从所呈现出来的剪纸特色中，可以让大众从另一个层面了解孟定傣族人民所特有的地域性和民族性特点。罗茂斌、仝艳锋、李忠峪的文章《香格里拉尼西乡枪朵村传统藏纸制造工艺调查研究》关注被列入第一批国家级非物质文化遗产名录的藏纸工艺，③ 对手工造纸的工艺过程进行了调查研究。

二、活动、演出

2011 年 1 月 10 日，由中共云南省委宣传部主办的“水彩云南”——中国著名水彩画家画云南作品展在云南省图书馆隆重开幕。数十位全国知名的水彩画家和云南省美术界有关人士共 100 余人出席了开幕式。

“喝彩·云南”2010 年度云南省文化发展成果和获奖文艺作品表彰晚会 1 月 28 日晚在云南电视台演播厅举行。省委常委、省委宣传部部长张田欣，省人大常委会常务副主任晏友琼，省政协副主席顾伯平观看晚会并为获奖代表颁奖。

2011 年 2 月 23 日，省文联召集我省文化名流就梅肖青作品进行研讨。这位在中国画界有着特殊地位的军旅画家，于 2010 年 9 月 28 日离世，用 60 周年做着一生追求的事——美术。中国文联副主席、中国作协副主席丹增发来贺信，对梅肖青先生给予高度评价，并对《梅肖青画集》出版表示祝贺。

2 月 28 日，云南省文学艺术界联合会六届五次全委会在昆明召开，会议总结了 2010 年省文联工作情况，通报了推广云南民族文化“走出去”工程将是今年文化工作的重点，并对 2010 年度云南省获国际国内奖项作品和作者进行表彰。授予彭荆风的《解放大西南》等 42 件作品为云南文艺基金贡献奖，授予《众神之河》等 158 件作品云南文艺基金鼓励奖，授予云南省作家协会等 23 个单位云南文艺基金组织奖。

“2011 中国昆明国际文化旅游节昆明狂欢节”4 月 30 日至 5 月 2 日在昆举行。与往届不同的是，今年取消了往年的花车巡演，调整为步行表演巡游，除了邀请东南亚国家的 4 支表演队和巴西的桑巴舞团外，还邀请了俄罗斯鼓队和夏威夷草裙舞表演队参加。此次的狂欢节以“相约狂欢昆明，体验七彩云南”为主题，将突出国际化、民族化特色和大众的参与性。

第二届中国聂耳音乐（合唱）周暨第八届中国音乐金钟奖合唱比赛，6 月 17 日至 22 日在昆明正式拉开帷幕。这也是云南省纪念建党 90 周年的系列重要活动之一。活动将分别在上海、昆明、玉溪三地举行。

此次活动由中国文联、云南省、上海市和中国音乐家协会联合主办。值得一提的是，中国音协特意将第八届中国音乐“金钟奖”合唱比赛列为第二届中国聂耳音乐（合唱）周系列活动之一。

6 月 17 日晚，第二届中国聂耳乐（合唱）周开幕式大型文艺晚会《人民的声音》在上海大剧院激情上演，为党的 90 华诞隆重献礼。晚会结束后，上海市委书记俞正声等领导走上舞台，与全体演职人员合影留念，祝贺演出取得圆满成功。

由省话剧院倾情打造的、以杨善洲为原型的大型话剧《守望心灵》6 月 25 日至 27 日在昆明剧院首演。26 日晚，省委副书记李纪恒，省委宣传部部长张田欣，省委组织部部长辛桂梓，省人大常委会常务副主任晏友琼，副省长曹建方，省政协副主席顾伯平等领导观看了演出。省话剧院邀请了文华奖获得者、天津人艺著名编剧王磊担任该剧编剧。

① 《云南华宁陶艺术初探》，作者张志军，《云南艺术学院学报》2011 第 3 期。
② 《孟定傣族剪纸艺术初探》，作者张雁梅、傅东云，《云南艺术学院学报》2011 第 1 期。
③ 《香格里拉尼西乡枪朵村传统藏纸制造工艺调查研究》，作者罗茂斌、仝艳锋、李忠峪，《思想战线》2011 年第 6 期。

第七届国际民俗摄影“人类贡献奖”由联合国教科文组织、中国民俗摄影协会和昆明市政府联合主办，于9月15日至9月18日在昆明举行。本届年赛汇集了来自117个国家2 300名摄影艺术家和摄影爱好者在参赛参会人数、内容的广度和深度创历史最高点。

9月19日、20日、21日，由中共云南省委宣传部、中共云南省委省直机关工委、云南省人民政府国有资产监督管理委员会、云南省文化厅主办的“云岭颂歌献给党”——云南省庆祝中国共产党建党90周年文艺汇演，在云南艺术学院实验剧场连续演出三天，三台晚会的主题分别为《旗帜颂》《信念的力量》《永远跟党走》。

9月24日晚，第三届大理国际影会在大理古城开幕，此次影会以“生活在别处”为主题，影会活动时间将持续到9月29日，作品展览时间为9月25日至10月7日。

10月，云南文投集团与新加坡共同打造的大型情景歌舞史诗《辉煌新加坡》在新加坡嘉龙剧院上演，全场座无虚席。我省领导称这种做法是“我省深化文化体制改革、实施文化‘走出去’战略的重要成果。”《辉煌新加坡》总投资800万新加坡元，分别从发现新加坡、历史新加坡、成长新加坡、美好新加坡和辉煌新加坡5个篇章，讲述了新加坡的历史和传说。

11月，云南省文旅小额贷款有限公司在昆明举行成立揭牌仪式。该公司由云南出版集团与云南文投集团合力发起并成立，是全省第一家面向文化、旅游产业的行业性小额贷款公司，将致力于解决我省中小微型文化旅游企业融资难问题，为促进我省“两强一堡”战略目标服务。

12月18日晚，云南省第四届青歌赛民族唱法决赛在云南电视台演播厅举行，最终，云南师范大学代表队的高书琴一举夺魁；省级文化系统代表队孔庆学、云南师范大学代表队舒丽萍获得银奖；戴成书、阿普萨萨、大理金花组合获得铜奖。

由云南省文化厅主办，云南省文化馆、云南省社会文化指导中心承办，为期三个月的“云南省首届农民工文化节”12月23日开幕。该活动参与农民工将覆盖昆明市五个区。内容包括农民工演讲比赛、农民工才艺大赛、法律知识讲座、农民工美术书法摄影作品展、农民工子女舞蹈培训班、农民工走进艺术客厅音诗交响专场晚会、农民工走进艺术客厅戏剧歌舞专场晚会、专题文艺晚会暨首届农民工艺术节闭幕式等。

12月28日晚，2012昆明新年音乐会在云南胜利堂奏响新年乐章。本届音乐会，以“科学发展的支撑，和谐昆明的共鸣”为主题。据悉，本届音乐会的指挥李心草是现任中国国家交响乐团首席指挥、韩国釜山爱乐乐团音乐总监、中华全国青联委员，还有其他来自昆明的本土优秀音乐家参加了这次演奏。音乐会演奏的曲目有《小河淌水》等云南著名曲目。

由省文化厅主办的“2012新年戏曲交响音乐会”于12月30日在云南艺术学院实验剧场上演。晚会由省文化厅主办，省京剧院、省滇剧院、省花灯剧院和昆明聂耳交响乐团精心打造，我省戏曲表演“梅花奖”得主王玉珍、冯咏梅、杨益琨、李丹瑜和胡春华五位戏曲名家领衔主演。

（云南省民族艺术研究院　倪　涛）

专题研究

2011年，云南省级政府相关部门，深入学习贯彻落实科学发展观，在省委、省政府的领导、关心和支持下，结合云南省省情，围绕省委、省政府的工作重心，对云南省经济社会发展和改革开放过程中的重大问题组织开展决策咨询研究，取得了一批具有决策参考价值的科研成果。

由于决策咨询研究属于综合性研究，研究的范围广，参与的部门多。本文拟从云南经济发展战略研究、云南“两强一堡”专题研究、云南社会发展研究等三个方面，分课题，有重点地对2011年省级政府相关部门开展的决策咨询研究进行综合叙述。限于篇幅，对专题调研报告则只列出题目，不对内容进行展开陈述。

一、云南经济发展战略研究

2011年的云南经济发展研究成果较为丰富，既有全省性的宏观经济发展战略研究，也有省内部分区域，甚至具体到某个街道办事处的发展规划研究。

（一）课题研究

1. 云南发展模式创新研究

云南作为我国欠发达的边疆民族省区，在推进转型发展过程中面临的矛盾和问题很多，未来发展中资源制约、环境压力、产业结构亟待调整等因素日益显现，切实按照科学发展观的要求，创新发展模式、提高发展质量，对于推动云南经济社会实现科学发展具有极为重要的意义。课题组提出，借鉴先进经验，云南发展模式创新的总体思路可归纳为：通过强化发展主体、增强发展动力、整合发展要素，加快实现从二元冲突型结构向全面协调可持续发展的转变、从主要依靠内需拉动向内外需协同拉动的转变、从工业主导型向工业和服务业共同主导型的转变、从公有制为主体向多种所有制共同发展的转变、从主要靠资源依赖型向资源开发与创新驱动结合型的转变、从外延扩张型向内涵提升型模式的转变，全面推动经济社会科学发展和谐发展跨越发展。

加快推进云南发展模式创新的几点建议：①创新发展理念。②创新体制机制。③创新评价体系。④创新相关政策。

2. 增强云南区域发展协调性研究

实现全省区域协调发展，要始终坚持科学发展观，抓住桥头堡建设重大机遇，克服区域规划不健全、难落实，区域划分调整过多、发展定位变化大，区域发展政策连续性不强、支持力度弱、措施不到位等方面的问题，建立全省区域协调发展总体战略及实施的保障机制，充分发挥区域比较优势，提高自我发展的积极性和能力，不断优化提升城市群，推进新型城镇化建设，壮大发展县域经济，大力扶持老少边穷落后区域发展，尽快形成全省六大区域优势互补、协调发展的格局。增强云南区域发展协调性的对策措施。①创新理念，增强区域协调发展意识。②加强引导，凝聚区域协调发展的各方力量和资源。③完善区域政策，促进滞后区域加快发展。④加快优势区域发展，形成多级带动的发展格局。⑤调动区域间合作发展的积极性，促进优势互补、良性互动。⑥建立区域协调发展的评价考核和监督机制。

3. 构建扩大内需长效机制研究

如何着力扩大居民消费、努力改善投资结构，构建起扩大内需长效机制，对我省经济“调结构、转方式”具有重大意义。为认真贯彻落实国家和省委、省政府决策部署，课题组提出了云南省构建扩大内需长效机制的思路和九大对策建议。①全力促进居民增收。②着力推进广大群众充分就业。③促进民间投资快速发展。④促进社会事业发展。⑤完善市场流通体系。⑥促进财政资金与金融服务良性互动。⑦促进城镇化科学发展。⑧完善公共服务体系。⑨促进对外贸易稳定增长。

4. 外部因素对云南发展的影响研究

课题组从后金融危机时代全球经济走势、全球性非传统安全问题、周边政治经济安全形势、国内经济社会发展形势、国内宏观经济调控等5

个方面进行深入分析后，提出以下对策建议：①以实施桥头堡战略为核心，坚定不移扩大对外开放。②加强对国际形势特别是东南亚、南亚形势的跟踪和研判，采取积极应对之策。③准确把握国家宏观调控走势，努力争取国家支持。④加快经济结构调整，转变发展方式。⑤加强和创新社会管理，积极构建和谐社会。

5. 健全和完善云南经济调节机制研究

“十二五”期间乃至今后较长一段时期，云南要保持经济平稳较快发展，必须进一步健全和完善经济调节机制，不断提高政府经济调节的能力和水平，努力以科学发展观为指导，拓展工作思路，创新工作方法，全面开展经济运行态势监测分析和预测预警，大力协调解决经济运行中出现的重大问题，切实保障煤电油运等重要生产要素的稳定供应，有效应对重大自然灾害和各类突发事件。健全完善云南经济调节机制的对策建议：①加强经济运行分析。②进一步发挥投资拉动的作用。③加大规划的落实力度。④加快转移支付制度建设。⑤强化稳定物价长效调控机制建设。⑥积极促进产业结构优化升级。⑦积极搭建银企合作平台。⑧加强法律手段的调节。

6. 云南新兴产业发展的风险研究

为了规避新兴产业发展风险，省政府研究室选择了我省六大战略性新兴产业以及石油炼化产业，从市场、技术、政策、人才等角度进行了风险分析，提出了规避云南新兴产业发展风险的对策措施：①加大政府引导力度。政府要对新兴产业加以宏观引导，为新兴产业的科学发展指引方向。②提高自主创新能力。把增强自主创新能力作为培育发展新兴产业的中心环节，把握核心技术，形成核心竞争力。③提高要素保障水平。加大土地、资金、人力等方面的扶持力度，为新兴产业发展提供要素保障。④建立风险管理体系。全面提高风险意识，采用科学方法对风险加以识别、评估和处理，构建新兴产业风险规避与分散机制，减少风险带来的危害。

7. 云南省生产性服务业发展研究

为了进一步加快云南省生产性服务业发展步伐，促进我省产业结构优化升级，实现经济可持续发展，省政府研究室对云南省生产性服务业发展进行了专题研究。目前，我国对生产性服务业没有统一的标准，本研究根据有关资料，结合云南实际，界定生产性服务业范围，主要包括金融保险业，交通运输、仓储和邮政业，批发和零售业，信息传输、计算机服务和软件业，租赁和商务服务业，科学研究、技术服务和地质勘查业等六大行业。提出了进一步加快云南省生产性服务业的建议。

8. 加快推进云南城镇化发展研究

加快推进城镇化对云南发展具有重大意义。首先，加快推进城镇化是贯彻落实科学发展观的重要体现。其次，加快推进城镇化是解决云南经济发展突出矛盾的重要举措。再次，加快推进城镇化是云南全面建设小康社会的必然选择。最后，加快推进城镇化是实现云南现代化建设的动力和必由之路。城镇化是一个国家或地区现代化发展的重要动力，也是现代化发展的重要标志。从工业革命以来的世界发展史看，一国要成功实现现代化，在推进工业化的同时，必须同步推进城镇化。加快推进城镇化有利于人类社会从农业文明向工业文明转变，有利于农业社会向工业社会转变，有利于科学技术的大规模应用和实践，有利于社会生产力的大解放，因此加快我省现代化建设，必须把城镇化作为必由之路。课题组对云南城镇化的进程、存在问题及原因进行了研究，借鉴其他省市的经验，提出了加快推进云南城镇化发展的总体构想、制度体系和对策措施。

9. 提高云南城镇化发展质量和水平的措施研究

与全面建设小康社会总体目标和实施“桥头堡”战略的要求相比，云南城镇化发展还存在诸多问题，需要进一步提高发展的质量和水平。根据李纪恒代省长提出“认真研究我省城镇化推进问题”的有关要求，省政府研究室组织开展了“加快提高云南城镇化发展质量和水平措施研究”，重点围绕加快推进滇中城市群建设、促进大中小城镇协调发展、积极推进城镇上山、引导农民进城、统筹城乡协调发展等方面开展分析研究，提出措施建议。

10. 完善云南城镇布局和功能定位研究

近些年来，云南省委、省政府紧紧围绕加快城镇化进程的目标，作出一系列重大决策，采取一系列重大举措，在各项措施的推动下，我省城镇化水平稳步提高，城镇空间结构不断优化，城镇基础设施不断改善，城镇辐射带动能力不断增强，城乡面貌不断改观，有力地促进了全省经济社会的持续、快速、健康发展。但从总体来看，我省城镇结构和布局不尽合理，空间利用效率不高，城镇定位不够科学准确，制约了城镇化发展的进程。充分依托各地的资源优势，因地制宜地选择差异化的城镇发展模式，进一步完善和优化全省城镇布局和功能定位，对于优化资源配置，促进各类城镇集约发展，加快城镇化发展速度，提高城镇化发展质量；引导生产要素合理流动，促进经济结构调整和发展方式转变；加快推动我省城乡、区域协调发展，加快提升全省城镇的整体发展水平，都具有十分重要的意义。

11. 云南滇菜产业创新发展研究

随着生活质量的不断提高，人民群众更加追求科学膳食、文化美食和绿色饮食，现代饮食也更加注重科技含量、文化含量，提倡健康饮食、平衡膳食和文化美食。而滇菜餐饮美食具有浓郁的绿色餐饮色彩，非常符合现代人的饮食需求，完全可以打造成为中华美食文化和美食技艺的一朵奇葩。大力弘扬滇菜餐饮美食文化，推动滇菜产业创新发展不仅十分必要，而且正当其时、大有可为。为此，省政府研究室申请云南省科技计划项目，立题开展云南滇菜产业创新发展研究，在认真分析滇菜产业发展现状、借鉴部分地区创新发展名菜产业成功经验的基础上，提出了云南加快滇菜产业创新发展的思路、目标、重点和保障措施等。

12. 云南跨境民族地区发展研究

云南跨境民族地区，是由傣族、佤族、景颇族等16个少数民族沿国境线与越南、老挝、缅甸三国同一民族跨境而居的广大地区，范围涉及我省腾冲、金平、澜沧等25个边境县（市）及越南、老挝、缅甸三国10省（邦）40个边境县（市区），是建设中国面向西南开放重要桥头堡的最前沿。据统计，国境线长4 061公里，土地面积约188 562.23平方公里，人口约318.47万人。由于多种原因，长期以来这些地区一直是经济发展最落后、社会事业最薄弱、民生问题最强烈、潜在“热点”和矛盾最集中、国际影响最突出的地区，同时也是一般发展带不动、常规政策难奏效的集中连片民族贫困地区。认真研究云南跨境民族地区的发展，将跨境民族地区的发展置于全省“十二五”发展的总体格局中谋划，对于促进云南跨境民族地区经济社会快速发展，使这些地区与全国、全省同步实现小康社会，建立一个民族团结、边疆稳定、边防巩固、和平友好的跨国界新型经济合作关系具有十分重要的现实意义。

13. 云南农业转型发展研究

加快农业转型升级发展是贯彻落实科学发展观的根本要求，是转变农业发展方式、实现农业现代化的必然选择，也是不断破解农业发展面临的矛盾和难题，提升农业产业的质量、效益和竞争力的客观需要。为认真贯彻落实党的十七届五中、六中全会、2011年中央一号文件和省委八届十次、十一次全会精神，加快云南农业转型升级和农业发展方式转变，建设现代农业，省政府研究室广泛借鉴国内外经验，结合我省实际，对云南农业发展情况进行了认真调查研究，提出加快云南农业转型发展的总体构想、工作重点和对策建议，供省委、省政府领导及相关部门参考。

14. 云南省旅游产业发展和改革配套政策研究

课题组以科学发展观为指导，深入研究分析国家西部大开发意见、国务院41号文件，以及“桥头堡”建设的有关重大政策措施，以推动云南旅游产业综合改革和“十二五”发展规划各项工作任务的落实为目标，借鉴国际国内旅游先进发达地区在政策制定和执行过程中的具体经验做法，从云南旅游产业发展的实际出发，大胆创新、大胆突破，为构建更为完善的旅游产业政策体系，提供全方位的参考和建议。

15. 鼓励和引导云南民间投资研究

课题组指出，长期以来，投资已成为促进中国经济持续增长的重要动力，而政府投资因投资领域集中、决策效率迅捷、规模效应大显得尤为重要。特别是近一年多来的时间，受通胀压力持续上升、房地产市场调控难度增大、资源环境约束加剧等因素影响，国家对宏观调控政策取向进行了新的调整。最明显的是货币政策适度收紧，对投资增长形成了重大制约，投资面临的资金紧缺问题更加凸显。在国家宏观政策出现重大变化的情况下，云南如何找准切入点，抓住关键和重点，采取积极有效措施，鼓励和引导民间投资健康发展，是我们亟需深入研究的重大课题。为此，省政府研究室组织有关力量，对云南民间投资问题进行了初步研究。

16. 云南依托产融结合进行城市区域性开发和综合运营模式探索研究

云南省在国家桥头堡战略大背景下，通过推进产业资本与金融资本融合，能够发挥大型建设企业的投资集聚效应和平台作用，提升对城市区域性开发和综合运营功能。本课题研究以云南城市建设投资有限公司为主要案例，研究总结产融结合支撑下，以企业为主体的城市区域开发和综合运营的不同模式，在深入分析国内外成功经验的基础上，对全省城市建设、产业壮大、大企业发展和创新路子进行有益探索，并提出了有针对性的一系列措施建议。

17. 云南省中小水电支持县域经济发展研究

截至 2010 年底，全省中小水电装机已达 1 438 万千瓦。中小水电的快速发展，有力地带动了项目所在地的县域经济发展，为我省经济社会的又好又快发展和国家西电东送战略的实施作出了积极贡献。在全省中小水电快速发展并带动县域经济发展的同时，也面临着一系列的困难与问题，如核准难、上网难、上网电价低、汛期富电弃水严重等，有些水电站甚至出现连年亏损，给中小水电的发展蒙上了一层阴影，也不利于促进项目所在地的县域经济发展。中小水电支持县域经济发展的研究，不仅有助于带动县域资源产业发展、解决农村能源供应、改善民生，也有利于促进全省中小水电健康发展，乃至对西部地区、全国中小水电发展问题提供借鉴。

18. 统筹滇中经济区发展规划研究

目前，滇中经济区已正式上升为国家战略，推进滇中经济区建设和发展已成为省级各部门和滇中四州（市）的重要共识，且进入实施操作阶段，省级相关部门已着手开展相关规划编制工作，昆明市也已经与曲靖、玉溪和楚雄三州（市）签订了合作框架协议。必须要尽快统筹由各部门和四州（市）编制的相关规划，推进滇中经济区协调有序发展，进一步提高规划的指导性、科学性，充分发挥好规划的引领作用。为此，省政府研究室组织，开展了统筹滇中经济区发展规划研究，在充分收集省、州（市）相关规划的基础上，课题认真分析了滇中经济区发展规划编制情况，借鉴了国内部分地区统筹区域规划的先进经验和做法，提出了统筹滇中经济区发展规划的总体构想和措施。

（二）专题调研

专题调研成果包括《建立云南生物产业投资基金调研报告》、《对武汉城市圈建设情况的调研报告》、《加快云南省产业发展的建议》等。

二、云南“两强一堡”专题研究

2011 年 5 月 6 日，经过征求多方面意见，国务院以国发〔2011〕11 号文件的形式，出台了《国务院关于支持云南省加快建设面向西南开放重要桥头堡的意见》，使云南的开发开放在进入全国“十二五”规划后，上升为国家战略，正式进入操作层面。此后，云南一直在积极推动建立“桥头堡”建设协调机制，与国家有关部委签署一批合作协议。目前，桥头堡建设总体规划，经过反复征求意见和多次修改，已正式上报国务院。

（一）课题研究

1. “十二五”期间

三大目标的工作重点研究

（1）“十二五”期间绿色经济强省建设的工作重点。

“十二五”时期，云南要坚定不移地推进绿色发展战略，以建设绿色经济强省为目标，大力推进资源开发集约化、能源利用清洁化、工业发展园区化、生态环保日常化、产业建设生态化、生活环境宜居化，努力营造全国一流的生态环境，奋力争创全国生态文明发展先锋，力争经过 5 年的探索发展，成为全国乃至周边国家创造绿色发展模式的典范。

一是加快构建绿色产业体系，提高产业发展生态化水平，包括：①构建绿色产业体系。②建设循环经济工业园区。③建设重点绿色产业示范项目。

二是更加注重生态环境保护，构建现代化绿色家园，包括：①加强理论创新。②树立绿色发展理念。③加强生态环保工程建设。④加大环境污染治理力度。⑤加大生态建设与保护宣传力度。

三是建立完善生态补偿机制，为可持续发展

提供有力保障，包括：①将建立生态补偿机制纳入全省发展规划。②整合现有资源，加大财政转移支付中生态补偿的力度。③探索建立环境破坏责任者经济赔偿制度。

四是加大科技创新支撑，为绿色发展增强内生动力，包括：①构建创新服务平台。②打造绿色产业孵化的技术支持系统。③建立完善绿色科技的推广服务体系。④调动企业进行技术研发和应用的积极性。

五是改革和完善投融资体系，为绿色发展提供资金保障，包括：①大力发展“绿色信贷”，增加绿色产业信贷投入。②发挥财政资金导向功能，积极引导其他资金进入。③切实落实企业投资权。④合理运用政府采购制度，支持本省企业参与竞争。

（2）“十二五”期间民族文化强省建设的工作重点。

“十二五”时期，云南要深入学习党的十七届六中全会精神，努力推动云南民族文化强省建设取得新成绩，促进我省文化建设与经济建设、政治建设、社会建设全面协调发展，为在新的起点上实现富民强省新跨越、全面建设小康社会提供强有力的精神动力和文化支撑。

一是加强社会主义核心价值体系建设，包括：①坚持马克思主义指导地位。②加强社会主义核心价值体系的宣传普及。③深化群众性精神文明创建活动。

二是繁荣发展文化事业。①实施精品战略。②加强新闻媒体建设。③加快城市文化建设。④大力发展农村文化。⑤扩大对外文化交流。⑥加强文化服务体系建设。⑦重视文化遗产保护、开发和利用。

三是大力发展文化产业，包括：①调整文化产业结构。②优化文化产业布局。③培育壮大文化产业基地。④扶持文化骨干企业。⑤开拓文化市场。

四是全面推进文化体制改革。①创新管理体制，培育充满活力的文化主体。②加强文化市场管理，净化文化市场。

（3）“十二五”期间桥头堡建设的工作重点。

一是稳步推进桥头堡建设各项保障性工作，包括：①推动建立国家层面的协调机制。②进一步细化各项政策措施。③制订桥头堡建设工作计划。④大胆创新体制机制。

二是全力推进桥头堡建设的八个关键环节，包括：①注重项目的支撑和带动作用。②加大力度关注和改善民生。③抓好开放经济带建设。④继续抓好会展平台建设。⑤加快企业“走出去”步伐。⑥加大力度推进通关便利化。⑦积极发展对外贸易。⑧抓好合作机制的建立和推动工作。

三是妥善处理好桥头堡建设的三个关系，包括：①处理好国内发展与对外开放的关系。②处理好争取国家支持与自力更生的关系。③处理好与周边国家关系。

其他省级政府口有关单位也从不同的方面，对推进建设“两强一堡”作了研究，部分成果的主要观点如下。

2. 推动创建中国—环孟加拉湾自由贸易区的对策建议

课题组指出孟加拉湾是太平洋和印度洋之间的重要通道，提出了创建“中国—环孟加拉湾自由贸易区”这一设想。并提出对策建议：①建议将环孟加拉湾列为我国加快实施自由贸易区战略的重点选择。②建议尽快启动我国与环孟加拉湾经济合作组织的接触、提议、研究和谈判。③建议进一步加大对环孟加拉湾国家的援助力度。④建议充分发挥云南作为我国向西南开放重要桥头堡的作用。⑤建议云南省在推动我国与周边国家区域经济一体化方面发挥积极作用。⑥建议云南省积极争取国家支持在云南边境一线设立境内自由贸易区。

3. 云南省外经贸法律风险防范对策研究

课题组以与我省接壤的越南、老挝、缅甸为研究对象，结合人民法院在涉外商事审判中遇到的新情况、新问题，分析和归纳法律风险，并提出预防和化解云南外经贸法律风险的对策及建议：①建议省政府建立“云南省外经贸法律服务中心”和“云南省外经贸法律服务网”。②建议省政府扶持设立企业风险管理中介机构。③建议省商务厅建立重点外贸企业管理系统和风险应急预案备案机制。④建议省商务厅编印和修订周边国家投资指南。⑤建议省商务厅探索建立云南省外经贸咨询专家队伍。⑥建议省教育厅从云南省出国留学基金中拨出专款用于支持赴东南亚、南亚的人才交流。⑦建议企业重视合同管理和风险管理。

⑧建议充分发挥商会、行业协会的作用。⑨建议充分发挥商务部门驻外机构的作用。⑩建议推动中缅两国签订司法协助条约。⑪建议我省在以援助促进经贸合作方面进行更多的探索。⑫建议我省在以文化交流促进经贸合作方面进行更多的探索。

4. 云南拓展西亚、东非合作研究

近年来，随着西亚、东非投资环境的不断改善，我省与这些地区国家的经贸合作有了一定程度的发展，但相对于国家将云南作为中国向西南开放重要桥头堡的发展定位而言，不论是贸易总量、投资额度，还是辐射区域、推进速度，与国内部分兄弟省份相比，仍具有较为明显的差距。因此，进一步深化与西亚、东非国家的合作，已成为我省当前加快建设中国面向西南开放重要桥头堡进程中亟待推进的重点任务。云南拓展西亚、东非合作的对策建议，①企业层面：1）培育企业的国际竞争优势，形成自己的核心竞争力。2）进行市场调查和项目的可行性研究。3）重视在西亚东非国家投资的成本因素。4）制定人才战略和加速培养国际化经营人才。5）加快市场寻求型投资企业的本地化。6）完善跨国经营企业的管理机制。②地方政府层面：1）完善鼓励企业经贸合作的相关政策。2）强化对企业进行经贸合作的相关服务。3）制定针对西亚东非的经贸合作规划。4）设立"走出去"专家咨询委员会。5）直接或鼓励组建综合性、多功能、国际化经营的跨国企业集团。6）建立"走出去"人才的培养、引进和储备机制。③国家层面：建议省委、省政府从以下几个方面争取国家的相关政策支持。1）加大金融支持。2）针对性的适当放松对跨国企业的外汇管制。3）加快人民币在西亚东非国家的区域化。4）加强外交支持。5）试点建立企业对西亚东非直接投资的风险预警系统。

5. 云南与东南亚南亚文化交流及合作研究

通过对云南与东南亚、南亚文化交流及合作的分析，形成了较为系统的云南与东南亚、南亚文化交流合作的价值、现状、定位、目标、原则，以及实施的步骤、项目和促进发展的保障措施，为省委、省政府及相关部门提供决策依据，促进云南文化"走出去"，带动地方经济发展与文化建设，充实云南文化品牌的影响力，提升云南参与国际竞争的实力。

6. 昆明市加快建设西部地区重要的外向型特色优势产业基地对策研究

昆明市作为云南的省会，唯一的特大城市，云南政治、经济、文化、科技、交通中心，滇中城市群的核心城市，中国面向东南亚、南亚开放的一级口岸城市，有责任、有义务在外向型特色优势产业基地的建设中发挥好战略支撑作用和龙头带动作用。加快外向型特色优势产业基地的建设，是顺应经济全球化潮流的必然选择，也是大力开发昆明特色优势资源、挖掘区域经济发展潜力的必由之路，有利于优化昆明市产业结构，培育地区核心竞争力，推动昆明加快建设成为面向西南开放的国际性区域中心城市。加快昆明市外向型特色优势产业基地建设的对策措施：①进一步解放思想，优化基地建设软环境。②加强配套设施建设，改善基地建设硬环境。③加快产业园区建设。④完善投融资机制，解决产业发展资金瓶颈。⑤创新方式方法，加大招商引资力度。⑥加快企业走出去步伐，积极开拓国际市场。⑦沟通交流平台，推动对外经贸合作。⑧品牌战略，增强企业核心竞争力。⑨绿色生态发展，提升基地可持续发展水平。

7. 西山区在桥头堡建设中的机遇和产业定位

西山区作为昆明"一主四辅四次十九片"城镇体系的中心城区，作为昆明建设区域性国际城市的核心区，面临着千载难逢的历史机遇。加快西山区产业发展的对策措施：①抓住桥头堡建设机遇，增强加快产业发展的责任感。②加强基础设施建设，提升产业发展硬环境。③创新体制机制，优化产业发展软环境。④建设产业发展平台，集聚产业配套发展。⑤加大招商引资力度，提升产业发展层次。⑥实施走出去战略，提升开放水平。⑦加强生态建设，发展循环经济。⑧拓宽融资渠道，解决产业发展瓶颈。⑨增强自主创新能力，提高产业发展科技含量。⑩提高要素保障能力，创造产业发展条件。

（二）专题调研

根据省领导指示，为贯彻落实中央建设我国向西南开放重要桥头堡的战略决策，2011年1月11~23日，由省政府吴明德副秘书长任团长，中财办张松涛局长任顾问，中财办与云南省有关部门和企业联合组团，考察了印度、斯里兰卡、马尔代夫、缅甸和泰国。考察团研究起草了《关于云南周边国际合作环境考察情况的报告》，提出推进云南省与南亚、东南亚相关国家加强互利合作的意见和建议。

三、云南社会发展研究

2011 年，省级政府口各有关单位继续对云南的农村和城市的社会问题、文化教育、医疗卫生、生态环境等有关社会发展的热点难点问题进行了深入的有针对性的研究，取得了较为丰硕的成果。

（一）课题研究

1. 对提升云南社会发展水平的建议

2011 年，国家发改委和国家统计局按照 2007 年修订的《社会发展水平综合评价方案》，联合对 2005—2009 年全国及各地区的社会发展水平进行了综合评价。根据省委主要领导的指示，省政府研究室对评价结果进行了研究，得出结论，并提出提升云南社会发展水平的建议：①社会发展综合评价指标体系的特点和评价方法。修订后的评价指标体系具有评价指标设置较为全面。评价指标体系有中国特色。评价方法的可操作性较强的特点。②云南社会发展总体情况及主要差距，一是社会发展水平总指数逐年稳步提高，增速较快，二是社会发展四大领域指数均有提高，但发展不平衡，三是云南社会发展还远低于全国及发达省区平均水平，在西部也仅处于中等水平，四是我省社会发展的“短板效应”十分明显。③影响云南社会发展的几个关键性指标：1）平均受教育程度；2）平均预期寿命；3）城镇人口所占比重；4）每百万人拥有公共文化设施数；5）每万人拥有收养性社会福利单位的床位数；6）农民人均纯收入。④以提升云南社会发展水平综合评价位次为抓手，综合推进我省社会发展。1）实施“收入倍增计划”，提高城乡居民收入；2）实施“知识提升计划”，尽速提高平均受教育年龄；3）实施“延年益寿计划”，着力提高人口平均预期寿命；4）实施“农民进城计划”，提高城镇人口所占比重；5）实施“健康文化计划”，不断提高文化服务和管理水平；6）实施“温暖关爱计划”，加快社会福利机构建设。

2. 保持云南价格总水平基本稳定研究

课题组邀请有关部门和研究机构的专家学者参与，深入开展政策综合研究，科学分析近年来国家和我省价格总水平运行规律和特点，尝试提出今后一段时期内云南应对通胀、保持价格总水平基本稳定的思路和措施建议，为省委、省政府和有关部门加强价格调控提供决策参考。

3. 滇池草海片区保护与发展研究

滇池草海片区是滇池治理与保护的核心区域，也是昆明市西山区临湖发展的重要区域。进入新世纪以来，随着昆明市工业化、城镇化的快速发展，滇池草海片区的保护与发展进入了一个攻坚克难的新阶段。为使滇池草海片区更好地实现可持续发展，省政府研究室、省土地资源可持续利用促进会与西山区滇池草海保护治理和开发建设指挥部联合组成课题组，对滇池草海片区的保护与发展问题进行了专题研究

4. 提高云南水资源利用效率研究

水资源利用效率是单位水资源消耗产生的经济、社会或生态等效益的总和，是反映水资源有效开发利用和管理的重要综合指标。随着云南经济社会发展和城市化进程的加快，合理开发利用水资源，进一步提高水资源利用效率，加快节水型社会建设，对于全省经济社会可持续发展具有十分重要的意义。

5. 推进云南基本公共服务均等化研究

在新的历史起点上，大力推进基本公共服务均等化，是云南贯彻落实科学发展观的重要任务，是全面推进“两强一堡”建设的迫切要求，是转变经济发展方式、调整经济结构的重要途径。按照省政府办公厅《关于深入研究推动云南科学发展和谐发展跨越发展若干重大问题的通知》（云政办〔2011〕180 号）的要求，省政府研究室牵头，组织省发展改革委、教育厅、民政厅、财政厅、人力资源和社会保障厅、住房城乡建设厅、商务厅、文化厅、卫生厅、人口计生委等部门，就基本公共服务均等化问题进行了专题研究。

6. 云南产业发展的职业教育支撑体系研究

职业教育的发展，关系到人口素质高低，关系到经济竞争力强弱，关系到国家兴衰。产业兴经济兴，产业衰经济衰，云南“十二五”规划明确提出，要“全力培育现代产业体系，提升发展

能力”，“抓好具有支撑作用的大产业，培育具有领军作用的大企业，发展壮大优势特色产业”。实践证明，大力发展职业教育，培养大批技能型人才不仅是解决就业问题的根本出路，也是转变经济发展方式、加快产业优化升级、提升产业竞争力的关键。本研究就构建支撑我省产业发展的职业教育体系进行一些研究和思考，提出对策建议，以供领导决策参考。

7. 云南省贫困村互助资金试点示范研究

2007年以来，云南省根据国务院扶贫办、财政部的要求，大胆探索，积极创新，积极推行贫困地区贫困村互助资金试点，取得了明显成效。本课题研究，即通过调查了解我省贫困村互助资金试点工作的运行情况，切实弄清其在扶贫帮困过程中的实际成效、成功经验及存在问题，分析经验教训及影响因素，参照国内外的成功经验与有效做法，探讨适合我省不同类型贫困地区农户特点的贫困村互助资金扶贫工作改进措施，向有关政府部门提出对策建议。

8. 加快推进云南城镇保障性住房建设对策研究

云南省委、省政府历来高度重视保障性住房建设工作，特别是近年来，相继作出了一系列重大决策部署，扎实推进保障性住房建设，取得了明显成效，得到人民群众特别是住房困难群众的一致认可，得到了国家有关部门的充分肯定。但是，与党中央、国务院的要求相比，与广大城镇居民改善住房条件的迫切愿望相比，云南保障性住房建设还存在一定差距，工作中还面临保障性住房建设量大面广、保障性住房建设资金数额巨大、保障性住房建设推进不平衡、保障性住房管理难度大等比较突出的困难和问题。为认真贯彻落实国务院关于加快保障性住房建设的决策部署，逐步改善各族群众的居住条件，努力保障和实现好全省人民住有所居的愿望，由省政府研究室牵头开展《加快推进云南城镇保障性住房建设对策研究》，研究并提出加快推动云南城镇保障性住房建设的措施和办法，为云南省委、省政府及有关部门提供决策参考。

9. 加强和创新社会管理研究

加强和创新社会管理，是党中央在深刻把握我国发展阶段性特征的基础上作出的重大部署，对云南科学发展和谐发展跨越发展意义重大。按照省政府主要领导的指示，省政府研究室牵头，组织相关部门，就加强和创新社会管理问题进行了认真思考和深入研究。

10. 加强政府绩效管理监督问题研究

政府绩效是政府在社会经济管理活动中的结果、效益及其管理工作效率、效能，是政府在行使其职能、实现其意志过程中体现出的管理能力。加强政府绩效管理监督，是提高政府绩效的重要手段。为切实加强我省政府绩效管理监督，推动和促进政府绩效不断提高，根据中央纪委有关要求和省纪委、省纪检监察学会的安排，由云南省纪检监察学会省直单位分会牵头，企业分会、烟草商业分会、中烟公司分会共同组成课题组，从2010年4月开始，在大量收集素材的基础上，深入到州市、县区和省直有关部门，对加强政府绩效管理监督进行了大量的调查研究和综合分析，历时一年多，形成此课题报告。

11. 云南防灾减灾体系建设研究报告

根据李纪恒代省长在2011年省政府工作会议上的讲话精神和云政办发〔2011〕180号文件要求，省政府研究室牵头，省民政厅、财政厅、国土厅、住建厅、农业厅、林业厅、水利厅、公安消防总队、地震局、气象局、储备物资管理局等11个省级相关部门共同参与，就全省防灾减灾体系建设进行了认真研究，形成了系列研究报告，以供省领导决策参考。

12. 云南省富民政策研究报告

“善为国者，必先富民，然后治之。”实现科学发展、和谐发展、跨越发展，富民是前提，也是目的。近年来，全国多数省区市提出把富民作为优先任务，如湖南、河南、陕西、山东、四川等省。《中共云南省委关于制定国民经济和社会发展第十二个五年规划的建议》也明确提出了富民强省的宏伟目标。根据省委主要领导的指示和省委办公厅的部署安排，省政府研究室就富民政策进行了研究，

13. 云南省集体林地林木流转研究

云南是全国生物多样性最富集的地区之一，林业用地面积3.71亿亩，居全国第二位；森林覆盖率达52.93%；活立木总蓄积量17.12亿立方米，为全国第三位。集体林面积2.56亿亩，占林

业用地面积的68.9%。林业在国民经济中具有重要的生态地位和生产潜力。随着我省集体林权制度改革的不断深入，属于农村集体、个人的林地使用权、林木所有权或使用权流转已悄然进行。为认真分析我省集体林地林木流转中存在的问题，提出解决这些问题的对策建议，省林业厅完成了《云南省集体林地林木流转研究报告》，形成了一批研究成果，以供省委、省政府决策参考。

14. 云南省建立完善政府自身建设长效机制研究

加强政府自身建设，是行政管理体制改革的主要内容，是各级政府面临的一项长期而艰巨的任务。2007年以来，我省采取分主题、持续推进的方式，分别制定实施了法治政府、责任政府、阳光政府和效能政府四项制度，不断加大政府自身建设力度，取得了明显成效，为全省又好又快发展提供了强有力的制度保障。但是，受思想认识、体制机制等因素制约，在我省政府自身建设过程中出现了制度落实不到位、工作推进不平衡、被动执行、创新不足等问题，迫切需要建立健全推进制度落实的长效机制，确保政府自身建设的深入推进。为此，根据省政府领导的指示，省政府研究室立题开展了《建立完善云南政府自身建设长效机制研究》。在认真总结我省连续四年政府自身建设工作的基础上，深入分析目前制度落实中存在的问题和障碍，广泛学习借鉴国内外政府自身建设的先进经验和做法，提出了建立我省政府自身建设长效机制的思路、目标和主要措施任务，以进一步推动我省政府自身建设。

15. 云南省就业现状及存在问题研究

就业是民生之本、稳定之基，是人民群众改善生活的基本前提和重要途径。就业和再就业关系着人民群众的切身利益，关系着改革发展稳定的大局，关系着实现全面建设小康社会的宏伟目标。解决好人民群众最关心、最直接、最现实的就业和再就业问题，是以人为本的直接体现，也是构建社会和谐的坚实基础。

云南省是我国西部较为典型的具有“少、边、穷”特征的欠发达地区，人口众多，经济不发达，社会文化较为落后，经济社会发展慢与就业人口增长快之间的矛盾突出，而目前全省劳动力素质又不能满足经济社会快速发展的需要，受国际金融危机影响，我省本就严峻的就业形势更加严峻，当前及今后我省将长期面临十分严峻的就业形势。面对我省当前及今后十分严峻的就业形势，准确把握就业工作面临的难点、重点，创新思路、优化措施，构建促进经济增长、推进社会和谐、维护社会稳定的就业战略体系，是一项事关我省发展全局的重大任务。

16. 云南省社会保障资金审计监督创新研究

随着我国经济社会的发展，社会保障资金的规模越来越大，在确保社会和谐发展和稳定发展方面的作用越来越显著。审计监督担负着对社会保障资金的行政主管机关和监督机构、具体业务实施机构和营运机构的监督，以保证社会保障的计划、法律法规顺利执行以及社会保障资金正常运行并实现保值增值。课题组针对近年来云南省社会保障资金审计监督中存在的主要不足提出了加强云南省社会保障资金审计监督创新的基本原则与重点内容以及相关的对策建议，供领导参阅。

17. 云南省突发事件应急社会动员机制建设研究

当前和今后一段时期，是云南建设中国面向西南开放的重要桥头堡、加快经济发展方式转变的关键时期，然而云南特有的自然环境、社会环境、经济发展等因素决定了云南突发事件具有特殊性、艰巨性与复杂性，各级政府的应急管理能力面临着极大挑战和考验。加强应急社会动员机制建设是提升应急管理能力，保障公共安全的必然要求，是提高社会管理科学化水平，增强公众参与能力的重要抓手，是实现以人为本、维护云南边疆社会和谐稳定发展的重要保证。课题组在调研走访相关部门、单位的基础上，对我省突发事件应急社会动员机制建设进行深入研究，就加快突发事件应急社会动员机制建设提出建议，供领导参阅。

18. 云南省完善纪检监察机关派出（驻）机构统一管理改革研究

为对全省纪检监察机关派驻机构统一管理改革成效进行全面评估，进一步完善各级纪检监察机关派驻机构管理体制机制，巩固发展改革成果，促进各级纪检监察机关派驻机构职能作用的充分发挥，保障和促进全省经济社会又好又快发展，省监察厅开展了本课题研究。在广泛深入多层次召开专题调研座谈会、多次召开课题分析论证会、大量查阅相关资料、开展课题咨询论证、积极借鉴省外先进经验等基础上，课题组历时一年多，研究形成了此课题综合报告和2个课题子报告。

19. 完善体制机制统筹云南城乡发展研究

统筹城乡发展，是解决“三农”问题的必然要求，也是全面建设小康社会、构建和谐社会的重要之举。为认真总结云南统筹城乡发展的实践经验，深入分析统筹城乡发展中体制机制方面存在的突出问题，省政府研究室经过认真调查研究，提出了完善体制机制统筹城乡发展的基本思路、工作重点及对策建议。

（二）专题调研

《关于我省白内障防治情况的调研报告》、《对湖北省、陕西省政府自身建设情况的调研报告》、《关于我省和谐社区建设的调研报告》、《加快推进全省排污权有偿使用和交易的调研报告》、《加快引进保险资金促进养生养老产业发展调研报告》、《开辟利用水泥厂无害化处理城市生活垃圾的新途径调研报告》、《关于理顺云龙水库库区管理体制的调研报告》、《台湾资源再利用和生态环保情况及给我们的启示》、《云南城市养老结构调研报告》、《云南高原湖泊保护和治理重点问题调研报告》、《云南省调整完善城乡建设思路 加强耕地保护综合调研报告》、《云南省儿童福利院调研报告》、《云南省新一轮防治艾滋病机构人员能力评估报告》、《云南学前教育发展调研报告》。

（注：本综述是基于省级政府相关部门上报的成果撰写形成，未能全面精确反映省级政府相关部门决策咨询专题研究的研究实际，特此说明。）

（云南省人民政府研究室 李 坚 杨桂敏）

科研课题

年鉴

2012

2011 年度国家社会科学基金资助项目

序号	学科	项目名称	负责人	工作单位	项目类别	预期成果	计划完成时间	批准号
1	社会学	西南边疆跨境民族双向流动研究	吴瑛	昆明学院	青年项目	专著　研究报告	2013-12-31	11CRK003
2	中国文学	明代云南文学家年谱长编	孙秋克	昆明学院	一般项目	专著	2014-12-30	11BZW058
3	哲学	人的尊严在生命伦理学中的理论地位和社会应用研究	韩跃红	昆明理工大学	一般项目	专著	2014-8-31	11BZX074
4	法学	少数民族民事习惯对乡村治理结构法治化的意义研究	施蔚然	昆明理工大学	一般项目	专著　研究报告	2014-6-30	11BFX086
5	民族问题研究	西南少数民族传统水文化与边疆生态和谐社会构建研究	黄龙光	玉溪师范学院	青年项目	专题论文集	2013-12-30	11CMZ023
6	统计学	中国人口投入产出模型的研制与应用研究	杨泽祥	云南财经大学	一般项目	研究报告	2013-12-31	11BTJ013
7	法学	矿产勘查市场化运作法律保障研究	张世湫	云南财经大学	青年项目	研究报告	2013-12-30	11CFX040
8	民族问题研究	西部边疆民族地区“三农”金融发展模式创新研究	唐青生	云南财经大学	一般项目	专题论文集 研究报告	2013-12-31	11BMZ046
9	马列·科社	马克思主义大众化典型案例研究	张巨成	云南大学	一般项目	专著	2013-12-31	11BKS026
10	哲学	胡塞尔被动构造思想研究	杨宝富	云南大学	青年项目	专著	2013-12-31	11CZX048
11	理论经济	西部大开发中的自我发展能力构建研究	梁双陆	云南大学	一般项目	专著	2013-12-30	11BJL071
12	应用经济	西方农业合作经济组织创新和发展及其对中国的启示研究	娄锋	云南大学	一般项目	专著　研究报告	2013-12-20	11BJY090
13	应用经济	环境承载力的空间转移及其对我国可持续发展影响研究	徐晓勇	云南大学	青年项目	研究报告	2012-10-30	11CJY041
14	法学	中国地方政府有序竞争的法律问题研究	杨临宏	云南大学	一般项目	专著	2014-12-31	11BFX099

续 表

序号	学科	项目名称	负责人	工作单位	项目类别	预期成果	计划完成时间	批准号
15	社会学	西部农民工“乡—城”循环流动社会需求与构建发展型社会工作模式研究	向荣	云南大学	一般项目	专著　研究报告	2013－12－31	11BSH075
16	民族问题研究	中国南方古代僚族源流史研究	王文光	云南大学	一般项目	专著	2013－12－31	11BMZ013
17	民族问题研究	“十二五”时期东部地区援助的能力效应与西部沿边省区自我发展能力研究	李娅	云南大学	青年项目	研究报告	2013－12－30	11CMZ005
18	民族问题研究	中国西南乌蛮史研究	段丽波	云南大学	青年项目	专著	2013－12－30	11CMZ014
19	民族问题研究	社会失范、文化调适与地方融入研究——以滇越边境越南难民社会为例	王越平	云南大学	青年项目	专著	2013－12－30	11CMZ025
20	国际问题研究	东南亚国家处理海域争端的方式研究	邵建平	云南大学	青年项目	研究报告	2012－12－1	11CGJ005
21	中国历史	明清时期中缅边境变迁对近代东南亚地缘政治的影响研究	段红云	云南大学	青年项目	专著	2014－7－31	11CZS053
22	考古学	中南半岛文明起源与形成的考古学研究	李昆声	云南大学	一般项目	专著	2014－12－31	11BKG003
23	中国文学	古代文言小说的故事学研究	李道和	云南大学	一般项目	专著	2014－12－31	11BZW076
24	新闻学	舆情消长与边疆民族地区稳定研究	刘建华	云南大学	青年项目	专著	2013－12－30	11CXW023
25	图书馆情报与文献学	云南傣族医药古籍文献整理及其基础数据库建设研究	陈海玉	云南大学	青年项目	研究报告　电脑软件	2014－7－31	11CTQ041
26	管理学	我国藏区地方政府公共服务可及性问题及其公共治理研究	赵春盛	云南大学	一般项目	专著	2013－12－20	11BGL095
27	民族问题研究	“直过民族”民生改善调查研究	陈明珍	云南警官学院	一般项目	研究报告	2013－12－31	11BMZ062
28	马列·科社	社会主义核心价值体系在边疆民族地区的认同及建设研究	马丽萍	云南民族大学	一般项目	专著	2014－6－30	11BKS073
29	应用经济	信息服务与社会学习研究	高梦滔	云南民族大学	一般项目	研究报告	2013－7－1	11BJY095

续 表

序号	学科	项 目 名 称	负责人	工作单位	项目类别	预期成果	计划完成时间	批准号
30	社会学	妇女外流引发的少数民族男性单身人群问题对边疆社会稳定的影响研究	刘江	云南民族大学	一般项目	研究报告	2013-7-1	11BSH018
31	社会学	跨境民族乡村社会安全问题和转变维稳方式研究	张金鹏	云南民族大学	一般项目	研究报告	2013-6-13	11BSH020
32	社会学	易地扶贫移民社区文化适应与社会组织建设调查研究	李晓莉	云南民族大学	一般项目	研究报告	2012-12-20	11BSH060
33	民族问题研究	云南藏区跨越式发展研究	王德强	云南民族大学	重点项目	研究报告	2013-6-30	11AMZ003
34	民族问题研究	边疆少数民族心理和谐研究	罗鸣春	云南民族大学	一般项目	研究报告	2013-6-30	11BMZ004
35	民族问题研究	跨境民族与云南边境地区国家安全和社会稳定调查研究	鲁刚	云南民族大学	一般项目	研究报告	2013-9-30	11BMZ007
36	民族问题研究	云南小凉山彝区民主改革时期奴隶安置措施及其影响研究	杨洪林	云南民族大学	青年项目	专著	2014-7-1	11CMZ021
37	中国历史	唐代城市发展动力机制研究	肖建乐	云南民族大学	一般项目	专著	2013-12-31	11BZS017
38	中国历史	民国时期滇越铁路沿线乡村社会变迁研究	王明东	云南民族大学	一般项目	专著	2013-7-30	11BZS050
39	宗教学	云南边疆民族地区多元宗教和谐相处的经验和对策研究	张桥贵	云南民族大学	重点项目	研究报告	2013-6-16	11AZJ002
40	中国文学	后现代主义与新时期文学思潮的影响研究	赵联成	云南民族大学	一般项目	专著	2013-8-30	11BZW103
41	语言学	云南少数民族语言有声数据库建设研究	和丽峰	云南省民语委	一般项目	研究报告	2013-6-30	11BYY106
42	民族问题研究	社会转型与摩梭母系家庭和婚姻变迁研究	石高峰	云南省社科院	一般项目	研究报告	2013-12-1	11BMZ027
43	国际问题研究	日本对大湄公河次区域合作的介入及其对中国的影响	赵姝岚	云南省社科院	青年项目	专著 研究报告	2013-12-31	11CGJ020
44	马列·科社	工业化进程中珠江上游生态文明研究	邓琳	云南省委党校	一般项目	专著 研究报告	2012-11-30	11BKS042
45	应用经济	欠发达地区承接产业转移研究	祁苑玲	云南省委党校	一般项目	研究报告	2012-12-30	11BJY021

续 表

序号	学科	项目名称	负责人	工作单位	项目类别	预期成果	计划完成时间	批准号
46	政治学	边疆民族地区群体性事件源头阻断机制研究	胡仕林	云南省政法研究所	青年项目	研究报告	2012－12－31	11CZZ022
47	哲学	文化国防资源的开发利用	喻云涛	云南师范大学	一般项目	专题论文集 研究报告	2012－12－31	11BZX018
48	应用经济	全业务运营环境下中国电信业网络接入规制变革研究	李美娟	云南师范大学	青年项目	研究报告	2013－6－30	11CJY043
49	社会学	大福利视阈下的我国社会福利体系整合问题研究	毕天云	云南师范大学	一般项目	研究报告	2013－12－30	11BSH064
50	民族问题研究	改善边境少数民族人居环境调查研究	杨栋会	云南师范大学	青年项目	研究报告	2012－12－31	11CMZ008
51	民族问题研究	滇川藏毗连藏区流动人口及其族际关系演变与调适	李灿松	云南师范大学	青年项目	研究报告	2013－12－31	11CMZ034
52	语言学	中国境外汉语云南方言调查研究	涂良军	云南师范大学	一般项目	研究报告	2014－8－30	11BYY028
53	语言学	汉藏语系语言话题结构的类型学研究	李洁	云南师范大学	青年项目	专著	2013－6－30	11CYY002
54	马列·科社	政治文化视域下的越南政治革新研究	赵卫华	红河学院	青年项目	专题论文集 研究报告	2014－12－30	11CKS021
55	哲学	彝族美学与文化创意产业发展研究	肖国荣	楚雄师范学院	青年项目	专著	2014－12－30	11CZX068
56	中国文学	彝族叙事长诗《阿诗玛》的跨民族翻译与传播研究	黄琼英	曲靖师范学院	一般项目	专著	2014－12－31	11BZW135
57	中国文学	后现代误读理论研究	李兵	曲靖师范学院	青年项目	专著	2014－12－30	11CZW009
58	中国文学	少数民族当代作家的文化身份与多民族文学史建构问题研究	王炜	曲靖师范学院	青年项目	专著	2014－12－31	11CZW077
59	体育学	我国西南边疆民族体育发展战略研究	吕金江	曲靖师范学院	一般项目	专著	2013－12－31	11BTY021
60	民族问题研究	我国少数民族优惠性差别待遇与反向歧视研究	王传发	西南林业大学	青年项目	研究报告	2013－12－30	11CMZ020

（云南省委宣传部　田仁波）

2011 年度国家社会科学基金西部项目立项名单

序号	学科分类	批准号	课题名称	负责人	工作单位	预期成果	拟完成时间
1	法学	11XFX005	西南边疆少数民族古代法律文书研究	陈令华	云南大学法学院	专著	2014-7-31
2	法学	11XFX014	社区戒毒推进的难点调查与保障体系构建研究	张晴	云南警官学院禁毒学院	研究报告	2013-12-31
3	法学	11XFX023	中国—东盟能源安全合作法律问题研究	谭民	昆明理工大学法学院	专著	2013-5-30
4	国际问题研究	11XGJ002	东南亚地区反洗钱多边合作机制研究	李春	云南警官学院刑事侦查学院	研究报告	2013-12-31
5	国际问题研究	11XGJ004	进一步加强我国与东盟国家关系的战略研究	杨虹	云南民族大学	专著研究报告	2013-6-30
6	国际问题研究	11XGJ005	印度的印度洋战略研究	胡娟	云南省社会科学院南亚研究所	研究报告	2012-12-30
7	理论经济	11XJL006	劳动者报酬合理比重的理论构建与实现途径研究	荀关玉	曲靖师范学院经济与管理学院	专著	2013-12-31
8	应用经济	11XJY010	西部国有大型资源型企业改革研究	于克信	云南财经大学工商管理学院	研究报告	2013-12-31
9	应用经济	11XJY023	我国主权财富基金对外投资战略研究	张海亮	昆明理工大学管理与经济学院	论文（集）研究报告	2013-6-30
10	应用经济	11XJY028	西部农村微型金融制度设计及其减贫效应研究	唐柳洁	云南财经大学财政与经济学院	专著研究报告	2013-12-31
11	马列科社	11XKS006	接受理论视阈中的马克思主义大众化研究	刘丽琼	云南师范大学	专著	2013-12-31
12	马列科社	11XKS012	新型工业化发展中关键人群的生态文明观测评体系研究	宋锡辉	云南师范大学	研究报告	2013-12-31
13	马列科社	11XKS013	普拉昌达的马克思主义观研究	袁群	云南大学马克思主义研究院	专著	2014-7-31
14	马列科社	11XKS018	边疆民族地区社会主义核心价值体系大众心理认同研究	粟岚	中共云南省委党校	研究报告	2012-12-30
15	马列科社	11XKS020	多元文化背景下社会主义核心价值体系认同研究	陈燕	曲靖师范学院马克思主义学院	研究报告	2014-12-30
16	民族问题研究	11XMZ063	中国莽人社会文化变迁研究	方明	红河学院	专著	2014-11-30
17	民族问题研究	11XMZ068	川滇藏地区旅游经济差异及协调发展研究	王文静	昆明学院旅游系	研究报告	2013-12-30
18	民族问题研究	11XMZ072	云南人口较少民族农民增收问题研究	陈蕊	云南农业大学经济管理学院	研究报告	2013-12-31

续 表

序号	学科分类	批准号	课题名称	负责人		预期成果	拟完成时间
19	民族问题研究	11XMZ078	云南跨境民族非物质文化遗产保护研究	白玉宝	云南省文化馆	专著	2013－12－31
20	民族问题研究	11XMZ084	自然保护区保护政策与民族村寨发展研究	黄晓园	西南林业大学资源学院	研究报告	2014－12－30
21	人口学	11XRK002	西部少数民族地区土地流转制度下的农民养老保障机制改革研究	崔瑛	云南农业大学经济管理学院	研究报告	2013－12－30
22	社会学	11XSH005	云南跨境民族地区大学生返乡就业状况调查研究	韦颖	云南师范大学	研究报告	2013－6－30
23	社会学	11XSH011	边疆民族地区城市建设中传统文化再现的社会效应研究	马黎	中共云南省委党校校刊编辑部	研究报告	2013－12－30
24	社会学	11XSH018	云南少数民族地区防灾减灾的理论和实践研究	李永祥	云南省社会科学院民族文学所	专著	2013－6－30
25	社会学	11XSH026	网络社会运动的内在机理及其治理策略研究	谢金林	云南财经大学公共管理学院	论文（集） 研究报告	2013－12－30
26	世界历史	11XSS006	宗教改革时期德意志政治与社会转型研究	钱金飞	云南大学人文学院	专著	2014－6－30
27	统计学	11XTQ008	西南民族档案资源集成管理研究	杨毅	云南大学公共管理学院	专著	2013－12－31
28	统计学	11XTQ012	云南少数民族医药文献联合目录编纂与研究	戴翥	云南中医学院图书馆	研究报告 工具书	2014－6－30
29	新闻学与传播学	11XXW008	中老边境民族语电视传播与文化安全研究	吴丽	云南艺术学院电影电视学院	研究报告	2013－12－31
30	语言学	11XYY015	汉语动词的多义性与动宾短语的多样性研究	魏红	云南师范大学	专著	2014－12－31
31	语言学	11XYY020	傣族语言史研究	赵瑛	云南民族大学民族研究所	专著	2014－6－30
32	宗教学	11XZJ012	青莲教研究——中国民众宗教意识分析	杨净麟	玉溪师范学院政法学院	专著	2014－12－30
33	宗教学	11XZJ021	边疆民族地区多元宗教和谐相处的经验和对策研究	丁莉霞	云南民族大学民族研究所	专著	2014－7－1
34	宗教学	11XZJ022	跨境民族基督教信仰与云南边境民族地区文化建设研究	侯兴华	保山学院	研究报告	2014－6－30
35	宗教学	11XZJ026	西南开放桥头堡战略实施中的宗教文化建设研究	纳文汇	云南省社会科学院宗教研究所	研究报告	2011－12－30
36	宗教学	11XZJ027	云南加强宗教团体建设与和谐宗教关系研究	肖耀辉	云南省社会科学院宗教研究所	研究报告	2012－12－31
37	中国历史	11XZS002	中国史学批评的传统与转型	白云	云南师范大学	专著	2013－12－31

续 表

序号	学科分类	批准号	课题名称	负责人		预期成果	拟完成时间
38	中国历史	11XZS018	西南地区蒙古族的民族认同研究	王世丽	云南民族大学人文学院	专著	2013－12－31
39	中国历史	11XZS019	云南少数民族文化遗产保护与文化产业开发研究	郭家骥	云南省社会科学院民族文化保护与发展研究中	专著	2013－12－31
40	中国历史	11XZS030	历代中央政府对彝族地区的管理研究	岳瑞芝	楚雄师范学院	专著研究报告	2013－7－1
41	中国文学	11XZW030	澜沧江流域傣族佛经文学世俗化现象研究	陈孟云	云南财经大学东盟学院	研究报告	2014－6－30
42	哲学	11XZX001	马克思主义哲学大众化研究	任阿娟	昆明理工大学社会科学学院	专著	2013－6－30
43	哲学	11XZX004	当代科学哲学前沿问题研究——基于“科学理解”视角	毕文胜	云南师范大学	专著	2013－12－30
44	政治学	11XZZ010	少数民族地区社会纠纷的特殊性与多元化解决机制研究	付明喜	中共云南省委党校	研究报告	2013－11－30
45	政治学	11XZZ011	我国民族关系的新特点与建设和谐民族关系研究	贺琳凯	云南大学公共管理学院	研究报告	2012－12－31

（云南省委宣传部　田仁波）

2011 年度云南省哲学社会科学研究基地立项课题名单

2011 年度，25 个省级社科研究基地共申报课题 165 项，省社科规划办根据《云南省哲学社会科学研究基地管理办法》的相关规定和申报通知精神，组织专家进行资格审查、匿名通讯评审和学科组评审，报经省委宣传部批准，《加强和创新社会管理的法律问题研究》等 25 项重点课题立项，《“全球治理”视角中边境一线基层党组织建设问题研究》等 27 项一般课题立项。

一、重点课题（25 项）

（1）加强和创新社会管理的法律问题研究（课题负责人：云南大学杨临宏；课题经费 6 万元；课题批准号：JD2011ZD01）。

（2）云南藏区转变经济发展方式研究（课题负责人：云南省社会科学院康云海；课题经费 6 万元；课题批准号：JD2011ZD02）。

（3）特色化的云南边疆民族地区公共文化服务体系研究（课题负责人：云南大学林艺；课题经费 6 万元；课题批准号：JD2011ZD03）。

（4）云南高原湖泊湖滨带的生态服务功能评价与保护利用对策（课题负责人：云南大学常学秀；课题经费 6 万元；课题批准号：JD2011ZD04）。

（5）二十世纪的云南地方历史文化研究述论（课题负责人：云南大学罗群；课题经费 6 万元；课题批准号：JD2011ZD05）。

（6）中国与东盟的互联互通研究（课题负责人：云南大学李晨阳；课题经费 6 万元；课题批准号：JD2011ZD06）。

（7）基于拍卖市场的云南花卉供应链的运作模式与协调优化（课题负责人：昆明理工大学秦开大；课题经费 6 万元；课题批准号：JD2011ZD07）。

（8）云南高等教育史研究（课题负责人：云南师范大学封海清；课题经费 6 万元；课题批准号：JD2011ZD08）。

（9）新生代员工工作积极性的测量研究（课题负责人：云南师范大学冯江平；课题经费 6 万元；课题批准号：JD2011ZD09）。

（10）“桥头堡”战略背景下云南旅游目的地可持续旅游营销与创新研究（课题负责人：西双版纳州社科联游启道；课题经费 6 万元；课题批准号：JD2011ZD10）。

（11）云南省基层医疗卫生人力资源现状与对策研究（课题负责人：昆明医学院姜润生；课题经费 6 万元；课题批准号：JD2011ZD11）。

（12）边疆多民族地区农村社会管理创新的理论与实践——云南省新农村社会管理机制创新研究（课题负责人：云南大学钱宁；课题经费 6 万元；课题批准号：JD2011ZD12）。

（13）云南民族医药对构建新型农村合作医疗体系的对策研究（课题负责人：云南中医学院周青；课题经费 6 万元；课题批准号：JD2011ZD13）。

（14）云南跨境民族地区社会组织现状研究（课题负责人：云南财经大学马国芳；课题经费 6 万元；课题批准号：JD2011ZD14）。

（15）云南文山人口较少民族（山瑶）地区农业产业化发展研究（课题负责人：文山州委党校赵炳福；课题经费 6 万元；课题批准号：JD2011ZD15）。

（16）生态功能区财政补偿机制研究——基于云南省案例（课题负责人：云南财经大学伏润民；课题经费 6 万元；课题批准号：JD2011ZD16）。

（17）泛亚大通道建设中的金融服务问题研究——基于区域金融合作的视角（课题负责人：云南师范大学丁文丽；课题经费 6 万元；课题批准号：JD2011ZD17）。

（18）云南省精益林业发展模式路径与方法选择研究（课题负责人：西南林业大学王建华；课题经费 6 万元；课题批准号：JD2011ZD18）。

（19）哈尼族哲学与传统社会思想研究（课

题负责人：云南艺术学院傅永寿；课题经费6万元；课题批准号：JD2011ZD19）。

（20）“桥头堡”建设禁毒法治环境研究（课题负责人：云南警官学院孙学华；课题经费6万元；课题批准号：JD2011ZD20）。

（21）滇池流域生态文明建设与城镇生活垃圾减量化和资源化研究（课题负责人：昆明学院冯庆；课题经费6万元；课题批准号：JD2011ZD21）。

（22）南诏大理国与东南亚关系研究（课题负责人：云南省社会科学院李吉星；课题经费6万元；课题批准号：JD2011ZD22）。

（23）“桥头堡”战略背景下云南边疆城市发展研究（课题负责人：云南大学罗淳；课题经费6万元；课题批准号：JD2011ZD23）。

（24）“查姆”文化研究（课题负责人：楚雄师范学院李云峰；课题经费6万元；课题批准号：JD2011ZD24）。

（25）“桥头堡”战略下滇越边境口岸物流体系研究（课题负责人：昆明学院张必清；课题经费6万元；课题批准号：JD2011ZD25）。

二、一般课题（27项）

（1）“全球治理”视角中边境一线基层党组织建设问题研究（课题负责人：中共云南省委党校李曼琳；课题经费4万元；课题批准号：JD2011YB01）。

（2）云南藏区收入分配与政府管理创新研究（课题负责人：云南大学牛飞亮；课题经费4万元；课题批准号：JD2011YB 02）。

（3）云南山水画派的地缘文化价值及产业化创作基地建设（课题负责人：云南大学韩社林；课题经费4万元；课题批准号：JD2011YB 03）。

（4）云南资源型城市低碳转型研究——科学发展观视角（课题负责人：昆明理工大学何强；课题经费4万元；课题批准号：JD2011YB 04）。

（5）水利与云南社会历史发展与变迁研究（课题负责人：云南大学秦树才；课题经费4万元；课题批准号：JD2011YB 05）。

（6）“桥头堡”国家战略的“民间策略”基础——以对缅甸公共外交实践为例（课题负责人：云南大学何林；课题经费4万元；课题批准号：JD2011YB 06）。

（7）云南新型工业化进程中企业营销道德与社会和谐研究（课题负责人：昆明理工大学宁德煌；课题经费4万元；课题批准号：JD2011YB 07）。

（8）西南联大创新人才培养模式研究（课题负责人：云南师范大学黄海涛；课题经费4万元；课题批准号：JD2011YB 08）。

（9）云南创新型人才流动机制研究（课题负责人：云南师范大学武友德；课题经费4万元；课题批准号：JD2011YB 09）。

（10）云南—东盟区域旅游产业链构建和运行机制研究（课题负责人：云南省社会科学院陈铁军；课题经费4万元；课题批准号：JD2011YB10）。

（11）云南省城市空巢老人慢性病现状与社区医疗服务意愿性研究（课题负责人：昆明医学院张建萍；课题经费4万元；课题批准号：JD2011YB11）。

（12）云南省农业产业化路径与模式研究（课题负责人：云南农业大学李宏；课题经费4万元；课题批准号：JD2011YB12）。

（13）哈尼族医药文化研究（课题负责人：云南中医学院杨梅；课题经费4万元；课题批准号：JD2011YB13）。

（14）云南跨境民族地区宗教与民族团结关系研究（课题负责人：云南民族大学孙浩然；课题经费4万元；课题批准号：JD2011YB14）。

（15）云南人口较少民族公共文化服务（课题负责人：云南民族大学杨文顺；课题经费4万元；课题批准号：JD2011YB15）。

（16）云南省税收征收率测算分析及提高路径研究（课题负责人：云南财经大学王敏；课题经费4万元；课题批准号：JD2011YB16）。

（17）大湄公河次区域人民币跨境贸易结算和资本账户可兑换问题研究（课题负责人：云南大学郭树华；课题经费4万元；课题批准号：JD2011YB17）。

（18）云南省林下经济发展模式与路径选择研究（课题负责人：西南林业大学陈波；课题经费4万元；课题批准号：JD2011YB18）。

（19）云南民族音乐素材与当代音乐创作的关

系研究（课题负责人：云南艺术学院申波；课题经费4万元；课题批准号：JD2011YB19）。

（20）当前禁毒行政执法存在的突出问题及对策研究（课题负责人：云南警官学院王建伟；课题经费4万元；课题批准号：JD2011YB20）。

（21）规划建设滇池流域绿道的可行性研究（课题负责人：昆明学院赵毅；课题经费4万元；课题批准号：JD2011YB21）。

（22）大理白族本主信仰与白族精神关系研究（课题负责人：大理学院张颖夫；课题经费4万元；课题批准号：JD2011YB22）。

（23）滇东中小城市文化定位研究（课题负责人：曲靖师范学院马继明；课题经费4万元；课题批准号：JD2011YB23）。

（24）彝族文化产业开发研究（课题负责人：楚雄师范学院肖国荣；课题经费4万元；课题批准号：JD2011YB24）。

（25）中越边疆民族地区教育政策比较研究（课题负责人：红河学院马洪波；课题经费4万元；课题批准号：JD2011YB25）。

（26）云南省构建泛亚国际教育平台战略研究——实施“桥头堡”战略的教育行动（课题负责人：云南省教育科学研究院李慧勤；课题经费4万元；课题批准号：JD2011YB26）。

（27）滇池生态环境修复的社会机制研究（课题负责人：昆明学院刘荣；课题经费4万元；课题批准号：JD2011YB27）。

（云南省委宣传部　田仁波）

2011年度云南省哲学社会科学规划立项课题名单

2011年度，全省67个单位共申报省社科规划课题926项。省社科规划办根据《云南省哲学社会科学规划课题管理办法》的相关规定和申报通知精神，组织专家资格审查、匿名通讯评审和学科组评审，报省委宣传部审批，共批准《云南省第八次党代会以来党的建设回顾与新形势下加强和改进党建工作研究》等3项重大课题立项，《中国文化产业发展的云南路径研究》等5项重点课题立项，《云南边疆少数民族地区外语教育发展规划研究》等12项委托课题立项，《公平与效率和谐的产权制度保证研究》等72项一般课题立项，《马克思主义民族理论中国化基本经验研究》等37项青年课题立项，《基于国家公园模式的云南生态功能区建设理论与对策研究》等8项决策咨询课题以及《云南省人口较少民族自我发展能力研究——以基诺族为例》等46项合作课题立项。

一、重大课题（共3项）

（1）云南省第八次党代会以来党的建设回顾与新形势下加强和改进党建工作研究（课题负责人：中共云南省委政策研究室郑维川；课题经费8万元；课题批准号：ZDWT201101）

（2）中国特色自主创新道路和对外开放道路在云南的实践（课题负责人：中共云南省委宣传部张瑞才；课题经费8万元；课题批准号：ZDWT201102）

（3）云南地方性知识集成与大百科全书框架条目表编制（课题负责人：云南大百科全书编辑部何宣；课题经费8万元；课题批准号：ZDWT201103）

二、重点课题（共5项）

（1）中国文化产业发展的云南路径研究（课题负责人：云南省社会科学界联合会范建华；课题经费3万元；课题批准号：ZD201101）

（2）杨善洲精神内涵及时代价值研究（课题负责人：中共保山市委党校石磊；课题经费3万元；课题批准号：ZD201102）

（3）云南农村民生水利建设研究（课题负责人：云南省社会科学院郑宝华；课题经费3万元；课题批准号：ZD201103）

（4）消费品安全保障的经济约束及损害补偿机制研究（课题负责人：云南大学曹明；课题经费3万元；课题批准号：ZD201104）

（5）云南人口较少民族非物质文化遗产保护现状调查（课题负责人：云南大学张跃；课题经费3万元；课题批准号：ZD201105）

三、委托课题（共12项）

（1）云南边疆少数民族地区外语教育发展规划研究（课题负责人：云南师范大学彭庆华；课题经费1万元；课题批准号：WT201101）

（2）中国消费思想研究——基于明清时期的考察（课题负责人：云南财经大学刘芳；课题经费1万元；课题批准号：WT201102）

（3）非传统安全视角下的境外非政府组织在云南的活动现状及对策研究（课题负责人：昆明理工大学沈玲；课题经费1万元；课题批准号：WT201103）

（4）网络舆论危机应对研究：以政务微博为例（课题负责人：云南大学单晓红；课题经费1万元；课题批准号：WT201104）

（5）云南少数民族音乐与流行音乐结合的传承方式研究（课题负责人：云南大学吴锦美；课题经费1万元；课题批准号：WT201105）

（6）云南省当代大学生核心价值观教育实践研究（课题负责人：云南财经大学李坤；课题经费1万元；课题批准号：WT201106）

（7）语言接触视角下的傣语汉语借词特征研究（课题负责人：云南民族大学李强；课题经费1万元；课题批准号：WT201107）

（8）民族档案学田野中的云南民族档案研究

（课题负责人：云南大学杨毅；课题经费 1 万元；课题批准号：WT201108）

（9）云南跨境民族学生身份认同和教育取向研究（课题负责人：云南省教育科学研究院何青颖；课题经费 1 万元；课题批准号：WT201109）

（10）党外代表人士培养选拔工作现状、问题及完善路径（课题负责人：云南社会主义学院黄梅；课题经费 1 万元；课题批准号：WT201110）

（11）云南边境地区劳务输出与边疆稳定关系研究——以文山州为例（课题负责人：文山学院谭春霞；课题经费 1 万元；课题批准号：WT201111）

（12）社会主义核心价值体系视阈中的农民多元观念整合问题研究（课题负责人：玉溪师范学院黄琳；课题经费 1 万元；课题批准号：WT201112）

四、一般课题（共[illegible]2 项）

（1）公平与效率和谐的产权制度保证研究（课题负责人：云南师范大学沈阳；课题经费 1.5 万元；课题批准号：YB201101）

（2）马克思主义“三化”与云南边疆民族文化相融合的方法研究（课题负责人：曲靖师范学院许鲁洲；课题经费 1.5 万元；课题批准号：YB201102）

（3）云南土地革命战争时期革命老区特殊扶持问题研究（课题负责人：中共云南省委党史研究室杨泽宇；课题经费 1.5 万元；课题批准号：YB201103）

（4）提高云南边疆民族地区党的建设科学化水平研究（课题负责人：云南农业大学车[illegible]；课题经费 1.5 万元；课题批准号：YB201104）

（5）马克思恩格斯对历史规律复杂性的思考及其当代意义研究（课题负责人：昆明理工大学白利鹏；课题经费 1.5 万元；课题批准号：YB201105）

（6）增强我国国民幸福感路径研究（课题负责人：昆明理工大学韩跃红；课题经费 1.5 万元；课题批准号：YB201106）

（7）白族孝文化研究（课题负责人：大理学院李丰春；课题经费 1.5 万元；课题批准号：YB201107）

（8）彝族美学与文化创意产业发展研究（课题负责人：楚雄师范学院肖国荣；课题经费 1.5 万元；课题批准号：YB201108）

（9）边疆民族地区“文化惠民工程”实施路径研究（课题负责人：云南师范大学鄢本凤；课题经费 1.5 万元；课题批准号：YB201109）

（10）社会主义新农村建设与民俗文化保护问题研究（课题负责人：中共云南省委宣传部曹兵；课题经费 1.5 万元；课题批准号：YB201110）

（11）云南少数民族乡村传统社会资本与当代乡村治理研究（课题负责人：中共云南省委党校王丽华；课题经费 1.5 万元；课题批准号：YB201111）

（12）云南边疆治理中的政治吸纳问题研究（课题负责人：云南大学袁明旭；课题经费 1.5 万元；课题批准号：YB201112）

（13）劳动价值论“新解释”的最新进展研究（课题负责人：云南财经大学薛宇峰；课题经费 1.5 万元；课题批准号：YB201113）

（14）云南城乡一体化进程中农村基本公共产品有效配给筹资问题研究（课题负责人：昆明学院雷杰；课题经费 1.5 万元；课题批准号：YB201114）

（15）云南优势产业的选择与培育机制研究（课题负责人：云南财经大学蒋智华；课题经费 1.5 万元；课题批准号：YB201115）

（16）云南省能源产业低碳经济发展路径和对策研究（课题负责人：昆明理工大学林秀群；课题经费 1.5 万元；课题批准号：YB201116）

（17）云南省提高基本医疗保险基金统筹层次研究（课题负责人：云南财经大学李妍；课题经费 1.5 万元；课题批准号：YB201117）

（18）斗南鲜花出口东南亚市场的物流模式研究（课题负责人：云南财经大学杨柳；课题经费 1.5 万元；课题批准号：YB201118）

（19）滇中城市群城市生态安全研究（课题负责人：曲靖师范学院丁伟；课题经费 1.5 万元；课题批准号：YB201119）

（20）云南高原湖区生态经济发展模式与创新路径研究（课题负责人：云南中医学院郑文；课题经费 1.5 万元；课题批准号：YB201120）

（21）云南省利用FDI优化医院投资合作模式研究（课题负责人：昆明医学院徐宏慧；课题经费1.5万元；课题批准号：YB201121）

（22）云南低碳经济发展模式与创新路径研究——基于CDM项目开发的视角（课题负责人：西南林业大学马贵珍；课题经费1.5万元；课题批准号：YB201122）

（23）云南民族地区人口城市化与产业结构调整研究（课题负责人：云南广播电视大学何镇宇；课题经费1.5万元；课题批准号：YB201123）

（24）新生代农民工的社区融合与和谐社会建设研究（课题负责人：云南财经大学韩全芳；课题经费1.5万元；课题批准号：YB201124）

（25）艾滋病公众污名与自我污名过程及应对机制的动态研究（课题负责人：云南师范大学朱海燕；课题经费1.5万元；课题批准号：YB201125）

（26）云南农村社区服务体系建设研究（课题负责人：云南民族大学马永清；课题经费1.5万元；课题批准号：YB201126）

（27）信息系统用户使用行为与绩效间的关系研究（课题负责人：昆明理工大学陈渝；课题经费1.5万元；课题批准号：YB201127）

（28）善治视域下云南民族文化遗产保护管理问题研究（课题负责人：云南大学木永跃：课题经费1.5万元；课题批准号：YB201128）

（29）资本控制权配置对企业自主创新能力的影响——对云南上市公司的实证研究（课题负责人：云南财经大学陈昆玉；课题经费1.5万元；课题批准号：YB201129）

（30）后危机时代上市公司内幕交易监管研究（课题负责人：云南财经大学彭家生；课题经费1.5万元；课题批准号：YB201130）

（31）我国藏区地方政府公共服务可及性提升的战略意义与政策路径——以云南藏区为例（课题负责人：云南大学赵春盛；课题经费1.5万元；课题批准号：YB201131）

（32）改善我省边境少数民族人居环境调查研究——以布朗山和基诺山兴边富民行动为例（课题负责人：云南师范大学杨栋会；课题经费1.5万元；课题批准号：YB201132）

（33）社会转型加速期云南和谐民族关系构建研究（课题负责人：云南民族大学杨文顺；课题经费1.5万元；课题批准号：YB201133）

（34）景颇族民生改善状况调查研究（课题负责人：云南警官学院陈明珍；课题经费1.5万元；课题批准号：YB201134）

（35）云南边疆少数民族民生改善状况调查——以布朗族（莽人）为个案（课题负责人：红河学院方明；课题经费1.5万元；课题批准号：YB201135）

（36）藏传佛教噶玛噶举派在滇西北传播的历史研究（课题负责人：云南省社会科学院郭净；课题经费1.5万元；课题批准号：YB201136）

（37）《阿细先基》价值研究（课题负责人：云南民族大学龙珊；课题经费1.5万元；课题批准号：YB201137）

（38）比较文学视野下叙事艺术的现代转型（课题负责人：云南大学谢雪梅；课题经费1.5万元；课题批准号：YB201138）

（39）东南亚三国学生汉语虚词习得研究（课题负责人：云南师范大学齐春红；课题经费1.5万元；课题批准号：YB201139）

（40）西双版纳边境地区贸易口岸语言生活调查研究（课题负责人：云南师范大学周芸；课题经费1.5万元；课题批准号：YB201140）

（41）云南边境地区民族语言的生态环境研究（课题负责人：云南民族大学刘青；课题经费1.5万元；课题批准号：YB201141）

（42）云南省旅游网站翻译的“全球本土化”研究（课题负责人：曲靖师范学院黄琼英；课题经费1.5万元；课题批准号：YB201142）

（43）桥头堡战略下汉语国际推广的云南模式研究（课题负责人：云南财经大学李艳；课题经费1.5万元；课题批准号：YB201143）

（44）中国—东盟区域货币合作中的法律问题研究（课题负责人：云南财经大学张涛；课题经费1.5万元；课题批准号：YB201144）

（45）桥头堡建设法制保障研究（课题负责人：云南省人民代表大会法制委员会张钧；课题经费1.5万元；课题批准号：YB201145）

（46）云南边境地区枪支走私犯罪治理经验研究（课题负责人：云南警官学院黄琪；课题经费1.5万元；课题批准号：YB201146）

（47）清代云南医学堂中医教育特点研究（课题负责人：云南中医学院楚更五；课题经费1.5万元；课题批准号：YB201147）

（48）20世纪云南人文社会科学学者群及学术文化研究（课题负责人：云南大学张昌山；课题经费1.5万元；课题批准号：YB201148）

（49）媒介融合环境下网络有害信息传播与治理对策研究（课题负责人：昆明理工大学王勇；课题经费1.5万元；课题批准号：YB201149）

（50）公共文化服务体系中的云南图书馆事业战略管理模式研究（课题负责人：云南师范大学赵益民；课题经费1.5万元；课题批准号：YB201150）

（51）云南省农业信息服务体系构建研究（课题负责人：云南省农业科学院钱金良；课题经费1.5万元；课题批准号：YB201151）

（52）滇西北藏族档案史料现状调查研究（课题负责人：云南财经大学王元亮；课题经费1.5万元；课题批准号：YB201152）

（53）云南跨境多民族语言复杂网络舆情内容分析（课题负责人：云南民族大学王嘉梅；课题经费1.5万元；课题批准号：YB201153）

（54）和谐社会背景下云南农村体育体系构建与战略发展研究（课题负责人：云南民族大学赖云华；课题经费1.5万元；课题批准号：YB201154）

（55）云南特有少数民族传统体育发展现状及发展出路研究——以高黎贡山区域为例（课题负责人：保山学院杨庆辞；课题经费1.5万元；课题批准号：YB201155）

（56）建立综合性应急救援保障体系与发展大香格里拉区体育旅游业的互动性研究（课题负责人：云南大学陈恒兴；课题经费1.5万元；课题批准号：YB201156）

（57）云南边疆民族地区综合减灾能力教育训练模式研究——以德宏傣族景颇族自治州为例（课题负责人：云南师范大学樊倞；课题经费1.5万元；课题批准号：YB201157）

（58）云南公安警务实战训练模式创新研究（课题负责人：云南警官学院佘军奇；课题经费1.5万元；课题批准号：YB201158）

（59）“少数民族教育法”在云南的立法环境调研（课题负责人：云南民族大学雷兵；课题经费1.5万元；课题批准号：YB201159）

（60）云南特有少数民族青少年的民族文化认同及其发展特征研究（课题负责人：红河学院胡发稳；课题经费1.5万元；课题批准号：YB201160）

（61）西南联大学术制度研究（课题负责人：云南省社会科学院杨绍军；课题经费1.5万元；课题批准号：YB201161）

（62）云南省东南亚留学生的跨文化适应调查与研究（课题负责人：云南大学甘霆浩；课题经费1.5万元；课题批准号：YB201162）

（63）边疆民族地区高校大学生就业心理的跨文化研究（课题负责人：德宏师范高等专科学校刘建平；课题经费1.5万元；课题批准号：YB201163）

（64）滇西北地区洞经音乐的调查研究（课题负责人：丽江师范高等专科学校杨杰宏；课题经费1.5万元；课题批准号：YB201164）

（65）云南少数民族音乐与流行音乐结合的传承方式研究（课题负责人：云南民族大学马薇；课题经费1.5万元；课题批准号：YB201165）

（66）云南石刻文化研究（课题负责人：曲靖师范学院秦建文；课题经费1.5万元；课题批准号：YB201166）

（67）景颇族乐舞文化研究（课题负责人：云南大学赵兰芳；课题经费1.5万元；课题批准号：YB201167）

（68）“新人文生态”环境下的影像媒体艺术研究（课题负责人：云南艺术学院孙衡；课题经费1.5万元；课题批准号：YB201168）

（69）云南少数民族傩艺术研究（课题负责人：云南师范大学李福军；课题经费1.5万元；课题批准号：YB201169）

（70）云南少数民族题材电影发展史（课题负责人：云南省民族艺术研究院彭慧媛；课题经费1.5万元；课题批准号：YB201170）

（71）中国当代舞蹈发展口述史——云南卷（课题负责人：云南民族大学陈姣；课题经费1.5万元；课题批准号：YB201171）

（72）云南澜沧江流域氐羌族系传统图案研究（课题负责人：云南民族大学刘晓蓉；课题经费

1.5万元；课题批准号：YB201172）

五、青年课题（共37项）

（1）马克思主义民族理论中国化基本经验研究（课题负责人：中共云南省委讲师团字振华；课题经费1万元；课题批准号：QN201101）

（2）少数民族地区创新社会管理问题研究（课题负责人：中共姚安县委组织部肖应明；课题经费1万元；课题批准号：QN201102）

（3）政治哲学视域下云南多民族地区政治认同研究（课题负责人：云南财经大学宁乐锋；课题经费1万元；课题批准号：QN201103）

（4）云南边疆民族地区民族关系的新特点与构建和谐云南研究（课题负责人：云南大学贺琳凯；课题经费1万元；课题批准号：QN201104）

（5）大选后缅甸对外关系走向及其对滇缅合作的影响（课题负责人：云南省社会科学院熊丽英；课题经费1万元；课题批准号：QN201105）

（6）新形势下云南与周边国家跨境水资源冲突及协调机制构建——以澜沧江—湄公河流域为例（课题负责人：云南省社会科学院郭娜；课题经费1万元；课题批准号：QN201106）

（7）基于区域外部理论的云南省建设生态功能区补偿机制研究（课题负责人：云南师范大学曹洪华；课题经费1万元；课题批准号：QN201107）

（8）促进云南区域协调的公共服务均等化研究（课题负责人：云南财经大学甘家武；课题经费1万元；课题批准号：QN201108）

（9）云南桥头堡战略下昆明区域性跨境人民币金融服务中心建设（课题负责人：云南财经大学杨国辉；课题经费1万元；课题批准号：QN201109）

（10）开发性金融支持云南农业水利设施建设研究（课题负责人：中共云南省委党校陈辞；课题经费1万元；课题批准号：QN201110）

（11）桥头堡战略下云南电力能源结构优化研究——基于新能源利用可行性的分析（课题负责人：云南大学马甜；课题经费1万元；课题批准号：QN201111）

（12）云南人口红利测度与路径实现研究（课题负责人：云南大学王婷；课题经费1万元；课题批准号：QN201112）

（13）云南民族地区人口变动对社会经济的影响及对策研究（课题负责人：玉溪师范学院柳德江；课题经费1万元；课题批准号：QN201113）

（14）云南工业文化遗产保护的人类学研究（课题负责人：云南民族博物馆赵晓荣；课题经费1万元；课题批准号：QN201114）

（15）滇越边境地区人口跨境流动问题研究——以红河哈尼族彝族自治州为例（课题负责人：红河州民族研究所满丽萍；课题经费1万元；课题批准号：QN201115）

（16）高技术虚拟企业知识管理模式研究（课题负责人：云南师范大学韩赟；课题经费1万元；课题批准号：QN201116）

（17）县域教育公共服务均等化供给的财政制度研究（课题负责人：大理学院崔慧广；课题经费1万元；课题批准号：QN201117）

（18）边疆多民族背景下民族认同与国家认同的关系调控研究——基于云南的历史和现实（课题负责人：云南财经大学何博；课题经费1万元；课题批准号：QN201118）

（19）云南民族地区农村民间互助组织与农村社区经济发展研究（课题负责人：云南师范大学李灿松；课题经费1万元；课题批准号：QN201119）

（20）云南藏区基层组织与宗教组织关系研究（课题负责人：云南省社会科学院曹津永；课题经费1万元；课题批准号：QN201120）

（21）“两强一堡”战略下云南民族医药文化的保护研究（课题负责人：云南中医学院王珍喜；课题经费1万元；课题批准号：QN201121）

（22）云南少数民族宗教文化的现代传承与发展研究（课题负责人：云南民族大学孙浩然；课题经费1万元；课题批准号：QN201122）

（23）明代云南流寓文学研究（课题负责人：云南民族大学周雪根；课题经费1万元；课题批准号：QN201123）

（24）八代叙事习尚研究（课题负责人：云南师范大学阳清；课题经费1万元；课题批准号：QN201124）

（25）战国时期简帛讹字研究（课题负责人：

昆明学院刘玉环；课题经费1万元；课题批准号：QN201125）

（26）大理古代汉文大藏经白语注疏释读（课题负责人：大理州白族文化研究所杨建伟；课题经费1万元；课题批准号：QN201126）

（27）云南城乡一体化进程中行政执法体制改革研究（课题负责人：云南民族大学刘华；课题经费1万元；课题批准号：QN201127）

（28）广告欺诈法律相关问题研究（课题负责人：云南民族大学张丽；课题经费1万元；课题批准号：QN201128）

（29）云南野生药材资源可持续发展的法律保障研究（课题负责人：云南中医学院张晓燕；课题经费1万元；课题批准号：QN201129）

（30）中国—东盟能源安全合作法律问题研究（课题负责人：昆明理工大学谭民；课题经费1万元；课题批准号：QN201130）

（31）中缅油气管道运输的国际法律问题研究（课题负责人：昆明理工大学杨振发；课题经费1万元；课题批准号：QN201131）

（32）云南舆情消长与边疆社会稳定关系研究兼论地方政府全媒体传播力的构建（课题负责人：云南大学刘建华；课题经费1万元；课题批准号：QN201132）

（33）基于县级公共图书馆的农村公共文化服务体系研究（课题负责人：大理学院赵志宏；课题经费1万元；课题批准号：QN201133）

（34）不同体育锻炼方式对大学生抑郁和焦虑症状干预的研究（课题负责人：大理学院段意梅；课题经费1万元；课题批准号：QN201134）

（35）地州高校创业教育实践路径的不足及教育模式研究（课题负责人：昭通师范高等专科学校陈永华；课题经费1万元；课题批准号：QN201135）

（36）大理白族仪式音乐研究（课题负责人：大理学院孙聪；课题经费1万元；课题批准号：QN201136）

（37）以云南民间工艺非物质文化遗产为核心的艺术设计创新平台建设研究（课题负责人：云南艺术学院森文；课题经费1万元；课题批准号：QN201137）

六、决策咨询课题（共8项）

（1）基于国家公园模式的云南生态功能区建设理论与对策研究（课题负责人：西南林业大学沈超；课题经费1万元；课题批准号：JCZX201101）

（2）人民币境外流通的金融风险与对策研究（课题负责人：云南大学王旭；课题经费1万元；课题批准号：JCZX201102）

（3）云南省全科医生培养现状及发展对策研究（课题负责人：昆明医学院李伟明；课题经费1万元；课题批准号：JCZX201103）

（4）云南省瑶族非物质文化遗产传承人现状及保护措施研究（课题负责人：云南大学黄禾雨；课题经费1万元；课题批准号：JCZX201104）

（5）云南省大学毕业生在非公经济领域就业及发展对策研究（课题负责人：云南财经大学陈宇红；课题经费1万元；课题批准号：JCZX201105）

（6）中缅油气管道风险预测研究（课题负责人：云南大学刘学军；课题经费1万元；课题批准号：JCZX201106）

（7）近年来部分傣族改信基督教现象与社会稳定对策研究（课题负责人：云南民族大学杨文安；课题经费1万元；课题批准号：JCZX201107）

（8）云南省产业转移中的主要特征、问题与对策建议（课题负责人：云南财经大学周文；课题经费1万元；课题批准号：JCZX201108）

七、合作课题（共46项）

（1）云南省人口较少民族自我发展能力研究——以基诺族为例（课题负责人：中共云南省委党校韩斌；课题经费自筹；课题批准号：HZ201101）

（2）农业院校课题环境下的少数民族大学英语有效性教学研究（课题负责人：云南农业大学王玲；课题经费自筹；课题批准号：HZ201102）

（3）西双版纳傣族社区旅游场域中的文化遗产保护与传承机制研究（课题负责人：云南农业大学肖洪磊；课题经费自筹；课题批准号：

HZ201103）

（4）高校和当地驻军军民融合发展理论与实践探索（课题负责人：云南农业大学杨锐英；课题经费自筹；课题批准号：HZ201104）

（5）云南统筹城乡一体化经验研究（课题负责人：云南省农业科学院江惠琼；课题经费自筹；课题批准号：HZ201105）

（6）当代云南本土建筑设计创作研究（课题负责人：云南艺术学院李卫兵；课题经费自筹；课题批准号：HZ201106）

（7）云南当代艺术史研究（课题负责人：云南艺术学院武俊；课题经费自筹；课题批准号：HZ201107）

（8）认知语言学理论在英语短语动词教学中应用的实证研究（课题负责人：云南师范大学商学院文卫霞；课题经费自筹；课题批准号：HZ201108）

（9）云南旅游开发中利益分配问题与对策研究（课题负责人：云南师范大学商学院杨玉梅；课题经费自筹；课题批准号：HZ201109）

（10）中国东盟自由贸易区实施中的法律问题研究——建立海外投资保险制度的法律思考（课题负责人：云南师范大学商学院吕娜；课题经费自筹；课题批准号：HZ201110）

（11）云南乡土文学专题研究（课题负责人：云南师范大学商学院农为平；课题经费自筹；课题批准号：HZ201111）

（12）盟誓文化中的民族关系与国家认同观念研究——以《普洱民族团结誓词碑》为例（课题负责人：思茅师范高等专科学校薛敬梅；课题经费自筹；课题批准号：HZ201112）

（13）云南省上市公司募股资金使用效率研究（课题负责人：云南财经大学刘静；课题经费自筹；课题批准号：HZ201113）

（14）美学与云南文化创意产业发展研究（课题负责人：云南财经大学肖琼；课题经费自筹；课题批准号：HZ201114）

（15）中国参与大湄公河次区域经济合作中的融资问题研究（课题负责人：云南财经大学李学术；课题经费自筹；课题批准号：HZ201115）

（16）桥头堡战略下云南“三农”金融发展模式创新研究（课题负责人：云南财经大学唐柳洁；课题经费自筹；课题批准号：HZ201116）

（17）基于贝叶斯网络的网络营销风险评估及绩效管理（课题负责人：云南财经大学陈丽花；课题经费自筹；课题批准号：HZ201123）

（18）会计信息可比性的财务资源配置效应及其对云南省的启示（课题负责人：云南财经大学刘昌胜；课题经费自筹；课题批准号：HZ201118）

（19）云南省医疗风险保障机制研究（课题负责人：云南财经大学邱虹；课题经费自筹；课题批准号：HZ201119）

（20）城市城乡结合部社会管理问题研究——以云南省昆明市为例（课题负责人：云南财经大学潘祖和；课题经费自筹；课题批准号：HZ201120）

（21）企业持续创新过程重大机遇的识别、评价及管理机制研究——以云南企业为例（课题负责人：云南财经大学段云龙；课题经费自筹；课题批准号：HZ201121）

（22）身体美学的理论重构与当代意义（课题负责人：云南师范大学刘连杰；课题经费自筹；课题批准号：HZ201122）

（23）保持云南藏区和谐稳定的自控机制研究——基于非正式制度的视角（课题负责人：云南师范大学周朗生；课题经费自筹；课题批准号：HZ201123）

（24）云南民族自治县县域经济发展失衡预警机制研究（课题负责人：云南师范大学李美娟；课题经费自筹；课题批准号：HZ201124）

（25）云南省边疆社区社会救助问题及对策研究（课题负责人：云南师范大学师佳英；课题经费自筹；课题批准号：HZ201125）

（26）《正音咀华》语言研究——兼论清代官话标准音（课题负责人：云南师范大学彭静；课题经费自筹；课题批准号：HZ201126）

（27）中国史学批评的传统与转型研究（课题负责人：云南师范大学白云；课题经费自筹；课题批准号：HZ201127）

（28）基于系统动力学的建筑业技术创新动力机制研究（课题负责人：昆明理工大学谢洪涛；课题经费自筹；课题批准号：HZ2011028）

（29）云南省特色农产品供应链协调机制研究（课题负责人：昆明理工大学李杰梅；课题经费自筹；课题批准号：HZ201129）

（30）大理洱海地区白族民间文献（墓志铭与族谱）的历史人类学研究（课题负责人：昆明理工大学赵玉中；课题经费自筹；课题批准号：HZ201130）

（31）民族地区集体林权纠纷解决机制研究（课题负责人：昆明理工大学官波；课题经费自筹；课题批准号：HZ201131）

（32）云南省建设和谐文化面临的问题及对策研究（课题负责人：昆明理工大学和颖；课题经费自筹；课题批准号：HZ201132）

（33）中国—东盟自由贸易区内生物贸易的法律研究（课题负责人：昆明理工大学付文佚；课题经费自筹；课题批准号：HZ201133）

（34）农民工的社区融入与和谐社区建设——基于昆明近郊失地农民的个案研究（课题负责人：云南民族大学周爱萍；课题经费自筹；课题批准号：HZ201134）

（35）拉祜语汉语的接触、借用和融合研究（课题负责人：云南民族大学张雨江；课题经费自筹；课题批准号：HZ201135）

（36）云南跨境地区多民族语言复杂网络舆情信息挖掘及内容分析研究（课题负责人：云南民族大学王新；课题经费自筹；课题批准号：HZ201136）

（37）民族传统体育在云南边疆民族地区灾后健身体系重建的作用——以盈江为例（课题负责人：云南民族大学李莹；课题经费自筹；课题批准号：HZ201137）

（38）云南本土建筑的脊饰艺术研究（课题负责人：云南民族大学陶书霞；课题经费自筹；课题批准号：HZ201138）

（39）民族院校汉语言文化推广对策研究——以泰北、斯里兰卡孔子学院为例（课题负责人：云南民族大学吴云虹；课题经费自筹；课题批准号：HZ201139）

（40）公关危机管理与公共政策的互动及其优化（课题负责人：云南民族大学聂丽君；课题经费自筹；课题批准号：HZ201140）

（41）云南少数民族原始宗教的当代价值研究（课题负责人：云南民族大学李杰；课题经费自筹；课题批准号：HZ201141）

（42）非物质文化遗产传承人权利保护研究（课题负责人：曲靖师范学院黄小娟；课题经费自筹；课题批准号：HZ201142）

（43）滇中地区城市化与生态环境协调发展研究（课题负责人：曲靖师范学院朱海燕；课题经费自筹；课题批准号：HZ201143）

（44）清代以来云南高原水资源利用与环境变迁研究（课题负责人：曲靖师范学院王瑞红；课题经费自筹；课题批准号：HZ201144）

（45）云南当代音乐创作研究（1950—2010）（课题负责人：曲靖师范学院任秀蕾；课题经费自筹；课题批准号：HZ201145）

（46）原始宗教情结对彝族传统体育的影响研究（课题负责人：玉溪师范学院余贞凯；课题经费自筹；课题批准号：HZ201146）

（云南省委宣传部　田仁波）

2011年云南省教育部人文社会科学研究一般项目立项一览表

序号	学科门类	学校名称	项目类别	项目名称	项目批准号	申请人
1	法学	云南大学	规划基金项目	法律起源与国家法形成规律探析——以西南少数民族神话等文本为例	11YJA820008	陈永邺
2	法学	云南大学	青年基金项目	跨境恐怖主义犯罪与西部边疆民族地区稳定研究	11YJC820024	高巍
3	管理学	云南财经大学	规划基金项目	中国上市公司再融资之“谜”：基于控制权私有收益的理论解释及实证检验	11YJA630050	李小军
4	管理学	云南财经大学	规划基金项目	建立农村水利设施投入稳定增长机制研究——以西南地区为例	11YJA630061	刘尔思
5	管理学	云南财经大学	青年基金项目	我国公司债券融资的治理机制与效应研究——基于金融生态环境的视角	11YJC630055	郭志明
6	管理学	云南师范大学	青年基金项目	存货组合质押融资及其风险管理研究	11YJC630092	李富昌
7	交叉学科/综合研究	云南艺术学院	规划基金项目	云南少数民族影视资源的产业化开发	11YJAZH096	王智
8	交叉学科/综合研究	玉溪师范学院	青年基金项目	少数民族语言对汉语发展的影响——以云南地方文献中的语言文献为例	11YJCZH244	赵锦华
9	交叉学科/综合研究	云南财经大学	青年基金项目	云计算环境下基于信息熵的风险研究与度量	11YJCZH073	姜茸
10	交叉学科/综合研究	云南财经大学	青年基金项目	云南人口较少民族教育实践与文化变迁——布朗族社区文化生态传承的民族志研究	11YJCZH194	郗春媛
11	交叉学科/综合研究	云南师范大学	青年基金项目	云南少数民族宗教绘画技艺与审美文化研究	11YJCZH007	陈凡
12	教育学	云南财经大学	青年基金项目	“博洛尼亚进程”对中国—东盟高等教育区学生流动的启示	11YJC880154	曾骞
13	经济学	云南大学	规划基金项目	巨灾风险分散模式以及防御体系的研究	11YJA790040	何树红

续 表

序号	学科门类	学校名称	项目类别	项目名称	项目批准号	申请人
14	经济学	云南财经大学	青年基金项目	基于城乡公共服务均等化的地方财政体制创新研究——以西部民族地区为例	11YJC790136	缪小林
15	经济学	云南农业大学	青年基金项目	“三江并流”区域生态环境建设对贫困地区脱贫的影响研究	11YJC790091	李永前
16	民族学与文化学	云南大学	青年基金项目	西方民族志电影理论研究	11YJC850026	徐菡
17	民族学与文化学	云南警官学院	青年基金项目	西南边疆民族地区性别歧视与女性毒品违法犯罪的关系研究——以云南为例	11YJC850009	蒋凌月
18	社会学	云南警官学院	规划基金项目	新型毒品滥用监测指标体系构建与滥用人数估算方法研究	11YJA840014	阮惠风
19	新闻学与传播学	云南民族大学	青年基金项目	两岸新闻教育比较研究	11YJC860015	黄东英
20	艺术学	云南大学	规划基金项目	民族艺术地理图式论	11YJA760022	韩社林
21	艺术学	云南艺术学院	规划基金项目	云南民族声乐史	11YJA760060	石校昆
22	艺术学	昆明学院	青年基金项目	中国电影中的“云南想象”与“云南形象”研究	11YJC760020	郭鹏群
23	艺术学	云南民族大学	青年基金项目	青海民族民间石刻艺术研究	11YJC760069	宋卫哲
24	语言学	云南大学	规划基金项目	《说文解字》的阐释体系及其说解得失研究	11YJA740002	蔡英杰
25	语言学	昆明理工大学	青年基金项目	声调语言母语者的汉语特殊否定句语音习得研究——以泰、越、柬留学生为例	11YJC740136	尹婷
26	中国文学	云南师范大学	青年基金项目	明清科举与小说	11YJC751084	王玉超
27	国际问题研究	云南大学	青年基金项目	缅甸北部少数民族政治研	11XJCGJW001	祝湘辉
28	教育学	云南师范大学	规划基金项目	边疆少数民族地方发展网络结构中学校教育功能的偏离与调适研究——以云南省为例	11XJA880004	李娟
29	民族学与文化学	云南师范大学	青年基金项目	近代西南边疆各民族国家认同意识研究	11XJC850008	张媚玲
30	社会学	云南财经大学	规划基金项目	矿区社会兴衰与社会政策研究——云南矿区调查	11XJA840002	韩全芳
31	社会学	昆明理工大学	青年基金项目	快速城市化进程中交通公平评估方法与改善策略研究——以昆明为例	11XJC840001	陈方
32	图书馆、情报与文献学	云南财经大学	规划基金项目	大湄公河次区域电子商务非语言即时交流方法研究	11XJA870001	凤羽翚

续 表

序号	学科门类	学校名称	项目类别	项目名称	项目批准号	申请人
33	图书馆、情报与文献学	云南大学	青年基金项目	云南少数民族金石文献数据库建设	11XJC870001	甘友庆
34	语言学	云南师范大学文理学院	青年基金项目	语言接触视野下的怒苏语言文化研究	11XJC740001	陈海宏
35	交叉学科/综合研究	云南师范大学	人文社会科学研究专项任务	边疆少数民族地区大学生思想政治教育模式研究——以云南省为例		沈毅

（王　珏）

2011年云南省院校合作名录

高等学校

北京大学　清华大学　中国人民大学　北京师范大学　北京理工大学　上海交通大学
复旦大学　浙江大学　中国地质大学　同济大学　华东师范大学　中国农业大学　华中科技大学
电子科技大学　南开大学　中央民族大学　武汉大学　四川大学　东南大学
上海市所属各高等院校

科研院所

中国科学院各单位

（王　珏）

2011年省院省校教育合作人文社科项目立项一览表

序号	项目编号	项目名称	项目单位		项目负责人		研究起止时间	所属学科	经费（万元）
			云南方	合作方	云南方	合作方			
1	SYSX201101	莽人、克木人识别归并后政府投入的绩效分析与经济社会发展的跟踪研究	云南大学	广西民族大学	段红云	周建新	2011.9—2012.12	民族学	15
2	SYSX201102	边疆民族地区公共文化建设研究——以云南为例	云南大学	上海交通大学	林艺	胡惠林	2011.9—2012.12	民族学	13
3	SYSX201103	桥头堡战略下云南省对外开放能力建设的实施路径与对策研究	昆明理工大学	上海理工大学	文淑惠	魏景斌	2011.9—2013.5	应用经济学	15
4	SYSX201104	云南桥头堡战略背景下政府新闻执政能力建设研究	昆明理工大学	武汉大学	王勇	石义彬	2011.9—2013.6	新闻传播学	13
5	SYSX201105	国有大型企业研发机构组织模式及创新机制建设研究	昆明理工大学	东南大学	和炳全	袁国秋	2011.9—2012.12	技术经济与管理	13
6	SYSX201106	基于云南桥头堡建设的地方文化产业发展及其空间格局研究	云南师范大学	北京师范大学	陈亚颦	周尚意	2011.8—2013.5	文化产业	12
7	SYSX201107	云南舆情监测与边疆社会稳定关系研究	云南师范大学	中国人民大学	庄晓东	喻国明	2011.8—2013.5	新闻学与传播学	15
8	SYSX201108	云南民族医药对构建新型农村合作医疗体系之对策研究	云南中医学院	北京大学	周青	李玲	2011.9—2013.3	民族学	14
9	SYSX201109	云南省乌蒙山区贫困小农经济改造路径与反贫困对策研究	云南财经大学	中国农业大学	徐天祥	李小云	2011.9—2012.12	农业经济管理	13
10	SYSX201110	基于滇中经济区建设的全省产业统筹布局研究	大理学院	中国社会科学院	廖望科	李平	2011.9—2012.06	区域经济学/技术经济学	14
11	SYSX201111	桥头堡战略背景下云南同周边邻国民族体育交流与社会经济发展互动研究	曲靖师范学院	北京体育大学	吕金江	熊晓正	2011.10—2013.4	体育科学	13

续 表

序号	项目编号	项目名称	项目单位		项目负责人		研究起止时间	所属学科	经费（万元）
			云南方	合作方	云南方	合作方			
12	SYSX201112	云南省山区及少数民族地区学校布局调整与可持续发展研究	楚雄师范学院	西南大学	张洁	张诗亚	2011.9—2013.8	教育管理学	13
13	SYSX201113	云南省“十二五”产业发展风险研究	云南省人民政府研究室	北京邮电大学	聂元飞	茶洪旺	2011.9—2012.7	运用经济学	12

（王　珏）

2011年省院省校教育合作培养硕士博士一览表

序号	所在单位	姓名	性别	培养学校	学位类型
1	昆明理工大学	方芳	女	四川大学	博士
2	昆明理工大学	李步军	男	四川大学	博士
3	昆明理工大学	曾巧巧	女	同济大学	博士
4	昆明理工大学	刘骊	女	中山大学	博士
5	昆明理工大学	吴学群	男	武汉大学	博士
6	昆明医学院	马芳	女	四川大学	博士
7	昆明医学院	王春艳	女	中国科学院昆明动物研究所	博士
8	昆明医学院	杨丽川	女	中科院昆明动物研究所	博士
9	昆明医学院	唐璟	女	中科院昆明动物研究所	博士
10	西南林业大学	邓叔端	女	北京林业大学	博士
11	西南林业大学	李靖	女	中科院昆明动物研究所	博士
12	云南财经大学	李蕾	女	西南交通大学	博士
13	云南财经大学	李来孺	女	中国社科院	博士
14	大理学院	王浩波	男	中科院昆明植物所	博士
15	昆明学院	卿雪华	女	中央民族大学	博士
16	玉溪师范学院	白金荣	男	四川大学	博士
17	云南农业职业技术学院	郑锦玲	女	南京农业大学	博士
18	云南农业职业技术学院	董仲生	男	南京农业大学	博士
19	临沧师范高等专科学校	张志云	男	上海外国语大学	硕士
20	丽江师范高等专科学校	张旭	男	浙江大学	硕士
21	德宏师范高等专科学校	石艳超	女	电子科技大学	博士
22	省社科院	段岩娜	女	中央民族大学	博士
23	省社科院	曹津永	男	南开大学	博士
24	省社科院	杜娟	女	四川外语学院	硕士

（王　珏）

获奖成果

云南省第十四次哲学社会科学优秀成果获奖项目名单

云南省哲学社会科学优秀成果奖是云南省人民政府设立的政府奖，是我省哲学社会科学界最高规格的奖项。云南省第十四次哲学社会科学优秀成果评奖，申报时间自2010年10月15日起至11月15日止，申报范围是2009年1月1日至2009年12月31日期间完成或发表的哲学社会科学优秀成果，共收到申报参评成果539项，其中符合申报条件的为534项（专著173项，论文319项，研究报告42项）。经过学科组评审和省评委会终评，最终评选出《中国云南与南亚经贸合作战略研究》等获奖成果162项，其中：一等奖15项（专著7项，论文6项，研究报告2项）；二等奖29项（专著12项，论文14项，研究报告3项）；三等奖118项（专著57项，论文52项，研究报告9项）。云南省人民政府于2011年5月22日颁发了《云南省人民政府关于云南省第14次哲学社会科学优秀成果奖励的决定》（云政发〔2011〕118号）。

一等奖

1.《中国云南与南亚经贸合作战略研究》

（云南省社会科学院　任佳　王崇理　陈利君等　著）

2.《音乐图像学与云南民族音乐图像研究》

（云南大学外国语学院英语系　王玲　著）

3.《基于FDI集聚的中国产业竞争力研究》

（云南财经大学区域发展研究所　赵果庆著）

4.《尤中文集》

（云南大学西南边疆少数民族研究中心　尤中著）

5.《中国少数民族体育文化通论》

（云南师范大学　饶远　刘竹　著）

6.《六十年马克思主义理论教育的实践与探索》

（昆明理工大学社会科学学院　王展飞　著）

7.《云南丛书》

（云南省文史研究馆　纂集）

8.《联合重组：推动新闻出版业科学发展的有效途径——〈云南信息报〉成功转型的实践与启示》

（云南出版集团有限责任公司　龙雪飞）

9.《对民族国家的再认识》

（云南大学公共管理学院　周平）

10.《旅游产业地理：旅游地理学研究的核心与主题》

（云南师范大学　明庆忠　陈英）

11.《史学方法论问题域探析》

（云南大学发展研究院　李杰）

12.《“回到现场”和“情境写作”——“五四”以来中国文学史研究与写作新潮》

（云南大学人文学院中文系　张志平）

13.《西部少数民族地区人力资源评价及开发研究》

（云南师范大学　杨林　武友德　骆华松　常志有　薛勇军）

14.《云南跨境民族中的毒品问题与禁毒工作调查研究——以新形势下的中缅边境沿线“金三角”北缘地带为重点》

（云南民族大学　鲁刚）

15.《把云南建成我国向西南开放重要桥头堡前期研究》

（云南省人民政府研究室　童志云等10人）

二等奖

1.《企业持续技术创新实现的制度结构作用机理研究》

（云南财经大学国际工商学院　段云龙　著）

2.《东盟研究丛书》

（云南大学法学院　米良　陈志波等　编著）

3.《先唐文学“人神遇合”主题研究》

（云南师范大学文学院　阳清　著）

4.《交易制度与中国股票市场质量研究》

（昆明理工大学应用技术学院经济管理系 屠年松 著）

5.《技术解释学》

（西南林业大学 赵乐静 著）

6.《云南省情（2008年版）》

（中共云南省委政策研究室 《云南省情》编委会 编）

7.《剑川民族文化丛书》

（政协剑川县委员会 《剑川民族文化丛书》编委会 编）

8. 东南亚高等教育研究系列成果：《东盟大学联盟质量保障指导方针实施手册》、《东南亚国家开放远程教育质量保障指导方针》

（云南大学高等教育研究院 张建新 译）

9.《哈尼梯田自然与文化景观生态研究》

（云南师范大学旅游与地理科学学院 角媛梅 著）

10.《美国对外贸易体制研究》

（云南大学经济学院外贸系 马丹 著）

11.《昆明城市史（第一卷）》

（云南民族大学 谢本书 李江 主编）

12.《突发公共事件舆论引导方略》

（云南省文学艺术界联合会 郑明 李琦 著）

13.《汉语"民族"概念的特点与中国民族研究的话语权——兼谈"中华民族"、"中国各民族"与当前流行的"族群"概念》

（云南民族大学法学院 何叔涛）

14.《论"孔颜之乐"中的有无合一境界》

（云南师范大学哲学与政法学院哲学系 李煌明）

15.《村干部知识化与年轻化对农户收入的影响——基于微观面板数据的实证分析》

（云南民族大学经济学院 高梦滔 毕岚岚）

16.《罪刑法定原则视野中的期待可能性理论》

（云南大学法学院 高巍）

17.《云南藏区维护社会稳定经验述要》

（云南民族大学 王德强）

18.《中医突围的人类学思考》

（曲靖师范学院经济管理学院 孙健灵）

19.《云南财政支出效益问题研究》

（云南省审计厅 任晓珍

云南省财政厅 苏建宏 谭文）

20.《20世纪前期云南与世界经济的互动——以云南省博物馆藏商号"洪盛祥"的两部账册为个案》

（云南大学人文学院历史系 吴晓亮）

21.《面向东南亚国际人才一体化培养模式研究》

（云南师范大学 伊继东 刘六生 冯用军）

22.《化解我国农村义务教育债务的资金补偿测算研究——基于标准财政教育支出的思路》

（云南财经大学 伏润民 常斌 缪小林 林青）

23.《批判与重构：马克思的市民社会理论及其当代视域》

（云南大学马克思主义研究院 蒋红）

24.《汉语常用动词的带宾能力考查》

（云南师范大学国际语言文化学院 魏红）

25.《委托代理：经营者行为、会计信息鉴证和投资者》

（昆明理工大学管理与经济学院 龙小海 田存志 段万春）

26.《干将莫邪传说研究》

（云南大学人文学院中文系 李道和）

27.《深化云南农垦改革促进垦区和谐发展方案研究》

（云南省人民政府研究室）

28.《进一步加快云药产业发展研究》

（云南省人民政府发展研究中心 聂元飞

云南省食品药品监督管理局 林玉孝 等11人）

29.《云南"戒毒康复场所"戒毒模式实证研究报告》

（云南警官学院法律系 房红）

三等奖

1.《高校教师发展——基于美国高等教育的经验》

（云南大学高等教育研究院 徐延宇 著）

2.《中国基础教育评价的积弊与更新》

（云南师范大学教育科学与管理学院　张向众　著）

3.《农村金融与农村政策性银行发展研究——以云南为例》

（云南大学经济学院　郭树华　梁东　杨琦　著）

4.《基于 P6 的 GMS 国家目标导向项目规划研究——越南老街省、中国云南省高黎贡山案例》

（昆明理工大学管理与经济学院工商管理系　王松江　主编）

5.《分工、信任与企业成长》

（云南财经大学　周文　著）

6.《论教师教学生活的智慧》

（云南大学高等教育研究院　刘徐湘　著）

7.《新时期高校思想政治教育教学实效性研究》

（云南大学马克思主义研究院　李维昌　著）

8.《军人政权与缅甸现代化进程研究（1962－2006）》

（云南大学国际关系研究院东南亚研究所　李晨阳　著）

9.《注册会计师法律制度研究》

（云南财经大学　于定明　朱锦余　著）

10.《教育学——基础教育原理与应用》

（昆明学院　罗明东　主编）

11.《中共中央南方局的群众工作》

（中共云南省委党史研究室　编）

12.《走向复兴的探索——中国特色社会主义道路的理论框架》

（云南省社会科学院　纳麒等　著）

13.《“言”、“语”、“论”、“说”与先秦论说文体》

（云南师范大学文学院中文系　邱渊　著）

14.《中国少数民族原始宗教经籍汇编·东巴经卷》

（丽江市东巴文化研究院　习煜华　赵世红　主编）

15.《瑶族志：香碗——云南瑶族文化与民族认同》

（云南省社会科学院民族学研究所　黄贵权　著）

16.《云南民族自治地方的和谐与小康》

（云南民族大学　李若青　龙珊　张亚雄　著）

17.《社会性别与农村发展政策——中国西南的探索与实践》

（云南大学经济学院　蔡葵　黄晓

云南民族大学民族研究所　武承睿　任晓东　编）

18.《交易制度、交易策略与证券价格行为》

（昆明理工大学管理与经济学院经济研究中心　田存志　著）

19.《和谐与发展》

（昆明理工大学　孙书行　张仲华　主编）

20.《唐代城市经济研究》

（云南民族大学经济学院　肖建乐　著）

21.《人本主义管理的多元视角与多元形态》

（云南师范大学教育科学与管理学院　王毅　著）

22.《民族电影的产业化：云南的历史、实践与理论》

（保山学院　魏国彬　著）

23.《现代民族学（下卷第一、二分册）》

（云南大学西南边疆少数民族研究中心　瞿明安　主编

云南省社会科学院科研处　郑晓云等　副主编）

24.《区域旅游创新》

（中共丽江市委　王君正　著）

25.《地理科学导论》

（云南师范大学　潘玉君　武友德　编著）

26.《纳西东巴文字概论》

（丽江市东巴文化研究院　李静生　著）

27.《学前比较教育》

（云南师范大学教育科学与管理学院　曹能秀　著）

28.《杨福泉纳西学论集》

（云南省社会科学院　杨福泉　著）

29.《中国内生性工业化道路研究——兼论大国工业化模式》

（昭通市人民政府　王敏正　著）

30.《云南少数民族地区的英汉双语教学》

（云南民族大学外国语学院　杨丛梅　著）

31.《云南近现代民族发展史纲要》

（云南大学西南边疆少数民族研究中心
王文光 龙晓燕 李晓斌 著）

32.《设计管理》

（昆明理工大学机电学院 徐人平等 编著）

33.《科学发展观对马克思主义中国化的新贡献》

（大理学院 赵金元等 著）

34.《云南石林旧志集成》

（石林彝族自治县史志办公室 编）

35.《云南少数民族传统文化研究》

（云南师范大学 杨志明等 著）

36.《新时期农村改革发展的行动纲领——党的十七届三中全会《决定》通俗读本》

（中共云南省委宣传部 云南省社科院 编）

37.《高等农业教育与新农村建设》

（云南农业大学 刘福军 秦莹 主编）

38.《可视的文化：影像文化传播论》

（云南大学人文学院新闻系 张宇丹
云南艺术学院影视学院 吴丽 著）

39.《汉语义类词群的语义范畴及隐喻认知研究（一）》

（云南师范大学文学院中文系 冯英 主编
云南农业大学 李顺琴 副主编）

40.《互补与和谐——白族母性文化的道德教育功能研究》

（大理学院教育科学学院 何志魁 著）

41.《公安民警预防控制艾滋病教程》

（云南警官学院基础部 高运弘 解宇 李云昭 杨鸿斌 主编）

42.《民族档案史料编纂学概要》

（云南大学 陈子丹 著）

43.《美国犹太人：从边缘到主流的少数族群》

（云南大学国际关系研究院 刘军 著）

44.《能源安全与中美关系：竞争、冲突、合作》

（云南大学国际关系研究院 吴磊 著）

45.《茶马古道上的传奇家族——百年滇商口述史》

（云南省社会科学院民族民间文学研究所 李旭 撰）

46.《云南省图书馆馆藏善本书录》

（云南省图书馆 李友仁 主编）

47.《近代云南茶业经济研究》

（云南大学党委统战部 杨志玲 著）

48.《马克思恩格斯人类学编年史》

（云南省社会科学院 李立纲 编纂）

49.《融痕——滇西北汉藏文化边缘奔子栏藏族村落民族志》

（云南大学民族研究院 李志农 丁柏峰 著）

50.《现代人文理念与艺术创造精神》

（云南艺术学院文华学院 陈劲松 著）

51.《官僚制视野下当代中国公共政策冲突研究》

（云南大学公共管理学院政治学系 袁明旭 著）

52.《舞蹈人类学视野中的彝族烟盒舞》

（云南省社会科学院民族文学研究所 李永祥 著）

53.《滇中文化论旅游篇》

（楚雄州社科联 李忠吉 黄幼昆 陈九彬 主编）

54.《中国行政诉讼的制度空白及弥补问题研究》

（云南大学出版社 杨临宏 主编）

55.《独龙族社会变迁与观念嬗变研究》

（云南大学西南边疆少数民族研究中心 高志英 著）

56.《戏剧面影与文化风流》

（云南艺术学院 吴卫民 著）

57.《纳训评传》

（云南民族大学继续教育学院 锁昕翔 著）

58.《代理成本视角下的可转换债券融资市场反应研究》

（云南财经大学会计学院 李小军 王平心）

59.《经典的亵渎颠覆与传承保护》

（云南省社会科学院哲学研究所 蔡毅）

60.《中国古典哲学中的意象思维对书法美学意象研究的影响》

（曲靖师范学院人文学院 谢建军）

61.《历史脉络中的民族认同——以阿佤山汉族移民认同的变迁与佤族的互动为例》

（云南大学西南边疆少数民族研究中心 白志红）

62.《清洁发展机制与云南森林碳汇制度研究》

（西南林业大学经济管理学院　文冰）

63.《移民意愿调查与评估的理论和方法——以金沙江向家坝水电站云南省绥江县移民安置为例》

（云南大学　陈丽晖

云南省移民局　陈晓明）

64.《西南联大与中国现代文学》

（云南省社会科学院民族文学研究所　杨绍军）

65.《论雷蒙·威廉斯的现代悲剧观》

（云南财经大学传媒学院　肖琼）

66.《计算机使用对青年人工资率的影响：来自云南的经验证据》

（云南民族大学经济学院　高梦滔　颜明　毕岚岚）

67.《狂欢的“凡间”与喜剧的反抗》

（云南师范大学传媒学院　李娅菲）

68.《一种后自由主义的话语——当代西方政治哲学中的社群主义思潮的批判性分析》

（云南师范大学社会发展学院　刘化军）

69.《 基于FAHP的海外市场进入模式选择》

（云南财经大学工商管理学院　姚建峰

昆明理工大学管理与经济学院　邹平）

70.《越南刑法的特点及文化伦理特色》

（云南大学法学院　米良）

71.《中国制造业集聚强度与显著性——基于方差假设检验》

（云南财经大学区域发展研究所　赵果庆　罗宏翔）

72.《物权法》的伦理审视

（云南省社会科学院哲学研究所　谢青松）

73.《云南社会体育指导员研究》

（云南师范大学体育学院　金黄斌）

74.《创新我国企业年金监管制度——基于对全球金融危机的反思》

（云南财经大学金融学院　钱振伟

中国保监会云南监督局　丁江萍

云南财经大学金融学院　张　艳）

75.《纳西族、藏族宗教文化交融互渗关系研究——以“数”、卐字符号和阿弥学经为解剖实例》

（云南民族大学民族研究所　李国文）

76.《文学理论：走向文学实践的可能及方式——对当前中国文学理论一种吁求的内在解读》

（曲靖师范学院人文学院　张永刚）

77.《少数民族女性文化的内涵》

（云南民族大学学报编辑部　杨国才）

78.《边疆民族地区深入贯彻落实科学发展观需要着力解决的几个问题》

（云南省委宣传部理论处　戴世平　张含）

79.《论广告法视野下虚假荐证责任制度之重构——“三鹿门”事件下的追问与反思》

（玉溪师范学院　于林洋）

80.《20世纪末美国反环保运动与联邦政府的行为》

（云南师范大学历史与行政学院　赵虹　陶婵娟）

81.《云南乡村治理：成效、问题与可能路径》

（云南师范大学哲学与政法学院政治学系　周朗生）

82.《60年来云南边境民族关系的和谐与稳定》

（云南民族大学科技处　李若青）

83.《哈尼族中学生文化认同及其与学校生活满意度的关系》

（红河学院教师教育学院　胡发稳）

84.《心理学的公共性回归》

（云南师范大学教育科学与管理学院　周宁）

85.《我国封闭式基金高折价原因的深层次研究》

（云南民族大学经济学院　杨盛昌）

86.《第六种现代化：中国、安全及风险管理》

（云南师范大学马克思主义理论研究中心）

87.《大学生就业问题中社会资本运用的有限性》

（云南师范大学历史与行政学院　姚德超）

88.《关于民族文献界定的若干问题》

（云南民族大学管理学院　纳勇）

89.《国家类型与民族问题的解决——兼谈国家对少数民族政策的“政治化”与“文化化”》

（云南民族大学法学院　毕跃光）

90.《大湄公河次区域经济走廊建设和中国的

参与》

（云南大学国际关系研究院　刘稚）

91.《丽江地震灾害发生后文化恢复重建探析》

（云南民族大学法学院　王明东）

92.《民族档案之旅游人类学建构与扩展研究》

（云南大学社会科学处　杨毅　张会超）

93.《SVAR 模型框架下中国货币政策区域效应的实证研究：1978－2006》

（云南民族大学管理学院　蒋益民　陈璋）

94.（审计委员会的本质属性及制度创新——基于新制度经济学视角）

（云南财经大学科研处　朱锦余　胡春晖
云南省审计厅内部审计协会　易挺）

95.《云南石林集镇体系发展模式研究》

（云南师范大学旅游与地理科学学院　吴映梅　李保玉）

96.《电子商务中在线信用分的集结方法及个性化推荐研究》

（云南财经大学　宋光兴　曹春方）

97.《西部地区资源开发中的矛盾及求解——从发展合理性的视角》

（昆明理工大学社会科学学院　樊勇　李晓偲）

98.《云锡公司印尼归侨社会适应研究》

（红河学院人文学院历史系　孙东波）

99.《西双版纳傣族文化的空间隐喻》

（云南师范大学　陈亚颦　余明九）

100.《西部新农村建设公共产品供给的综合评价》

（云南财经大学　叶文辉　缪小林）

101.《城市化进程中少数民族传统体育文化传承与保护》

（云南师范大学体育学院　刘坚　吕赟　徐长红）

102.《Sustainable Development and Corporate Environmental Responsibility: Evidence from Chinese Corporations》

（昆明市环保局　和矛
西南林业大学生态旅游学院　陈娟）

103.《人类学视野中的“采百花”习俗》

（昆明学院昆明科学发展研究院　吴瑛）

104.《网络教学中教师角色的认同与构建》

（云南师范大学传媒学院　史晓宇）

105.《对政治艺术的再认识》

（云南大学公共管理学院　方盛举）

106.《云南回族妇女教育的传统与现代》

（云南大学文化产业研究院　林艺）

107.《特色文献资源的文化学意义和符号学价值》

（云南师范大学图书馆　朱曦）

108.《历史唯物主义：作为哲学的“历史科学”》

（云南大学人文学院哲学系　李兵）

109.《“八景”文化的起源及其在边疆民族地区的发展——以云南“八景”文化为中心》

（云南大学历史系西南环境史研究所　周琼）

110.《吸毒检测程序规定》研究报告

（云南师范大学　莫关耀）

111.《维护西南边境地区稳定面临的主要挑战及对策建议》

（云南大学国际关系研究院东南亚研究所　李晨阳　祝湘辉　卢光盛）

112.《关于将昆明建成“大湄公河次区域金融中心”的建议》

（云南财经大学财政与经济学院、云南对外金融合作研究基地　胡列曲）

113.《云南省政府非税收入管理研究》

（云南财经大学财政税收研究所　张丽华　等）

114.《民族院校学位点建设研究》

（云南民族大学研究生部　安学斌　熊华斌　刘廷哲　王顶明）

115.《云南边疆地区民族社会艾滋病防治及社会控制研究》

（云南民族大学研究生部　张金鹏）

116.《云南省区域生态补偿机制模式与政策研究》

（云南省人民政府研究室　杨杰等 14 人）

117.《云南旅游卫星账户编制与研究》

（云南省统计局　云南省旅游局）

118.《提升云南沿边开放战略研究》

（中共云南省委政策研究室　张佐等 6 人）

（云南省社科联　金丽霞）

学术人物

年鉴 2012

白碧波

白碧波，男，研究员，1980 年毕业于云南师范大学外语系。现为玉溪师范学院民族文化与社会发展研究所常务副所长，云南师范大学硕士生导师。2011 年云南哲学社会科学创新团队“云南濒危语言记录与研究”团队带头人。

长期从事云南民族语言文字、跨境民族语言及濒危语言研究。2004 年主持国家社科基金《民族杂居区的语言关系研究》项目，2008 年参与完成戴庆厦教授主持的我国语言国情调查《元江县羊街乡语言使用现状分析及其演变》。主要研究成果专著有：《元江县因远镇语言使用现状及其演变》（商务印书馆 2010 年版）；合著《泰国北部万伟乡阿卡语言使用现状及其演变》（中国社会科学出版社 2009 年版）、《泰国阿卡语研究》（中国社会科学出版社 2009 年版）、《泰国北部拉祜语言使用现状及其演变》（中国社会科学出版社 2010 年版）、《泰国拉祜语研究》（中国社会科学出版社 2010 年版）、《元江县羊街乡语言使用现状及其演变》（商务印书馆 2008 年版）、《Hani Cultural Themes》（White Lotus 2002）、《51 Hani Stories》（White Lotus，2002）、《哈尼族礼仪习俗歌》（云南民族出版社 1999 年版）、《哈尼古歌佳句选》（云南民族出版社 1998 年版）、《Hani – English/English – Hani Dictionary》（London，1996），编著《母语的消失语存留》（云南民族出版社 2012 年版）、《族群记忆与传承》（拉特罗布大学出版社 2007 年版）等专著 20 多部，在《民族语文》、《暨南大学学报》、《云南师范大学学报》、《波兰波兹南大学学报》等学术刊物上发表论文 40 多篇，累计科研成果超过 400 万字。获奖著作 2 部（云南省政府文学一等奖 1 项、云南省社会科学优秀成果二等奖 1 项）。

何　明

何明，男，浙江义乌人。现为云南大学研究员、民族学专业文化人类学理论与方法方向博士研究生导师，云南大学民族研究院院长，兼任中国艺术人类学学会常务理事、中国期刊学会社会科学期刊专业委员会委员、中国高校人文社会科学学报学会副秘书长等职。曾先后荣获第二届中国青年社会科学优秀成果奖、云南省哲学社会科学优秀成果奖等多项学术奖和“昆明市有突出贡献的优秀专家”称号。2011 年度云南哲学社会科学创新团队“云南民族文化多样性的田野调查与民族志研究”团队带头人。

曾在《民族研究》、《哲学研究》、《文学评论》、《光明日报》（理论版）、《学术月刊》、《广西民族大学学报》等重要学术报刊上发表研究论文百余篇，其中多篇论文被《新华文摘》、《中国社会科学文摘》和《中国高校文科学术文摘》全文转载或摘录；出版学术专著 7 部；主持与参与的省部级以上科研项目 6 项，主持完成了云南大学“211 工程”、“十五”民族学重点学科建设子项目“云南少数民族调查研究基地与小康社会建设”等大型项目，在彝（阿细支系、撒尼支系）、白、傣、哈尼、纳西、回、苗、傈僳、怒等 9 个民族的 10 个村寨建立了田野调查工作站。

目前，研究重点集中于艺术人类学、民族志方法、文化变迁和文化多样性四个领域。正在主持的项目有：国家哲学社会科学基金项目“当代中国少数民族农耕社会经济文化变迁研究”、教育部人文社会科学基金项目“中国艺术人类学研究理论方法探论及其学科化建设”、云南省哲学社会科学基金项目“民族文化资源开发与云南文化产业发展研究”以及教育部哲学社会科学研究重大课题攻关项目“边疆多民族地区构建社会主义和谐社会研究”的子课题“边疆多民族地区传统社会的现代化变迁、多元文化的共生和协调与和谐社会建设研究”。策划与主编的《新民族志实验丛书》和《艺术人类学丛书》等系列性学术研究成果已进入编辑出版环节。

蒋 红

蒋红，女，哲学博士，云南大学马克思主义研究院院长、教授、博士生导师。担任国家社科基金通讯评审专家、中国马克思主义哲学史学会理事、中国历史唯物主义学会理事、中国国外马克思主义研究会理事、云南省高校思想政治理论课教学研究会副会长。长期从事马克思主义哲学、政治哲学、思想政治教育等领域的教学和研究工作，先后在《哲学研究》、《光明日报》（理论版）、《马克思主义与现实》、《思想战线》、《社会主义研究》等重要学术报刊上发表论文50余篇，在人民出版社出版专著1部。三次获得云南省哲学社会科学优秀成果奖二等奖，一次获得云南省哲学社会科学优秀成果奖三等奖；先后获得云南大学优秀教学成果一等奖、云南大学“红云园丁奖”、云南大学伍达观优秀教师奖等奖励。2011年被云南高校工委评为云南省思政课优秀骨干教师。

况继明

况继明，男，毕业于西南政法大学，云南省高级人民法院二级高级法官、正处级审判员、云南省法官协会副秘书长；中国诉讼法学研究会理事，云南省人民政府知识产权战略研究课题组骨干研究员，最高人民法院《立案工作指导与参考》特约编辑，云南省中国特色社会主义理论体系研究中心特约研究员；昆明理工大学兼职教授、西南政法大学硕士研究生导师、云南大学硕士研究生导师、国家法官学院云南分院兼职教授。1996年被评选为云南省“二五”法制宣传教育先进个人。1998年6月被云南省委政法委、云南省法学会授予“云南省十佳优秀法学研究工作者”。2006年获“云南省有突出贡献的哲学社会科学专家”。2009年被最高人民法院法授予“全国审判业务专家”。2010年起担任昆明市人民政府科学决策咨询专家。

主要研究领域为：诉讼法学、审判学、环境保护法学、知识产权法学。个人专著有《云南司法审判的回顾与探讨》；发表学术论文和文章100多篇；主编和参编的《云南审判志》、《恢复我国关贸总协定缔约国地位云南对策研究》、《中国重返关贸总协定对民商诉讼制度可能产生的影响与对策》、《云南知识产权战略研究》、《立审分立与审判流程管理的调查研究》、《毒品犯罪惩治与防范全书》（第二编第一章《中国惩治毒品犯罪的立法沿革》）、《试论民事审判方式改革的目标、模式和有关问题》、《维护宪法尊严、全面贯彻实施宪法》、《三大诉讼审判方式的改革、问题与对策》、《审判工作必须坚持社会主义法治理念》、《建立环境保护公益诉讼制度的探讨》、《未成年人权益司法保护初探》、《辛亥革命是中国划时代的历史里程碑——兼论云南对辛亥革命的积极回应和推动》等著作、论文分别获中国法学会、最高人民法院、云南省人大常委会、云南省人民政府、云南省法学会授予的一等奖、二等奖和优秀奖。

李　炎

李炎，男，云南大学国家文化产业研究中心常务副主任、云南大学文化产业研究院院长，教授、博士。主要研究专长为少数民族文化产业、少数民族艺术。现为云南省文化产业联合会学术分会秘书长。江苏省文化厅文化产业顾问、山东大学文化产业研究院顾问、南京大学文化产业研究中心顾问，云南省文化创意产业协会顾问。2011 年度云南哲学社会科学创新团队“民族文化产业研究”团队带头人。

参与国家社科基金项目《西部地区民族文化生态保护与乡村文化发展研究》，并获得优秀结题；作为子课题负责人参与国家社科基金重大项目《我国中心城市文化创意产业发展——软实力竞争》，已结题；主持国家文化部《国家特色文化产业群体系建设工程》相关 3 项重大课题研究，结题获得文化部好评，成为国家特色文化产业示范区和项目建设的主要参考。

出版专著多部，代表作为《再显与重构》（被选入《当代云南社会科学百人百部优秀学术著作丛书》）；在国家级核心期刊、各级学术刊物上发表学术论文几十篇，部分论文获得《新华文摘》论点摘编；主持文产完成各级政府、社会委托和合作的横向课题 30 余项，其中《云南文化产业发展“十二五”规划》为上百万经费的重大横向课题。

明庆忠

明庆忠，男，二级教授，博士，博士生导师。云南师范大学科研处处长，“旅游产业发展研究”云南省哲学社会科学研究基地主任。云南省地理学重点学科学术带头人，云南省中青年学术技术带头人、云南省政府特殊津贴专家、云南省高校教学科研学术带头人、云南省“高原地理环境与区域发展”省级特色优势学科群学术带头人，云南师范大学地理学一级博士点负责人。目前兼任教育部教学指导委员会委员，中国地理学会理事和山地分会副会长，中国人类学民族学研究会民族旅游研究会副主任，中国丹霞地貌旅游开发研究会副理事长等重要学术职务，。

主要从事区域地理环境与旅游开发管理等教学与科研工作。主持国家自然科学基金重点项目、973 计划子课题和国家自然科学基金项目、国家社会科学基金、云南省自然科学基金重点项目，教育部科学技术重点项目、云南省省院省校合作等项目 40 余项；编制丽江、香格里拉、腾冲、西双版纳、湖北长阳等地旅游规划及社会经济发展项目 60 余项。在科学出版社等出版“旅游地规划”，“旅游循环经济学”，“三江并流区地貌与环境效应”，“生态旅游”，“旅游循环经济发展的科技支撑研究”著作或教材 30 余部，发表学术论文 200 余篇，其中 EI、SCI、CSSCI 等收录论文 50 余篇。率先系统研究旅游循环经济学和旅游产业生态学，在山区地理环境、旅游地理、旅游规划等方面研究与应用上作出了贡献。

曾获全国高等师范院校优秀教师三等奖、云南省高校优秀共产党员等荣誉称号，两度获云南省旅游产业建设突出贡献先进个人。其成果获云南省哲社优秀成果一、二、三等奖 4 次，教育部优秀教材二等奖 1 项，国家教学成果二等奖 1 次，省部级教学成果一二等奖 6 次，省部级科技进步二三等奖 10 余次，厅、校省级奖 10 余项。

汪 戎

汪戎，男，安徽泾县人，博士，教授，政治经济学博士生导师，全国MBA教育指导委员会委员，全国研究生学会文科委员会副主任委员。曾任云南财经大学校长、党委书记。2011年度云南哲学社会科学创新团队“云南省资源型产业升级与产业结构战略性调整”团队带头人。1980年毕业于云南大学政治系政治理论专业，1992年10月至1994年2月公派赴美国康奈尔大学经济系进修学习，1996年11月至1997年1月公派赴澳大利亚拉托比大学做学术访问讲学。2001年获博士学位。1999年1月赴泰国法政大学从事中泰两国投资环境比较研究与访问讲学，2003年9月至2004年1月在中共中央党校学习。

历任云南大学经济学院副院长、管理系主任、学校改革办主任、研究生部主任、校长助理，复旦大学校长助理（挂职），云南大学副校长（于2002年3月至2003年1月主持云南大学行政工作）等职。受聘为云南省高级经济师职称评定委员会常务副主任、省政府经济研究中心职称评定委员会副主任、省政府经济研究中心特约研究员、云南铜业集团投资顾问、省国资委云天化集团独立董事。现兼任云南省经济学会副秘书长、云南省国有企业绩效评价专家咨询库成员、昆明市政协经济委员会专家。

近年以来，先后出版了《晚清工业产权制度的变迁》、《企业经济力的形成与区域性扩展》、《现代管理学原理》、《云南烟草发展思路与策略》、《21世纪昆河经济带发展构想》等10部专著、编著和合著。同时，在各类全国核心期刊上发表论文30多篇。主持参与了由包括OPAC、国家“973”子项目、国家社会科学研究基金、国家自然科学研究基金、云南省政府、云南省省校省院合作项目等资助的10多项科研课题。

吴映梅

吴映梅，女，教授，云南师范大学旅游与地理科学学院教师，兼任中国地理学会青工委副主任、云南师范大学民盟副主委等职务。曾以国家访问学者身份和西部项目交流学者身份在美国纽约大学和日本千叶大学环境遥感中心研修。2009年入选云南省中青年学术技术带头人后备人才培养对象，2011年入选教育部“新世纪优秀人才支持计划”。

主要从事区域经济学的教学和研究工作。近年主持完成国家自然科学基金项目“西南山地限制开发区资源开发与山区经济协调发展研究”、国际项目“云南环境保护与农村生计互动”、云南省自然科学基金项目“滇中城市经济圈主体功能演进的资源环境基础研究”、云南省教育厅重点基金项目“滇西北资源开发效益与民族经济发展”、云南省发展和改革委员会“云南省内生性新型工业化发展道路与对策研究”项目20余项。现正主持国家科技部科技基础工作专项专题项目“典型地段近50年来人类活动与土地利用变化互动关系调查”、国家环保公益性行业科研项目“猫跳河流域水利工程的生态效应研究”、省院省校合作项目“桥头堡建设中的滇中城市圈城市外向发展研究”、云南省哲学社会科学基金项目“云南边境民族贫困县返贫问题研究”。近年以第一作者或通讯作者身份在《地域研究与开发》、《资源科学》、《地理科学进展》、《Chinese Geography Science》等全国核心期刊、CSSCI期刊、SCI－E、EI期刊上发表学术论文41篇；在人民出版社和科学出版社出版学术著作各一部（《西部民族地区经济发展及机制研究》和《区域人文社会和谐发展机制及对策研究》）、合编著作2部、副主编教材1部。获云南省哲学社会科学优秀成果奖4次。

武友德

武友德，男，博士，二级教授，博导，云南华文学院院长，兼职有云南师范大学区域经济发展研究中心主任，云南省区域经济学会副会长，云南省地理学会常务理事，云南省人口学会常务理事等，获云南省优秀社会科学专家、云南省中青年学术技术带头人、云南省高校教学科研带头人等称号。

主要从事区域经济发展的理论与实践研究。主要成果有：《不发达地域经济成长》（中国经济出版社 2000 年版）、《区域经济学导论》（中国社会科学出版社 2004 年版）、《可持续发展原理》（中国社会科学出版社 2005 年版）、《小城镇、大作为——西南边疆民族地区小城镇建设研究》（光明日报出版社 2009 年版）、《西南民族区域特色经济问题研究》（科学出版社 2010 年版）、《国家战略与特色城镇化——来自云南的实践》（科学出版社 2011 年版）、《省域主体功能区区划研究》（科学出版社 2011 年版）等 12 项。在《经济地理》、《地域研究与开发》、《社会科学战线》、《经济问题探索》、《农业经济问题》、《地理与地理信息科学》等刊物上发表论文 100 余篇。主持国家社科基金、国家软科学研究项目等科研项目 20 余项。获得国家级教学成果二等奖、云南省哲学社会科学优秀成果一等奖等奖励 10 余项。

杨六金

杨六金，男，彝族，云南红河人。1988 年毕业于中央民族学院古籍专业，现为红河学院国际哈尼/阿卡研究中心主任，教授。兼任云南省社会科学院国际生态文化研究中心特聘研究员，政协红河州第十届常委。先后被评为红河州州管专家，首批云南省“四个一”人才（12 个理论研究专家之一），享受国务院政府特殊津贴专家。2011 年度云南哲学社会科学创新团队“云南国际哈尼 / 阿卡文化研究”团队带头人。主要从事民族学与人类学研究。2003 年以来，先后主持参与研究国家级课题 3 项、省级课题 4 项、州级课题 2 项、国际合作课题 2 项。在国内外发表论著 170 余万字，其中专著《红河哈尼族谱牒》、《红河彝族尼苏迁徙史》等 3 部，论文《我国政府对金平苦聪人权力维护研究》、《国际哈尼/阿卡人称谓的演变》、《浅析哈尼/阿卡始祖“送咪窝”及其后裔》、《越南北部山区哈尼族流徙研究》、《缅甸哈尼/阿卡》等 40 余篇。科研成果先后荣获首届中国政府图书提名奖、第八届中国西部九省（区）优秀教育图书二等奖。两篇调研论文，被党中央、国务院和省委、省政府有关领导作过批示，取得了良好的社会效益和经济效益。并赢得了当地党委、政府和人民群众的好评。论著《一个鲜为人知的族群——莽人的过去和现在》，在中宣部、文化部、教育部、科技部、国家广播电影电视总局、国家新闻出版总署、全国总工会、共青团中央、全国妇联九个部委、团体发起的“知识工程推荐书目活动”中，被推选为“知识工程图书”。多次赴美及亚洲邻国的科研机构和高校作高访学者，特别是在美国华盛顿大学所作的学术报告赢得了与会专家和学者的好评。

杨先明

杨先明，男，教授，博士生导师。1982年毕业于云南大学经济系，1997年获南开大学国际经济研究所经济学博士学位。曾作为访问学者和高级访问学者，分别于1990年、1994年、2002年到英国莱斯特大学、美国本特利商学院和美国哥伦比亚大学进修。2011年度云南哲学社会科学创新团队“西部发展与社会转型研究”团队带头人。

现为云南大学发展研究院院长，云南省经济学会秘书长，云南省政府发展研究中心特约研究员，省政府宏观经济分析小组成员，世界经济学会常务理事，中国亚太学会常务理事，全国政协经济委员会委员，云南省政府参事，国务院特殊津贴获得者，云南有突出贡献者的哲学社会科学专家，云南大学理论经济学一级学科学术带头人。在《中国社会科学》、《世界经济与政治》、《国际经济评论》等刊物发表学术论文60余篇，出版学术著作8部，成果获云南省社会科学优秀成果一等奖5项、二等奖5项、安子介学术研究奖一次，于2002年度获得云南大学伍达观杰出奖。曾主持并完成省部级研究课题达10项以上。目前主持国家自然科学基金项目、国家社会科学基金项目、教育部人文社会科学研究基金项目各一项。

长期从事中国西部发展问题研究、经济发展理论研究和世界经济研究工作，在开放型经济与外国直接投资、能力理论、欠发达经济理论与政策等领域有深入研究。目前分别在经济发展理论、社会主义金融理论、国际直接投资理论方向与西方金融学说方向指导研究生，先后为博士、硕士研究生开设经济发展理论、国际直接投资理论、社会主义经济问题与经济学专业英语等课程。

杨志玲

杨志玲，女，白族，博士，教授，硕士生导师。先后在云南大学马克思主义研究院、公共管理学院任教，现任云南大学党委统战部部长，兼任云南省中华传统道德研究会副秘书长、云南省统一战线理论研究会理事等职。主要从事地方经济史、政治学理论、少数民族问题等领域的研究。在国家一级出版社出版学术专著2部；参著、参编著作10余部，其中担任主编、副主编著作4部；在《思想战线》、《毛泽东思想研究》、《中国民族报》(理论版)、《中央民族大学学报》、《云南民族大学学报》等学术刊物上发表论文30多篇，其中有16篇发表于CSSCI中文核心期刊上，被人大报刊复印资料全文转载2篇；学术成果百余万字。主持完成省级社会科学研究课题4项。学术成果共有5项获奖，其中国家级奖1项：《儒家道德文化在云南少数民族地区的传播与传承》(中国社会科学出版社2011年版)获国家民委社会科学优秀成果三等奖；省级奖4项：《近代云南茶业经济研究》(人民出版社2011年版)获云南省第十四次哲学社会科学优秀成果(专著)三等奖，参著《毛泽东思想概论》(云南人民出版社2011年版)获云南省1999—2000年社会科学优秀成果二等奖。

伊继东

伊继东，男，山东高青人。博士，教授，硕士生导师。1976 年从原昆明师范学院物理系毕业后留校任教，先后到西南师大、华中师大、云南大学、悉尼科技大学、国家高级教育行政学院进修学习，并在华中科技大学教育科学研究院在职脱产学习，获教育学博士学位。1995 年后任云南师范大学纪委书记、党委副书记、校长等职。2003 年 4 月任云南师范大学党委书记，兼任云南师范大学高教研究所所长，云南省教育研究学会副理事长。兼任云南省高教学会副会长、云南省教育研究学会副理事长、中国高等教育学专业委员会理事。2011 年云南哲学社会科学创新团队“云南民族教育与边疆发展研究”团队带头人。

主要从事基础物理教学研究和教育管理工作。担任物理专业本科学生和高等教育学专业研究生的教学工作，主讲了《普通物理》、《高等教育管理学》等课程。主编和参编《云南省高等教育改革与发展若干重大问题研究》、《科技开发与管理研究》、《物理实验设计与研究》等著作 20 部；在省内外学术刊物发表物理专业和教育管理方面的论文 70 余篇；主持和参与了国家自然科学基金和省级基金项目 15 项。获得云南省社会科学优秀成果奖、云南省自然科学奖和云南省优秀教学成果奖等 12 项科研奖项，并被多次评为云南省优秀教育工作者、云南省高校优秀共产党员、云南省高校优秀思想政治工作者等荣誉称号。

赵乐静

赵乐静，男，1984 年 8 月参加工作，博士，教授。现任西南林业大学副校长，兼西南林业大学民族生态文化研究中心主任。云南自然辩证法研究会副理事长兼秘书长，《科学技术哲学研究》编委、审稿人。2011 年度云南哲学社会科学创新团队“云南林业低碳经济研究”团队带头人。

多年来主要从事科技哲学、技术创新与知识管理、企业社会责任、林业政策与环境政治学、传统知识与生物多样性保护等领域研究。近十余年来，关注我国我省林业与生态环境的保护与可持续利用。2011 年在秦光荣省长参加的《政府工作报告》专著《视界的融合：科学、技术与社会导论》获：云南省社会科学优秀征求意见会上，就加强我省生物多样性的保护与利用、构建绿色生态安全屏障以切实支撑“桥头堡”战略的开展与实施，向省政府建言献策。

从 1991 年起，在《自然辩证法研究》、《自然辩证法通讯》、《科学学研究》、《科学技术哲学研究》、《科学》、《世界科学》（沪）及人大复印资料等刊物发表论文与英、德译文 40 余篇。出版独立专著、译著 6 部。所撰学术专著、论文获云南省哲学社会科学优秀成果二等奖、三等奖各 2 项。译著三部，其中一部获中国第二届牛顿科普图书二等奖，《技术解释学》入选《云南文库·当代云南社会科学百人百部优秀学术著作丛书》。

周　平

周平，男，1982 年毕业于云南师范大学政教系，获学士学位；1999 年毕业于华东师范大学法政系，获博士学位。现为云南大学教授，博士生导师，政治学系主任。我国民族政治学学科的创建者和奠基人，国家级教学名师，国家社科基金项目评审专家，中国政治学会常务理事，教育部“新世纪优秀人才”，教育部政治学教学指导委员会委员，云南省政治学学科带头人，云南省有突出贡献的优秀专业技术人才，云南省有突出贡献的哲学社会科学专家，云南省高校教学名师，云南省“四个一批”优秀人才。

领导着一个国家级教学团队，主持着国家精品课，获得过国家教学成果二等奖、云南省教学成果特等奖，以及多项国家级和省级科研奖励。2011 年度云南哲学社会科学创新团队“云南省民族政治与边疆治理”团队带头人。

主持过 10 多项国家级和省部级研究项目，其中主要有：“边疆少数民族地区的社会主义民主政治建设与政治、社会稳定”（国家社科基金九五规划重点项目，本人为申报者和实际的主持者），“西部地区县级政府能力的现状、问题和对策研究”（2001 年国家社科基金项目），“边疆少数民族地区政治文明建设的条件、任务和途径”（2003 年国家社科基金年度重点项目），“农村基层政权建设研究”（国家教委人文社会科学九五规划项目），“西部少数民族地区政治学与行政学人才培养模式综合改革研究与实践”（教育部“新世纪高教改革工程”项目），“云南少数民族政治文化研究”（云南省哲学社会科学九五规划项目），“马克思主义民族政治学基本理论研究”云南省哲学社会科学十五规划项目），“香港政治发展研究”（2004 年云南省哲学社会科学基金项目），“云南构建社会主义和谐社会的对策研究”（云南省“十一五”规划重大前期研究课题）。

（云南省社科联　李　春）

社会科学研究机构·研究基地

年鉴

2012

云南省哲学社会科学研究机构

一、云南“三农”问题与新农村建设研究基地

云南“三农”问题与新农村建设研究基地于2009年12月经云南省哲学社会科学规划办公室批准成立，基地负责人为云南农业大学党委书记张海翔教授。基地咨询委员会由省内知名专家学者12人构成，首席专家5人，其他研究人员12人。基地有专职人员9人；另有秘书1人。基地通过规范学术研究和学术交流，产出创新成果、培养创新团队、带动学科建设、促进成果转化。基地主要研究方向为：现代农业发展途径与模式；城乡统筹发展理论与方法；农村社会稳定机制与方法；新型农民培育机制与方法等。

科学研究：2011年基地主持国家软科学研究计划、国家社科基金、教育部人文社科项目、云南省哲学社科研究基地课题、科技厅科技发展战略与政策研究计划、省院省校教育合作人文社科项目、省财政厅、省发改委等各级各类课题20余项，开展了“十二五”农业综合开发规划、农业产业化发展规划、云南三大片区扶贫规划等编制工作，与美国林权研究中心、世界自然基金会、香港乐施会等机构开展了国际合作研究。张海翔教授课题组提出的《关于我省粮食安全问题的建议》以及唐滢教授课题组提出的《关于我省高校面向大湄公河次区域实施“走出去”战略的对策建议》2份决策咨询报告分别获孔垂柱副省长和高峰副省长批示，《中国对老挝北部农业投资研究报告》获得云南省外办、云南省商务厅的高度重视和评价。基地同时还出版专著《如何塑造新型农民》、《强农惠农政策知识解答》，公开发表论文38篇，其中《边疆民族地区社会稳定的影响因素与防治对策研究》发表在2011年第1期《社科界建言专报》上。

二、农业教育研究所

云南农业大学农业教育研究所成立于1994年9月，现有专职研究人员7名，特约研究人员8名。职业与继续教育学院院长刘福军任研究所所长。农业教育研究所下设研究室、《农业教育研究》期刊编辑室和云南省农业教育研究会秘书处三个部门。

农业教育研究所积极围绕云南经济社会发展的需要，结合云南省“两强一堡”战略的实施，根据云南省农业教育发展实际开展了教育研究工作。2011年，研究所科研人员共承担及参与国家级、省级等各级科研项目10余项，其中研究项目“高等农业教育与新农村建设”获得云南省第十四次哲学社会科学优秀成果三等奖，研究项目“高等职业教育人才培养模式”获2011年中国职教学会农村与农业职业教育委员会、全国农业职教研究会第四届全国农业职业教育学术成果二等奖，研究项目“云南职业教育与城乡一体化发展研究”的建议咨询报告“城乡一体化进程中加快云南职业教育发展的建议”获得云南省高峰副省长的专门批示；公开发表论文30篇，其中《城乡统筹发展视野下的西部欠发达地区职业教育发展思考》进入CSSCI检索系统；组织及参编专著及教材5部，编纂出版《农业职业教育改革、发展与创新》论文集。《农业教育研究》刊登农业教育类文章70余篇，约39万字，共印刷2 800余册。

三、科学技术史研究所

科学技术史研究所成立于2001年，现任所长诸锡斌教授。研究重点为：西南少数民族科技史、中国农业科技史、西南少数民族科技思想与文化，西南少数民族传统技术挖掘、整理与保护、开发。同时招收科学技术史专业硕士研究生，2011年毕业硕士生9人，招收硕士研究生7人。完成国家社科基金《傣族传统灌溉技术的保护与开发》项目，验收获良好等级，公开发表论文14篇，完成研究报告1份，待出版书稿40余万字。

（云南农业大学　吕霞）

国家及部委人文社科重点研究基地

云南大学　西南边疆少数民族研究中心

（云南大学　科研处）

云南省各州市社科研究（科普）基地情况

基地全称	主要负责人	科普人员总数	专职科普人员数	主要普及手段及方式	地址
西双版纳傣族自治州民族博物馆	余少剑	14	14	以文物资料、动植物标本、图片来展示西双版纳的历史文化、民族文化、雨林文化，提高人们的人文素质；通过举办禁毒、防艾、如何应对突发事件等方面的临时展览，提高人们的科学知识和应对突发事件的能力。	景洪市雨林大道
昆明市图书馆	郭春莲	8	8	利用图书馆资源，开展书刊借阅；举办展览、免费公益讲座，共享工程基层农文网培训学校及市民网培学校、农家书屋。社会公益性文化教育和学术性服务	昆明市东华小区环城东路663号
玉溪市图书馆	马永明	56	6	为读者提供科普图书的借阅、查询，信息咨询，跟踪服务；举办各种社科读书活动、展览及讲座；举办各种有关社会科学普及知识的培训班；编辑出版社会科学普及宣传资料、图书馆学刊及有关图书。	玉溪市红塔区棋阳路北段延长线聂耳音乐广场对面
大理白族自治州博物馆	苏金川	40	20	以南诏大理国历史和白族民族文化为主题举办展览，送展下乡和展览进校园和社区；开展学术交流和研究工作，申报课题，创办刊物，发表论著；帮助农户建立家庭生态博物馆。	大理市下关镇洱海南路8号
德宏傣族景颇族自治州图书馆	任伟	22	6	编辑发放科普资料；充分利用互联网倡导科学方法、传播科学思想、弘扬科学精神；举办社科普及宣传周、科普日活动；组织科普下乡。	德宏州芒市勇罕街25号
普洱市图书馆	查正儒	26	9	利用馆藏社会科学文献资源进行社科普及宣传教育；在全国科普日、世界读书日、图书馆宣传周，采取展书、展牌、发放资料、制作宣传栏、科技大篷车、社科普及志愿者进行社科普及宣传；实施全国文化信息资源共享工程，在乡镇文化站、村文化室为广大农民进行科普培训；开展社科普及公益讲座、学术交流及宣传辅导培训。	思茅北部区滨河路段文化中心
石羊镇文化服务中心	赵凤坤	2	1	在石羊会馆，采用电教片、书籍、图片文字、报纸、实物等方式进行红军长征过石羊历史、制盐文化、民族文化、儒家文化的宣传普及。	楚雄州大姚县石羊镇石羊村委会
广南县民族博物馆	黄王崇	15	13	以实物、图片，对句町国的历史文化开展学术研究和普及宣传；出版句町文化研究成果书籍；举办句町历史专题讲座；举办句町文化旅游节；制作播放专题片。	广南县莲城镇龙井社区莲城西路9号
红军长征过丽江纪念馆	杨志坚	14	11	以图片、讲解的形式展示红二、六军团长征经过丽江的革命历史，进行爱国主义教育。	丽江市玉龙县石鼓镇

（云南省社科联　科普部）

云南省普通高等院校人文社会科学重点研究基地情况一览表

序号	学校名称	基地名称	批准时间	学科门类	研究方向					
					研究方向一	带头人	研究方向二	带头人	研究方向三	带头人
1	云南大学	西南边疆少数民族研究中心	2001年	民族学与文化学	民族文化多样性与非物质文化遗产研究	何明 李志农	民族关系与民族地区社会建设研究	王文光 李晓斌	民族经济学与民族地区发展研究	陈庆德 马翀炜
2	云南大学	云南民族文化与文化产业发展研究基地	2007年	民族学	民族文化保护与发展	施惟达	民族文化理论与实践	李炎	民族地区公共文化服务体系研究	林艺
3	云南大学	云南生态建设与可持续发展研究基地	2007年	经济学（生态经济学）	环境经济与社会发展	段昌群	生态修复与环境管理	和树庄	高原湖泊治理与面源污染控制	段昌群 和树庄
4	云南民族大学	云南跨境民族宗教社会问题研究基地	2007年	社会学	宗教社会学	张桥贵	西南边疆社会问题研究	鲁刚	发展社会学	张金鹏
5	云南师范大学	云南教育发展与西南联大研究基地	2007年	教育学	区域教育与经济发展研究	伊继东	民族农村教育研究	王凌	西南联大研究	封海清
6	云南警官学院	云南禁毒问题研究基地	2007年		禁毒问题	张义荣 马敏艾 鲁刚 骆寒青 王建伟 阮惠风				
7	昆明理工大学	云南现代化管理与新型工业化研究基地	2007年	管理学、经济学	组织行为与人力资源管理	段万春	项目管理与技术创新	王松江 可星	公司金融与风险管理	田存志
8	昆明医学院	云南医疗改革与健康社会科学研究基地	2007年	健康社会科学	卫生改革与社区卫生服务研究	姜润生	生育健康的健康社会科学研究	张开宁	生态健康的跨学科研究	方菁
9	大理学院	南诏大理历史文化传承与发展研究基地	2007年	民族学	南诏大理国史	张锡禄	白族文化	赵敏		
10	云南大学	云南滇学研究基地	2009年	历史学	云南历史文化研究	李昆声	云南经济社会发展研究	林文勋	云南民族文化艺术研究	段炳昌
11	云南大学	云南周边安全与区域合作研究基地	2009年	政治学	云南周边安全环境研究	刘稚	云南与东南亚南亚的区域合作	卢光盛	能源安全与战略研究方向	吴磊

教师队伍					重点学科及学位授权点			其　他		
总人数	高级职称	中级职称	博士生导师	硕士生导师	重点学科数	博士学位授权点	硕士学位授权点	负责人	职 务	职称
39	31	5	8	27	2	1	3	杨林	校长	教授
37	19	18	3	24	2	1	2	明庆忠	处长	教授
66	48	18	0	90	0	0	2	何伟全	校党委副书记	教授
20	16	4	3	13	1	0	1	张海翔	党委书记	教授
51	34	9	3	17	2	0	1	郑进	副厅长	教授
25	20	2	0	0	2	0	2	王德强	副校长	教授
29	24	5	9	27	1	0	3	周跃	副校长	教授
48	16	32	2	22	1	0	5	刘惠民	校长	教授
33	20	13	0	12	0	0	1			
35	25	10	8	23	0	0	0	熊晶	副校长	
43	35	8	4	7	1	0	0	高小和	副校长	教授
36	27	7	0	2	1	0	0	李明	校长	
41	17	14	0	0	0	0	0	彭兵	校长	教授
22	16	4	5	15	1	0	1	伏润民	副校长	教授
916	640	240	137	514	30	15	47			

（王　珏）

科学研究					成　果								
课题数	经费（万元）	国家级	省部级	其他	著作总数（部）	专著	译著	其他	论文总数（篇）	国外刊物发表	研究咨询报告	被采纳	举办刊物名称
172	854.65	64	201	65	139	139	0	0	1 054	38	32	32	《西南边疆民族研究》
31	450	2	15	2	17	17	0	0	90	0	15	15	无
6	85	18	24	10	16	16	0	0	72	24	10	2	《生态科学进展》
58	645.3	22	23	13	26	26	0	0	99	2	4	4	无
63	150	9	24	30	30	24	1	5	150	0	5	2	《教育与社会》、《教育与区域发展研究》
42	460.4	4	27	11	15	2	0	13	167	1	1	1	无
117	799.372 6	9	47	61	39	21	2	16	493	157	76	45	无
12	439.4	3	5	4	5	5	0	0	61	6	0	0	无
13	156	4	7	2	22	17	1	4	67	2	2	2	《大理民族文化研究论丛》
28	185.6	8	16	4	20	19	1	0	112	0	15	15	无
45	300	2	23	20	14	2	1	11	189	20	40	18	无

奖励		交流与合作			
发行量	奖励名称及等级	参加国内学术会议	参加国外学术会议	国外长期学术交流	国外短期学术交流
无	2011年省社科一等奖；省人口科学优秀论文一等奖；省人口科学优秀论文二等奖；省人口科学优秀论文三等奖；中组部调研报告二等奖；2010年全国人口科学优秀成果奖三等奖	3	291	1	3
无	省哲社一等奖（2010年）；省哲社二等奖（2010年）	503	0	0	0
无	省社科三等奖	1 500	0	0	0
无	无	62	23	0	0
无	中华中医药学会学术著作二等奖；云南省科学技术进步二等奖；云南省高校优秀教材奖（2项）	250	652	0	0
无	国家民委社会科学研究成果三等奖	850	0	0	2
13	国家二等奖（2项）；地厅级二等奖；地厅级三等奖；省级一等奖；省级三等奖（2项）	80	2 521	0	0
无	云南省2011年科学技术进步三等奖；云南省2011年第十四次哲学社会科学优秀成果（论文）三等奖；云南省哲学社会科学优秀成果三等奖（2项）；第八届中国林业经济论坛论文三等奖；2010年度西南西南林学院优秀硕士学位论文指导老师奖	39	251	1	4
无	无	1	1	0	0
1 200	无	6	4	0	1
无	云南省哲学社会科学优秀成果三等奖（2项）；第七届云南文艺创作基金奖评论界三等奖；曲靖市第三届社会科学优秀成果奖一等奖	3	0	0	0
1 000	楚雄州社会科学优秀成果论文类二等奖（第六届）（2项）；楚雄州社会科学优秀成果论文类三等奖（第六届）；楚雄州社会科学优秀成果著作类二等奖（第六届）；楚雄州社会科学优秀成果著作类三等奖（第六届）；第九届中国民间文艺山花奖；民间文艺学术著作奖；云南省（12）届社科优秀成果奖；楚雄州社会科学优秀成果论文类三等奖（第六届）；楚雄州第七届社科优秀成果奖论文一等奖；楚雄州第七届社科优秀成果奖论文二等奖（2项）；楚雄州第七届社科优秀成果奖论文三等奖（4项）；楚雄州第七届社科优秀成果奖著作三等奖	2	25	1	0
200	无	7	100	8	0
无	无	380	95	0	0
4 913		7 923	8 079	47	148

续 表

序号	学校名称		批准时间	学科门类	研究方向					
					研究方向一	带头人	研究方向二	带头人	研究方向三	带头人
12	云南师范大学	云南人力资源开发与管理研究基地	2009年	管理学	边疆少数民族地区人力资源开发	杨林	人力资源管理与人才测评	冯江平	区域人口发展与管理	骆华松
13	云南师范大学	云南旅游产业发展研究基地	2009年	旅游学	旅游产业改革创新发展与政策研究	高舜礼 符继红	可持续发展规划与产业生态化发展	明庆忠	民族文化旅游与遗产保护	邓永进 鲁刚
14	云南师范大学	云南省舆情研究基地	2009年	新闻学与传播学	云南文化舆情研究	郝朴宁	云南社会舆情研究	庄晓东	网络舆情信息分析系统研发	化存才
15	云南农业大学	云南“三农”问题与新农村建设研究基地	2009年	经济学	城乡统筹发展理论与方法	张海翔	农村社会稳定机制与方法	唐滢	农村政策与现代农业发展途径与模式	赵鸭桥
16	云南中医学院	云南民族医药保护与产业发展研究基地	2009年	中医学	云南民族医药文化保护与利用研究	裴盛基	云南民族医药产业化发展战略研究	张超	云南民族医药传承与人才培养研究	郭兆刚
17	云南民族大学	云南人口较少民族经济社会发展研究基地	2009年	民族学	云南人口较少民族经济发展战略研究	王德强 （绒巴扎西）	云南人口较少民族教育与人力资源开发研究	高梦滔	云南人口较少民族文化开发与保护研究	韩忠太
18	云南财经大学	云南对外金融合作研究基地	2009年	经济学	中国—东盟自由贸易区货币金融合作	胡列曲 王智勇 丁文丽	人民币区域化	曹远征 胡列曲 王智勇	西南边境金融安全	丁文丽 樊永勤 牟怡楠
19	西南林学院	云南森林资源资产管理及林权制度研究基地	2009年	管理学	森林资源资产评估及相关政策研究	罗明灿	集体林权制度配套改革研究	刘德钦	林业碳汇	文冰
20	云南艺术学院	云南非物质文化遗产研究基地	2009年	艺术学	非物质文化遗产保护理论与对策研究	傅永寿	民间美术与传统民间技艺研究	陈劲松	民俗文化表演研究	魏美仙
21	昆明学院	滇池（湖泊）流域生态文化研究基地	2009年	理学（生态学）	滇池（湖泊）流域生态文化基础理论研究	吴瑛	滇池（湖泊）流域生态文化应用研究	段昌群	湖泊流域生态文化教育模式及传播推广研究	罗明东
22	曲靖师范学院	云南城市文化研究基地	2009年	民族学与文化学	云南城市建设和城市文化基本关系研究	高小和	云南城市理念和城市文化风格塑造研究	张永刚	云南城市文化历史状态和发展流变过程研究	杨黔云
23	楚雄师范学院	彝族历史文化与社会发展研究基地	2009年	民族学	彝族历史问题研究	万永林	彝族民俗文化保护与传承研究	陈永香	彝族社会变迁与可持续发展研究	杨甫旺
24	红河学院	滇越合作研究基地	2009年	法学经济学文学	滇越经贸合作研究	屈燕林	中越跨境民族研究	卢鹏	越南语言与越南文化研究	何会仙
25	云南财经大学	云南省财税与公共政策研究基地	2010年	经济学	地方政府间财政关系研究	伏润民	地方政府公共产品的供给研究	高培勇	地方政府债务问题研究	马海涛
合 计										

教师队伍					重点学科及学位授权点			其他		
总人数	高级职称	中级职称	博士生导师	硕士生导师	重点学科数	博士学位授权点	硕士学位授权点	负责人	职务	职称
49	31	16	11	41	1	3	5	何明	院长	教授、博导
16	7	6	2	12	1	2	2	施惟达　李炎	主任，院长	教授，教授
11	9	2	3	9	2	1	1	段昌群	常务副院长	教授
26	21	5	8	18	4	1	2	张桥贵	副校长	二级教授
30	22	5	2	32	0	0	1	伊继东	校党委原书记	教授
65	52	13	0	5	1	0	0	孙学华	副院长	教授
47	32	14	8	34	1	1	6	杨保建	基地主任、首席专家、副校长，云南省人大常委会副主任	教授
31	26	5	5	17	1	0	1	姜润生	校长	教授
9	6	2	0	4	1	0	1	刘荣	主任 副校长	副研究员
77	65	12	46	48	3	2	2	林文勋	副校长	教授
30	21	11	7	15	1	3	5	肖宪	副校长	教授

奖励		交流与合作			
发行量	奖励名称及等级	参加国内学术会议	参加国外学术会议	国外长期学术交流	国外短期学术交流
1 000	教育部高校科研优秀成果奖（人文社科）（2项）；国家民委民族问题研究优秀成果奖（13项）；云南省第十三次社会科学优秀成果奖（10项）；云南省第十四次社会科学优秀成果奖（13项）	1 581	1 606	12	6
无	无	112	121	0	0
无	云南省自然科学成果二等奖；国家级教学名师奖；云南省教育功勋奖；国家级特色专业（2项）；国家级精品课程；国家级精品教材；云南省高等学校优秀教材；云南大学第十四届教学成果一等奖；云南省科技进步奖三等奖；云南省自然科学奖二等奖	23	1 607	7	42
无	云南省哲学社会科学优秀成果奖（5项）；国家民委人文社	410	160	1	3
800 1 000	云南省高等教育教学成果奖一等奖；云南省第十二次哲学社会科学优秀成果一等奖；云南省第十二次哲学社会科学优秀成果二等奖（2项）；云南省第十一次哲学社会科学优秀成果三等奖（4项）；云南省教育科研优秀成果奖三等奖；教育厅“2007年高校思想政治理论课教育教学‘五个一’活动”二等奖	431	0	0	0
无	省级优秀奖（2项）；省级二等奖（3项）；厅级优秀奖（5项）；地市级优秀奖；云南省第14届社科优秀成果奖	92	81	0	0
无	省级哲学人文社科一等奖（2项）；省级哲学人文社科二等奖（3项）；省级哲学人文社科三等奖（3项）；省级科技进步三等奖（4项）	710	103	5	65
无	无	65	143	7	15
1 500	省第十一次哲学社会科学著作三等奖；国家新闻出版总署第三届中华优秀音像出版物提名奖；大理州第四届社会科学著作二等奖	223	141	3	0
无	云南省第14次哲学社会科学优秀成果（专著）一等奖；云南省第14次哲学社会科学优秀成果（论文）二等奖；云南省第14次哲学社会科学优秀成果（论文）三等奖	320	95	0	4
无	云南省第十四次（2010年）哲学社会科学优秀成果二等奖；云南省第十四次（2010年）哲学社会科学优秀成果三等奖（3项）	270	59	1	3

科学研究					成果								
课题数	经费（万元）	国家级	省部级	其他	著作总数（部）	专著	译著	其他	论文总数（篇）	国外刊物发表	研究咨询报告	被采纳	举办刊物名称
48	374.9	6	22	0	3	3	0	0	52	2	0	0	《云南师范大学学报（哲社版）》
14	180	4	2	8	6	5	1	0	85	0	13	13	无
15	148.6	5	5	5	7	7	0	0	42	0	16	3	无
40	442.4	7	3	30	5	5	0	0	71	2	14	14	无
41	1660.05	3	22	16	4	4	0	0	124	0	2	1	无
14	95.2	0	14	0	4	4	0	0	8	0	6	1	无
45	421.5	8	28	11	14	11	0	3	183	2	8	8	《泛亚金融合作研究》
17	115.1	1	15	23	3	3	0	0	56	4	3	3	无
29	116.7	1	2	26	1	1	0	0	51	0	0	0	无
30	200	4	16	10	3	3	0	0	127	0	0	0	《旅游研究》
4	29.5	0	3	1	20	20	0	0	100	0	1	0	《美好的边疆城市》
32	139.035	3	5	16	5	5	0	0	63	0	0	0	《楚雄民族文化论坛》
19	65	3	8	9	5	5	0	0	10	0	0	0	《越南动态》
48	760	8	14	26	6	6	0	0	149	0	3	15	《财政政策研究》
983	9273.7076	198	571	403	429	370	7	52	3675	260	266	194	

学术团体

年鉴

2012

2011年度云南省社会科学界联合会工作综述

2011年，在省委、省政府的正确领导和省委宣传部的精心指导下，省社科联认真贯彻党的十七届五中、六中全会及省第九次党代会精神，按照中央和省委关于繁荣发展哲学社会科学工作的一系列要求，较好地履行了“桥梁纽带、组织协调、咨询服务、宣传普及”的重要职责，积极服务我省“两强一堡”建设的伟大实践，顺利召开了省社科联第四次代表大会，确定了今后5年的指导思想、发展目标和主要任务，选举产生了新一届委员会。

一是认真贯彻落实中央和省委有关精神。重点开展了建党90周年纪念大会、十七届六中全会、省第九次党代会等重要会议精神的学习活动。根据中央和省委的有关重要部署，组织社科界专家学者认真学习十七届六中全会《决定》，要求全省社会科学工作者充分认识和自觉履行光荣的职责使命，使哲学社会科学更好地发挥对文化大发展、大繁荣的支撑与引领作用。联合有关学会，在建党90周年、辛亥革命100周年之际，开展社科界的纪念活动，编辑出版文集并在云南日报理论版推出系列理论文章。

二是社团组织进一步壮大。做好学会集中年检和审批工作，指导省延安精神研究会、省民族学会等10个学会完成换届，指导省马克思主义大众化研究会、省社会心理学会等5个新学会筹备成立，新建省属社科学会党支部2个，至2011年底，省属社科学会增加到113家。楚雄州、临沧市、迪庆州分别召开换届大会，永胜、元谋、陇川、永德、镇康等县成立社科联，县级社科联由2010年底的24家增加到30家，县属学会获得新发展。

三是决策咨询服务水平进一步提高。省社科联及其所属团体会员单位密切联系云南改革发展的实际，组织开展了一系列课题研究和学术交流活动，提出了不少有价值的思路、建议，受到各级党委、政府和有关部门的高度重视。成功举办了云南社科专家迪庆行暨云南藏区经济社会发展战略研究大型调研咨询活动、云南省社科专家·新闻记者西畴行等活动，为地方经济社会发展出谋划策。以“云南‘十二五’开局：转变经济发展方式”为主题，在云南大学、云南财经大学、临沧市、保山市举办了第五届社会科学学术年会，涌现出一批质量高、影响大的研究成果，促进了学术交流与合作，年会首次在云南日报专版刊登专家观点摘编，并对入选年会论文进行评奖。启动了省社科联课题研究工作，重点针对云南发展战略有关重要问题，确定了4个重点课题立项并委托有关专家开展研究。创办了《社科界建言专报》并刊出14期，受到省领导的肯定和重视。

四是社科优秀人才和优秀成果进一步涌现。云南哲学社会科学创新团队建设是省社科联2011年首次实施的年度重点工作项目，得到了省领导的重视和省财政厅的支持，通过公开申报、有关单位推荐、省外同行专家评审和现场答辩评审，在46个申报项目中，确定了10个立项建设团队和5个培育团队。出版《云南文库·当代云南社会科学百人百部优秀学术著作丛书》第一批50部。完成了第十四次社科评奖的后期工作，组织开展了第十五次社科优秀成果评奖工作，经省评委会终评会议，评选出优秀成果157项，其中一等奖11项，二等奖35项，三等奖111项，评奖方法不断改进，评奖质量不断提高。

五是社科普及质量进一步提升。“云岭大讲堂”每周一讲，全年共举办45期，直接听众人数9 000余人次，二次传播听众人数约10 000人次，社会反响较好，影响力、辐射力进一步增强。组织部分省属学会参加“全国科普日”、“科普周”活动。争取专项经费用于社科普及基地的建设扶持，规范省级社科普及示范基地管理，新建省级科普基地9个。

六是学术阵地建设进一步巩固。全省哲学社会科学理论期刊健康发展，《学术探索》改月刊发行，在办刊工作中坚持正确方向，严把稿件质量关，2011年刊发文章被人大书报资料中心转载10

篇，被新华文摘转载2篇、论点摘编2篇、辑目9篇。完成《云南省志·社会科学志》修改，首次出版《云南社会科学年鉴（2008—2010）》，今后将每年出版发行一卷，使其成为发布我省社会科学研究领域的最新学术前沿成果、展示云南哲学社会科学整体进程的平台，成为记录和保存年度全省社科重大学术活动、重要学术事件、重点学术成果及人物的文献资料。

七是对外联络、信息调研工作力度进一步加大。组织我省社科学术交流团队，赴荷兰、丹麦、瑞典、德国、巴西、秘鲁等国培训考察，进一步拓展和深化了我省对外社科学术交流与合作。由省社科联主要领导带队赴安徽、浙江、上海和宁夏、新疆等省区市社科联进行工作调研，组织调研组到有关州市、县调研，形成了《云南省高校社科联建设调研报告》、《云南省县级社科联调研报告》。联合昆明、昭通、玉溪、楚雄、文山、版纳等6个州市社科联，在12个县区进行抽样调查，形成了《云南省公民人文素质调查报告》，为我省社科普及工作提供了第一手数据资料。抓好省社科联网站的改版工作，建立信息奖励机制，在全省社科联系统发展了近300名信息员，建立了近100人的社科咨询专家库。

2011年的工作虽然取得了一些成绩，但工作中还存在许多不足，主要表现在整合全省社科界力量，推动社会科学学科建设和学术发展的能力还不强，工作载体、内容、机制还有待创新，社科理论为党委和政府决策服务的水平有待进一步提高；省属学会发展不平衡，一些社团活力不够，创新乏力，社科联在发挥桥梁纽带作用，反映社科界的愿望和要求方面还有待改进；社科联组织建设尚需加强，高校社科联、县级社科联建设步伐缓慢，面临的人员和经费困难还比较大。对这些问题，我们一定要高度重视，在今后的工作中认真解决。

昆明市社科联

【科研工作】2011年，昆明市社会科学学术委员会将23个课题列入年度规划课题开展立项研究。按课题研究时限，完成评审、验收2010年度社科规划研究课题20项。编辑出版《昆明“重九”起义》、《纪念中国共产党成立90周年论文集》、《开启共和国之门》、《2009年度社科规划课题成果选》等专著，出版发行《昆明社会科学》双月刊6期。

【社科普及】2011年5月14日，参加全市在晋宁县郑和广场组织的“全国科普周活动”，开展了昆明历史文化研究的新成果“十大历史人物、十大历史建筑、十大历史事件”图片展。

【学会工作】认真贯彻落实《昆明市社会团体管理办法》，2011年，完成了全市33家社科学会年度检审工作；筹备成立了昆明市姓名文化研究会和昆明市网络协会；举办学会、协会、研究会秘书长培训班；组织召开昆明市第九届先进社科学会评选表彰活动，表彰先进学会12个，优秀期刊8个，优秀学会秘书长10人，先进工作者10人。

【机关建设】根据市委、市政府的要求，建成“昆明市社会科学界联合会”互联网站；实施机关科级领导干部竞争上岗任用报批工作；组织了7批10人次考察学习；在全国大中城市第二十二次社科联工作会议上评为“全国先进社科联”。

【大事记】

●2011年年初，昆明市社科联随昆明市行政中心搬迁至呈贡新区，现办公地址为昆明市呈贡新区锦绣大街1号（或春融街1号）市级行政中心7号楼，邮编：650500，电话：3165914。

昭通市社科联

【课题研究】昭通市社科联认真组织了市级课题的申报，共收到来自各领域、行业、县区的课题33个。经过专家初评、复评，有10个课题获得立项。市级课题的研究，调动了广大专家自觉投身于经济社会建设主战场的积极性和主动性，推动了哲学社会科学的繁荣与发展。

【学术活动】开展了“纪念中国共产党建党90周年、辛亥革命100周年”专题征文评奖活动，出版建党90周年专辑、《辛亥志士，护国英雄》。举办学术年会，为建设昭通“双向大走廊”融入成渝经济圈提供理论参考。

曲靖市社科联

【学术活动】围绕庆祝中国共产党成立90周年、纪念辛亥革命100周年等系列活动，曲靖市社科联协助市委宣传部、市委党校、曲靖日报社等单位，做好理论研讨、学术征文活动。

【课题研究】确定了“曲靖市低碳发展研究”课题，组织云南大学、曲靖师范学院有关科研人员进行调研，形成专题研究报告。

【课题研究】完成曲靖市第三次社会科学优秀成果评奖工作，共评选出获奖优秀成果38项。其中，一等奖4项，二等奖11项，三等奖23项。出版《2008—2009年度获奖成果汇编》。

玉溪市社科联

【课题研究】立项“玉溪‘文化和市’战略研究”重大招标课题和“玉溪农民专业合作社组织机制研究——以江川为例”、“玉溪承接昆明功能转移研究”、“滇中城市经济圈发展研究”等10个年度研究课题。

【大事记】

- 由社科联起草的《玉溪市哲学社会科学“十二五”发展规划》，经市委文件下发全市贯彻实施。
- 召开玉溪市第六次哲学社会科学优秀成果颁奖会，对52项获奖成果予以隆重表彰。
- 举办玉溪市古滇国文化研究会第六次学术研讨年会。

保山市社科联

【学术活动】承办“杨善洲精神研讨会”，围绕杨善洲同志的世界观、人生观、价值观、权力观、政绩观、群众观、生态观以及杨善洲精神形成背景、深刻内涵、时代价值、学习实践等方面进行了大会研讨，研讨成果汇编成《杨善洲精神研究》一书公开出版。2011年11月，精心策划，组织好云南省第五届社会科学学术年会保山专场，主题是“保山桥头堡建设·责任与创新”，专场设文化、交通、旅游三个专题研讨会。

【课题研究】完成“保山人口较少民族地区经济社会发展情况调查”及“保山边境地区边民与毗邻国边民通婚情况调查”、“综合服务型农民合作组织模式剖析”和“农业基础设施建设与现代农业发展”课题研究。

【社科机构】2011年1月21日，全省首家州市传媒研究机构——云南省社会科学院保山分院传媒研究所在保山日报社成立。

楚雄州社科联

【重点工作】由州社科联编制起草的《楚雄州哲学社会科学规划》，经州委、州政府审定，以州委办公室楚办字〔2012〕4号文件下发执行。楚雄州委组织开展贯彻落实党的十七届六中全会精神、加快推进民族文化强州建设调研活动，州委宣传部组织《创意楚雄》丛书重大课题调研活动；开展《楚雄州社会科学著作书目提要》普查编撰工作，全面系统反映楚雄州哲学社会科学界的学术成果和科研成果。

【社科刊物】强化《楚雄社科论坛》采、编、审管理，全年共编辑出版12期，刊发文章221篇，约200万字；编辑出版《2012年度楚雄州经济社会发展蓝皮书》，精心编印《社科理论视点》12期，州委书记张太原对第4期《解读杨善洲的权力观》作出重要批示。

【社科评奖】2011年，楚雄州第七届社会科学优秀成果评奖活动共收到申报参评成果215项，共评出48项，其中：荣誉奖3项、著作奖6项、论文奖39项。在州社科联第五次代表大会上州委、州政府对获奖成果进行了表彰。

【基层社科联建设】元谋县社科联召开第一次代表大会，双柏县研究出台成立县社科联的意见，楚雄师范学院筹备成立高校社科联。

红河州社科联

【社科评奖】完成红河州第二次哲学社会科学优秀成果评奖工作。共收集符合申报条件的144项成果，共评出一等奖4项（论文3项，著作1项），二等奖7项（论文5项，著作2项），三等奖16项（论文12项，著作4项）。

【课题研究】红河州哲学社会科学规划领导小组在州社科联设立办公室，开展哲学社会科学规划课题管理工作。对照指南开展了首次社科规划课题招标。共收到申报课题22项，经专家评审，共有6项课题获得红河州2011年度社科规划课题立项。

【社科刊物】《红河》杂志共出刊12期，向领导和各部门商约重点稿件16篇，与相关部门合作开设专栏6个，编印“建党90周年纪念专刊”、“中共红河州第七次代表大会专刊”专刊2期，登载文章170篇，图片400多幅，2011年7月，《红河》编辑部从州社科联划出，设立为州社科联下属的事业单位，核定了编制人员，《红河》杂志得到了进一步的提升发展。

文山州社科联

【重点工作】州社科联以座谈会、征文活动、专题巡讲等方式认真学习贯彻党的十七届六中全会精神，纪念建党90周年；组织开展了“全省社科专家·新闻记者‘西畴行’”活动，挖掘、弘扬“不屈不挠、艰苦奋斗、顽强拼搏、不畏艰难、自强不息、历经磨难、斗志弥艰、开拓创新”为主要内容的云南最典型的“大山精神”——“西畴精神”；参与原省人大副主任、省社科联王义明主席组织的“中华少年儿童慈善事业基金会在云南的25个边境县的少年儿童的健康成长项目”到文山州边三县开展调研；参与州委宣传部开展文化产业调研；参与省社科院调研组到部分县市就民生问题、经济结构调整、桥头堡建设、生态环境建设、区域布局和城乡统筹、兴水富滇和大通道建设、兴边富民等课题开展调研；完成“发挥人民群众在党风廉政建设和反腐败斗争中的积极作用”、“文山州第一批省级生态乡镇——小街镇访谈录”、“西畴花倮民族文化发展问题”等课题，编辑出版了《山野里的自留地》和《娥拜姆哈》两本专著。

【社科普及】组织完成云南省社科普及基地——“广南句町历史文化基地”项目的申报工作，并获准通过，填补了文山州无社科普及基地的空白。文山州开设“七乡文化讲坛”50余讲，听众上万人。

【学会工作】新成立文山州检察官协会、文山州老年群众广场文化协会、文山州老年传统健康文化研究会、文山州心理学研究会、文山州司法鉴定协会、文山州白族学会等6个学会。州属学会活动丰富多彩，州壮研会开展全州4 913个壮族村寨壮族文献资料古籍收集整理工作等。

【工作交流】2011年4月23—24日，与广西百色市社科联进行了学习交流活动。双方就社科普及、理论研究、学会管理等方面进行了座谈，并达成了共识，双方将在句町文化、壮族文化、东盟自由贸易区、旅游文化等方面开展联合攻关；10月14—20日，文山州社科联与昭通市社科联努力搭建州市间学会文化交流的桥梁，就地方民族文化、地方历史文化、学会工作等进行座谈交流。

普洱市社科联

【社科研究】完成了“普洱发展战略研究”、“对普洱市发展少数民族经济与加快脱贫致富的思考研究”、“普洱市茶产业发展研究”、“普洱市旅游业发展研究”4个社科课题。资助出版《普洱市社会主义核心价值体系研究》、《普洱市社会主义新农村建设研究》、《拉祜族哲学思想简史》、《那雷豪尼文化实证探究》、《中国古典说服艺术》等5部哲学社会科学学术著作和《夕阳红摄影画册》。

【学术活动】开展了庆祝中国共产党成立90周年论文征集活动。举办“妙曼普洱 养生天堂”论坛。

【学会管理】批准成立了普洱市地方志学会、普洱市小记者协会。开展达标学会建设，10个学会被评为先进学会。

西双版纳州社科联

【学术研究】启动了西双版纳州社科基金研究课题申报工作，确定了23个立项课题，作为2011年度社科基金资助项目。公开出版发行《桥头堡建设·西双版纳论坛》。

【大事记】

●州社科联编制完成了《西双版纳州哲学社会科学十二五研究和发展规划》编制工作，经州委、州政府同意，由“两办”印发。

●成立了“云南省社科院西双版纳科研与社会服务基地”。

●成立了州社科联党支部。

大理州社科联

【社科研究】围绕党委政府的中心工作和重大工作举措，加强决策应用研究，组织了一批社科专家和一线工作者，完成了26个社科理论课题，并将80万字的研究成果公开结集出版；社科联组织社科专家参与了《中共大理州委关于贯彻落实党的十七届六中全会精神加快建设民族文化强州的意见》的起草、修订工作；在州委、州政府的高度重视和支持下，在州委宣传部的统一领导下，与州文产办一道与省社科联、中山大学等单位和院校共同合作，编纂我州近年来较大的重要文化典籍——《大理白族村落影像文化志》。

【学会工作】除了对30个州属社科学会、协会、研究会进行常规管理外，经州社科联批准，新的学会相继成立并发挥作用。完成了大理州跨国公司促进会、州南诏史研究会变更事宜。大理州中共党史学会和大理州反邪教协会等新的社科团体相继成立，进一步壮大了大理州的社科团体的力量。

【社科普及】在大理电视台开办的社科人文讲坛《大理讲坛》也越办越好，影响越来越大，成为云南省的知名论坛栏目。协办第三届大理国际影会，成功策展《生活在大理——大理州十二县市摄影作品联展》,《大理的笑容》摄影展深受好评，圆满完成“魅力大理”摄影大赛作品评选及颁奖典礼。

德宏州社科联

【重点工作】组织召开全州社科理论界新春座谈会；组织专家学者到木康公安检查站开展采风活动，在全州社科界掀起了学习木康精神新高潮；举行庆祝中国共产党成立90周年座谈会。组织召开全州社科界学习胡锦涛总书记“七一”重要讲话精神座谈会。

【社科成果】2011年9月，由州社科联牵头，组织协调云南省社科院东南亚研究所、州委党校共同完成的《缅甸国情报告》一书出版发行。全书分为综合报告、2010—2011年度缅甸发展分报告、缅甸基础资料三部分，共19章，约33万字。2011年6月，省社科联与州税务学会共同完成“创新税收优惠政策，助力瑞丽试验区建设”课题研究，并荣获云南省2011年度税收论文一等奖。

【社科普及】丰富科普宣传载体，组织州级各学会、协会、研究会广大社科专家到乡村、社区、工厂、学校、军（警）营开展社科知识宣传普及、文艺演出、送温暖活动及支农助农等活动。2011年共组织学会开展征文、座谈、培训、宣讲、调研、咨询20场次，发放各类宣传资料2 000份，受益群众达5 000人次。开展网上科普活动，德宏社科网站共上传登发了1 000多篇（幅）科普信息及图片等，图文并茂、形式多样、简捷快速地展示和反映了德宏社科动态信息，受到了广大社科工作者的欢迎和领导的肯定。

【学术期刊】《德宏社会科学》为全州哲学社会科学工作者提供辛勤耕耘的园地，为德宏改革开放、全面推进桥头堡黄金口岸和瑞丽重点开发开放试验区建设重大理论和现实问题研究交流提供平台。县市社科联及一些学会相继创办了独具特色的社科学术刊物，如德宏州金融学会的《德宏金融调研》、德宏教育协会的《德宏教育》、德宏州警察协会的《德宏公安》、芒市社科联的《芒市论坛》、梁河县社科联的《今日葫芦丝之乡》、陇川县社科联的《目瑙纵歌之乡》、盈江县社科联的《话说盈江》和瑞丽市社科联的《今日瑞丽》，培育了一大批作者和读者群，拓展了研究、交流的平台，使社科学术期刊成为全州社科工作者的理论交流阵地和重要的参考资料。

【大事记】

●2011年11月6日至8日，成功组织举办2011中国亚太学会年会，27所大学和科研机构的100多位专家、学者共济一堂，深入交流学术领域的新成果，并结合德宏的发展机遇和挑战，提出了许多有建设性的意见、建议。

●2011年12月，德宏州社科联不断加强科普资源的整合，积极探索、构建社科普及传播平台，筹备创建了社会科学知识宣传普及工作网站。

●2011年12月，州社科联在德宏社科网站开设了德宏州哲学社会科学专家学者人才库，对专家学者实行了学科专业化、数字化、网络化管理，不仅做到专家进库，而且按学科梳理归类，极大地方便了对专家学者的信息查询。

丽江市社科联

【学术活动】开展丽江边屯文化专题调研，刊发了边屯文化建设专刊，得到广大读者的关注。

【社科评奖】丽江市第三届丽江市社会科学优秀成果评奖共收到申报 60 项，经委托省社科联组织省内知名专家进行评审，评出专著类 10 件，论文类 17 件，由市委、市政府进行了表彰。丽江市委书记王君正专著《区域旅游创新》、东巴文化研究院原院长赵世红主编《中国少数民族原始宗教经籍·东巴经卷》获省第 14 届哲学社会科学奖。

【出版资助】2011 年，首次哲学社会科学及重点文艺著作出版资助工作启动，共资助出版社科类、文艺类、特殊著作类作品 29 件。

【社科刊物】发挥《丽江社会科学》品牌优势，共编辑出版《学习贯彻市第三次党代会精神》专刊、《边屯文化建设研究》专刊、《建党 90 周年理论征文》专刊。

【大事记】

●2011 年 3 月至 6 月，开展“纪念中国共产党成立九十周年理论征文”活动，在 111 篇征文中评选出一等奖 2 名，二等奖 5 名，三等奖 9 名、优秀奖 16 名，获奖作品在《丽江社会科学》杂志以专刊形式刊载。

●2011 年 4 月 14 日，永胜县社科联召开第一次代表大会。

●2011 年 9 月 2 日，召开丽江社会科学界学习贯彻市第三次党代会精神座谈会。

怒江州社科联

【机关建设】2011 年初，经州委同意，怒江州社科联为独立设置机构，核定编制 6 人，为州委管理的正处级社会团体组织，人员参照《公务员法》管理。

【社科刊物】《怒江社会科学》紧紧围绕州委中心工作，结合各个时期的热点拓展办刊内容和领域，共编辑出版了 4 期共 38 万字，印数达 6 000 册，在宣传、推介怒江和提供决策参考方面起到了积极的作用，发挥了社科刊物在创先争优活动、学习型党组织建设以及学习杨善洲、邓前堆等先进典型中不可替代的作用，办刊质量不断提升，刊物亮点不断闪现，影响力不断扩大。

迪庆州社科联

【机关建设】2011 年 5 月 29 日，召开了州社科联第二次代表大会，全面总结了过去五年迪庆州哲学社会科学工作所取得的成绩和经验，部署了今后五年的工作。大会选举产生了州社科联第二届委员会委员、常务委员和主席、副主席，为社科联更好地履行职责提供了组织保障。

【社科活动】2011 年 9 月 19—26 日，举办了“云南社科专家迪庆行暨云南藏区经济社会发展战略研究”大型调研咨询活动，来自省内外科研机构和高等院校的 12 名知名专家学者以迪庆州实施“四州战略”，建设“四个家园”为主题，组成 4 个调研组，深入全州三县一区基层 50 余个调研点开展实地调研，经过为期 8 天的深入调研，取得了丰硕成果。

【社科刊物】《香格里拉论坛》杂志立足迪庆实际，着力为各级党委、政府决策服务，根据形势发展变化，择时更新栏目，博采众长，刊物的影响范围不断扩大，对宣传迪庆香格里拉发挥了重要作用。

临沧市社科联

【调研咨询】扎实开展“社科专家凤庆行”活动。临沧市社科联协调联系云南省绿色发展研究会专家调研组一行 4 人深入凤庆县对红花油茶资源、良种选育和产业发展现状进行实地调研，凤庆县委、政府与云南省绿色发展研究会签订《红花油茶产业建设合作备忘录》。

【机关建设】2011 年 11 月 22 日，召开了临沧市社会科学界联合会第二次代表大会，听取审议了临沧市社科联第一届委员会工作报告，选举产生了市社科联第二届委员会委员 35 名，常务委员 9 名，兼职副主席 5 名，主席 1 名。

【学术活动】2011 年 12 月 15 日至 16 日，以“临沧‘十二五’开局：加快科学发展，转变经济发展方式”为主题，举办了云南省第五届社科学术年会临沧分会场学术活动。主要形式为名家报告会、论文评奖和学会科普活动。

禄丰县社科联

【社科刊物】出版《龙城社科论坛》正刊 4 期、增刊 1 期，刊登各类社科文章 100 余篇。推出“解读十二五”、“纪念建党 90 周年”专题和“向杨善洲同志学习”增刊。

【学会管理】县社科联充分发挥党和政府联系广大社科工作者的桥梁纽带作用，理顺与学会之间的业务指导关系，建立了县社科联学会工作联席会议制度，实行学会年度工作考评，提高学会管理工作的科学化和规范化水平。

【社科研究】围绕县委、县政府提出的“强农、兴工、扩城、活商、固基、和谐”的工作重点，积极开展课题研究和调研。积极推荐优秀社科论文参加社科成果评选活动和学术年会征文活动，获楚雄州第七届社会科学优秀成果评奖三等奖 1 项。

【社科普及】抓好黑井省级科普基地建设和管理工作，深入挖掘盐文化内涵，充分发挥社科普及基地作用，以节庆活动和盐文化研究为中心推动文化旅游业发展，加快当地经济社会发展步伐，使基地成为社会科学理论为基层服务、基层建设依托科学理论创新发展的典范。

（云南省社科联　杨远梅）

2011 年度云南哲学社会科学创新团队

为进一步贯彻落实《中共中央关于进一步繁荣发展哲学社会科学的意见》（中发〔2004〕3号）、《中共云南省委关于繁荣和发展哲学社会科学的意见》（云发〔2004〕8号）文件精神，推进国家和云南省哲学社会科学“十二五”规划相关工作部署，云南省哲学社会科学工作委员会、省社科联着眼于加强哲学社会科学研究队伍建设，创新哲学社会科学人才培养模式，实践建设云南省哲学社会科学一流学科、一流队伍、一流成果、一流学术品牌的目标任务，于2011年启动实施了云南省哲学社会科学创新团队建设。实施这一工作，目的在于加速培养和汇聚一批我省优秀拔尖的哲学社会科学创新人才和创新团队，带动我省哲学社会科学研究队伍整体水平提高，进而促进我省哲学社会科学的繁荣和发展。

在省委、省政府领导的重视与关心下，得到省财政厅经费上的大力支持，2011 年度创新团队的申报评审工作于 8 月正式启动。此次申报评审共收到省社科院、省委党校、省内15所高等院校申请46项，涵盖15个学科，近500人参与，其中有200余名教授、近270名博士（后）。为做好本年度创新团队的遴选评审工作，省社科联党组作了精心安排部署，以确保各评审环节的公平、公开、公正，真正把此次申报的最优秀的团队推选出来。经过资格审核、初评、答辩评审最终评选出10个入选团队、5个培育团队，11月18日签订责任书、下拨经费后，创新团队建设正式启动。

实施我省哲学社会科学创新团队建设在我省社科界产生了强烈的反响，省社科院、省委党校、高校均严格按要求推出了各自单位优秀团队参评。专家学者们认为省社科联搭建的社科创新团队平台正逢中央、省委提出大力实施哲学社会科学创新工程，推进哲学社会科学学科体系、学术观点和科研方法创新之际应运而生，构建起了我省哲学社会科学出人才、出成果的又一新高地。

2011 年度云南哲学社会科学创新团队入选名单

序号	单　位	带头人	职　称	研究方向
1	玉溪师范学院	白碧波	研究员	云南濒危语言记录与研究
2	云南财经大学	汪戎	教授	云南省资源型产业升级与产业结构战略性调整
3	云南大学	杨先明	教授	西部发展与社会转型研究
4	西南林业大学	赵乐静	教授	云南林业低碳经济研究
5	云南大学	周平	教授	民族政治与边疆治理
6	云南大学	何明	教授	云南民族文化多样性的田野调查与民族志研究
7	云南大学	李炎	教授	民族文化产业研究
8	红河学院	杨六金	教授	云南国际哈尼/阿卡文化研究
9	云南师范大学	伊继东	教授	云南民族教育与边疆发展研究
10	云南省社科院	陈利君	研究员	云南面向南亚开放理论与实践

2011年度云南哲学社会科学创新团队培育名单

序号	单　位	带头人	职　称	研究方向
1	昆明理工大学	樊勇	教授	马克思主义基本原理的当代阐释
2	云南艺术学院	吴卫民	教授	云南戏剧与影视文化研究
3	西南林业大学	叶文	教授	云南生态旅游本土化与创新研究
4	云南大学	崔运武	教授	云南农村综合改革与社会管理创新研究
5	云南大学	刘稚	研究员	云南对外开放与周边安全研究

（本表注：按学科排序）

（云南省社科联　李　春）

2011 年度新成立的各州市县社会科学界联合会

丽江市永胜县社科联

根据丽江市委的指示精神，在丽江市社科联的精心指导和中共永胜县委的高度重视下，2011年4月14日，永胜县社科联召开第一次代表大会，经与会43名社科联代表大会代表共同努力，选举产生永胜县社科联委员21名、常委11名，县委宣传部副部长陈晓明同志当选为永胜县社会科学界联合会第一届委员会主席；严友智同志当选为永胜县社会科学界联合会第一届委员会专职副主席兼秘书长。县新闻办主任胡延平、县委党校副校长彭祖伟、县科协主席罗自生三位同志当选为永胜县社会科学界联合会第一届委员会兼职副主席。会议审议通过了《永胜县社科联章程》。省社科联副主席雷翁团、市社科联主席张建华到会指导并致辞，县四家班子领导参加了会议。县委常委、宣传部长乐文鹤在会上代表县委作了重要讲话，要求永胜县社科联要立足县情，用创新的精神推动永胜哲学社会科学的繁荣和发展，把社科联真正建设成社会科学工作者之家。

主　席：陈晓明

秘书长：严友智

楚雄州元谋县社科联

按照《楚雄州哲学社会科学“十一五”发展规划》要求，经元谋县委常委会研究，元谋县社科联于2010年6月4日正式成立，由县委宣传部副部长兼社科联主席。2011年12月5日，元谋县社会科学界联合会第一次代表大会召开，出席会议的正式代表80人、大会审议通过了《元谋县社科联章程》，选举产生了元谋县社科联第一届委员会委员35人，常委11人，主席1人，兼职副主席5人，秘书长1人。

元谋县社科联成立以后，团结和组织全县社会科学工作者，积极开展哲学社会科学学术研究活动，为县委、县政府决策服务，创办了社科联的理论刊物——《元谋社科》季刊，有力地促进了元谋县哲学社会科学事业的繁荣发展，为元谋经济社会又好又快发展作出了积极努力。

主　席：吴春富

秘书长：蔡首兵

临沧市永德县社科联

为进一步发展和繁荣全县哲学社会科学，2011年9月，中共永德县委办公室下发《关于印发〈永德县社会科学界联合会主要职责内设机构和人员编制规定〉的通知》（永办发〔2011〕68号）文件，对成立永德县社会科学界联合会主要职责、内设机构和人员编制作了规定。核定永德县社科联事业编制3名（人员管理参照公务员法）。其中主席1名（正科级），秘书长1名（副科级）。

2011年10月29日，召开永德县社科联第一次代表大会暨成立大会，选举产生了首届社科联领导班子，1名主席，3名副主席（兼职），1名秘书长。在中共永德县委宣传部指导下开展工作。永德县社科联成立以来，始终围绕县委的中心工作，着眼大局、站位大局、融入大局、服务大局，充分发挥“联”的优势，组织和引导全县广大社科工作者群策群力，紧紧围绕科学发展这个主题和加快转变经济发展方式这条主线，围绕构建“一区（基地）、两城、三带、四产业”的战略布局，主动融入，找准位置，使社科联的职能作用在县委、县政府的中心工作中得到体现，同时县委、县政府的中心工作又为社科联有声有色的开展工作、创造业绩提供平台。

主　席：李德源

秘书长：杨秋华

临沧市镇康县社科联

2011 年 12 月 29 日，镇康县社科联召开第一次代表大会，选举产生了镇康县社会科学界联合会第一届委员会委员 29 名，常务委员会委员 11 名，主席 1 名，兼职副主席 3 名。

镇康县社科联成立以来的主要工作归结为 28 个字，即“制订计划、争取编制、考查人员、联系社团、编辑期刊、编报项目、加强宣传”。

主　席：李　应

秘书长：赵贵荣

（云南省社科联　杨远梅）

2011年度新成立的云南省社科联所属学会、协会、研究会

云南省民俗学会

云南省民俗学会于2011年7月17日在昆明成立。是由云南省广大民俗文化研究爱好者、传播民俗文化的专家、学者和热心人士自愿组成的非营利性、地方性、学术性社会团体。是云南省社会科学界联合会的团体会员，学会现有个人会员55人。学会第一届理事会会长殷海涛，秘书长李丽全。

学会宗旨：团结云南各民族民俗文化研究爱好者，以马克思列宁主义、毛泽东思想、邓小平理论和“三个代表”重要思想为指导；遵守宪法、法律、法规和国家政策，遵守社会主义道德；树立社会主义法治理念，理论联系实际，客观、公正地开展研究论证民俗理论问题，为社会主义建设服务，为和谐社会建设服务，为建立具有中国风格、中国特色的社会主义文化和文明服务。

地址：昆明市湖畔之梦小区19栋1单元602室

邮编：650220

电话：13888086735

邮箱：ynsmsxh@163.com

云南紫陶研究会

云南紫陶研究会于2011年6月29日在昆成立，是由云南紫陶行业相关企业、单位及个人自愿组成的非营利性社团组织，是云南省社科联的团体会员。研究会现有个人会员120人，研究会第一届理事会会长李师程，秘书长马行云。

研究会宗旨：坚持邓小平理论为指导、坚持科学发展观、遵守国家法律法规、组织会员进行学术交流、艺术交流，让云南紫陶艺术这门传统的产业、伟大的发明、厚重的文化、悠久的历史、民族的工艺得以发扬光大，走向更大的辉煌、创造更大的财富。

地址：昆明市滇池路1112号（民族文化大观园17栋3楼）

邮编：650000

电话：13008686809

邮箱：845869778@qq.com

云南省八路军新四军抗日历史研究会

云南省八路军新四军抗日历史研究会于2011年12月28日在昆明成立。是由热衷于研究八路军、新四军抗日历史的专家学者及八路军、新四军的后代自愿组成的学术性社会团体。是云南省社科联的团体会员。研究会现有个人会员73人。研究会第一届理事会会长姜玲，秘书长谭启彬。

研究会宗旨：高举中国特色社会主义伟大旗帜，坚持以马列主义、毛泽东思想、邓小平理论和“三个代表”重要思想为指导，深入贯彻落实科学发展观，积极参与社会主义核心价值体系建设，深入研究宣传八路军、新四军和云南省各族人民抗日历史，弘扬以爱国主义为核心的铁军精神，为发扬人民军队的优良传统，为发展社会主义先进文化，为构建社会主义和谐社会贡献力量。

地址：昆明市穿金路3号

邮编：650052

电话：15559660999

邮箱：ynxsj3@163.com

（云南省社科联　谭启彬）

社科学术活动

年鉴

2012

各学科学术活动

马克思主义理论

【艾思奇铜像落成典礼暨推进艾思奇与马克思主义大众化研究工作座谈会】2011 年 3 月 22 日上午，艾思奇铜像落成典礼暨推进艾思奇与马克思主义大众化研究工作座谈会在云南大学呈贡校区举行。这一系列活动，是进一步弘扬艾思奇同志研究宣传马克思主义的精神风范，深入推进马克思主义大众化研究，加强党的创新理论宣传普及、建设学习型党组织和学习型社会的重大举措。

【昆明市社科联、昆明市哲学科学社会主义学会举办理论研讨会】为深入贯彻落实昆明市委九届七次全会（扩大）精神，努力把昆明建设成为我国面向西南开放的区域性国际城市，昆明市社科联、昆明市哲学科学社会主义学会于 2011 年 5 月 5 日联合召开了“加快建设中国面向西南开放的区域性国际城市”理论研讨会。昆明市社科联主席杨芳、昆明市委党校副校长王波出席了会议。云南大学、云南财经大学的有关专家、昆明市各社科学会的会长、秘书长、昆明市哲学科学社会主义学会全体理事及部分会员共 90 余人参加了研讨会。会议共收到参会论文 50 余篇。各位专家从不同的侧面、不同的视角，深入探讨了我市加快建设面向西南开放的区域性国际城市的理论与实践问题。

【云南省延安精神研究会召开理论研讨会】2011 年 6 月 26 日，省延安精神研究会在昆明召开理论研讨会，热烈庆祝中国共产党成立 90 周年。省政协副主席、省延安精神研究会首席顾问王学智出席会议并讲话，省老领导、省延安精神研究会会长吴光范出席会议。本次研讨会收到 230 多篇论文。全省 120 多位论文作者代表及各州市延安精神研究会负责人在论文和会议交流中，总结了中国共产党 90 年来在推进马克思主义中国化、推进马克思主义学习型政党建设等方面的基本经验，探讨了延安精神与杨善洲精神的内涵和时代价值，以及弘扬延安精神与杨善洲精神、推进党的建设的思路和措施。

【云南省杨善洲精神理论研讨会】2011 年 10 月 12 日下午，云南省杨善洲精神理论研讨会在杨善洲家乡施甸县召开。会议总结交流杨善洲精神研究成果，研究如何进一步弘扬杨善洲精神，把向杨善洲同志学习活动向更深层次推进。会议称，要深入挖掘和研究杨善洲同志一辈子信念坚定的品格，深入研究杨善洲同志的成长规律和实践历程，要结合转变作风服务群众研究杨善洲精神，找准服务人民的着力点。要深入分析当前我省及党员干部队伍建设中存在的差距和问题，积极探索新形势下改进党员干部教育的办法和措施，探索培养造就杨善洲式的好党员、好干部的正确途径，结合全省改革发展大局研究发扬杨善洲精神，为加快“两强一堡”建设提供坚实的人才支持。

【2011 年云南省高校统战工作联席会】由云南省委统战部、省委高校工委联合主办，昆明理工大学承办的 2011 年云南省高校统战工作联席会暨第二届云南省高校统战工作理论研讨会于 10 月 21 日至 22 日在云南江川召开。省委常委、省委统战部部长黄毅出席会议并作重要讲话，省政协副主席罗黎辉，省委统战部副部长、省社会主义学院党组书记苏红军，省教育厅副巡视员张国华，昆明理工大学党委书记何玉林，昆明理工大学党委副书记、校长周荣，副书记孙书行及玉溪市委相关领导，我省部分高校领导等出席会议。参加会议的还有全省高校统战工作部门负责人，部分征文作者等 100 余人。

【云南省纪念中国共产党成立 90 周年理论研讨会】本次研讨会的指导思想是：全面贯彻党的十七大和十七届一中、二中、三中、四中、五中全会精神，高举中国特色社会主义伟大旗帜，以马克思列宁主义、毛泽东思想、邓小平理论和“三个代表”重要思想为指导，深入贯彻落实科学发展观，唱响共产党好、社会主义好、改革开放好、伟大祖国好、各族人民好的时代主旋律，激励全省各族人民紧密团结在以胡锦涛同志为总书记的党中央周围，进一步改革开放，推动科学发展，促进社会和谐，着力实施“十二五”规划战略部署，全面推进党的建设新的伟大工程，为夺取全面建设小康社会新胜利、开创中国特色社会主义新局面、实现中华民族伟大复兴而不懈奋斗。

云南省哲学社会科学界召开了纪念中国共产党成立90周年理论研讨会，会议共收到论文200余篇，通过初步筛选和论文评审专家组的两次评审，共评出优秀论文40篇，汇编成了《纪念中国共产党成立90周年优秀论文集》。纪念中国共产党成立90周年理论研讨会是全省纪念建党90周年的一项重要活动，得到了全省理论工作者和实际工作者的热情响应和积极参与。专家学者们坚持理论联系实际，紧紧围绕党的历史、党的建设、党领导下的统筹城乡发展实践等主题开展理论探讨和经验总结，形成了较为丰硕的研究成果，充分表现了高度的政治责任感和积极探索的精神风貌。

【纪念辛亥革命·重九起义100周年研讨会】2011年9月28日，由昆明市政协、红云红河烟草（集团）有限责任公司主办，昆明市社会科学界联合会、昆明市云南陆军讲武堂研究会和云南近代史研究会承办的“昆明市纪念辛亥革命·重九起义100周年研讨会”在昆举行。来自全国、省、市的近代史研究专家学者从不同角度，对辛亥革命暨重九起义进行广泛而深入探讨。有关专家学者、重九起义革命志士后裔、省市相关部门负责人等100余人参加。本次研讨会共收到70多篇研讨论文。参加研讨会的专家、学者从多层次、多角度探讨辛亥革命特别是重九起义的历史史实、有关人物、历史作用、历史地位、精神实质、文化内涵，特别是对推动昆明经济社会发展的重要意义等问题，具有鲜明地域特色。

本次研讨会是昆明市纪念辛亥革命暨重九起义100周年系列活动的一项重要内容。系列活动包括召开昆明市各族各界纪念辛亥革命暨重九起义100周年大会，举办辛亥革命·重九起义图片展览，辛亥革命电影、电视剧、纪录片及图书宣传展映，出版发行《昆明重九起义》专门书籍和《辛亥革命·重九起义》纪念邮册。

【南社与辛亥革命两岸三地学术研讨会】为纪念辛亥革命100周年，南社与辛亥革命两岸三地学术研讨会2011年10月27日在昆明举行。来自海内外的120余名专家、学者参加会议，共同总结探讨了南社与辛亥革命的历史及意义。

民革中央副主席、全国政协常委、副秘书长修福金，中国文联副主席、中国作协副主席丹增，省人大常委会副主任、民革云南省委主委杨保建，中国社科院名誉学部委员、中国作协原副主席、中国南社与柳亚子研究会会长张炯出席研讨会。南社被称为“辛亥革命的宣传部”，在辛亥革命中发挥了重要作用。云南南社研究会成立于1993年8月，为研究辛亥革命和南社历史、弘扬传统文化、促进海峡两岸和海内外中华儿女的文化交流做了大量工作。此次纪念辛亥革命100周年，南社与辛亥革命两岸三地学术研讨会是一次高规格、高层次、高水平的学术研讨会，会议收到学术论文60多篇。

【2011年云南省哲学学会、省高校政治思想理论课教学研究会】2011年11月18—21日，由云南师范大学与中共德宏州委宣传部承办、中共德宏州委党校、云南人民出版社、德宏州社科联、德宏高等师范专科学校、德宏职业技术学院协办的云南省高校思想政治理论课教学研究会与云南省哲学学会在德宏州芒市召开。参加本次会议的有云南师范大学、云南大学、云南民族大学等省内高校从事哲学思政理论研究的近80名专家学者，此次会议共收到学术论文50余篇。与会专家学者对哲学相关理论问题、桥头堡建设、马克思主义中国化、时代化、大众化在云南的具体实践等问题进行了深入的探讨。

（云南师范大学　刘化军）

党史党建

成立杨善洲精神研究会，是云南省委贯彻落实胡锦涛总书记等中央领导同志关于向杨善洲同志学习的重要指示精神的重要举措，旨在深入发掘杨善洲精神的深刻内涵，全面构建杨善洲精神的价值体系，不断弘扬杨善洲精神的时代风尚，大力传承党的优良传统和作风，为巩固和深化向杨善洲同志学习活动成果，让杨善洲精神代代相传、永放光芒提供理论支撑和持久动力。中共中央政治局委员、中央书记处书记、中央组织部部长李源潮，时任云南省委书记白恩培，时任云南省委副书记、省长秦光荣，时任云南省委副书记李纪恒等，分别对成立杨善洲精神研究会作出重要批示，对杨善洲精神研究会的工作提出明确要求。杨善洲精神研究会成立后，开展了向社会广泛征集杨善洲同志珍贵史料、创办会刊、建立研究会网站和杨善洲网上纪念馆、课题研究、编写《杨善洲精神研究》一书的顶层设计以及自身建设等工作。

全省各州市党委组织部分管副部长，部分党建专家和研讨论文作者，省委组织部、省委深入开展创先争优活动领导小组办公室、省党建研究会及其机关、高校、国有企业党建研究专业委员会负责人等共60多人参加会议。会议回顾了90年来中国共产党自强不息的光辉历程，展示了90年来云南党的建设取得的巨大成就，讴歌了云南省各级党组织和广大共产党员在不同历史时期作出的突出贡献，交流总结了党建工作经验，研究探讨了党建特点规律，进一步把握了党中央关于党建工作的总体目标、重要部署和要求，明确了今后一段时期党建研究的工作任务及重点。

【庆祝中国共产党成立90周年系列活动】省委党史研究室与省直机关五部委会签发了云南省《关于认真组织学习宣传〈中国共产党历史〉第二卷的通知》和《关于在全省党员、干部、群众和青少年中开展中共党史学习教育的通知》；与省委宣传部联合编写党史党建口袋书《党在我心中》，并用汉语和12种少数民族文字印刷出版，向全省10余万各族干部群众发放；与省委宣传部共同筹办“云岭楷模风采录”大型图片展，20余万党员干部和各界群众参观，并将展览制作成宣传挂图和画册广泛发放；协助省级各主要媒体开设《云岭楷模风采录》专栏，宣传了90位共产党员的先进事迹；与省委宣传部、省委学习型党组织建设工作领导小组办公室联合主办了“党在我心中——云南省纪念中国共产党成立90周年知识竞赛”，全省120余万人参与；在《云南日报》开设纪念建党90周年专栏——“云岭高原红色纪录”；协助云南电视台新闻中心在《云南新闻联播》中推出大型系列报道《云岭红旗飘》栏目；与省委组织部等单位联合摄制了10集大型电视纪录片《云岭丰碑》。

在庆祝中国共产党成立90周年系列活动中，全省各级党史部门共组织以唱红歌为主要内容的文艺汇演45场；编撰出版党史图书112本；开展革命传统主题教育活动83场；组织纪念征文活动57次；组织党史知识竞赛32场；举办党史图片展66场；组织演讲比赛21场；在报刊、电视台、广播电台开辟专栏47个；在各类报刊发表文章364篇；拍摄电视专题片35部；组织党史宣讲191场；组织纪念座谈会71场。

（中共云南省委党史研究室　王东立
云南省中共党史研究会　秘书处）

哲　学

【中国价值哲学研究会2011年年会】8月11日至12日，中国价值哲学研究会2011年年会在云南师范大学召开，此次会议由云南师范大学社会发展学院承办，会议主题为“社会主义核心价值体系与中国社会发展”。参加会议的还有中国政法大学、中国人民大学、北京师范大学、南开大学、武汉大学、中国社会科学院、苏州大学、云南大学、昆明理工大学、云南师范大学、中国人民大学书报资料中心、青岛社科院、中共山东省委党校、《中国教育报》、《法制日报》等省内外高校、科研机构、媒体单位共30余家。会议期间，共收集论文30余篇。会上，来自全国的26位专家围绕会议主题作了专题发言。中国价值哲学研究会会长李德顺围绕“社会主义核心价值与当代普世价值”，华侨大学许斗斗教授以“科学价值观”为主题，云南师范大学杨纪武教授就“民族文化与核心价值的关系”分别作了发言交流，并进行了热烈的讨论，促进了思想的交流与启迪。

【海峡两岸“中西哲学与文化多样性”学术会议】5月4—5日，由中国人民大学、辅仁大学、云南民族大学联合主办的“海峡两岸‘中西哲学与文化多样性’学术会议”暨“人大—辅仁大学”学术论坛在昆明召开。来自台湾辅仁大学、中国人民大学、云南民族大学、云南师范大学、云南大学、昆明理工大学等高校的五十余位学者共聚一堂，畅谈“中西哲学与文化多样性”这一时代议题。大会由云南民族大学副校长张桥贵教授主持，云南民族大学党委书记甄朝党教授、中国人民大学校长助理、哲学院院长郝立新教授、台湾辅仁大学哲学系主任陈福滨教授、云南省哲学学会王展飞先生分别在开幕式上致辞。中国人民大学哲学院葛晨虹教授、云南民族大学孙虤瑭教授分别作了精彩的大会主题发言。此次会议共持续两天，收到会议论文42篇。内容涵盖：东西哲学与文化研究、中国哲学、文化多样性、宗教研究、西方哲学研究、伦理学研究等六大领域。中国人民大学哲学院由郝立新院长、党委书记葛晨虹教授、副院长干春松教授带队，共有二十余位学者出席本次大会。

【云南省哲学学会、高校思政课教研会2011年年会】11月18日至21日，云南省哲学学会、高校思政课教研会2011年年会暨桥头堡建设研讨会在德宏州芒市举行，会议由云南师范大学与中共德宏州委宣传部承办。此次会议的主题为哲学相关理论问题研究、桥头堡建设研究、马克思主义中国化、时代化、大众化研究。来自全省多所高校的马克思主义理论研究专家、教师代表和教育厅相关人员近两百人参加了会议。云南省哲学学会会长王展飞教授、中共德宏州委领导、德宏师专领导、省高校工委领导等出席并发表讲话，大会由云南师范大学陈路教授主持。

（云南省社会科学院　谢青松）

经济学

【少数民族地区经济社会协调发展国际学术研讨会】5月15日至17日，由云南民族大学经济学院和民族研究所联合主办的“少数民族地区经济社会协调发展国际学术研讨会”在云南民族大学召开。来自中国社会科学院经济研究所、中国人民大学、挪威贝尔根大学等20多位的专家学者参加了本次研讨会。

本次研讨会就少数民族地区经济及社会协调发展问题进行研讨，20余位专家学者围绕“社会资本和农村发展”、“案例研究的特点与设计：从方法视角地靠民族地区的经济学研究”、“少数民族萨满文化区域特征分析——西北与西南的现状比较”等话题作了发言。

与会专家认为，云南省具有气候多样性、民族多样性和文化多样性的特征，但由于基础薄弱，发展不平衡、不协调等问题仍然存在。在云南省研究少数民族地区经济社会协调发展模式，有针对性、代表性，有重要的学术价值和学术指导作用。

【西藏和四省藏区跨越式发展学术研讨会】6月25日至27日，由云南民族大学和中国藏学研究中心联合举办的“西藏和四省藏区跨越式发展”学术研讨会在云南民族大学召开。来自中国社科院、中国藏学研究中心、中央民族大学、四川大学、西南民族大学、中南民族大学等40位专家学者参加了本次会议。

会议指出，改革开放以来，在中央政府的重点扶持和全国各地的大力支援下，西藏和四省藏区经济、社会、文化得到了前所未有的繁荣和发展。2010年1月中央举行第五次西藏工作座谈会，将推进跨越式发展和长治久安确定为西藏工作的主题，同时将四川、云南、甘肃、青海四省藏区经济社会发展纳入西藏工作的范畴，并制定了一系列维护西藏和四省藏区社会稳定、促进西藏和四省藏区经济与社会发展的政策。本次会议的成果，对促进西藏和四省藏区实现跨越式发展必将起到积极的作用。

开幕式后，大会进行了主题发言，内容涉及藏区跨越式发展的模式、藏区发展与生态保护、国外藏学研究现状、藏区的城镇化问题、宗教与跨越式发展。

【第二届西南论坛】9月23日至24日，由云南大学国际关系研究院、新加坡国立大学东亚研究所、云南卫视新视野联合举办的第二届西南论坛在云南大学召开。约500人参加了本次论坛。

此次论坛以“21世纪的中国边疆治理与发展”为主题，探讨了当代中国边疆地区的治理和发展、当代中国边疆问题中的政治、民族、宗教和外部因素以及中国历代边疆治理与发展的经验和教训，针对性地提出相关的战略和政策，最后探讨了桥头堡建设和云南的对外开放和次区域合作，加快云南企业“走出去政策”。论坛邀请了新加坡国立大学东亚研究所所长郑永年教授、中国社科院国际学部主任张蕴岭教授、云南大学副校长林文勋等海内外学术机构的诸多专家教授，专家教授们分主题分阶段地进行学术探讨，各种学术思想交织碰撞。

【全国高等学校城市规划专业指导委员会2011年会】10月13日，由云南大学承办的全国高等学校城市规划专业指导委员会2011年会在昆明召开。来自大陆、香港和台湾地区90余所院校的200余名专家学者参会。2011年3月，城乡规划学正式被单列为一级学科，此举标志着城市规划在今后的城市建设和发展中的作用将日益重要。本次年会会期三天，以“规划一级学科，教育一流人才”作为中心议题，围绕新形势下的城市规划教育改革展开讨论。同时，为提高全国高等学校城市规划专业的教学水平和加强各院校间的交流，本届年会继续进行课程作业（设计课程、调研报告）及教师教研论文的交流评优活动，并对优秀课程作业和论文给予了表彰和奖励。年会期间，与会专家学者还将参观昆明市城市规划建设的新成就张官营城中村改造和小“三山一水”城市格局。

【云南省社会科学第五届（2011）学术年会】11月21日，云南省社会科学第五届学术年会在云南财经大学举行。本次年会主题为“云南‘十二五’开局：转变经济增长方式”。

张宇燕研究员作了题为“主权债务危机与世界经济”的主旨演讲。他从“债务危机”入手，介绍了部分发达国家在主权债务危机的泥潭中挣扎的现状，分析了债务危机的影响及历史中的债务危机，探讨了化解债务危机的传统途径、治理债务危机的药方，并对危机中蕴藏的机会，美国经济的现状与走势，世界经济趋势、经济增长等方面进行了详细的阐述。

建工集团董事长、党委书记纳杰，MBA教育学院院长纳鹏杰分别作题为《转变云南经济发展方式：企业（集团）转型与升级》、《中国投资水平研究——关于经济增长质量的思考》的主题报告。郭凯峰、张丽华、高文、邹彦平、雷扬、陈红、冯忠明、杨国辉等8位学者作了发言。

【云南论坛·2011】12月24日至26日，以“桥头堡建设与云南经济社会科学发展”为主题的第六届云南论坛在云南民族大学举行，规模约300人。“云南论坛”是我省理论和实际工作者研究和探讨云南经济社会发展问题的高级学术论坛，旨在构建起云南学术界为地方经济建设服务、为政府及企业提供决策咨询服务的平台和机制，自2006年开始已成功举办了五届。

本届论坛以科学发展观为指导，贯彻落实云南省委提出的“桥头堡”发展战略及将云南全面建成“全国民族团结进步繁荣发展示范区”的新要求，围绕云南少数民族和民族地区经济社会发展的总体要求，积极探讨如何促进民族团结、加强少数民族和民族地区发展发展，转变经济发展方式，促进经济结构调整。

本届论坛充分展现了云南学术界的责任和担当，具有鲜明的时代特征。宗旨是进一步发挥学术界为地方经济社会发展服务，为政府及企业提供决策咨询服务的重要职能作用，进一步促进大学、院所与政府、企业的互动与合作。

【第二届滇池泛亚股权投资高峰会】12月16日至17日，由云南省基金协会、云南省投资控股集团有限公司共同主办的2011（第二届）滇池泛亚股权投资高峰会在昆明举行。

中国房地产开发集团理事长孟晓苏，第十一届全国政协委员、中国高新技术产业开发区协会张景安，中国银行证券首席总裁顾问左小蕾，中国股权投资基金协会副会长、北京股权投资基金协会会长方风雷，云南省人民政府金融办公室党组书记、主任刘光溪，云南省投资控股集团有限公司董事长、党委书记保明虎，富滇银行股份有限公司董事长、党委书记夏蜀等出席了本次大会。

本届滇池泛亚股权投资高峰会以打造曲区域性国际金融中心，助推国家桥头堡建设为主题。云南省人民政府金融办公室主任刘光溪表示，这次盛会的举办是为了认真贯彻落实我们省关于超常规的发展，作为破解云南融资的出破口，也是坚持贯彻关于抓投资、抓项目、抓产业投资，抓项目支撑的会议，也是为了进一步打造昆明的区域性一次金融形活动，成为助推国家桥头堡建设的一项具体措施。

（马　勇　郭凯峰　李　红）

统计学

【“中国统计学家”学术研讨会】2011年8月1–4日由云南大学数学与统计学院主办的“中国统计学家”学术研讨会在云南大理召开，国内各大院校23位专家学者出席会议，有20位统计学者作了学术报告。

（云南财经大学　李兴绪　白海涛）

人口学

【中国/联合国人口基金老龄项目启动会在滇举行】云南日报2011年11月10日发布消息，发布了《中国/联合国人口基金老龄项目启动会在滇举行》报道，本次会议由联合国人口基金、全国老龄办主办，省老龄办承办，联合国人口基金驻华代表处、国家发改委、商务部、全国老龄办等有关负责人参加会议，会议对中国/联合国人口基金第七周期老龄项目作了介绍，对老龄事业发展“十二五”规划的执行工作思路作了说明，云南等项目省份进行了人口老龄化情况通报和老龄工作经验的交流。

【云南省人口科学论文征集活动】2011年9月，云南省人口和计划生育委员会、人口学会联合发文，通报了2010年10月组织的“云南省人口科学论文征集活动”评选结果，“人口流动的‘嘉益’分析”等94篇论文分获一等奖、二等奖、三等奖和优秀奖。此项活动由云南省人口计生委、人口学会组织，旨在推动云南各界人口科学理论与研究工作的繁荣进步，探索统筹解决人口问题、实现人口均衡发展。活动得到了全省各界的积极响应，云南省人口学会组织专家对征集到的论文进行了初评、复评和终评，由云南省人口和计划生育委员会、省人口学会进行通报表彰。

【云南省扶持人口较少民族发展工作会议】2011年11月12—14日，云南省扶持人口较少民族发展工作会议在景洪市召开，会议强调，要坚定信心，整合资源，加大投入，促进人口较少民族聚居区实现跨越发展，实现各民族共同团结进步、共同繁荣发展。

【云南省人口计生系统贯彻“农转城”实施办法会议】2011年11月18日，云南省人口与计划生育委员会召开了“云南省人口计生系统贯彻‘农转城’实施办法会议”，会议传达学习云南省委、省政府召开的全省“加大城乡统筹力度促进农业转移人口转变为城镇居民工作会议”精神，部署加大农民转居民涉及人口计生部门应落实的有关工作。提出了人口计生系统贯彻“农转城”工作作为“政治任务来抓”、“加大宣传，制定措施”以及“与人口计生政策衔接”等三方面的要求。

（云南大学　晏月平　吕昭河）

法　学

【第四届中国高校人权教育年会】2011年10月28日至30日，由云南大学法学院、瑞典罗尔·瓦伦堡人权与人道法研究所、挪威人权研究中心及丹麦人权研究所共同举办的第四届中国高校人权教育年会在昆明举行。来自罗尔·瓦伦堡人权与人道法研究所、挪威人权研究中心、丹麦人权研究所及国内60多所高校的专家学者共100多人出席了年会。

本次年会旨在强化中国高校法学院的人权教育，为各高校教师提供开设人权课程所需要的专业知识和技能，以及鼓励与加强中国各高校法学院在人权教育和研究领域的交流与合作。年会的内容集中于中国高校人权教育有关的横向知识交流、网络化合作以及最新发展趋势。云南大学校长何天淳在开幕式上致辞，他对会议的召开表示热烈祝贺。他表示，今年国务院将制订《国家人权行动计划（2012—2015年）》，中国政府对人权事业高度重视，高校的人权教育也成为中国人权事业发展的一个重要组成部分，并在人权理论、知识和信念的传播方面起着举足轻重的作用。本次年会的召开将有利于国内高校进一步开展人权教育和相关领域的探索和研究，对中国的人权事业发展起到积极的促进作用。

【云南大学法学院与河内法律大学共同举办第四届中越法律研讨会】2011年8月20日至23日，由云南大学法学院与越南河内法律大学共同主办的第四届中越法律研讨会在昆明举行，中越双方50余名代表参加了研讨会。该研讨会是云南大学法学院与越南河内法律大学合作的一项重要内容之一，此前已分别在昆明、河内成功举办三届。

本次研讨会的主题是“行政许可及行政处罚法律问题研究”，我校法学院行政法学教师提交了《中国行政法治的发展概况》、《中国行政处罚程序解析》、《行政许可的性质之反思》、《我国行政处罚听证制度研究》等15篇论文。法学院还邀请了云南省法制办负责人作了题为《深化行政审批制度改革相关问题研究》的主题发言。越方代表提交了《越南行政违法处罚程序》、《越南〈行政违法法令〉中规定的行政处罚权》、《越南法律关于对未成年人实施行政处罚的规定》、《中国〈行政处罚法〉的经验》等11篇论文。双方所提交的论文内容涉及行政许可及行政处罚等方面的问题。

【2011年中国国际私法学会年会】2011年11月19日至20日，中国国际私法学会2011年年会暨《涉外民事关系法律适用法》实施学术研讨会在昆明云南滇池温泉花园国际大酒店隆重开幕。本次会议由中国国际私法学会主办，云南省高级人民法院与云南大学法学院承办。本次会议的主题为“《涉外民事关系法律适用法》施行的相关问题研究”。

本次年会实际到会近200人，提交交流论文近140篇。来自两岸的专家、学者齐聚一堂，在为期两天会议中，围绕《涉外民事关系法律适用法》颁布实施后的相关问题从理论与实务方面展开深入细致的讨论与交流，讨论内容涵盖《涉外民事关系法律适用法》评析、《适用法》一般规定、国际统一实体法、婚姻家庭、海事、物权、债权、诉讼与国家豁免、仲裁及其相关问题的研究，基本体现了当前国内学者及司法工作者从事《涉外民事关系法律适用法》研究的焦点和特色，也有助于为中国的国际私法理论研究与法律实践提供有用信息和智力支持。

【中国法律史学年会】2011年10月15—16日，由中国法律史学会主办，中国人民大学法学院和云南大学法学院承办的“中国法律史学会2011年年会”在昆明隆重召开，本次年会的主题是“辛亥百年与法制变迁”。一百年前，辛亥革命随着武昌起义的一声枪响拉开序幕，中国人民推翻了封建专制制度，建立了民主共和国，为近现代法制变革孕育了土壤。来自中国社会科学院法学所、中国人民大学法学院、北京大学法学院、清华大学法学院、云南大学法学院和韩国庆北大学法学院等一百余位知名学者汇聚一堂，进行学术交流与讨论。15日下午、16日上午，年会学术讨论正式展开。四个分论坛围绕“辛亥百年与法制变迁”的总主题，从“辛亥前期的法制变迁”、“辛亥百年的法制观念”、“辛亥百年的立法司法”、“辛亥百年的宪政历程”四个角度进行深入的学术交流与探讨。

【第七届中国宪法学基本范畴与方法学术研讨会】2011年8月24日，由中国人民大学宪政与行政法治研究中心、云南大学法学院和浙江大学公法与比较法研究所共同主办的“第七届中国宪法学基本范畴与方法学术研讨会”在云南大学法学院报告厅举行。来自中国人民大学、云南大学、清华大学、中国青年政治学院、首都师范大学、上海交通大学、武汉大学、复旦大学、中南财经政法大学、山东大学、浙江大学、厦门大学、南京财经大学、中央民族大学等高校的30余位学者参加会议。本届研讨会共分四个单元，主题分别是“中国制宪史相关范畴”、“国家机构、基本制度相关范畴”、“基本权利相关范畴及其审查方法”以及“解释理论篇”，共有10篇主题发言、12位学者发言。中国人民大学法学院院长、中国法学会宪法学研究会会长韩大元教授主持会议，云南大学法学院院长陈云东教授在开幕式上致辞。会议期间，陈云东院长还与到昆明参加第二届中日宪法论坛的日本公法学会会长、明治大学教授高桥和之等5位日本学者座谈，推进了双方的合作和交流。

（云南大学　米　良）

国际问题研究

【“中国—南盟国家人文交流”国际研讨会】2011年7月26—27日，由中国国际问题研究所和云南省社会科学院共同主办的“中国—南盟国家人文交流”国际研讨会在昆明召开。来自8个南盟国家的高层官员及学者与来自中国外交部、中国国际问题研究所、北京大学等10余家国内南亚研究资深机构和相关政府部门的学者与官员在此次研讨会上，就南亚区域合作进程回顾与展望、中国南盟务实合作成就与挑战、加强中国南盟人文合作途径与思路等议题进行了讨论和交流。

【首届“中国与印度洋地区共同发展”国际研讨会】2011年12月20日，由云南财经大学印度洋地区研究中心举办的“中国与印度洋地区共同发展”国际研讨会在昆明召开。联合国亚太经济与社会理事会理事张延竑，维韦卡南达国际基金会研究员维诺德·安纳德（Vinod Anand），印度世界事务理事会研究员潘卡旭·贾（Pankaj Jha），缅甸驻昆领事馆领事蒂姆·拉伊·凯恩（Tim Rye Khine），孟加拉国教授罗曼，教育部教育发展中心副主任周满生，中国改革开放论坛战略研究中心常务副主任马加力，中国社会科学院亚太研究所研究员刘建，四川大学巴基斯坦研究中心执行主任陈继东，《国际经济评论》主编邵滨鸿，《中国与世界经济》编辑部主任冯晓明，云南省社会科学院院长任佳，云南大学发展研究院院长杨先明，云南大学国际关系学院院长刘稚，云南财经大学副校长周跃等出席会议。会议围绕“印度洋地区国家战略与安全”、“印度洋地区经济合作困局与态势”、“大国战略下中印竞争与合作”、“全球视野下教育与发展的跨国研究”四个主题展开了深入研讨。

【2011年度云南省南亚学会年会暨新形势下中国（云南）与南亚合作学术研讨会】

此次会议于2011年12月23日在云南省社会科学院召开。中国前驻印度大使周刚、前驻印度、巴基斯坦等国参赞邓俊秉女士、中国改革开放论坛战略研究中心常务副主任马加力研究员、中国社会科学院亚太研究所刘建研究员、印度尼赫鲁大学国际关系学院东亚研究中心谢钢教授等特邀嘉宾也出席了此次研讨会。与会嘉宾和学者就2011年南亚形势、中印关系、中国（云南）与周边国家次区域合作等议题进行了深入的讨论。

（云南省社会科学院　郑启芬　陈利君）

社会学

【云南大学成立社会工作学院】2011年7月21日，云南大学社会工作学院正式成立。云南大学社会工作学院的前身为1939年创建的云南大学社会学系。我国著名的社会学家吴文藻为首任系主任，费孝通为第二任系主任。1941年，费孝通先生接任系主任，近八年的时间里，费孝通先生不断探索，成为云南大学社会学系的奠基人，并开拓了中国社会学和民族学的学科领域。由于院系调整，社会学系于1954年停办。1992年，云南大学设立社会工作系，成为国内最先开办社会工作专业的10所院校之一。

云南大学社会工作学院设有社会学、公共管理、政治学和图书情报与档案管理四个一级学科，开设社会工作、社会学、公共事业管理等8个本科专业，其中有国家一类特色专业两个。具有4个一级学科硕士授权，设有政治学一级学科博士点，民族社会学、行政管理、民族政治与公共行政等6个二级博士学位点，并设有社会工作专业硕士、公共管理专业硕士、图书情报3个专业硕士授权。

【第九届亚洲社会心理学大会在云南昆明召开】2011年7月28日下午，第九届亚洲社会心理学大会开幕仪式在云南师范大学举行。本次大会的主题为“社会和谐：亚洲社会心理学的新使命”。本次大会由亚洲社会心理学会主办，中国社会心理学会、中国社会科学院社会学研究所、中国科学院心理研究所和云南师范大学联合承办。

来自日本、韩国、新加坡、澳大利亚和新西兰等许多亚太地区国家的代表以及来自北美、欧洲等国家的代表共同参加了这一盛会。本次大会还开设了社会心理学暑期学校，促进了青年学者的成长和跨文化交流与合作。本次大会旨在促进云南省以及中国社会心理学的发展，促进中国和亚洲的社会和谐，同时也为世界社会心理学，特别是亚太地区社会心理学的发展贡献力量。

【“2011中国社会发展高层论坛：社会管理与社会学的使命”在昆明举行】2011年8月12—15日，由中国人民大学社会学理论与方法研究中心联合云南民族大学、云南大理学院、中国人民大学出版社举办的“2011 中国社会发展高层论坛：社会管理与社会学的使命”在云南昆明举行。

该次论坛的主题是“社会管理与社会学的使命”。来自全国高等院校、科研院所的500余位著名专家学者参加了本次会议。中国人民大学社会学理论与方法研究中心郑杭生教授以“加强社会管理创新的几个关键问题”为题、中山大学周大鸣教授以“社会建改视野中的城市社区治理和多民族参与”为题、香港大学宗树人教授以“关于宗教与社会治理的初步思考：以巴哈伊社区建设的经验为例”为题作了学术报告。

8月15日上午，论坛转至云南大理学院举办。应大理学院之邀，郑杭生教授再次作了主题演讲，武汉大学周长城教授、朱炳祥教授、齐齐哈尔大学董驹翔教授、华中科技大学雷洪教授、华中农业大学钟涨宝教授、华中师范大学向德平教授、大理学院纳张元教授先后作了主题演讲。

【大卫咨询成为昆明学院社会管理学院首家教学实习基地单位】2011年9月14日下午，昆明学院校外特聘教师聘请仪式暨实习基地授权仪式在昆明学院举行。昆明学院何杰院长、饶昆书记、大卫咨询首席顾问刘卫刚老师、经济专家胡专老师、高级顾问寸守栋老师等参加了本次活动。昆明学院特聘大卫咨询刘卫刚、胡专、曹立新、寸守栋四位高级顾问作为校外专家，同时，大卫咨询也成为昆明学院第一家教学实习基地单位。

大卫咨询作为云南本土人力资源管理咨询领导品牌，是规模最大的本土咨询公司。结合自身优势，作为一家已经成立并发展了10年的专业公司，大卫咨询在关注自身发展的同时，也积极参与社会工作，用专业优势来帮助高校，回馈社会。大卫咨询将与昆明学院相关院系教师一起，共同探讨人力资源教学的创新与突破。

【第二届林护杰出社会工作奖颁奖典礼在云南大学举行】2011年11月3日至7日，由北京大学—香港理工大学社会工作研究中心主办，委托云南大学社会工作学院及云南大学—香港理工大学设计与发展研究中心承办的“第二届林护社会工作奖颁奖典礼”在云南大学科学馆隆重举行。

社会工作学院党委书记高力教授主持了颁奖典礼，云南大学肖宪副校长参加典礼并致辞，云南省民政厅领导、中国社会工作教育协会副会长及云南大学社会学与社会工作系钱宁教授、香港理工大学徐明心、叶嘉宝教授和古学斌副教授等参加颁奖。

【“全国社会工作教学改革及学术发展高级研讨会”在云南大学召开】2011年12月24日至25日，由中国社会工作教育协会主办、云南大学社会工作学院承办的“全国社会工作教学改革及学术发展高级研讨会”在云南大学至公堂召开。来自全国134所高校社会工作院系和机构的负责人及专家学者200余人参加了此次会议。

全国社会工作教育协会副会长、云南大学社会学与社会工作系系主任钱宁教授主持开幕式，全国社会工作教育协会会长、北京大学王思斌教授，云南省教育厅副厅级巡视员张国华，云南大学党委书记刘绍怀分别在会议开幕式上致欢迎辞。中共云南省委工作领导小组办公室、省委组织部人才工作处处长赵正富，中共云南省委组织部原部务委员、巡视员、云南省人才发展研究促进会副会长兼秘书长罗志明，云南省民政厅社会工作处和丽川处长参加了会议。

会议围绕我国社会工作教育发展历程以及教学改革现状和人才培养质量水平进行了深入探讨。本次会议是继2007年由云南大学公共管理学院及社会工作学院承办的全国社会学学科教学指导委员会暨社会学系、社会工作系系主任联席会议，中国农村社会工作发展国际学术研讨会以来的又一次全国性会议。

（云南师范大学　曲凯音　毕天云）

民族学

【经济人类学与中国西南边疆少数民族发展国际研讨会】2011年6月15日至16日，经济人类学与中国西南边疆少数民族发展国际研讨会在云南大学举行。会议旨在通过各位专家学者们的交流和思想碰撞，推动经济人类学学科的建设，同时也使民族地区发展的探索迈上新高度。在研讨会上，与会专家以经济人类学理论历程与当代运用、全球化背景下地方性民族经济生活嬗变等主题进行了深入探讨。

【全球化背景下中国西南及其与东南亚的族群

互动国际学术研讨会】2011年6月18日至20日，云南大学西南边疆少数民族研究中心举办的“全球化背景下中国西南及其与东南亚的族群互动”国际学术研讨会，受邀参会者除东南亚国家之外，还有来自日本、美国、英国、台湾地区以及中国各高等院校和科研单位的学者。与会专家学者紧紧围绕全球化背景下中国西南少数民族文化变迁、东南亚族群的社会文化、中国西南边疆民族与东南亚族群的跨国流动和文化动态、中国西南与东南亚的跨文明比较、东盟自由贸易区建设与中国西南和东南亚族群互动、边疆民族的“和平跨居”与和谐国家关系六个专题，科学论争了中国西南以及东南亚民族在族际互动过程中，如何塑造“自我”以及国家在建构“中心”的同时如何塑造“边缘”的过程史实，深层次地探讨了全球化背景下中国西南与东南亚族群的互动关系特征，大大拓宽和提升了云南大学民族问题研究视野，标志着云南大学“211工程”三期民族学重点学科建设重点研究项目获得较大成效。

【少数民族地区经济社会协调发展国际学术研讨会】2011年5月15日至20日，“少数民族地区经济社会协调发展国际学术研讨会”在云南民族大学举办。来自中国社会科学院经济研究所、中国人民大学、挪威贝尔根大学、中山大学、北京师范大学、四川大学、中央民族大学等研究所和高校的20余位专家学者参加了本次研讨会。会议围绕“社会资本和农村发展”、“案例研究的特点与设计：民族地区的经济学研究”、“少数民族萨满文化区域特征分析——西北与西南的现状比较”等问题展开了讨论，同时，参会专家指出：在云南省研究少数民族地区经济社会协调发展模式，有针对性、代表性，有重要的学术价值和学术指导作用。

【首届中国傈僳学学术研讨会】2011年8月4日至6日，由云南民族大学傈僳学研究中心主办，丽江傈僳文化研究会承办的校庆系列学术活动之一“首届中国傈僳学学术研讨会”在丽江举行。来自国家民委、中国社会科学院等单位及怒江、迪庆等州市县专家学者和傈僳族同胞300多人参加会议。国家民委民族理论与政策研究所室巡视员、副主任，中国人类学与民族学研究会秘书长黄忠彩作重要讲话，对傈僳学研究提出了四点建议。与会代表专程到香格里拉县虎跳峡镇金星村史跨迪小组和玉龙纳西族自治县黎明傈僳族乡，就两地的种养殖业、文化建设、民族文化如何促进旅游发展等问题，进行了实地调查研究。

【“国家认同与民族国家治理”学术研讨会】2011年7月18日至20日，由云南民族大学主办的“国家认同与民族国家治理”学术研讨会在昆明召开。来自东北大学、华东政法大学、上海财经大学、延安大学、云南大学及台湾辅仁大学等近二十所高校的专家学者及我校共计一百五十余人参加了研讨会。与会专家学者围绕民族认同与国家认同、宗教因素对国家认同的影响、国外处理民族与宗教问题的经验教训、多民族国家和谐民族关系的建构、中国共产党与民族国家的治理、民族地方的公共管理创新等话题阐述了自己的学术观点。

（云南大学　李晓斌）

宗教学

2011年，中国人民大学佛教与宗教理论研究所所长、宗教学高等研究院院长方立天教授，中国社会科学院世界宗教研究所所长、中国宗教学会会长卓新平研究员，北京大学宗教文化研究院院长、中国宗教学会副会长张志刚教授、中国社会科学院研究生院宗教学系主任、中国宗教学会常务副会长金泽研究员等著名宗教学专家应云南相关部门和单位之邀，相继到云南考察和调研，这对提升云南宗教学界的理论水平和增进学术交流起到良好作用。

（云南民族大学　曾　黎）

历史学

【中国东南亚研究会第八届年会暨东南亚地区研究学术研讨会】2011年1月5日至8日，由中国东南亚研究会、云南大学共同主办，云南大学国际关系研究院承办的“中国东南亚研究会第八届年会暨东南亚地区研究学术研讨会”在云南大学举行。来自北京、上海、天津、福建、广东、江苏、湖北、湖南、河南、贵州、江西、广西、云南及新加坡等地的东南亚研究的专家学者参加了会议。本次会议讨论了东南亚历史与文化的分期、东南亚华人华侨历史等五个主要方面的内容。会议代表提交论文120余篇，内容涉及东南亚历史与文化、政治与国际关系、经济与区域合作、中国与东南亚关系等方面，许多论文具有较高的学术和理论水平，提出的建议对促进我国与东南亚关系的发展有较大的参考价值，体现了当前中国东南亚研究的学术前沿和最新研究成果。

【“茶马古道与桥头堡”系列学术活动】2011年3月21日至31日，由云南省文物局、云南省旅游局、云南大学联合主办，以“传承茶马古道精神，盘活文化经济通道”为主题的“茶马古道与桥头堡”系列学术活动在云南大学举行。系列学术活动由云南大学茶马古道文化研究中心授牌仪式、“茶马古道与桥头堡：通达世界的中国文化经济大通道”研讨会、云南大学茶马古道暨文化遗产学术系列讲座和茶马古道文物陈列展览四部分组成。

【首届“中国·怒族历史与文化”学术研讨会】2011年4月15日至16日，首届“中国·怒族历史与文化”学术研讨会在云南省六库召开，来自国内的五十多位怒族研究专家、学者围绕“怒族历史与文化”这一主题进行了深入的研讨。研讨会期间，中国人类学民族学研究会、中国人民大学人类学研究所、中央民族大学、云南大学、西南民族大学、云南民族大学、云南民族博物馆和云南民族艺术研究院的专家学者分别作了发言。

【云南省历史学会2011年年会暨普洱历史文化学术研讨会】2011年7月28日至30日，由云南省历史学会、普洱市政府主办，思茅师专承办的“云南省历史学会2011年年会暨普洱历史文化学术研讨会”在普洱市隆重召开。来自云南省各高校、研究机构的一百余位专家学者围绕“云南史学百年”、“辛亥革命研究”、“普洱历史文化研究”三个主题，进行了热烈讨论。这次会议回顾和总结了20世纪初以来云南现代史学的形成、发展的历程和规律，探讨了辛亥革命与中国的近代化、辛亥革命与云南边疆发展的关系，同时对普洱历史文化进行了广泛而深入地研究，对推动云南史学研究以及普洱地区的经济发展有着重要的意义。

【中国少数民族哲学及思想史学会成立30周年纪念暨2011年年会】2011年8月8日至12日，由中央民族大学、中国少数民族哲学及思想史学会主办，中央民族大学哲学与宗教学学院、腾冲县民宗局承办的“中国少数民族哲学及思想史学会成立30周年纪念暨2011年年会”在腾冲召开。来自全国各省高等院校、研究院所的50多位专家、学者、教授以主题发言、论文研讨、实地考察等方式，回顾、审视、研究了多元文化视野下的少数民族哲学。

【纪念辛亥革命100周年座谈会】2011年9月16日，由云南省社会科学界联合会主办，云南省历史学会、云南省近代史研究会承办的、以“回眸百年辛亥，展望云南发展”为主题的纪念辛亥革命100周年座谈会在云南省社科联举行。约50名相关领域的专家学者出席了座谈会。座谈会以纪念辛亥革命100周年为契机，共同缅怀民主革命领袖孙中山和革命先驱们的历史功绩，追思中华民族百年奋斗历程，深入研究云南辛亥革命历史，进一步弘扬辛亥革命的崇高精神和“复兴中华统一中国”的爱国信念。

【第二届西南论坛】2011年9月23日，第二届西南论坛在云南大学开讲，本次论坛以“21世纪的中国边疆治理与发展”为主题，与会专家学者就“中国历代边疆治理与发展的经验和教训”、“当代中国边疆地区的治理与发展”、“当代中国边疆问题中的政治、民族、宗教因素”、“21世纪中国边疆治理和发展的战略与政策”等议题进行了讨论，并提出了构建21世纪中国边疆治理与发展的方略和政策建议。

【中国法律史学会2011年年会】2011年10月15日至16日，中国法律史学会2011年年会在昆明举行。与会的一百多名来自全国各地的专家学者们以“辛亥百年与法制变迁”为总主题，从“辛亥前期的法制变迁”、“辛亥百年的法制观念”、“辛亥百年的立法司法”、“辛亥百年的宪政历程”四个角度进行了深入的学术交流和探讨。

【“边疆与中国现代社会”学术探讨会暨中国现代史学会2011年年会】2011年11月4日至6日，由中国现代史学会、中国社会科学院近代史研究所和云南师范大学人文学院历史系共同主办的“边疆与中国现代社会”学术探讨会暨中国现代史学会2011年年会在云南师范大学召开。来自中共中央党校、中国人民大学、南京大学、南开大学、中山大学、中国社会科学院近代史研究所等80余所高校、研究机构的逾130名专家学者汇聚一堂，与会专家学者分别就边疆历史与文化、边疆政治与军事、边疆社会与生活、边疆地区的现代化等论题进行了深入交流，碰撞思想，增益新知，取得了实效。会议收到论文78篇。

（云南师范大学　周智生）

文　学

【民国经济与现代中国（云南）文学学术研讨会】红河学院与四川大学中国现代文学与文化研究中心联合举办“民国经济与现代中国（云南）文学学术研讨会”，中国社会科学院、北京师范大学、四川大学、西南大学、西南民族大学、贵州师范大学、云南师范大学等高校的三十多位专家学者参会。《人民日报》、《光明日报》、《中国社会科学报》等作了相关报道。

【天问·2012中国新年新诗高峰论坛】大理学院文学院与《诗探索》编辑部、《读诗》编辑部、《星星》诗歌理论月刊编辑部、《诗歌EMS》周刊编辑部、诗生活网站共同主办的“天问·2012中国新年新诗高峰论坛”、“让诗歌发出真正的声音诗歌朗诵暨颁奖晚会”在大理学院文学院举行，来自北京、我国台湾等地的国内外36名著名诗人参加。

（云南大学　王卫东）

考古学

【中澳学术研讨会在云南召开】2011年4月8日，由国家民委政策法规司与澳大利亚人权委员会国际项目合作局主办，云南省民委承办的“中澳公共服务与少数民族文化保护学术研讨会”在西双版纳举行。云南民族博物馆谢沫华馆长主持了《公益性民族博物馆与少数民族文化保护》专题会议，并作了题为《文化多样性的保护——云南的探索与实践》的发言。

【2011年云南省“文化遗产日”活动在昆明举行】6月11日，是全国第六个“文化遗产日”。在昆明南屏步行街广场和昆明老街正义坊举办了民族歌舞表演、传统技艺展示、非物质文化遗产的宣传和咨询、非物质文化遗产创意产品的设计与制作4大精彩活动。同日，全省各州市开展了各具特色的活动。

【“全国非物质文化遗产普查成果应用培训班”在大理举办】7月24—27日，由文化部非物质文化遗产司主办的“全国非物质文化遗产普查成果应用培训班”在大理举办，89名来自各省市（区）的非遗工作者参会。2004年，文化部在云南召开了中国民族民间文化保护工程工作会议，时隔7年再次来滇组织高规格的全国非物质文化遗产普查成果应用培训，对我国“非遗”保护工作起到了积极的示范作用。

【首届云南玉溪抚仙湖与世界文明学术研讨会在澄江举行】8日6日，由玉溪市委、市政府主办，云南抚仙湖与世界文明研究会、玉溪市抚仙湖管理局承办的首届云南玉溪抚仙湖与世界文明学术研讨会在澄江县举行。来自大陆和台湾的150多名专家学者汇聚一堂，就抚仙湖水下遗址与中国文明起源、早期发展、历史、民族与世界文明的比较等重要学术领域，进行了深入交流和探讨。

【云南民族博物馆组织织锦制作技术发展战略学术论坛】11月9日，“织锦制作技术发展战略学术论坛暨中国工艺美术学会织锦专业委员会2011年年会”在云南民族博物馆召开。会议评选了第三届中国织锦大师和14名织锦工艺传承人，就织锦技艺、制作技术、开发、传承与保护进行了学术交流。

【云南飞虎队研究会博物馆在昆明举行挂牌仪式】12月5日，云南飞虎队研究会博物馆在昆明近郊麦冲村正式落成并举行挂牌仪式。该博物馆占地1.3亩，集收藏、展示、研究为一体，将长期对公众免费开放。陈纳德的夫人陈香梅、女儿奈尔·陈纳德·凯勒威等担任博物馆顾问。

【云南边屯文化博物馆开馆】12月26日，云南边屯文化博物馆在永胜县程海之滨建成开馆。该项目总投资2900万元，共设“边屯云南”、“明清时期的云南文化名人”、“北胜州与澜沧卫”、“沧阳春秋”、“永胜非遗记忆”、“翰墨丹青话边屯”等6个展厅。省委书记秦光荣为博物馆撰写了前言。

【昭通市博物馆开馆】12月28日，昭通市博物馆正式开馆。该馆于2002年立项，总投资8千万元。博物馆馆藏文物1.6万件，名列全省前茅。通过革命文物、民俗文物、古书画、图片、文字、数据、模型、雕塑、绘画等多种艺术形式，展示了昭通各民族多姿多彩的历史文化和现代生活。

（西南林业大学　木基元）

语言学

【第八届国际双语学研讨会】2011年3月18日至21日，由中央民族大学、国际双语学会、玉溪师范学院联合主办，玉溪师范学院外国语学院承办的第八届国际双语学研讨会在云南玉溪召开。来自中国、泰国、美国、荷兰、越南等国家和地区的99名专家、学者参加了会议。议题有：（1）双语及双语问题的理论、方法研究；（2）双语现象的个案研究；（3）双语及双语教学研究的理论意义和应用价值；（4）双语教学法研究；（5）语言使用现状及活力以及语言保护的研究；（6）语言关系、语言接触研究；（7）语言对比研究；（8）与第二语言习惯有关的语言研究；（9）双语研究的历史回顾；（10）外国语教学的理论与方法等。会上，学者们达成共识：（1）随着经济的发展、科技的进步，双语问题越来越复杂，出现了许多以前未见的新问题；（2）我们应更加重视和重新解决这些问题，以形成对双语问题的科学认识；（3）应加强对双语研究人才的培养，要有一批在理论上、操作上过硬的语言学家，既要有语言本体研究的能力，又要有处理语言文字关系的能力，既要有专业技能，又要有为群众服务的诚心；（4）双语研究要以语言本体研究、田野调查为基础，要在田野调查中深化对语言的认识。2011年以前的7届国际双语学研讨会分别在北京、香港、湖南、广州、广西、韩国、珠海举办。

【联合国教科文组织第十二届国际母语日研讨会】2011年5月13日，联合国教科文组织第十二届国际母语日研讨会在云南师范大学举行。此次会议由中国教育国际交流协会、中国联合国教科文组织全国委员会、国家语言文字工作委员会、联合国教科文组织驻华代表处联合主办；教育部民族教育司、语言文字信息管理司，云南省教育厅为支持单位。中国教育国际交流协会会长章新胜，云南省人民政府副省长顾朝曦，云南省政协副主席曾华，中国教育国际交流协会秘书长江波，教育部民族司副司长张强、语言文字信息管理司副司长田立新，云南省教育厅厅长罗崇敏，中国教育国际交流协会副秘书长吴早凤，云南省人民政府外事办公室副主任施明辉，云南省教育厅副厅长邹平，云南省政协教科文卫委员会副主任骆小所，云南师范大学校党委书记叶燎原、校长杨林、副校长原一川，联合国教科文驻华代表处教育处主任毕斯塔、教育项目官员何培，孟加拉、尼泊尔、巴林、马耳他、老挝、俄罗斯、越南、柬埔寨、缅甸等国的驻华大使、总领事等，以及与会专家学者和师生代表600余人参加了会议。中外专家学者分别就“发展中的少数民族双语教育”、“中国多语社会的历史与现状”、“民族语言文字规范化、标准化和信息化建设”、“云南民族与云南语言现状给我们的警示”、“云南普通话水平测试标准化、信息化建设”、“构建多语和谐的社会生活”等专题进行研讨。会议的举办，将进一步传播“多元文化，和谐中华”的理念，展示我国在建设和谐语言生活及发展民族教育方面取得的成就，有助于在全社会形成和谐发展的共识。

【2011云南省语言学高层论坛】2011年12月27日至29日“2011云南语言学高层论坛”在玉溪师范学院举行。此次论坛由云南省语言学会主办，玉溪师范学院协办。来自中央民族大学、云南大学、云南师范大学、云南民族大学、云南省社会主义学院、大理学院、红河学院、曲靖师范学院、玉溪师范学院的20余位学者参会，特邀嘉宾为著名语言学家戴庆厦教授。会议的主题是“汉语和少数民族语言”，共收到论文12篇：戴庆厦的《论语言国情学》、骆小所的《须深刻研究云南语言》、陈友康的《20世纪的云南民族语言研究》、罗江文的《峨山汉语方言、彝语词类重叠比较》、岳麻腊的《12世纪以来的缅甸语音研究》、白碧波、许鲜明的《语言接触与哈尼方块文》、徐梅的《多语环境下云南省不以汉语为母语学生普通话习得的思考》、路伟的《语音空格的填

实与民族语言的借用》、周锦国的《一部重要的白文文献典籍——〈中国白族白文文献释读〉评介》、张雅音的《纳西语的复数研究》、罗骥的《〈舜典〉三危考》、李德鹏的《现代汉语语言学体系的重新分类问题》。会议既注重语言事实的描写，又注重语言理论的创新，充分反映了云南省当前语言学研究的热点和发展趋势。

（云南师范大学　李　洁）

新闻与传播学

【中法新闻教育创新论坛】2011 年 1 月 14 日，云南大学新闻系主办了“中法新闻教育创新论坛”。论坛是云南大学新闻系与法国斯特拉斯堡大学新闻教育中心（CUEJ）开展国际新闻教育合作的主题活动之一，旨在加强新闻专业教育的国际交流与合作，促进云南省本土新闻教育的改革与发展。论坛邀请法国斯特拉斯堡大学新闻教育中心主任 Gauthier Nicole 及两位学者，全面介绍了法国新闻教育现状、CUEJ 新闻人才培养模式，以及新闻理论教学和实践教学的方法、措施和经验。来自省内各高校新闻院系的专家、学者 30 余人与法国学者进行了广泛而深入的讨论，并对民族地区新闻人才培养模式、本土化的实践教学体系构建等议题进行专题研讨。

【“海外迁徙教学”活动】2011 年 5 月 6 日—6 月 5 日，云南大学新闻系与法国斯特拉斯堡大学新闻教育中心（CUEJ）共同开展了为期一个月的“海外迁徙教学”活动。这是云南大学新闻系继 2010 年“中法新闻业务训练营”活动后，第二次与法国斯特拉斯堡新闻教育中心进行实践教学活动，也是该系加强新闻实践教学、加强国际交流合作的重要项目之一。活动期间，云南大学新闻系学生将与法国斯特拉斯堡大学学生共同合作，完成以“对外开放中的云南”为主题的社会调研活动，并最终形成杂志、广播、电视以及多媒体等成果。应当肯定，“海外迁徙”教学模式对提高新闻教育国际化水平，提高云南大学国际交流水平具有重要意义，同时，双方之间的互相学习可以开拓学生们的国际化视野，并且可以通过学习国外先进前沿的新闻教育理念来使自身能力有一个较大的提高。

【第三届中国少数民族地区信息传播与社会发展论坛】2011 年 10 月 15—18 日，由中国人民大学新闻学院、中国人民大学新闻与社会发展研究中心和云南大学新闻系联合主办的“第三届中国少数民族地区信息传播与社会发展论坛”在云南大学召开。来自全国 20 余个省、自治区，40 家高等学校、新闻媒体及研究机构的百余名专家学者莅会交流，使得此项旨在推进少数民族地区新闻传播研究的学术会议成为内容多元、成果丰硕、砥砺同行、交融共进的学界盛会。与会专家学者围绕少数民族地区信息传播产业化，民族地区突发事件的信息传播与舆论引导，民族形象、国家形象与国际传播，数字传媒技术、媒介融合与少数民族地区社会发展等议题展开了深入研讨。出席会议的全国少数民族新闻传播领域著名专家、学者和与会者分享了他们最新的学术研究成果和思考，引发了与会者的关注。

（云南师范大学　郝朴宁）

图书馆、情报与文献学

【中国图书馆学会云南医院图书馆委员会 2011 年学术年会召开】3 月 24—26 日，中国图书馆学会云南医院图书馆委员会 2011 年学术年会在红河州蒙自市召开。来自云南省州市的各医院图书馆、医院信息中心、数据研发企业代表 53 人参加会议。

【外文数字图书出版与国际版权合作研讨会在昆举行】3 月 26 日，由北京维思博文科技有限公司主办，昆明理工大学图书馆承办的《外文数字图书出版与国际版权合作研讨会》在昆举行，会议就高校图书馆外文电子图书的引进与资源建设展开讨论，来自省内高校、科研院所、信息机构的 30 余位代表出席会议。

【全国档案学会秘书长会议在昆召开】3 月 28 日，全国档案学会秘书长会议在昆明召开，来自各省、自治区、直辖市、计划单列市、总参、武警等部门的档案学会分管领导、学会秘书长，以及各专业委员会主任 70 余人参加会议。

**【CALIS 日文联机编目业务培训研讨会在云南

大学图书馆召开】5月9—13日，由云南大学图书馆承办的2011年中国高等教育文献保障系统（CALIS）日文联机编目业务培训研讨会在云南大学图书馆思源电子阅览室举行。CALIS联机编目中心喻爽爽及CALIS联合目录日文项目组的李晨英等6名专家出席了研讨会，来自北京大学、吉林大学、南京大学、浙江大学以及云南省等31家高校图书馆的42名日文编目员参加了培训。

【高校图书馆多媒体资源整合及应用研讨会在昆明理工大学图书馆举行】5月13日下午，为提高教育质量工程、加快图书馆数字资源建设和使用步伐，由昆明理工大学图书馆承办的高校图书馆多媒体资源整合及应用研讨会，在莲华校区图书馆二楼会议室举行。云南省高校13位图书馆馆长和信息技术专家33人参加了会议。

【网络时代的版权保护：图书馆的机遇与挑战论坛在昆明召开】6月14日，由云南省高校图工委和外资出版商版权保护联盟联合举办的“网络时代的版权保护：图书馆的机遇与挑战论坛”在昆明召开。参加本次论坛的有CALIS管理中心秘书长姚晓霞、北京大学知识产权学院博士、国家数字版权研究基地程艳，以及云南大学、昆明理工大学、云南师范大学、云南财经大学、昆明医学院等20余所高校的图书馆馆长和相关人员，外资出版商有爱思唯尔公司（Eisevier）、牛津大学出版社（Oxford）、施普林格公司（Springer）、威立（亚洲）公司（John Wiley & Sons Asia）、威科出版集团（Wolters Kluwer）。

【云南师范大学图书馆承办“图书馆馆长”论坛】7月25日，云南师范大学在一二一校区主办了首届以“弘扬·合作·创新”为主题的图书馆馆长论坛。北京大学、清华大学、南开大学以及云南省高校的图书馆馆长及同仁100余人出席会议。

【财经院校图书资料协作委员会主任会议在云南财经大学图书馆召开】10月27日，由云南财经大学图书馆承办的中国高教学会财经分会图书资料协作委员会主任委员工作会议召开。对外经济贸易大学、中南财经政法大学、西南财经大学、河南财经政法大学、浙江财经学院等学校的图书馆馆长和有关人员参加了会议。

【西南地区高校图工委第十六届联席会议召开】11月4—7日，由云南省高校图工委主办的西南地区高校图工委第十六届联席会议在西双版纳召开。四川、重庆、贵州、云南各高校图工委领导，高校图书馆馆长、专家学者138人与会。会议主题为：（1）三省一市高校图工委工作交流；（2）高校图书馆“十二五”建设展望；（3）网络环境下高校数字图书馆建设策略。各省市高校图工委领导及部分高校图书馆馆长围绕会议主题分别作了主题报告。

【国家示范性高等职业院校图书馆馆长论坛暨2011年年会在昆明召开】11月30日—12月2日，“国家示范性高等职业院校图书馆馆长论坛暨2011年年会”在昆明冶金高等专科学校召开。昆明冶金高等专科学校党委书记雷霆，云南省教育厅高教处副处长郭云龙，云南大学、昆明理工大学、云南民族大学等高校的图书馆馆长和专家，以及百所国家示范性高等职业院校图书馆馆长近100人出席了会议。会议以“高等职业院校数字图书馆的建设与资源共享”为主题，热烈讨论了相关重大理论与实践问题，交流图书馆学各领域的新思想、新观念、新技术、新进展，达成了广泛的共识。

【云南省高教学会档案工作分会2011年年会召开】12月2日，云南省高教学会档案工作分会2011年年会在临沧召开。省教育厅领导、各高校档案工作人员共70人出席会议。

【2011年云南省图书馆学会年会召开】12月4—6日，2011年云南省图书馆学会年会在普洱市召开。会议由云南省图书馆学会主办，普洱市图书馆学会承办。全省图书馆学会学员共计120人参加会议。

【“图书馆强化信息服务，提高竞争力研讨交流会”在云南大学召开】12月9日，为推动云南省图书馆事业的发展，在CALIS西南培训中心（云南大学图书馆）举办了“图书馆强化信息服务，提高竞争力研讨交流会”。大会特邀广东药学院安东以《深度信息服务为图书馆打造核心价值》为题，介绍广东省高校图书馆的先进经验。本次研讨交流会共28家高校图书馆、公共图书馆、研究机构图书馆和省情报院图书馆馆长、咨询部和技术部负责人98人参加。

【2011年云南省科技情报网会暨全省科技情

报所长座谈会在临沧召开】12 月 9—11 日，“2011 年云南省科技情报网会暨全省科技情报所长座谈会”在临沧召开。临沧市政府有关领导，省科技厅薛启荣副巡视员，省科技情报研究院赖于民院长，昆明、曲靖、保山、普洱、玉溪、怒江、丽江、临沧等 8 个州市科技局和情报所领导等近 50 位科技情报工作者参加本次会议。

（昆明理工大学　张仲华　薛秀珍　郭英娜）

教育学

【全省职业与成人教育工作会议】2011 年 3 月 22 日，会议以贯彻《国家中长期教育改革和发展规划纲要》为主旨，深化职业教育改革，加快职业教育发展为任务的全省职业与成人教育工作会议在玉溪召开。省教育厅副厅长罗嘉福作工作报告，他总结了“十一五”期间我省职业教育改革与发展的成绩与经验。在“十一五”末，我省完成了基本普及九年义务教育和基本扫除青壮年文盲的任务并通过了国家验收，职业与成人教育取得了历史性成就。中等职业学校在校生首次超过普通高中在校生，职普比达到 1.06∶1，标志着我省职业教育改革和发展取得了显著成就，进入了一个新的发展阶段。各级政府重视发展职业教育，不断加大投入。“十一五”期间，中央投入我省的专项资金达到 4.3 亿元，省财政投入专项资金达到 10.2 亿元，各地投入资金约 15 亿元，推动职业与成人教育加快发展；建设区域性职教园区 100 多万平方米，入驻学生 3.5 万人。玉溪市副市长杨洋出席会议并致词，全省各州市教育局分管领导在会议上交流了经验。国家级和省级重点中等职业学校负责人出席了此次会议。

【全省农村艺术教育实验县工作会议】2011 年 3 月 25—26 日，全省农村艺术教育实验县工作会议在石林县召开。全省各州市教育局、各实验县负责人以及有关高校的代表参加了会议。会议提出，要进一步总结推广现有 15 个实验县的先进典型经验，继续深入推进农村艺术教育工作，扩大实验地区，使“十二五”期间全省农村艺术教育实验县增至 30 个。会议还对在全省农村艺术教育实验县工作中表现突出的 10 个先进单位和 90 名先进个人进行了表彰。石林、弥渡、沧源、玉龙和腾冲等县教育局在会上作了经验交流。会议期间，与会代表还深入石林县部分中小学进行了观摩。

【省政府教育改革发展工作专题会议】2011 年 4 月 19 日，省政府教育改革发展工作专题会议在省教育厅召开。会议听取了全省教育改革发展工作情况汇报，并对“十二五”教育改革发展的重大问题和重点工作进行研究。省委副书记、省长秦光荣出席会议并讲话，强调要围绕实现教育现代化这一总体奋斗目标，以实施教育“十二五”规划为基本着力点，推进教育加快发展，努力缩小与发达地区的差距。省委常委、常务副省长罗正富出席会议，副省长高峰出席会议。省委高校工委书记、省教育厅厅长罗崇敏主持会议。他强调，此次会议具有全局性、前瞻性、务实性的特点，对贯彻落实教育规划纲要，制定好“十二五”教育规划，召开好全省教育工作会议，推动当前及今后一个时期的教育改革发展工作，有着重要的意义。委、厅各处室要认真贯彻落实好此次会议精神，把思想统一到讲话精神上，及时研究会议提出的问题，为使云南教育改革发展走向新的阶段作出努力。

【云南省教育科研工作会议】2011 年 4 月 20 日，云南省教育科研工作会议在玉溪召开。来自全省 16 个州（市）分管教育科研工作的教育局副局长、教科院（所、室）负责人、陇川县、玉龙县分管教育的县领导、人口超过 50 万的县（市、区）教育局分管教育的副局长和教育机构负责人、陇川县、玉龙县教育局长及教科中心负责人、省教科院院领导及各研究室主任共计 152 名代表参加了会议。云南省教育厅邹平副厅长作了题为“以科学的态度为云南教育的跨越式发展服务”的讲话。玉溪市副市长杨洋致欢迎辞。

【《云南省学前教育条例（草案）》听证会在昆明举行】5 月 17 日上午 9：00—12：00，听证会在云南省教育厅大楼 10 楼会议室举行，听证会由教育厅副厅长罗嘉福主持，教育厅的 7 名听证人（听证决策人）到会。其他参会人员的到会情况为：报名的听证陈述人共 17 人，实际到会的有 16 人；听证监察人 2 名，8 家新闻媒体到会。14 位听证陈述人作了现场发言。发言的陈述人对草案的制定都给予了高度肯定，并对草案提出许多建设性的修改意见和建议。5 月 18—20 日教育厅组织专家针对听证陈述人所提出的意见和建议进行了认真研究，对多数意见和建议予以吸收采纳，进一步完善了草案。

【云南省教育工作会议】2011 年 5 月 25 日，云南省教育工作会议在昆闭幕，省委常委、省委宣传部部长张田欣作总结讲话，副省长高峰主持会议。张田欣在讲话中指出，这次全省教育工作会议，是在我们胜利完成“十一五”各项任务，满怀信心迈入“十二五”开局之年召开的一次重要会议，也是进入新世纪以来，省委、省政府召开的一次大规模教育工作会议。这次会议虽然时间较短，但开得很成功，具有 5 个鲜明的特点：一是调研时间长，准备充分；二是规格高，规模大；三是主题突出，内容丰富；四是既管当前，又管长远；五是会风务实，安排紧凑。会议达到了预期目的，取得了丰硕的成果：一是认清了形势，形成了共识；二是明确了目标，理清了思路；三是强化了责任，形成了合力；四是振奋了精神，坚定了信心。

【云南省中小学教师“三生教育”培训班开班】8 月 25 日，云南省中小学教师“三生教育”培训班在昆开班，省委高校工委副书记陶晴出席开班仪式并讲话，全国教师教育课程资源专家委员会副秘书长魏振水，江西师范大学教授、全国著名生命教育专家郑晓江，北京师范大学科学传播与教育研究中心副主任、全国知名生命教育专家李亦菲，省教育厅德育处、三生教育处、师范处等有关处室负责人出席仪式。170 多名中小学教师参加培训。开班仪式上，陶晴副书记作题为《深入学习践行社会主义核心价值体系　全面提高实施“三生教育”工作的水平》的讲话。陶晴强调，学习研究中小学教师“三生教育”，必须做到：一是要统一思想，提高认识；二是要把握原则，掌握方法；三是要吃透内容，理解精神；四是要勤于探索，勇于创新；五是要遵守纪律，担当重任。郑晓江教授作关于中小学“三生教育”的核心问题及其解决方法的报告；李亦菲教授作关于《教师“三生教育”手册》的实施要点的报告。部分参训教师接受记者采访时表示：“省教育厅组织开展这样的培训，对我们提高实施‘三生教育’工作的水平很有帮助，我们一定珍惜机会，认真学习提高。”

【“三生教育”大会在昆明召开】2011 年 10 月 21 日 9：00，云南省三生教育大会在昆明市连云宾馆盛大举行，中共云南省委高校工委书记、云南省教育厅厅长罗崇敏、高校师生代表、教育机构代表、教育界人士等嘉宾领导出席了本次会议。会上，教育部、省委、省政府有关领导发表了重要讲话，有关专家、学者发表演讲，有关教育机构和企业界代表交流推广“三生教育”经验，大会对“三生教育”的思想进行了有效传达，大会还对杰出教育工作者、优秀学校等在“三生教育”中做出显著成绩的机构和组织进行了表彰。

【云南省农业教育研究会学术年会】2011 年 11 月 1—3 日，云南省农业教育研究会 2011 年学术年会在曲靖市隆重召开，云南省农业厅、教育厅、社科联、曲靖市政府和教育局领导及全省高等农林院校、农业职业技术学院、中等职业学校和农业培训学校等 30 个单位 100 余人参加了会议。会议紧紧围绕着“农业职业教育改革、发展与创新”这一主题，结合“十二五”开端的历史战略要求及我省“两强一堡”战略目标的实践，从贯彻《国家中长期教育改革和发展规划纲要》，提升农业院校办学质量出发，就云南省农业职业教育发展的相关问题开展深入的交流和讨论。大会还表彰了云南省农业教育研究会 2011 年优秀论文作者和优秀组织单位。

（云南师范大学　李劲松）

体育学

【2011 年云南省第六届大学生和第十二届中学生运动会体育科学大会】2011 年 10 月 15—16 日，由云南省教育厅、云南省体育局、共青团云南省委举办的“云南省第六届大学生和第十二届中学生运动会体育科学大会”在云南师范大学举行，大会的主题是“运动、健康、未来、发展”。来自全省各高校、中学和科研单位的体育教师、科研工作者、研究生近 200 名代表和专家学者参加了体育科学大会论文报告会。本届体育科学大会共征集了 464 篇论文，论文涵盖体育课程与教

学改革、课余训练与运动竞赛、学校体育理论、学生心理健康与社会适应、民族传统体育等10个研究领域，主要关注的热点是云南省学校体育教育教学改革、新课程标准在云南省实施的理论与实践问题、少数民族学生的体质状况和心理健康，少数民族传统体育的保护和传承等，全面展示了云南省学校体育科研的最新成果。体育科学大会是云南省四年一届的大学生运动会和中学生运动会系列活动的主要内容，论文的获奖成绩计入各学校的团体总分。

【高校体育发展高端论坛】2011年4月26日，由云南农业大学主办的“高校体育发展高端论坛”在云南农业大学举行。本次论坛邀请了国家体育总局篮管中心副主任、中国篮球协会副主席李金生教授，武汉体育学院副院长彭道海教授，华南师范大学体育科学学院院长、博士生导师、国务院学位委员会体育学科评议组成员周爱光教授，北京师范大学体育与运动学院院长、博士生导师毛振明教授4位全国知名专家出席论坛并作报告。论坛的主要内容有：（1）毛振明教授的报告《什么是体育？什么是体育教育?》阐释了当代体育的丰富内涵和社会意义；（2）李金生教授的报告《中国及世界篮球发展的趋势》从国内外篮球运动的发展现状和发展动态有针对性地分析了中国篮球运动的发展战略和发展趋势；（3）彭道海教授的报告《“十二五”期间国民经济发展与体育产业发展走势》全面分析了中国体育产业发展的态势和增长点；（4）周爱光教授的报告《体育休闲本质的哲学思考》从学理层面对体育与休闲的内涵、概念、两者之间的联系等方面进行了阐释，提出了较为完善的体育休闲相关理论。全省高校体育院系和体育部负责人、部分教师、硕士生和本科生共500余人参加了论坛报告会。本次论坛四个主题报告的内容是近年来在云南省举办的体育学术研究水平较高的一次论坛报告会。

（云南民族大学　方　桢）

艺术学

【“水彩云南”——中国著名水彩画家画云南作品展】2011年1月10日，由中共云南省委宣传部主办的“水彩云南”——中国著名水彩画家画云南作品展在云南省图书馆隆重开幕。数十位全国知名的水彩画家和云南省美术界有关人士共100余人出席了开幕式。中国文联副主席、中国作协副主席丹增宣布画展开幕。省委常委、原省委宣传部部长张田欣出席开幕式。

【《边疆文学·艺术云南》首发式】2011年1月，由省文联主办并新创刊的《边疆文学·艺术云南》举行首发式。省文联党组书记、主席郑明发言指出，《艺术云南》是边疆文学的又一姊妹刊物，它是一个综合艺术类月刊，把一个丰富多彩的云南本土艺术介绍给外界，以图文并茂的形式和权威翔实的信息，使其成为世界了解云南的一个窗口。

【首届《百家》文学奖颁奖典礼】由省文联主办的首届《百家》文学奖颁奖典礼4月11日在震庄宾馆举行，丹增（中国文联副主席、中国作协副主席）的作品《江贡》荣获第一名。省委常委、省委宣传部部长张田欣为丹增颁奖。获得二等奖的是军旅作家刘广雄，其获奖作品是《中国维和英雄》；三等奖则由来自丽江、昭通和怒江的3名作者蔡晓龄（作品《中国的事物》）、陈衍强（作品《农村娃儿》）和马瑞玲（作品《树妖》）获得。

【“2011中国昆明国际文化旅游节昆明狂欢节”】4月30日至5月2日该节在昆举行。与往届不同的是，今年取消了往年的花车巡演，调整为步行表演巡游，除了邀请东南亚国家的4支表演队和巴西的桑巴舞团外，还邀请了俄罗斯鼓队和夏威夷草裙舞表演队参加。而州市歌舞展演还吸引了台湾地区报名参加。此次的狂欢节以“相约狂欢昆明，体验七彩云南”为主题，将突出国际化、民族化特色和大众的参与性。

【第二届中国聂耳音乐（合唱）周暨第八届中国音乐金钟奖合唱比赛】6月17日至22日在昆明正式拉开比赛帷幕。这也是云南省纪念建党90周年的系列重要活动之一。活动将分别在上海、昆明、玉溪三地举行。此次活动由中国文联、云南省、上海市和中国音乐家协会联合主办。值得一提的是，中国音协特意将第八届中国音乐“金钟奖”合唱比赛列为第二届中国聂耳音乐（合唱）周系列活动之一。

【第二届中国聂耳音乐（合唱）周玉溪系列

活动】6月12日上午9时50分，第二届中国聂耳音乐（合唱）周玉溪系列活动正式拉开帷幕。中央、省市级相关部门领导参与了启动仪式。云南省委常委、省委宣传部部长张田欣发表讲话，对本次活动表示衷心的祝愿。玉溪市委书记孔祥庚在致辞中介绍了玉溪近年来在文化、经济等领域的飞速发展和所取成就。中国音乐家协会分党组成员、副秘书长韩新安宣读了《关于同意玉溪市委、市人民政府建立"中国音乐家协会（合唱）基地"的函》；中国音乐家协会主席赵季平向玉溪市授"中国音乐家协会合唱基地"牌匾。

【"中国文化年"上演《云南映象》】6月24日晚，以"感受中国"为主题的"中国文化年"在澳大利亚第一大城市悉尼市州立剧院隆重开幕。中国文化部副部长杨志今、中国驻澳大利亚大使陈育明、中国驻悉尼总领事段洁龙、中国驻澳大利亚使馆公使衔文化参赞柯亚沙等出席开幕式，并一同观看了开启中澳文化年大幕、由我省著名舞蹈艺术家杨丽萍领衔主演的大型原生态少数民族歌舞《云南映象》。这是继"澳大利亚文化年"在华成功举办后中澳两国政府建交以来首次举办的"中国文化年"。作为"中国文化年"的重要活动内容之一，《云南映象》将在悉尼连续演出5场。

【第四届昆明泛亚国际民族民间工艺品博览会】第四届昆明泛亚国际民族民间工艺品博览会于8月19日—23日在昆明国际会展中心举行，这个品牌文化盛会展示21个门类数十万种工艺品，呈现出国际化、品牌化、大师云集的特点。

【第七届国际民俗摄影"人类贡献奖"】第七届国际民俗摄影"人类贡献奖"由联合国教科文组织、中国民俗摄影协会和昆明市政府联合主办，于9月15—18日在昆明举行。本届年赛在参赛参会人数、内容的广度和深度上都创历史最高点。此次比赛，汇集了来自117个国家和地区的2 300名摄影艺术家和摄影爱好者，颁奖系列活动将有34个国家的获奖摄影师到昆明接受荣誉。主办方表示，现在年赛的一切工作已准备就绪，市民可于9月16日至9月21日到省图书馆免费参观民俗摄影作品。

【第三届大理国际影会】9月24日晚，第三届大理国际影会在大理古城开幕，此次影会以"生活在别处"为主题，影会活动时间将持续到9月29日，作品展览时间为9月25日至10月7日。影会期间，除了开幕式及欢迎晚宴、闭幕式及魅力大理、金翅鸟大奖颁奖典礼重头活动外，还将在影会主展区按分类举办浪漫欧罗巴——欧洲作品展、时空美利加——美洲作品展、活力亚细亚——亚洲作品展、靓彩三地情——港澳台作品展、意象中国风——中国大陆作品展，每天举行一个系列主题日活动。

【第六届全国艺术院校院（校）长高峰论坛】10月29日，由文化部文化科技司与中国文化传媒集团艺术教育杂志共同主办，云南艺术学院承办，第六届全国艺术院校院（校）长高峰论坛在昆召开。论坛围绕"研讨传统艺术学科改革发展之路，新兴学科创新建设之路，明细艺术学科专业定位，从而更好建设、完善、适应时代发展需要的现代艺术教育体系，促进我国艺术高等教育和谐发展，繁荣社会主义先进文化"主题，以业内专家为主题，全国各级各类艺术学院院长及教师共同参与探讨。除国家教育部、文化部和云南省有关领导外，还有来自全国百余所艺术高校（学院）近200位专家、学者及优秀教师参加。

【第二届中老越三国丢包狂欢节】在普洱江城举办的第二届中老越三国丢包狂欢节12月11日闭幕。这次以"同饮一江水，共创新和谐"为主题的狂欢盛会，在阴雨中仍吸引了6万余人参加。并以三国各具特色的民俗文化为纽带，加强了中国、老挝和越南的文化、商贸和信息交流。

（云南省民族艺术研究院　倪　涛）

各学会、协会、研究会学术活动

【云岭大讲堂】“云岭大讲堂”是由中共云南省委宣传部、云南省社会科学界联合会主办，云南省演讲学会、云南传统蒙学研究会、云南省国学研究会承办，红云红河烟草（集团）有限责任公司、春城晚报、云南网协办，红云红河烟草（集团）有限责任公司独家赞助的公益性科普讲坛。2011年共举办了42场，社会各界听众八千余人。范围较广，社会反响热烈。

2011年，“云岭大讲堂·名家讲坛”相继邀请了山东省社会科学界联合会党组书记、副主席、教授刘德龙，中国社会科学院世界经济研究所研究员张宇燕，复旦大学经济学院教授、博士生导师张辉明，中国人民大学经济学院书记、教授、博士生导师张宇等国内知名学者，举办了高质量的专场报告会，产生较为广泛的社会影响，受到各界听众的普遍欢迎和好评。四场听众达1 200余人。

（云南省社科联　卢　桦）

【云南省第十四次哲学社会科学优秀成果奖】

云南省哲学社会科学优秀成果奖是云南省人民政府设立的政府奖，是我省哲学社会科学界最高规格的奖项。云南省第十四次哲学社会科学优秀成果评奖，申报时间自2010年10月15日起至11月15日止，共收到符合申报条件的成果534项，经过学科组评审和2011年1月省评委会终评，最终评选出《中国云南与南亚经贸合作战略研究》等获奖成果162项，其中：一等奖15项（专著7项，论文6项，研究报告2项）；二等奖29项（专著12项，论文14项，研究报告3项）；三等奖118项（专著57项，论文52项，研究报告9项）。云南省人民政府于2011年5月22日颁发了《云南省人民政府关于云南省第14次哲学社会科学优秀成果奖励的决定》（云政发〔2011〕118号）。

【《当代云南社会科学百人百部优秀学术著作丛书》编辑委员会工作会议】《当代云南社会科学百人百部优秀学术著作丛书》编辑委员会于2011年1月21日上午在省社科联召开工作会议，遴选第一批出版的学术著作。省社科联常务副主席、丛书编委会副主任委员范建华主持会议，30位编委出席了工作会议。

会议讨论并确定了遴选标准，会上，以实物的方式展示了申报的116部著作的样书及相关材料（作者学术自传、著作简介）。编委们认真查看了样书及相关材料并进行了充分的讨论，根据确定的遴选标准进行了投票，选出了《中国早期现代化中的地方督抚》等50部著作第一批出版。

【云南省社科联工作会议召开】2011年2月26日，全省社科联工作会议在昆明召开，云南各州市县社科联领导、省属学会负责人、省社科联机关处以上领导干部共计200余人参加了会议。会议全面总结了2010年的工作，并对今后五年工作的总体思路、主要任务和具体要求作了安排部署。会议强调：全省各级社科联和省属各学会在工作中要牢牢把握社科工作的正确方向；要紧密联系“两强一堡”战略，更好地为全省发展大局服务；要加大工作力度，改善和优化哲学社会科学工作环境。指出今后五年省社科联工作：一是实施以《云南文库》(《文库》由《云南学术大师文库》《云南社科重要学术论著选编》《当代云南社会科学百人百部优秀学术著作丛书》共同构成）为标志的文化基础工程，二是围绕中央和省委的重大战略决策开展理论研究等6个具体任务。

【云南省社科联组织调研组赴新疆、宁夏学习考察】2011年6月26日—7月2日，省社科联组织昭通、曲靖、楚雄、文山、西双版纳、德宏、临沧七州市社科联主席（或主持工作副主席）及省社科联机关部分处室干部共14人赴新疆、宁夏学习调研。在两地，通过座谈会及个别交流形式就社科联工作进行了广泛和深入地交流，重点围绕搭建学术活动平台，搞好学会工作，加强基层社科联建设，强化社科普及工作，搞好社科评奖，办好社科期刊等工作进行了经验交流。

【云南省社科联组织学会参加“全国科普日”活动】2011年9月17日，由云南省科学技术协会、云南省社会科学界联合会、昆明市科学技术协会主办、由中共昆明市五华区委、昆明市五华区人民政府承办的云南省2011年“全国科普日”活动在昆明市五华区南屏步行街街口举办，省委宣传部部长张田欣、省政协副主席顾伯平、省社科联副主席靳昆萍等领导出席了启动仪式。

2011年“全国科普日”以“节约能源资源、保护生态环境、保护安全健康、促进创新创造”为主题。本次活动中，省社科联组织省图书馆学会、省青少年思想道德研究会、省速记速算研究会、省绿色发展研究会等四家学会参加此次活动。

【云南省社科界专家赴荷兰丹麦瑞典进行学术交流】2011年9月19日至30日，应荷兰莱顿大学、丹麦奥胡斯大学和瑞典教育与研究部国际项目办的邀请，云南省社科联组织了来自云南农业大学、昆明理工大学、云南大学、云南省社科规划办及省社科联等单位的6位社科专家组成“云南省社科界赴荷兰丹麦瑞典学术交流团”进行为期12天的学习交流。主要学习了解荷兰、丹麦、瑞典三国有关中国研究的现状，就双方感兴趣的学术问题进行了直接对话与交流，并就建立学术文化交流合作关系等进行了初步磋商。

【“中瑞可持续发展教育比较研究合作培训团”赴瑞典培训学习】2011年9月26日至10月16日，云南省社科联组织云南大学、云南师范大学、红河学院、云南师范大学附属世纪金源学校、昆明高新一小的教学骨干组成“中瑞可持续发展教育比较研究合作培训团”赴瑞典培训学习和调研交流活动。培训团以“可持续发展教育”为主题，分组考察调研了瑞典东部斯德哥尔摩、中部达拉纳和南部马尔默三个地区的51个大中小学机构或政府单位，参与了15场专题课程或讲座学习，听取了17个机构和16个学校与“可持续发展教育”相关的具体报告，与15位“可持续发展教育”的专家与研究人员进行了深入的研讨和交流。

【云南省社科联调研组赴安徽、浙江、上海学习考察】2011年10月9日至15日，省社科联组织昆明、玉溪、楚雄、大理、丽江、迪庆、普洱七州市社科联主席、副主席及省社科联机关部分处室干部共15人赴安徽、浙江、上海学习调研。在东部两省一市，学习调研组通过座谈会及个别交流形式就社科联工作进行了广泛深入地学习考察，重点围绕搭建学术活动平台、学会工作、学术年会、人文讲坛、基层社科联组织建设、社科普及工作、社科评奖、党组织建设、办好社科期刊等工作听取了两省一市社科联的情况介绍和经验交流。

【云南省保险学会召开第六届理事会第三次全体会议】2011年4月15日上午，云南省保险学会第六届理事会第三次会议在昆明滇池路怡景园召开。省保险学会理事会理事、常务理事、会长、副会长以及会员单位部分代表等60余人出席了会议，学会专家（智囊）团成员应邀参加了会议。云南保监局、云南省民间组织管理局、云南省社科联等领导到会并讲话。

本次会议主要听取和审议云南省保险学会会长姚向东作的《2011年度工作报告》、审议学会《2010年度财务收支报告》；对学会理事会人员变动进行调整；接纳新会员单位入会。大会上的各项报告及提案经全体与会代表的认真听取和审议均一致通过。

会上，云南省民间组织管理局、云南省社科联有关领导对云南省保险学会的工作和取得的成绩给予了高度评价，并对学会今后的工作开展提出了指导性意见。

【云南省高等学校思想政治教育工作座谈会】2011年6月23日，由云南省高等学校思想政治教育研究会主办，云南大学承办的“庆祝建党90周年云南省高等学校思想政治教育工作座谈会”在云南大学成功举行。

本次座谈会由研究会副理事长、曲靖师范学院院长周本贞主持，省委高校工委（省教育厅）、省社科联领导，研究会全体常务理事，以及来自38所在昆本科院校、民办院校、高职、高专院校的学校领导、学工部长、宣传部长、团委书记、思政课教师、辅导员和学生党员代表和各大媒体的代表100余人齐聚一堂参加了座谈会。会上，来自10所高校的发言人围绕庆祝建党90周年的主题，结合工作实际，畅谈近年在大学生思想政治教育工作中取得的经验成果，从各自工作的角度探讨如何为党的建设服务，如何通过开展高校思想政治教育工作为完成党肩负的伟大使命服务。

研究会理事长，云南大学党委书记刘绍怀作了重要发言。省委高校工委大学生工作部部长魏宏对全省思想政治教育工作取得的经验和成绩进行了宏观的介绍。研究会副理事长周本贞作了总结发言。

【云南省杂文学会会员代表大会召开】2011年6月29日上午，云南日报评论奖颁奖仪式暨云南省杂文学会会员代表大会在昆明举行。学会理事和会员代表共53人出席了会议。大会讨论通过了云南省杂文学会更名为云南省杂文与新闻评论学会等事项，选举产生了云南省杂文与新闻评论学会理事会。

徐体义会长在会上作讲话。大会推举云南日报原总编辑夏雨，中共德宏州委书记赵金，云南日报报业集团党委书记、社长罗杰，云南省出版集团公司党委书记、董事长汤汉清为云南省杂文与新闻评论顾问，云南日报报业副社长、总编辑徐体义为云南省杂文与新闻评论学会会长，文山日报总编辑袁兴国，丽江日报社长李建根，曲靖日报社党组书记、社长、总编辑王乔富，云南日报编委、理论评论部主任杨润为副会长，杨润兼秘书长。会议选举产生理事25人，常务理事19人。杨润任云南省杂文与新闻评论学会法人代表。

【云南省民族学会第五届会员代表大会】2011年8月15日，云南省民族学会第五届会员代表大会在昆明楚雄大厦召开。

云南省政协原主席刘树生，省政协原副主席、省民族学会原会长赵廷光，省委原副秘书长、省政府参事李森，省政府副秘书长白庚胜，省人大民委主任格桑顿珠，省民政厅厅长王树芬，省扶贫办副主任欧志明，省政协民宗委主任郭秀文，省社科院院长任佳，省民委副主任岩秒，省社科联副主席江克等领导和嘉宾出席了本届会员代表大会。

大会共有近200名各民族代表参加，会议由省民族学会秘书长饶琨主持，郭大烈会长代表省民族学会作了第四届理事会的工作报告。

云南省民族学会第五届会员代表大会筹备组负责人、省委原副秘书长、省政府参事李森对第五届理事会和工作班子安排作了说明。名誉副会长、省政府副秘书长白庚胜作了滇云文化发展建设的讲话。会议一致通过原云南省政协主席刘树生为省民族学会终身名誉会长，云南省委常委、省委统战部部长黄毅为总顾问，刀国栋等23人为顾问，省政协副主席白成亮为名誉会长，王承才等8人为名誉副会长，并选举郭大烈连任省民族学会第五届会长。

云南省民族学会第五届会员代表大会圆满落幕。学会成立20多年来，云南25个世居少数民族均有了自己的研究委员会，共发展会员5 000多人。

【云南省首家飞虎队博物馆在昆明落成】1943年9月20日上午8时35分，日军27架侵华轰炸机由驱逐机保护侵入昆明市上空，在巫家坝机场附近投弹5枚，运输机1架被毁，机场加油站汽油数大桶及汽车修理厂厂棚旁停放小卡车3辆被炸毁，机场外筑路工人被炸，死伤9人。上苜蓿村遭敌机轰炸，死11人、伤10人，毁房51间。我飞虎队升空作战，击落敌机5架，敌机驾驶员14人毙命，其中在麦冲村黑妈山击落敌机1架，敌机驾驶员4人毙命。

云南省飞虎队研究会在2007年成立后，遵照胡锦涛总书记在2005年9月3日《在纪念中国人民抗日战争暨世界反法西斯战争60周年大会上的讲话》关于“中国人民不会忘记与中国军队并肩作战并为中国运送战略物资而冒险开辟驼峰航线的美国飞虎队”的指示精神，多次深入昆明、滇西、滇南、缅甸，以及驼峰航线，考察、调研、采访、发掘，发现了一批飞虎队和二战遗址，并收集了大量珍贵文件、史料、实物。为了使这些文物、史料更好地发挥作用，云南省飞虎队研究会决定建立一个展示平台——博物馆，使之成为“中美友谊的桥梁，爱国主义的课堂”。博物馆面临的困难是没有场地，缺少资金。研究会的同志无偿献出家宅，拿出养老金，克服了重重困难，终于在68年后的今天，在当年击落敌机的麦冲村，建起了一座占地1.3亩，园林、庭院式的我省第一个飞虎队博物馆；第一个对公众免费开放的民营博物馆；集收藏、展示、研究为一体，突出展示最新研究成果的博物馆。

12月5日，经省、市文博专家审查通过并经省、市有关部门正式批准，博物馆正式挂牌。出席挂牌仪式的有美国二战专家、中国飞虎队老兵、远征军老战士以及省市有关部门的领导等。它的落成，既是对飞虎队援华70周年的纪念，同时标志着我省践行党的十七届六中全会精神的新收获。

【云南省青少年思想道德教育研究会2011年年会】云南省青少年思想道德教育研究会于2011年11月24—27日在红河州蒙自市隆重召开2011年年会，到会的有云南省关工委、昆明、曲靖、昭通、玉溪、西双版纳、红河、保山及全省青少年思想道德教育研究会的各成员单位的相关领导，共95名代表参加了会议。

本次会议得到红河州关工委、教育局、蒙自市、河口县、建水县关工委、教育局的高度重视，达到了预期的目的。会议由云南省青少年思想道德教育研究会学校工作站站长杨杰文主持。

会上通过了新加入研究会的单位，并向曲靖市麒麟区第一中学、富源县胜境中学、红河州个旧市青少年宫、红河州河口县坝洒中学、昆明市第十四中学等5所学校和单位授与“青少年思想道德教育研究实验基地”匾牌。会议通过了新增补的理事、常务理事名单。为荣获云南省青少年思想道德教育修养征文的82位获奖者颁奖。作关于“青少年思想道德教育”工作的专题经验交流。会议由研究会秘书长向大会作《云南省青少年思想道德教育研究会2011年年度工作总结，并向大会汇报了2011年省青少年思想道德教育研究会财务收支情况的说明》。

【云南省逻辑学会2011年第五届会员大会召开】2011年11月25日，云南省逻辑学会第五届会员大会暨学术研讨会在昆明呈贡云南师大哲学与政法学院召开。来自我省各高等院校、党校系统以及部分省内外专家学者共40余人参会。

此次会议的主要议题有两项：一是进行第五届换届选举、充实和完善学会章程、总结第四届逻辑学会的工作经验。二是进行学术交流，探讨逻辑学特别是辩证逻辑学的原理、方法和运用，建构逻辑系统的理论和方法，辩证逻辑与本体论和认识论的关系，中医的辩证逻辑思想以及悖论的消解等问题。

通过大会选举、协商，会议新选出名誉会长韦世林教授，新会长李广良教授，副会长罗翊重研究员，副会长兼秘书长胡怀亮博士。会上还吸收了一批逻辑学会新会员。

【云南省粮食行业协会第二届理事会云南省粮食经济学会第五届理事会第一次常务理事会暨粮食经济理论粮油科技学术交流会在盐津召开】2011年11月21日，云南省粮食行业协会第二届理事会云南省粮食经济学会第五届理事会第一次常务理事会暨粮食经济理论粮油科技学术交流会在昭通市盐津县召开。会议主要内容：总结协会、学会换届两年来的工作；表彰两年来在《云南粮食经济》刊物上发表的优秀文章作者；粮食经济理论、粮油科技学术大会交流。参会人员有“两会”理事、常务理事、优秀文章作者及理事、常务理事单位的代表共计101人，应邀出席会议并讲话的嘉宾有省社科联学会部吴绍斌主任、中共盐津县委常委县人民政府常务副县长陈国均、昭通市粮食局党组书记局长皮永雄等。云南省粮食局副巡视员、“两会”顾问孙卫平到会讲话作指导。

云南省粮食行业协会常务副会长、云南省经济学会会长李国华主持开幕并进行了会议总结。中央储备粮总公司云南分公司副总经理，云南省粮食行业协会、云南省粮食经济学会副会长杨迅宣布获奖文章作者名单。云南省粮食行业协会、云南省粮食经济学会副会长兼秘书长徐世俊受“两会”会长的委托向大会作了《云南省粮食行业协会第二届理事会云南省粮食经济学会第五届理事会第一次常务理事会工作报告》，并主持下午的大会交流发言。

会议表彰了两年来在《云南粮食经济》刊物上发表的优秀文章作者。会议取得圆满成功，达到了预期目的。

【云南省高等学校思想政治教育研究会2011年年会暨云南省高等学校思想政治教育工作创新论坛在玉溪举办】云南省高等学校思想政治教育研究会2011年年会暨云南省思想政治教育工作创新论坛日前在玉溪顺利落下帷幕。

本次年会暨论坛由云南省高等学校思想政治教育研究会（以下简称研究会）主办，云南大学、玉溪师范学院承办。来自全省47所高校的学校领导、专家、学工部负责人、宣传部负责人以及研究会2011年思想政治教育优秀科研成果评选活动获奖者等高校思想政治教育工作者140余人齐聚一堂，就高校思想政治教育的热点、难点、重点问题展开了热烈的研讨。会议由研究会秘书长、云南大学李平教授主持，玉溪师范学院党委书记祝武世致欢迎辞。中共云南省委高校工委副书记陶晴，研究会理事长、云南大学党委书记刘绍怀在会上作了讲话。研究会副理事长、省委高校工委大学生工作部部长魏宏在会上通报了大学生工作部今年开展的各项重要工作，并对一段时期内的工作进行了展望。会议讨论通过了研究会秘书处《关于2011年增补研究会常务理事的建议》。会上，陶晴、刘绍怀向研究会评选出的云南省高校思想政治教育优秀科研成果的获奖者颁发了获奖证书。

（云南省社科联　卢　桦　谭启彬）

2011 年社科专家迪庆行

2011 年 9 月 19 日至 26 日，中共云南省委宣传部、中共迪庆州委、迪庆州人民政府、云南省社会科学界联合会在迪庆藏族自治州联合举办“2011 年社科专家迪庆行暨云南藏区经济社会发展战略研究”大型调研咨询活动。

本次“社科专家迪庆行暨云南藏区经济社会发展战略研究”大型调研咨询活动的目标是：深入贯彻落实科学发展观，充分发挥哲学社会科学学术应用研究对经济社会发展的智力支持作用，准确把握迪庆州经济社会发展面临的新形势新任务、新机遇和新挑战，探索促进迪庆经济社会全面协调可持续发展的新思路、新途径、新举措，推动迪庆州经济社会又好又快发展。

9 月 19 日，主办单位在迪庆州天界神川大酒店举行调研活动专家见面会，邀请了新华社、中国社会科学报、云南日报等 8 家中央、省、州新闻媒体参与。云南省社科联主席范建华同志向迪庆州参会领导和新闻媒体介绍专家学者，本次调研活动遴选了中国人民大学、四川大学、云南大学、云南师范大学、西南林业大学、省社科院、省林科院、昆明学院的 12 名省内外社会科学、自然科学和实际工作部门的知名学者组成调研团队。中共迪庆州委副书记、迪庆州人民政府黄政红州长向社科专家和新闻媒体详细介绍了迪庆州情并颁发了聘书。

9 月 19 日—25 日，社科专家分生态立州、文化兴州、产业强州、和谐安州四个组开展调研，活动采取统一组织、分组行动的方式进行，在迪庆州香格里拉、德钦、维西三县和迪庆州工业园区进行了为期 7 天的实地调研考察活动。调研过程中，专家们按照分组安排围绕各自的调研主题，与州委、州政府领导和州直各有关部门、市县领导、乡镇干部、企业负责人就进一步加快迪庆州经济社会发展的有关重大问题进行了交流和讨论。

9 月 26 日，“社科专家迪庆行暨云南藏区经济社会发展战略研究”高端论坛在迪庆州天界神川宾馆会议厅举行，迪庆州 80 多名领导干部参会。论坛由云南省社科联主席范建华主持，省委宣传部副部长张瑞才受省委常委、宣传部长张田欣同志的委托，代表省委宣传部作了重要讲话，张瑞才同志指出：“社科专家基层行”活动举办 7 年来，已经成为云南省宣传理论工作的一个亮丽的品牌，受到中央领导和省委的高度肯定，深受地方党委政府的普遍欢迎。本次“社科专家迪庆行”是在迪庆州经济社会发展、政治稳定等各方面取得重大成就的情况下进行的，意义更加重大、作用也更加明显。社科理论工作和专家学者利用有效手段和聪明才智服务地方经济社会建设，必须把握四个关键点：一是跟得上，理论研究必须跟得上时代和形势的发展变化；二是贴得紧，社科理论工作和专家学者的调查研究必须牢牢坚持“三贴近”的原则；三是能结合，社科理论工作和专家学者的研究必须与地方实际工作相结合，找到解决问题的最佳结合点和突破口；四是要管用，专家学者的调研结论和对策建议必须有很好的针对性和可操作性，能够解决实际问题。针对迪庆州提出的“四州战略”，张瑞才同志建议加上一个“开放活州”战略，这样更能切合迪庆州的实际。

论坛上，专家们向迪庆州委、州政府和各级领导汇报了这次考察调研的感受体会、思考认识，汇报了调研活动的初步成果和对策建议。发言中，专家们结合迪庆“生态立州、文化兴州、产业强州、和谐安州”战略和经济发展、社会事业发展实际，就迪庆如何落实我省“两强一堡”发展战略目标，把迪庆建设成为全国藏区跨越发展和长治久安示范区的经济社会发展战略问题，发展绿色产业、特色产业问题，三农问题，旅游文化产业发展问题，教育改革发展问题，生态建设问题，维护边疆稳定问题等进行了探讨和分析。

本次“社科专家迪庆行暨云南藏区经济社会发展战略研究”咨询活动体现了以下几个方面的特点。

1. 调研背景特殊，调研主题鲜明

“2011 年社科专家迪庆行暨云南藏区经济社

会发展战略研究”大型调研咨询活动，是在迪庆州经济社会发展、政治稳定等各方面取得重大成就，全省认真贯彻落实中央第五次西藏工作座谈会和省委八届十次全会精神、省委藏区工作会议精神，把云南建设成为“绿色经济强省、民族文化强省、中国面向西南开放的桥头堡”的背景下进行的。迪庆是我省维护民族团结、社会稳定、实施生态屏障建设的前沿，把深入贯彻落实科学发展观，着力推进云南藏区经济社会发展作为这次调研咨询活动的主题，既是迪庆州经济社会发展、建设全国藏区跨越式发展和长治久安示范区的客观需要，也是社科理论工作和专家学者发挥聪明才智服务地方经济社会建设的主观需求。活动紧紧围绕迪庆州委、州政府提出的“生态立州、文化兴州、产业强州、和谐安州”战略设置调研组和调研主题，为调研成果、对策咨询建议的针对性、可操作性奠定了基础。

2. 围绕迪庆经济社会发展需要设置调研任务，专家队伍组成实现了四个方面的结合

本次调研活动，围绕迪庆州委提出的“生态立州、文化兴州、产业强州、和谐安州”的发展战略目标，结合迪庆经济社会发展的现实需要，经过反复研究设置明确的调研任务，确定了4个组12个调研题目。专家队伍组成紧扣调研任务，实现了四个方面的结合。一是专家结构实现了省内外专家结合，有来自中国人民大学、四川大学的两位专家，来自省内的10位专家；二是在专家的学科构成上社会科学专家和自然科学专家结合，组织了2位来自西南林业大学、云南省林科院的环境科学和林业科学的专家参与这次调研活动；三是在专家的部门结构上有理论研究部门的专家和实际工作部门专家结合，专家中有来自省级科研机构的研究员，有来自大专院校的教授；四是在专家的年龄结构上体现出中青专家为主的原则，他们中多数是60年代后出生、在国内较有影响力的年轻专家。

3. 举办方式灵活创新，贴近基层干部群众需要

创新是事物保持生命力的要素。作为我省社科工作品牌之一的“社科专家基层行”举办7年来，取得了显著成绩，产生了良好的社会效果，得到了中央和省领导的肯定。本次调研活动本着服务地方经济社会发展需要的宗旨，在地方党委政府的密切配合下，主办方采取灵活机动的方式，分四个小组各有侧重的调研，避免了专家资源的重叠浪费。针对地方实际充分发挥专家的理论智慧，把调研活动和推进理论大众化结合起来，活动组委会在维西县邀请中国人民大学教授康晓光作了一场《中国道路：中国改革时代的政治发展模式》的理论宣讲报告，为维西县的50多名干部破解政治发展、政党建设方面的理论热点难点问题，取得了非常好的效果。让边疆的干部在自己的家乡聆听北京专家的讲座，目睹人民大学教授的风采，使本次社科专家基层行活动增添了理论大众化推进器、科学知识普及宣传队、服务基层群众工作队、地方党委政府决策智囊团的特色。

4. 高端论坛专家建议对推动地方经济社会发展具有很强的指导性、针对性和可操作性

“社科专家迪庆行暨云南藏区经济社会发展战略研究高端论坛”的一个显著特点是：专家建议对促进地方经济社会发展有很强的指导性，发言有创意，避免重复，内容既新又实，针对性和可操作性突出。这表现在：就生态立州问题、生态建设问题，专家们高度评价生态立州战略，建议按照战略思路调整完善走工业化的路径，确保生态立州在发展中得到体现，建议总结深化对普达措国家公园的认识和建设，向国家申请建立“三江并流”生态环境保护补偿机制。在产业强州方面，专家们谨慎地提出，迪庆州发展矿业开采和冶炼面临着巨大的风险，举了许多反面的例子，也介绍了新西兰、瑞士非工业化国家的重大成就。建议迪庆州深刻领会通道建设、物流基地和改革开放三个要素的含义，围绕香格里拉机场建立航空物流经济区。在文化兴州方面，专家们认为迪庆藏族自治州综合体系中文化兴州具有突出地位。重视文化兴州的地位，必须深入挖掘文化内核建设和文化品牌的建设，加大文化产业的投入，突出文化兴州的战略长期性，找到基点、亮点和赢利点，着力开创全州科学发展新局面。教育方面，要从国家战略的高度重视“民族教育工程”，提升云南藏区的文化软实力建设。就三农问题，专家们建议，从实际出发建立、扩大迪庆州农村经济合作组织，维护农民的利益。就迪庆发展旅游产业问题，专家们提出，迪庆州旅游业的发展，核

心旅游资源不明确，要明确界定迪庆的核心旅游资源，把旅游产业开发与生态保护和改善民众生活相结合，旅游产业的发展要使群众得到实惠，迪庆的旅游才会有根基。

“2011 年云南社科专家迪庆行暨云南藏区经济社会发展战略研究”是我省哲学社会科学界的又一次全方位为州市服务的大型调研咨询活动。活动按照“三贴近”的要求，紧紧围绕云南藏区经济社会发展中的重大理论和实际问题，科学总结经济社会发展中的成功经验和面临的重点、难点问题，引导社科专家走出书斋，走出高校和研究室，深入迪庆州基层一线体验火热生活，全面了解“生态立州、文化兴州、产业强州、和谐安州”战略实施现状，掌握第一手材料，总结取得的成效，分析存在的问题和不足，有针对性地开展研究工作，为迪庆实现经济社会协调发展，加强社会主义民主法治建设，加快推进依法治州进程，提升维护稳定的能力和水平，建立促进和谐的长效机制，不断提高社会管理科学化水平，确保人民群众安居乐业，确保云南藏区跨越式发展和长治久安等方面，提出了很多具有理论指导性和实践应用性的发展思路和办法措施、对策建议，在宣传基层、服务基层、繁荣学术、促进发展方面产生了积极的作用和影响，取得了预期的效果。

（云南省社科联　阮凤平）

云南省社科专家·新闻记者西畴行

2011 月 12 月 21 日至 24 日，由云南省社科联、云南日报社、中共文山州委宣传部、文山州社科联、中共西畴县委、县人民政府联合开展的“云南省社科专家·新闻记者西畴行”活动在文山西畴举行。省社科联、文山州社科联组织了来自云南师范大学、云南民族大学、省社科院、云南日报社等单位的 5 位专家、5 名记者组成的调研组为“西畴精神”把脉点睛。此次社科专家基层行活动，首次与省级新闻媒体共同行，创新了社科专家基层行的组织模式。《云南日报》开辟专版集中发表一批理论宣传报道文章，就“西畴精神”进行全方位的理论提升与宣传打造。同时，5 位社科专家学者也在调研的基础上撰写文章，最终与媒体报道统编一本全面诠释“西畴精神”的公开出版物。

（云南省社科联　谭启彬）

云南省第五届社会科学学术年会

2011年11月21—22日，云南省第五届社会科学学术年会主场活动分别在云南财经大学和云南大学举行。本届学术年会的主题是“云南十二五开局：转变经济发展方式”，由中共云南省委宣传部、云南省社科联主办，云南财经大学、云南大学共同承办。

在云南财经大学主场开幕式上，省人民政府高峰副省长出席开幕式并作重要讲话，高副省长充分肯定“学术年会”是一项具有重要价值和意义的学术活动。他要求全省广大哲学社会科学工作者立足云南省情，站在世界眼光的高度，深入研究我省实施“十二五”规划，全面建设小康社会进程中面临的重大问题，用心和着力助推我省转变经济发展方式，为我省顺利实施“十二五”规划提供有力的思想理论保障、智力支持和精神动力。

22日上午，年会专场学术活动在云南大学举行。活动由林文勋主持，靳昆萍、肖宪等领导分别作了讲话。应组委会邀请，复旦大学经济学院教授张晖明作了题为《告别单向度的发展模式》的主旨演讲；云南大学经济学院院长施本植教授作了题为《调结构、转方式，实现云南社会经济的跨越式发展》的主题学术报告；马克思主义研究院教师李维昌和发展研究院教师梁双陆分别作了题为《我国转变经济发展方式的战略解读》和《云南经济运行新特点与调控对策》的主题论坛发言。

省委宣传部副部长张瑞才，云南大学党委书记刘绍怀、校长何天淳，省社科联党组书记张红苹、副主席靳昆萍，云南大学副校长肖宪，副校长、省社科联兼职副主席林文勋，云南财经大学副校长伏润民及省委党校、省社科院、省社科联、省社科规划办相关负责人，云南大学社会科学处负责人和师生代表等出席了在云南大学主场举行的闭幕式。

张瑞才副部长在闭幕式上讲话时转达了省委常委、省委宣传部部长张田欣对云南大学、云南财经大学为年会所做周到细致会务工作的谢意，并宣读了表彰年会优秀论文的决定。他希望获奖者珍惜荣誉，再接再厉，推出更多更好的具有重大理论价值、实践意义和社会影响的研究成果，为繁荣发展我省哲学社会科学，推动我省经济社会科学发展作出新的贡献。

省社科联党组书记张红苹在闭幕式上讲话时认为，本届年会为我省“十二五规划”的顺利实施提供了有力的思想保障、智力支持和精神动力，并呈现出三大特点：一是更加突出社会科学服务党政决策、服务社会的作用；二是省内外专家共同探讨，学术界与企业界互相交流，成效显著；三是组织形式有所创新。

本届学术年会主场活动有三个亮点：

一是更加突出社会科学服务党政决策、服务社会的作用。本届学术年会以“云南十二五开局：转变经济发展方式”为主题。从这一视角研究我省经济社会发展的重大问题，不仅具有重要的理论价值，而且具有重要的现实意义，是“十二五”开局之年我省的专家学者必须认真思考和回答的紧迫问题。年会围绕我国转变经济发展方式的重大部署，紧密结合云南实际，设立了我国转变经济发展方式的战略解读、桥头堡建设中的金融经济政策研究、云南边疆区域社会经济研究、云南经济运行新特点与调控对策以及改模式、转方式、调结构：经济工作必须做好的三大文章等5个专题进行了交流讨论。与会专家学者提出了很多见解独到的意见和建议，达到了为云南经济社会发展建言献策、贡献才智的目的。年会结束后，年会组委会在《云南日报》上对本次年会中专家观点摘编专版刊出，并通过《社科界建言专报》报送省领导和相关部门。

二是省内专家与省外专家共同探讨，学术界与企业界代表互动交流，共同研究探讨学术问题、理论与实践运用问题，促进了学术交流与合作。年会期间，云南财经大学和云南大学名家云集、学术交流氛围浓厚：中国社科院世界经济研究所张宇燕研究员在财经大学作了一场题为《美债危机与世界经济》的主旨报告，复旦大学经济学院张晖明教授以《告别单向度的发展模式》为题，在云南大学作了一场主旨报告，云南建工集团纳杰董事长、云南财经大学纳鹏杰院长、云南大学施本植院长等专家的主题报告引起了大家的共鸣。各主场、专场同时也遴选了本校、本学科代表性的、重量级的专家学者登台，发表他们最新的研究成果。学者们的学术报告展现出了较高的学术素养和饱满的学术热情，体现了学者们的学术追求和学术潜力，得到了与会嘉宾和听众的肯定。同时，年会为广大社科工作者提供了一个相互启迪、相互促进的交流平台，既沟通了最新学术研究成果，又广交了朋友，建立了友谊，为今后加强协作、创新发展奠定了基础。

三是年会的组织形式有了创新，社科界的团队精神不断增强。把主场办到高校和年会论文评奖是本届年会的一个新的举措和亮点，实现了学术年会培养人才，促进青年才俊成长的重要目标。本届年会改变过去1+X的组织模式，不在省社科联设立主场，而是在社科专家学者最为密集、青年才俊最为集中的高校设立主场，设了云南财经大学、云南大学2个主场，同时依托保山市社科联、保山学院和临沧市社科联、临沧师专，在保山市、临沧市设立了2个专场，调动了高校和州市社科联的力量，展示了社科界团队精神。云南财经大学、云南大学对学术年会的组织工作非常重视，主要领导、分管领导多次听取承办处室的汇报，并安排具体工作。

本届年会主场共收到论文241篇，经专家组审阅、初评、推荐，对其中21篇候选论文进行评议、表决，评出优秀论文8篇。在年会闭幕式上，省委宣传部副部长张瑞才同志宣读了表彰决定，授予云南大学发展研究院副院长、博士生导师梁双陆教授论文《云南经济运行新特点及调控建议》一等奖，授予《云南加快转变经济发展方式研究》等2篇论文二等奖，授予《论少数民族非遗保护的文化自觉与文化主权》等5篇论文三等奖。

学术年会组委会号召全省社科界要继续自觉围绕省委、省政府关注的重大问题、改革发展稳定中的热点问题、关系人民群众切身利益的突出问题，开展具有全局性、战略性、前瞻性的对策研究，不断增强学术研究的针对性和实效性，为我省科学发展、和谐发展、跨越发展建言献策，全省社科工作者要真正成为我省实施“两强一堡”建设的推动力量，成为建设民族文化强省、提升云南文化软实力的模范实践者、积极引领者。

年会结束后，年会组委会按照云南经济发展方式的转变、桥头堡战略下的云南开发与金融发展、云南经济运行于产业发展、云南文化产业发展、云南社会事业发展五个方面统筹考虑，收录了50篇论文形成近30万字的《云南“十二五”开局：转变经济发展方式》——云南省第五届社会科学学术年会主场文集出版。本届学术年会在营造我省学术研究创新氛围、培养青年人才方面起到了重要的促进作用。

本届学术年会依托保山市社科联、保山学院和临沧市社科联、临沧师专，在保山市、临沧市分别设立了2个专场，保山市收录学术论文50篇，以《云南“十二五”开局：转变经济发展方式》——云南省第五届社会科学学术年会保山桥头堡建设、责任与创新专场文集出版；临沧市收录学术论文20篇，以《云南“十二五”开局：转变经济发展方式》——云南省第五届社会科学学术年会临沧桥头堡建设论坛专场文集出版，使第五届社会科学学术年会的宗旨和学术氛围延伸到州市，带动地州市社科学术活动的繁荣发展。

从本届学术年会表现出的范围不广、形式单一的情况看，昆明主会场和州市专场都局限于专家主旨演讲和学术论文交流，整个学术年会一个模式，内容和形式较为单一。为了充分发挥学术年会的重要功能和作用，使之可持续发展，省社科联计划在2013年组织全省性的“学术活动月”活动，有计划地组织开展全省社科工作者的研究考察活动，坚持“请进来”和“走出去”战略，通过学术年会不断营造繁荣发展哲学社会科学学术氛围，促进学术交流与合作，促进社科成果的转化，促进学科发展和人才成长，为我省经济社会科学发展提供强有力的智力支持。

（云南省社科联　阮凤平）

云南省社会科学界联合会第四次代表大会

云南省社会科学界联合会第四次代表大会于2011年8月24日至26日在昆明隆重举行，中共云南省委副书记李纪恒，省委常委、宣传部部长张田欣，省人大常委会副主任杨保建，省人民政府副省长高峰，省政协副主席顾伯平，省人大常委会原副主任、省社科联主席王义明等领导出席大会。特邀有关单位领导、老专家代表、省社科联历任领导、十四届哲学社会科学优秀成果奖获奖代表及289名会议代表出席大会。

省委常委、宣传部部长张田欣主持开幕式，省委副书记李纪恒同志代表省委发表了《紧跟时代 植根实践 改革创新推动云南哲学社会科学大繁荣大发展》的重要讲话，李纪恒同志代表省委、省政府，对大会的召开表示热烈的祝贺，向各位代表、向全省广大哲学社会科学工作者致以诚挚的问候。

李纪恒同志在讲话中指出，省社科联第四次代表大会是一次总结过去、谋划未来、共商我省哲学社会科学发展大计的会议，是全省广大哲学社会科学工作者的一大盛事。自2003年省社科联第三次代表大会以来，全省广大哲学社会科学工作者坚持以邓小平理论和“三个代表”重要思想为指导，全面贯彻落实科学发展观，按照中央和省委、省政府关于繁荣发展哲学社会科学的一系列部署和要求，坚持为人民服务、为社会主义服务的方向和百花齐放、百家争鸣的方针，围绕中心、服务大局，与时俱进、开拓创新，积极推进各项工作顺利开展，社科研究、理论创新、决策咨询、学术交流、学科建设、社科普及、成果发布、组织建设、人才培养等方面成效显著，涌现出一批优秀学术骨干和科研成果，哲学社会科学认识世界、传承文明、创新理论、咨政育人、服务社会的作用得到更好发挥，哲学社会科学界作为党和政府的思想库、智囊团作用得到较好体现，巩固和发展了哲学社会科学工作积极健康、繁荣发展的良好局面。

李纪恒副书记在充分肯定改革开放以来我省哲学社会科学事业取得的成绩和各级社科联为繁荣哲学社会科学事业所作贡献的同时，深刻分析了新时期我省哲学社会科学工作面临的形势与任务，向全省的哲学社会科学工作者提出了明确要求，并强调要进一步加强和改善党对哲学社会科学的领导。他要求各级党委政府要充分认识哲学社会科学的重要战略地位，努力推动哲学社会科学繁荣发展。一是认清形势、深化认识，切实把哲学社会科学工作放到更加重要的战略地位来抓；二是围绕中心、服务大局，推动我省哲学社会科学大繁荣大发展；三是不断加强自身建设，真正把社科联建成广大哲学社会科学工作者之家。

省社科联党组副书记、常务副主席范建华代表云南省社会科学界联合会三届委员会向大会作了《繁荣发展哲学社会科学为我省“两强一堡”建设贡献力量》的工作报告，报告认真回顾了2003年7月省社科联第三次代表大会以来的八年，我省哲学社会科学事业全面推进、不断壮大、繁荣发展；全省广大哲学社会科学工作者高举旗帜、围绕中心、服务大局、取得了的丰硕成果；社科联组织日益健全，学术活动发展活跃，凝聚力和影响力显著增强；社科界人才突显、新人频出的历程。在省委、省政府的正确领导和省委宣传部的精心指导下，省社科联团结全省社科工作者，在理论研究、学术交流、咨询服务、科学普及、学会管理、队伍建设等各个方面取得了良好的工作成绩，形成了我省社会科学工作的新亮点、新品牌、新格局，为我省哲学社会科学事业的繁荣发展打下了坚实的基础，为学科建设、学术发展、学人成长创造了有利条件，有力地推进了改革开放和社会主义现代化建设。

围绕今后五年的指导思想和发展目标，工作报告提出了全省社科联重点开展的五项工作：一是高举旗帜，把研究宣传普及中国特色社会主义理论体系作为首要任务；二是服务大局，把深化重大现实问题研究作为主攻方向；三是完善机制，把创新社会科学工作机制作为重要着力点；四是打造品牌，把提升社会科学影响力作为重要目标；五是夯实基础，把人才队伍建设和学术环境营造作为关键环节。

省政协副主席顾伯平主持闭幕式，省委常委、宣传部长张田欣在闭幕式上发表了《围绕中心 服务大局 改革创新不断开创云南哲学社会科学繁荣发展的新局面》的重要讲话。

张田欣部长指出，省社科联第三次代表大会以来的八年，是我省哲学社会科学事业开拓创新、蓬勃发展的八年。八年来，在省委、省政府的正确领导和省人大、省政协的大力支持下，省社科联第三届委员会按照高举旗帜、围绕大局、服务人民、改革创新的总要求，团结带领全省广大哲学社会科学工作者，大胆探索，扎实工作，出色地完成了各项任务，取得了可喜的成绩。尤其是社科联精心打造的“社科专家基层行”、“云岭大讲堂”、“云南社科学术年会”等理论品牌，在理论宣传、基础研究、决策咨询、科学普及等方面开辟了新的渠道，较好地发挥了“思想库”和“智囊团”的重要作用。近年来，特别是省第八次党代会以来，云南经济社会发展取得了令人瞩目的成就，社科战线为此作出了积极的贡献。张田欣部长代表省委、省政府，向第三届委员会的辛勤工作表示衷心的感谢，向新当选的领导班子表示热烈的祝贺，向全省社科工作者致以诚挚的问候。

会议期间，代表们认真履行自己的职责，审议并通过了第三届委员会的工作报告和《云南省社会科学界联合会章程》（修正案）。会议颁发了云南省第十四次哲学社会科学优秀成果奖。经过发扬民主，充分酝酿，大会选举产生了省社科联第四届委员会。在省社科联四届一次全委会上，选举产生了省社科联的新一届领导班子。新一届全委会汇聚了我省社科界“五路大军”的中坚力量，代表面广，梯次结构合理，为更好地发挥社科联“桥梁纽带”、“组织协调”、“咨询服务”、“宣传普及”的职能，推进全省社科事业的发展提供了组织保证。大会认为，新一届领导班子一定能团结带领全省社科界，为繁荣发展我省哲学社会科学，为我省“两强一堡”建设发挥思想库和智囊团作用，为促进我省经济社会的全面发展作出新的更大的贡献。

云南省社会科学界联合会第四次代表大会审议了云南省社科联第三届常委会提出的《云南省社会科学界联合会章程（修正案）》和修改说明。大会认为，修改后的《云南省社会科学界联合会章程（修正案）》体现了中央和省委对哲学社会科学工作提出的新要求，符合云南省社科界工作和发展的实际，对推进我省社科联工作具有十分重要的意义。大会决定通过《云南省社会科学界联合会章程（修正案）》，并自通过之日起生效实行。

根据中共云南省委的提名和《云南省社会科学界联合会章程》关于聘请名誉主席的规定，云南省社会科学界联合会第四届委员会第一次全体会议一致通过，聘请省委常委、宣传部长张田欣同志，省老领导、省社科联第三届委员会主席王义明同志担任云南省社会科学界联合会名誉主席。

云南省社科联第四届委员会委员名单（135 名）

（按姓氏笔画为序）

马文斗	尹向阳	木基元	王力宾
王文光	王文成	王国忠	王清华
王翠岗	王德堂	王德强	代　伟
叶　文	叶国伟	刘赛龙	刘德强
华业顺	孙学华	朱　江	毕天云
江　克	汤长平	牟建国	米　良
许官福	何　明	何　跃	何雪峰
何锡英	吴卫民	张　青	张　勇
张亚平	张红云	张红苹	张建华
张建国	张明先	张洪波	张祖祯
张桥贵	张瑞宏	李　仁	李　宏
李　炎	李　恂	李友仁	李文育
李志勤	李远祥	李国华	李松林
李茂琳	李德勇	李慧勤	杨　芳
杨　杰	杨　烨	杨　辉	杨　毅
杨永福	杨先明	杨安兴	杨竹芬
杨灿坤	杨凯民	杨泽宇	杨经德
杨佑钧	肖耀辉	陈　路	陈卫民
陈云东	陈友康	陈利君	陈顺坤
周　平	周　跃	周本贞	周维丽
周智生	和少英	和丽峰	孟庆红

易　挺　林文勋　林念兰　林照森
欧阳俊虎　欧黎明　罗明东　罗惠芸
范宇航　范建华　郑千山　郑志辉
郑晓云　姜　莉　姜定忠　施本植
查家安　段　钢　胡其辉　胡汉傈
贺圣达　赵　纯　赵利峰　赵卓磊
赵学源　赵金元　饶　琨　徐体义
桂　立　珠玛英追　袁国友　郭　品
陶　仁　高　力　高　江　高富英
常　斌　梁　玲　黄小军　黄燕玲
彭　强　游启道　董云川　韩跃红
鲁国超　雷翁团　靳昆萍　樊　勇
颜绍梅　薛敬梅　戴世平

云南省社科联第四届委员会常委名单（45 名）

（按姓氏笔画为序）

王力宾　王文光　王文成　王国忠
王清华　王德堂　代　伟　叶　文
刘德强　江　克　牟建国　米　良
何　明　吴卫民　张红苹　张桥贵
李　仁　李　炎　李松林　杨　芳
杨先明　杨安兴　杨凯民　陈　路
陈云东　周　平　周　跃　周本贞
和少英　林文勋　罗明东　范宇航
范建华　姜　莉　施本植　胡其辉
贺圣达　赵利峰　赵卓磊　徐体义
袁国友　韩跃红　雷翁团　靳昆萍
戴世平

云南省社科联第四届委员会主席、副主席名单

主　席：范建华
副主席：张红苹　雷翁团　靳昆萍
兼职副主席：
杨凯民　王国忠　刘德强
王文成　林文勋　李松林
张桥贵　周　跃　杨　芳

（云南省社科联　阮凤平）

社会科学期刊

年鉴 2012

2011 年云南省社科期刊情况简介

《云南社会科学》

《云南社会科学》是云南省社会科学院主管主办的综合性社会科学学术理论期刊。双月刊，大16开本，160页，单月20日出版。国内外公开发行。该刊创办于1981年5月。历任主编：王甸、郭正秉、何耀华、纳麒。现任主编杨福泉。

《云南社会科学》一贯严格坚持办刊宗旨，以马列主义、毛泽东思想、邓小平理论和“三个代表”重要思想为指导，为中国的社会主义现代化建设服务，为繁荣哲学社会科学研究事业服务。认真执行党的出版工作政策和纪律，严格遵守相关法律法规。不断增强使命感和社会责任感，努力营造理论创新的学术环境并积极提供交流平台，为社会奉献更多更好的精神文化产品，以促进先进文化的发展和社会科学的繁荣为己任，始终把社会效益放在首位，确保刊物的学术质量。

《云南社会科学》一直以来均入选“全国中文核心期刊”、“中国人文社会科学核心期刊”、“中文社会科学引文索引（CSSCI）来源期刊”。

该刊设有政治、哲学、经济、社会、民族、宗教、历史、文学等主要栏目。

2011年共刊发论文200篇，据不完全统计，被《新华文摘》、《中国社会科学文摘》、《高等学校文科学术文摘》、《中国人民大学复印报刊资料》转载、复印20篇。

通信地址：云南省昆明市环城西路577号云南省社会科学院《云南社会科学》编辑部

邮政编码：650034

电话号码：0871－4154719

国际标准连续出版物号：ISSN 1000－8691

国内统一连续出版物号：CN 53－1001/C

邮发代号：国内64－27，国外BM676

《思想战线》

《思想战线》是由云南大学主办的全国性哲学社会科学理论刊物，双月刊，大16开本，148页，单月15日出版。国内外公开出版发行。该刊创刊于1975年。历任主编：马曜、岳文志、何耀华、史宗龙、周庚鑫、秦家华、任兆胜、何明 。现任主编王文光。

自创刊以来，坚持开放办刊，把握好正确的舆论导向，始终代表先进文化的方向。秉承云南大学“会泽百家，致公天下”之校训，广纳天下时贤之宏论，博采四海英杰之大作，力主学术创新和思想原创，倡导学术争鸣和思想交锋，探索问题综合加优势学科的发展模式，更新办刊理念，创新运行机制。该刊不但是云南大学一块具有深厚学术积淀的学术品牌，也成为了繁荣中国人文社科事业的前沿阵地之一。

20世纪90年代起，《思想战线》就先期并连续进入《中文核心期刊要目总览》、CSSCI来源期刊目录；2001年入选中国期刊方阵“双效期刊”；2002年获“第二届全国双十佳社科学报”称号；2003年获国家新闻出版总署颁布的第二届中国期刊奖；2004年，在教育部哲学社会科学“名刊工程”评选中，成为首批进入“名刊工程”建设的11种期刊之一，并是其中唯一的地方院校主办的期刊；2007年，在国家民委文化宣传司组织的期刊评奖中，《思想战线》获“全国民族地区学报（期刊）名刊”称号，特色栏目“人类学与民族学”被评为“名栏”。2009年，在由云南省新闻出版局和云南省期刊协会联合开展的第三届云南期刊奖评选活动中，《思想战线》获得云南期刊奖优秀期刊称号。2010年10月，第四届全国高校社科期刊评优活动结果揭晓，《思想战线》被评为“全国高校社科名刊”。成为全国26家获此殊荣的高校社科期刊之一。2011年1月始，《思想战线》与《清华大学学报》、《南京大学学报》等17家入选教育部名刊工程的综合性社科学报（2012年起增至21家）联合，打造《哲学学报》、《文学学报》、《社会学报》等10个数字化专业社科学报（后正式命名为“中国高校系列专业期刊”），对纸本综合性学报所发表的文章同步进行数字化、专业化重组，通过中国知网进行传播。“中国高校系列专业期刊”一经问世，就得到了学者们的热烈欢迎和一致好评，在期刊同行中也备受关注，至2012年3月月底，该系列期刊下载量突破了33万次。通过这样的方式，综合性学报实现了综合性和专业性的有机结合。

该刊主要栏目：人类学与民族学、社会学、人文社会科学发展论坛、文化研究、西南研究等。

2011年刊发论文150篇，被《新华文摘》、《中国社会科学文摘》、《高等学校文科学术文摘》、《中国人民大学复印报刊资料》转载、复印49篇。在中文社会科学引文索引（CSSCI）来源期刊“综合性社会科学”类的排名多年稳居前25名，2009年从22名提升至19名，2011年在全国综合性大学学报中排名第15位。

通信地址：云南省昆明市翠湖北路2号云南大学《思想战线》编辑部

邮政编码：650091　电话：0871－5031473

电子邮箱：sxzx@ ynu. edu. cn

期刊网站：www. sxzx. ynu. edu. cn

国际标准连续出版物号：ISSN 1001－778X

国内统一连续出版物号：CN 53－1002/C

邮发代号：国内64－3，国外BM253

云南师范大学学报（哲学社会科学版）

《云南师范大学学报》（哲社版）是云南省教育厅主管、云南师范大学主办的综合性社会科学学术期刊。双月刊，大16开本，160页，单月15日出版。国内外公开发行。该刊创刊于1958年8月。从创刊到现在，曾用名《红色教师》、《教育革命》、《昆明师院学报》，1984年4月昆明师范学院更名云南师范大学，学报也因此更名为《云南师范大学学报》（哲社版）。改名后一段时间正式成为双月刊。历任负责人或主编为王云、陈昌炽、张运贵、余嘉华、刘正强、陈朝慧、杨德华、赵云生。现任主编：罗骥；副主编：王德明。

《云南师范大学学报》（哲社版）现为“中国期刊方阵双效期刊”、“全国高校三十佳社科期刊”、“中国人文社科学报核心期刊”、“云南省优秀期刊”、“中文社会科学引文索引（CSSCI）来源期刊”、北京大学“全国中文核心期刊”、武汉大学“中国学术期刊排行榜”。2006年该刊首次进入CSSCI，从2010年版以来，其在CSSCI中的排位持续大幅上升：2006年版为67位/67种；2008年版为67位/67种；2010年版为47位/70种；2012年版为21位/70种，自引调整后排位17/70种。2012年版的排名表明，该刊现在已进入国内同类期刊一流水平。

该刊主要栏目：中国边疆学研究、语言国情研究、人地关系研究、民族学人类学研究、法学研究、社会学研究、经济学研究、教育学研究等。

2011年共计发表文章136篇，据不完全统计，被《新华文摘》、《中国社会科学文摘》、《高等学校文科学术文摘》、《中国人民大学复印报刊资料》等转载、复印共计41篇。

该刊2010年10月获得“全国高等学校三十佳社科期刊”称号。

通信地址：云南省昆明市一二一大街298号《云南师范大学学报》编辑部

邮政编码：650092

电话号码：0871－5516038

电子邮箱：ynnups@ ynnu. edu. cn

期刊网站：http：//ynsf. chinajournal. net. cn

国际标准连续出版物号：ISSN 1000－5110

国内统一连续出版物号：CN 53－1003/C

邮发代号：国内64－12

《社会主义论坛》

《社会主义论坛》是在全国有影响的政治理论月刊，创刊于1986年，前身为《理论辅导》，后更名为《社会主义论坛》，由中共云南省委讲师团主办。2003年起，《社会主义论坛》由云南日报报业集团主办，历任主编：龙建民、成浩。现任主编杨润。

该刊以“领导者的交流平台、广大干部学习之友”为办刊定位，聘请高、中级党政领导及理论界知名人士担任顾问和特邀编委，集高端人士智慧，融理论实践精华，形成了刊物的独特风格和高端品位。同时采取与云南最权威的媒体《云南日报》和云南网联动的方式，统一组织安排使用稿件，构成了同类期刊难以相比的办刊条件和强势影响力。该刊以各级领导干部、社科理论界、企业界人士、部队官兵、文化科技教育工作者、大中专学校师生等为主要读者对象，以各级党政军领导干部、专家学者、企业界精英和实际工作者为作者群体，搭建了各级领导和广大干部理论学习与交流思考成果的平台。

《社会主义论坛》辟有“本刊特稿”、“特别关注”、“科学发展和谐发展跨越发展”、“推动文化大发展大繁荣”、“党的建设”、“加快桥头堡建设”、“调研思考”、“理论辅导”、“改革瞭望”、“决策参考”、“求证·争鸣”、“环球泛舟”、“乡镇工作”、“思想放谈”等常设专栏，还根据各个时期宣传需要设置阶段性专栏，高举旗帜、围绕大局、服务人民、改革创新，具有突出特点和鲜明个性。

作为云南省唯一的政治理论期刊，《社会主义论坛》在中共云南省委、云南省人民政府的关怀和支持下，明确定位，深化改革，办刊质量不断提高，在全国的影响力不断扩大。2006 年 9 月，被中共云南省委宣传部、云南省哲学社会科学工作委员会、云南省社会科学界联合会授予“云南省哲学社会科学工作优秀单位”，2006 年 10 月，该刊“特别关注”荣获云南省新闻出版局评选的“云南省第二届期刊评选优秀栏目奖”；2010 年来该刊刊发的 6 篇文章被中国人民大学书报资料中心转载。

通信地址：云南省昆明市新闻路 337 号云南日报报业集团《社会主义论坛》编辑部

邮政编码：650032

电话：0871 - 4195021　4101586　4166893　4162931

Email：luntun@ yndaily. com

网址：www. yndaily. com. com

国际标准连续出版物号：ISSN 1003 - 7454

国内统一连续出版物号：CN 53 - 1005/D

邮发代号：64 - 75

《民族艺术研究》

由云南省民族艺术研究院主办的《民族艺术研究》（双月刊）杂志，是云南省唯一向国内外公开发行的综合性文化艺术研究期刊。目前被列为“中文社科引文索引（CSSCI）来源期刊”、“RCCSE 中国核心学术期刊”、“中国人文社会科学引文数据库来源期刊”、“CNKI 中国知识基础设施工程（CAJCED. CJFD）”等重点期刊名录。

《民族艺术研究》自 1988 年创办以来，始终坚持立足云南，面向全国，面向世界，面向未来，开拓创新，致力于民族优秀传统文化艺术的保护、发掘及综合开发利用的研究；致力于当代文化艺术发展的经验总结及理论探索；致力于民族文化与世界各民族文化交流的多学科研究。近二十年来，团结、培养了一大批文化艺术理论工作者，发表了众多有建树的文化艺术理论文章，逐步形成了地域民族特点突出、关注前沿相关学科的刊物特色，在国内外产生了较广影响，确立了在全国同类文化艺术刊物中的独特地位。

本刊辟有戏剧、音乐、舞蹈、影视、美术、文艺理论、非物质文化遗产保护、文化产业、民族文化、文化建设、探索与争鸣、艺术教育、田野调查等栏目，以文化艺术研究、教学人员和文艺爱好者为主要阅读对象。

地址：云南省昆明市青年路 371 号文化科技大楼 12 层

邮编：650021

国内统一刊号：CN 53 - 1019/J

国际标准刊号：ISSN 1003 - 840X

国内邮发代号：64 - 86

国外邮发代号：BM7504

电子邮箱：mzysyj88@ 163. com

电话：0871 - 3161975

《含笑花》

文学双月刊《含笑花》，是文山州唯一具有国内公开发行的统一刊号以及国际标准刊号的严肃文学期刊。自创刊至今，已走过 31 年历程。其中，1981—1986 年称《山梅》文学双月刊；从

1985年3月起，在继续经营《山梅》的基础上，创办内部性的诗报《含笑花》；从1986年3月起，在停办《山梅》杂志的同时，《含笑花》诗报被批准公开发行，为四版四开月刊，至1989年2月终刊；几乎与此同时，经北京国家新闻出版总署批准，从1989年仲春起，在全国公开发行的这一诗报被改为综合性文学双月刊《含笑花》至今。

自1989年孟春，《含笑花》由诗报改为综合性文学双月刊，并由中宣部原副部长、文化部代部长贺敬之题书刊名以来，编辑部更加严格遵守国家新闻出版总署规定的办刊宗旨以及有关的法律法规。坚持文艺为社会主义服务、为人民服务的“二为”方向和百花齐放、百家争鸣的“双百”方针，尤其在文艺作品要贴近实际、贴近生活、贴近群众的“三贴近”原则基础上，弘扬主旋律，提倡多样化，并且“以科学的理论武装人，以正确的舆论引导人，以高尚的精神塑造人，以优秀的作品鼓舞人”作为办刊理念的同时，又把立足文山，面向全国，尊重名家，奖掖新人，尤其注重发现和培养少数民族作者，进一步为边疆民族地区文学园地多出作品、多出人才打下坚实基础以及营造良好的文化氛围等构想，作为办刊理念长期坚持下来。多年以来，编辑部曾获得“云南省文艺期刊编辑奖”、云南省文艺期刊评比二等奖、文艺期刊装帧设计优秀奖，“民族花篮”和“校园文学”栏目获文艺期刊优秀栏目奖。

《青年与社会》

《青年与社会》属社会科学类期刊。共青团云南省委主管。青年与社会杂志社主办。大16开全彩印刷。旬刊。国内外公开发行。1952年创刊，1956年周恩来总理亲笔为刊物前身题名《边疆青年报》，1987年更名为《青年与社会》，2007年成为云南省第一份以旬刊出版的期刊。《青年与社会》是云南共青团重要的思想文化阵地，也是我省面向全国公开发行的主流刊物。自创刊以来，始终坚持弘扬时代主旋律，坚持先进性、思想性、知识性、实用性和趣味性的办刊方向，用青年人喜爱的、寓教于乐的方式传播社会主义核心价值体系，用社会主义共同理想引导一代又一代青年人健康成长。特别是省委、省政府实施“两强一堡”战略以来，《青年与社会》充分发挥共青团的组织优势，坚持服务党政、服务青年、服务共青团的各级组织、服务经济社会发展的准确定位导向，引导青年关注社会，呼吁社会关心青年。本刊独创的以透视青年价值观念成因为主要目的的“边疆青年看社会”栏目、以引导青年创业为目的的“青年滇商”栏目、以展示各级团组织风采和服务青年就业为目的的“青春彩云南”栏目、以城市名片＋招商引资项目为形式的以服务县域经济发展为目的的“桥头堡”栏目，以及以文化历史深度研究成果为内容的“独家报道”栏目等，深受广大青年群体和社会各界的喜爱，刊物影响力日益增强，已日渐显现出本土最具成长性的优质媒体潜力。杂志发行量现在已达到7.2万册。

通信地址：昆明市西坝路29号青年大厦5楼。

邮编：650032

电话：0871－4108323　4130386

国际标准刊号：ISSN 1006－9682

国内统一刊号：CN 53－1037/C

邮发代号：64－28　64－38　64－48

期刊网站：www.qnysh.net

《云南年鉴》

《云南年鉴》是云南省人民政府主办、云南省人民政府研究室主管、云南省唯一经国家新闻出版总署批准公开出版的年鉴类刊物。大16开本，约150万字，每年9月份公开出版发行。该刊于1985年11月经中共云南省委、云南省人民政府批准创办。创刊时，由云南省地方志编纂委员会主办，1990年2月改由云南省政府办公厅主管，2000年7月改由云南省政府研究室主管。历任主编：宁超、吴光范、何宣、宋玉麟、车志敏、童志云、李崇仁。

该刊始终坚持“全面反映云南省情、忠实记载云南历史”的办刊宗旨，以客观、全面、系统地记录云南经济和社会发展的历史进程为任务，旨在为社会各界及海内外人士全面了解、研究云南提供基础材料和基本线索。着重记载年内云南发生的大事、要事，充分反映全省各地区、各部门、各行业在加快建设富裕民主文明开放和谐云南中的新举措、新变化、新进展和新问题，展示云南省经济建设、政治建设、文化建设、社会建设所取得的巨大成就。

该刊主要栏目：特载、专文、大事记、云南省概况、政治、军事、法制、民族·宗教、经济管理、支柱产业、农业、工业、信息产业、交通运输·邮政、建设·环保、财政·税务、金融、贸易·经济合作、科学、教育、文化、卫生·体育、社会生活、人物、州市概况、经济社会统计资料、附录。

2011年9月，《云南年鉴》在第五届全国年鉴编校质量检查中，获得一等奖。2011年12月，《云南年鉴》(2009年卷)、《云南年鉴》(2010年卷)分别获云南省第九届年鉴系列评奖暨第六届云南省地方志优秀成果奖(年鉴类)一等奖和特等奖。

通信地址：昆明市五华山省政府办公大楼

邮编：650021

电话：0871-3629525，3642157

电子邮箱：ynyn@yahoo.cn

国际标准刊号：ISSN 1007-4988

国内统一刊号：CN 53-1072/Z

《边疆文学》

《边疆文学》是云南省文学艺术界联合会主管、云南省作家协会主办、《边疆文学》杂志社编辑出版的文艺类月刊。其国际标准刊号为ISSN 1007-4155；国内统一刊号为CN 53-1081/I；邮发代号为64-2。

《边疆文学》前身为《边疆文艺》，创刊于1956年1月1日，是云南省最早的文艺刊物。创刊号封面由著名画家黄永玉设计，刊名字体选自鲁迅的手稿。中共云南省委常委、省委宣传部部长袁勃在创刊号上撰文，指明《边疆文艺》的办刊宗旨是"边疆特色与时代精神相融汇"，为期刊今后的发展奠定了基调。

《边疆文学》从创刊开始，就把突出"边疆民族特色"作为自己的办刊方针。进入新时期后，刊物为了进一步突出这一特色，开设了一系列与边疆民族有关的栏目，从不同的角度向读者展现了一个多民族的云南边疆，多元文化的云南边疆，神奇美丽的云南边疆。九十年代中期以来，在全国严肃文学期刊影响力不断下滑的大环境下，《边疆文学》基本保持稳定的发行势头，而且高于全国的纯文学的平均发行数。1997年1月，经省新闻出版局等有关方面评定，《边疆文学》被评为全省一级社科期刊。2001年，中宣部、中国新闻出版署举办的"全国期刊方阵"的评选中，评为经济效益和社会效益显著的"双效期刊"。2002年，中宣部、中国新闻出版署为迎接党的十六大召开，对2002年4月以前的刊物进行了全国第二届期刊奖的评选，《边疆文学》荣获"国家期刊百种重点期刊"奖的荣誉。这是《边疆文学》荣获的一项团体国家级的大奖，也是云南省获此殊荣的唯一一家文艺刊物。

《吉祥》

为增进中缅两国友谊，加强经贸、文化交流，促进共同繁荣与发展，在中央外宣办的关心和支持下，1992年，云南对外文化交流协会创办了缅文《吉祥》杂志，至今已有20个年头。这是目前中国唯一一本用缅文推介中国，宣传云南，为巩固和发展中缅友好关系的综合性月刊。《吉祥》杂志起到了传播信息、沟通合作、促进两国经贸与文化交流的桥梁作用。

缅文《吉祥》杂志自创刊以来，始终坚持"睦邻友好"的办刊宗旨，收到了广大读者的赞誉和欢迎。2008年，在缅甸宣传、外交等部门的大力支持和帮助下，《吉祥》杂志发行实现了突破性的进展，缅甸驻昆明总领事馆帮忙发到了缅政府的37个部委。

2009年10月，在云南举办的第三届期刊奖评选活动中，缅文《吉祥》杂志"学汉语"栏目荣获"优秀栏目奖"，发行方面荣获"突出贡献奖"，同时还获得了"优秀装帧奖"。

《云南行政学院学报》

《云南行政学院学报》是云南行政学院主管主办的政治类社科期刊。《云南行政学院学报》是侧重于政治学和行政学类的专业性学术理论刊物，也是国内较早兴办的行政学院学报。其宗旨是关注和研究国内政治学、行政学前沿问题。其学术特色建构体现为：立足于中国西南多元少数民族政治和行政历史资源注重民族政治与行政问题研究、面对南亚次大陆地区和东南亚地区进行地缘政治与经济的国际战略研究、侧重探询中国西部地域性政治和行政问题。常设栏目有“政治学研究”、“行政学研究”、“公共政策研究”、“共产党执政规律研究”、“民族政治与行政”、“国际政治研究”、“西部开发”、“行政文化研究”、“行政与法”等。

该刊坚持正确的政治导向，以探索我国政治发展、执政党建设规律、政府机构改革、行政体制改革、基层民主政治建设为主要内容的热点、难点及焦点问题，所刊文章注重思想性、学术性、创新性，追踪我国政治学和行政学界在以上领域研究的最新成果，争取成为反映这些领域最新成果的阵地。

《云南行政学院学报》现为全国中文核心期刊。

通信地址：云南省昆明市西山区杨家村云南行政学院编辑部

邮政编码：650111

电话：0871－8426263

Email：ynxzxyxb@163. com

《昭通师范高等专科学校学报》

《昭通师范高等专科学校学报》是云南省教育厅主管，昭通师范高等专科学校主办的综合性学术期刊。1979 年 10 月创刊，是云南省同时建校的 10 所师专中最先创办的学报，也是全国同时建校的 143 所师专中出版较早的学报。双月刊，大 16 开本，76 页，双月 25 日出版，国内外公开发行。被《中国学术期刊（光盘版）》、《中国期刊全文数据库》、“万方数据——数字化期刊群”、《中文科技期刊数据库》、台湾中文电子期刊服务——思博网（华艺 CEPS）等中文数据库收录。

《昭通师范高等专科学校学报》依托民族文化、历史文化，在内容上突出地方性、民族性、师范性、学术性特色，在地方社会、经济、文化的可持续发展中发挥了重要作用，对当地的民族文化建设和精神文明建设作出了突出贡献。社会科学专辑以地方史研究、文学评论和云南历史人物研究、昭通作家作品研究见长，自然科学专辑则侧重于昭通地方特色资源研究，基础理论研究、应用技术研究。经过多年的努力，《昭通作家作品研究》、《乌蒙论坛》、《昭通地方特色资源研究》栏目，已经成为《昭通师范高等专科学校学报》的特色栏目、精品栏目。

主要栏目有：哲学、政治学、经济学、管理学、社会学、历史学、文学、语言学、昭通作家作品研究、乌蒙论坛、昭通地方特色资源研究、教育教学研究等栏目。

通信地址：云南省昭通市昭阳区国学路昭通师范高等专科学校学报编辑部

邮政编码：657000

电话号码：0870－2163855

电子邮箱：ztsf@ chinajournal. net. cn

期刊网站：http//ztsf. chinajournal. net. cn

国际标准连续出版物号：ISSN 1008－9322

国内统一连续出版物号：CN 53－1135/G4

《文山学院学报》

《文山学院学报》是云南省教育厅主管，文山学院主办的综合性学术期刊。双月刊，大 16 开本，每期 120 页，双月底出版，国内外公开发行。该刊创刊于 1986 年 8 月，时刊名为《文山师专学报》。1998 年 7 月，经国家新闻出版总署批准，《文山师专学报》由内部学报转为学报类正式期刊，时为半年刊。2001 年更名为《文山师范高等专科学校学报》。2003 年由半年刊变为季刊。2010 年更名为《文山学院学报》。从 2011 年第 1 期起由季刊变更为双月刊。历任主编：蒋盈中、刘可茂、杨磊，现任主编：王光斌。

该刊严格遵循办刊宗旨，坚持正确的舆论导向，坚持四项基本原则，坚持“百花齐放、百家争鸣”的方针，刊发社会科学和自然科学各学科的学术论文。同时，以“深耕本土　锲而不舍”为办刊理念，突出学术性、师范性、地方性和民族性，积极为学校教学科研服务，为地方社会经济文化发展服务。

《文山学院学报》现为《中国核心期刊（遴选数据库）》、《万方全文数据库》、《中文科技期刊数据库(CSTJD)》、《中国期刊全文数据库(CJFD)》、《中国期刊网全文数据库》、《中国学术期刊综合评价数据库(CAJCED)》、《中文电子期刊服务资料库》(CEPS)等数据库收录期刊。

该刊主要栏目：地方·民族文化研究(2009年获云南省优秀期刊“优秀栏目奖”)、壮剧研究、边疆史地研究、文学·语言研究、理论研究、高等教育研究、基础教育研究、区域经济研究、生物资源开发研究、数学研究、物理研究、计算机科学及运用研究、体育研究。

2011 年共刊载论文 167 篇，其中教授(博士)论文44篇，占总载文量的26%；基金项目论文60篇(国家级课题论文12篇，省州级课题论文26篇，校市级课题论文22篇)，占总载文量的36%；特色栏目(壮剧研究、地方·民族文化研究、边疆史地研究、生物资源开发研究)论文41篇，占总载文量的25%。据2011年版中国期刊引证报告(扩刊版)统计，《文山学院学报》的影响因子为0.158，在全省州市院校中排名第二。

通信地址：云南省文山市学府路66号文山学院学报编辑部

邮编：663000

电话：0876－8886216 传真：0876－2152077

电子邮箱：wsxyxb@163.com

期刊网站：http://wssz.cbpt.cnki.net

国际标准连续出版物号：ISSN 1674－9200

国内统一连续出版物号：CN 53－1216/Z

国内邮发代号为 64－87，国外发行代号为 Q8827。

《学术探索》

《学术探索》是由云南省社会科学界联合会主管、主办的综合类社科学术期刊。双月刊，大16开本，144页。国内外公开发行。1993年8月创刊，原名《云南学术探索》，1998年更名为《学术探索》，该刊名一直沿用至今。

刊物以广大哲学社会科学工作者、研究人员、党政干部、高等院校教师和相关专业的学生为对象，设有哲学、经济、法律、政治学、国际问题、民族学、历史、文化、社会学、公共管理、文学艺术、省情、教育等十几个栏目。其办刊宗旨是：立足有云南特色的社科研究，反映全国学术研究重要成果，探索国内外前瞻性学科领域，评价当代重要社会科学著作，百花齐放、百家争鸣，理论联系实际，经世致用。

2008 年入选北京大学图书馆评价的综合性人文、社会科学类全国中文核心期刊，2009 年入选南京大学中文社会科学引文索引(CSSCI)来源期刊，2009 年云南省第三届期刊评选获“优秀期刊奖”，“国际问题研究”栏目获“优秀栏目奖”。

2011 年进入中国核心学术期刊(RCCSE)。现被中国知网、万方数据、维普数据等知名数据库收录。

2011 年发行量2000册，发刊6期，刊载各种社科学术理论文章 154 篇，其中 2 篇被新华文摘全文转载，2 篇观点摘编，5 篇辑目；6 篇被人大书报资料全文转载。

通信地址：云南昆明二环西路 397 号省社科联

邮政编码：650106

联系电话：0871－8317526

电子信箱：xstsyn@163.com

国际标准连续出版物号：ISSN 1006－723X

国内统一连续出版物号：CN 53－1148/C

邮发代号：国内 64－57　国外代号 MO4554

《课程教材教学研究》

《课程教材教学研究》是云南省教育科学研究院主管，云南课程教材教学研究杂志社和云南师范大学主办的研究基础教育的综合教育教学类刊物。周刊，16 开本，48 页，每周二出版。国内外公开发行。该刊其前身是云南省教科院主办的《教材教法研究》和云南师大主办的《中学语文教学阵地》。1998 年，国家新闻出版总署和云南省新闻出版局批准云南省教科院和云南师大合作办刊，两种刊物合并为一种刊物，更名为《课程教材教学研究》。1999 年为半月刊，2003 年为旬刊，2005 年为周刊。历任社长、主编为李云峰、沈怀灵，现任社长兼主编为沈怀灵。

该刊坚持提高实用性，优化指导性，树立权威性，增强服务性的办刊方针；以围绕素质教育，研究教材教学，探讨教育规律，提高教学质量为办刊宗旨。该刊立足云南，坚持服务教育科研、服务基层教学的思想，研究基础教育发展与改革的理论问题和实践问题，及时反映教育教学改革的成果，指导我省学前教育及中小学的教育教学实践。为广大中小学幼儿教师、教育科研人员提供一个发表教育科研成果的平台，促进教师专业化发展，为提高云南基础教育教学质量服务。

《课程教材教学研究》现为“云南省优秀期刊”、“云南省优秀社科期刊”、“中国学术期刊（光盘版）入编刊物”、“中国核心期刊（遴选）数据库收录刊物”、全国教育理论刊物专业委员会常务理事单位。

该刊主要栏目有课程研讨、三生教育、教学指导、教育科研、课例案例、考试复习、教育随笔、学校之窗、文摘荟萃。

2011 年，共刊发论文 859 篇，被《中国人民大学复印报刊资料》原文转载、复印 8 篇，索引收录 240 条。

通信地址：云南省昆明市学府路 2 号云南省教育厅大楼云南课程教材教学研究杂志社

邮政编码：650223

电话号码：0871 – 5102722

电子邮箱：kcjx@ chinajoumal. net. cn

期刊网址：http：//jky. ynjy. cn/kw/index. asp

国际标准刊号 ISSN 1003 – 8787

国内统一刊号 CN 53 – 1149/G4

《昆明理工大学学报》（社会科学版）

《昆明理工大学学报（社会科学版）》系由昆明理工大学主办的反映社会科学现实研究成果的高校社科类综合性学术期刊；2000 年 4 月创刊，刊期为双月刊，刊号为 ISSN 1671 – 1254/CN 53 – 1160/C；现任主编为孙书行，常务副主编为徐绍华。

该刊按照“繁荣学术，突出质量，彰显特色，注重效益”的办刊理念和“一个核心（学术性），两个重点（办刊质量和办刊特色），三个关系（学报与学校的关系、学报与教学科研的关系以及学报与学科建设的关系），四条途径（办刊风格特色化、编辑队伍专业化、传播途径网络化、管理工作机制化）”的办刊思路，不断致力于刊物的改革、建设与发展，并依托学校理工结合、文理交叉的学科优势，开设了“生命伦理 · 工程伦理”、“东南亚 · 南亚研究”、“哲学 · 法学”、“管理 · 经济”、“艺术 · 传媒”、“教育 · 文化”等研究栏目。“生命伦理 · 工程伦理”自 2004 年创栏以来，已刊出 21 期 50 篇文章，在国内外产生了一定影响；同时，该栏目“将学校的学科优势和前沿性学术研究相结合，同时又辐射全国，所刊发稿件转引率较高，具有独创性和前瞻性”，2009 年荣获云南省“优秀栏目奖”。经过 10 年的磨砺经营，刊物的质量水平和学术影响力不断提高，所刊发的文章多次被《新华文摘》、《中国社会科学文摘》、《高校文科学术文摘》和中国人民大学报刊复印资料转载和摘录。该刊现为中国核心期刊（遴选）数据库遴选期刊、中国学术期刊综合评价数据库收录期刊及同方、万方、维普、华艺等数据库全文收录期刊；2002 年荣获中国学术期刊首届“《CAJ – CD》执行优秀期刊奖”，2006 年荣获云南省“优秀期刊提名奖”，2009 年荣获“改革创新奖”。

通信地址：云南省昆明市呈贡区景明南路 727 号《昆明理工大学学报（社会科学版）》编辑室

邮政编码：650500

联系电话：0871 – 5920024

电子邮箱：journal – ss@ 163. com

期刊网址：http：//kustjournal. kmust. edu. cn/xbskb. asp

《曲靖师范学院学报》

《曲靖师范学院学报》是云南省教育厅主管、曲靖师范学院主办的综合性学术理论刊物，其前身是 1982 年创刊的《曲靖师专学报》，至今已有 30 年的发展历程。近年来，先后荣获“全国高校优秀社科学报”、“全国地方高校优秀学报”、“云南省 A 类（优秀）期刊”、“云南省优秀期刊”、“全国高校优秀社科期刊”、“全国民族地区优秀学报（期刊）”等荣誉称号。

《曲靖师范学院学报》现为双月刊，每逢单月 26 日出版，每期 128 页，A4 开本，为国内外公开发行（国际标准刊号：ISSN 1009 – 8879；国内公开刊号：CN 53－1165/G4）。学报实行编委会领导下的主编负责制，由学校党委书记施洪甲担任编委会名誉主任，校长周本贞担任编委会主任，副校长高小和担任主编。

《曲靖师范学院学报》以“坚持双百方针、繁荣学术文化、培育知识创新体系、推进素质目标战略、贴近师范教育改革实践、深入学科教学理论前沿、拓宽科学技术应用转化渠道、促进经济社会综合协调发展”为办刊宗旨，主要为高校教师和广大的科研工作者提供一个服务平台，以展示教学和科研成果，促进学科建设、科学研究和人才培养，从而推动科技文化与学术交流。

《曲靖师范学院学报》主要设有“珠江上游经济文化发展研究”、“文艺学研究”、“数学研究”、“物理化学研究”、“民族文化研究”、“中国高等教育现状与发展研究”等栏目，其中“珠江上游经济文化发展研究”先后荣获云南省优秀栏目、全国高校学报特色栏目、全国民族地区优秀栏目等奖项，“文艺学研究”荣获全国地方高校特色栏目奖项，“数学研究”获云南省优秀栏目奖。

《玉溪师范学院学报》

《玉溪师范学院学报》，它的前身是1984年经省教育厅批准，作为发表本校教学科研成果的一个内部刊物《玉溪师专学报》（双月刊）。1998年被批准为公开出版物。2000年，学报随学校升本而更名为《玉溪师范学院学报》。2003年，经云南省新闻出版局批准，《玉溪师范学院学报》由双月刊改为月刊，这在当时的云南省，是地州高校中的第一家。

《玉溪师范学院学报》编辑部发展到2011年，人员结构不断完善，有正高1人，副高3人，中职2人；6人中，中共党员4人。在国家推行新闻出版行业持证上岗制度之时，学报编辑部的6人中，4人取得了国家新闻出版总署颁发的责任编辑证，成为国家注册的责任编辑。

《玉溪师范学院学报》自创刊之始，就坚持不存门户之见，在立足自有学术研究优势的基础上，始终坚持学科发展与社会发展的前瞻性关注。20世纪80－90年代，学报的“语言学研究”栏目中的方言研究，成为了国内外相关学者关注的对象。进入21世纪，在我国社会文明快速发展之时，《玉溪师范学院学报》及时地把握住了伦理学研究的勃发点，开辟了“伦理学研究”栏目。多年的栏目发展证明，《玉溪师范学院学报》的“伦理学研究”，是伦理学学者、研究者和爱好者的一个优良的交流平台。学报的作者来自北京大学、中国人民大学、四川师范大学、国家行政学院、首都师范大学、东南大学、北京师范大学、湘潭大学、中央党校、中央民族大学、中国社会科学院、清华大学等近30所大学和科研院所。学报的“伦理学研究”栏目聚集了不少我国当下伦理学界的知名专家，如：王海明、廖申白、熊坤新、李萍、唐代兴、姚轩鸽、杨通进、刘余莉、任万明等等，这使得《玉溪师范学院学报》的“伦理学研究”的视野，具有了明显的前沿性。

通信地址：云南省玉溪市红塔区聂耳路49号《玉溪师范学院学报》编辑部

邮编：653100

网址：http：//xb. yxnu. net/

信箱：yxsyxb@ yxnu. net

电话：0877－2050805

国际标准连续出版物号：ISSN 1009－9506

国内统一连续出版物号：CN 53－1166/G4

《时代名流》

《时代名流》是云南省政府研究室主管，由时代名流文化传媒公司、风光杂志社主办的政经类社会科学期刊。月刊，大16开本，112页，每月月底出版。刊物创刊于2006年年底，原身为《边疆文学·商界名流》，由云南省文学艺术界联合会主管，云南省作家协会主办，时代名流文化传媒公司全程运营。2009年改由云南省政府研究室主管，与时代名流文化传媒公司、风光杂志社联合主办，并正式更名为《风光·时代名流》。与之同机构、部门主管、主办的杂志有《风光·A时代财富》、《风光·时代论坛》、《风光·G智生活》，其中《风光·时代名流》、《风光·G智生活》为主打刊物，月刊，其余两本杂志为双月刊。历任、现任社长兼总编辑：蔡金华。

《时代名流》为国家期刊百种重点期刊，云南政经类知名杂志。其具有较强的公信度、影响力，旨在打造“全国一流，云南名刊”为目标。刊物坚持正确的政治导向，集知识性、可读性、市场性于一体，以“时代精英首选读本，商界名流第一舞台”为基点，以中国第一本以报告文学、纪实文学、人物访谈为文本全方位、多角度、立体式展示各“名老总、名政要、名企业、名产品、名事物”，以“解构名政要、解读名老总、解码名企业、解剖名产品、解秘名事物”为焦点……并在国内首创了文章“入刊理由”和“相关链接”模式，形成了中国杂志界一道靓丽、冠冕的风景线，短短四年时间，便登顶云南政经类名刊首列。

刊物主要栏目：时代焦点、高端访谈、州市动脉、名老总、名企业、名产品、名事物、名流经纬、商界纵横、名家韬略、名流飞鸿、商界警钟、大家点睛。

目前，时代名流编委会“四刊一网”传媒体系包括：《风光·时代名流》《风光·A时代财富》《风光·时代论坛》《风光·G智生活》以及“中国时代名流网”。杂志社借助《时代名流》的成熟、成功的运营平台，通过进一步整合多种传媒资源，在2010年已全力打造“四刊一网”时代名流传媒舰队。

通信地址：云南省昆明市五华区海源北路丽阳星城小区高2幢1103《时代名流》编辑部

邮政编码：650118

电话：0871－4186223

电子邮箱：jysd100@163.com

期刊网址：www.zgsdml.cn

国际标准刊号：ISSN 1671－2706

国内统一刊号：CN 53－1170/GO

国内邮发代号：64－88

《楚雄师范学院学报》

《楚雄师范学院学报》是在楚雄师范学院里孕育、创办和发展起来的一份学术期刊，伴随着楚雄师范学院的发展走过了20多年的历程，其前身是《楚雄师专学报》，创刊于1986年1月，季刊，社会科学、自然科学分版，刊号：（云刊）字第186号，是楚雄师专主办的一份内部刊物，至2003年已出刊18个年头，共出版73期。1998年8月，楚雄师专学报申请公开出版，并获国家新闻出版总署批准。2001年楚雄师专升格为楚雄师范学院，《楚雄师专学报》也申请更名为《楚雄师范学院学报》，2001年12月，新闻出版总署文件新出报刊〔2001〕1610号“关于同意《楚雄师专学报》更名的批复”，同意《楚雄师专学报》更名为《楚雄师范学院学报》，双月刊。随着学院发展的需要，2005年8月，《楚雄师范学院学报》向云南省新闻出版局申请从2006年起改为月刊并获得批准。现任主编：李明；副主编：曹晓宏；编辑部主任：刘祖鑫。

《楚雄师范学院学报》本着“以马列主义、毛泽东思想、邓小平理论为指导，坚持党的路线、方针、政策，活跃学校学术气氛，提供科研成果发表阵地，促进教育教学质量的提高，繁荣地方文化事业，为基础教育提供理论指导，参与全国各大专院校的学术交流活动”的办刊宗旨。在学院党委和行政的正确领导和支持下，经过全体编辑人员的不断努力，学术质量得到不断提升，本刊已加入中国期刊网（中国学术期刊光盘版），“万方数据——数字化期刊群”，《中国科技期刊数据库》。

《楚雄师范学院学报》设有“中国古代近代文学研究”、“中国现代当代文学研究”、“汉语诗学研究”、“语言文字学研究”、“地方文化·民族文化研究”、“地方经济研究”、“政治理论研究”，“教育理论研究”等栏目。

通信地址：云南省楚雄市鹿城南路461号楚雄师范学院学报编辑部

邮政编码：675000

电话号码：0878－3120042

电子邮箱：Journal@cxtc.edu.cn

国际标准连续出版物号：ISSN 1671－7406

国内统一连续出版物号：CN 53－1175/Z

邮发代号：64－77

《云南大学学报》（社会科学版）

《云南大学学报》（社会科学版）是云南大学主办的综合性学术理论双月刊，大16开本，96页，单月18日出版，国内外公开发行。该刊创刊于2002年8月28日。刊物以坚持正确的舆论导向，开拓学术视野，弘扬人文和科学精神，为培养优秀的学术人才、促进高校学术研究的繁荣为办刊宗旨，强调研究的学术性、科学性和前沿性，始终坚持高质量、高品位的办刊方针，立足边疆，辐射全国。

该刊自创刊以来，多次获得云南省优秀期刊奖、优秀栏目奖等奖项。其学风严谨，编辑规范，在学术界享有较高的声誉，并已被中国核心期刊（遴选）数据库、维普数据库等多家数据库全文收录。该刊设有“外国哲学”、“中国哲学”、“马克思主义哲学”、“伦理学”、“政治学”、“文学艺术”、“历史学”等多个栏目，其内容主要刊载文、史、哲等学科的优秀学术论文，注重基础研究，并提倡理论创新，积极反映人文社会科学领域的最新研究成果。

现为“全国中文核心期刊”、“中文社会科学引文索引（CSSCI）来源期刊”、“中国核心学术期刊”、全国高校百强社科期刊。

2011 年，该刊共刊发论文 69 篇，内容涉及中西哲学理论研究、历史地理研究、中西文艺理论及作品评论、西方政治思想撷英等等。所刊发的论文被《新华文摘》、《中国社会科学文摘》、《高等学校文科学术文摘》、人大复印报刊资料等国内主要文摘类刊物转载、复印 21 篇（不完全统计）。（附：2011 年度转载复印文章目录）。

2011 年 6 月，现任主编卢云昆教授被评为全国高校社科学报优秀主编。

通信地址：云南省昆明市翠湖北路 2 号云南大学文津楼《云南大学学报》（社科版）编辑部

邮政编码：650091

电话：0871－5032099　5031238

电子邮箱：yndxxb2222@163. com

网址：www. yndxxbskb. ynu. edu. cn

国际标准连续出版物号：ISSN 1671－7511

国内统一连续出版物号：CN 53－1176/C

邮发代号：国内 64－85　国外 BM 1680

《香格里拉》

《香格里拉》时尚生活类文艺期刊。云南省迪庆藏族自治州州委宣传部主管，云南省迪庆州文联主办，《香格里拉》杂志社出版发行。16 开本。月刊。具有国际标准刊号（LSSN 1672－8238）、国内统一刊号（CN 53－1182/G）。《香格里拉》杂志的前身是《原野》杂志。1981 年创办，2003 年更名为《香格里拉》。刊址在云南省迪庆州香格里拉县城康珠大道 8 号州委大楼。《香格里拉》杂志始终坚持“健康、时尚、审美、包容”的办刊理念，以“文化、旅游、时尚”为主题，从居家到旅行，从生活到设计，从艺术到人文联合国内顶尖的艺术家、生活家以新的触角引发对生活新的思考，带给读者耳目一新的内容，让读者看到生活中不一般的视野，从而激发新的生活方式。设光阴、生活方式报告、特别策划、去处、图片故事、特稿、生活家等栏目。刊物逐渐成为了引领一种新的生活方式及外界注目迪庆，认识、了解香格里拉的重要窗口之一。2009 年“特稿”栏目荣获云南省第三届期刊优秀栏目奖。

《云南师范大学学报》（对外汉语教学与研究版）

《云南师范大学学报（对外汉语教学与研究版）》是云南省教育厅主管，云南师范大学主办，云南师范大学学报编辑部编辑出版的语言学/汉语/中国少数民族语言类专业性学术期刊。双月刊，大 16 开本，96 页，单月 15 日出版。国内外公开发行。该刊创刊于 2003 年 3 月，前身为《云南师范大学学报（教育科学版）》。历任主编：杨德华、赵云生。现任主编：罗骥，常务副主编：杨恬。

该刊的创办立足于在世界范围内兴起的“汉语热”，立足于云南师范大学在汉语国际推广中取得的显著成就，立足于云南师范大学在汉语言文学、对外汉语教学与研究方面的雄厚实力，秉承“刊载国内外有关人员对外汉语教学与研究方面的学术研究成果，加强与周边国家的汉语教学界的交流与合作，促进周边国家的汉语教学发展，为对外汉语教学工作服务”的办刊宗旨，力求全面、系统、快速地反映国内外对外汉语教学与研究的最新理论和研究成果，交流国内外对外汉语的教学经验，注重理论研究的系统性、创造性、前沿性、实践性，注重理论与实践的结合，注重探索从宏观到微观、从理论到实践，对对外汉语教学有普遍性指导意义的问题。自创刊以来，刊载了大量国内外有关人员在对外汉语教学与研究方面的学术研究成果，在加强与周边国家的汉语教学界的交流与合作，促进周边国家的汉语教学发展，为对外汉语教学工作服务方面作出了突出的贡献。

该刊主要栏目：对外汉语教学理论及教学法研究、汉语第二语言习得研究、汉语国际传播研究、汉语研究、东南亚汉语言文化研究、中亚汉语言文化研究、跨文化交际研究、世界汉语教学动态研究。

2011年共刊发论文92篇，被《中国人民大学复印报刊资料》、《教育文摘》转载、复印3篇。

通信地址：云南省昆明市一二一大街298号云南师范大学学报编辑部

邮政编码：650092

电话号码：0871－5516820

电子邮箱：ynnucff@ynnu.edu.cn

期刊网站：http：//ynjx.cbpt.cnki.net/

国际标准连续出版物号：ISSN 1672－1306

国内统一连续出版物号：CN 53－1183/G4

邮发代号：64－81

《云南警官学院学报》

《云南警官学院学报》是一份反映公安教育、科研和实战应用的综合性学术期刊。双月刊，大16开，128页，单月25日出版。该刊创刊于1990年，由云南省公安厅主管，云南警官学院主办。1990—2007年为季刊，从2008年第1期起改为双月刊。历任主编：赵正大、罗秉森。现任主编：郭宝。

该刊按照办刊宗旨，积极刊登“三个代表”重要思想和科学发展观以及党在各个时期的路线、方针和政策。根据公安理论研究工作需要，设有公安教育、公安管理、公安科技、犯罪研究、社会治安、禁毒研究、法制论坛、案例分析、侦查探索、调查报告、刑事科学技术等栏目，并刊登相应的论文及科研成果。《学报》结合云南公安工作形势，优先选用根治毒品、公安教育改革、社会治安、边疆民族地区公安工作等具有云南区域特色的调研文章，同时兼顾理论联系公安实际、有新观点新见解的论文。

2010年被评为第四届“全国高校优秀社科期刊”，禁毒研究为“特色栏目”。

通信地址：云南省昆明市教场北路249号云南警官学院学报编辑部

邮政编码：650223

电话号码：（0871）5188210　5193072

电子邮箱：ynjgxuxb@126.com

国际标准连续出版物号：ISSN 1003－7071

国内统一连续出版物号：CN 13－1020/C

邮发代号：64—68

《云南民族大学学报》（哲学社会科学版）

《云南民族大学学报》（哲学社会科学版）是云南省民族事务委员会主管、云南民族大学主办、云南民族大学学报编辑部编辑出版的综合性哲学社会科学学术理论刊物，创刊于1983年10月。1998年以前为季刊，逢每季末月15日出刊；1999年开始，报经云南省新闻出版局批准，改为双月刊，逢单月15日出刊。期刊多年来一直面向国内外公开发行，国内由昆明市邮政局代办发行，国外由中国国际图书贸易总公司代办发行。目前，《云南民族大学学报》（哲学社会科学版）由云南民族大学副校长和少英教授担任主编，编辑部主任王东昕教授担任副主编。

自创刊以来，始终坚持办刊宗旨，坚持正确的政治导向，始终坚持马克思列宁主义、毛泽东思想、邓小平理论和“三个代表”重要思想，坚持科学发展观和构建和谐社会，坚持正确的舆论导向和出版方向，努力提高理论水平和学术质量，使刊物成为反映综合性社会科学学术成果及展示云南民族大学教学科研水平的重要园地，为宣传党的路线、方针和政策起到了正确舆论导向作用，并极大地推动了理论探索和学术研究工作的开展。

《云南民族大学学报》（哲学社会科学版）现为“全国中文核心期刊”、“中文社会科学引文索引（CSSCI）来源期刊”。

该刊主要栏目：人类学/民族学研究、民族社会学研究、经济学研究、面向西南开放的桥头堡建设、文学·语言学研究和法学研究等。

2011年共刊载论文183篇，被《新华文摘》、《高等学校文科学术文摘》、《中国人民大学复印报刊资料》、《北京大学学报》等大型文摘刊物转载、摘登22篇，存目181篇。

通信地址：云南省昆明市一二一大街134号云南民族大学学报编辑部（哲社版）

邮政编码：650031

电话号码：0871－5137404 /5151303

电子邮箱：ynmdxb@163. com

期刊网站：ynzz. chinajournal. net. cn

国际标准连续出版物号：ISSN 1672－867X

国内统一连续出版物号：CN 53－1191/C

邮发代号：国内64－46 国外：DM858

《生态经济》

《生态经济》创刊于1985年，是由云南教育出版社有限责任公司主办，中国生态经济学会合办的生态经济领域权威学术期刊，是全球第一份生态经济杂志。该刊为月刊，大16开本，200页，每月1日出版，面向国内外公开发行。该刊创刊时为季刊，1987年改为双月刊，2000年改为月刊。现任社长为李安泰，主编为高晓玲。

《生态经济》坚持正确的舆论导向，按照适应期刊市场发展趋势、提升刊物可读性和综合效益的指导思想，将刊物定位为较高层次的学术与普及型兼顾的读物，确立了“深入读者、深入产业”的办刊思想，并围绕这一理念，始终关注领域内的热点、难点和前沿问题的深度剖析，注重刊物的学术前瞻性、原创性和探索性，成功组织、策划了大批大跨度的报道，获得了广大读者的关注和好评，在激烈的竞争中脱颖而出，成为权威专业期刊并荣获多项奖励。

《生态经济》现为全国中文核心期刊，《中文社会科学引文索引》（CSSCI）来源期刊，中国核心学术期刊（RCCSE），中国科技核心期刊（ISTIC）、《中国学术期刊综合评价数据库》来源期刊，第三届国家期刊奖百种重点期刊，中国科学技术协会、中国图书馆学会“解读科学发展观”推介书目，云南省优秀期刊。

主要栏目有：环球视点、生态警示录、特别关注、前沿论坛、绿色经济、产业观察、绿色设计等。

2011年《生态经济》共刊发论文498篇，被《中国人民大学复印报刊资料》转载、复印14篇，索引261篇。在中国经济计划与管理学类学术期刊中排名第11位。

通信地址：云南省昆明市环城西路609号新闻出版大楼4楼云南教育出版社有限责任公司期刊中心《生态经济》编辑部

邮政编码：650034

电话号码：0871－4138386；4138387；4136596

传真：0871－4138387

电子邮箱：econtp@163. net

国际标准连续出版物号：ISSN 1671－4407

国内统一连续出版物号：CN 53－1193/F

邮发代号：国内64－54 国外1623M

《红河学院学报》

《红河学院学报》是经国家新闻出版总署批准，由云南省教育厅主管，红河学院主办，国内、外公开发行的省级综合性学术期刊。现为双月刊，逢双月底出刊。

历史沿革：《红河学院学报》1980年创刊，创刊时原名《蒙自师专学报》，1988年至1997年为内部刊物，季刊。1998年按照新闻出版总署规定，与全国全部内刊学报一起改为“内部资料”。1999年，根据国家有关高校学报建立特殊刊号系列的政策，经国家新闻出版署审核批准，成为在国内外公开出版发行的综合性学术刊物，定名为《蒙自师范高等专科学校学报》。2003年9月更名为《红河学院学报》（双月刊）（国际标准刊号ISSN 1008－9128，国内统一刊号CN 53－1196/C）。

办刊宗旨和刊物定位：自创刊以来，我刊在上级主管部门和校党政领导的关心、帮助、指导下，坚持社会主义办刊方向和“双百方针”，坚持为学校教学、科研服务，为地方经济、文化建设服务的办刊宗旨，努力提高刊物质量，调整刊物内部管理机制，不断提高办刊水平。刊物主要刊登文、史、哲、经济、法律、教育、管理、理、工、农、医等各大学科方面的论文；设置的主要栏目有哈尼文化研究、滇越研究、红河流域文化研究、民族文化研究、社会政治学研究、历史研究、文学研究、语言学研究、红河作家评论、教育学心理学研究、学科与经济建设、经济与法律研究、计算机与网络建设、物理、数学、化学、生物等栏目。其中“哈尼文化研究”、“滇越研究”、“红河流域文化研究”三个栏目是我刊重点打造的特色栏目，并且这几个栏目所刊载的论文基本能反映我校的办学特色，能较好地推进民族文化的繁荣，获得了读者的好评。

《占芭》

中老两国山水相连，是世代友好往来的邻邦。为加深两国人民的友谊，促进两国经贸、文化交流与共同发展。中国方面于2005年9月创办了老挝文《占芭》杂志。2006年5月，《占芭》杂志经老挝新闻文化部大众媒体局批准许可在老挝注册公开发行；当年9月老挝海关总署为《占芭》杂志办理了免税通关过境手续。

老挝党和国家领导人，政府各部、委、办、局，全国16个省、市、142个县主要官员都能阅读到《占芭》杂志，并作为中国改革开放经验的学习教材进行推广宣传。《占芭》杂志已经成为老挝最有影响力，传播中老友谊、沟通信息桥梁的优秀刊物，每期发行11300册。

2009年，在云南省新闻出版局举办的首届全省优秀期刊评选活动中，荣获优秀期刊、优秀主编、改革创新、优秀编辑等多个奖项。并被省新闻出版局推荐到国家新闻出版总署参评政府奖。

2008年和2011年，《占芭》杂志社在省政府新闻办的支持下，与中国驻老挝大使馆、老挝外交部、新闻文化部联合，在老挝成功举办了两届“学唱中文歌曲大赛”活动。老挝国会主席，中国驻老挝大使，老挝中宣部、文化部、教育部、国家旅游总局等领导出席决赛活动，并为获奖选手颁奖。《占芭》杂志在老挝影响力进一步扩大，为增进中老友谊，弘扬中华文化起到了积极促进作用。

《昆明学院学报》

《昆明学院学报》是经国家新闻出版总署批准、由云南省教育厅主管的国内外公开发行的综合性本科大学学报，是全国高校优秀学报，云南省优秀期刊——2009、2010年连续获得第三届“云南优秀期刊奖”、第四届“全国高校优秀社科期刊奖”和全国高校科技期刊“优秀编辑质量奖”。

《昆明学院学报》创刊于1979年，目前为双月刊，逢2、4、6、8、10、12月出版，哲社版主要刊登哲学、政治、经济、法学、文学、语言、历史、文化、教育、艺术、心理学、社会学、民族学等人文社科论文，自科版主要刊登数学、化学、生物学、计算机信息科学、物理学、农学、医学、材料、机电工程等自然科学、科学技术论文。刊物办有《儿童文学研究》、《明代文学研究》、《非主流、非经典、非标准逻辑》、《昆明研究》、《烟草研究》、《天然产物研究》等特色栏目。其中《儿童文学研究》系全国高校社科学报优秀特色栏目，《烟草研究》为云南省期刊优秀栏目。

2011年，《昆明学院学报》共编辑出版6期刊物，共刊发论文230篇，其中人文社科论文144篇，自然科学86篇。

2011年，《新华文摘》第15期在《篇目辑览》中收录了《昆明学院学报》刊发的一篇论文；《高等学校文科学术文摘》第3期和《教育科学文摘》第3期各转摘了一篇。

通信地址：云南省昆明市昆明经济技术开发区浦新路2号昆明学院学报编辑部

邮政编码：650214；

联系电话及传真：0871－5098138

期刊网站：http：//kmxyxb. kmu. edu. cn/；http：//www. kmu. edu. cn

电子邮箱：kmxyxb@ vip. 163. com

国际标准连续出版物号：ISSN 1674－5639

国内统一连续出版物号：CN 53－1211/G4

《旅游研究》

《旅游研究》是经国家新闻出版总署批准，由云南省教育厅主管、昆明学院主办的旅游类学术期刊，国内外公开发行。季刊，大16开本，96页，季末出版。该刊创刊于2009年，现任主编：窦志萍。

该刊坚持正确的政治方向，以“百花齐放，百家争鸣”为办刊宗旨，以“探索前沿、学科发展、搭建平台、服务社会”为指导思想，关注国内外旅游及相关学科最新的学术动态，关注旅游发展的热点、难点、焦点问题，注重文章的前瞻性、学术性、思想性及实用性，坚持理论联系实际的原则，关注重大课题研究成果，利用专业优势为理论研究搭建理论交流平台，促进旅游科研成果尽快转化为生产力，为旅游产业发展提供政策导向和理论参考。

该刊主要内容及方向：前沿理论探讨与学术热点、旅游开发及旅游目的地建设、旅游经济管理；企业管理与服务研究；旅游与文化产业；旅游与社会；旅游教育；中外比较研究、大湄公河次区域经济区及东盟旅游研究、学术争鸣等。

2011年共刊发论文69篇，被《中国人民大学复印报刊资料·旅游管理》全文转载3篇，进入索引20篇。

通信地址：云南省昆明市昆明经济技术开发区浦新路2号，昆明学院《旅游研究》编辑部

邮政编码：650214

联系电话：0871－5098137

电子邮箱：kmxyly@163.com

国际刊号：ISSN 1674－5841

国内刊号：CN 53－1212/K

邮发代号：国内64－7

（云南省社科联　李　官）

大事记

2011年1月—2011年12月

1月

7日 纪念云南省延安精神研究会成立20周年暨第七届一次会员代表大会在昆明云南省老干部活动中心七楼报告厅隆重举行，白恩培、秦光荣、张田欣、晏友琼等省级领导发来贺信及赠送题词。会议通过了该会第七届理事会成员及该会领导成员。

11日 云南省南亚学会举办南亚局势与桥头堡建设暨2010年度会议。

14日 昆明少年儿童图书馆被云南省文化厅评为“十一五”云南文化建设先进单位。

17日 西双版纳州社科联召开州社会科学工作座谈会。会议表彰了“西双版纳州第一次哲学社会科学优秀成果”和“桥头堡建设·西双版纳论坛”征文活动优秀论文。

21日《云南文库·当代云南社会科学百人百部优秀学术著作丛书》编辑委员会在省社科联召开工作会议。会议讨论、确定了遴选标准，并根据遴选标准以投票的方式选出了《中国早期现代化中的地方督抚》等50部作为丛书第一批出版的著作。

21日 文山州内审协会举办了“全州内部审计工作表彰会暨迎新春联谊会”。会议对11个内审工作先进单位、9篇优秀论文进行了表彰。

22日 文山州社科联组织州怡心文化艺术研究会的20多名社科专家、书法家，到文山市古木镇、文山休闲广场和州敬老院给文山市民和敬老院老人送春联100多幅。带领州怡心文化艺术研究会开化古洞经乐队一行39人，到蒙自市与蒙自市的洞经古乐队开展洞经古乐交流展演。

2月

22日 中共云南省委党史研究室下发《关于在全省党员、干部、群众和青少年中开展中共党史学习教育的通知》（云党研字〔2011〕24号），推动了云南省中共党史学习教育活动的深入开展。

23日 云南省财政学会举行换届大会，选举产生了第七届理事会，云南省财政厅厅长陈秋生任会长。

24日 云南省统计学会第六次会员代表大会在昆明隆重举行，选举并表决产生了第六届理事会，姚堂文任会长。

26日 全省社科联工作会议在昆明召开，云南各州市县社科联领导、省属学会负责人、省社科联机关处以上领导干部共计200余人参加了会议。会议总结了2010年的工作，对今后五年的总体工作思路、主要任务和具体要求作了安排部署。

3月

9日 西双版纳州社科联组织召开了“社科界学习州‘两会’精神暨‘十二五’规划座谈会”。

14日 中共云南省委党史研究室与云南省委省直机关五部委会签下发了《关于认真组织学习宣传〈中国共产党历史〉第二卷的通知》（云组发〔2011〕9号）、推动了云南省《中国共产党历史》（第二卷）学习教育活动的深入开展。

16日 中共云南省委宣传部在昆明组织召开《云南文库·学术名家文丛》编委会第一次会议，就学术名家文丛的编辑出版工作方案进行了讨论。省委宣传部张瑞才副部长主持会议并讲话，介绍了《云南文库》建设的背景和意义，重点对《云南文库·学术名家文丛》工作方案进行了说明，并就编辑出版工作中的问题提出了指导性意见。

16日 普洱市2011年哲学社会科学界联合会学会工作会在思茅召开。

19—20日 以云南师范大学为责任单位、伍雄武教授为首席专家，获准立项的2010年度国家社科基金重大招标项目“中国少数民族哲学史”（项目批准号为10&ZD059），在昆明召开开题论证会，就项目研究进行了深入研讨，明确了任务，增进了共识，落实了计划。

23日　我国著名哲学家艾思奇铜像落成典礼在云南大学呈贡校区举行。

23日　云南省人才发展研究促进会成立大会暨第一次会员大会在昆明市海埂会堂举行，时任云南省委副书记李纪恒出席会议并讲话，时任云南省委常委、省委组织部部长辛桂梓主持会议，共103名会员参加会议。会议选举省政协原常务副主席孟继尧为第一届理事会会长。云南省人才发展研究促进会秘书处设在省委组织部。

28日　云南省中国近代史研究会会长、云南师范大学吴宝璋教授做客云南电视台第三频道“云南讲坛”栏目，作题为《百年云南陆军讲武堂》的专题讲座，这是2011年云南电视台在第三频道开辟的“云南讲坛”栏目的开坛、开播之讲。

30日　云南省粮食行业协会在昆明举行首批放心粮油进农村进社区示范企业授牌仪式，有43户粮油企业获此殊荣。其中，授予昆明国家粮食储备有限公司大米加工厂等23户企业放心粮油示范加工企业称号；授予云南省粮油工业公司等14户企业放心粮油示范销售店称号；授予云南昆明国家粮食储备中转库等6户企业放心粮油示范配送中心称号。

4月

5日　文山州社科联与文山州老年群众广场文化协会，在文山休闲广场举办首届“三月三”节大型演出活动。

8日　云南智库学习交流活动系列讲座首次讲座在云南省社会科学院楼报告厅举行。

8日　清华大学百年华诞昆明庆典活动在云南师范大学举行。

12日　云南省社科联举办2011年省级社科学会业务骨干培训，对社会组织的财务及社团管理的相关内容进行培训学习。

14日　云南省国际贸易学会“第六届代表大会”在昆明金龙饭店召开，选举王建伟任会长。

20日　云南省教育科研工作会议在玉溪召开。

23日　云南省图书馆学会在世界读书日积极组织并开展了以“读书，给人智慧，使人勇敢，让人温暖”为主题的一系列宣传服务活动。

23—24日，文山州社科联与广西百色市社科联进行了学习交流活动。双方将在句町文化、壮族文化、东盟—自由贸易区、旅游文化等方面开展联合攻关。

24日　第六届361°CUBS中国大学生女子篮球超级联赛在云南师范大学呈贡主校区体育馆隆重开幕。

24日　丽江市红军长征过丽江纪念馆被命名为“云南省社会科学普及示范基地”。

26日　云南农业大学主办的“高校体育发展高端论坛”在昆明召开。

29日　云南省科学技术情报研究院赖于民院长被授予“云南省先进工作者”荣誉称号。

30日　云南日报头版刊发了国家统计局4月29日发布的2010年第六次全国人口普查主要数据公报（第2号），第六次全国人口普查结果显示云南常住人口45 966 239人，居西部省（区、市）第3位；在滇居住的港澳台居民和外籍人员47 396人，居全国第六位。

5月

1日　中共云南省委党史研究室与《云南日报》编辑部联合开办“寻访红色遗址”专栏，这个专栏将定期开办到2011年12月30日。

1日　文山州社科联组织文山州怡心文化艺术研究会一行46人，深入马关县马白镇“洞经音乐之乡”马洒村，开展洞经文化下乡活动，并组织建党90周年的专场演出。

4日　西双版纳州社科联党支部召开成立大会。这是西双版纳州社科界政治生活中的一件大事，标志着党对哲学社会科学工作的领导得到进一步加强。

6日　云南省召开“全省党史研究室主任会议暨革命遗址普查总结表彰会”。

6日　中组部、团中央第11批赴滇博士服务团“五四”校园行专题报告在昆明理工大学莲华校区图书馆报告厅举行。

7日　云南省中青年社会科学工作者协会换届大会在云南省社会科学院19楼报告厅召开，选举王亚南任会长。

9 日　云南省统计局、云南省第六次全国人口普查办公室公布“云南省第六次全国人口普查主要数据公报”，公布了“总人口及人口分布”、“人口增长”、“家庭户人口”、“性别构成”、“年龄构成”、“民族人口”、“各种受教育程度人口”、“城乡人口”等 8 个方面的普查数据。

11 日　国家档案局局长、中央档案馆馆长杨冬权在省政府副秘书长白庚胜，省档案局局长黄凤平，副局长王志强、张文芝，副巡视员赵炳荣的陪同下视察了云南省档案馆。

12 日　印度学者沙希巴拉（Shashibala）应云南省南亚学会与中国—南亚商务理事会的邀请，在云南省社会科学院作主题为《鸠摩罗什——弘扬思想与智慧精髓之美的伟大宗师》的专场学术报告。

13 日　云南省社会科学院副院长杨福泉博士和云南省社会科学院丽江东巴文化研究院和力民研究员应邀参加纽约市鲁宾艺术博物馆（Rubin Museum of Art）举办的纳西东巴文化艺术展和国际纳西学学术会议。这次展览持续到 2011 年 9 月 19 日。

13 日　由云南师范大学承办的联合国教科文组织第十二届国际母语日研讨活动开幕式在云南师范大学一二·一西南联大校区大礼堂举行。

14 日　昆明市社科联参加昆明市在晋宁县郑和广场组织的“全国科普周活动”，开展了昆明历史文化研究的新成果“十大历史人物、十大历史建筑、十大历史事件”图片展，发放了《昆明“重九”起义》社科普及读物，观众达 3 500 余人次。

15—22 日　云南省科技活动周“科学在我身边”青少年科普系列活动在昆明举行。

16 日　国内著名摄影家、人类学家、云南省社科联常务副主席、中国传媒大学兼职教授范建华先生应邀到中国传媒大学作题为“视觉影像——我的影视人类学观”的讲座。

17 日　杨善洲精神研究会成立大会暨第一次会员代表大会在昆明市连云宾馆举行，时任云南省委常委、省委组织部部长辛桂梓出席会议并讲话，省委组织部常务副部长张百如主持会议，共 100 余名会员代表参加会议。省人大常委会原副主任黄炳生当选为第一届理事会会长。

19 日　《云南文库·当代云南社会科学百人百部优秀学术著作丛书》编委会第二次会议在云南省社科联召开，会议选出了《白族传统道德与现代文明》等 40 部著作作为丛书第二批出版的著作。

20 日　“中国·昆明泛亚人才教育与发展战略研究院”在云南师范大学揭牌。

23 日　全国首个以学习、宣传、弘扬杨善洲精神为宗旨的学生社团——“云南师范大学学生杨善洲精神传播者协会 ”成立大会在云南师范大学呈贡主校区大学生活动中心举行。

25 日　在木康公安检查站被国务院、中央军委授予“缉毒先锋站”荣誉称号十周年之际，德宏州社科联组织州级各学会、协会、研究会及芒市地区院校 30 多位专家学者到木康公安检查站开展采风活动。

26 日　中央社会主义学院图书馆云南分馆建成验收仪式在云南省社会主义学院图书馆隆重举行。

29 日　由云南师范大学承办的“青春彩云南·动感地带杯”第六届云南高校青年学术科技节暨 2011 年 MM 青年创业计划启动仪式在云南师范大学呈贡主校区体育馆隆重举行。

31 日　由教育部、文化部、财政部共同组织，云南省教育厅主办的“2012 年高雅艺术进校园”活动在云南民族大学莲华校区举行。

31 日　西双版纳州下发了《西双版纳州哲学社会科学“十二五”研究和发展规划》（西办发〔2011〕15 号文）。

6 月

3 日　红河州委将个旧市烈士陵园等 19 个党史遗址命名为红河州第一批中共党史教育基地并正式挂牌。

5 日　第九届东盟华商投资西南项目推介会暨亚太华商论坛在昆明举行。

6 日　云南省召开“全省党史研究室主任会议暨革命遗址普查总结表彰会”。表彰革命遗址普查工作先进集体和先进个人（获得革命遗址普查工作组织一等奖 9 个单位、二等奖 8 个单位和 56 个先进集体及 120 名先进个人）。

12 日　第二届中国聂耳音乐（合唱）周启动仪式在聂耳故乡玉溪举行。

12 日　云南省社科联、云南中共党史学会、云南省高校思想政治理论课教学研究会、云南省哲学学会在云南省社科联二楼会议厅共同举办了“云南省社会科学界纪念建党 90 周年座谈会”，来自云南中共党史学会、中共云南省委党校、云南省高校思想政治理论课教学研究会、云南省哲学学会专家学者共 40 余人参加了会议。会后，出版了《云南省社会科学界纪念建党 90 周年文集》。

12 日　云南省委组织部、云南省党建研究会、云南省委深入开展创先争优活动领导小组办公室在昆明市连云宾馆联合召开纪念中国共产党成立 90 周年云南省党建理论研讨座谈会。

14 日　“网络时代的版权保护——图书馆的机遇与挑战”论坛在昆明君乐酒店开幕，此论坛为云南省高校图工委与外资出版商联盟共同举办。

17 日　中国政法大学中欧法学院欧方联席院长 Ninon Colneric 教授应邀在云南师范大学呈贡校区汇文楼三区报告厅作题为“多样性中的统一：欧洲法院的多元文化”的学术报告。

19 日　云南客家文化研究会第六次会员代表大会在云南省社科联二楼会议室召开。

21 日　楚雄州委将赵祚传烈士陵园等 20 个党史遗址命名为楚雄州第一批中共党史教育基地并正式挂牌。

22 日　云南省编办下发《中共云南省委机构编制办公室关于省委党史研究室增加内设机构的批复》（云编办〔2011〕180 号）文件，同意增设省委党史研究室三处，为省委党史研究室内设机构，增加事业编制 5 名、处级领导职数 2 名（1 正 1 副）。

22 日　西双版纳州委宣传部、州委组织部和州社科联共同组织召开社科界纪念中国共产党成立 90 周年座谈会暨党建理论研讨会。收到论文 75 篇。

23 日　由中共云南省委统战部和 8 个民主党派云南省委联合举办的“与党同行 身边的榜样”——统一战线树立和践行社会主义核心价值体系先进人物事迹报告会”在昆明举行。

23 日　由云南省高等学校思想政治教育研究会主办，云南大学承办的“庆祝建党 90 周年云南省高等学校思想政治教育工作座谈会”在云南大学举行。

24 日　中共临沧市委宣传部、临沧市社科联共同组织召开了庆祝中国共产党成立 90 周年思想政治建设研讨会。

24 日　德宏州社科联组织召开德宏州社会科学理论界庆祝中国共产党成立 90 周年座谈会。

6 月 26 日—7 月 2 日　云南省社科联常务副主席范建华同志带队，率昭通、曲靖、楚雄、文山、西双版纳、德宏、临沧七州市社科联主席（或主持工作副主席）及省社科联机关部分处室干部赴新疆、宁夏学习调研。

29 日　由云南省委组织部、省委宣传部、省文化厅、新华社云南分社共同主办，中国移动通信集团云南有限公司协办，云南省图书馆承办的“辉煌的历程——庆祝中国共产党成立 90 周年大型图片展”隆重开展。

7 月

1 日　云南省传统蒙学会副会长施慧当选“国际中医男科学会”荣誉主席。

1 日　省委党史研究室与省测绘局联合编制的《历史的回响——红色之旅 · 云南》（地图）正式发行，该地图标注了全省 90 个革命遗址、纪念设施。

2 日　美国北卡州立大学副校长李百炼教授在云南大学文津楼 A 报告厅作“中国大学的创新教育和全球化人才培养”主题讲座。

5 日，时任省委副书记李纪恒到云南省社会主义学院调研，省委常委、省委统战部部长黄毅，省政协副主席、民进省委主委、省社会主义学院院长罗黎辉陪同调研。

12—13 日，在省社科联和州社科联共同组织下，聘请了省社科联部分领导及省内相关部门的领导及相关大专院校部分专家作为评审专家，对大理州科技局牵头组织完成的《云南省区域科学发展评价考核指标体系》进行评审。

16—17 日，第六届全国高校马克思主义基本原理暨第二十九届马克思主义哲学教学与学术研讨会在昆明理工大学召开。

17 日　云南省民俗学会在昆明成立并举行了

第一次会员大会，选举产生了第一届理事会理事15人，选举《民族音乐》杂志社主编殷海涛为会长。

21日 《云南文库·学术大家文丛》第二次编委会在昆明召开，讨论《大家文丛》备选人员名单和拟出版著作。提交会议讨论的43人（明代5人，清代12人，晚清26人）备选人员名单和“全国学术大家写云南”10人名单，基本做到不遗漏，能够覆盖明清两个时期。

22日 玉溪市古滇国文化研究会在江川举行第六次学术研讨会。

26—27日 由中国国际问题研究所和云南省社科院共同主办的“中国—南盟国家人文交流”国际研讨会在昆明召开。

27日 首期“全国高校社会科学科研管理青年骨干研修班”在昆开班。

28—31日 第九届亚洲社会心理学大会（AASP 2011）在云南师范大学召开，来自中国两岸三地，日本、韩国、新加坡、印度尼西亚、马来西亚、菲律宾、印度、澳大利亚、新西兰等亚太地区国家以及北美、欧洲等国家的700余位中外代表参加。

30日 文山州心理学研究会在文山州休闲广场开展以“让心灵之花健康，让幸福和谐永远相伴”的“关注心理健康万人签名活动”。

8月

11—13日 “晶晶杯·爱的奉献”全国演讲大赛在昆明举行。

15日 云南省民族学会第五届会员代表大会在昆明楚雄大厦召开。大会共有近200名各民族代表参加，选举产生了76名理事，选举郭大烈任会长。

24—26日 云南省社会科学界联合会第四次代表大会在昆明召开。会议选举产生了云南省社科联第四届委员会委员135名，常委45名，选举范建华为第四届委员会主席，张红苹、雷翁团、靳昆萍为省社科联第四届委员会专职副主席。

9月

2日 丽江市社科联在市文广局会议室组织召开丽江社会科学界学习贯彻市第三次党代会精神座谈会。

5日 西部五省区（西藏、青海、四川、甘肃、云南）第三次社科院院长联席会议暨加强社会管理专题研讨会在西藏拉萨召开，云南省社会科学院任佳院长、杨福泉副院长、郭家骥研究员、李旭研究员、团委副书记汪洋和迪庆藏学研究院的藏族学者旦正太一行六人出席了会议。

5日 教育部党组副书记、副部长陈希一行到昆明理工大学呈贡校区视察工作。

9日 临沧市社科联组织召开市直学会管理工作推进会。

16日 云南省社科联、云南省史学会、云南省中国近代史研究会在省社科联二楼会议厅共同举办了“回眸百年辛亥，展望云南发展”为主题的云南省社科界纪念辛亥革命100周年座谈会，来自云南省史学会，云南省中国近代史研究会的专家学者40多人进行了座谈。会后，出版了《云南省社会科学界纪念辛亥革命100周年文集》。

16日 由中国社会科学杂志社副总编辑王利民带队，一行共十人的云南考察组，到云南省社会科学院进行座谈调研

16日 第七届国际民俗摄影“人类贡献奖”年赛获奖作品暨“云南表情”民俗摄影展在云南省图书馆揭幕。

17日 云南省科学技术协会、云南省社会科学界联合会、昆明市科学技术协会等单位共同举办的2011年云南省暨昆明市“全国科普日”活动在昆明市南屏街步行广场启动，活动的主题是“节约爱水、低碳生活、防灾减灾、促进发展”。

18日 云南省科学社会主义学会“科学社会主义在中国的丰富和发展——纪念中国共产党诞辰90周年研讨会暨第六届会员代表大会”于9月18日在云南省社会主义学院举行。

19—26日 中共云南省委宣传部、中共迪庆州委、迪庆州人民政府、云南省社科联联合举办“云南社科专家迪庆行暨云南藏区经济社会发展战略研究”调研活动。

19—30 日　云南省社科联组织云南省社科界专家学者赴荷兰、丹麦、瑞典进行学术交流。

23 日　云南省图书馆学会送书下乡，至普洱市镇沅彝族哈尼族拉祜族自治县勐大镇文化体育工作站，为广大群众带去科技致富的知识和信心。

23—24 日　第二届西南论坛在云南大学科学馆举行，本届论坛的主题为“21 世纪的中国边疆治理与发展”。

9 月 25 日—26 日　全国高校国际政治研究会第九届年会在云南大学召开，本届年会的主题是“转变中的中国与世界：新趋势、新机遇与新挑战”。

26—10 月 16 日　云南省社科联组织“中瑞可持续发展教育比较研究合作培训团”赴瑞典进行培训学习和调研交流活动。

28 日　昆明市承办了“辛亥革命・昆明重九起义 100 周年研讨会”，邀请省国内社科专家作了交流发言，编辑出版《开启共和国之门》研讨文集。

10 月

1—3 日　文山州社科联与文山州老年传统健康文化研究会举办了规模盛大的“颂国庆、迎九九”大型文艺演出活动。

8 日　云南省在昆明举行纪念辛亥革命 100 周年座谈会，省委副书记、代省长李纪恒出席会议并讲话，省政协主席王学仁主持会议。

9—15 日　云南省社科联党组书记、副主席张红苹同志带领省社科联机关部分中层干部及州市社科联领导赴安徽、浙江、上海，进行工作调研。

12 日　教育部党组副书记、副部长杜玉波一行到云南师范大学呈贡主校区视察。

14 日　云南省高等教育学会 2011 年学术年会在曲靖隆重召开，来自全省 40 余所高校的党委书记、校长和教务处、科研处负责人及相关人员共 150 余人聚集一堂，共同探讨“院校发展的策略与教育品质的追求”。

14 日　中共玉溪市委办公室印发了玉溪市哲学社会科学“十二五”发展规划（玉办发〔2011〕73 号）。创新性地提出了社科发展的“三项工程”。

15 日　第三届中国少数民族地区信息传播与社会发展学术研讨会在云南大学开幕。

19—20 日，省社科联党组书记张红苹一行深入德宏实地调研哲学社会工作。

21—22 日　2011 年云南省高校统战工作联席会暨第二届云南省高校统战工作理论研讨会在江川召开。这次会议由省委统战部、省委高校工委联合主办，昆明理工大学承办。

22 日　中国共产党党员、中国蒙元史研究著名学者、历史与行政学院教授、国立西南联合大学教师方龄贵先生因病医治无效，在昆明逝世，享年 94 岁。

28—30 日　由云南大学法学院、瑞典罗尔・瓦伦堡人权与人道法研究所、挪威人权研究中心及丹麦人权研究所共同举办的第四届中国高校人权教育年会在昆明举行。

29 日　昆明理工大学呈贡校区举行“中国—东盟青年营”开营仪式，东盟十国及我国青年代表参加了为期一周的青年营活动。

11 月

6—8 日　2011 中国亚洲太平洋学会年会在德宏召开。

7 日　由云南省高校图工委主办，云南师大图书馆承办的西南地区高校图工委第十六届联席会议在西双版纳顺利召开。

8 日　“中国面向西南开放重要桥头堡建设云南研究中心”在云南大学成立并举行揭牌仪式。

10 日　云南省社科联党组书记张红苹一行到西双版纳实地调研哲学社会科学工作。

12—14 日　云南省扶持人口较少民族发展工作会议在景洪市召开，会议强调，要坚定信心，整合资源，加大投入，促进人口较少民族聚居区实现跨越发展，实现各民族共同团结进步、共同繁荣发展。

16 日　云南大学第七届人文社会科学学术委员会第四次全体会议在云南大学科学馆召开。

16 日　云南省社科普及基地——“广南句町历史文化基地”建成挂牌。

18 日　云南省人口与计划生育委员会召开了

"云南省人口计生系统贯彻'农转城'实施办法会议"，提出了人口计生系统贯彻"农转城"工作作为"政治任务来抓"、"加大宣传，制定措施"以及"与人口计生政策衔接"等三方面的要求。

21 日　由中共云南省委宣传部、云南省社会科学界联合主办的云南省第五届社会科学学术年会在云南财经大学隆重开幕，年会的主题是："云南'十二五'开局：转变经济发展方式"。

21 日　云南省粮食行业协会第二届理事会、云南省粮食经济学会第五届理事会第一次常务理事会暨粮食经济理论粮油科技学术交流会在昭通市盐津县召开。

22 日　临沧市社会科学界联合会第二次代表大会召开，会议听取审议了临沧市社科联第一届委员会工作报告，选举产生了新一届领导班子。

24—27 日　云南省青少年思想道德教育研究会 2011 年年会在红河州蒙自市召开。

25 日　云南省逻辑学会第五届会员大会暨学术研讨会在昆明呈贡召开。新任会长为李广良教授。

30 日　昆明少年儿童图书馆被昆明市人民政府命名为"2010 年—2012 年文明单位"。

12 月

1 日　云南省中国近代史研究会朱德生平思想研究专业委员会在昆明成立，这是全国第一家省级研究朱德生平思想的团体。

5 日　云南省飞虎队博物馆在昆明麦冲村挂牌。

20 日　云南省社会科学院副院长杨福泉博士入选第三届中国杰出人文社会科学家名单，是全国社科学界（包括政治学、民族学、社会学等）入选的 260 人之一。

20 日　文山州老年传统健康文化研究会"子马舞"演出队在北京金五星大剧院，进行了一场最具民族特色的文化演出。中宣部的部分领导观看了演出，给予了高度评价，部分节目分别荣获中国民族民间"欢乐中国年"一、二、三等奖。

21—24 日　"云南省社科专家·新闻记者西畴行"活动。

22 日　云南师范大学第十二届"伍达观教育基金"奖教、奖学、助学金颁奖大会在呈贡主校区汇学楼报告厅举行。

28 日　云南省八路军新四军抗日历史研究会成立，姜琳任会长。

楚雄州社科联编制起草了《楚雄州哲学社会科学"十二五"研究与发展规划》，2011 年 12 月顺利通过州委、州政府审定，并以州委办公室楚办字〔2012〕4 号文件下发执行。

2011 年，昆明市社科联在全国大中城市第二十二次社科联工作会议上评为"全国先进社科联"。

（云南省社科联　吴丽萍）

附　录

2012 年鉴

2011 年各单位作者出版社科类著作总览

（按收录顺序排列）

云南大学

单　位	作　者	著作名称	出版单位	出版时间
云南大学	崔运武 曹艳春 等	“桥头堡战略”实施与公务员能力建设	中国人事出版社	2011 年
云南大学	刘建华 杨青山 等	一本书学会新闻采访	人民日报出版社	2011 年
云南大学	邬　江 骆寒青	民族地区吸毒与艾滋病预防现状研究	中国人民公安大学出版社	2011 年
云南大学	潘先林 张黎波	天南电光——辛亥革命在云南	云南人民出版社	2011 年
云南大学	翟明安 秦　荧	中国饮食娱乐史	上海古籍出版社	2011 年
云南大学	王文光 段红云	中国古代的民族识别（修订本）	云南大学出版社	2011 年
云南大学	王文光 段丽波	中国西南氐羌民族源流史	人民出版社	2011 年
云南大学	张　维	中国现代著名教育家——李广田	金城出版社	2011 年
云南大学	方亚琼	他乡有故知——怎样与老外交朋友	重庆大学出版社	2011 年
云南大学	邓　杉	解读古希腊	云南大学出版社	2011 年
云南大学	张　健	魅力康巴 · Khampa Glamour（汉英对照）	云南人民出版社	2011 年
云南大学	廖雷朝	新核心大学英语词汇手册 3	上海交通大学出版社	2011 年
云南大学	何庆华	网络环境下的大学英语习得研究	云南大学出版社	2011 年
云南大学	刘鸿武	中非发展合作：理论，战略与政策研究	中国社会科学出版社	2011 年
云南大学	汪小金	项目管理知识体系指南（第 4 版）疑难解答	电子工业出版社	2011 年
云南大学	张巨成	感悟	云南大学出版社	2011 年
云南大学	段炳昌	唐诗精选	浙江少年儿童出版社	2011 年
云南大学	张满堂	云南公安民警群众工作手册	云南出版集团公司 云南科技出版社	2011 年
云南大学	袁明旭	行政管理学	高等教育出版社	2011 年
云南大学	鄢显俊	信息垄断揭密：信息技术革命视阈里的当代资本主义新变化	中国社会科学出版社	2011 年
云南大学	刘婷婷	中国传统法律文化研究（第一卷）	中国人民大学出版社	2011 年

续 表

单 位	作 者	著作名称	出版单位	出版时间
云南大学	刑 凌	圣经故事选读	云南大学出版社	2011 年
云南大学	杨志玲	云南高校统战工作研究与实践	云南大学出版社	2011 年
云南大学	袁明旭	领导科学	高等教育出版社	2011 年
云南大学	汪小金	从《PMBOK 指南》看项目管理的发展	浙江大学出版社	2011 年
云南大学	贺林凯	新中国民族关系与民族政策的互动研究	云南大学出版社	2011 年
云南大学	苏升乾	形势与政策（下）	云南出版集团公司	2011 年
云南大学	刘 稚	大湄公河次区域合作发展报告（2010—2011）	社会科学文献出版社	2011 年
云南大学	张永宏	本土知识在当代的兴起——知识，权力与发展的相互关联	云南大学出版社	2011 年
云南大学	刘学军	中国—南美能源合作研究	云南大学出版社	2011 年
云南大学	李 佳	英语文体学理论与实践	厦门大学出版社	2011 年
云南大学	李 森	新诗品（第三卷）	云南大学出版社	2011 年
云南大学	何 明	走向市场的民族艺术	社会科学文献出版社	2011 年
云南大学	吴晓亮	永远的思念——李埏教授逝世两周年纪念文集	云南大学出版社	2011 年
云南大学	林超民	民族学评论	云南人民出版社	2011 年
云南大学	曾 莹	文人雅集与诗歌风尚研究初探——从玉山雅集看元末诗风的衍变	广东高等教育出版社	2011 年
云南大学	蔡英杰	中国古代语言学文献教程	光明日报出版社	2011 年
云南大学	王克岭	微观视角的西部地区少数民族文化产业可持续发展研究	光明日报出版社	2011 年
云南大学	谢百魁	英法双译唐诗 100 首	中国出版集团公司中国对外翻译出版有限公司	2011 年
云南大学	飞 白	诗海游集	浙江工商大学出版社	2011 年
云南大学	向 荣	服务—学习手册	中国社会出版社	2011 年
云南大学	陈海玉	西南少数民族医药古籍文献的发掘利用研究	民族出版社	2011 年
云南大学	何 明	仪式中的艺术	社会科学文献出版社	2011 年
云南大学	汪小金	项目管理方法论	人民出版社	2011 年
云南大学	刘婷婷	断裂与变迁：1949—1979 云南罗平县纠纷解决机制研究	云南大学出版社	2011 年
云南大学	苏庆源	法律文书学	重庆大学出版社	2011 年
云南大学	林超民	西南古籍研究（2010 年卷）	云南大学出版社	2011 年
云南大学	林超民	西南古籍研究	云南大学出版社	2011 年
云南大学	王志宏	事实性与时间	云南人民出版社	2011 年
云南大学	董秀团	宗教与仪式艺术——云南大理石龙村春节期间的乡戏活动	社会科学文献出版社	2011 年

续 表

单 位	作 者	著作名称	出版单位	出版时间
云南大学	林泉喜	给我的孩子讲中世纪	重庆大学出版社	2011 年
云南大学	林泉喜	给我的孩子讲骑士与骑士制度	重庆大学出版社	2011 年
云南大学	徐 枫	不朽的女人	湖南文艺出版社	2011 年
云南大学	章立明	结构与行动——西双版纳傣族家庭婚姻中的社会性别分析	人民出版社	2011 年
云南大学	董云川	可爱的边疆大学	云南人民出版社	2011 年
云南大学	崔运武	现代公共事业管理	中国人民大学出版社	2011 年
云南大学	崔运武	公共卫生危机管理能力评估指标体系研究——以昆明市为个案	云南大学出版社	2011 年
云南大学	崔运武	政府与城市社区建设——基于云南省城市社区建设的调查分析与理论探索	云南大学出版社	2011 年
云南大学	马 桑	现代公共事业管理	中国人民大学出版社	2011 年
云南大学	梁 晨	尼泊尔——深山中的古国	香港城市大学出版社	2011 年
云南大学	瞿明安	隐藏民族灵魂的符号——中国饮食象征文化论	云南大学出版社 云南人民出版社	2011 年
云南大学	何 平	东南亚的封建——奴隶制结构与古代东方社会	云南大学出版社 云南人民出版社	2011 年
云南大学	顾士敏	中国儒学导论	云南大学出版社	2011 年
云南大学	李 兵	当代大学生核心价值观读本	云南科技出版社	2011 年
云南大学	秦庆峰	大学体育教程	西南交通大学出版社	2011 年
云南大学	孟 航	中国文化产业的西部模式	云南大学出版社	2011 年
云南大学	万永林	云南彝学研究（第八辑）——滇川黔贵彝文估计出版协作第十四次会议暨全国彝学学术第九次研讨会（昭通）论文专辑	云南民族出版社	2011 年
云南大学	周 平	中国边疆治理研究	经济科学出版社	2011 年
云南大学	李维昌	当代中国思想政治教育主导性建设的利益分析	中国社会科学出版社	2011 年
云南大学	敬 蓉	应用写作	高等教育出版社	2011 年
云南大学	董秀团	白族大本曲研究	中国社会科学出版社	2011 年
云南大学	苏荟敏	石涛《画语录》美学思想研究	中国社会科学出版社	2011 年
云南大学	张 震	应用写作	高等教育出版社	2011 年
云南大学	杨红英	西部边疆建设的理论与实践	科学出版社	2011 年
云南大学	孟 航	中国民族学人类学社会学（1900—1949）	人民出版社	2011 年
云南大学	杨临宏	行政诉讼法：原理与制度	云南大学出版社	2011 年
云南大学	吕昭河	制度变迁与人口发展——兼论中国人口发展的制度约束	云南人民出版社 云南大学出版社	2011 年

续 表

单 位	作 者	著作名称	出版单位	出版时间
云南大学	杨林泉	预测与决策方法应用（普通高等教育“十二五”规划教材）	冶金工业出版社	2011 年
云南大学	张正华	区域产业升级及其机制——中国东西部地区产业升级及其机制比较研究	冶金工业出版社	2011 年
云南大学	杨先明	国际直接投资发展效应	云南人民出版社 云南大学出版社	2011 年
云南大学	高 巍	盗窃罪基本问题研究	中国人民公安大学出版社	2011 年
云南大学	陈铁水	云南省实施商标品牌战略研究	云南大学出版社	2011 年
云南大学	邬 江	民族地区吸毒与艾滋病预防现状研究	中国人民公安大学出版社	2011 年
云南大学	张丽花	新日语能力测试高分宝典 N1．读解	上海交通大学出版社	2011 年
云南大学	杨志达	西风诗词选	香港天马图书出版公司	2011 年
云南大学	施惟达	文化与经济：民族文化产业与产业化发展	云南大学出版社	2011 年
云南大学	李 炎	空间，布局与特色：云南文化产业现状与对策	云南大学出版社	2011 年
云南大学	林 艺	2000—2009（年）民族文献提要	云南大学出版社	2011 年
云南大学	刘建娥	中国乡—城移民的城市社会融入	社会科学文献出版社	2011 年
云南大学	李 佳	制度与环境——西部乡村文化产业研究	云南大学出版社	2011 年
云南大学	刘建华	民族文化传媒化	云南大学出版社	2011 年
云南大学	戴 波	云南可持续发展评价实践	科学出版社	2011 年
云南大学	杨志玲	费孝通与云南——费孝通诞辰一百周年纪念文集	云南大学出版社	2011 年
云南大学	乔传藻	醉麂	湖北少年儿童出版社	2011 年
云南大学	刘兴育	花逝	云南大学出版社	2011 年
云南大学	林文勋	唐宋社会变革论纲	人民出版社	2011 年
云南大学	盛美真	近代云南社会风尚变迁研究	中国社会科学出版社	2011 年
云南大学	宋家宏	审美与重构——中国现当代文学丛谈	云南人民出版社	2011 年
云南大学	宋家宏	阐释与建构——云南当代文学专论	云南人民出版社	2011 年
云南大学	白志红	Difference-making：Bai Identity Construction in Dali	社会科学文献出版社	2011 年
云南大学	彭多意	中国设计学报特刊——云南非物质文化遗产	中国设计学报	2011 年
云南大学	郭 山	西部开发中长江上游地区区域创新战略研究	科学出版社	2011 年
云南大学	王文光	中国古代的民族识别	云南大学出版社	2011 年
云南大学	文 涛	感动中国文化人物	世界文化艺术出版社	2011 年
云南大学	刘婷婷	断裂与变迁：1949—1979 云南罗平县纠纷解决机制研究	云南大学出版社	2011 年
云南大学	刘婷婷	中国传统法律文化研究（第一卷）	中国人民大学出版社	2011 年
云南大学	高 巍	盗窃罪基本问题研究	中国人民公安大学出版社	2011 年
云南大学	苏庆源	法律文书学	重庆大学出版社	2011 年

续 表

单 位	作 者	著作名称	出版单位	出版时间
云南大学	陈铁水	云南省实施商标品牌战略研究	中国人民公安大学出版社	2011 年
云南大学	周立英	晚晴留日学生与近代云南社会	云南大学出版社	2011 年
云南大学	何 明	走向市场的民族艺术	社会科学文献出版社	2011 年
云南大学	何 明	魁阁——实地研究报告（第一卷）	民族出版社	2011 年
云南大学	顾士敏	中国儒学导论——为当代大学生而作	云南大学出版社	2011 年
云南大学	木 芹	木芹民族历史文集（第二、三、四集）	云南民族出版社	2011 年
云南大学	段红云	明代云南民族发展论纲	人民出版社	2011 年
云南大学	林文勋	唐宋社会变革论纲	人民出版社	2011 年
云南大学	罗 昆	碰撞·认同——彝汉两族思想关系论	云南人民出版社	2011 年
云南大学	王志宏	事实性与时间	云南人民出版社	2011 年
云南大学	贺琳凯	新中国民族关系与民族政策的互动研究	云南大学出版社	2011 年

（云南大学 社科处供稿）

云南民族大学

单 位	作 者	著作名称	出版单位	出版时间
云南民族大学	刘 红	云南民族民间艺术的伦理观研究	中国社会科学出版社	2011 年
云南民族大学	陆 生	泰语语音教学模式研究（泰文）	泰国朱拉隆功大学出版社	2011 年
云南民族大学	林 庆	行政文化与伦理研究	中国社会科学出版社	2011 年
云南民族大学	杨文顺	云南“直过”民族全面建设小康社会研究	中国社会科学出版社	2011 年
云南民族大学	耿 明	云南省实施商标品牌战略研究	云南大学出版社	2011 年
云南民族大学	欧阳安	国际法原理	中国社会科学出版社	2011 年
云南民族大学	欧阳安	国际私法	云南人民出版社	2011 年
云南民族大学	马 经	开远市回族传统文化及其现代适应	云南人民出版社	2011 年
云南民族大学	陈津云	云南布朗族（莽人、克木人）贫困与反贫困问题研究	云南民族出版社	2011 年
云南民族大学	刘 华	少数民族地区乡村治理法则研究——以勐海县一个傣族村寨为例	民族出版社	2011 年
云南民族大学	陈 燕	饭店前厅客房服务与管理	南开大学出版社	2011 年
云南民族大学	赵馨燕	企业会计学	清华大学出版社	2011 年
云南民族大学	秦 岩	跨国公司在华研发机构功能演化与本土互动研究	人民出版社	2011 年
云南民族大学	秦 岩	旅游景区项目策划	中国旅游出版社	2011 年
云南民族大学	李兴宽	基于持续创新动力、能力、绩效的创新型企业评价研究	人民出版社	2011 年
云南民族大学	肖冬平	基于社会网络视角的知识网络研究	人民出版社	2011 年
云南民族大学	李柏文	顾客产品及其质量测度与管理研究	中国社会科学出版社	2011 年

续　表

单　位	作　者	著作名称	出版单位	出版时间
云南民族大学	刘文光	全面建设小康社会进程中的云南“直过民族”研究	中国社会科学出版社	2011 年
云南民族大学	郑　旭	东亚货币合作的现实基础及中国的战略选择	中国社会科学出版社	2011 年
云南民族大学	陈丽贤	统计学原理	北京大学出版社	2011 年
云南民族大学	肖焱波	土壤肥料与粮食安全	云南科技出版社	2011 年
云南民族大学	杨　淬	PGE2 receptor, chloride channels and EET - induced relaxations	LAMBERT Academic Publishing	2011 年
云南民族大学	刘玉霞	中国当代言情小说女性原型研究	中国社会科学出版社	2011 年
云南民族大学	刘玉霞	中国现代大众文化与通俗文学	高等教育出版社	2011 年
云南民族大学	李　骞	20 世纪中国新诗流派研究	中国社会科学出版社	2011 年
云南民族大学	雷　兵	少数民族社区多元文化与学校发展	云南大学出版社	2011 年
云南民族大学	谷　雨	基于支持向量机的入侵检测算法研究	西安交通大学出版社	2011 年
云南民族大学	倪晓昉	高校辅导员实用手册	云南大学出版社	2011 年
云南民族大学	于晓燕	清代南方民族地区的义学研究	云南民族出版社	2011 年
云南民族大学	罗鸣春	青少年心理健康服务需要：理论与实证	中国社会科学出版社	2011 年
云南民族大学	李　辉	中国商业银行体系脆弱性分析	中国社会科学出版社	2011 年
云南民族大学	高梦滔	微观视角下的农村居民消费增长实证研究	人民出版社	2011 年
云南民族大学	高梦滔	西部工业化与工业园区发展研究——以云南省为例	人民出版社	2011 年
云南民族大学	宋　娟	外商直接投资对中国制造业市场结构的影响	中国社会科学出版社	2011 年
云南民族大学	杨　虹	新地区主义：中国与东亚共同发展	中国社会科学出版社	2011 年
云南民族大学	杨　虹	儒家文化影响下的东亚经济圈	人民出版社	2011 年
云南民族大学	杨立生	统计学原理	北京大学出版社	2011 年
云南民族大学	廖乐焕	云南马帮经济变迁研究	人民出版社	2011 年
云南民族大学	廖乐焕	香格里拉区域经济发展方式转变研究	人民出版社	2011 年
云南民族大学	辛爱洪	管理学论要	人民出版社	2011 年
云南民族大学	谢本书	云南通史第五卷	中国社会科学出版社	2011 年
云南民族大学	谢本书	云南通史第六卷	中国社会科学出版社	2011 年
云南民族大学	王敬骝	佤山人物系列	云南民族出版社	2011 年
云南民族大学	张忠良	云南民族大学 60 年	云南民族出版社	2011 年
云南民族大学	张忠良	云南少数民族节庆文化	云南人民出版社	2011 年
云南民族大学	姚顺增	云南民族村寨哲学、经济学和社会学调查	云南民族出版社	2011 年
云南民族大学	姚顺增	用哲学和民族学原理调查云南民族村寨	云南民族出版社	2011 年
云南民族大学	鲁建彪	傈僳学研究（二）	民族出版社	2011 年
云南民族大学	顾继国	新形势下民兵参与处置突发事件中的政治工作研究	四川大学出版社	2011 年
云南民族大学	杨坤洋	中国共产党执政史概要	上海人民出版社	2011 年

续 表

单 位	作 者	著作名称	出版单位	出版时间
云南民族大学	王淑英	多元文化空间的湫神祭祀仪式及其口头传统—以甘肃洮岷地区为田野调查中心	民族出版社	2011年
云南民族大学	赵金灿	鹤庆白语研究	民族出版社	2011年
云南民族大学	余金枝	湘西矮寨苗语参考语法	中国社会科学出版社	2011年
云南民族大学	岳麻腊	农村实用知识读本（3）	云南民族出版社	2011年
云南民族大学	岳麻腊	农村法律普及读本（3）	云南民族出版社	2011年
云南民族大学	黄彩文	仪式、信仰与村落生活——邦协布朗族的民间信仰研究	民族出版社	2011年
云南民族大学	刘劲荣	拉祜族双语教学研究	人民出版社	2011年
云南民族大学	赵秀兰	佤族研究	云南民族出版社	2011年
云南民族大学	白兴发	二十世纪前半期的云南民族学	民族出版社	2011年
云南民族大学	高 朋	人神之契：宋代买地券研究	中国社会科学出版社	2011年
云南民族大学	艾丽曼	青海河南蒙旗文化变迁研究	中国社会科学出版社	2011年
云南民族大学	李智环	经济组织中的维吾尔族妇女	中国社会科学出版社	2011年
云南民族大学	黄晓赢	瓷器史话	中国大百科全书出版社	2011年
云南民族大学	黄建生	农村社区发展的可持续性研究——以云南省独家村为例	人民出版社	2011年
云南民族大学	和少英	纳西族文化史	云南人民出版社	2011年
云南民族大学	李全敏	认同，关系与不同：中缅边境一个孟高棉语群有关茶叶的社会生活	云南大学出版社	2011年
云南民族大学	沈海梅	民族学评论·第三辑（云南研究专号）	云南人民出版社	2011年
云南民族大学	沈海梅	医学人类学视野下的毒品、艾滋病与边疆社会	云南大学出版社	2011年
云南民族大学	王亚文	民族社会学概论（第二版）	中国人民大学出版社	2011年
云南民族大学	王 惠	当代中国：社区建设与现代性追求	人民出版社	2011年
云南民族大学	王 惠	美学原理	华东师范大学出版社	2011年
云南民族大学	陈 斌	大学语文	北京师范学出版社	2011年
云南民族大学	郑向春	旅游人类学教程	旅游教育出版社	2011年
云南民族大学	代志鹏	司法判决是如何生产出来的——基层法官角色的理想图景与现实选择	人民出版社	2011年
云南民族大学	马永清	云南跨境民族中的毒品问题与禁毒工作调查研究	方志出版社	2011年
云南民族大学	陈国学	红楼梦的多重意蕴与佛道教关系探析	中国社会科学出版社	2011年
云南民族大学	和 勇 罗晓非 等	大学语文	北京师范大学出版社	2011年

续 表

单 位	作 者	著作名称	出版单位	出版时间
云南民族大学	金 星	广告原理与实务	高等教育出版社	2011 年
云南民族大学	秦丽辉	傈僳学研究（二）	民族出版社	2011 年
云南民族大学	黄 玲	七彩织锦	云南民族出版社	2011 年
云南民族大学	黄 玲	李乔评传	云南人民出版社	2011 年
云南民族大学	杨 洁	酷儿理论与批评实践	中国社会科学出版社	2011 年
云南民族大学	杨文安	云南宗教文化旅游资源研究	北京民族出版社	2011 年
云南民族大学	寸亚玲	云南少数民族健身操	云南大学出版社	2011 年
云南民族大学	寸亚玲	少数民族体育用品	中央民族大学出版社	2011 年
云南民族大学	胡应国	田径健身运动教学理论与实践方法研究	中国商务出版社	2011 年
云南民族大学	赵世林	云南少数民族文化传承论纲	云南人民出版社	2011 年
云南民族大学	郭玉富	彝族古籍文献述要	云南科技出版社	2011 年
云南民族大学	孙 静	买——透视顾客心	中国人民大学出版社	2011 年
云南民族大学	李江秀	研究生英语读写译教程	重庆大学出版社	2011 年
云南民族大学	李志凌	研究生英语视听说	重庆大学出版社	2011 年
云南民族大学	杨红艳	Beliefs and Strategies — Ethnic Minority EFL Learners in Yunnan，Southwest China	VDM Publishing House	2011 年
云南民族大学	杨 燕	研究生英语视听说教程	重庆大学出版社	2011 年
云南民族大学	张 彪	“绝色云南”云南旅游文化丛书——《彝韵峨山》	云南大学出版社	2011 年
云南民族大学	马永红	The Mode of University Governance in the U. S.（美国高校管理模式研究）	云南民族出版社	2011 年
云南民族大学	杨祝华	民族学生英语语言输出能力培养策略	云南民族出版社	2011 年
云南民族大学	俞 茹	三江流域少数民族农村社区变迁研究	人民出版社	2011 年
云南民族大学	戴 云	女性学著作概览	中国社会科学出版社	2011 年
云南民族大学	杨国才	社会性别视野下少数民族妇女的健康与生态环境保护	知识产权出版社	2011 年
云南民族大学	杨国才	少数民族妇女的知识和文化——民族民间传统手工艺及服饰	中国社会科学出版社	2011 年
云南民族大学	王东昕	人与自然：20 世纪怒江峡谷人地关系史	中国社会科学出版社	2011 年
云南民族大学	鲁 刚	社会和谐与边疆稳定：基于地缘、民族、社会和宗教的实证研究	中国社会科学出版社	2011 年
云南民族大学	焦印亭	刘辰翁文学研究	中国社会科学出版社	2011 年
云南民族大学	宋卫哲	安多藏区古代美术遗迹考究	中国文联出版社	2011 年
云南民族大学	段 临	印象香格里拉	中国唱片深圳公司	2011 年
云南民族大学	潘 瑾	古筝考级曲集	海南出版公司	2011 年
云南民族大学	范 例	中国绘画历史与理论研究	吉林大学出版社	2011 年

续 表

单 位	作 者	著作名称	出版单位	出版时间
云南民族大学	吴化雨	图形及字体设计基础	机械工业出版社	2011 年
云南民族大学	吴化雨	图形创意设计	武汉出版社	2011 年
云南民族大学	吴化雨	字体及编排设计	东北师范大学出版社	2011 年
云南民族大学	林 庆	行政文化与伦理研究	中国社会科学出版社	2011 年
云南民族大学	李普者	当代中国人才战略管理系统研究	科学出版社	2011 年
云南民族大学	李兴刚	阿以冲突中的犹太定居点问题研究	云南大学出版社	2011 年
云南民族大学	赵丽珍	当代中国边疆五省区乡村民主发展研究	人民出版社	2011 年
云南民族大学	赵丽珍	当代中国人才战略管理系统研究	科学出版社	2011 年
云南民族大学	赵丽珍	当代中国边疆五省区乡村民主发展研究	人民出版社	2011 年
云南民族大学	吴兴帜	云南跨境民族文化初探	中国社会科学出版社	2011 年
云南民族大学	秦 玛	社交礼仪实务	云南人民出版社	2011 年
云南民族大学	于晓燕	清代南方民族地区的义学研究	云南民族出版社	2011 年
云南民族大学	陆 生	泰语语音教学模式研究	泰国朱拉隆功大学出版社	2011 年
云南民族大学	谢本书	辛亥著名人物传记丛书——蔡锷	团结出版社	2011 年
云南民族大学	谢本书	龙云传	云南人民出版社	2011 年
云南民族大学	白兴发	二十世纪前半期的云南民族学	民族出版社	2011 年
云南民族大学	鲁 刚	社会和谐与边疆稳定	中国社会科学出版社	2011 年
云南民族大学	余金枝	湘西矮寨苗语参考语法	中国社会科学出版社	2011 年

（云南民族大学 科技处）

云南财经大学

单 位	作 者	著作名称	出版单位	出版时间
云南财经大学	于千千	西部中心城市昆明提升总部经济发展能力研究	北京大学出版社 中国农业大学出版社	2011 年
云南财经大学	胡列曲 周跃等	昆明泛亚金融服务中心建设蓝皮书（2010—2011）——战略目标与实施框架	中国金融出版社	2011 年
云南财经大学	马雁琳	成长的青春——中学生心理健康教育指南	云南教育出版社	2011 年
云南财经大学	马雁琳	和谐的童年——小学生心理教育指南	云南教育出版社	2011 年
云南财经大学	何 博	云南农村发展报告	云南大学出版社	2011 年
云南财经大学	李 涛 宗 佶 等	红河彝族文化遗产古籍典藏	云南出版集团公司 云南人民出版社	2011 年
云南财经大学	刘尔思 王荣党 等	大学生体验式学习	云南大学出版社	2011 年
云南财经大学	王宏军	税法案例选评	对外经济贸易大学出版社	2011 年

续 表

单 位	作 者	著作名称	出版单位	出版时间
云南财经大学	林跃勤 周 文 等	金砖国家经济社会发展报告（2011）	社会科学文献出版社	2011 年
云南财经大学	周 跃 张 洪 等	云南气候变化影响评价报告	气象出版社	2011 年
云南财经大学	韩 震	行政职业能力测试专项突破——常识判读（再版）	科学出版社	2011 年
云南财经大学	罗宏翔	纵论滇西经济发展	云南人民出版社	2011 年
云南财经大学	高崇慧 吕 涛	社会工作服务机构立法问题研究	中国社会出版社	2011 年
云南财经大学	赵永宁 王红云 等	国际经济合作	机械工业出版社	2011 年
云南财经大学	赵永宁 王红云 等	国际经济合作	机械工业出版社	2011 年
云南财经大学	晏 雄 李永康 等	跨文化管理	北京大学出版社	2011 年
云南财经大学	王红云 那 薇 等	税法（第 1 版）	中国人民大学出版社	2011 年
云南财经大学	王红云	纳税会计（含习题）	高等教育出版社	2011 年
云南财经大学	许 晖 纪春礼	国际企业管理	中国人民大学出版社	2011 年
云南财经大学	吴健安 王 旭	现代推销学	东北财经大学出版社	2011 年
云南财经大学	王红云 李树奇 等	税务会计与实务操作	立信会计出版社	2011 年
云南财经大学	王红云 赵永宁	会计法规与职业道德	高等教育出版社	2011 年
云南财经大学	赵云河 王 刚 等	普通高等教育“十二五”规划教材《线性代数》	科学出版社	2011 年
云南财经大学	王建中	创业管理	高等教育出版社	2011 年
云南财经大学	许 晖 纪春礼	服务营销	科学出版社	2011 年
云南财经大学	杨贵军 朱海营 等	篮球重点技战术分级教学研究	现代教育出版社	2011 年
云南财经大学	罗兆富	线性代数（全国教科“十一五”规划研究成果）	高等教育出版社	2011 年
云南财经大学	李严锋 张丽娟 等	现代物流管理	东北财经大学出版社	2011 年

续 表

单 位	作 者	著作名称	出版单位	出版时间
云南财经大学	张洪明 王元亮	大学计算机基础习题与考试辅导	云南大学出版社	2011 年
云南财经大学	王红云 赵永宁	会计法规	机械工业出版社	2011 年
云南财经大学	王红云 赵永宁	税务会计	东北财经大学出版社	2011 年
云南财经大学	李克芳 李严锋 等	营销渠道管理	武汉大学出版社	2011 年
云南财经大学	罗宏翔	桥头堡战略背景下的滇南经济发展研究	云南人民出版社	2011 年
云南财经大学	肖 薇 张波等	高等职业教育论坛	云南出版集团公司 云南科技出版社	2011 年
云南财经大学	张承明 陈孟云 等	云南现代教育——探索与实践	云南出版集团公司 云南人民出版社	2011 年
云南财经大学	李兴仁 王荣党	云南成人高等教育改革与探索	云南教育出版社	2011 年
云南财经大学	李严锋 窦志武 等	发展云南物流业，促进桥头堡建设	云南大学出版社	2011 年
云南财经大学	赵如兰 陈红等	司法会计基础	中国财政经济出版社	2011 年
云南财经大学	杨有统 李宪一 等	大学英语英译汉精解	浙江大学出版社	2011 年
云南财经大学	田有兰 李宪一 等	国际合作交流英语（上下册）	浙江大学出版社	2011 年
云南财经大学	张 梅 李 媛 等	大学英语精练 2	重庆大学出版社	2011 年
云南财经大学	聂元昆 王建中	创业管理——新创企业管理理论与实务	高等教育出版社	2011 年
云南财经大学	唐现秀 黄姗姗 等	中级缅甸语会话	世界图书出版公司	2011 年
云南财经大学	马慧娟	法院检察院面试训练宝典	华文出版社	2011 年
云南财经大学	周晓梅 武咏梅 等	An Introduction to European Culture	云南民族出版社	2011 年
云南财经大学	段春锦 陆 丹 等	生涯规划与体验教育课程学习指南	云南大学出版社	2011 年

续 表

单 位	作 者	著作名称	出版单位	出版时间
云南财经大学	余 玫 尹 雯	现代礼仪实训	四川大学出版社	2011 年
云南财经大学	王庆奖 苏前辉 等	新思路大学英语视听说教程 第四册（教师参考书）	中国人民大学出版社	2011 年
云南财经大学	朱锦余 杨静等	审计	东北财经大学出版社	2011 年
云南财经大学	孙 昀 孙 琴	大学生职业生涯规划教程	中国铁道出版社	2011 年
云南财经大学	王大鹏 张凯等	新编大学体育	北京体育大学出版社	2011 年
云南财经大学	贺爱忠 聂元昆	零售营销	中国铁道出版社	2011 年
云南财经大学	李严锋 冉文学 等	物流管理概论	科学出版社	2011 年
云南财经大学	李严锋 罗 霞 等	物流采购管理	科学出版社	2011 年
云南财经大学	周 芸 邓 瑶 等	现代汉语导论	北京大学出版社	2011 年
云南财经大学	阮金纯	云南省高职院校招生考试说明・语文	辽宁人民出版社	2011 年
云南财经大学	谢建华	云南省特岗教师招聘考试教材（初中版）	云南美术出版社	2011 年
云南财经大学	朱 立 张 颖 等	战略管理：获得与保持竞争优势（译）	格致出版社 上海人民出版社	2011 年
云南财经大学	孙 琴 赵学栩 等	印度经贸投资指南	云南人民出版社	2011 年
云南财经大学	周广荣	恐龙——透视与发现	云南出版集团公司 晨光出版社	2011 年
云南财经大学	陈 红 罗 莉 等	法务会计与舞弊调查——写给非专家人士	东北财经大学出版社	2011 年
云南财经大学	蒋其发	建筑业政府管制：理论，实践与产业发展	经济科学出版社	2011 年
云南财经大学	李云仙	结构方程模型的选择方法研究——一种基于贝叶斯准则的模型选择方法	西南交通大学出版社	2011 年
云南财经大学	何建明	剥夺——来自中国农村的私有化报告	中国国际广播电视出版社	2011 年
云南财经大学	解 琨	制造企业集团供应链管理模式研究	经济科学出版社	2011 年
云南财经大学	纪春礼	营销动态能力的构成：中国国际化企业视角	经济科学出版社	2011 年
云南财经大学	罗明义	民族地区旅游产业发展研究	云南大学出版社	2011 年

续 表

单 位	作 者	著作名称	出版单位	出版时间
云南财经大学	杨子生	中国退耕还林工程驱动下的云南不同地貌区土地利用变化及其生态效应研究	中国科学技术出版社	2011 年
云南财经大学	徐燕斌	礼与王权的合法性建构	中国社会科学出版社	2011 年
云南财经大学	马慧娟	2012 云南农村信用合作社公开招聘工作人员考试·应试教程	云南大学出版社	2011 年
云南财经大学	宁东玲	企业信息化过程中的知识吸收能力研究	经济科学出版社	2011 年
云南财经大学	马龙军 李怡佳	信息及其关联概念探究	经济科学出版社	2011 年
云南财经大学	尹 豪	中国企业并购的价值研究	经济科学出版社	2011 年
云南财经大学	罗明义 谢洪忠 等	云南旅游产业发展年度报告（2010—2011）	云南大学出版社	2011 年
云南财经大学	晏建学	插柳集——晏建学诗选	云南大学出版社	2011 年
云南财经大学	马慧娟	2012 云南省公务员录用考试参考学习教材·综合科目教程	云南人民出版社	2011 年
云南财经大学	韩全芳	社区分化与社区重构——云南 DY 铜矿的变迁研究	中国社会科学出版社	2011 年
云南财经大学	孟彦菊	地区投入产出模型扩展研究	西南财经大学出版社	2011 年
云南财经大学	赵建华	数据降维和聚类中的若干问题研究（Some Topics in Dimension Reduction and Clustering）	中国统计出版社	2011 年
云南财经大学	杨润高	环境剥夺与环境补偿论	经济科学出版社	2011 年
云南财经大学	刘生旺	中国转型期税收政策的有效性研究	经济科学出版社	2011 年
云南财经大学	龙 超	中国商业银行投资价值分析	中国金融出版社	2011 年
云南财经大学	何晓夏	金融结构差异与货币政策传导研究	经济科学出版社	2011 年
云南财经大学	唐青生 孙文军 等	城乡统筹与“三农”金融服务路径突破	中国农业出版社	2011 年
云南财经大学	李红琨	我国上市公司独立董事制度研究	经济科学出版社	2011 年
云南财经大学	姜近勇 潘冠中	金融计量学	中国财政经济出版社	2011 年
云南财经大学	陆亚琴	外商直接投资的环境效应及其管理	经济科学出版社	2011 年
云南财经大学	刘富华	我国经济发展的收入分配效应研究	经济科学出版社	2011 年
云南财经大学	张洪烈	生涯管理与高校人才培养模式创新	经济科学出版社	2011 年
云南财经大学	李学术	西部民族贫困地区农户创新行为研究——基于云南省的案例分析	经济科学出版社	2011 年
云南财经大学	姜 跃	本体方法及其应用	科学出版社	2011 年
云南财经大学	包广静	怒江水能开发与生态协调发展研究	中国科学技术出版社	2011 年
云南财经大学	赵成贵	互连网络负载平衡理论与算法	科学出版社	2011 年

续 表

单 位	作 者	著作名称	出版单位	出版时间
云南财经大学	钱振伟	覆盖城乡居民社会保障管理体制研究——基于对部分市（州）县实践的调查	经济科学出版社	2011 年
云南财经大学	石现明	国际商事仲裁当事人权利救济制度研究	人民出版社	2011 年
云南财经大学	张 炯 雷健敏 等	基本支出包干与云南高等教育发展绩效研究	云南科技出版社	2011 年
云南财经大学	甘开鹏	欧盟难民政策研究（1951—2007）	厦门大学出版社	2011 年
云南财经大学	杨德明	内部控制信息披露的经济后果研究	经济科学出版社	2011 年
云南财经大学	张 洪 何元斌 等	房地产业发展的理论、方法与实践	经济科学出版社	2011 年
云南财经大学	续珊珊	中国森林碳汇问题研究——以黑龙江省森工国有林区为例	经济科学出版社	2011 年
云南财经大学	孙 琴	南非心旅	西南交通大学出版社	2011 年
云南财经大学	李正雄	全球控烟瞭望报告	经济日报出版社	2011 年
云南财经大学	骆小所 太琼娥	艺术语言——普通语言的超越	云南人民出版社	2011 年
云南财经大学	刘 静	上市公司权证应用研究——基于沪深证券市场	经济科学出版社	2011 年
云南财经大学	宁乐锋	民主政治及其认同根基	云南人民出版社	2011 年
云南财经大学	陈 鑫	我国政府间企业所得税分配问题研究	经济科学出版社	2011 年
云南财经大学	李小军	控制权私有收益下企业再融资研究	经济科学出版社	2011 年
云南财经大学	唐滔智	中国审计市场过度竞争研究	经济科学出版社	2011 年

（云南财经大学 科研处供稿）

昆明理工大学

单 位	作 者	著作名称	出版单位	出版时间
昆明理工大学	文淑慧 熊 彬	推进中国云南与 GSM 次区域全面经济合作对策研究	中国社会科学出版社	2011 年
昆明理工大学	韩跃红	生命伦理学维度：艾滋病防控难题与对策	人民出版社	2011 年
昆明理工大学	于 波	张相文与中国近代地学的兴起	云南大学出版社	2011 年
昆明理工大学	樊 勇 高筱梅	理性之光——论发展的合理性及西部地区合理发展	云南大学出版社	2011 年
昆明理工大学	施真珍	〈后汉书〉核心词	巴蜀书社	2011 年
昆明理工大学	朱海林	伦理关系论	光明日报出版社	2011 年
昆明理工大学	付文佚	转基因食品标识的比较法研究	云南人民出版社	2011 年
昆明理工大学	齐虹丽 等	中国—东盟自由贸易区法律协议条文释义	经济管理出版社	2011 年

续 表

单 位	作 者	著作名称	出版单位	出版时间
昆明理工大学	李婉琳	社会变迁中的法律——穆尔法人类学思想研究	中国人民公安大学出版社	2011年
昆明理工大学	张海亮	中国外汇储备的商品资产配置研究——基于产业需求的分析	中国社会科学出版社	2011年
昆明理工大学	田存志	机构投资者与股市波动——基于中国证券市场的经验研究	中国社会科学出版社	2011年
昆明理工大学	王松江	经营性公共基础设施TOT项目融资管理	科学出版社	2011年
昆明理工大学	丁国峰	中国反垄断法实施热点问题研究	法律出版社	2011年

（昆明理工大学　科技处供稿）

西南林业大学

单 位	作 者	著作名称	出版单位	出版时间
西南林业大学	马 平	同性恋问题的宪法学思考	法律出版社	2011年
西南林业大学	赵乐静	技术解释学	科学出版社	2011年
西南林业大学	王传发	县级民族区域自治运行研究	人民出版社	2011年
西南林业大学	木基元	纳西族考古文物资料汇编	云南民族出版社	2011年
西南林业大学	刘 岩	并不柔弱的话语——女性主义视角下的20世纪英语文学	重庆大学出版社	2011年
西南林业大学	苏建兰	云南松茸产业链经济学分析及优化对策研究	云南科技出版社	2011年
西南林业大学	姚孟春 刘惠民 等	公务员录用考试教程——行政职业能力测验·申论	当代中国出版社	2011年

（西南林业大学　科技处供稿）

云南农业大学

单 位	作 者	著作名称	出版单位	出版时间
云南农业大学	吴进明	如何塑造新型农民	云南科技出版社	2011年
云南农业大学	吴进明	强农惠农政策知识解答	云南科技出版社	2011年
云南农业大学	王 玲	失地农民发展指南	云南科技出版社	2011年
云南农业大学	黎素梅	舞动基层——云南农业大学大学生村官纪实	云南大学出版社	2011年
云南农业大学	李德波	城效农村如何发展观光农业	云南科技出版社	2011年
云南农业大学	杨春和 杨锐英	农民旅游指南	云南科技出版社	2011年
云南农业大学	赖 毅 毕 东 等	网络环境下的图书馆信息服务	云南人民出版社	2011年
云南农业大学	崔 瑛 赵鸭桥	出纳业务	云南科技出版社	2011年

续 表

单 位	作 者	著作名称	出版单位	出版时间
云南农业大学	崔 瑛 赵鸭桥	会计实务	云南科技出版社	2011 年
云南农业大学	赖 毅 毕 东 等	网络环境下的图书馆信息服务	云南人民出版社	2011 年

（云南农业大学 科技处供稿）

云南师范大学

单 位	作 者	著作名称	出版单位	出版时间
云南师范大学	饶 远 刘 竹 等	中国西南边疆体育发展特征与模式研究	人民出版社	2011 年
云南师范大学	者贵昌	高等教育改革论——高等教育改革的理论实践与思考	人民出版社	2011 年
云南师范大学	龙登丽 李金芬	打开校长培训的另一扇窗	云南科技出版社	2011 年
云南师范大学	谭 超 胡 彦 等	语文学术 2011 下	云南民族出版社	2011 年
云南师范大学	谭 超 胡 彦 等	语文学术 2011 上	云南民族出版社	2011 年
云南师范大学	王修洁	名词组的应用与发展	云南人民出版社	2011 年
云南师范大学	杨 林 何 跃 等	西南边疆研究	云南人民出版社	2011 年
云南师范大学	刘 坚 孟纹波 等	民族传统体育文化新论	云南大学出版社	2011 年
云南师范大学	刘学文	公务员录用考试应试教程	中国出版集团 现代教育出版社	2011 年
云南师范大学	杨纪武 潘兴强 等	德育论丛第一辑	云南科技出版社	2011 年
云南师范大学	杨为星	苍雪大师《南来堂诗集》诗注	云南人民出版社	2011 年
云南师范大学	李江梅	中西方文论话语比较研究	人民出版社	2011 年
云南师范大学	孙亚玲	课堂组织与管理	科学出版社	2011 年
云南师范大学	范广融 张彦萍 等	云南旅游	云南大学出版社	2011 年
云南师范大学	石大安	乡镇经济学	华中科技大学出版社	2011 年
云南师范大学	曾 煜	骨干教师非学科培训课程教学大纲汇编	云南科技出版社	2011 年

续 表

单 位	作 者	著作名称	出版单位	出版时间
云南师范大学	张镇环 王周炎	科学技术与社会发展	云南大学出版社	2011 年
云南师范大学	匡 锦	师范生参与式教学设计与研究	云南大学出版社	2011 年
云南师范大学	李 红 茅 锐 等	课堂教学策略与技能	科学出版社	2011 年
云南师范大学	李天凤 张晓燕 等	当代教师行为规范	科学出版社	2011 年
云南师范大学	张向众 田 莉	学习成绩评价与考试方法	科学出版社	2011 年
云南师范大学	王艳玲	教师教育课程论	华东师范大学出版社	2011 年
云南师范大学	左文泉 李雨衡 等	武术	北京师范大学出版社	2011 年
云南师范大学	翟波宇	我国中长跑运动员成功之道	中国商务出版社	2011 年
云南师范大学	余 玫	傣族民间文学论	云南民族出版社	2011 年
云南师范大学	冯智文	现代英语教学探索与研究	云南大学出版社	2011 年
云南师范大学	黄 瑛 李丽生	外国语言文学与外语教学探索 II	四川大学出版社	2011 年
云南师范大学	高云龙	浮世绘艺术与明清版画的渊源研究	人民出版社	2011 年
云南师范大学	李申文	论人类认识的发展与深化	高等教育出版社	2011 年
云南师范大学	禹志云 樊 华	秘书公关与礼仪	高等教育出版社	2011 年
云南师范大学	武友德 王源昌 等	国家战略与中国特色城镇化——来自云南的实践	科学出版社	2011 年
云南师范大学	向杰	怒江大峡谷少数民族民居建筑文化与开发	云南美术出版社	2011 年
云南师范大学	周 芸 周春林 等	现代汉语导论	北京大学出版社	2011 年
云南师范大学	李洪青	大学英语阅读强化教程 -1	高等教育出版社	2011 年
云南师范大学	杨茗茗	大学英语阅读强化教程 3	高等教育出版社	2011 年
云南师范大学	黄 毅	景观设计	武汉出版社	2011 年
云南师范大学	段海峰 吕 速	教育法问题研究	人民出版社	2011 年
云南师范大学	王艳玲 荀顺明	和优秀教师一起读卢梭	中国青年出版社	2011 年
云南师范大学	贺 磊	中国—东盟自由贸易区知识百问百答	云南出版集团 云南艺术出版社	2011 年

续　表

单　位	作　者	著作名称	出版单位	出版时间
云南师范大学	胡怀亮	直陈条件句的逻辑哲学研究	人民出版社	2011 年
云南师范大学	樊　华	传统与现代的互动	商务印书馆	2011 年
云南师范大学	龙登丽 柳景等	爱的旋律—多维视角下的爱生学校	云南教育出版社	2011 年
云南师范大学	郑群强	高考英语高频考点突破	兰州大学出版社	2011 年
云南师范大学	李福军	云南傩艺术概论	四川师范大学电子出版社	2011 年
云南师范大学	杨　勇	我国优秀青少年篮球队群体凝聚力研究	北京体育大学出版社	2011 年
云南师范大学	罗越先	石宝山与西域	云南民族出版社	2011 年
云南师范大学	包云燕 张 玮 等	守望我的西南联大（第二辑）	云南教育出版社	2011 年
云南师范大学	陈杰思	国学复兴方略	云南人民出版社	2011 年
云南师范大学	黄毅	字体及编排设计	东北师范大学出版社	2011 年
云南师范大学	崔明昆	象征与思维——新平傣族的植物世界	云南人民出版社	2011 年
云南师范大学	黄薇	等到天蓝再看海（小说）	21 世纪出版社	2011 年
云南师范大学	张镇环	唯独门徒受洗	改革宗经典出版社	2011 年
云南师范大学	冯智文	网络环境下大学英语教学改革创新实践研究	外语教学与研究出版社	2011 年
云南师范大学	李雪梅 游溯涛 等	财务软件实务教程	云南大学出版社	2011 年
云南师范大学	武友德 李　君	国家战略与中国特色城镇化—来自云南的实践	科学出版社	2011 年
云南师范大学	王建陵	当代美国动画产业创新优势及国际竞争力的构建	云南大学出版社	2011 年
云南师范大学	陈　静 龙登丽	爱的述说——儿童眼中爱生的学校	云南教育出版社	2011 年
云南师范大学	赵益民	图书馆战略规划流程研究	国家图书馆出版社	2011 年
云南师范大学	李德鹏	现代汉语双音节介词成词研究	光明日报出版社	2011 年
云南师范大学	陈　慧	亲近经典：普希金诗选	云南教育出版社	2011 年
云南师范大学	那　薇	独立学院管理的研究与实践	西南财经大学出版社	2011 年
云南师范大学	匡　锦	平安四季	云南出版集团公司· 云南科技出版社	2011 年
云南师范大学	李娅菲	女性形象书写与文化	云南民族出版社	2011 年
云南师范大学	崔　梅 周　芸	普通话等级考试训练教程	北京师范大学出版社	2011 年
云南师范大学	李娅菲	镜头定格的“真实幻像”——跨文化语境下的“中国形象”构造	人民出版社	2011 年

续 表

单 位	作 者	著作名称	出版单位	出版时间
云南师范大学	余 玫 庞玉周 等	现代礼仪实训	四川大学出版社	2011 年
云南师范大学	王渝光	实验语音学：普通话水平测试等级标准	云南大学出版社	2011 年
云南师范大学	杨吉华 庞玉周	人生自是有情痴	云南人民出版社	2011 年
云南师范大学	白 云	中国史学思想通论·历史编纂学思想卷	福建人民出版社	2011 年
云南师范大学	周智生	百年奋进：云南特色现代化道路研究	云南人民出版社	2011 年
云南师范大学	叶存春	沙盘游戏治疗解读心要	云南人民出版社	2011 年
云南师范大学	崔 梅 周 芸	新闻语言学教程	北京师范大学出版社	2011 年
云南师范大学	曹能秀 王 凌	外国儿童心理发展和教育的理论（第二版）	云南民族出版社	2011 年

（云南师范大学 科研处供稿）

昆明学院

单 位	作 者	著作名称	出版单位	出版时间
昆明学院	杨娅婕	多维视角下的公司治理研究	云南科技出版社	2011 年
昆明学院	翟书华	云南省石林县彝族药用植物	云南科技出版社	2011 年
昆明学院	马 林	牌底品牌背后的法则、创意及秘密	云南美术出版社	2011 年
昆明学院	张明霞	高校图书馆服务营销研究	华文出版社	2011 年
昆明学院	黄廷基	综合平衡养生保健新思维	云南科技出版社	2011 年
昆明学院	谭蔚沁 等	大学生创业教育概论	云南大学出版社	2011 年
昆明学院	唐 敏	0—3 岁婴幼儿身心发展与教养	云南大学出版社	2011 年

（昆明学院 科研处供稿）

云南艺术学院

单 位	作 者	著作名称	出版单位	出版时间
云南艺术学院	丁煜伦	云南写意——丁煜伦音乐作品精选	上海音乐出版社	2011 年
云南艺术学院	高 翔	空间的静观	人民美术出版社	2011 年
云南艺术学院	陇艺梅	匠心独运——云南民族民间工艺美术手工艺人记	云南人民出版社	2011 年
云南艺术学院	区欣文	中国画艺术精神和实践	云南美术出版社	2011 年
云南艺术学院	区欣文	云南重彩画与数码艺术	云南美术出版社	2011 年
云南艺术学院	陈乙源	落花满地——花鸟画创作解析	云南大学出版社	2011 年
云南艺术学院	孙建东	中国近现代名家画集孙建东	天津人民美术出版社	2011 年
云南艺术学院	申 波	文化记忆与歌乐舞韵	云南大学出版社	2011 年
云南艺术学院	杨大卫	感恩太极——传统杨氏太极拳讲解	人民体育出版社	2011 年

（云南艺术学院 科研处供稿）

玉溪师范学院

单　位	作　者	论文题目	CSSCI 期刊	出版时间
玉溪师范学院	白碧波 布莱德雷	母语的消失与存留——第三届中国云南濒危语言遗产保护国际学术研讨会论文集	民族出版社	2011 年

（玉溪师范学院　科研处供稿）

楚雄师范学院

单　位	作　者	著作名称	出版单位	出版时间
楚雄师范学院	谭　斌 王锡林	旗帜——纪念建党 90 周年理论文集	西南交通大学出版社	2011 年
楚雄师范学院	徐云先	中图法逻辑结构分析	云南大学出版社	2011 年
楚雄师范学院	杨甫旺	楚雄民族文化论坛	云南大学出版社	2011 年
楚雄师范学院	杨甫旺	楚雄彝族文化史	云南大学出版社	2011 年
楚雄师范学院	曹晓宏	高奣映集	云南大学出版社	2011 年
楚雄师范学院	陈雪红	学校体育学	北京师范大学出版社	2011 年
楚雄师范学院	冯伟强	课堂教学与班主任工作技能	北京师范大学出版社	2011 年
楚雄师范学院	孙红琼	中小学英语教学衔接性整体活动设计	云南大学出版社	2011 年
楚雄师范学院	肖国荣	审判心理与民族文化——以彝族审判文化为个案研究	四川大学出版社	2011 年

（楚雄师范学院　科研处供稿）

大理学院

单　位	作　者	著作名称	出版单位	出版时间
大理学院	杨荣新	论防汛减灾——基于组合智能化算法的云南省径流预报系统研究	云南人民出版社	2011 年
大理学院	杨荣新	治水谭概	云南人民出版社	2011 年
大理学院	钱金栿	大理学院学位与研究生教育历程	云南大学出版社	2011 年
大理学院	钱金栿	大理百种食用花卉	云南民族出版社	2011 年
大理学院	陈丽荣	心性好，Mood 一切都好	中国长安出版社	2011 年
大理学院	房　慧	经验学习论	云南大学出版社	2011 年
大理学院	寸云激	白族的建筑与文化	云南人民出版社	2011 年
大理学院	赵　敏	隐存的白金时代——洱海区域盐井文化研究	云南人民出版社	2011 年
大理学院	纳张元	民族性与地域性——云南文学永远的信念坚守与梦想超越	云南人民出版社	2011 年
大理学院	张颖夫	晏阳初“平民教育”理论与实践研究——基于当代中国社会转型期的视角	云南民族出版社	2011 年

续 表

单 位	作 者	著作名称	出版单位	出版时间
大理学院	戴大明	《读经》与文化自觉	云南大学出版社	2011 年
大理学院	褚远辉	当代教育问题新视点	云南大学出版社	2011 年
大理学院	李丰春	中国古代旌表研究	云南大学出版社	2011 年
大理学院	郭宪国	当代世界人兽共患病学	四川科学技术出版社	2011 年
大理学院	彭春江	高校篮球学练现状与思辨	吉林大学出版社	2011 年

（大理学院　科研处供稿）

保山学院

单 位	作 者	著作名称	出版单位	出版时间
保山学院	刘 鑫	新课改背景下的高中英语教师专业发展研究	云南大学出版社	2011 年
保山学院	徐 东 马晓龙	民族地区教育优先发展指标研究	云南大学出版社	2011 年
保山学院	杨耀程	寻根腊罗巴——昌宁彝族民俗文化考察	云南人民出版社	2011 年
保山学院	张德凯	多元文化背景下的当代民族声乐论	新疆美术摄影出版社	2011 年
保山学院	赵云梅	国际会展英语理论与运用研究	九州出版社	2011 年
保山学院	朱丽华	各就各位巧学大学英语四级词汇	云南大学出版社	2011 年

（保山学院　科研处供稿）

曲靖师范学院

单 位	作 者	著作名称	出版单位	出版时间
曲靖师范学院	施洪甲 周本贞	扬帆起航“十二五”——学习贯彻“十二五”规划	云南人民出版社	2011 年 6 月第 1 版
曲靖师范学院	任秀蕾	20 世纪中国合唱创作思维研究	云南大学出版社	2011 年
曲靖师范学院	傅海燕	音乐演释理论与实践	云南民族出版社	2011 年
曲靖师范学院	黄玉玲 蒋云华	英语语音训练教程	云南大学出版社	2011 年
曲靖师范学院	金 奉	音乐新课程教育教学研究	云南人民出版社	2011 年
曲靖师范学院	荀关玉	西部城镇社区自治组织研究	人民出版社	2011 年
曲靖师范学院	仝品生	中西方翻译历史中的对等：论争与出路	云南大学出版社	2011 年
曲靖师范学院	张永刚 王 炜 等	群峰上的文学——曲靖作家作品论	云南大学出版社	2011 年
曲靖师范学院	施传柱	现代教育理论与实践	科学出版社	2011 年
曲靖师范学院	李建新	禁毒与预防艾滋病生命教育读本	北京师范大学出版社	2011 年
曲靖师范学院	李建新	心理学概论	北京师范大学出版社	2011 年
曲靖师范学院	李建新	高校与社区互动机制研究	北京师范大学出版社	2011 年

续 表

单 位	作 者	著作名称	出版单位	出版时间
曲靖师范学院	陈建顺	巧开心锁——辅导员工作案例选	云南人民出版社	2011 年
曲靖师范学院	王晓斌	王晓斌硬笔书法艺术教程	天津人民美术出版社	2011 年
曲靖师范学院	杨付恒	杨付恒水彩作品集	云南科技出版社	2011 年
曲靖师范学院	毕国明 许鲁洲	中国哲学与马克思的主义哲学中国化	人民出版社	2011 年
曲靖师范学院	冯 强	现代游泳运动实用技巧	吉林大学出版社	2011 年
曲靖师范学院	仝品生	外语理论与实践研究	云南大学出版社	2011 年
曲靖师范学院	罗 蓉	外语与外语教学研究	云南人民出版社	2011 年
曲靖师范学院	高 芹	现代教育理论与实践	科学出版社	2011 年
曲靖师范学院	辛魁鹏	硬笔楷书标准教程	云南大学出版社	2011 年
曲靖师范学院	王晓丹	历史镜像——社会变迁与近代中国女性生活	云南大学出版社	2011 年
曲靖师范学院	王进军	综合英语教学原理	中山大学出版社	2011 年
曲靖师范学院	沈乾芳	社会变革时期的彝族婚姻形态研究（1368—1949）	民族出版社	2011 年
曲靖师范学院	周本贞 吴 平	珍爱生命的教育与研究行动——云南禁毒防艾教育之一角	云南人民出版社	2011 年

（曲靖师范学院 科技处供稿）

红河学院

单 位	作 者	著作名称	出版单位	出版时间
红河学院	王 力	中国绿春县哈德哈尼族腊迷人文化实录	云南人民出版社	2011 年
红河学院	施建光	中国金平县普角哈尼族果作人文化实录	云南人民出版社	2011 年
红河学院	朱 欣	中国红河县洛恩哈尼人文化实录	云南人民出版社	2011 年
红河学院	何绍明 刘洁婷	中国金平县者米哈尼族哈备人文化实录	云南人民出版社	2011 年
红河学院	王凌虹	中国元阳县马街哈尼族郭合人文化实录	云南人民出版社	2011 年
红河学院	杨六金	中国金平县营盘哈尼族格活人文化实录	云南人民出版社	2011 年
红河学院	张永杰	中国勐海县格朗和哈尼族阿卡人文化实录	云南人民出版社	2011 年
红河学院	自正发	中国新平县平掌哈尼族卡多人文化实录	云南人民出版社	2011 年
红河学院	杨六金	中国元阳县新街哈尼族昂倮人文化实录	云南人民出版社	2011 年
红河学院	卢 鹏 路 伟	中国元阳县大坪哈尼族阿邬人文化实录	云南人民出版社	2011 年
红河学院	孙东波 李贵梅 等	中国元阳县上新城哈尼族罗缅人文化实录	云南人民出版社	2011 年
红河学院	李凯东 朱 欣	中国红河县洛恩哈尼族哈尼人文化实录	云南人民出版社	2011 年

续 表

单 位	作 者	著作名称	出版单位	出版时间
红河学院	段润秀	官修《明史》的幕后功臣	人民出版社	2011年
红河学院	赵淑芳	民族妙韵慧童心——民间工艺融入幼儿园课程研究	广西师范大学出版社	2011年
红河学院	吕进锋	中国神话与儿童教育研究——幼儿园神话课程建构初探	广西师范大学出版社	2011年
红河学院	袁爱莉	现代版画创作简论	云南美术出版社	2011年
红河学院	傅锦伟 许海成	信息系统集成与现代管理	中国原子能出版传媒有限公司	2011年
红河学院	杨永平	尼赫鲁建国思想研究	云南人民出版社	2011年

（红河学院 科技处供稿）

文山学院

单 位	作 者	著作名称	出版单位	出版时间
文山学院	杨永福	边疆民族史专题研究	民族出版社	2011年

（文山学院 科技处供稿）

临沧师范高等专科学校

单 位	作 者	著作名称	出版单位	出版时间
临沧师范高等专科学校	张雁梅	在央美	辽宁美术出版社	2011年
临沧师范高等专科学校	高金和	傣族历史地理研究	辽宁大学出版社	2011年
临沧师范高等专科学校	张正勇	Understanding Contemporary Americans（美国文化面面观）	辽宁大学出版社	2011年
临沧师范高等专科学校	李国明	沧源翁丁佤族社会调查	辽宁大学出版社	2011年

（临沧师范高等专科学校 科技处供稿）

中共云南省委党校

单 位	作 者	著作名称	出版单位	出版时间
中共云南省委党校	王丽华	中国少数民族乡村政治体系的变迁与发展—以云南沧源佤族乡村为例	人民出版社	2011年
中共云南省委党校	刘建文	新时期提高云南党员领导干部队伍素质研究	中央党校出版社	2011年
中共云南省委党校	王国忠	领导方法十六论	云南民族出版社	2011年
中共云南省委党校	曾柏苓	质量文化建设与质量振兴	云南人民出版社	2011年
中共云南省委党校	钱素华	民族杂居地区村民自治的理论与实践	云南人民出版社	2011年
中共云南省委党校	李锐	西部地区民族文化“走出去”战略研究	云南人民出版社	2011年
中共云南省委党校	李晓南	不发达视域下的多元化发展观念透视	云南人民出版社	2011年
中共云南省委党校	邓博	当代中国县级政府权力配置研究	云南人民出版社	2011年

续 表

单　位	作　者	著作名称	出版单位	出版时间
中共云南省委党校	李朝智	科学决策方法与领导决策能力	云南人民出版社	2011 年
中共云南省委党校	张雷军	张雷军文集	云南人民出版社	2011 年
中共云南省委党校	付　春	尊王黜霸：云南由乱向治的历程（1644－1735）	云南大学出版社	2011 年
中共云南省委党校	赵启燕	白族研究一百年	云南大学出版社	2011 年
中共云南省委党校	李晓南	马克思主义政治哲学研究	云南大学出版社	2011 年
中共云南省委党校	鲁彩荣	彩云边地党旗红——党的十七大以来金平党建工作回望	云南民族出版社	2011 年
中共云南省委党校	刘强	西双版纳傣族政治形态研究	中国社会科学出版社	2011 年

（中共云南省委党校 云南行政学院　科研处供稿）

云南省社会科学院

单　位	作　者	著作名称	出版单位	出版时间
云南省社会科学院	王士录	大湄公河次区域合作发展报告（2010～2011）	云南人民出版社	2011 年
云南省社会科学院	樊　坚	云南社会形势分析与预测（2010～2011）	云南大学出版社	2011 年
云南省社会科学院	郑宝华	云南农村发展报告（2010～2011）	云南大学出版社	2011 年
云南省社会科学院	陈利君	南亚报告（2010～2011）	云南大学出版社	2011 年
云南省社会科学院	康云海	云南经济发展报告（2010～2011）	云南大学出版社	2011 年
云南省社会科学院	王士录	东南亚报告（2010～2011）	云南大学出版社	2011 年
云南省社会科学院	陈利君	中印能源合作战略与对策研究	中国社会科学出版社	2011 年
云南省社会科学院	陈利君	南亚国家经贸法律概述（上下册）	云南人民出版社	2011 年
云南省社会科学院	何耀华	云南通史	中国社会科学出版社	2011 年
云南省社会科学院	谢青松	近代西方刑法哲学的追寻——从孟德斯鸠到李斯特	中国书籍出版社	2011 年
云南省社会科学院	谢蕴秋	规划 博弈 和谐——“城中村”改造案例实证研究	中国书籍出版社	2011 年
云南省社会科学院	崔江红	城乡一体化视角下的云南新农村建设实施研究	中国书籍出版社	2011 年
云南省社会科学院	陈利君	中印能源合作战略与对策研究	中国社会科学出版社	2011 年
云南省社会科学院	赵　群	社会性别平等诉求挑战发展神话	中国书籍出版社	2011 年
云南省社会科学院	龙永行	再论历史风云	云南民族出版社	2011 年
云南省社会科学院	杜玉亭	云南省情三论	云南民族出版社	2011 年
云南省社会科学院	王国祥	译程	云南民族出版社	2011 年
云南省社会科学院	郭大烈	论民族自尊与文化传承	云南民族出版社	2011 年
云南省社会科学院	张体伟	西部民族自发移民迁入地聚居区建设社会主义新农村研究	中国社会科学出版社	2011 年

（云南省社会科学院　科研处供稿）

其 他

单 位	作 者	著作名称	出版单位	出版时间
中共云南省委组织部 云南省党建研究会	中共云南省委组织部 云南省党建研究会	党建创新在云南	云南人民出版社	2011 年
中共云南省委组织部 云南省党建研究会	中共云南省委组织部 云南省党建研究会	结合民族文化创新基层党建	云南人民出版社	2011 年
中共云南省委组织部 云南省党建研究会	中共云南省委组织部 云南省党建研究会	向杨善洲同志学习	云南人民出版社	2011 年
中共云南省委宣传部 云南省社会科学界联合会	尹欣 范建华	2008—2009 云南文化产业发展报告	云南大学出版社	2011 年
中共云南省委宣传部 云南省社会科学界联合会	中共云南省委宣传部 云南省社会科学界联合会	云南省第五届社会科学学术年会主场文集	云南大学出版社	2011 年
云南省社会科学界联合会	张红苹	纪念中国共产党建党 90 周年文集	云南大学出版社	2011 年
云南省社会科学界联合会	范建华	纪年辛亥革命 100 周年文集	云南大学出版社	2011 年
云南省社会科学界联合会	云南省社会科学界联合会	云岭大讲堂演讲集萃（云南社会科学普及丛书）	云南人民出版社	2011 年
中共金平县委组织部 中共云南省委党校边疆党建研究基地	中共金平县委组织部 中共云南省委党校边疆党建研究基地	彩云边地党旗红	云南民族出版社	2011 年
云南文史馆	云南文史馆	云南丛书	中华书局	2011 年
云南体育运动职业技术学院	鲁平俊	体育市场营销学	云南科技出版社	2011 年
云南体育运动职业技术学院	鲁平俊	学校体育学	云南科技出版社	2011 年
云南体育运动职业技术学院	董利民	常见运动项目规则与裁判法	云南科技出版社	2011 年

（云南省社科联　研究中心供稿）

（云南省社科联　杨荣华　吴丽萍）

2011 年 CSSCI 来源期刊云南作者发表文章总览

（按收录顺序排列）

云南大学

单　位	作　者	论文题目	CSSCI 期刊	出版时间
云南大学	李　杰	普列汉诺夫的史学方法论及其评价	山东社会科学	2011 年
云南大学	王文光	中国西南古代氐羌民族的融合与分化规律探析	云南民族大学学报	2011 年
云南大学	钟金雁	先秦两汉时期儒家的贫富观及贫富调整思想	云南民族大学学报	2011 年
云南大学	罗　淳	论边疆民族地区小城镇建设的特点、模式与路径	中央民族大学学报	2011 年
云南大学	徐晓勇	云南省区域人才竞争力研究	中国人口、资源与环境	2011 年
云南大学	孙兴义	孟子诠释思想再探索	文艺理论研究	2011 年
云南大学	郑　宇	仪式、经济与再生产——以云南省红河州元阳县箐口村哈尼族“昂玛突”仪式为例	中南民族大学学报	2011 年
云南大学	方　铁	唐宋两朝至中南半岛交通线的变迁	社会科学战线	2011 年
云南大学	金少萍	日本传统绞染工艺的缘起与发展	烟台大学学报	2011 年
云南大学	金少萍	日本名古屋有松传统绞染工艺及其保护	西南民族大学学报	2011 年
云南大学	张国胜	本土市场规模与产业升级：一个理论构建式研究	产业经济研究	2011 年
云南大学	王赞信	西部边疆少数民族地区人口、资源与环境的协调发展研究	西北人口	2011 年
云南大学	赵鑫铖	基于贝弗里奇－尼尔森分解方法的中国经济周期福利成本估算	经济问题探索	2011 年
云南大学	桂　榕	回族的国家认同：建构与阐释的文化人类学视角	北方民族大学学报（哲学社会科学版）	2011 年
云南大学	王赞信	麻风树种子油生命周期的经济、环境与能量效率	长江流域资源与环境	2011 年
云南大学	刘徐湘	论教师教学中的意志行动智慧：艰难与智慧	大学教育科学	2011 年
云南大学	尹绍亭	生态与历史——从滇国动物图像看滇人对动物的认知与利用	云南民族大学学报	2011 年
云南大学	张海超	空间视角下的白族本主庙与村庄的宗教生活	云南社会科学	2011 年
云南大学	孙明玲	建构主义理论在小学英语教学中的运用	学术探索·理论研究	2011 年
云南大学	朱学梨	反腐倡廉，官德重建要先行	学术探索·理论研究	2011 年
云南大学	汪丽荣	培养大学生合作能力的思考	学术探索·理论研究	2011 年
云南大学	张冬英	社会新形势下构建当代大学生的情操模式	学术探索·理论研究	2011 年
云南大学	闫　华	论大学生的经济诚信教育	学术探索·理论研究	2011 年
云南大学	张海超	祖籍、记忆与群体认同的变迁——大理白族古代家谱的历史人类学释读	北方民族大学学报（哲学社会科学版）	2011 年

续 表

单 位	作 者	论文题目	CSSCI 期刊	出版时间
云南大学	朱 娴	高校学生思想政治教育工作“管理悖论”探析	国家教育行政学院学报	2011 年
云南大学	李文莲	高校科研只是产权制度建设研究	云南民族大学学报	2011 年
云南大学	陶乔双	高校科研档案数据仓库构建	云南民族大学学报	2011 年
云南大学	杨寿川	13—19 世纪：滇银辉煌 600 年	云南社会科学	2011 年
云南大学	盛美真	社团组织在移风易俗的作用——民国时期云南风俗改良会考察	云南民族大学学报（哲学社会科学版）	2011 年
云南大学	古永继	明清时期云南傣族地区的教育发展及特点	云南师范大学学报	2011 年
云南大学	袁 群	南亚区域经济合作的现状、问题与前景	经济问题探索	2011 年
云南大学	蔡 磊	毒品治理的法经济学分析	学术探索	2011 年
云南大学	欧阳明	从我国电化教育的发展历史看其发展特点	电化教育研究	2011 年
云南大学	谢和均	越南社会保险制度研究	东南亚纵横	2011 年
云南大学	周 平	族际政治理论：中国视角的批判性建构	中国社会科学报（理论版）	2011 年
云南大学	段红云	试析魏晋南北朝时期中国各民族的发展特点	学术探索	2011 年
云南大学	李维昌	论利益多元化背景下思想政治教育的主导性建设	求实	2011 年
云南大学	李志农	传统村落公共文化空间与民族地区乡村治理——以云南迪庆藏族自治州德钦县奔子栏村“拉斯节”为例	学术探索	2011 年
云南大学	赵 畅	从均势角度看尼泊尔小国外交	学术探索	2011 年
云南大学	李 兵	新农村建设呼唤公共行政理念的变革	学术探索	2011 年
云南大学	李 佳	东盟十国华文教育研究述评	东南亚纵横	2011 年
云南大学	刘笑元	19 世纪美国家庭小说的女性观和慈善观	学术探索	2011 年
云南大学	马燕坤	认同与利益并进：奥巴马在非洲的外交战略	河南大学学报	2011 年
云南大学	刘建娥	农民工融入城市的影响因素及对策分析	云南大学学报	2011 年
云南大学	翟大昆	数据挖掘技术在移动商务旅游推荐系统中的应用研究	经济管理	2011 年
云南大学	吴奇志	任务排序优先调度法则在服务业中的应用研究	经济管理	2011 年
云南大学	刘建华	文化安全语境中的民族文化资源与传媒产品	新疆社会科学	2011 年
云南大学	刘 炜	在政府与社会之间的慈善组织及其治理	云南社会科学	2011 年
云南大学	周 琼	乾隆朝“以工代赈”制度研究	清华大学学报（哲学社会科学版）	2011 年
云南大学	张建民	人力资本与物质资本对云南旅游业发展影响程度的比较分析	经济管理	2011 年
云南大学	王克岭	微观视角的西部民族地区传媒业创新与发展研究——以民族地区党报为例	经济管理	2011 年

续　表

单　位	作　者	论文题目	CSSCI 期刊	出版时间
云南大学	吕宛青	基于利益相关者的民族地区旅游景区盈利模式优化策略——以腾冲县和顺古镇为例	经济管理	2011 年
云南大学	孔　莉	人力资源会计实践的系统反思	经济管理	2011 年
云南大学	林　丽	论隐形员工的管理	经济管理	2011 年
云南大学	杜靖川	试论旅游产业融合发展路径及其价值链重构	经济管理	2011 年
云南大学	曾　萍	企业社会责任伦理建设的若干思考	经济管理	2011 年
云南大学	谌兰剑	Managerial Pattern of Assimilating Chinese & Western Cultures at Hainan Airlines	经济管理	2011 年
云南大学	张俊梅	客户价值视角下的旅游电子商务模式创新	经济管理	2011 年
云南大学	罗跃玲	从德国高等教育的现状看留学德国的前景	教师教育研究	2011 年
云南大学	冯良方	双栖写作下的文体渗透——以汉赋和汉代奏议文体关系考察	云南师范大学学报	2011 年
云南大学	李维昌	试析中国共产党政治实践活动的逻辑展演	学探索理论研究	2011 年
云南大学	罗圣荣	评《马来西亚印度人的历史、问题及其未来》	南洋问题研究	2011 年
云南大学	李　涛	1988 年以来日缅关系新发展初探	南洋问题研究	2011 年
云南大学	祝湘辉	试析 1988 年以来商业精英的崛起	东南亚纵横	2011 年
云南大学	张永宏	非洲的本土知识保护与利用战略	国际政治研究	2011 年
云南大学	罗江文	仰韶文化刻齿骨片与云南少数民族记事木刻比较	学术探索	2011 年
云南大学	姚建文	基于 J2ME 开发的移动向导系统的营销策略	经济管理	2011 年
云南大学	林　丽	人力资源管理的战略化程度的评价指标体系研究	经济问题探索	2011 年
云南大学	罗　淳	以小城镇发展深化新农村建设之思考	云南民族大学学报	2011 年
云南大学	张　实	云南迪庆藏族水文化	云南师范大学学报	2011 年
云南大学	高　巍	论规范的构成要件要素之主观明知	法律科学	2011 年
云南大学	周　平	多民族国家的政党与族际政治整合	西南民族大学学报	2011 年
云南大学	张　健	前苏联边疆经济开发的政策体系及其借鉴意义	经济问题探索	2011 年
云南大学	卢　瑾	协商民主与中国民主政治建设	学术探索	2011 年
云南大学	吕昭河	发展失衡、预警与超越预警——边疆民族地区发展失衡的思考	西南民族大学学报	2011 年
云南大学	毕世鸿	太平洋战争期间日本对东南亚的贸易统制研究	东南亚研究	2011 年
云南大学	李晨阳	2010 年缅甸形势综述与 2011 年展望	东南亚纵横	2011 年
云南大学	赵书虹	构建和谐企业与建设社群主义	经济管理	2011 年
云南大学	王彦斌	资源控制、组织认同与价值契合	社会科学	2011 年
云南大学	朱映占	民国时期民族研究中的焦点问题	云南民族大学学报	2011 年
云南大学	夏　艳	非洲文学研究与中非交流与合作	云南民族大学学报	2011 年
云南大学	廖林燕	论彝族政治权力的历史变迁	云南师范大学学报	2011 年

续 表

单 位	作 者	论文题目	CSSCI 期刊	出版时间
云南大学	袁 娥	佤族文化中的国家认同实证考量	云南民族大学学报	2011 年
云南大学	陈晓婧	佤族国家认同的历程、现状与挑战	北方民族大学学报	2011 年
云南大学	毕世鸿	太平洋战争期间日本对东南亚的财政金融统制	东南亚纵横	2011 年
云南大学	高 巍	侵犯少数民族风俗习惯罪中的几个问题研究	云南民族大学学报	2011 年
云南大学	谌兰剑	政府角色与中国经济失衡	理论探讨	2011 年
云南大学	罗椿咏	清末俄国对茶叶市场的控制和影响	云南师范大学学报（哲学社会科学版）	2011 年
云南大学	谢和均	我国养老保险个人账户基金现状分析及对策建议	经济问题探索	2011 年
云南大学	殷永林	“十二五”中印经贸合作展望	中国社会科学报	2011 年
云南大学	陈碧芬	试析明清时期的“以民养民”论	学术探索	2011 年
云南大学	方盛举	县级政府社会管理模式创新的实证研究：以云南开运为例	学术探索	2011 年
云南大学	谢和均	基层政府加强社会管理的基本经验及启示——以云南省开远市为例	学术探索	2011 年
云南大学	沙文涛	国民党对孙中山丧事的政治运作	历史教学	2011 年
云南大学	周立英	留日教官与云南陆军讲武堂	学术探索	2011 年
云南大学	周 琼	灾害及其防御与应对——“西南灾害与社会变迁”暨第七届中国灾害史国际学术研讨会综述	中国历史地理论丛	2011 年
云南大学	谌兰剑	刍议农村土地使用权流转制度	生产力研究	2011 年
云南大学	谭君强	学术史研究及其在学科发展中的意义——以叙事学与比较叙事学为例	贵州社会科学	2011 年
云南大学	许杰明	英国新兴工业资产阶级道德观浅析	四川大学学报（哲学社会科学版）	2011 年
云南大学	蔡英杰	戎狄考辨	云南师范大学学报	2011 年
云南大学	陈碧芬	元代对滇东北地区的经营与开发	中央民族大学学报（哲学社会科学版）	2011 年
云南大学	汪雄涛	“情法两尽”抑或是“利益平衡”?	法制与社会发展	2011 年
云南大学	高 巍	我国犯罪构成理论的价值维新与体系重构	云南师范大学学报	2011 年
云南大学	王启梁	乡村社会中的多元社会控制：“分裂的整体”	云南民族大学学报（哲学社会科学版）	2011 年
云南大学	崔运武	政府创新的有益探索	云南学术探索	2011 年
云南大学	王彦斌	国家与市场：一个组织认同的视角	江海学刊	2011 年
云南大学	潘小春	基于要素适宜度视角的云南发展探析	经济问题探索	2011 年
云南大学	何树红	云南文化产业发展的金融支持	经济问题探索	2011 年

续 表

单 位	作 者	论文题目	CSSCI 期刊	出版时间
云南大学	王 坚	浅议大学英语听力教学模式	云南民族大学学报（哲学社会科学版）	2011 年
云南大学	何树红	云南省发展生态旅游的对策研究	经济问题探索	2011 年
云南大学	周观琪	中国—东盟自由贸易区成立对云南—东盟农产品贸易的影响	云南民族大学学报	2011 年
云南大学	刘婷婷	从处置群体性突发事件看地方政府的执政能力	云南大学学报（法学版）	2011 年
云南大学	张锡盛	关于“三元互克说”之中间民族共同体	云南大学学报（法学版）	2011 年
云南大学	米 良	革新越南选举制度满足建设社会主义法治国家的需求（译文）	云南大学学报（法学版）	2011 年
云南大学	米 良	建立市场经济、融入国际和全球化时期越南国家机构改革与反贪污斗争（译文）	云南大学学报（法学版）	2011 年
云南大学	米 良	论越南全球化过程中中央与地方分权下地方政权的组织和活动改革（译文）	云南大学学报（法学版）	2011 年
云南大学	苏庆源	行政自由裁量权探析	云南大学学报（法学版）	2011 年
云南大学	苏庆源	我国弱势群体的行政法保护	云南大学学报（法学版）	2011 年
云南大学	李宾华	中国公民的物质帮助权及其保障机制探究	行政与法	2011 年
云南大学	周 拓	浅议高校学生的行政救济	法制与经济	2011 年
云南大学	罗 刚	论市场监管法的地位——以市场监管法和市场规制法的关系为视角	天津法学	2011 年
云南大学	米 良	越南土地法律制度探析	河北法学	2011 年
云南大学	米 良	完善越南企业并购法律进程中的基本困惑（译文）	云南大学学报（法学版）	2011 年
云南大学	蔡 磊	毒品治理的法经济学分析	学术探索	2011 年
云南大学	董晓松	中国侵权责任立法的现代化发展路径	政治与法律（越南）	2011 年
云南大学	杨晋玲	夫妻“忠实协议”——一个不应成问题的法律话题	人大复印资料·民商法学	2011 年
云南大学	董晓松	论犯罪构成的涵摄效应	国家检察官学院学报	2011 年
云南大学	高 巍	论规范的构成要素之主观明知	法律科学	2011 年
云南大学	高 巍	论注意义务的判断标准	甘肃政法学院学报	2011 年
云南大学	高 巍	侵犯少数民族风俗习惯罪中的几个问题研究	云南民族大学学报	2011 年
云南大学	高 巍	我国犯罪构成理论的价值维新与体系重构	云南师范大学学报	2011 年
云南大学	张 青	论检察机关量刑建议的必要性——以协商性司法为视角	云南大学学报（法学版）	2011 年
云南大学	王启梁	当代中国少数民族宗教、习惯法与纠纷解决研究	当代中国少数民族习惯法研究	2011 年

续 表

单 位	作 者	论文题目	CSSCI 期刊	出版时间
云南大学	王启梁	乡村社会中的多元社会控制："分裂的整体"	云南民族大学学报（哲学社会科学版）	2011 年
云南大学	王启梁	"中国法律理想图景" 构建的可能	《中国法学向何处去》评论文集	2011 年
云南大学	罗 刚	云南跨境洗钱犯罪现状及对策研究	西部法学评论	2011 年
云南大学	陆以全	中国—东盟自由贸易区投资争端解决机制评析	西部法学评论	2011 年
云南大学	米 良	论国际工程法的渊源及 FIDIC 合同条件的适用	云南大学学报	2011 年
云南大学	罗 刚	中国打击跨境犯罪对策研究	律学（越南河内法律大学校刊）	2011 年
云南大学	罗 刚	云南边境民族地区人口非法流动法治对策研究	河北法学	2011 年
云南大学	杜健荣	融合与超越—对卢曼法社会学理论的比较分析	法理学论丛第五卷	2011 年
云南大学	杜健荣	法律与预期—论卢曼对法律之社会属性的重构	云南大学学报（法学版）	2011 年
云南大学	杜健荣	社会系统论视野中的法律演化—卢曼法律演化理论述评	红河学院学报	2011 年
云南大学	高 巍	权利焦虑：权利与自治之间	思想战线	2011 年
云南大学	姜 昕	对萨维尼历史法学之解读与反思	云南大学学报（法学版）	2011 年
云南大学	牟 军	刑事侦讯的 "两方组合" 及其相互关系—基于西方刑事侦讯的分析	南京大学法律评论	2011 年
云南大学	黄积虹	论互动式教学法在高校课堂中的运用	思想战线	2011 年
云南大学	罗圣荣	评马来西亚印度人的历史，问题及其未来	南洋问题研究	2011 年
云南大学	毕世鸿	太平洋战争期间日本对东南亚的财政金融统制	东南亚纵横	2011 年
云南大学	李晨阳	缅甸：2010～2011 年回顾与展望	东南亚纵横	2011 年
云南大学	祝湘辉	试析 1988 年以来商业精英的崛起	东南亚纵横	2011 年
云南大学	谢念亲	贝叶文化与中国—东南亚 "和谐周边" 构建	东南亚纵横	2011 年
云南大学	赵永胜	缅甸与泰国跨国民族的种类，分布和人口	世界民族	2011 年
云南大学	邵建平	中国与东南亚关系略论	亚非纵横	2011 年
云南大学	李忠林	试析中越关系中的美国因素	亚非纵横	2011 年
云南大学	邵建平	浅论泰国境内的缅甸难民问题	东南亚研究	2011 年
云南大学	邵建平	如何推进南海共同开发？——东南亚国家经验的视角	当代亚太	2011 年
云南大学	何 平	泰国东北部地区老族的由来及其历史变迁	贵州民族研究	2011 年
云南大学	米 良	越南土地法律制度探析	河北法学	2011 年
云南大学	齐 欢	论越南 "革新开放" 以来对现代化模式的新构建	思想战线	2011 年
云南大学	郭建军	新加坡外向型经济发展历程：全球化与区域化视角	思想战线	2011 年

续 表

单 位	作 者	论文题目	CSSCI 期刊	出版时间
云南大学	班 翔	荷属东印度公司强迫种植制度对印度尼西亚的社会经济影响	思想战线	2011 年
云南大学	于 臻	中国因素于老挝对外经济影响的综合分析	广西民族大学学报（哲学社会科学版）	2011 年
云南大学	段红云	明代中缅边疆的变迁及其影响	云南民族大学学报（哲学社会科学版）	2011 年
云南大学	张建新	东南亚高等教育的国际化特征	昆明理工大学学报（社会科学版）	2011 年
云南大学	陶 亮	印度的印度洋战略与中印关系发展	南亚研究	2011 年
云南大学	李 涛	中印海外移民与母国经济联系的比较研究	世界民族	2011 年
云南大学	赵 畅	从均势角度看尼泊尔小国外交	学术探索	2011 年
云南大学	蒋 鹏	试论古印度影响婚姻的因素	思想战线	2011 年
云南大学	肖 宪	构建中国与土耳其新型战略合作关系	西亚非洲	2011 年
云南大学	马燕坤	历史事实与文本情景：人类学田野复原非洲本真态	西亚非洲	2011 年
云南大学	马燕坤	人类学对非洲的发现与重现	世界民族	2011 年
云南大学	赵 贤	尼日利亚农业现状及中尼农业合作研究	亚非纵横	2011 年
云南大学	赵 荔	海外中国民族学发展述评	国外社会科学	2011 年
云南大学	李 杰	列宁的历史认识论	史学理论研究	2011 年
云南大学	李 杰	普列汉诺夫的史学方法论及其评价	山东社会科学	2011 年
云南大学	何 平	泰国东北部地区琶喉的由来及其历史变迁	贵州民族研究	2011 年
云南大学	曾丽红	关于 1962 年中印边境战争的一些浅见	金田	2011 年
云南大学	李昆声	中国云南与东南亚南亚的经济文化交流——自远古至战国秦汉时期	广西民族大学学报（自然科学版）	2011 年
云南大学	朱之勇	我国北方细石器工业分区与分期问题初探	北方文物	2011 年
云南大学	钟金雁	先秦两汉时期儒家的贫富观及贫富调整思想	云南民族大学学报（哲学社会科学版）	2011 年
云南大学	侯江红	唐朝两税三分制财政改革与地方政府农业经济职能	中国农史	2011 年
云南大学	吴晓亮	对宋代“拦头”与市镇管理关系的考察	江西社会科学	2011 年
云南大学	刘俊柯	论明清时期海洋政策的内趋性	思想战线	2011 年
云南大学	段红云	试述明代贵州行省的设置及其意义	西南边疆民族研究	2011 年
云南大学	耿 金	清末会党与革命党合作原因探析	思想战线	2011 年
云南大学	刘婷婷	近代中国宪政缩影——辛亥百年解读护国运动	政法论丛	2011 年
云南大学	林超民	民族主义与现代国家	云南民族大学学报（哲学社会科学版）	2011 年

续 表

单 位	作 者	论文题目	CSSCI 期刊	出版时间
云南大学	武经伟	中国社会转型：路径，文化与文明的历史变迁	思想战线	2011 年
云南大学	周 娅	中国南传上座部佛教抄本概况研究	世界宗教研究	2011 年
云南大学	张国庆	《文心雕龙》集校、集注集释十则	云南民族大学学报（哲学社会科学版）	2011 年
云南大学	李昆声	中国云南与东南亚南亚的经济文化交流——自远古至秦汉时期	广西民族大学学报（自然科学版）	2011 年
云南大学	张海超	南诏大理国佛教文化传入途径研究	青海民族大学学报（社会科学版）	2011 年
云南大学	奎建荣	宋朝入滇经籍探究	思想战线	2011 年
云南大学	张海超	移民、稻作与水利建设：明清时期大理盆地的生计变迁	原生态民族学刊	2011 年
云南大学	古永继	明清时期云南的江西移民	思想战线	2011 年
云南大学	古永继	明清时期云南傣族地区的教育发展及特点	云南师范大学学报（哲学社会科学版）	2011 年
云南大学	陈碧芬	元代对滇东北地区的经营与开发	中央民族大学学报（哲学社会科学版）	2011 年
云南大学	姜建国	明代云南驿站变迁考	思想战线	2011 年
云南大学	段红云	丽江改土归流后纳西族的社会变迁	云南师范大学学报（哲学社会科学版）	2011 年
云南大学	周立英	留日教官与云南陆军讲武堂	学术探索	2011 年
云南大学	杨志玲	近代云南茶叶出口与茶业经济的良性互动	思想战线	2011 年
云南大学	盛美真	社团组织在移风易俗中的作用——民国时期云南风俗改良会考察	云南民族大学学报（哲学社会科学版）	2011 年
云南大学	盛美真	抗战内迁中云南社会风尚的变化及转向	贵州大学学报（社会科学版）	2011 年
云南大学	方 铁	历代治边与云南的地缘政治关系	西南民族大学学报（人文社会科学版）	2011 年
云南大学	林文勋	《中国盐业史辞典》评介	盐业史研究	2011 年
云南大学	李 睿	唐宋时期的茶马互市	思想战线	2011 年
云南大学	白龙飞	元朝赤字财政下的货币政策问题研究	思想战线	2011 年
云南大学	周 琼	灾害及其防御和应对——“西南灾荒与社会变迁”暨第七届中国灾害史国际学术研讨会综述	中国历史地理论丛	2011 年
云南大学	朱映占	民国知识分子眼中的西南边疆基督宗教——以游记和考察文本为中心的探讨	西南边疆民族研究	2011 年
云南大学	杨绍军	魏建功先生在西南联大	学术探索	2011 年

续 表

单 位	作 者	论文题目	CSSCI 期刊	出版时间
云南大学	杨绍军	向达先生在西南联大	学术探索	2011 年
云南大学	尹邦鳌	论王符经济思想中的“富民为本”	思想战线	2011 年
云南大学	方 铁	唐宋两朝至中南半岛交通线的变迁	社会科学战线	2011 年
云南大学	郑 宇	仪式、经济与再生产——以云南省红河州元阳县箐口村哈尼族“昂玛突”仪式为例	中南民族大学学报（人文社会科学版）	2011 年
云南大学	朱映占	民国时期民族研究中的焦点问题	云南民族大学学报（哲学社会科学版）	2011 年
云南大学	段红云	论隋唐时期的民族政策与各民族的大融合	云南行政学院学报	2011 年
云南大学	段红云	秦汉统一多民族国家的建立对中国各民族形成与发展的意义	思想战线	2011 年
云南大学	段红云	论魏晋南北朝时期中国各民族的发展特点	学术探索	2011 年
云南大学	娄品贵	“西南研究”与中国边疆学的构筑——以“国立中山大学文学院边疆学系组织计划纲要”为中心的考察	思想战线	2011 年
云南大学	郑晓云	当代边疆地区的民族认同与国家认同——从云南谈起	中南民族大学学报（人文社会科学版）	2011 年
云南大学	李永勃	戎狄考辨	云南师范大学学报（哲学社会科学版）	2011 年
云南大学	廖林燕	论彝族政治权力的历史变迁	云南师范大学学报（哲学社会科学版）	2011 年
云南大学	段红云	丽江改土归流后纳西族的社会变迁	云南师范大学学报（哲学社会科学版）	2011 年
云南大学	刘 炜	在政府与社会之间的慈善组织及其治理——基于云南省 H 州的个案研究	云南社会科学	2011 年
云南大学	汤法远	民族自治地方的政策制定与族际政治互动	云南社会科学	2011 年
云南大学	张海超	空间视角下的白族本主庙与村庄的宗教生活	云南社会科学	2011 年
云南大学	陆海发	边疆少数民族自发移民问题治理研究——基于对云南红河州开远市的调查与思考	云南社会科学	2011 年
云南大学	杨寿川	13～19 世纪：滇银辉煌 600 年	云南社会科学	2011 年
云南大学	潘先林	辛亥革命时期云南军都督府民族政策析论	云南民族大学学报（哲学社会科学版）	2011 年
云南大学	王启梁	乡村社会中的多元社会控制：“分裂的整体”	云南民族大学学报（哲学社会科学版）	2011 年
云南大学	袁 娥	佤族文化中的国家认同实证考量	云南民族大学学报（哲学社会科学版）	2011 年

续 表

单　位	作　者	论文题目	CSSCI 期刊	出版时间
云南大学	盛美真	社团组织在移风易俗中的作用——民国时期云南风俗改良会考察	云南民族大学学报（哲学社会科学版）	2011 年
云南大学	朱映占	民国时期民族研究中的焦点问题	云南民族大学学报（哲学社会科学版）	2011 年
云南大学	邓永进	论云南少数民族地区健康旅游资源开发战略	云南民族大学学报（哲学社会科学版）	2011 年
云南大学	任新民	“政策催化”：民族地区实现跨越式发展中一个被忽视的问题	云南民族大学学报（哲学社会科学版）	2011 年
云南大学	罗江文	仰韶文化刻齿骨片与云南少数民族记事木刻比较	学术探索	2011 年
云南大学	龚　莹	生命历程视域下的新型社会福利体系研究——以江苏省为研究对象	学术论坛	2011 年
云南大学	刘建华	文化安全语境中的民族文化资源与传媒产品	新疆社会科学	2011 年
云南大学	马雪峰	2010 年国外社会学的族群研究综述	西北民族研究	2011 年
云南大学	陶书霞	云南屋脊兽艺术的多元特质分析	思想战线	2011 年
云南大学	施　红	云南民族村庄规划面临困境的人类学分析	思想战线	2011 年
云南大学	白龙飞	元朝赤字财政下的货币政策问题研究	思想战线	2011 年
云南大学	瞿天凤	彝族撒尼人刺绣色彩象征意义研究	思想战线	2011 年
云南大学	杜　鲜	西藏艺术对南诏、大理国雕刻绘画的影响	思想战线	2011 年
云南大学	朱惠荣	吴三桂史事新探	思想战线	2011 年
云南大学	李　睿	唐宋时期的茶马互市	思想战线	2011 年
云南大学	段红云	秦汉统一多民族国家的建立对中国各民族形成与发展的意义	思想战线	2011 年
云南大学	刘建娥	欧盟社区发展模式及对我国的启示	思想战线	2011 年
云南大学	古永继	明清时期云南的江西移民	思想战线	2011 年
云南大学	方盛举	民族自治地方政府活力及其建设路径	思想战线	2011 年
云南大学	汤法远	民族区域自治制度的功能变迁分析	思想战线	2011 年
云南大学	嘉日姆几	民主改革的思想历程——20 世纪中叶中国共产党少数民族社会改革思想研究	思想战线	2011 年
云南大学	周　平	论中华民族建设	思想战线	2011 年
云南大学	刘俊珂	论明清时期海洋政策的内趋性	思想战线	2011 年
云南大学	张媚玲	近代民族危机驱动下传统民族观的转型	思想战线	2011 年
云南大学	王　佳	简论传统民族歌舞当代转型的机制及意义	思想战线	2011 年
云南大学	陈立周	当代西方社会福利理论的主要争论及发展取向——兼论对中国福利制度建设的启示	思想战线	2011 年
云南大学	董雁伟	从“卡尔多—希克斯改进”看明代一条鞭法	思想战线	2011 年

续　表

单　位	作　者	论文题目	CSSCI 期刊	出版时间
云南大学	潘春梅	不同文化模式中的交换行为及其理性取向	思想战线	2011 年
云南大学	何　平	叭真不是西双版纳第一代召片领——叭真真相再考	思想战线	2011 年
云南大学	王蓓蓓	《南诏图传》奏乐仙女与永陵伎乐之比较研究	思想战线	2011 年
云南大学	马燕坤	人类学对非洲的发现与重现	世界民族	2011 年
云南大学	方　铁	唐宋两朝至中南半岛交通线的变迁	社会科学战线	2011 年
云南大学	陆海发	西部边疆地区少数民族自发移民问题及其治理——基于对云南红河哈尼族彝族自治州开远市的调查与思考	宁夏社会科学	2011 年
云南大学	刘建华	论数字技术在民族文化传播中的一体化功能	内蒙古社会科学（汉文版）	2011 年
云南大学	袁　娥	民族认同与国家认同研究述评	民族研究	2011 年
云南大学	吴　喜	西方“住房阶级”理论演变与经验争辩	国外社会科学	2011 年
云南大学	赵　荔	海外中国民族学发展述评	国外社会科学	2011 年
云南大学	何　平	泰国东北部地区老族的由来及其历史变迁	贵州民族研究	2011 年
云南大学	和晓蓉	心灵传承视角下壮族布洛陀信仰的当代重构及其意义	广西民族研究	2011 年
云南大学	瞿明安	论当代中国文化人类学的发展趋势	广西民族研究	2011 年
云南大学	谷家荣	滇越边民跨国流动与社会稳定研究——基于国家、地方与边民的视角	广西民族研究	2011 年
云南大学	王越平	仪式重构与社会整合：滇越边境 Y 村的个案	广西民族大学学报（哲学社会科学版）	2011 年
云南大学	苏　振	论旅游经济格局的特征与规律——基于 2007 年世界旅游经济截面的多维比较分析	广西民族大学学报（哲学社会科学版）	2011 年
云南大学	吕瑞荣	广西民居堂文化探析	广西民族大学学报（哲学社会科学版）	2011 年
云南大学	秦红增	多样性的博物知识与文化解释	广西民族大学学报（哲学社会科学版）	2011 年
云南大学	张海超	祖籍、记忆与群体认同的变迁——大理白族古代家谱的历史人类学释读	北方民族大学学报（哲学社会科学版）	2011 年
云南大学	陈晓婧	佤族国家认同的历程、现状与挑战	北方民族大学学报（哲学社会科学版）	2011 年
云南大学	桂　榕	回族的国家认同：建构与阐释的文化人类学视角	北方民族大学学报（哲学社会科学版）	2011 年
云南大学	周　燕	存留与变异：民族文化变迁大潮中的民族档案样态	兰台世界	2011 年
云南大学	雷文彬	高校名人档案建设纵横谈	兰台世界	2011 年

续 表

单 位	作 者	论文题目	CSSCI 期刊	出版时间
云南大学	朱 明	国内图书馆馆员与读者关系的现状研究——基于实证方法的考量	图书情报工作	2011 年
云南大学	杜 钊	基于民族文化的白族档案研究	兰台世界	2011 年
云南大学	郭 静	试析制约档案价值拓展的若干因素	兰台世界	2011 年
云南大学	黎 英	探讨高校图书馆对学生论文写作的服务	思想战线	2011 年
云南大学	石 敏	土家族非物质档案遗产的抢救研究	兰台世界	2011 年
云南大学	雷文彬	信息时代高校档案队伍建设面临的挑战及对策	思想战线	2011 年
云南大学	陈海玉	云南少数民族口述医药文献的档案式保护研究	兰台世界	2011 年
云南大学	马 丽	档案馆公共服务的几点思考	兰台世界	2011 年
云南大学	陈子丹	中国少数民族档案史研究三题	山西档案	2011 年
云南大学	杜 钊	现代传媒环境下声像档案发掘利用探讨	兰台世界	2011 年
云南大学	陈海玉	少数民族特色医药档案资源库建设刍议	兰台世界	2011 年
云南大学	刘雯雯	区域性档案信息资源共享平台建设初探	兰台世界	2011 年
云南大学	胡立耘	海外社区信息学的专业教育与研究现状	大学图书馆学报	2011 年
云南大学	蔡英杰	戎狄考辨	云南师范大学学报	2011 年
云南大学	冯良方	双栖写作下的文体渗透——以汉赋和汉代奏议文体关系考察	云南师范大学学报	2011 年
云南大学	黄静华	非物质文化遗产情境中的少数民族神话	民族艺术	2011 年
云南大学	蒋永青	中国当代艺术的逻辑起点	文艺研究	2011 年
云南大学	蒋永青	王国“维境界说”的超二元对立探索方案	东南大学学报	2011 年
云南大学	降红燕	文学与性别研究领域的又一收获	海南师范大学学报	2011 年
云南大学	罗江文	仰韶文化刻齿骨片与云南少数民族记事木刻比较	学术探索	2011 年
云南大学	李道和	中国食人传说传承简论	民族文学研究	2011 年
云南大学	李道和	中越 jiaolde 造城传说圈	中国俗文化研究	2011 年
云南大学	孙兴义	孟子诠释思想再探索	文艺理论研究	2011 年
云南大学	苏荟敏	典重沉实 温故出新——评《二十四诗品》诗歌美学	思想战线	2011 年
云南大学	谭君强	比较叙事学：“中国叙事学”研究之一途	文艺理论	2011 年
云南大学	谭君强	学术史研究及其在学科发展中的意义——以叙事学与比较叙事学为例	贵州社会科学	2011 年
云南大学	谭君强	论小说的空间叙事	云南民族大学学报	2011 年
云南大学	谭君强	叙事学研究一个有意义的拓展——兼答胡俊飞《审美、文化与叙事——与谭君强教授“审美文化叙事学构想的商榷”》	社会科学论坛	2011 年

续 表

单 位	作 者	论文题目	CSSCI 期刊	出版时间
云南大学	张佐邦	原始人类审美意识生成的历史上限及其影响因素	贵州社会科学	2011 年
云南大学	张志平	王蒙的文学观和文学生态观	文艺理论研究	2011 年
云南大学	张志平	应对当前社会问题的方法——读阎连科中篇小说《桃园春醒》	云南民族大学学报	2011 年
云南大学	张文勋	由博返约 开拓创新——张文勋先生访谈录	中国文化研究	2011 年
云南大学	张计连	谁是米里亚姆·查德威克?——从接受理论看《奥斯卡与露辛达》	理论界	2011 年
云南大学	张计连	西澳土著作家获 2011 年迈尔斯·弗兰克林文学奖	外国文学动态	2011 年
云南大学	何明	迈向艺术建构经验的艺术人类学	思想战线	2011 年
云南大学	陈芳	寻求双向认同的真实叙事——让鲁什《夏日纪事》叙事策略分析	思想战线	2011 年
云南大学	沈云都	在认知主义传统内的现代道德整合——论哈贝马斯的道德哲学	江苏社会科学	2011 年
云南大学	李子群	笛卡尔“临时性行为规范”的渊源	广西大学学报（哲学社会科学版）	2011 年
云南大学	蒋颖荣	中国传统文化中的幸福观	思想政治工作研究	2011 年
云南大学	段学品	和谐同盟：比较视野下的马克思与孔子	云南行政学院学报	2011 年
云南大学	张尚仁	道家哲学对人类生存的忧思	云南民族大学学报（哲学社会科学版）	2011 年
云南大学	张尚仁	道家“愚”的学理	思想战线	2011 年
云南大学	张巨成	唐继尧与阳明学	思想战线	2011 年
云南大学	蒋颖荣	中国传统文化中的幸福观	思想政治工作研究	2011 年
云南大学	李 森	美和艺术的原则	南京艺术学院学报（美术与设计版）	2011 年
云南大学	蒋颖荣	民族志：民族伦理学研究的方法论转向	哲学研究	2011 年
云南大学	潘春梅	不同文化模式中的交换行为及其理性取向	思想战线	2011 年
云南大学	段红云	明代中缅边疆的变迁及其影响	云南民族大学学报（哲学社会科学版）	2011 年

（云南大学 社科处供稿）

云南民族大学

单　位	作　者	论文题目	CSSCI 期刊	出版时间
云南民族大学	王明东	民国时期云南边疆鸦片种植抗铲事件探析	贵州民族研究	2011 年
云南民族大学	王　俊	云南少数民族法文化的演变及成因分析——以生态环境保护为视角	云南行政学院学报	2011 年
云南民族大学	徐　梅	云南少数民族聚居区生态环境变迁与保护——基于法律人类学的视角	云南民族大学学报（哲学社会科学版）	2011 年
云南民族大学	李东红	云南上市公司成长性的分析	云南社会科学	2011 年
云南民族大学	李东红	企业增长波动对价值创造影响的实证研究	经济问题探索	2011 年
云南民族大学	秦　岩	解读美国中小学法治教育	外国中小学教育	2011 年
云南民族大学	杨　蕊	基于我国上市公司自愿性信息披露质量的思考	经济问题探索	2011 年
云南民族大学	杨　蕊	论多级所有制下的公共财务管理	财政研究	2011 年
云南民族大学	王春秀	家族企业控制权安 排对职业经理人行为及经营绩效影响的实证研究	中国管理科学	2011 年
云南民族大学	杨云红	论民间艺人档案的建立	云南民族大学学报	2011 年
云南民族大学	张　敏	完善农村最低生活保障制度的新思考	经济问题探索	2011 年
云南民族大学	张　敏	完善养老保险制度是构建和谐社会的重要基础	云南民族大学学报	2011 年
云南民族大学	李　骞	文化的地理写作	民族文学研究	2011 年
云南民族大学	李　骞	大地悲歌	当代文坛	2011 年
云南民族大学	李　骞	昭通作家群探析	云南民族大学学报（哲社版）	2011 年
云南民族大学	王　琨	话语标记语 Alright 在英文口语中的话语结构功能——以美剧 Friends（第一季）为例	云南民族大学学报（哲社版）	2011 年
云南民族大学	陈　柳	摩梭人达巴教及其文化内涵	民族文学研究	2011 年
云南民族大学	高梦滔	子女教育与农户消费：基于 8 省微观面板数据的经验研究	南方经济	2011 年
云南民族大学	辛爱洪	西部地区高校大学生就业问题研究	云南民族大学学报（哲学社会科学版）	2011 年
云南民族大学	潘海岚	服务业发展水平的评价指标的构建	统计与决策	2011 年
云南民族大学	杨　虹	云南“桥头堡”建设战略探析——以怒江傈僳族自治州泸水县片马口岸建设为例	云南民族大学学报（哲学社会科学版）	2011 年
云南民族大学	廖乐焕	论马帮对云南现代社会经济发展的价值	云南民族大学学报（哲学社会科学版）	2011 年
云南民族大学	廖乐焕	马帮对云南商品经济发展的推动作用	云南财经大学学报	2011 年
云南民族大学	廖乐焕	兴边富民行动的实践与成效考察——以云南耿马傣族佤族自治县为例	黑龙江民族丛刊	2011 年

续 表

单 位	作 者	论文题目	CSSCI 期刊	出版时间
云南民族大学	杨盛昌	国有商业银行不良资产体制性成因探究	云南民族大学学报（哲学社会科学版）	2011 年
云南民族大学	杨盛昌	市场经济下的两大资源配置方式	云南行政学院学报	2011 年
云南民族大学	刘劲荣	澜沧拉祜语村寨名的词汇特点	民族语文	2011 年
云南民族大学	黄彩文	云南人口较少民族非物质文化遗产的保护与传承——以双江县邦丙村的传统纺织技艺为研究个案	西北民族研究	2011 年
云南民族大学	黄彩文	守望永恒的精神家园：《社会文化人类学丛书》述评	西南边疆民族研究	2011 年
云南民族大学	黄彩文	布朗族宗教信仰与和谐社会构建中应处理好的几个关系	云南大学学报	2011 年
云南民族大学	黄彩文	哈尼族奕车人“阿巴多”酒宴与青春期教育	思想战线	2011 年
云南民族大学	刀 洁	傣语谚语的语言特点及文化内涵——以中越边境白傣语为个案	暨南学报	2011 年
云南民族大学	陆 燕	傩源新证	民族语文	2011 年
云南民族大学	张雨江	拉祜语的述宾结构	云南民族大学学报	2011 年
云南民族大学	冷雪梅	昆明城郊子君村彝族土坝的调查和研究——兼谈古坝的发现及有关问题	深圳大学学报（人文社会科学版）	2011 年
云南民族大学	赖云华	西部少数民族节日中的传统体育演变与传承研究	学术探索理论研究	2011 年
云南民族大学	李 莹	浅析云南傣族武术的技术风格	成都体育学院学报	2011 年
云南民族大学	李方华	大学英语课程中开展媒介素养教育探讨	新闻界	2011 年
云南民族大学	赵俊海	新闻语篇中“XX 门”的模因论阐释	云南民族大学学报	2011 年
云南民族大学	耿 毅	云南新平花腰傣饮食习俗的社会文化功能	云南民族大学学报（哲学社会科学版）	2011 年
云南民族大学	鲁 刚	怒江－萨尔温江上中游地区的旅游资源与开发	云南民族大学学报	2011 年
云南民族大学	王珊珊	企业集团公司治理法律规范体系建设研究	经济问题探索	2011 年
云南民族大学	张 坤	当代审美文化视野中暴力现象的学理分析	前沿	2011 年
云南民族大学	林 庆	社会性别视野下的养老问题－兼论少数民族地区农村女性与养老	贵州民族研究	2011 年
云南民族大学	许红艳	泰国来自领国的劳工移民问题	世界民族	2011 年
云南民族大学	李普者	论和谐民族关系建设	云南民族大学学报（哲学社会科学版）	2011 年
云南民族大学	陈德顺	进退之间：罗尔斯政治正义观念的证成与反思	云南行政学院学报	2011 年
云南民族大学	张金平	孙中山在东南亚进行革命活动的区位优势	云南社会科学	2011 年
云南民族大学	毕跃光	辛亥革命与中国民族理论	黑龙江民族丛刊	2011 年
云南民族大学	张子建	民国时期中缅边界问题对民族国家构建的回响	贵州民族研究	2011 年

续 表

单 位	作 者	论文题目	CSSCI 期刊	出版时间
云南民族大学	何叔涛	共同地域的演化与民族形成和发展的历史渊源	黑龙江民族丛刊	2011 年
云南民族大学	郭飞平	制衡与牵制：南京国民政府治理边疆的政治策略——以边疆行政区域的新规划为中心	云南行政学院学报	2011 年
云南民族大学	周雪根	清初吴地“惊隐诗社”新考	文艺评论	2011 年
云南民族大学	陶书霞	云南屋脊兽艺术的多元特质分析	思想战线	2011 年
云南民族大学	郑向春	景观意识：“内”“外”眼光的聚焦与融合 ——以云南迪庆州茨中村的葡萄园与葡萄酒酿制景观为例	青海民族研究	2011 年
云南民族大学	乔立智	论唐诗语言研究对辞书编纂的意义	西南交通大学学报	2011 年
云南民族大学	王 惠	开发荒野的现实历程与回归荒野的精神之旅——中国古代山水诗的生态视域	江西社会科学	2011 年
云南民族大学	王 惠	“箱子”作为隐喻：海男作品私生活中的女性形象分析	当代文坛	2011 年
云南民族大学	代志鹏	司法判决对法律意识的再生产	云南师范大学学报	2011 年
云南民族大学	徐中原	试论水经注情景结合艺术	广西社会科学	2011 年
云南民族大学	徐中原	品读、创作和批评：后世文学对水经注的接受	山西师大学报	2011 年
云南民族大学	段金生	论杨增新的政治思想	西域研究	2011 年
云南民族大学	段金生	南京国民政府政治视野中的西南边疆	云南师范大学学报	2011 年
云南民族大学	陈国学	论醒世姻缘传的讽刺艺术及其在讽刺小说史上的地位	云南民族大学学报	2011 年
云南民族大学	陈国学	论金瓶梅与红楼梦宗教书写的效用差异	云南师范大学学报	2011 年
云南民族大学	刘俊珂	富民阶层与基层控制	中国经济史研究	2011 年
云南民族大学	刘俊珂	论明清时期海洋政策的内趋性	思想战线	2011 年
云南民族大学	尹建东	天下观念与华夷边界：从先秦到秦汉的认识转变	云南民族大学学报	2011 年
云南民族大学	孟胜彬	达斡尔族萨满教的衰落与文化重构	世界宗教文化	2011 年
云南民族大学	杨国才	楚雄千年彝族诸葛营村的震后重建与旅游开发	云南民族大学学报（哲学社会科学版）	2011 年
云南民族大学	高梦滔	农村离婚率与外出就业：基于中国 2003 ~ 2009 年村庄面板数据的研究	世界经济	2011 年
云南民族大学	高梦滔	子女教育与农户消费：基于 8 省微观面板数据的经验研究	南方经济	2011 年
云南民族大学	许红艳	泰国来自邻国的劳工移民问题	世界民族	2011 年
云南民族大学	肖震宇	云南印支难民问题的审视及思考	云南大学学报（法学版）	2011 年
云南民族大学	尹建东	天下观念与华夷边界：从先秦到秦汉的认识转变	云南民族大学学报（哲学社会科学版）	2011 年

续　表

单　位	作　者	论文题目	CSSCI 期刊	出版时间
云南民族大学	张金平 牛　嘉	孙中山在东南亚进行革命活动的区位优势	云南社会科学	2011 年
云南民族大学	沈　峥 甄昕宇	云南少数民族古籍修复研究	云南民族大学学报（哲学社会科学版）	2011 年
云南民族大学	廖乐焕	论马帮对云南现代社会经济发展的价值	云南民族大学学报（哲学社会科学版）	2011 年
云南民族大学	段金生	论杨增新的政治思想	西域研究	2011 年
云南民族大学	张子健	民国时期中缅边界问题对民族国家构建的回响	贵州民族研究	2011 年
云南民族大学	段金生 郭飞平	南京国民政府政治视野中的西南边疆	云南师范大学学报（哲学社会科学版）	2011 年
云南民族大学	段金生 郭飞平	制衡与牵制：南京国民政府治理边疆的政治策略——以边疆行政区域的新规划为中心	云南行政学院学报	2011 年
云南民族大学	段金生	民国政府的边政内容与边政特点	思想战线	2011 年
云南民族大学	和少英 刀　洁	金平傣族的巫文化与心理治疗	中央民族大学学报（哲学社会科学版）	2011 年
云南民族大学	刀承华	傣泰壮创世神话核心观念的比较研究	中央民族大学学报（哲学社会科学版）	2011 年
云南民族大学	苏　丽	武汉城市圈基本公共服务均等化探索	中南民族大学学报（人文社会科学版）	2011 年
云南民族大学	张金鹏	边疆民族自治地区危机管理能力建设研究——以云南省德宏州为例	云南社会科学	2011 年
云南民族大学	张桥贵	云南宗教旅游开发的思路、原则和措施	云南民族大学学报（哲学社会科学版）	2011 年
云南民族大学	徐　梅 李朝开 等	云南少数民族聚居区生态环境变迁与保护——基于法律人类学的视角	云南民族大学学报（哲学社会科学版）	2011 年
云南民族大学	沈　峥 甄昕宇	云南少数民族古籍修复研究	云南民族大学学报（哲学社会科学版）	2011 年
云南民族大学	刘　红	云南民族民间文学“夫妇”叙事的女性倾向	云南民族大学学报（哲学社会科学版）	2011 年
云南民族大学	赵洪云	盈江县盏达傣族婚姻仪礼的文化内涵	云南民族大学学报（哲学社会科学版）	2011 年
云南民族大学	李若青	以和谐发展推动民族团结稳定示范区的建设	云南民族大学学报（哲学社会科学版）	2011 年
云南民族大学	赵俊海 李世强	新闻语篇中流行语“XX 门”的模因论阐释	云南民族大学学报（哲学社会科学版）	2011 年

续 表

单 位	作 者	论文题目	CSSCI 期刊	出版时间
云南民族大学	赵 瑛	西双版纳傣语空间方位隐喻研究	云南民族大学学报（哲学社会科学版）	2011 年
云南民族大学	胡阳全	西南民族地区农村社区社会稳定问题研究	云南民族大学学报（哲学社会科学版）	2011 年
云南民族大学	李 敬	我国多民族地区县域协同治理之道	云南民族大学学报（哲学社会科学版）	2011 年
云南民族大学	尹建东	天下观念与华夷边界：从先秦到秦汉的认识转变	云南民族大学学报（哲学社会科学版）	2011 年
云南民族大学	桂 皎	社会主义核心价值体系在云南边疆民族地区的建设资源分析	云南民族大学学报（哲学社会科学版）	2011 年
云南民族大学	鲁 刚	怒江—萨尔温江上中游地区的旅游资源与开发	云南民族大学学报（哲学社会科学版）	2011 年
云南民族大学	饶睿颖	论早期泰北泰庸人的形成	云南民族大学学报（哲学社会科学版）	2011 年
云南民族大学	杨云红	论民间艺人档案的建立	云南民族大学学报（哲学社会科学版）	2011 年
云南民族大学	李普者	论和谐民族关系建设	云南民族大学学报（哲学社会科学版）	2011 年
云南民族大学	张雨江	拉祜语的述宾结构	云南民族大学学报（哲学社会科学版）	2011 年
云南民族大学	张 宁	克木语使用状况调查研究	云南民族大学学报（哲学社会科学版）	2011 年
云南民族大学	黄 玲	高原意识与女性意识的坚守者——论白族女作家景宜及其创作	云南民族大学学报（哲学社会科学版）	2011 年
云南民族大学	高 路	滇池流域生态村发展模式研究	云南民族大学学报（哲学社会科学版）	2011 年
云南民族大学	刀承华	傣族传统文学中的和谐思想及其社会功能	云南民族大学学报（哲学社会科学版）	2011 年
云南民族大学	杨国才	楚雄千年彝族诸葛营村的震后重建与旅游开发——地质灾害后村落发展的启示与社会学思考	云南民族大学学报（哲学社会科学版）	2011 年
云南民族大学	黄彩文 李 杰	布朗族宗教信仰与和谐社会构建中应处理好的几个关系	云南民族大学学报（哲学社会科学版）	2011 年
云南民族大学	甄朝党 苏丽杰	60 年来中国民族团结进步创建工作的启示	云南民族大学学报（哲学社会科学版）	2011 年

续　表

单　位	作　者	论文题目	CSSCI 期刊	出版时间
云南民族大学	李永芳	《荀子》单音节反义词研究	云南民族大学学报（哲学社会科学版）	2011 年
云南民族大学	克原秀	德宏傣语修饰语的语序探析	云南民族大学学报（哲学社会科学版）	2011 年
云南民族大学	王玉琴	藏族民间调解的脉动	西藏大学学报（社会科学版）	2011 年
云南民族大学	黄彩文	云南人口较少民族非物质文化遗产的保护与传承——以邦丙村布朗族的传统纺织技艺为研究个案	西北民族研究	2011 年
云南民族大学	黄彩文 丁桂芳	哈尼族奕车人“阿巴多”酒宴与青春期教育	思想战线	2011 年
云南民族大学	万志琼	阐释人类学视域下的毕摩及其信仰之意义与生命力	思想战线	2011 年
云南民族大学	冷雪梅	昆明城郊子君村彝族土垻的调查和研究——兼谈古垻的发现及有关问题	深圳大学学报（人文社会科学版）	2011 年
云南民族大学	刀　洁	傣语谚语的语言特点及文化内涵——以中越边境白傣语为个案	暨南学报（哲学社会科学版）	2011 年
云南民族大学	张子建	民国时期中缅边界问题对民族国家构建的回响	贵州民族研究	2011 年
云南民族大学	王明东 陈乐平	民国时期云南边疆鸦片种植抗铲事件探析	贵州民族研究	2011 年
云南民族大学	吴兴帜	文化生态区与非物质文化遗产保护研究	广西民族研究	2011 年
云南民族大学	李　列	有多少意义可以重寻——简评《社会文化人类学丛书》	广西民族大学学报（哲学社会科学版）	2011 年
云南民族大学	赖云华	西部少数民族节日中的传统体育演变与传承研究	学术探索	2011 年
云南民族大学	杨云红	论民间艺人档案的建立	云南民族大学学报（哲学社会科学版）	2011 年
云南民族大学	沈　峥	浅析少数民族文字古籍与汉文古籍修复的异同	图书馆工作与研究	2011 年
云南民族大学	刘劲荣 张　琪	澜沧拉祜语村寨名的词汇系统	民族语文	2011 年
云南民族大学	刀　洁	傣语谚语的语言特点及文化内涵——以中越边境白傣语为个案	暨南学报（哲学社会科学版）	2011 年
云南民族大学	克原秀	德宏傣语修饰语的语序探析	云南民族大学学报（哲学社会科学版）	2011 年
云南民族大学	张雨江	拉祜语的述宾结构	云南民族大学学报（哲学社会科学版）	2011 年
云南民族大学	张　宁	克木语使用现状调查研究	云南民族大学学报（哲学社会科学版）	2011 年
云南民族大学	李雪章	论孝道文化与生活教育之整合	学术探索	2011 年

（云南民族大学　科技处供稿）

云南财经大学

单　位	作　者	论文题目	CSSCI 期刊	出版时间
云南财经大学	苏前辉	国际通用语的成因与变数——以英语为例	北京大学学报（哲学社会科学版）	2011 年
云南财经大学	和立道	医疗卫生基本公共服务的城乡差距及均等化路径	财经科学	2011 年
云南财经大学	段云龙	商业银行持续创新动力、能力和机遇的耦合机制	财经科学	2011 年
云南财经大学	侯合心 张　思	反洗钱监管模式的国际比较与借鉴	财经科学	2011 年
云南财经大学	余晓燕	财务报表重述公司审计质量研究	财经理论与实践	2011 年
云南财经大学	薛宇峰	中西部省份科教支出与经济增长关系——基于中西部地区面板数据的实证分析	财经问题研究	2011 年
云南财经大学	朱俊立	构建公共财政与慈善组织间培育服务性合作新关系模式	财政研究	2011 年
云南财经大学	苏红敏	中国经济增长内在模式的风险与对策	财政研究	2011 年
云南财经大学	莫　翔	中国朝代与国家治乱分合循环的解析	东南学术	2011 年
云南财经大学	佴　澎	边疆民族地区财政保障法制化研究	法学杂志	2011 年
云南财经大学	何元斌	农地流转参与主体与社会福利的关联度	改革	2011 年
云南财经大学	朱启才	诺贝尔经济学奖获得者视野的“三个差距”	改革	2011 年
云南财经大学	谢金林	网络空间草根政治运动及其公共治理	公共管理学报	2011 年
云南财经大学	杨德明	盈余惯性与价格惯性的关系研究	管理评论	2011 年
云南财经大学	张　强 唐　泳　等	企业软实力：一个应用定性技术的归纳性分析	管理世界	2011 年
云南财经大学	段云龙 赵明元　等	企业持续创新过程重大机遇管理策略及机制研究	管理世界	2011 年
云南财经大学	许　晖 纪春礼　等	基于组织免疫视角的科技型中小企业风险应对机理研究	管理世界	2011 年
云南财经大学	于克信 谢佩洪	转型期中国企业多元化经营的制度根源及范式构建研究	管理世界	2011 年
云南财经大学	龙　超	内外部均衡目标下的政策选择	国际金融研究	2011 年
云南财经大学	许　晖 纪春礼	国际金融危机环境前后加拿大 MNEs 对华 FDI 变化轨迹研究——基于国际化风险感知与企业资源基础观视角	国际经贸探索	2011 年
云南财经大学	陆锦周 汪小勤	全球服务贸易与货物贸易发展的协调性分析	国际贸易问题	2011 年
云南财经大学	张洪烈	跨国公司外派人员的返任职业发展研究	华东经济管理	2011 年
云南财经大学	王永伟 刘胜春	技术创新在企业成长中国的演化分析	华东经济管理	2011 年

续 表

单 位	作 者	论文题目	CSSCI 期刊	出版时间
云南财经大学	李国疆	凯恩斯经济学的反思：全球金融危机视角	华东经济管理	2011 年
云南财经大学	杨迎华 武咏梅	浅议欧盟机构的翻译问题	江苏社会科学	2011 年
云南财经大学	武咏梅 周晓梅	赫塔·米勒诗歌特色浅议	江苏社会科学	2011 年
云南财经大学	武咏梅	少数民族学生英语学习研究	江苏社会科学	2011 年
云南财经大学	武咏梅	The Reconsideration of Learning Contracts in Learning	江苏社会科学	2011 年
云南财经大学	周 文	政府反贫困治理：多元化范式研究	教学与研究	2011 年
云南财经大学	吴 军 董志伟	有效需求不足背景下的潜在通货膨胀压力——基于货币结构分析视角	金融研究	2011 年
云南财经大学	李雪松	旅游形象相似度测定模型与案例分析	经济管理	2011 年
云南财经大学	赵果庆	中国 FDI 工业双重集聚及其效应——基于产业与空间视角	经济管理	2011 年
云南财经大学	许 晖 纪春礼 等	中国企业国际营销动态能力的维度构建研究——基于三家企业国际营销实践的理论探索	经济管理	2011 年
云南财经大学	刑祖礼 周 文	转轨体制、租金机制与企业性质	经济理论与经济管理	2011 年
云南财经大学	陈 鑫 刘生旺	特定目的税的税收政策有效性	经济体制改革	2011 年
云南财经大学	姚 鹏 卢正惠	中国同东盟跨境贸易人民币结算的经济基础及其效益研究	经济体制改革	2011 年
云南财经大学	张丽华 张蕾等	十二五“期间推进我国财政支出绩效管理的难点与解决思路	经济问题探索	2011 年
云南财经大学	杨树琪	西部省区提高“走出去”企业税收征管质量的路径改善研究	经济问题探索	2011 年
云南财经大学	程睿娴 李 妍	国内土地财政研究述评	经济问题探索	2011 年
云南财经大学	何元斌	空置房存在的必然性与控制空置率的必要性分析	经济问题探索	2011 年
云南财经大学	干源昌 高原静 等	中国股市云南板块指数编制及其波动分析	经济问题探索	2011 年
云南财经大学	张洪烈 潘雪冬	中国跨国公司外派人员跨文化管理有效性指标体系构建研究 – 以云南省外派至东南亚国家为例	经济问题探索	2011 年
云南财经大学	王宏军	论不公平格式条款的立法必要性及其经济法属性	经济问题探索	2011 年
云南财经大学	成诗跃 许 敏	中国对外直接投资的国内制度评析	经济问题探索	2011 年

续 表

单 位	作 者	论文题目	CSSCI 期刊	出版时间
云南财经大学	谢和均 韩 震	中国企业年金制度现状评估及对策分析	经济问题探索	2011 年
云南财经大学	卢启程 李怡佳	国内外区域竞争力研究现状与分析	经济问题探索	2011 年
云南财经大学	刘 蕾 胡 宏 等	基于密切值法的企业技术创新能力评价—以云南A公司为例	经济问题探索	2011 年
云南财经大学	余 泳	政府引导型科技投资基金发展模式研究	经济问题探索	2011 年
云南财经大学	赵明元 向 刚 等	我国商业银行持续创新和成长关联性研究	经济问题探索	2011 年
云南财经大学	刘尔思	承接与转移的再思考——云南桥头堡建设面临的问题与对策	经济问题探索	2011 年
云南财经大学	尹 豪 余 泳 等	外资并购的价值转移效应测算	经济问题探索	2011 年
云南财经大学	王荣党 段云龙 等	贫困县政府绩效评估的第二阶梯：理论・尺度・指标体系	经济问题探索	2011 年
云南财经大学	古淑萍	现代企业内部控制的新制度经济学探讨	经济问题探索	2011 年
云南财经大学	沈娅莉	我国清洁发展机制相关问题研究	经济问题探索	2011 年
云南财经大学	赵如兰 杨 静	我国司法会计鉴定人才的需求与供给	经济问题探索	2011 年
云南财经大学	李红琨	基于现金流的财务预警研究：线性概率模型与Logistic 模型之应用比较	经济问题探索	2011 年
云南财经大学	苏红敏	推动实现云南“三个转变”的评价指标体系研究	经济问题探索	2011 年
云南财经大学	陈旭东	“创业投资”的财税分析及风险控制	经济问题探索	2011 年
云南财经大学	张 艳 刘丽华	保险资金参与保障性住房建设的长效机制研究	经济问题探索	2011 年
云南财经大学	何晓夏	论区域金融发展促进产业结构升级的作用机制——以云南为研究案例	经济问题探索	2011 年
云南财经大学	王 翔 张艳等	我国保险公司操作风险及其管控的产权分析	经济问题探索	2011 年
云南财经大学	钱振伟 张 艳	我国政策性农业保险治理研究：基于对云南实践的调查	经济问题探索	2011 年
云南财经大学	杨国辉 孙 霞	跨境贸易人民币结算与昆明区域性跨境人民币金融服务中心建设	经济问题探索	2011 年
云南财经大学	陆亚琴	外国直接投资对我国环境的区域影响研究	经济问题探索	2011 年

续　表

单　位	作　者	论文题目	CSSCI 期刊	出版时间
云南财经大学	朱晓辉 罗明义 等	流域旅游开发的组织管理探析	经济问题探索	2011 年
云南财经大学	林新波	有色金属企业战略性人力资源管理的策略研究	经济问题探索	2011 年
云南财经大学	甘家武	缩小我国区域经济差异的财税政策研究	经济问题探索	2011 年
云南财经大学	李国疆	全球金融危机与凯恩斯主义	经济问题探索	2011 年
云南财经大学	李国疆	发展中国家汇率制度选择的一个新构模型：产业结构视角	经济问题探索	2011 年
云南财经大学	张　琰 叶文辉	近年来农田水利设施建设问题的研究——以云南为例	经济问题探索	2011 年
云南财经大学	龙　超	中小企业融资与社区银行发展——美国社区银行发展的启示	经济学动态	2011 年
云南财经大学	周　文	包容性增长与中国农村改革的现实逻辑	经济学动态	2011 年
云南财经大学	钱振伟 王 翔 等	商业保险参与社会保险体系建设的理论与实践研究：基于政府购买服务视角	经济学家	2011 年
云南财经大学	徐　翔 刘尔思	产业扶贫融资模式创新研究	经济纵横	2011 年
云南财经大学	唐　泳	科技资源市场化配置中的风险分析	科技进步与对策	2011 年
云南财经大学	段云龙 刘春林	基于动力、能力与机遇的企业持续技术创新实现模型研究	科技进步与对策	2011 年
云南财经大学	段云龙 刘春林	基于制度结构的企业持续技术创新能力模型研究	科技进步与对策	2011 年
云南财经大学	屈仁钧 叶琼伟	“丛林”的反思——管理学理论体系的内在逻辑探讨	科技进步与对策	2011 年
云南财经大学	石现明	略论我国仲裁员和仲裁机构民事责任制度的构建	理论与改革	2011 年
云南财经大学	陈　刚	西方应用人类学最新发展述评	民族研究	2011 年
云南财经大学	朱　平	“新文人画”的发展历程及价值研究	民族艺术研究	2011 年
云南财经大学	朱启才	非正式制度与经济稳定性增长	内蒙古社会科学	2011 年
云南财经大学	唐定燕 李兴绪	西部少数民族地区农村收入不平等分析	南方经济	2011 年
云南财经大学	舒帮荣 李　彦	城市用地规模扩张合理性研究——以江苏太仓市区为例	南京农业大学学报（社会科学版）	2011 年
云南财经大学	石现明	国际商事仲裁错误裁决司法审查救济制度的缺陷与客服	南京师大学报（社会科学版）	2011 年
云南财经大学	王宏军	印度外资制度的历史与展望	南亚研究	2011 年

续 表

单 位	作 者	论文题目	CSSCI 期刊	出版时间
云南财经大学	钱振伟 王 翔 等	新型农村社会养老保险经办服务体系研究：基于政府购买服务理论视角	农业经济问题	2011 年
云南财经大学	宁东玲	知识吸收能力对信息系统应用效果影响的实证研究	情报科学	2011 年
云南财经大学	杨 晓 黄儒靖 等	我国银保合作类业务存在的问题及创新发展研究——基于商业银行中间业务收益	软科学	2011 年
云南财经大学	刘生旺 陈 鑫	省级一般性税收政策的有效性及影响因素 - 基于 1991 - 2008 年面板数据的实证研究	山西财经大学学报	2011 年
云南财经大学	杨德明	银行贷款、债务期限与上市公司内部控制	山西财经大学学报	2011 年
云南财经大学	苏红敏	构建评价三个转变指标体系，促进云南经济持续发展	山西大学学报（哲社版）	2011 年
云南财经大学	于忠江 陆锦周 等	现代经济研究的实践方法论	上海经济研究	2011 年
云南财经大学	刘美武	重叠国际机制与非洲减贫	世界经济与政治论坛	2011 年
云南财经大学	梁琳琳	国际油价波动跳跃性特征的实证分析	数理统计与管理	2011 年
云南财经大学	李兴绪	边境民族地区农户收入影响因素的实证分析	数理统计与管理	2011 年
云南财经大学	孟彦菊	投入产出与计量经济联合模型研究	数理统计与管理	2011 年
云南财经大学	石 磊 向其凤 等	物质资本、人力资本、结业结构与西部民族地区农户收入增长	数理统计与管理	2011 年
云南财经大学	纳鹏杰	价值管理与财务风险管控研究——基于全流通背景下国资委、企业集团的视角	思想战线	2011 年
云南财经大学	蒋智华 朱翠萍	农业产业化经营对农村剩余劳动力转移的效应分析	思想战线	2011 年
云南财经大学	汪 戎 顾江洪	信任及其经济意义：研究现状与趋势	思想战线	2011 年
云南财经大学	吕 涛 张 禹	港澳台社工组织发展经验及其法治启示	思想战线	2011 年
云南财经大学	刘 荣 杨志银	县域经济包容性增长“双向三化一体”发展路径研究	思想战线	2011 年
云南财经大学	李 娟 费 宇	云南省产业结构优化研究	思想战线	2011 年
云南财经大学	陈贻娟	风险冲击与贫困脆弱性——来自云南红河哈尼族彝族自治州农户的证据	思想战线	2011 年
云南财经大学	莫 翔	美国、日本的东亚政策与东亚现代国际体系	太平洋学报	2011 年
云南财经大学	莫 翔	论中国改革的几个重大问题	探索	2011 年

续　表

单　位	作　者	论文题目	CSSCI 期刊	出版时间
云南财经大学	石现明	略论申请撤销国际体育仲裁院仲裁裁决的理由	天津体育学院学报	2011 年
云南财经大学	刘曼莉 李兴绪	非寿险精算中的数据尾部拟合与保费厘定	统计与决策	2011 年
云南财经大学	卢启程 李怡佳	省级社会核算矩阵的编制研究	统计与决策	2011 年
云南财经大学	顾鸣润	基于上市公司法律制度变迁、客户重要性与审计质量的关系研究	统计与决策	2011 年
云南财经大学	李云仙 王学仁	带有有序变量的结构方程模型中的模型选择	统计与决策	2011 年
云南财经大学	杨文雪	GDP 指标的缺陷及其修正	统计与决策	2011 年
云南财经大学	石　磊 黄　梅　等	逐步局部影响分析及其应用	统计与信息论坛	2011 年
云南财经大学	王尚坤 石　磊	多水平面板数据模型的估计理论和模拟研究	统计与信息论坛	2011 年
云南财经大学	袁红诗 赵　昆	知识联盟中信息技术接受行为模型研究	图书情报工作	2011 年
云南财经大学	吕亚军	革新开放以来越南高等教育的国际化	外国教育研究	2011 年
云南财经大学	杨永忠	反单向性照应的生成	外国语： 上海外国语大学学报	2011 年
云南财经大学	肖　琼	伊格尔顿悲剧理论阐述	文艺理论与批评	2011 年
云南财经大学	包广静	水电移民中的文化作用机制分析及其对策分析	西北人口	2011 年
云南财经大学	晏　雄	基于文化选择理论视角的民族文化产业化研究	西南民族大学学报 （人文社科版）	2011 年
云南财经大学	王宏印 崔晓霞	论戴乃迭英译阿诗玛的可贵探索	西南民族大学学报 （人文社科版）	2011 年
云南财经大学	姜近勇 潘冠中　等	上证指数价量关系的实证研究	厦门大学学报 （哲学社会科学版）	2011 年
云南财经大学	武咏梅	跨文化交流中汉英语言思维的差异比较	现代传播： 中国传媒大学学报	2011 年
云南财经大学	李品秀	制度转型中的世界传媒政策对中国的启示	现代传播： 中国传媒大学学报	2011 年
云南财经大学	何建明	私有化概念的定义——对新自由主义流行观点的评论	现代经济探讨	2011 年
云南财经大学	杨永忠	语气范畴标记的句法地位	现代外语	2011 年
云南财经大学	杨茜茜	边疆民族古代法制的活化石——怒族习惯法研究	学术探索	2011 年

续 表

单 位	作 者	论文题目	CSSCI 期刊	出版时间
云南财经大学	吕 珂 胡列曲	跨境经济合作区的功能	学习与探索	2011 年
云南财经大学	胡列曲	大湄公河区域经济金融一体化实证研究	亚太经济	2011 年
云南财经大学	张 炯 雷健敏	云南高等教育财政投入改革与发展成效探讨	云南民族大学学报（哲学社会科学版）	2011 年
云南财经大学	马武仙 李彦华	澜沧拉祜族聚居地乡级中小学图书馆（室）建设状况	云南民族大学学报（哲学社会科学版）	2011 年
云南财经大学	陈孟云	傣族贝叶文化资源的现代性之路——以傣族舞剧和电影孔雀看公主为例	云南社会科学	2011 年
云南财经大学	佴 澎	清代西南少数民族的纠纷解决规范	云南社会科学	2011 年
云南财经大学	谢金林	城市基层权力变迁与社区治理发展——基于国家—社会关系的视角	云南社会科学	2011 年
云南财经大学	赵金蕊	后金融危机时代的消费变化及营销对策	云南社会科学	2011 年
云南财经大学	谢智香	从历代奏乐动词的搭配变化看中国乐器的发展	浙江艺术职业学院学报	2011 年
云南财经大学	杨德明	媒体为什么会报道上市公司丑闻?	证券市场导报	2011 年
云南财经大学	刘锡标 周孝华	创业板高科技公司 IPO 估值研究	证券市场导报	2011 年
云南财经大学	杨 静	论自由贸易协定中知识产权保护的南北矛盾及其消解	知识产权	2011 年
云南财经大学	杨 静	美国自由贸易协定 TRIPS - plus 规则的立法动力分析	知识产权	2011 年
云南财经大学	向其凤	国际贸易中的隐含碳排放核算及责任分配	中国工业经济	2011 年
云南财经大学	冯颜利 周 文	生态学社会主义核心命题的局限——评詹姆斯·奥康纳“生产性正义”思想	中国社会科学	2011 年
云南财经大学	李智国	中国耕地利用变化与城市化发展关系综述	中国土地科学	2011 年
云南财经大学	冯 涛	土地整理复垦项目竣工验收与后评价指标体系研究及应用系统开发	中国土地科学	2011 年
云南财经大学	董艳梅	从欧洲主权债务危机看中国的地方财政健康问题	生产力研究	2011 年
云南财经大学	许 宏 周应恒	区域城市化与生态环境耦合规律及协调发展研究——基于云南省的实证	云南财经大学学报	2011 年
云南财经大学	陈庆萍	对我国出口退税政策的分析	云南财经大学学报	2011 年
云南财经大学	邓明翔 刘春学	GMS 经济合作机制下的柬埔寨矿业投资环境分析	东南亚纵横	2011 年
云南财经大学	姚 鹏 卢正惠	基于产业视角下的云南省与 GMS 五国贸易动因研究	东南亚纵横	2011 年
云南财经大学	雷冬梅	低碳经济背景下云南矿业可持续发展对策研究	资源开发与市场	2011 年

续 表

单 位	作 者	论文题目	CSSCI 期刊	出版时间
云南财经大学	赵小东 熊安慧	语言演变发展视野下的句法成分简略	广西社会科学	2011 年
云南财经大学	任秀芹 刘颖等	手机媒体传播对大学生的影响及应对策略分析：以云南财经大学为例	云南财经大学学报	2011 年
云南财经大学	黄 蕙 李鼎鑫	国家经济安全：财经报道基本视角	中国记者	2011 年
云南财经大学	冯桂玲	越南留学生的汉语学习特点实证研究	东南亚纵横	2011 年
云南财经大学	王智慧	论西方高等教育的管理模式及其自治化改革	广东行政学院学报	2011 年
云南财经大学	王智慧 陈 刚	我国草根非营利组织绩效评价指标体系研究——以云南省草根 NPO 为例	云南行政学院学报	2011 年
云南财经大学	石现明	新加坡国际国内商事仲裁制度比较研究	东南亚纵横	2011 年
云南财经大学	石现明	仲裁机构的民事责任与豁免问题研究	河北法学	2011 年
云南财经大学	石现明	美式自由贸易协定 TRIPS - PLUS 条款对发展中国家药品获得权和生命健康权的影响与危害	兰州学刊	2011 年
云南财经大学	佴 澎	边疆民族地区群体性事件处置机制研究	云南行政学院学报	2011 年
云南财经大学	安柯颖	中泰刑事司法协助制度的评析	云南行政学院学报	2011 年
云南财经大学	卢启程	基于 SAM 的中国省域产业关联路径研究	商业研究	2011 年
云南财经大学	刘 蕾 陆 婷	科技企业孵化器中的知识转移	云南行政学院学报	2011 年
云南财经大学	马国芳	云南省公共服务和社会管理改革实践探索	云南行政学院学报	2011 年
云南财经大学	甘开鹏	我国难民保护法律制度的缺失及构建 2	科学·经济·社会	2011 年
云南财经大学	赖石成 钟 伟	论中国 - 东盟自由贸易区建成对云南烟草业发展的影响	东南亚纵横	2011 年
云南财经大学	赖石成 钟 伟	中国和东盟各国间的贸易与直接投资关系实证研究	东南亚纵横	2011 年
云南财经大学	梁琳琳 卢启程	工业经济空间结构对经济增长的影响研究	工业技术经济	2011 年
云南财经大学	王荣党	平均数为何成不了贫困线度量的一种方法？	中国统计	2011 年
云南财经大学	佘晓燕 郭婧嘉	越南注册会计师行业发展进程及启示	东南亚纵横	2011 年
云南财经大学	佘晓燕	中国会计师事务所进入越南市场研究	经济与管理	2011 年
云南财经大学	罗 寅 刘锡标	我国国债市场有效性及投资价值研究	企业经济	2011 年
云南财经大学	罗 寅 刘锡标	基于联立方程的中国经济增长与环境污染的实证分析	生产力研究	2011 年

续 表

单 位	作 者	论文题目	CSSCI 期刊	出版时间
云南财经大学	吴永兴 李国疆	云南省金融发展、对外开放与城乡居民收入差距的研究——基于1985——2009年数据的实证分析	云南财经大学学报	2011年
云南财经大学	孙文军	金融发展对经济增长的影响分析	云南财经大学学报	2011年
云南财经大学	张 涛	中国－东盟金融合作中人民币区域化的金融政策法规研究（2010年发表，2011年人大复印资料全文转载）	云南财经大学学报	2011年
云南财经大学	唐青生	桥头堡战略下云南省农村金融发展的深入思考	云南财经大学学报	2011年
云南财经大学	陈凌岚 王学鸿	虚拟经济视野下美国金融危机的成因及启示	生产力研究	2011年
云南财经大学	陆亚琴	论昆明区域性国际化城市建设的必要性与路径	云南行政学院学报	2011年
云南财经大学	陆亚琴	昆明市建设面向东南亚和南亚地区国际化中心城市的优势与机遇	东南亚纵横	2011年
云南财经大学	陆亚琴	外商直接投资在中国的发展历程及分布特点	兰州商学院学报	2011年
云南财经大学	陆亚琴	外国直接投资对东道国环境效应理论分析	兰州学刊	2011年
云南财经大学	罗明义	世界旅游发展：2010年回顾与2011年展望	旅游论坛	2011年
云南财经大学	罗明义	建设旅游综合改革试验区的政策探索	旅游论坛	2011年
云南财经大学	朱其忠	从萨伊定律到供给学派：生态技术创新推力演绎	商业研究	2011年
云南财经大学	周章买	文化背景在协调博弈中的作用：一个试验研究	安徽大学学报（哲学社会科学版）	2011年
云南财经大学	宁乐锋	查尔斯·泰勒的社群主义整体本体论评析——基于道德空间的视角	广西社会科学	2011年
云南财经大学	薛宇峰	R&D投入对我国技术效率的影响研究——基于随机前沿方法（SFA）对东、中、西各区域的实证分析	兰州商学院学报	2011年
云南财经大学	李克芳	内部营销与人力资源管理的整合模型	云南财经大学学报	2011年
云南财经大学	聂元昆	演化营销范式：基于生物演化视角的营销理论创新	云南南财经大学学报	2011年
云南财经大学	张 洁	文化产业与旅游经济互动发展的探讨	学术交流	2011年
云南财经大学	栾 敏	对云南实施“矿电结合”资源发展模式的研究	云南财经大学学报	2011年
云南财经大学	甘家武	我国地区经济差异的实证研究	云南财经大学学报	2011年
云南财经大学	谭 鑫 杨 柳 等	云南农产品物流发展的问题及对策研究	云南行政学院学报	2011年
云南财经大学	叶文辉 姚永秀	西部农村社会事业的发展状况与地区差距：基于2000～2007年数据的分析	云南行政学院学报	2011年
云南财经大学	朱启才	权力与资源配置的经济学研究	兰州商学院学报	2011年
云南财经大学	石 磊 王瑞武 等	物种间不确定性相互关系分析：一种基于非参数估计的变系数模型	科学通报	2011年

续 表

单 位	作 者	论文题目	CSSCI 期刊	出版时间
云南财经大学	赵果庆 田存志	中美两国三地股指的同步性与传导机制——基于次贷危机以来道琼斯、恒生和上海综合指数日数据	系统工程理论与实践	2011 年
云南财经大学	唐定燕 李兴绪 等	西部少数民族地区农村收入不平等分析—基于云南红河州农村住户数据	南方经济	2011 年
云南财经大学	孟彦菊 向蓉美	投入产出与计量经济联合模型研究	数理统计与管理	2011 年
云南财经大学	赵果庆 杨怡爽	中国 FDI 工业双重集聚及其效应—基于产业与空间视角	经济管理	2011 年
云南财经大学	石 磊 向其凤 等	物质资本、人力资本、就业结构与西部民族地区农户收入增长	数理统计与管理	2011 年
云南财经大学	刘曼莉 李兴绪	非寿险精算中的数据尾部拟合与保费厘定	统计与决策	2011 年
云南财经大学	陈贻娟 李兴绪	风险冲击与贫困脆弱性—来自云南红河哈尼族彝族自治州农户的证据	思想战线	2011 年
云南财经大学	张 炯 雷健敏	云南高等教育财政投入改革与发展成效探讨	云南民族大学学报（哲学社会科学版）	2011 年
云南财经大学	邓月明 李兴绪	基于非线性动力系统的我国 CPI 和 PPI 非线性关系研究	统计与决策	2011 年
云南财经大学	王尚坤 石 磊	多水平面板数据模型的估计理论和模拟研究	统计与信息论坛	2011 年
云南财经大学	杨文雪 严丽坤	GDP 指标的缺陷及其修正	统计与决策	2011 年
云南财经大学	张 玲	境外非政府组织法律准入制度研究	云南社科	2011 年
云南财经大学	石现明	国际商事仲裁错误裁决司法审查救济制度的缺陷与克服	南京师范大学社科版	2011 年
云南财经大学	石现明	略略申请撤销国际体育仲裁裁决的理由	天津体育学院学报	2011 年
云南财经大学	杨 静	美国自由贸易协定中 TRIPS – PLUS 规则的立法动力学分析	知识产权	2011 年
云南财经大学	杨 静	论自由贸易协定中知识产权保护的南北矛盾及其消解	知识产权	2011 年
云南财经大学	杨 静	东盟五国有色金属领域的技术创新能力研究 – 基于专利信息的视角	技术经济	2011 年
云南财经大学	杨 静	东盟五国农特产品加工业技术创新能力研究	技术经济	2011 年
云南财经大学	石现明	略略我国仲裁员和仲裁机构民事责任制度的构建与完善	理论与改革	2011 年
云南财经大学	姚 鹏 卢正惠	基于产业视角下的云南省与 GMS 五国贸易动因研究	东南亚纵横	2011 年
云南财经大学	赖石成 钟 伟	中国与东盟各国间的贸易与 FDI 关系实证研究	东南亚纵横	2011 年
云南财经大学	吕亚军	越南私营企业发展的制度因素	东南亚纵横	2011 年

续 表

单 位	作 者	论文题目	CSSCI 期刊	出版时间
云南财经大学	曾 军 张 瑶 等	云南省与越南进行矿产资源开发的合作优势研究	东南亚纵横	2011 年
云南财经大学	吕亚军	革新开放以来越南高等教育的国际化	外国教育研究	2011 年
云南财经大学	卢光盛 郜 可	大湄公河次区域金融合作与中国（云南）的参与	云南师范大学学报（哲学社会科学版）	2011 年
云南财经大学	王宏军	印度外资制度的历史与展望	南亚研究	2011 年
云南财经大学	佴 澎	清代西南少数民族的纠纷解决规范	云南社会科学	2011 年
云南财经大学	陈孟云	傣族贝叶文化资源的现代性之路——以傣族舞剧和电影《孔雀公主》为例	云南社会科学	2011 年
云南财经大学	马武仙 李彦华等	澜沧拉祜族聚居地乡级中小学图书馆（室）建设状况	云南民族大学学报（哲学社会科学版）	2011 年
云南财经大学	万广华	社会网络与贫困脆弱性——基于中国农村数据的实证分析	学海	2011 年
云南财经大学	吕 涛 张 禹	港澳台社工组织发展经验及其法治启示	思想战线	2011 年
云南财经大学	陈 刚	西方应用人类学最新发展述评	民族研究	2011 年
云南财经大学	马武仙 李彦华 等	澜沧拉祜族聚居地乡级中小学图书馆（室）建设状况	云南民族大学学报（哲学社会科学版）	2011 年
云南财经大学	宁乐锋	查尔斯·泰勒的社群主义整体本体论评析——基于道德空间的视角	广西社会科学	2011 年

（云南财经大学 科研处供稿）

昆明理工大学

单 位	作 者	论文题目	CSSCI 期刊	出版时间
昆明理工大学	陈 渝	手机报服务继续使用行为影响因素实证研究	情报杂志	2011 年
昆明理工大学	丁国峰	生态补偿立法的完善	环境保护	2011 年
昆明理工大学	丁国峰	日本低保制度的嬗变及其对我国的启示	国外社会科学	2011 年
昆明理工大学	丁国峰	我国反垄断行政执法程序的探讨	社会科学研究	2011 年
昆明理工大学	丁国峰	困境与出路：生态补偿法律制度的完善路径	中国行政管理	2011 年
昆明理工大学	丁国峰	经验与借鉴：日本的产业政策与竞争政策	郑州大学学报（哲学社会科学版）	2011 年
昆明理工大学	丁国峰	日本“低保”制度及其对我国的借鉴意义	北京交通大学学报（社会科学版）	2011 年
昆明理工大学	段万春 等	基于网络分析法的云南省非公经济发展水平综合评价模型	经济问题探索	2011 年

续　表

单　位	作　者	论文题目	CSSCI 期刊	出版时间
昆明理工大学	樊　勇 高筱梅	技术精神：一种值得关注的精神形态	学术月刊	2011 年
昆明理工大学	傅　红 段万春 等	我国工程硕士培养中的问题及其对策——基于学生满意度调查的考察	云南师范大学学报（哲学社会科学版）	2011 年
昆明理工大学	傅　红 段万春 等	基于变权层次分析的企业供应链物流绩效评价方法	现代管理科学	2011 年
昆明理工大学	韩跃红	尊严的价值内涵及伦理意义	伦理学研究	2011 年
昆明理工大学	黄　颖	政府主导的生态效益补偿研究	环境保护	2011 年
昆明理工大学	黄　颖	跨界自然资源国际法规则的新发展——从“可持续发展原则”说起	云南师范大学学报（哲学社会科学版）	2011 年
昆明理工大学	可　星	基于涌现机理的企业组织能力系统研究	商业研究	2011 年
昆明理工大学	刘　伟	社会历史的运动逻辑——兼论辩证法作为社会历史科学方法论的典范性	求实	2011 年
昆明理工大学	刘　伟 陈寒鸣	论儒学的内在生命力与现代发展	求索	2011 年
昆明理工大学	罗　薇	环境行政执法要“合法”也要“合理”	环境保护	2011 年
昆明理工大学	马源源	基于上市公司交叉持股网络的区域发展政策成效	经济问题	2011 年
昆明理工大学	纳雪沙	张岱年文化综合创新论的理论来源	东岳论丛	2011 年
昆明理工大学	纳雪沙	《1844 年经济学哲学手稿》逻辑主线新探	北京行政学院学报	2011 年
昆明理工大学	齐虹丽	澜沧江－湄公河流域淡水资源保护国际合作机制探析	云南社会科学	2011 年
昆明理工大学	秦　磊	中国对外直接投资对 GMS 东道国影响分析——以越南、柬埔寨、老挝为例	学术探索	2011 年
昆明理工大学	饶睿颖	论早期泰北泰庸人的形成	云南民族大学学报（哲学社会科学版）	2011 年
昆明理工大学	师庭雄	从真理立场的改变看海德格尔“存在”运思的转换	世界哲学	2011 年
昆明理工大学	师庭雄	海德格尔对生存论诸环节的次序调整及其启示	哲学研究	2011 年
昆明理工大学	舒　旻	论环境监测制度构建中的部门职责分工及其依据	环境保护	2011 年
昆明理工大学	舒　旻	环境监测制度构建的重点与难点	环境保护	2011 年
昆明理工大学	孙永河 段万春	通信业电耗数据采集粒度方案优选方法	现代管理科学	2011 年
昆明理工大学	孙永河 段万春 等	开放存取对期刊学术交流系统的影响因素分析	图书情报工作	2011 年
昆明理工大学	谭　民	关于加强中国与东盟能源安全合作的法律思考	甘肃社会科学	2011 年

续 表

单 位	作 者	论文题目	CSSCI 期刊	出版时间
昆明理工大学	王太宁	盗窃后处置行为的刑事责任异于不可罚的事后行为的本土化思考	中外法学	2011 年
昆明理工大学	吴满昌 罗 薇	云南环境公益诉讼第一案孰是孰非？	环境保护	2011 年
昆明理工大学	向 刚	创新性企业持续创新绩效评价研究	科技进步与对策	2011 年
昆明理工大学	肖远飞	联盟网络与持续竞争优势：基于关系资源的视角	科技进步与对策	2011 年
昆明理工大学	谢 波	自然资源、人力资本异质性与区域经济增长—基于省际面板数据的经验分析	人口与经济	2011 年
昆明理工大学	熊 彬	大湄公河次区域合作对云南 - GMS 贸易绩效分析——基于引力模型实证研究	经济问题探索	2011 年
昆明理工大学	杨红娟	人力资本对国有商业银行利润的影响分析	生产力研究	2011 年
昆明理工大学	杨锦芳	探寻刑罚伦理价值目标	学术探索	2011 年
昆明理工大学	杨锦芳	秩序——刑罚的伦理价值目标	云南民族大学学报（哲学社会科学版）	2011 年
昆明理工大学	杨振发	中缅油气管道运输的若干国际法律问题	昆明理工大学学报（社会科学版）	2011 年
昆明理工大学	臧兴兵	供求视角下的生源地助学贷款	教育发展研究	2011 年
昆明理工大学	曾 娜	老龄化时代社会保险制度改革措施的宪法学分析	华东政法大学学报	2011 年
昆明理工大学	曾粤兴 贾 凌	罪刑法定视野中的黑社会性质组织	中国刑事法杂志	2011 年
昆明理工大学	张冰冰	国有土地上房屋征收与补偿法律制度探讨	经济问题探索	2011 年
昆明理工大学	张海亮	中国货币政策对国际商品期货价格的影响	现代管理科学	2011 年
昆明理工大学	张云莲	加强“90 后”大学生理想信念教育的指导和研究	思想理论教育导刊	2011 年
昆明理工大学	张云莲 杨迎潮	西南边境民族地区和谐问题思考	云南民族大学学报（哲学社会科学版）	2011 年
昆明理工大学	赵琼琼	《古诗十九首》非乐府论	浙江学刊	2011 年
昆明理工大学	赵玉中	祖源记忆：社会情境与民族认同	西南民族大学学报（人文社科版）	2011 年
昆明理工大学	周 元	知识产权理论体系逻辑起点的法哲学分析——兼驳传统的知识产权权利对象观	四川师范大学学报（社会科学版）	2011 年
昆明理工大学	朱海林	国内道德权利问题研究综述	河南师范大学学报（哲学社会科学版）	2011 年

（昆明理工大学 科技处供稿）

西南林业大学

单　位	作　者	论文题目	CSSCI 期刊	出版时间
西南林业大学	杨建美	入昆游客分销渠道决策行为研究	云南财经大学学报（社会科学版）	2011 年
西南林业大学	杨建美	保护区周边社区对保护区的认知研究——以主黎贡山国家自然保护区为例	经济问题探索	2011 年
西南林业大学	赵　杰	泛在信息环境下文献检索课的改革与发展	图书馆理论与实践	2011 年
西南林业大学	田凯琳	基于不确定因素叠加的图书馆采编业务外包可行性度量	图书情报工作	2011 年
西南林业大学	王映平	贯彻落实科学发展观重要关系辨析	科学社会主义	2011 年
西南林业大学	张　瑾	基于网络资源平台高校本科《刑法学》教学模式探讨	云南财经大学学报（社会科学版）	2011 年
西南林业大学	余晓慧	文化认同的世界历史语境	东南学术	2011 年
西南林业大学	王传发	我国少数民族优惠性差别待遇与反向歧视分析	广西民族研究	2011 年
西南林业大学	杨泽雄	云南省高校网络舆情监管及其对思想政治工作的影响	高等教育研究	2011 年
西南林业大学	木基元	社会主义建设时期纳西族传统文化的保护与抢救	西南民族大学学报	2011 年
西南林业大学	陈元惠	1908 年河口起义与中法交涉	云南民族大学学报（哲学社会科学版）	2011 年

（西南林业大学　科技处供稿）

云南农业大学

单　位	作　者	论文题目	CSSCI 期刊	出版时间
云南农业大学	丁　江 黄　愈　等	土地整理复垦项目竣工验收与后评价指标体系研究及应用系统开发	中国土地科学	2011 年
云南农业大学	吴景芝	h 指数在学科专业研究水平评价上的应用——以植物病理专业国内发表文献为例	图书情报工作	2011 年
云南农业大学	王　奇	云南奶水牛养殖效益分析——以潞西市为例	农业技术经济	2011 年
云南农业大学	孙　鹤	中国粮食市场的动态均衡模型及粮食安全调控	统计与决策	2011 年
云南农业大学	任兆昌	组织意志与民主	社会主义研究	2011 年
云南农业大学	黄体杨	近三十年来我国农村信息需求与服务研究综述	图书馆理论与实践	2011 年
云南农业大学	李丽艳 杨文彩	异质性知识团队协同效能评价研究	科技进步与对策	2011 年
云南农业大学	袁永华	地方农业院校学分制下的教材管理研究	出版科学	2011 年
云南农业大学	谭　琳	西部地区农村剩余劳动力转移的教育经济学分析——以云南省为例	经济问题探索	2011 年
云南农业大学	程　静	利用社会责任报告促进低碳经济转型	经济问题探索	2011 年

续　表

单　位	作　者	论文题目	CSSCI 期刊	出版时间
云南农业大学	朱耀顺 孙　康　等	非传统安全视角下的中国与东盟经济合作研究	经济问题探索	2011 年
云南农业大学	袁国友	边疆民族地区大学生“村官”工作状况与思想心态——对云南农村干部学院大学生“村官”学员的调查与分析	云南民族大学学报（哲学社会科学版）	2011 年
云南农业大学	朱耀顺 孙　康　等	非传统安全视角下的中国与东盟经济合作研究	经济问题探索	2011 年

（云南农业大学　科技处供稿）

云南师范大学

单　位	作　者	论文题目	CSSCI 期刊	出版时间
云南师范大学	王玉超 刘明坤	明清小说作者的地域差异与科举及小说创作的关系	兰州学刊	2011 年
云南师范大学	张梅荷	个人教育投资的收益率与内部回收贴现率测算方法	统计与决策	2011 年
云南师范大学	张梅荷	“金砖四国”经济增长源泉比较研究	经济问题探索	2011 年
云南师范大学	张梅荷	我国经济适用房市场存在的问题及对策研究	云南行政学院学报	2011 年
云南师范大学	高淑琴	云南民族音乐的艺术魅力和市场价值	文艺评论	2011 年
云南师范大学	李美娟	云南少数民族地区经济社会发展失衡预警系统的构建	广西民族研究	2011 年
云南师范大学	段召阳	云南师范大学商学院非专业泰语教学的探索与实践	思想战线	2011 年
云南师范大学	赵益民	基于实证分析的图书馆战略规划的流程设计	图书情报工作	2011 年
云南师范大学	侯宇霞	高等教育国际化背景下对独立学院外事工作的几点思考	思想战线	2011 年
云南师范大学	周智生	明代纳西族移民与滇藏川毗连地区经济开发	思想战线	2011 年
云南师范大学	张婷婷	论我国卫视对边境地区少数民族受众的影响——以勐腊县为例	学术探索	2011 年
云南师范大学	丁文丽	高校基层组织制度建设实效性问题探析	国家教育行政学院学报	2011 年
云南师范大学	李雪梅	调整后个人所得税制度存在的问题及对策	山西财经大学学报	2011 年
云南师范大学	何　跃	桥头堡建设中的云南周边国家安全环境	云南师范大学学报（哲学社会科学版）	2011 年
云南师范大学	郝朴宁	媒介与两极话语表现	学术探索	2011 年
云南师范大学	何昌邑	2011 年 1—6 期英文目录和英文校对	思想战线	2011 年

续 表

单 位	作 者	论文题目	CSSCI 期刊	出版时间
云南师范大学	阮艳萍	媒介即是遗产——数字媒介对文化遗产传承与表述影响初探	理论月刊	2011 年
云南师范大学	李 辉	社会认同视角下中国农民心理和谐现状研究	西南农业大学学报	2011 年
云南师范大学	何伟全	30 年来中国高校与政府关系研究的考察与思考	云南师范大学学报（哲学社会科学版）	2011 年
云南师范大学	王源昌	中国股市云南板块指数编制及其波动性分析	经济问题探索	2011 年
云南师范大学	黄 毅	云南民族图案在本土艺术设计中的传承途径探析	民族艺术研究	2011 年
云南师范大学	阮艳萍	娱乐与研究——文化遗产影视表述与传承中的一种立场显现	兰州学刊	2011 年
云南师范大学	刘纪新	自由主义知识分子的精神雕塑——对冯至诗歌《鼠曲草》的解读	中南大学学报（社会科学版）	2011 年
云南师范大学	秦 侠	正确处理在“桥头堡”战略建设中档案信息开发利用的几个关系	云南社会科学	2011 年
云南师范大学	杨吉华	“境界”：词体艺术时空终极状态的审美价值判断	河南师范大学学报（哲学社会科学版）	2011 年
云南师范大学	赵红梅	论遗产价值	东南文化	2011 年
云南师范大学	赵红梅	“误入歧途”的自我——读流心《自我的他性——当代中国的自我系谱》	世界民族	2011 年
云南师范大学	杨 超	来华留学生教育结构变化及其影响因素——基于 1978－2009 年统计数据的实证分析	现代教育管理	2011 年
云南师范大学	刘纪新	用身体探寻存在——论纪弦“大陆时期”诗歌的身体意识与“存在之思”	兰州学刊	2011 年
云南师范大学	高 云	《云南师范大学学报（自然科学版）》引文分析	云南大学学报．自然科学版	2011 年
云南师范大学	冯小禄	成化初台阁派内部的一次政治、文艺斗争：“翰林四谏”事件分析	贵州师范大学学报（社会科学版）	2011 年
云南师范大学	陈 瑶	美国教师教育改革传统：源流与启示	黑龙江高教研究	2011 年
云南师范大学	董向芸	组织群生态理论视角下高校改革与发展战略研究	中国高教研究	2011 年
云南师范大学	王艳玲	教学的文化知识：创造教学的当下意义及其改进的无限可能	全球教育展望	2011 年
云南师范大学	毕文胜	先秦时期知识观分析——基于西方知识论视野	厦门大学学报（哲学社会科学版）	2011 年
云南师范大学	者贵昌	关于构建我国农地金融制度的探讨	农村经济	2011 年
云南师范大学	郭云聪	试论民族文化与民族传统传统体育的关系	学术探索	2011 年

续 表

单 位	作 者	论文题目	CSSCI 期刊	出版时间
云南师范大学	丁文丽 王文平	略论西南联大对中国经济学发展的两大贡献	云南师范大学学报（哲学社会科学版）	2011 年
云南师范大学	周朗生	20 世纪以来中国民生主义的历史轨迹——纪念辛亥革命 100 周年	兰州学刊	2011 年
云南师范大学	陶伦康 鄢本凤	低碳经济立法的价值诉求	西北农林科技大学学报（社会科学版）	2011 年
云南师范大学	谭 鑫 赵鑫铖 等	能源对中国经济及三次产业的增长阻力分析	经济学动态	2011 年
云南师范大学	周智生	云南山坝地域结构中的乡村集市功能演变研究	经济问题探索	2011 年
云南师范大学	杨吉华	职业技术教育存在价值的文化性阐释	河北师范大学学报（教育科学版）	2011 年
云南师范大学	田 莉	教师评价转型的生存论基础与实现条件	当代教育科学	2011 年
云南师范大学	夏毅和	本土音乐文化资源与云南高校音乐教育的整合	民族艺术研究	2011 年
云南师范大学	贾 蔓	穿透瓦房的阳光——评沈洋中短篇小说创作	当代文坛	2011 年
云南师范大学	赵益民	国内外图书馆的战略规划发展历程	图书馆	2011 年
云南师范大学	谭 鑫 赵鑫铖	经济动态效率综述	云南财经大学学报	2011 年
云南师范大学	陈 勇 汪晓霞	论政府诚信与社会主义核心价值体系建设	云南行政学院学报	2011 年
云南师范大学	林怀满	法学专业本科应用型人才培养模式研究	法制与社会	2011 年
云南师范大学	李丽芳	文化安全与桥头堡建设同行的思考	学术探索	2011 年
云南师范大学	董向芸	问责制的理论基础和现实功能	河北大学学报（哲学社会科学版）	2011 年
云南师范大学	胡怀亮	NTV 观点引发的逻辑哲学问题——直陈条件句有真值吗?	浙江社会科学	2011 年
云南师范大学	高建国	西南联大课程设置中的通识教育	国家教育行政学院学报	2011 年
云南师范大学	姚韵松	翻译理论与翻译伦理	云南民族大学学报（哲学社会科学版）	2011 年
云南师范大学	王俊程 武友德	边境民族地区农村人力资源建设的路径探析——以滇东南为例	南京人口管理干部学院学报	2011 年
云南师范大学	张媚玲	近代民族危机驱动下传统民族观的转型	思想战线	2011 年
云南师范大学	冯小禄	新论汉赋审美心态之生成、创发与迁流	云南师范大学学报（哲学社会科学版）	2011 年
云南师范大学	邱 渊	“连珠”文体及其与《韩非子・储说》的关系	云南民族大学学报（哲学社会科学版）	2011 年

续　表

单　位	作　者	论文题目	CSSCI 期刊	出版时间
云南师范大学	卢　铁	“主义”还是历史条件下的选择——中国道路的独特性探究	学术探索	2011 年
云南师范大学	彭　静	张凤翼戏曲用韵反映出的四百年前苏州话语音特点	语言科学	2011 年
云南师范大学	王艳玲	教师成为“反思性实践者”：北美教师教育界争议与启示	外国中小学教育	2011 年
云南师范大学	张　旭 金　珍	中国历史的第一次历史性伟大转折	学术探索	2011 年
云南师范大学	史晓宇	新中国成立以来我国现代大学内部制度建设阶段分析	黑龙江高教研究	2011 年
云南师范大学	史晓宇	解放思想的内涵与科学发展的历程	学术探索	2011 年
云南师范大学	莫关耀 宋锡辉	论中国共产党崇高历史使命的奋斗历程及其当代启示	学术探索	2011 年
云南师范大学	郝朴宁	桥头堡战略下的边疆民族地区文化安全与文化生态建设	学术探索	2011 年
云南师范大学	陶伦康 鄢本风	低碳经济生态伦理思想探究	北京工业大学学报（社会科学版）	2011 年
云南师范大学	张　梅	激活管理机制创建和谐人事	云南社会科学	2011 年
云南师范大学	王顺英	西南联合大学图书馆文献资源建设及其启示	图书情报工作	2011 年
云南师范大学	褚俊英	新农村建设中的环境法制创新研究	云南大学学报（社会科学版）	2011 年
云南师范大学	史晓宇	进城务工人员随迁子女就读中学教师工作满意度研究—以昆明市为例	学术探索	2011 年
云南师范大学	赵红梅 李庆雷	论旅游情境下的景观“制造”与地方认同	广西民族大学学报（哲学社会科学版）	2011 年
云南师范大学	张媚玲	中国早期社会学研的回顾与反思——以“魁阁”学术集团为对象	学术探索	2011 年
云南师范大学	谭　鑫 赵鑫铖	能源对中国省份经济的增长阻力分析	学术探索	2011 年
云南师范大学	毕天云	当代中国社会福利学术思想初探	学术探索	2011 年
云南师范大学	宋锡辉	师范生从教能力与基本技能培养研究	湖南师范大学教育科学学报	2011 年
云南师范大学	王玉超 刘明坤	八股文的嬗变与明清小说理学色彩的对应变化	广西社会科学	2011 年

续 表

单 位	作 者	论文题目	CSSCI 期刊	出版时间
云南师范大学	刘纪新	论徐志摩后期诗歌创作风格的嬗变	南昌大学学报（人文社会科学版）	2011 年
云南师范大学	熊永翔	普米族宗教与民间文学关系摭谈	当代文坛	2011 年
云南师范大学	赵益民	基于内容分析的图书馆战略规划文本编制研究	图书馆理论与实践	2011 年
云南师范大学	赵益民	基于专家调查的我国图书馆战略规划理想预期	图书馆工作与研究	2011 年
云南师范大学	樊 华	在水中保护 在用中发展	云南社会科学	2011 年
云南师范大学	陶伦康	公民个人环境行为监管法律制度创新研究——以低碳经济为视角	现代法学	2011 年
云南师范大学	吴之清	试论老子“中和”思想的“和谐”意蕴	云南行政学院学报	2011 年
云南师范大学	吴之清	佛教心智的哲学解析	山西财经大学学报	2011 年
云南师范大学	刘纪新	从“沉醉”走向“超越”——中国现代诗歌中身体的演变	北方论丛	2011 年
云南师范大学	周玉霞	问题解决的研究范式及影响因素模型	电化教育研究	2011 年
云南师范大学	刘明坤	八股结构对明清小说布局的影响	河南社会科学	2011 年
云南师范大学	闫卓慧	浅议独立学院的科研管理工作	云南民族大学学报（哲学社会科学版）	2011 年
云南师范大学	管彦芳	WTO 框架下中印贸易政策对两国双边贸易的影响研究	云南行政学院学报	2011 年
云南师范大学	杨利珠 董雪燕	浅谈高校图书馆如何开展大学生信息素养教育	云南行政学院学报	2011 年
云南师范大学	谭 鑫	西部欠发达地区经济增长与工业环境的实证分析	经济问题探索	2011 年
云南师范大学	侯宇霞	《高等教育在东南亚国家的发展模式研究》	云南行政学院学报	2011 年
云南师范大学	红 川	民族动画走出国门的	美术大观	2011 年
云南师范大学	杨吉华	时空之道与叙事之技——红楼梦时空叙事探析	小说评论	2011 年
云南师范大学	李富昌	基于决策权分配的供应链库存运输优化比较研究	管理工程学报	2011 年
云南师范大学	吴之清	试析“三藏教六即”思想	世界宗教研究	2011 年
云南师范大学	刘明坤	清末民初世情小说作家的文化心理转型	广西社会科学	2011 年
云南师范大学	苏冰叶	试论琵琶演奏的形神兼备与虚实结合	民族艺术研究	2011 年
云南师范大学	邱 昊	风险社会中的公众科学素养与传媒责任	学术探索	2011 年
云南师范大学	王艳玲 苟顺明	教师成为“反思性实践者”：北美教师教育界的争议与启示	外国中小学教育	2011 年
云南师范大学	熊永翔	普米族宗教祭司的法器与服饰艺术	民族艺术研究	2011 年
云南师范大学	陶伦康 徐本鑫	低碳经济视域下生态效率的法律调整机制探究	农村经济	2011 年

续　表

单　位	作　者	论文题目	CSSCI 期刊	出版时间
云南师范大学	刘纪新	挥却历史的雾霭——对穆旦诗歌代表作的清理	四川大学学报（哲学社会科学版）	2011 年
云南师范大学	杨胜荣	现代生物学、人类学和心理学视域中的人性观念论析	云南师范大学学报（哲学社会科学版）	2011 年
云南师范大学	傅宇斌	《国文月刊》与西南联大文学教育	当代文坛	2011 年
云南师范大学	陶伦康 伊　奎	低碳经济视域下我国财政支出模式研究	天府新论	2011 年
云南师范大学	白　云	章节体的引入与近代史书编纂观念的变化	史学史研究	2011 年
云南师范大学	熊永翔	新时期的高校民族团结教育及其路径选择	西北民族研究	2011 年
云南师范大学	胡红霞 王俊程	民主制度的实践缺陷及其补救	内蒙古大学学报（哲学社会科学版）	2011 年
云南师范大学	赵奎奇	西南联大数学系的教师资源与教材选用特色	西南交通大学学报（社会科学版）	2011 年
云南师范大学	李灿松 李佳晋 等	近年来中国边境贸易研究的问题与发展趋势	资源开发与市场	2011 年
云南师范大学	王艳玲	教师的核心责任及其实现——《学校的挑战———创建学习共同体》评介	全球教育展望	2011 年
云南师范大学	夏毅和 马　琰	后殖民主义语境下民族音乐文化身份的思考	民族艺术研究	2011 年
云南师范大学	熊永翔	普米族“释毕戎肯”葬礼场域的社会关联	民族艺术研究	2011 年
云南师范大学	肖　雄	抗战时期日本对华的交通封锁及国民政府的反封锁对策	抗日战争研究	2011 年
云南师范大学	陶伦康 鄢本凤	低碳经济视阈下中国的可持续发展战略	中国发展	2011 年
云南师范大学	彭庆华	《SOS 英语词汇语用模式》简评	现代外语	2011 年
云南师范大学	李　佳	论高校图书馆管理和服务如何体现人文精神	云南社会科学	2011 年
云南师范大学	樊　华	一个追魂女人的文化诉求	文艺评论	2011 年
云南师范大学	刘东霞	抗战时期国民政府对云南的被迫开发	云南社会科学	2011 年
云南师范大学	邹建达	乾隆年间“云南边外土司”建置研究	中国边疆史地研究	2011 年
云南师范大学	张　梅	论高校机关工作人员激励机制的建立	云南社会科学	2011 年
云南师范大学	李红英	西南联大文献资源整合的意义	云南社会科学	2011 年
云南师范大学	冯江平	中学校长胜任特征模型研究	教育研究与实验	2011 年
云南师范大学	周朗生	中国低碳经济非均衡发展研究——基于概念内涵、理论演进和路径选择的分析	经济问题探索	2011 年
云南师范大学	阳　清	司马迁遗著《素王妙论》考实	文艺评论	2011 年

续 表

单 位	作 者	论文题目	CSSCI 期刊	出版时间
云南师范大学	王 雪	社会公共利益与消费者利益的辨析——以《反垄断法》的规定为视角	云南行政学院学报	2011 年
云南师范大学	傅宇斌	赵尊岳词学目录学述论	中南大学学报（社会科学版）	2011 年
云南师范大学	陶伦康 鄢本凤	低碳经济：生态时代的必然选择	工业技术经济	2011 年
云南师范大学	侯云洁	人文素养是艺术类高职院校教师专业发展的关键	民族艺术研究	2011 年
云南师范大学	赵益民	基于网络调查的国内外图书馆战略规划现状研究	图书与情报	2011 年
云南师范大学	李灿松 饶允昌 等	藏彝走廊地区白族商人的商贸空间网络演化研究	云南师范大学学报（哲学社会科学版）	2011 年
云南师范大学	常志有 李恒等	边疆少数民族地区人力资本形成机制分析	云南师范大学学报（哲学社会科学版）	2011 年
云南师范大学	刘永刚	构建民族－民主国家——中国近现代政治思想研究的回顾与反思	前沿	2011 年
云南师范大学	陈 瑶	课堂观察：限度及其问题	上海教育科研	2011 年
云南师范大学	刘化军	浅议儒家的经济公正思想及其当代价值	经济问题探索	2011 年
云南师范大学	郝朴宁	传播学视野下的马克思主义中国化·时代化·大众化	学术探索	2011 年
云南师范大学	毕天云	底线公平视阈下的中国社会福利制度体系	学习与实践	2011 年
云南师范大学	毕天云	论普遍整合型社会福利体系	探索与争鸣	2011 年
云南师范大学	朱岚茎	云南师范大学学报（哲学社会科学版）封面设计	云南师范大学学报（哲学社会科学版）	2011 年
云南师范大学	杨端和	语言研究问卷调查数据的计算机处理	外语电化教学	2011 年
云南师范大学	李娅菲	当代中国大陆电影中构造的“新都市化”镜像	云南行政学院学报	2011 年
云南师范大学	张丹宇	传统旅游目的地竞争力提升研究	经济问题探索	2011 年
云南师范大学	李福军	试论中国商业广告的接受心里原则对民族传统文化的选择	当代文坛	2011 年
云南师范大学	谭 鑫 赵鑫铖	能源对中国东中西部经济增长阻力的对比研究	经济问题探索	2011 年
云南师范大学	刘 坚 徐长红 等	论现代化语境中少数民族传统体育文化的重构	北京体育大学学报	2011 年
云南师范大学	胡怀亮	拉姆齐测验——一个新的解释思路	自然辩证法研究	2011 年
云南师范大学	齐春红	现代汉语结构组词“的”和老挝语结构助词 thi ͜33 的对比研究	云南民族大学学报（哲社版）	2011 年

续 表

单 位	作 者	论文题目	CSSCI 期刊	出版时间
云南师范大学	丁文丽 李 艳 等	云南边境地区地下金融现状调查	国际经济评论	2011 年
云南师范大学	曹燕萍	试论翻译在外语教学中的重要性	当代外语研究	2011 年
云南师范大学	史丽玲	论《安妮亚特》与西方史诗经典的互文性	当代外国文学	2011 年
云南师范大学	王艳玲	美国反思型教师教育的教学策略：评析与启示	教师教育研究	2011 年
云南师范大学	桂石见	试析毛泽东对中国现代化建设道路的探索	教育理论与实践	2011 年
云南师范大学	王艳玲	教师形象的内源考察	教育理论与实践	2011 年
云南师范大学	张 霞	革命、改革和地位传承：1949—1996 年的中国城市（上、下）	国外理论动态	2011 年
云南师范大学	刘化军	论沃尔泽对罗尔斯正义理论的批判	国外理论动态	2011 年
云南师范大学	熊永翔	宗教视域下西夏人与普米族的族属关系	宗教学研究	2011 年
云南师范大学	左文泉	我国民族传统体育近五年研究现状分析	成都体育学院学报	2011 年
云南师范大学	熊永翔	普米族白石崇拜的文化解读	云南民族大学学报（哲社版）	2011 年
云南师范大学	卢开智	西部少数民族节日中的传统体育及其传承和演变	云南民族大学学报（哲社版）	2011 年
云南师范大学	吴之清	试论傣族节日庆典与南传佛教的关系	云南民族大学学报（哲社版）	2011 年
云南师范大学	马绍玺	穆旦轶诗《记忆底都城》与“文聚丛刊”	中国现代文学研究丛刊	2011 年
云南师范大学	何 跃	论云南跨境教育与跨境民族教育	云南民族大学学报（哲社版）	2011 年
云南师范大学	于 臻	冷战后东盟对西方人权压力的反应及其影响	东南亚研究	2011 年
云南师范大学	李富昌 王 勇 等	考虑第三方物流竞争的第四方物流运输与库存外包决策	中国管理科学	2011 年
云南师范大学	王艳玲	教师形象的内源性考察	中国教育学刊	2011 年
云南师范大学	毕文胜	波波夫谈中国发展模式	国外理论动态	2011 年
云南师范大学	郝桂莲	《在美国》的历史书写	外国文学评论	2011 年
云南师范大学	樊 华	原生态——一个炒出来的概念	文学理论	2011 年

（云南师范大学 科研处供稿）

昆明医科大学

单 位	作 者	论文题目	CSSCI 期刊	出版时间
昆明医科大学	肖振国 邓 虹	《侵权责任法》的举证责任透析	学术探索	2011 年
昆明医科大学	吴英永 邓 虹	法学研究的经验与逻辑之路	学术探索	2011 年
昆明医科大学	张薇薇	专家证人证言相关性的探讨——以菲利普诉西克拉斯医疗中心案为例	中国司法鉴定	2011 年

（昆明医科大学 科研处供稿）

昆明学院

单 位	作 者	论文题目	CSSCI 期刊	出版时间
昆明学院	杨荣海	货币国际化与债券市场发展关系的实证分析	经济经纬	2011 年
昆明学院	郭鹏群	《第五空间》：军旅剧发展中的新坐标	中国电视	2011 年
昆明学院	宋建峰	多元文化交汇中的怒族传统歌舞艺术传承与保护	民族艺术研究	2011 年
昆明学院	李树燕	国家在场与多民族边境社区经济发展	生产力研究	2011 年
昆明学院	邓 瑶	论汉语异形成语的规范化问题	求索	2011 年
昆明学院	陈玉芳 等	大学与中小学合作培养教师存在问题与解决路径——NCATE 专业发展学校标准的启示	贵州师范大学学报（社会科学版）	2011 年
昆明学院	何琍芳	高校图书馆优质服务新论	四川图书馆学报	2011 年
昆明学院	张明霞	图书馆营销理念的选择与营销策略的构建	现代情报	2011 年
昆明学院	罗明东	教师教育模式改革新方向——“整合连贯型”教师教育模式改革的探索	教师教育研究	2011 年
昆明学院	罗明东	教育发展阶段新论	学术探索	2011 年

（昆明学院 科研处供稿）

云南艺术学院

单 位	作 者	论文题目	CSSCI 期刊	出版时间
云南艺术学院	杨明珠	艺术教育对文化教育的反哺功能	学术探索	2011 年
云南艺术学院	杨明珠	发挥艺术院校隐性课程的德育功能	学术探索（教育研究）	2011 年
云南艺术学院	李 坚	民族原生态舞蹈发展的时代特征	学术探索（教育研究）	2011 年
云南艺术学院	余江华	印度电子学位论文数据库研究	新世纪图书馆	2011 年
云南艺术学院	余江华	解析影响高校图书馆资金分配的关键因素	图书馆理论与实践	2011 年
云南艺术学院	曾金华	云南省第一届新剧目展演歌舞、音乐、杂技类综述	民族艺术研究	2011 年
云南艺术学院	罗宇佳	“从选拔到促进”——我国音乐教育学业评价发展的历史流变	民族艺术研究	2011 年

续 表

单 位	作 者	论文题目	CSSCI 期刊	出版时间
云南艺术学院	罗宇佳	曼哈顿维尔音乐课程方案对我国高等音乐教育课程改革的启示	教育探索	2011 年
云南艺术学院	吴 丽	商业影像的文化经济学分析	生产力研究	2011 年
云南艺术学院	余江华	解析影响高校图书馆资金分配的关键因素	图书馆理论与实践	2011 年

（云南艺术学院 科研处供稿）

玉溪师范学院

单 位	作 者	论文题目	CSSCI 期刊	出版时间
玉溪师范学院	黄龙光 白永芳 等	绿春哈尼族“阿倮欧滨”祭祀的生态实践——兼谈哈尼族传统文化对生物多样性的保护	云南师范大学学报（哲学社会科学版）	2011 年

（玉溪师范学院 科研处供稿）

楚雄师范学院

单 位	作 者	论文题目	CSSCI 期刊	出版时间
楚雄师范学院	李金莲	试论《语丝》时期江绍原的月经迷信研究	贵州文史丛刊	2011 年
楚雄师范学院	李志坚	复杂视野下教学媒体开发范式探析	现代教育技术	2011 年
楚雄师范学院	邓小华	论教育技术研究者的理论自觉	现代教育技术	2011 年
楚雄师范学院	杨宏昌	浅议基于银行视角的联名卡运作	上海金融	2011 年
楚雄师范学院	黎 明	云南省城乡居民收入与消费关系的协整分析	中国流通经济	2011 年
楚雄师范学院	朱和双	清代姚安府“嫚且蛮”的图像记忆与文化认同	民族艺术研究	2011 年
楚雄师范学院	成 英	从体育与旅游的有机融合中传承彝族传统体育文化	北京体育大学学报	2011 年
楚雄师范学院	张德云	关于电子出版物著录信息源选取问题的探讨	图书情报工作	2011 年
楚雄师范学院	陈晓兰	图书馆非书资料目录规范控制探析	图书情报工作	2011 年
楚雄师范学院	敖 芬	百年滇越铁路·历史文化遗产——对滇印合作的启示	图书情报工作	2011 年
楚雄师范学院	尹绍清	民族与种族社会化的概念、预测因素及理论模型	心理科学进展	2011 年

（楚雄师范学院 科研处供稿）

保山学院

单 位	作 者	论文题目	CSSCI 期刊	出版时间
保山学院	赵兴国	科学发展视角下区域经济增长与资源环境压力的脱钩分析：以云南省为例	经济地理	2011 年

（保山学院 科研处供稿）

曲靖师范学院

单　位	作　者	论文题目	CSSCI 期刊	出版时间
曲靖师范学院	程　利 杨黔云	日军进攻中国第二条战线战略的形成及破产	学术探索	2011 年
曲靖师范学院	沈乾芳	明清时期彝族土司联姻对西南地区的影响	贵州民族研究	2011 年
曲靖师范学院	王晓丹	《妇女杂志》对近代都市女性生活的塑造和影响	学术探索	2011 年
曲靖师范学院	沈乾芳	明清以来彝族上层婚姻特点的变化及原因	贵州民族研究	2011 年
曲靖师范学院	张永刚 马继明	云南城市文化建设的实践路径与风格理念	思想战线	2011 年
曲靖师范学院	王　鹏 王继艳 等	我国优秀男子撑竿跳高运动员助跑起跳技术的运动学研究	中国体育科技	2011 年
曲靖师范学院	王　鹏 王继艳 等	我国优秀女子铁饼选手“人－饼”速度指标的运动学分析	北京体育大学学报	2011 年
曲靖师范学院	韩　丽	数字图书馆 IPTV 服务价值和服务策略探析	图书馆论坛	2011 年
曲靖师范学院	周均东	西南边疆少数民族文学文体形态的发展辨析	思想战线	2011 年
曲靖师范学院	刘招明	论马克思主义哲学研究中的“文本解读”模式——读张盾《马克思的六个经典问题》	哲学研究	2011 年
曲靖师范学院	代云红	文艺学的人类学转向——来自西方文艺学视域中的理论思考及反省	文艺理论研究	2011 年
曲靖师范学院	王　飞 王运来	大学对国家的放逐——兼论大学生存的“第三空间”	大学教育科学	2011 年
曲靖师范学院	王进军	泰国多元化外语教育政策的发展特征及趋势	比较教育研究	2011 年
曲靖师范学院	张永刚	全球化时代西南边疆少数民族作家的文化认同与文学表达	文艺理论研究	2011 年
曲靖师范学院	郎庆华	基于知识管理的机构知识库服务体系构建探析	情报理论与实践	2011 年
曲靖师范学院	范永康	当代西方的文学政治学	国外社会科学	2011 年
曲靖师范学院	王　飞 王运来	论大学校长的主体性——教育家型大学校长成长的路径设计	中国高教研究	2011 年
曲靖师范学院	高兴佑 高文进	我国阶梯式水价应用中的问题及对策	价格理论与实践	2011 年
曲靖师范学院	张永刚	知识、方法与思维：文学理论教材的分类供给	学海	2011 年
曲靖师范学院	范永康	文化政治与当代西方论的政治化	人文杂志	2011 年
曲靖师范学院	范永康 刘锋杰	建构主义文论再反思	河北学刊	2011 年
曲靖师范学院	沈乾芳	明代至民国时期彝族上层女性的地位及作用	西南民族大学学报（人文社会科学版）	2011 年

续 表

单　位	作　者	论文题目	CSSCI 期刊	出版时间
曲靖师范学院	赵云艳	中国舞蹈教育现状中的问题反思——技术的高度发展与文化基础的低度徘徊	民族艺术研究	2011 年
曲靖师范学院	田向弘	红色经典 筝曲流芳	民族艺术研究	2011 年
曲靖师范学院	郎庆华	机构知识库服务：现状、问题及发展策略	图书馆论坛	2011 年
曲靖师范学院	秦建文	《爨宝子碑》和《爨龙颜碑》中疑难字形考释	云南师范大学学报（哲学社会科学版）	2011 年
曲靖师范学院	王晓丹	中越边境跨国婚姻的动机和社会影响——以云南省麻栗坡县为例	云南师范大学学报（哲学社会科学版）	2011 年
曲靖师范学院	敬龙军 王　鹏　等	中、外优秀 20km 竞走运动员运动技术分析	中国体育科技	2011 年

（曲靖师范学院　科技处供稿）

德宏师范高等专科学校

单　位	作　者	论文题目	CSSCI 期刊	出版时间
德宏师范高等专科学校	熊甜芳 赵　毅　等	从文物实物看道教文化对早期云南文化的影响	学术探索	2011 年

（德宏师范高等专科学校　科研处供稿）

红河学院

单　位	作　者	论文题目	CSSCI 期刊	出版时间
红河学院	杨永平	达旺历史归属论	中国边疆史地研究	2011 年
红河学院	李金发	旅游经济与民族村寨文化整合——以云南省红河州慕善彝村为例	西南民族大学学报	2011 年
红河学院	徐义强	近三十年中国医学人类学研究的问题与反思	思想战线	2011 年
红河学院	赵永乐	网络游戏的教育价值及面临的问题	教育评论	2011 年
红河学院	赵　敏	游戏化评价：幼儿发展评价的新途径——以在教学活动中的运用为视角	教育导刊	2011 年
红河学院	杨建朝	论权利视域下的学生理性不服从：意蕴、规约和场域构建	教育科学研究	2011 年
红河学院	杨建朝	正义而有效：克服学术道德危机的学术制度供给论析	中国高教研究	2011 年
红河学院	杨建朝	教育家办学的精神特质论析	教育发展研究	2011 年
红河学院	胡发稳	民族文化认同：内涵与结构	上海师范大学学报	2011 年
红河学院	袁爱莉	源于自然审美的哈尼族服饰生态文化	云南民族大学学报（哲学社会科学版）	2011 年

续 表

单　位	作　者	论文题目	CSSCI 期刊	出版时间
红河学院	龙倮贵	滇南瑶族宗教信仰略考	宗教学研究	2011 年
红河学院	方　明	省思 ethnography 的译名	世界民族	2011 年
红河学院	杨六金 王亚军	哈尼族沟渠文化探究	云南社会科学	2011 年
红河学院	李金发	中越边境边民互市中的族群互动与国家认同——以云南地西北边民互市点为例	广西民族研究	2011 年
红河学院	王凌虹	散文书写形态及其文化困境	文艺争鸣	2011 年
红河学院	罗有亮	中国东盟自由贸易框架下云南旅游业发展思考	经济问题探索	2011 年
红河学院	丁　生	滇中城市群发展的资源与环境基础分析	地域研究与开发	2011 年
红河学院	赵永乐	电子游戏的消极影响及争议	心理科学进展	2011 年
红河学院	何　莹	民族刻板印象的研究与反思	贵州民族研究	2011 年
红河学院	杨建朝	从虚假到真实：集体主义教育反思	教育学报	2011 年
红河学院	何　跃	桥头堡建设中的云南周边国家安全环境	云南师范大学学报（哲学社会科学版）	2011 年
红河学院	郑伟林	民国时期的滇越第五段边界争端	云南财经大学学报（社会科学版）	2011 年
红河学院	徐义强	近 30 年中国医学人类学研究的回顾与反思	思想战线	2011 年
红河学院	王凌虹	散文书写型态及其文化困境	文艺争鸣	2011 年

（红河学院　科技处供稿）

文山学院

单　位	作　者	论文题目	CSSCI 期刊	出版时间
文山学院	杨永福	论元明清时期滇川黔桂毗邻地区的移民	贵州民族研究	2011 年
文山学院	杨永福 何廷明	论元明时期的“入湖广道”与滇、黔政治中心的变迁	贵州民族研究	2011 年
文山学院	王　萍 李晓华	西南联大体育分析	体育文化导刊	2011 年

（文山学院　科技处供稿）

丽江师范高等专科学校

单　位	作　者	论文题目	CSSCI 期刊	出版时间
丽江师范高等专科学校	和春云	论汉纳文化融合与纳西族体育文化	西安体育学院学报	2011 年
丽江师范高等专科学校	和春云	论纳西族狩猎文化与休闲体育	前沿	2011 年

（丽江师范高等专科学校　科技处供稿）

中共云南省委党校

单位	作者	论文题目	CSSCI 期刊	出版时间
中共云南省委党校	韩斌	发展低碳经济实现云南跨越式发展的思考	中国人口·资源与环境	2011 年
中共云南省委党校	溥德书	改革开放以来中国共产党发展社会主义的三条重要经验	学术探索	2011 年
中共云南省委党校	樊泳湄	云南少数民族传统文化变迁研究——以大理白族自治州鹤庆县新华村白族手工艺品为例	学术探索	2011 年
中共云南省委党校	吴家骥	社会管理创新执政党治国理政的新起点	学术探索	2011 年
中共云南省委党校	谢倩	欧盟建立和发展的科技竞争背景研究	云南行政学院学报	2011 年
中共云南省委党校	高旗	从革命党思维、执政党思维到大统筹思维——中国共产党 90 年“正、反、合”的历史逻辑	云南社会科学	2011 年
中共云南省委党校	洪涵	从形式结构到社会创造性——法律人类学语言研究述评	贵州社会科学	2011 年
中共云南省委党校	洪涵	国家权力在民族地区的延伸——以云南德宏傣族土司制度为例	云南民族大学学报	2011 年
中共云南省委党校	洪涵	民族地区实施“新农保”的问题与对策	思想战线	2011 年
中共云南省委党校	吉龙华	群体性事件的风险社会理论分析	云南行政学院学报	2011 年
中共云南省委党校	李剑文	完善 CAFTA 范围内跨境贸易人民币结算探析	经济问题探索	2011 年
中共云南省委党校	李剑文	农村集体经济存在问题与发展途径探讨	经济问题探索	2011 年
中共云南省委党校	阮兴文	城市化中农民房地的征收与保护	开放导报	2011 年
中共云南省委党校	伍朝晖	浅议如何实现公共部门人力资源管理的最优化	云南行政学院学报	2011 年
中共云南省委党校	杨庆东	边疆民族地区实施公务员法存在的问题及对策	云南行政学院学报	2011 年
中共云南省委党校	粟岚	理想信念内化为自觉追求的现实路径	学术探索	2011 年
中共云南省委党校	颜桂英	新生代农民工的基本状况、特点及问题	云南行政学院学报	2011 年
中共云南省委党校	颜桂英	关于中国转型时期的社会管理问题	云南行政学院学报	2011 年
中共云南省委党校	陈辞	国家宏观政策对房地产价格影响的协整分析——基于 1999—2008 年中国省级面板数据的实证研究	云南财经大学学报	2011 年
中共云南省委党校	陈辞	社会资本视角下的反贫困瞄准机制研究	理论月刊	2011 年
中共云南省委党校	陈辞	土地管理制度改革下的农民权益保障研究——统筹城乡背景下的成都经验	经济问题探索	2011 年
中共云南省委党校	陈文兴	法家的道德思想	学术探索	2011 年
中共云南省委党校	陈文兴	乡村治理环境的变化、问题及对策	云南行政学院学报	2011.6

续 表

单 位	作 者	论文题目	CSSCI 期刊	出版时间
中共云南省委党校	熊黎明	多元文化语境中民族舞蹈“产业化”的艺术批评及其价值取向——以云南映象为例	民族艺术研究	2011 年
中共云南省委党校	马 黎	加强云南边疆民族地区自然灾害应对的研究	经济问题探索	2011 年
中共云南省委党校	杨文杰	论政府灾前预防的责任	云南师范大学学报	2011 年
中共云南省委党校	刘 俊	物联网技术及现状过程浅析	云南行政学院学报	2011 年
中共云南省委党校	杨宇白	发挥中心城市在建设绿色经济强省中的龙头作用	经济问题探索	2011 年
中共云南省委党校	李 诚	我国转型期社会风险及其治理的理论思考——基于风险社会理论的分析	学术界	2011 年
中共云南省委党校	李 诚	民族地区生态环境保护与自由发展问题研究	内蒙古社会科学	2011 年
中共云南省委党校	李 诚	民族地区生态环境问题及其治理的社会学思考	云南社会科学	2011 年
中共云南省委党校	罗光洁	云南农业产业化利益联结问题探索研究	云南行政学院学报	2011 年
中共云南省委党校	祁苑玲	后金融危机时期东南亚南亚经济发展趋势及云南的应对策略	云南行政学院学报	2011 年
中共云南省委党校	叶 红	论政府职能在推动旅游产业发展中的作用	云南行政学院学报	2011 年
中共云南省委党校	李彦龙	企业社会责任的基本内涵、理论基础和责任边界	学术交流	2011 年
中共云南省委党校	肖 雁	西部不同类型区域统筹城乡发展的路径与对策研究	经济研究导刊	2011 年
中共云南省委党校	杨宇白	发挥中心城市在建设绿色经济强省中的龙头作用	经济问题探索	2011 年
中共云南省委党校	杜 琼	我国构建向西南开发的对外贸易通道研究	理论视野	2011 年
中共云南省委党校	陈丽媛	边疆民族地区培养双语干部的意义与途径研究	云南行政学院学报	2011 年
中共云南省委党校	李曼琳	政党建设：中国特色社会主义实践的重要推手	学术探索	2011 年
中共云南省委党校	周 波	创新与发掘：云南民族文化产业的发展	云南行政学院学报	2011 年
中共云南省委党校	胡晓雯	保护自然生态环境 发展云南生态旅游	云南行政学院学报	2011 年
中共云南省委党校	胡晓雯	云南党校图书馆地方文献资源建设探讨	云南行政学院学报	2011 年
中共云南省委党校	熊 敏	党的历史是促进社会和谐的认识史和奋斗史	学术探索．理论研究	2011 年
中共云南省委党校	叶 红	对地方政府制度创新的思考	云南行政学院学报	2011 年
中共云南省委党校	叶 红	经济欠发达地区人才工作思路初探	云南行政学院学报	2011 年

续 表

单 位	作 者	论文题目	CSSCI 期刊	出版时间
中共云南省委党校	叶 红	社会转型期边疆民族地区农村基层党组织化解社会矛盾作用探析	学术探索	2011 年
中共云南省委党校	周 波	云南滇西边境一线禁毒防艾的治理对策	云南行政学院学报	2011 年
中共云南省委党校	李彩霞	《论语》为人之道的现代意义——《论语》学习心得	云南行政学院学报	2011 年

（中共云南省委党校 云南行政学院 科研处供稿）

云南省社会科学院

单 位	作 者	论文题目	CSSCI 期刊	出版时间
云南省社会科学院	纳 麒	中国共产党的哲学转换：从“斗争哲学”到“和谐哲学”	云南社会科学	2011 年
云南省社会科学院	贺圣达	东南亚历史和文化发展：分期和特点	学术探索	2011 年
云南省社会科学院	陈利君 许 娟	奥巴马访印对中印美三角关系的影响	南亚研究	2011 年
云南省社会科学院	杨思灵	中印参与自由贸易区比较研究	南亚研究	2011 年
云南省社会科学院	李 敏	尼泊尔—印度水资源争端的缘起及合作前景	南亚研究	2011 年
云南省社会科学院	陈利君 许 娟	美国—巴基斯坦十年反恐合作：进程，困境与反思	南亚研究（季刊）	2011 年
云南省社会科学院	陈利君 许 娟	试论中国对印度的公共外交——以温家宝总理 2010 年访印为例	云南社会科学	2011 年
云南省社会科学院	陈利君	云南经济发展与对外开放	云南民族大学学报（哲学社会科学版）	2011 年
云南省社会科学院	陆文洁 陈利君	印度汽车产业发展现状及其优劣势	云南财经大学学报（社会科学版）	2011 年
云南省社会科学院	刘 欣	宋人遗训中的丧葬观及其终极关怀	云南社会科学	2011 年
云南省社会科学院	刘 欣	论宋代家训的文体表现	北京理工大学学报（社会科学版）	2011 年
云南省社会科学院	郑晓云	当代边疆地区的民族认同与国家认同——从云南谈起	中南民族大学学报（人文社会科学版）	2011 年
云南省社会科学院	古文凤	苗族民族认同的层级论——对苗族“蒙人”的个案研究	中央民族大学学报（哲学社会科学版）	2011 年
云南省社会科学院	张雍德 古文凤	昭通市农村基督教问题实证研究	云南社会科学	2011 年

续 表

单 位	作 者	论文题目	CSSCI 期刊	出版时间
云南省社会科学院	王亚南	云南文化产业“十二五”发展目标透析——基于文化消费需求的协调增长测评	云南社会科学	2011 年
云南省社会科学院	李红春	云南纳家营回族生存智慧的政治人类学解读	云南社会科学	2011 年
云南省社会科学院	王清华	影视人类学与云南民族文化强省建设	云南社会科学	2011 年
云南省社会科学院	李进参	民族地区生态环境问题及其治理的社会学思考	云南社会科学	2011 年
云南省社会科学院	王 俊	论云南散居民族的权益保障问题	云南社会科学	2011 年
云南省社会科学院	毕先弟	20 世纪五六十年代云南民族调查照片资料数据库建设概述	云南社会科学	2011 年
云南省社会科学院	范祖锜	云南民族区域自治六十年的启示	云南民族大学学报（哲学社会科学版）	2011 年
云南省社会科学院	黄光成	人口较少民族文化多样性的价值理论	云南民族大学学报（哲学社会科学版）	2011 年
云南省社会科学院	杨福泉	略论纳西族图画象形文字的象征意义	云南民族大学学报（哲学社会科学版）	2011 年
云南省社会科学院	尹 仑	传统知识的传承、创新和运用——对云南德钦红坡村的应用人类学研究	云南民族大学学报（哲学社会科学版）	2011 年
云南省社会科学院	王 俊	近 20 年来我国散居民族研究综述	学术探索	2011 年
云南省社会科学院	杨绍军	“魁阁”和“边疆人文研究室”之比较研究	贵州民族研究	2011 年
云南省社会科学院	王亚南	全国乡村文化消费民生效应测评——“十五”以来各地景气指数排行	福建论坛（人文社会科学版）	2011 年
云南省社会科学院	王亚南	面向城乡共享的中国文化产业发展目标	福建论坛（人文社会科学版）	2011 年
云南省社会科学院	苗启明	复兴马克思关于人和人类世界的哲学合法性基础与当代意义	思想战线	2011 年
云南省社会科学院	王亚南	面向城乡共享的中国文化产业发展目标	福建论坛	2011 年
云南省社会科学院	陈利君	奥巴马访印对中印美三角关系的影响	南亚研究	2011 年
云南省社会科学院	李永祥	傣族社区和文化对泥石流灾害的回应——云南新平曼糯村的研究案例	民族研究	2011 年
云南省社会科学院	李金明	中、缅跨界独龙族：自称与他称释义	世界民族	2011 年
云南省社会科学院	郑晓云	边疆地区的民族认同与国家认同	中国社会科学文摘	2011 年
云南省社会科学院	杨福泉	茶马古道研究和文化保护的几个问题	新华文摘（论点摘编）	2011 年
云南省社会科学院	任 佳	云南“十二五”时期经济发展面临的机遇、挑战与对策	云南社会科学	2011 年

续 表

单 位	作 者	论文题目	CSSCI 期刊	出版时间
云南省社会科学院	杨福泉	略论纳西族东巴教的“威灵”“威力”崇拜	思想战线	2011 年
云南省社会科学院	杨福泉	茶马古道研究和文化保护的几个问题	云南社会科学	2011 年
云南省社会科学院	杨福泉	略论纳西族图画象形文字的象征意义	云南民族大学学报	2011 年
云南省社会科学院	郑晓云	当代边疆地区的民族认同与国家认同——从云南谈起	中南民族大学学报	2011 年
云南省社会科学院	刘阶群	坚持和完善多党合作的政党制度——写在中国共产党成立 90 周年之际	学术探索（理论研究）	2011 年
云南省社会科学院	黄小军	十六大以来云南在党建中的探索与创新	学术探索（理论研究）	2011 年
云南省社会科学院	蔡 毅	当代中国社会价值观的变迁	云南社会科学	2011 年
云南省社会科学院	蔡 毅	生态美学与环保使命	云南民族大学学报	2011 年
云南省社会科学院	刘 欣	论宋代家训的文体表现	北京理工大学学报（社会科学版）	2011 年
云南省社会科学院	刘 欣	宋人遗训中的丧葬观及其终极关怀	云南社会科学	2011 年
云南省社会科学院	尹 仑	藏族对气候变化的认知与应对——云南省德钦县果念行政村的考察	思想战线	2011 年
云南省社会科学院	尹 仑	传统知识的传承、创新和运用——对云南德钦红坡村的应用人类学研究	云南民族大学学报	2011 年
云南省社会科学院	黄光成	人口较少民族文化多样性的价值理论	云南民族大学学报	2011 年
云南省社会科学院	杨福泉	略论纳西族图画象形文字的象征意义	云南民族大学学报	2011 年
云南省社会科学院	马 勇	新中国建立 60 年来云南经济建设的历程与经验	云南民族大学学报	2011 年
云南省社会科学院	杨绍军	柳无忌先生在西南联大	学术探索	2011 年
云南省社会科学院	杨绍军	蒋梦麟先生在西南联大	学术探索	2011 年
云南省社会科学院	杨绍军	“魁阁”和“边疆人文研究室”之比较研究	贵州民族研究	2011 年
云南省社会科学院	杨绍军	浦薛凤先生在西南联大	学术探索	2011 年
云南省社会科学院	杨绍军	魏建功先生在西南联大	学术探索	2011 年
云南省社会科学院	杨绍军	向达先生在西南联大	学术探索	2011 年
云南省社会科学院、	李永祥	泥石流灾害的传统知识及其文化象征意义	贵州民族研究	2011 年
云南省社会科学院	李永祥	什么是灾害？——灾害的人类学研究核心概念辨析	西南民族大学学报	2011 年
云南省社会科学院	王清华	影视人类学与云南民族文化强省建设	云南社会科学	2011 年
云南省社会科学院	毕先弟	20 世纪五六十年代云南民族调查照片资料数据库建设概述	云南社会科学	2011 年
云南省社会科学院	宣 宜	云南省能源消耗与经济增长关系研究	云南社会科学	2011 年

续 表

单 位	作 者	论文题目	CSSCI 期刊	出版时间
云南省社会科学院	陈利君	云南经济发展与对外开放	云南民族大学学报（哲社版）	2011 年
云南省社会科学院	陈利君	试论中国对印度的公共外交——以温家宝总理 2010 年访印为例	云南社会科学	2011 年
云南省社会科学院	陈利君	美国－巴基斯坦十年反恐合作：进程、困境与反思	南亚研究（季刊）	2011 年
云南省社会科学院	王士录	继往开来，求同存异，务实合作——中国东盟对话关系二十年的经验总结	东南亚纵横	2011 年
云南省社会科学院	王亚南	云南文化产业“十二五”发展目标透析——基于文化消费需求的协调增长测评	云南社会科学	2011 年
云南省社会科学院	宋 媛	未来十年云南农村扶贫开发战略思考	云南社会科学	2011 年
云南省社会科学院	郑晓云	关于地方社会科学研究前沿及创新的探讨——以云南为例	云南社会科学	2011 年
云南省社会科学院	张庆松	彝族葫芦：生命轮回的象征	民族艺术研究	2011 年
云南省社会科学院	王亚南	全国中心城市“十二五”文教消费增长测评——基于 2009 年消费需求的分析演算	社会科学	2011 年
云南省社会科学院	王亚南	全国乡村文化消费民生效应测评——“十五”以来各地景气指数排行	福建论坛	2011 年
云南省社会科学院	王亚南	面向城乡共享的中国文化产业发展目标	福建论坛	2011 年
云南省社会科学院	王亚南	云南文化产业“十二五”发展目标透析——基于文化消费需求的协调增长测评	云南社会科学	2011 年
云南省社会科学院	古文凤	苗族民族认同的层级论——对苗族“蒙人”的个案研究	中央民族大学学报	2011 年
云南省社会科学院	张雍德	昭通市农村基督教问题实证研究	云南社会科学	2011 年
云南省社会科学院	范祖锜	云南民族区域自治六十年的启示	云南民族大学学报	2011 年
云南省社会科学院	张体伟	增强云南经济增长内生动力面临的突出问题及对策研究	云南社会科学	2011 年
云南省社会科学院	杜玉亭	全球化发展阶段问题探讨	云南社会科学	2011 年
云南省社会科学院	纳 麒	中国共产党的哲学转换：从“斗争哲学”到“和谐哲学”	云南社会科学	2011 年
云南省社会科学院	萧霁虹	“南诏洞天福地”	贵州社会科学	2011 年
云南省社会科学院	齐 欢	论越南“革新开放”以来对现代化模式的新构建	思想战线	2011 年
云南省社会科学院	苗启明	复兴马克思关于人和人类世界的哲学合法性基础与当代意义	思想战线	2011 年

续　表

单　位	作　者	论文题目	CSSCI 期刊	出版时间
云南省社会科学院	宋　媛	未来十年云南农村扶贫开发战略思考	云南社会科学	2011 年
云南省社会科学院	陈利君	充分发挥昆曼大通道的作用，积极推进与东盟国家的经贸合作	中国发展（增刊）	2011 年
云南省社会科学院	陈利君	印度纺织业发展概况及其面临的问题	中国发展（增刊）	2011 年
云南省社会科学院	方　芸	海外华裔在云南桥头堡建设中地位和作用——基于云南与东南亚经贸关系的考察	中国发展（增刊）	2011 年
云南省社会科学院	边明社	发挥南亚侨胞优势，推进云南企业走向南亚	中国发展（增刊）	2011 年
云南省社会科学院	杨思灵	加快中印自由贸易区建立的对策建议	中国发展（增刊）	2011 年
云南省社会科学院	董建中	立法保护苍山洱海的生态和谐	中国民族	2011 年
云南省社会科学院	王亚南	全国乡村文化消费民生效应测评——“十五”以来各地景气指数排行	福建论坛	2011 年

（云南省社会科学院　科研处供稿）

其　他

单　位	作　者	论文题目	CSSCI 期刊	出版时间
中共云南省委	白恩培	向杨善洲同志学习　做人民满意的好党员好干部	求是	2011 年
中共云南省委组织部	辛桂梓	做一名忠诚老实的共产党员	求是	2011 年
中共云南省委宣传部	张瑞才	提高社会管理创新的科学化水平	云南民族大学学报（哲学社会科学版）	2011 年
云南省人大	吴光范	“小云南”地理位置考	云南社会科学	2011 年
云南省教育厅	罗崇敏	建设开放大学，政府做什么——建设云南开放大学的政府责任与主导作用	现代远程教育研究	2011 年
云南省社会科学界联合会	范建华	论节庆文化与节庆产业	学术探索	2011 年
云南省社会科学界联合会	李　官 李劲松	教育视角下的跨界民族文化差异与边疆民族稳定	学术探索	2011 年
中共曲靖市委党校	陈艳华	关于加强党校图书馆建设的思考	求实	2011 年
云南新华书店集团有限公司	李东华	论传统文化企业的企业文化建设与品牌塑造——以新华书店为例	学术探索	2011 年
云南省体育科学研究所	屈成刚	优秀举重运动员降体重后体重控制与运动能力恢复的个案研究	中国体育科技	2011 年
云南省博物馆	李伟卿	一自为僧天放我——担当出家问题的再审思	云南民族大学学报（哲学社会科学版）	2011 年

续 表

单 位	作 者	论文题目	CSSCI 期刊	出版时间
云南省档案局	黄凤平	努力守护民族记忆 积极传承民族文化——云南多元民族档案工作的行与思	档案学研究	2011 年
云南省东南亚研究会	陈定辉	老挝：2010 年回顾与 2011 年展望	东南亚纵横	2011 年
云南省经济信息中心	成诗跃 许 敏	中国对外直接投资国内制度评析	经济问题探索	2011 年
云南省经济研究院	段 钢 齐美虎	后金融危机时代的中印合作前景与展望	经济问题探索	2011 年
云南省科技情报研究所	彭靖里 赵光洲	战略管理中“市场信号”与竞争情报的关系探析	情报杂志	2011 年
云南省科技情报研究院	彭靖里 Kwangsoo Kim 等	论后发国家的企业技术竞争情报：战略与特征——以韩国三星电子的技术竞争情报发展模式为例	情报理论与实践	2011 年
云南省科技厅	杨 洁	茶对云南少数民族经济社会发展的影响和作用	云南社会科学	2011 年
云南省丽江市博物院	和继全	东巴文百年研究与反思	思想战线	2011 年
云南省民族研究所	唐婷婷	文化史观与文化命运——对民族文化现代境遇的反思	云南社会科学	2011 年
云南广播电视大学	蒲 青	基于信息共享空间的高校图书馆服务创新挑战与策略	图书馆理论与实践	2011 年
云南科技信息职业学院	段雪梅	对《高等学校档案管理办法》学习与解析	思想战线	2011 年
云南美术出版社	赵文红	试论近代早期欧洲殖民者对东南亚海上贸易格局的影响	东南亚纵横	2011 年
大理地方志办公室	杨周伟	论唐宋时期易学在南诏、大理国都城建设中的运用	周易研究	2011 年

（云南省社科联 研究中心供稿）

（云南省社科联 杨荣华 吴丽萍）